Klaus Merten

Inhaltsanalyse

Klaus Merten

Inhaltsanalyse

Einführung in Theorie, Methode und Praxis

2., verbesserte Auflage

Westdeutscher Verlag

2., verbesserte Auflage 1995

Alle Rechte vorbehalten
© 1983 Westdeutscher Verlag GmbH, Opladen

Der Westdeutsche Verlag ist ein Unternehmen der Bertelsmann Fachinformation.

Das Werk einschließlich aller seiner Teile ist urheberrechtlich geschützt. Jede Verwertung außerhalb der engen Grenzen des Urheberrechtsgesetzes ist ohne Zustimmung des Verlags unzulässig und strafbar. Das gilt insbesondere für Vervielfältigungen, Übersetzungen, Mikroverfilmungen und die Einspeicherung und Verarbeitung in elektronischen Systemen.

Umschlaggestaltung: Horst Dieter Bürkle, Darmstadt
Umschlagbild: Piero Dorazio, Cecarola IV, 1974. © VG Bild-Kunst, Bonn 1995
Druck und buchbinderische Verarbeitung: Lengericher Handelsdruckerei, Lengerich
Gedruckt auf säurefreiem Papier
Printed in Germany

ISBN 3-531-11442-5

Inhalt

Vorbemerkung 11

Teil I: Einführung 14

1 Gegenstand, Ziel und Begriff der sozialwissenschaftlichen Inhaltsanalyse 14
   1.1 Gegenstand der Inhaltsanalyse 14
   1.2 Deskription von Inhalten 19
   1.3 Inferenz vom Text auf den Kontext 23
      1.31 Schluß vom Inhalt auf den Kommunikator 23
      1.32 Schluß vom Inhalt auf den Rezipienten 29
      1.33 Schluß vom Inhalt auf die Situation 32
   1.4 Typologie der Inhaltsanalyse 34

2 Zur Geschichte der Inhaltsanalyse 35
   2.1 Die Phase der Intuition (bis 1900) 35
   2.2 Die quantitativ-deskriptive Phase (7. Jh.–1926) 36
   2.3 Die Phase der Reife zum eigenständigen
      Erhebungsinstrument (1926–1941) 39
   2.4 Die Phase der interdisziplinären Erweiterung (1941–1967) 42
   2.5 Die Phase der theoretisch-methodischen Fundierung (1967 ff.) 46

3 Definitionsprobleme der Inhaltsanalyse 47
   3.1 Inhaltsanalyse als Technik (research technique), Methode oder Modell 48
   3.2 Objektiv und systematisch 49
   3.3 Quantitative Beschreibung 50
   3.4 Manifester Inhalt 56
   3.5 Kommunikation 57
   3.6 Resümee 58

Teil II: Theorie 60

4 Inhaltsanalyse als semiotische Analyse 60
   4.1 Grundlagen der Semiotik 60
      4.11 Zeichen als syntaktische, semantische und pragmatische Relation 60
      4.12 Das Problem der Bedeutung 64

4.2 Grundlagen der Linguistik 66
    4.21 Wort 66
    4.22 Satz 68
    4.23 Text 70
    4.24 Textbeschreibung und Textanalyse 71

5 Inhaltsanalyse als Kommunikationsanalyse 73
    5.1 Modelle der Kommunikation 74
    5.2 Kommunikation und Massenkommunikation 79
    5.3 Selektivität: Bedeutung, Sinn, Wirkung 81
        5.31 Bedeutung als doppelter Selektionsprozeß 81
        5.32 Sinn als komplexer Selektionsprozeß 82
        5.33 Wirkung 82
    5.4 Rekonstruktion von Kommunikation durch Inhaltsanalyse 84

6 Inhaltsanalyse als Erhebungsprozeß 85
    6.1 Erhebung sozialer Wirklichkeit 85
        6.11 Teilnehmende Beobachtung als Erhebungsinstrument 88
        6.12 Interview als Erhebungsprozeß 89
        6.13 Inhaltsanalyse als Erhebungsprozeß 90
    6.2 Inhaltsanalyse als reaktives Erhebungsinstrument 92

Teil III: Methode 95

7 Messen und Schließen 95
    7.1 Messen 95
        7.11 Grundlagen des Messens: Skalen 95
        7.12 Qualitative Messung 98
        7.13 Qualitative (semiotische) Ebenen 105
        7.14 Quantitative Messung 107
            7.141 Einwort-Analyse 107
            7.142 Mehrwort-Analyse 108
            7.143 Bildung von Indizes 109
    7.2 Inhaltsanalytische Inferenz 110
        7.21 Theoretische Probleme 111
            7.211 Das Repräsentationsmodell 111
            7.212 Das Instrumentalmodell 112
        7.22 Typen von Inferenz als Typen von Hypothesen 115

8 Typologie inhaltsanalytischer Verfahren 119
    8.01 Differenzierung nach Zielen der Analyse 119

Inhalt

8.02 Differenzierung nach Mitteln der Analyse 120
8.03 Vorstellung der Verfahren 120
8.04 Synopsis inhaltsanalytischer Verfahren 123
8.1 Syntaktische Analyse 123
    8.11 Syntaktische Analyse des Kommunikators 124
        8.11-1 Autorenanalyse 124
        8.11-2 Persönlichkeitsstruktur-Analyse 130
    8.12 Syntaktische Analyse des Rezipienten 132
    8.13 Syntaktische Analyse von Situationen 132
8.2 Syntaktisch-semantische Analyse 133
    8.21 Syntaktisch-semantische Analyse des Kommunikators 135
        8.21-3 Wortanalyse 135
    8.22 Syntaktisch-semantische Analysen des Rezipienten 139
    8.23 Syntaktisch-semantische Analyse der Situation 139
        8.23-4 Syntaktische Komplexitätsanalyse 139
8.3 Semantisch-semantische Analyse 145
    8.31 Semantisch-semantische Analyse des Kommunikators 146
        8.31-5 Themenanalyse 146
        8.31-6 Kontingenzanalyse 157
        8.31-7 Bedeutungsfeldanalyse (Assoziationsstrukturenanalyse) 164
    8.32 Semantisch-semantische Analyse des Rezipienten 169
    8.33 Semantisch-semantische Analyse der Situation 169
        8.33-5 Themenanalyse 169
8.4 Syntaktisch-pragmatische Analyse 175
    8.41 Syntaktisch-pragmatische Analyse des Kommunikators 175
        8.41-8 Frequentielle Lesbarkeitsanalyse 175
        8.41-9 Strukturelle Lesbarkeitsanalyse 182
    8.42 Syntaktisch-pragmatische Analyse des Rezipienten 184
        8.42-8 Frequentielle Lesbarkeitsanalyse 185
        8.42-9 Strukturelle Lesbarkeitsanalyse 185
        8.42-10 Auffälligkeitsanalyse 185
    8.43 Syntaktisch-pragmatische Analyse der Situation 186
8.5 Semantisch-pragmatische Analyse 186
    8.51 Semantisch-pragmatische Analyse des Kommunikators 190
        8.51-11 Wertanalyse 190
        8.51-12 Einstellungsanalyse (Evaluative assertion analysis, EAA) 193
        8.51-13 Motivanalyse 199
        8.51-13a Discomfort-relief-quotient 200
        8.51-13b Motivanalyse nach McClelland (1953) 202
        8.51-13c Affektanalyse 206
        8.51-14 Persönlichkeitsstrukturanalyse 210
        8.51-14a Traumanalyse 211

8.51-14b Dogmatismusanalyse.. 218
8.51-15 Verständlichkeitsanalyse (Cloze procedure)............................ 221
8.51-16 Objektivitätsanalyse 222
8.51-16a Aufmerksamkeitsanalyse 225
8.51-16b Bewertungsanalyse 227
8.51-16c Symbolanalyse.. 229
8.51-16d Coefficient of imbalance.. 229
8.51-16e Wahrheitsanalyse 232
8.51-16f Input-Output-Analyse... 235
8.51-16g Diskriminationsanalyse 236
8.51-16h Strukturelle Objektivitätsanalyse.. 239
8.52 Semantisch-pragmatische Analyse des Rezipienten................... 242
8.52-15 Cloze procedure 242
8.52-17 Semantisches Differential (Polaritätsprofil) 247
8.53 Semantisch-pragmatische Analyse der Situation......................... 252
8.53-16c Symbolanalyse... 252
8.53-16i Wirklichkeitsanalyse... 256
8.53-18 Interaktionsprozeßanalyse (IPA) 261
8.6 Pragmatisch-pragmatische Analyse 266
8.61 Pragmatisch-pragmatische Analyse des Kommunikators 266
8.62 Pragmatisch-pragmatische Analyse des Rezipienten.................. 267
8.62-19 Resonanzanalyse 271
8.63 Pragmatisch-pragmatische Analyse der Situation....................... 274
8.62-20 Interview-Analyse... 275

9 Auswahl von Textstichproben.. 279
9.1 Grundgesamtheit und Stichprobe...280
9.11 Definition der Grundgesamtheit 280
9.12 Definition von Einheiten... 281
9.2 Auswahlverfahren 283
9.21 Willkürliche Auswahl..283
9.22 Bewußte Auswahl (judgement sample, purposive sample) 284
9.221 Auswahl typischer Fälle 284
9.222 Quotenauswahl (quota sample) 285
9.23 Wahrscheinlichkeitsauswahl (random sample)........................287
9.231 Uneingeschränkte (einfache) Wahrscheinlichkeitsauswahl
(simple random sample) 288
9.232 Systematische Auswahl (systematic sample) 288
9.233 Geschichtete Auswahl (stratified sample)............................290
9.234 Klumpenauswahl (cluster sampling).....................................291
9.235 Mehrstufige Auswahlverfahren (multi-stage sampling)............291
9.3 Repräsentationsschluß und Stichprobenumfang............................292

9.31 Normalverteilung und Wahrscheinlichkeit 292
9.32 Der Repräsentationsschluß 295
9.33 Berechnung von Stichprobenumfängen 297
9.4 Praktische Probleme der Stichprobenauswahl 299

10 Gültigkeit und Zuverlässigkeit 302
10.1 Die Beziehung zwischen Gültigkeit und Zuverlässigkeit 302
10.2 Interne Gültigkeit (Zuverlässigkeit, reliability) 303
10.21 Typen von Intercoderreliabilität 304
10.22 Prüfverfahren für Intercoderreliabilität 305
10.3 Externe Gültigkeit 310

Teil IV: Praxis der Inhaltsanalyse 314

11 Durchführung einer Inhaltsanalyse 314
11.1 Ziel der Untersuchung: Induktives oder deduktives Vorgehen 316
11.2 Aufstellen von Hypothesen 316
11.3 Operationalisierung der Hypothesen durch Definition der Variablen 317
11.4 Wahl des inhaltsanalytischen Verfahrens 319
11.5 Entwicklung des Erhebungsinstruments 319
11.6 Definition des Sample 322
11.7 Festlegung der Assoziationsmaße 323
11.8 Festlegung der Prüfgrößen 324
11.9 Pretest 325
11.10 Datenerhebung 325
11.11 Datenaufbereitung 331
11.12 Datenanalyse 331
11.13 Interpretation der Ergebnisse 331
11.14 Kritik 332
11.15 Publikation der Ergebnisse 332

Teil V: Zukunft der Inhaltsanalyse 333

12 Gegenwärtige und zukünftige Entwicklungen der Inhaltsanalyse 333
12.1 Theoretische Entwicklungen 333
12.11 Drei Ansätze (Modelle) der Inhaltsanalyse 333
12.12 Instrumententheoretische Implikationen 334
12.13 Theorie der Kommunikation als Theorie der Inhaltsanalyse 335
12.2 Methodische Entwicklungen 335
12.21 Textsorten und Indikatoren 335

12.22 Notationssysteme 338
12.23 Multivariate Analyse 339
12.3 Computerunterstützte Inhaltsanalyse (CUI) 339
   12.31 Allgemeine Probleme 339
   12.32 Vorteile und Nachteile elektronischer Inhaltsanalyse 341
   12.33 Elektronische Inhaltsanalyse als Kommunikationskontrolle 344
   12.34 Computerunterstützte Inhaltsanalyse am PC:
          TEXTPACK und INTEXT 345
12.4 Grenzen der Inhaltsanalyse 349
   12.41 Inhaltsanalytische Fehlschlüsse 351
12.5 Zukünftige Entwicklung der Inhaltsanalyse 354

Literaturverzeichnis 356

Personenregister 397

Sachregister 403

Vorbemerkung

Parallel zur Entwicklung einer „Mediengesellschaft" ist das Interesse, das der Methode der Inhaltsanalyse von Ethnologie, Linguistik, Kommunikationswissenschaft, Pädagogik, Politologie, Psychologie und Soziologie entgegengebracht wird, sprunghaft gestiegen. Zwar ist eine Vielzahl entsprechender Verfahren zu sehr heterogenen Zwecken entwickelt worden, doch hat eine Integration solcher Verfahren bislang nur ansatzweise stattgefunden.

Diesem Mangel will die vorliegende Arbeit abhelfen. Sie versteht sich als umfassende Vorstellung der Methode der Inhaltsanalyse, die zugleich eine Systematisierung der bekannten Verfahren leistet und neuere Entwicklungen aufzeigt, aber auch als Anleitung für die praktische Durchführung inhaltsanalytischer Untersuchungen.

Eine Einführung (Teil I), ein theoretischer Exkurs (Teil II), die eigentliche Vorstellung der inhaltsanalytischen Verfahren (Teil III), praxisbezogene Überlegungen (Teil IV) und ein Ausblick über absehbare Weiterentwicklungen (Teil V) sollen zwischen Theorie und Praxis inhaltsanalytischer Vorgehensweise vermitteln.

Teil I führt in die Methode der Inhaltsanalyse ein. Hier wird anhand unterschiedlicher Beispiele und unterschiedlicher inhaltsanalytischer Vorgehensweisen die Methode der Inhaltsanalyse als Erhebungsverfahren sozialer Wirklichkeit vorgestellt, bei der von Merkmalen eines manifesten Inhalts (Textes) auf einen nichtmanifesten Kontext (Kommunikator, Rezipient, soziale Situation) geschlossen wird (Kap. 1).

Ein historischer Abriß zur Inhaltsanalyse, der Entwicklungsrichtungen, Anwendungsmöglichkeiten und Probleme der Inhaltsanalyse skizziert und an Beispielen demonstriert, vertieft das Verständnis für den spezifischen Zugriff inhaltsanalytischer Methode (Kap. 2).

Das letzte der einführenden Kapitel (Kap. 3) resümiert das erarbeitete Vorverständnis und unternimmt anhand vorliegender Definitionsversuche eine Präzisierung des Begriffs der Inhaltsanalyse, die den weiteren theoretischen, methodischen und praktischen Ausführungen zugrundegelegt wird.

In Teil II werden die für die Methode der Inhaltsanalyse relevanten theoretischen Bestände der Semiotik, der Kommunikationsforschung und der sozialwissenschaftlichen Methodologie erarbeitet.

Dabei werden zunächst die Grundlagen der Semiotik und der Linguistik, soweit sie für das Verständnis der Inhaltsanalyse notwendig sind, aufgearbeitet. Inhaltsanalyse wird als Instrument verstanden, mit dem von syntaktischen, semantischen und/oder pragmatischen Textmerkmalen auf textexterne Merkmale geschlossen werden kann (Kap. 4).

Daran schließt sich ein kommunikationstheoretischer Abriß an, der Bedingungen, Möglichkeiten und Grenzen von Inhaltsanalyse als Analyse von Kommunikation aufzeigt und problematisiert (Kap. 5).

Instrumententheoretisch wird schließlich im Vergleich zwischen Inhaltsanalyse und anderen Verfahren der sozialwissenschaftlichen Datenerhebung (Beobachtung und Befragung) auf wesentliche Gemeinsamkeiten, aber auch auf spezifische Unterschiede hingewiesen. Vor allem wird die gängige Unterstellung, daß Inhaltsanalyse ein nichtreaktives Verfahren der Datenerhebung darstellt, relativiert (Kap. 6).

In Teil III werden die theoretischen Überlegungen umgesetzt und fruchtbar gemacht für die Entwicklung einer geschlossenen inhaltsanalytischen Typologie und für die umfassende Vorstellung inhaltsanalytischer Verfahren anhand dieser Typologie. Nach einer Einführung in Probleme des Messens werden Möglichkeiten der Inferenz von textinternen auf textexterne Merkmale vorgestellt und diskutiert. Daran schließt sich die Entwicklung einer nach Zielen und Mitteln der Inhaltsanalyse differenzierten Typologie an (Kap. 7).

Anhand dieser Typologie werden in Kapitel 8 insgesamt 35 inhaltsanalytische Verfahren vorgestellt, wobei die Vorstellung jedes einzelnen Verfahrens einem einheitlichen Schema folgt: Es werden 1.) die Entwicklung des Verfahrens, 2.) die Logik des Schlusses vom Text auf den sozialen Kontext, 3.) die praktische Vorgehensweise, 4.) die Kritik des jeweiligen Verfahrens, 5.) Variationen und Weiterentwicklungen und 6.) Anwendungen des Verfahren diskutiert. Gute und schlechte Beispiele sollen dabei – soweit möglich und nötig – das Verständnis für Möglichkeiten und Grenzen des jeweiligen Verfahrens vertiefen helfen. Dabei differenziert die Typologie nach Analysezielen (Kommunikator, Rezipient, soziale Situation), aber auch nach Mitteln der Analyse, nämlich nach den semiotischen Ebenen, die für die Vorstellung der Verfahren nach insgesamt sechs Ebenen ausdifferenziert werden. Querverweise bei ähnlicher Problemstellung oder ähnlicher Vorgehensweise stellen den Bezug zu anderen Verfahren und zu theoretischen und methodologischen Ausführungen her. Damit soll nachdrücklich verhindert werden, daß diese Darstellung mit einem Methodenkochbuch verwechselt werden kann, dessen man sich, von keinerlei Vorwissen getrübt, nach Gutdünken bedienen kann.

Ein besonderes Augenmerk wird darüber hinaus auf alternative Verfahren der Textdeskription gerichtet, die sich zur Textanalyse eignen und die als Vorstufe entsprechender inhaltsanalytischer Verfahren angesehen werden können. Ebenfalls wird neben der Behandlung der üblicherweise schriftlich oder verbal fixierten Texte auch die Behandlung nonverbaler Texte demonstriert, da gerade auf diesem Gebiet Weiterentwicklungen der Inhaltsanalyse denkbar und wünschenswert sind.

In Kapitel 9 werden theoretische und praktische Probleme der statistischen Inferenz und der Stichprobenauswahl gründlich erörtert.

Kapitel 10 schließlich behandelt ausführlich Probleme der Gültigkeit und Zuverlässigkeit inhaltsanalytischer Untersuchungen.

Teil IV ist der Praxis inhaltsanalytischen Arbeitens gewidmet. Anhand eines Flußplanes empirischer Forschung werden die wesentlichen Probleme und neuralgischen Punkte inhaltsanalytischer Untersuchungen sorgfältig festgestellt und anhand eines konkreten Beispieles sorgfältig diskutiert. Ebensoviel Aufmerksamkeit wird jedoch den praktischen Problemen der Inhaltsanalyse geschenkt: Gerade sie sind oft ausschlaggebend für die erfolgreiche Durchführung einer Inhaltsanalyse und werden ebenso oft – aus gutem Grunde – schamvoll verschwiegen. Dokumentation der Entwicklung eines Codierbuches, der Erstellung eines Kommentars zum Codierbuch, der Codiererkontrolle und der Datenaufbereitung und Datenanalyse runden dieses Kapitel ab. Ausführlich wird auf die Kritik inhaltsanalytischer Untersuchungen eingegangen, die sich vor allem an Problemen ungesicherter Inferenz, Problemen unkontrollierter Erhebung (Codierung) und statistischen Problemen artikulieren läßt (Kap. 11).

Teil V (Kap. 12) gibt einen spekulativen Überblick über die Zukunft der Inhaltsanalyse. Hier werden absehbare Entwicklungen vor allem im Bereich der Notation, der synchronen Analyse verbaler und nonverbaler Texte, der Anwendung multivariater Analyseverfahren und insbesondere der Möglichkeiten elektronischer Inhaltsanalyse aufgezeigt.

Ein Anhang mit einem umfangreichen Literaturverzeichnis und einem Autoren- und Sachregister beschließt den Band.

Lehrbücher haben immer mit einem Problem zu kämpfen: Der vom Verleger zugestandene knappe Raum verlangt eine möglichst informative, der didaktische Anspruch eine möglichst redundante Darstellung. Meist wird dem ökonomischen Postulat nachgegeben, mit dem Erfolg, daß Probleme oft verharmlost, alternative Ansätze verschwiegen und Widersprüche durch suggestive Darstellung umgangen werden. Diese Arbeit möchte mit solcher Tradition brechen: Probleme, Alternativen und Widersprüche werden mit Vorbedacht offenkundig gemacht, soweit möglich diskutiert, zumindest aber durch Verweis auf entsprechende Literatur dokumentiert: Didaktisches Bemühen und wissenschaftliche Redlichkeit müssen nicht negativ miteinander korreliert sein.

Gießen, im Dezember 1980   Klaus Merten

Vorwort zur 2. Auflage

Die weiter beschleunigende Medienevolution hat das Interesse an inhaltsanalytischen Fragestellungen stark vergrößert. Die Inhaltsanalyse hat sich, neben Befragung und Beobachtung, mittlerweile zu einem anerkannten Instrument zur Erhebung sozialer Wirklichkeit weiterentwickelt. Die hier vorgelegte zweite Auflage versucht diesem Rechnung zu tragen: Neben der Darstellung bewährter und akzeptierter Verfahren gilt das Interesse vor allem theoretischen und methodischen Weiterentwicklungen. Soweit möglich und sinnvoll, wurden die zahlreichen Beispiele unverändert beibehalten.

Für substantielle Kritik schulde ich vielen Kolleginnen und Kollegen Dank, insbesondere Helmut Giegler und Friederike Uhr. Sandra Caviola, Markus Götz, Brit Großmann, Uwe Rutenfranz und Friederike Uhr haben alle Entwürfe gesichtet, bearbeitet und daraus eine erfreulich lesbare Fassung erstellt. Die vorliegende Arbeit wäre ohne Unterstützung aller nicht zustande gekommen.

Münster, im September 1995   Klaus Merten

Teil I: Einführung

Der erste Teil soll in die Methode sozialwissenschaftlicher Inhaltsanalyse einführen. Dies wird in drei Kapiteln versucht: Zunächst wird der Gegenstand der Inhaltsanalyse als soziale Wirklichkeit im weitesten Sinne bestimmt. Ausgehend von einem einfachsten Kommunikationsprozeß, der als Prototyp sozialer Prozesse angesehen wird, werden unterschiedliche Ziele der Inhaltsanalyse formuliert und anhand konkreter Beispiele in Beziehung gesetzt zu unterschiedlichen Möglichkeiten, diese Ziele zu verwirklichen (Kap. 1). Daran schließt sich ein historischer Abriß zur Inhaltsanalyse an, der Entwicklungsrichtungen, Anwendungsmöglichkeiten und Probleme der Inhaltsanalyse skizziert und anhand weiterer Beispiele das Verständnis für den spezifischen Zugriff inhaltsanalytischer Methode vertieft (Kap. 2). Das letzte der einführenden Kapitel resümiert das erarbeitete Verständnis inhaltsanalytischer Methode und unternimmt anhand vorliegender Definitionsversuche eine Präzisierung des Begriffs der Inhaltsanalyse, die den weiteren theoretischen, methodischen und praktischen Ausführungen zugrunde gelegt wird.

1 Gegenstand, Ziel und Begriff der sozialwissenschaftlichen Inhaltsanalyse

1.1 Gegenstand der Inhaltsanalyse

Inhaltsanalyse ist im Grunde ein diffuser und daher unglücklich gewählter Begriff, der *Gegenstand*, *Ziel* und *Typik* der Analyse vollkommen undefiniert läßt. Man könnte darunter beispielsweise die Zollkontrolle eines Fahrzeugs, die chemische Analyse eines Mageninhalts, aber auch die Bestimmung von Art und Zahl von Münzen in einem Portemonnaie, die Analyse der Träume von Neurotikern, die Inventarisierung eines Büros, die Bewertung der Aussagen eines Parteitags, das Auswiegen von Schlachtvieh oder das Abschmecken einer Speise verstehen: alles sind Analysen von Inhalten, deren Qualität oder Quantität durch eine spezifische Analyseprozedur festgestellt werden soll. Wenn hier dennoch am Begriff „Inhaltsanalyse" festgehalten wird, so einmal deswegen, weil dieser Begriff die Übersetzung des unangefochtenen Begriffs „content analysis" darstellt und daher mittlerweile als verbreitet und akzeptiert angesehen werden darf. Zum anderen deshalb, weil er im Vergleich zu alternativ verwendeten Begriffen wie Aussagenanalyse, Textanalyse oder gar Bedeutungsanalyse (vgl. etwa Berelson/Lazarsfeld 1952; Krippendorff 1967 oder Bessler 1970) umfassender ist, so daß sämtliche dazu gehörigen Verfahren zwangsfrei unter den Begriff der Inhaltsanalyse subsumiert werden können (vgl. dazu auch Kap. 3).

Andererseits ist der Begriff des „Inhalts" bei der sozialwissenschaftlichen Methode der Inhaltsanalyse nicht beliebig, sondern notwendigerweise auf *Kommunikationsinhalte*, soweit sich diese durch geeignete Notationstechniken (z.B. Schrift) *manifest* machen lassen, beschränkt. Da Kommunikationsinhalte in sozialen Pro-

1 Gegenstand, Ziel und Begriff der sozialwissenschaftlichen Inhaltsanalyse

zessen der Kommunikation erzeugt werden, kann man Gegenstand und Ziel der Inhaltsanalyse auch unmittelbar aus einem Kommunikationsmodell ableiten. Wir benutzen dazu zunächst ein sehr vereinfachendes Modell, das nur aus vier Positionen, nämlich aus *Kommunikator* Kr (Sender, Adressant, Quelle, Organ), *Kommunikationsinhalt* (Aussage, Adresse, Mitteilung, Nachricht), *Rezipient* Rt (Empfänger, Adressat, Ziel, Publikum) und sozialer *Situation* (Rahmen, Umwelt, Feld, Gesamtzusammenhang) besteht (Abb. 1).[1]

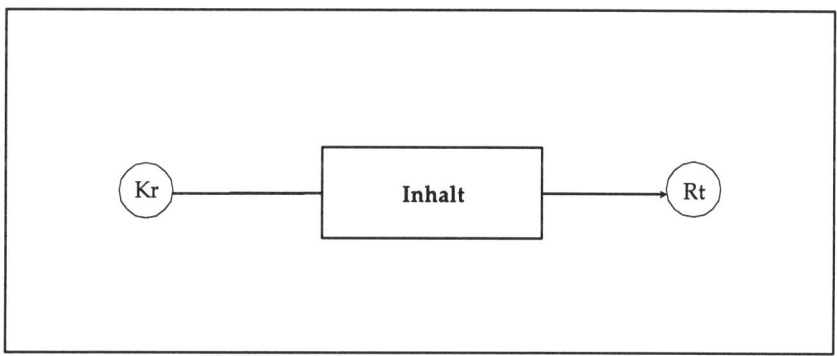

Abbildung 1: Einfaches Kommunikationsmodell

Wir wissen aus der Kommunikationsforschung, daß die Erzeugung und Formulierung eines Inhalts nicht allein Sache des Kommunikators ist (*Wer* sagt aus?), sondern immer im Hinblick auf den oder die *Rezipienten* geschieht (an *Wen* ist die Aussage gerichtet?), und darüber hinaus von einer Vielzahl von Bedingungen vor allem sozialer Art bestimmt wird, die wir hier pauschal als *Situation* bezeichnet haben. Faßt man diese drei Variablenbündel zum Begriff des Kontextes zusammen, so kann man sagen, daß der Kontext maßgeblich den Inhalt bestimmt. Diesen Zusammenhang kann man – und das ist der Grundgedanke sozialwissenschaftlicher Inhaltsanalyse – aber auch umgekehrt formulieren und das heißt: Man kann von Merkmalen eines manifesten Inhalts auf Merkmale eines nichtmanifesten *Kontextes* schließen. Berücksichtigt man noch, daß ein manifester Inhalt einen Text darstellt, so kann man vorab[2] definieren: *Inhaltsanalyse ist eine Methode zur Erhebung sozialer Wirklichkeit, bei der von Merkmalen eines manifesten Textes auf Merkmale eines nichtmanifesten Kontextes geschlossen wird.*

---

1 Wir werden später sehen (Kap. 5), daß Kommunikationsprozesse sehr viel komplizierter strukturiert sind. Das hier benutzte Modell eignet sich jedoch sowohl für interaktive Kommunikation (face-to-face-Kommunikation) als auch für Massenkommunikation und wird zumindest insofern inhaltsanalytischen Ansprüchen gerecht: Inhaltsanalyse ist an allen Kommunikationsinhalten interessiert.

2 Eine ausführliche Auseinandersetzung mit anderen Definitionen findet in Kap. 3 statt.

Gegenstand der Inhaltsanalyse sind *alle* Kommunikationsinhalte, sofern sie in irgendeiner Weise manifest, also als Text abgebildet werden können. Auch nonverbale Inhalte, wie Vasenmalereien, Höhlenzeichnungen, Musik, Theaterspiel, Tanz oder Pantomime, stellen Inhalte dar, die etwas zum Ausdruck bringen (kommunizieren) sollen und die durch geeignete Fixierungstechniken (Notation) manifest gemacht werden können. *Deskription* (Beschreibung) des Inhalts nach relevanten Merkmalen ist daher eine notwendige, aber nicht hinreichende Voraussetzung für sozialwissenschaftliche Inhaltsanalyse (vgl. dazu ausführlicher Kap. 7.2).

Ziel ist der Schluß von Merkmalen des Textes auf Merkmale des Kontextes resp. Merkmale der sozialen Wirklichkeit. Schematisiert ergeben sich damit drei Hauptziele der Inhaltsanalyse (Abb. 2):

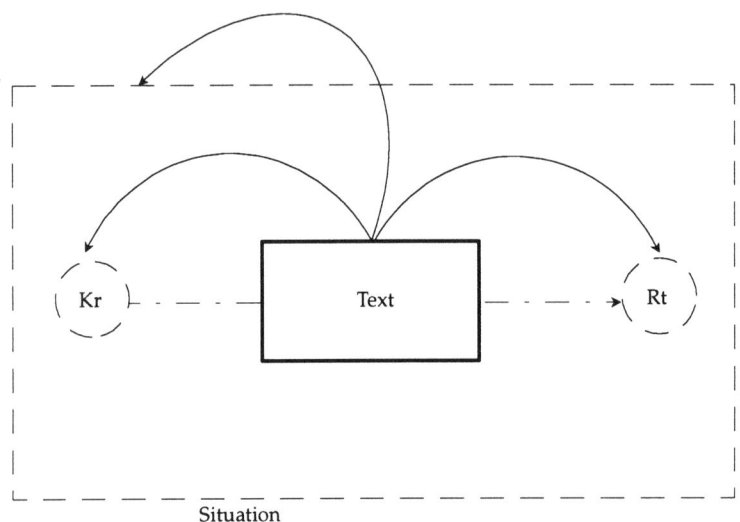

Abbildung 2: Kommunikationsmodell und Ziele der Inhaltsanalyse

Während die Deskription nach relevanten Merkmalsausprägungen eines Textes eine eindimensionale (univariate) Größe ist, stellt die Inferenz auf die soziale Wirklichkeit (den Kontext) eine mindestens zweidimensionale (bivariate) Größe dar. *Soziale Wirklichkeit* soll dabei zunächst als pauschaler Begriff für soziale Strukturen aller Art (soziales Handeln von Kommunikanden, aber auch aggregierte Formen, etwa Wert- und Normvorstellungen, organisiertes bzw. institutionalisiertes Handeln etc.) benutzt werden.

Wir wollen nun exemplarisch prüfen, welche Mittel (Methoden) uns zur Verfügung stehen, die genannten Ziele der Inhaltsanalyse in konkrete Verfahren umzusetzen. Zu diesem Zweck greifen wir willkürlich zwei Zeitungsartikel heraus, die auf unterschiedliche Weise zum gleichen Ereignis berichten und an denen wir ex-

1 Gegenstand, Ziel und Begriff der sozialwissenschaftlichen Inhaltsanalyse

emplarisch alternative Verfahren der Inhaltsanalyse vorstellen wollen.[3] (Eine ausführliche Diskussion unterschiedlicher Verfahren findet in Kap. 8 statt). Dabei sollen zunächst einige Möglichkeiten der Deskription vorgestellt werden, sodann exemplarische Analysen mit Rückschluß auf Kommunikator, Rezipient und Situation. Die beiden gewählten Texte[4] lauten wie folgt:

Text I:

Weizsäcker nein - Brandt blamiert

Eine schlimme Blamage für SPD-Chef Willy Brandt – einen Tag vor der Wahl des Bundespräsidenten steht die Koalition schon wieder ohne Kandidaten da. Brandts Favorit, Prof. Dr. Carl Friedrich von Weizsäcker (66), sagte ab.

Als Willy Brandt gestern früh in sein Bonner Büro kam, lag die schlechte Nachricht auf dem Schreibtisch, ein Fernschreiben Weizsäckers: „Ich stehe nicht zur Verfügung. Ich werde nur kandidieren, wenn ich die aufrichtige Aussicht habe, nach Möglichkeit die Wahl zu gewinnen". Die hat er aber nicht. In der Bundesversammlung fehlen SPD- und FDP-Stimmen.

Der weißhaarige Friedensforscher sagte der Bild-Zeitung gestern: „Meine Entscheidung fiel bereits am Samstagnachmittag – nach einem vierstündigen Spaziergang durch die Wälder westlich des Starnberger Sees. Als ich zurückkam, sagte ich zu meiner Frau: ‚Ich kandidiere nicht.' Eine Kandidatur nur deshalb, um den Koalitionspartnern aus der Verlegenheit zu helfen – das kam für mich nicht in Frage. So weit reicht meine freundschaftliche Verbundenheit zur Regierung, die ich in vielen Sachfragen unterstütze, denn doch nicht."

Anderthalb Tage hielt Weizsäcker sein Nein geheim. Als er gestern morgen Farbe bekannte, brach bei SPD und FDP Bestürzung aus. SPD-Präsidium und -Vorstand tagten stundenlang. FDP-Chef Genscher rief die Spitzenpolitiker seiner Partei zusammen, dann traf er Brandt. Kein Ausweg – aber neue Scheingefechte mit der CDU/CSU. Die SPD empfahl der CDU, Weizsäcker zu wählen. Die FDP winkte noch einmal mit Scheel. Die CDU forderte ihrerseits SPD und FDP auf, für Carstens zu stimmen.

In der SPD wächst die Kritik an Brandt, aber auch an Genscher. Juso-Chef Schröder: „Wenn zwei Parteivorsitzende jemanden für ein solches Amt nominieren, dann sollte man erwarten, daß dies mit dem Kandidaten bis ins einzelne besprochen ist, bevor man in die Öffentlichkeit geht."

SPD-Fraktionschef Wehner bissig: „Die Koalition muß aufpassen, daß sie nicht bald halbmast flaggt." CSU-Chef Strauß: „Eine blamable Sache, aus der keiner der Beteiligten ohne Blessuren hervorgeht."

Letzter Stand: Die SPD will heute doch noch versuchen, einen eigenen Kandidaten zu finden: Die Parteifreunde Annemarie Renger und Heinz Kühn sind im Gespräch.

---

3 Inhalte von Printmedien sind nach wie vor beliebtester Gegenstand von Inhaltsanalysen. Das liegt zum einen daran, daß Zeitungen schriftlich-verbal notiert sind, leicht und billig zu haben oder in Archiven einzusehen sind und zum anderen daran, daß Inhalte von Fernsehen für viele Zwecke – z.B. für Trendanalysen (vgl. Merten 1994) mit hinreichender Genauigkeit auch aus Programmzeitschriften erhoben werden können (vgl. dazu Kap. 2).

4 BILD-Zeitung vom 22.5.79, S. 1 und 4 sowie Neue Westfälische (Bielefeld) vom 22.5.79, S. 1 und 2.

Text II:

SPD benennt heute eigenen Kandidaten gegen Carstens
Union und Jusos üben scharfe Kritik am Vorgehen der Koalition

Bonn (ddp/dpa). Nach der Absage des Wissenschaftlers Carl Friedrich von Weizsäkker hat die SPD nach fieberhaften Bemühungen der Parteiführung sich gestern abend dazu entschlossen, einen eigenen Bewerber für die morgige Wahl des Bundespräsidenten zu präsentieren. Dies teilte SPD-Bundesgeschäftsführer Bahr am Abend im Deutschen Fernsehen mit. Bahr erklärte, der Name des Kandidaten stehe bereits fest, doch wolle er ihn nicht nennen. Der SPD-Vorsitzende Brandt werde ihn am heutigen Dienstag vor den Wahlmännern seiner Partei bekanntgeben. Auf die Frage, ob die FDP diesen Kandidaten unterstütze, sagte Bahr, dies müsse man die Liberalen fragen. Der parteilose Weizsäcker hatte seine Absage gestern in fast gleichlautenden Schreiben an Brandt und Genscher damit begründet, daß er kein „Zähl- oder Kampfkandidat" sein könne. Die Koalition hatte daraufhin zunächst vergeblich versucht, die Union zur Unterstützung Weizsäckers zu bewegen.

Weizsäcker betonte in seinem Brief an Brandt und Genscher seine grundsätzliche Bereitschaft zur Übernahme des Präsidentenamtes, wenn es ihm „von einer Mehrheit der Wahlberechtigten offen angetragen würde". Seine Absage begründete er auch damit, daß er den Eindruck vermeiden wollte, „der Koalition aus einer Verlegenheit zu helfen". Er werde nur kandidieren, wenn er „die Absicht habe, nach Möglichkeit die Wahl zu gewinnen". Diese Absicht müsse aber unter den gegebenen Umständen den Wunsch einschließen, daß mindestens 14 Abgeordnete der Opposition das ihrer Partei gegebene Wort in der geheimen Abstimmung brechen. Dies wünsche er nicht. Zugleich bedauerte der Wissenschaftler „im nationalen Interesse" den „Konfrontationskurs" in dieser Wahl, auf den sich die Opposition geeinigt habe.

Das SPD-Spitzengremium verwies darauf, daß die beiden Koalitionsparteien ursprünglich die Möglichkeit einer weiteren Amtsführung durch Walter Scheel hätte offenhalten wollen. Danach hätten sie die Kandidatur einem Mann angetragen, der durch sein Ansehen im In- und Ausland, „seine wissenschaftliche Leistung und sein politisches Engagement" fähig sein würde, das Amt des Staatsoberhaupts „mit der wünschenswerten integrierenden Kraft auszuüben".

Unterdessen haben CSU-Chef Strauß und Kohl eine Einladung von Brandt und Genscher zu einem gemeinsamen Gespräch der vier Parteivorsitzenden abgelehnt. Strauß erklärte, die Wahlmänner der CDU/CSU hätten für ein solches Gespräch kein Verständnis. Kohl bekräftigte die Unterstützung für eine Wahl von Carstens. Ein „unwürdiges Spiel" mit dem höchsten Staatsamt warf das CDU-Präsidium SPD und FDP vor. Als eine „blamable Angelegenheit" bezeichnete Strauß das Angebot an Weizsäcker und dessen Ablehnung. Er sagte in München, keiner der Beteiligten werde ohne Blessur daraus hervorgehen. Kritik am Vorgehen von SPD und FDP äußerte der Vorsitzende der Jungsozialisten, Gerhard Schröder. Gegenüber Radio Bremen erklärte er, „wenn zwei Parteivorsitzende jemanden nominieren, dann sollte man erwarten, daß dies mit dem Kandidaten bis ins einzelne besprochen ist, bevor man in die Öffentlichkeit geht". Nach seinen Worten sind die Jungsozialisten von Anfang an dagegen gewesen, „das Spielchen", das die FDP mit Scheel gespielt habe, mitzumachen.

1.2 Deskription von Inhalten

Die Deskription des Textes nach der jeweiligen inhaltsanalytischen Fragestellung, die wir als *Textanalyse* bezeichnen wollen[5], ist die notwendige Voraussetzung jeder Inhaltsanalyse. Ganz unbefangen kann man sich zunächst fragen, auf welche Weise eine Beschreibung der *Inhalte* möglich resp. sinnvoll ist. Das lenkt den Blick auf mögliche Dimensionen der Deskription, aus denen später (bei der Inferenz) auch entsprechende *Indikatoren* gewonnen werden können.

Beispiel 1: Textanalyse I

Wir beginnen damit, die Art und Zahl der verwendeten Wörter oder Silben oder die Zahl der Silben pro Wort oder die Zahl der Wörter pro Satz oder die Schachtelung der Sätze in den Artikeln festzustellen. Damit erhalten wir eine syntaktische Beschreibung, d.h. eine Beschreibung, die nur das quantitative Vorkommen von Buchstaben, Silben etc., nicht aber deren Inhalt (Bedeutung) oder deren Wirkung berücksichtigt. Die ansatzweise Auszählung der beiden Artikel nach vorkommenden Wörtern zeigt Abb. 3.

Das Ergebnis zeigt zunächst, daß besonders häufige Worte zugleich auch besonders kurze Worte sind und liefert damit einen Hinweis darauf, daß zwischen Worthäufigkeit und Wortlänge eine bestimmte Beziehung besteht, die schon Morse[6] für die Konstruktion seines Alphabets nutzbar gemacht hat (vgl. Zipf 1932). Diese Feststellung trifft sowohl für Artikel als auch für Verben als auch für Substantiva zu.

Weiterhin zeigt der *Vergleich* der Auszählung beider Artikel, daß sowohl bemerkenswerte Übereinstimmungen als auch bemerkenswerte Unterschiede bestehen. Wir werden später sehen (vgl. Kap. 9), daß man mit Hilfe der Statistik angeben kann, ob solche Übereinstimmungen resp. Unterschiede *zufällig* zustande gekommen sind oder ob sie bedeutsam (*signifikant*) sind, also auf bestimmte ursächliche Faktoren zurückgeführt werden können.

Eine derartige sogenannte *syntaktische* Beschreibung (vgl. dazu ausführlich Kap. 8.1) sagt uns jedoch noch gar nichts darüber aus, was nun wirklich im Artikel an Information enthalten ist. Dazu ist es freilich notwendig, nach der „Bedeutung" der Zeichen zu fragen, also auch auf der *semantischen* Ebene zu analysieren. Das gängigste Verfahren dazu ist eine *Themenanalyse*, bei der vor der eigentlichen Analyse *Kategorien* gebildet werden, die alle vorkommenden Inhalte abdecken müssen,

---

5   Der Begriff der Textanalyse wird in der Linguistik und Literaturwissenschaft unterschiedlich gebraucht. Die Definition von Textanalyse als „Rekonstruktion einer dem Text zugrundeliegenden Ordnung" (Titzmann 1977: 381) trifft dagegen auch hier zu.

6   Bekanntlich entwickelte Morse sein Alphabet einfach dadurch, daß er die häufigst auftretenden Buchstaben möglichst einfach (kurz) festlegte. Die Häufigkeiten ermittelte Morse einfallsreich einfach dadurch, daß er in einer Druckerei die Häufigkeit von Lettern in den Setzkästen zugrundelegte: „e" war der häufigste Buchstabe und wurde daher einfach durch einen Punkt dargestellt.

BILD	Häufigkeit	Neue Westfälische	Häufigkeit
die, dieser	16	der, des, den	28
der, des, den	14	die, dieser	25
ein	8	ein	11
zu	8	in	10
in	7	und	9
.		.	
.		.	
.		.	
SPD	9	SPD	7
FDP	5	FDP	5
CDU	3	CDU	4
CSU	2	CSU	2
Brandt	6	Brandt	4
Genscher	2	Genscher	3
Strauß	1	Strauß	3
Kohl	-	Kohl	2
.		.	
.		.	
.		.	
sagen	3	haben	10
haben	2	sein, ist	5
ist, sein	2	werden	5
unterstützen	1	unterstützen	1
.		.	
.		.	
.		.	
zusammen	1	jemanden	1
Bundespräsident	1	Bundespräsident	1
Samstagnachmittag	1	Samstagnachmittag	-
deshalb	1	deshalb	-
.		.	
.		.	
.		.	
.		.	

Abbildung 3: Auszählung nach Worthäufigkeiten

so daß jeder vorkommende Inhalt einer Kategorie zugeordnet werden kann (vgl. dazu ausführlicher Kap. 8.31). Mißt man gleichzeitig den Umfang (die Fläche) aller Artikel aus, die in einem bestimmten Zeitraum (Woche, Monat, Jahr) erscheinen, so gewinnt man eine brauchbare Beschreibung der Inhalte: die Pauschalisierung, die die Kategorien (Themen) leisten, erlaubt es, viele, vom Ereignis her sehr heterogene Artikel unter eine gleiche Kategorie zu subsumieren. Es leuchtet ein, daß die Auswahl und Definition von Kategorien vom Ziel der Analyse abhängt. Für Tageszeitungen könnte man beispielsweise das folgende Schema benutzen (Beispiel 2):

1 Gegenstand, Ziel und Begriff der sozialwissenschaftlichen Inhaltsanalyse

Beispiel 2: Textanalyse II (*Themenanalyse*)

Kategorien	Häufigkeit (%)
Außenpolitik	·
Innenpolitik	·
Wirtschaft	·
Kultur	·
Sport	·
Unglück und Verbrechen	·
Reise, Unterhaltung, Hobby	·
Sonstiges	·
	$\Sigma = 100\%$

Abbildung 4: Auszählung nach semantischen Kategorien

Für speziellere Fragestellungen müßte man auch ein entsprechend zugeschnittenes Kategorienschema entwickeln. Interessiert man sich beispielsweise nur für Politik, so kann man ein einfachstes binäres Schema „Politik" und „Anderes" bilden, wobei aber für den Bereich „Politik" eine weitere Unterteilung (Innenpolitik, Außenpolitik, Wirtschaftspolitik etc.) denkbar ist. Für diesen Typ von Analyse ist entscheidend, daß die Kategorien semantisch *trennscharf* definiert sind, z.B. durch Angabe von Kriterien, was unter „Politik" zu verstehen ist oder durch erschöpfende Aufzählung. Bei bestimmten Fragestellungen kann es sogar sinnvoll sein, eine Mehrfachkategorisierung zuzulassen, d.h. jeden Artikel einer Hauptkategorie *und* einer oder mehreren Nebenkategorien zuzuordnen (vgl. dazu ausführlich Kap. 7.12 und Kap. 11).

Für unser Beispiel ist diese Art der Analyse jedoch nicht geeignet, weil dazu die Gesamtzahl aller in einem Zeitintervall erscheinenden einschlägigen Artikel beider Zeitungen kategorisiert und ausgezählt werden müßte. Für die beiden Artikel läßt sich nur feststellen, daß – sofern man das obige Kategorienschema anwendet – beide der Kategorie „Innenpolitik" zuzurechnen sind, wobei die Flächen (223 cm^2 (Bild) bzw. 278 cm^2 (NW)) nur in bezug auf die gleiche Kategorie (Innenpolitik) Aussagekraft haben.

Eine schon sehr viel spezifischere Beschreibung von Inhalten ist durch Angabe von *Bewertungen* möglich. Die Quantifizierung erfolgt hier schon nach zwei Dimensionen: Einmal wird die Zahl der Nennungen bestimmter Objekte ermittelt, zum anderen wird die *Richtung* der Bewertung gemessen, die im einfachsten Fall von „negativ" (– 1) über „neutral" (0) bis „positiv" (+ 1) läuft. Da Bewertungen nicht im luftleeren Raum erzeugt werden, ist es möglich, nicht nur pauschal Bewertungen zu messen, sondern die Bewertung in bezug zu dem jeweiligen Bewerter zu setzen. So erhält man eine zweidimensionale Matrix, die in der Spalte die Bewerter, in der Zeile die bewerteten Objekte aufführt, so daß man – ganz ähnlich einem Soziogramm – in Randspalten und Randzeilen schließlich Summen abgegebener und Summen erhaltener Bewertungen erhält. Exemplarisch wollen wir dies für unsere beiden Artikel durchführen und erhalten folgende Ergebnisse (Abbildung 5):

Beispiel 3: Deskriptive Analyse III (*Bewertungsanalyse*)

Bewertete \ Bewerter		BILD															Neue Westfälische													
		Brandt	Genscher	Scheel	Wehner	Koalition	SPD	Juso	FDP	Kohl	Strauß	Carstens	Opposition	CDU	CSU	Weizsäcker	Organ	Summe Bewerter	Brandt	Genscher	Scheel	Wehner	Koalition	SPD	Juso	FDP	Kohl	Strauß	Carstens	Opposition	CDU	CSU	Weizsäcker	Organ	Summe Bewerter
Brandt	+															I		1																	
	0																	-																	
	-																	-																	
Genscher	+																																		
	0																																		
	-																																		
Scheel	+																																		
	0																																		
	-																																		
Wehner	+																	-																	
	0																																		
	-			I														1																	
Koalition	+																																		
	0																																		
	-																																		
SPD	+																	-															I		1
	0																	-																	-
	-	I	I															2																	-
Juso	+																	-																	-
	0																	-																	-
	-	I	I															2	I	I			I	I		I									5
FDP	+																	-																	-
	0																																		-
	-																									I									1
Kohl	+																											I							1
	0																																		-
	-																																		-
Strauß	+																	-																	-
	0																																		-
	-	I	I															2	II	II															4
Carstens	+																																		
	0																																		
	-																																		
Opposition	+																																		
	0																																		
	-																																		
CDU	+																																		-
	0																																		-
	-																					II	I	I											4
CSU	+																																		-
	0																																		-
	-																					II													2
Weizsäcker	+			I														1																	-
	0																		-																	-
	-			I														1					I							I					2
Organ	+	IIII	I	I			IIII	I	II			II	II	II			I	22	III	II	II		I	IIII	II	II	II	III		I	I	III	III	IIII	35
	0																																		
	-	II			I	I	IIII	III						I				12						I											1
Summen:	+	-	-	-	1	-	-	-	-	-	-	-	-	-	2	-	3	-	-	-	-	-	-	-	-	-	1	-	-	-	1	-	2
	0	5	1	1	-	-	5	1	2	-	1	1	-	2	2	2	-	22	3	2	2	-	1	5	2	2	2	3	1	1	3	3	5	-	35
	-	5	3	-	1	4	4	-	3	-	-	-	-	-	1	-	21	3	3	-	-	6	3	-	-	2	-	-	1	1	-	-	-	-	19

Abbildung 5: Auszählung nach Bewertungen

Es zeigt sich bei beiden Organen gleicherweise, daß das zugrundeliegende Ereignis eindeutig negativ bewertet wird: Einmal direkt in der großen Zahl negativer Bewertungen, zum anderen auch darin, daß die negativ bewerteten Personen bzw. Parteien gar nicht den Versuch machen, sich – zum Beispiel durch Gegenbewertungen – zu wehren. Auch hier ergeben sich jedoch eine Fülle von Problemen: Bewertungen können mehr oder weniger stark ausfallen, so daß sich das Problem der Verrechnung stellt; manche Bewertungen lassen sich nicht offen, sondern nur indirekt erschließen (etwa: „um den Koalitionsparteien aus der Verlegenheit zu helfen"), so daß präzise Kriterien für Bewertungen vorab gefunden werden müssen: Aussagen können durch einfache Beifügung von Adverben, durch Benutzung von Synonymen oder Diminuativa etc. eine Bewertung erfahren, die nicht eindeutig als positiv, neutral oder negativ anzusehen ist (etwa: „Die SPD will heute *doch noch* versuchen, einen eigenen Kandidaten zu finden"). Schließlich muß die Beziehung zwischen Bewerter und bewertetem Objekt mit in Rechnung gestellt werden (dazu ausführlicher Kap. 8.51).

1.3 Inferenz vom Text auf den Kontext

Bislang haben wir uns auf einige Beispiele der Deskription von Inhalten beschränkt, d.h. wir haben nur *am* Inhalt selbst analysiert. Bei der Inferenz wird jedoch unterstellt, daß bestimmte inhalts-*interne* Merkmalsausprägungen mit bestimmten inhalts-*externen* Merkmalsausprägungen korrelieren, daß zwischen *Text* und *Kontext* eine mehr oder minder stabile Beziehung besteht. Eine exakte Theorie der Inhaltsanalyse wäre eine Theorie, die es erlauben würde, von einem Text exakt auf Autor (Kommunikator), Rezipient und/oder Situation zu schließen. Eine solche Theorie kann es – wie wir sehen werden – aus den verschiedensten Gründen heraus nicht geben. Statt dessen gibt es allenfalls mehr oder minder geprüfte Hinweise darauf, daß bestimmte Textmerkmale mit bestimmten Kontextmerkmalen unter bestimmten Bestimmungen korrelieren *können*: Die einfachste Möglichkeit, von Texten auf Kontexte zu schließen, liegt nach wie vor in der Logik des Vergleichs: Unterschiede in Merkmalen des Inhalts zweier Texte werden in Beziehung gesetzt zu Unterschieden in Merkmalen zweier Kontexte. (Dieses Problem wird ausführlich in Kap. 7.22 diskutiert.)

1.31 Schluß vom Inhalt auf den Kommunikator

Im folgenden soll zunächst die Beziehung Inhalt – Kommunikator an einigen Beispielen verdeutlicht werden. Wir beginnen zunächst wieder auf der syntaktischen Ebene (vgl. Beispiel 1) und fragen, ob man aus der Verwendung bestimmter Silben, Worte oder deren Anordnung in größeren Einheiten (Sätzen, Absätzen, Artikeln) Schlüsse auf den Kommunikator ziehen kann. Offensichtlich ist eine Analyse des Wortgebrauchs und der Wortstellung eine Art *Stilanalyse*, mit der der Stil eines Kommunikators charakterisiert werden kann. Aus genügend vielen Textproben (ein Artikel ist da natürlich nicht ausreichend und auch nicht repräsentativ) lassen sich dann bestimmte Kenngrößen eines Autors ermitteln (etwa: durchschnittliche Zahl von Wörtern pro Satz, durchschnittliche Zahl von Silben pro Satz, Verhältnis betonter und unbetonter Silben etc.). Mit diesen Kenngrößen läßt sich dann eine *Autorenanalyse* von Texten unbekannter Herkunft durchführen: Man analysiert ganz analog einen unbekannten Text auf entsprechende Kenngrößen und vergleicht diese mit denen in Frage kommender Autoren, wobei die Toleranzen, innerhalb derer Autorenkenngrößen und Textkenngrößen als identisch angesehen werden, mit den Mitteln der schließenden Statistik exakt bestimmbar sind (vgl. dazu Kap. 8.1). Die Methode des *Vergleichs* schafft also hier den Ansatzpunkt für schließendes Vorgehen. Exemplarisch sollen hier für beide Texte die folgenden Kenngrößen dargestellt werden:

1) Mittelwert der Zahl der Worte pro Satz
2) Streuung der Zahl der Worte pro Satz

Wir erhalten im Ergebnis[7] die folgenden Werte (Beispiel 4):

Beispiel 4: Analyse des Kommunikators I *(Autorenanalyse)*

Kenngröße	BILD	Neue Westfälische
Mittelwert der Wörter pro Satz $\bar{x}$	10.3	17.5
Streuung der Wörter pro Satz s	6.5	7.9
Quotient $\frac{s}{\bar{x}}$	0.63	0.45

Abbildung 6: Kennwerte von Kommunikatoren (Organen)

Im Ergebnis zeigen sich bedeutsame Unterschiede: Die Bild-Zeitung formuliert wesentlich kürzere Sätze als die Neue Westfälische. Andererseits liegt der Streuwert der Bild-Zeitung vergleichsweise viel höher, was bedeutet, daß Unterschiede in der Satzlänge bei der Bild-Zeitung häufiger und vor allem extremer auftreten. Sogar ohne statistischen Test läßt sich sofort vermuten, daß beide Artikel nicht vom selben Autor stammen (vgl. zum exakten statistischen Test Kap. 9.32).

Auch auf der *semantischen* Ebene ist die Inferenz vom Inhalt auf den Kommunikator auf verschiedene Art möglich. So können wir etwa auf das Kategorienschema (Beispiel 2) zurückgreifen und über den *Vergleich* eines Artikels a) mit anderen Artikeln des gleichen Organs oder b) anderen Artikeln eines anderen Organs zu zweierlei Aussagen gelangen: Im ersteren Fall vergleichen wir *dasselbe* Organ über die Zeit, erhalten also eine *Trendanalyse* der Berichterstattung nach Kategorien. Daraus ergeben sich Aussagen, ob der Kommunikator (das Organ) bestimmte Sparten – auf Kosten anderer – erweitert oder eingeschränkt hat. Im zweiten Fall vergleichen wir zwei *verschiedene* Organe über die Zeit, so daß wir im Vergleich

---

7 Diese Analyse hat nur demonstrierenden Charakter: Die Textproben für eine verläßliche Ermittlung der Kenngrößen sind zum einen viel zu klein und zum anderen wissen wir bereits, daß die Texte von zwei verschiedenen Zeitungen stammen, so daß eine Identität des Autors nicht gut unterstellt werden kann.

1 Gegenstand, Ziel und Begriff der sozialwissenschaftlichen Inhaltsanalyse

Aussagen über den spartenmäßigen Umfang der Berichterstattung machen können (Beispiel 5):

Beispiel 5: Analyse des Kommunikators II (*Vergleichende Themenanalyse*)

Kategorien	Organ I Häufigkeiten (%)	Organ II Häufigkeiten (%)	Differenz der Häufigkeiten (%)
Außenpolitik	.	.	.
Innenpolitik	.	.	.
Wirtschaft	.	.	.
Kultur	.	.	.
Sport	.	.	.
Unglück und Verbrechen	.	.	.
Reise, Unterhaltung, Hobby	.	.	.
Sonstiges	.	.	.
	$\Sigma = 100\%$	$\Sigma = 100\%$	$\Sigma = 0\%$

Abbildung 7: Auszählung nach semantischen Kategorien

Wählt man als Vergleich nicht nur ein Organ, sondern definiert man eine *repräsentative Auswahl* der Zeitungsberichterstattung für einen bestimmten Raum, so kann man sogar jedes einzelne Organ gegen diese Auswahl testen und spartenmäßig auf wesensmäßige (signifikante) Abweichungen prüfen (dazu reicht natürlich die Analyse unserer zwei Artikel nicht aus, so daß wir auch hier kein Ergebnis demonstrieren können).

Auf der *pragmatischen* Ebene fragen wir nach der Absicht (Intention) des Kommunikators, die er mit der Formulierung seines Inhalts verfolgt bzw. wir fragen, welche Wirkung er bei dem oder den Rezipienten erzielen will. Analysen zur Feststellung der Intention des Kommunikators sind – aus Gründen, die wir noch kennenlernen werden (vgl. Kap. 5 sowie Kap. 8.6) – problematisch und oft unbefriedigend. Daher gibt es auch besonders viele und unterschiedliche Ansätze, die wir an dieser Stelle nur exemplarisch anführen können.

Am Beispiel unserer Zeitungsartikel können wir z.B. unterstellen, daß der jeweilige Kommunikator ein Interesse hat, daß seine Artikel gelesen werden. Daher wird er zunächst einmal verständlich schreiben wollen, was wir etwa anhand einer *Verständlichkeitsanalyse* prüfen könnten. Dann will er uns mit bestimmten Themen bekannt machen (und vielleicht mit anderen nicht so sehr), was wir über die vergleichende Analyse nach Kategorien feststellen könnten. Schließlich kann es sein, daß er bestimmte Werthaltungen oder Einstellungen vertritt, zum Beispiel gegenüber politischen oder weltanschaulichen Interessengruppen (Parteien, Kirche, Verbände etc.), die auf seine Berichterstattung abfärben oder die er seinen Rezipienten ansinnen möchte. In einem solchen Fall könnte man eine *Einstellungsanalyse* bzw. *Werthaltungsanalyse* oder auch eine *Objektivitätsanalyse* durchführen. Am

Beispiel unserer zwei Artikel soll hier ansatzweise eine *Verständlichkeitsanalyse* und eine *Objektivitätsanalyse* skizziert werden.

Verständlichkeitsanalysen prüfen auf der syntaktischen Ebene die Verständlichkeit (Lesbarkeit) eines Inhalts, indem sie die durchschnittliche Zahl von Worten pro Satz, die Zahl der Silben etc., aber auch die Faktoren des Interesses (das wären freilich schon wieder semantische oder gar pragmatisch bestimmte Faktoren) mit bestimmten, experimentell gewonnenen Verständlichkeitswerten vergleichen (vgl. dazu im Überblick Wiio 1968). Begnügen wir uns bei unseren Artikeln allein mit der Zahl der Worte pro Satz, so erhalten wir das folgende Ergebnis (Beispiel 6):

Beispiel 6: Analyse des Kommunikators III (*Verständlichkeitsanalyse*)

Mittlere Zahl der Wörter pro Satz	Grad der Verständlichkeit nach Flesh (1951: 6)	BILD	Neue Westfälische
8	sehr einfach		
		←———— 10.3	
11	einfach		
14	ziemlich einfach		
17	durchschnittlich		
		←————————— 17.5	
21	ziemlich schwierig		
25	schwierig		
29	sehr schwierig		

Abbildung 8: Vergleich von Verständlichkeitswerten

Unter der Voraussetzung, daß diese an nur je einem speziellen Artikel gewonnenen Ergebnisse verallgemeinert werden könnten, hat die Bild-Zeitung einen deutlich höheren Grad der Verständlichkeit („einfach" bis „sehr einfach") als die Neue Westfälische (weniger als „durchschnittlich").

Objektivitätsanalyse prüft auf objektive Darstellung (soweit man „objektiv" überhaupt berichten kann). Für unsere beiden Artikel, die politischen Inhalts sind, könnte man prüfen, ob die Darstellung „neutral" ist, d.h. ob das jeweilige Organ nicht eine bestimmte politische Richtung bevorzugt. Als Grundlage der Analyse kann Beispiel 3 (Deskription von Bewertungen in einer Soziomatrix) herangezogen werden. Das Problem liegt, wie gerade an dem gewählten Ereignis sehr schön deutlich wird, nun darin, daß „Neutralität" keineswegs heißen kann, daß sich ein Organ der Wertung enthalten oder ausgewogen berichten muß: Das beschriebene Ereignis (die SPD-FDP-Koalition hat drei Tage vor der Wahl zum Bundespräsidenten keinen eigenen Kandidaten vorzuweisen) ist ein Ereignis, das der SPD-FDP-Koalition generell Kritik einträgt, also ein negativ bewertetes Ereignis darstellt. Von daher besagt ein Überwiegen negativer Bemerkungen keinesfalls, daß das berichtende Organ sich nicht neutral verhält. Um dennoch aussagekräftige Angaben zu gewinnen, muß man nach plausiblen Indikatoren suchen, die, unabhängig von der Bewertung eines Ereignisses an sich Werthaltungen des Kommunikators sichtbar machen.

Für unser Textbeispiel (Nominierung von Kandidaten für die Wahl zum Bundespräsidenten sollen exemplarisch 3 Indizes aus den Bewertungs-Indikatoren gebildet werden (Beispiel 7):

Beispiel 7: Analyse des Kommunikators IV (*Objektivitätsanalyse*)

Ein Objektivitäts-Index läßt sich aus der Maxime „facts are sacred but comment is free" des Journalismus ableiten (vgl. Schönbach 1977). Demgemäß muß eine Zeitung, gerade wenn sie „überparteilich" und „unabhängig" sein will, die Trennung von *Nachricht* und *Meinung* respektieren. Demgemäß sind in einem Nachrichtenartikel nur zitierte, aber keine eigenen Bewertungen zulässig. Ein Objektivitätsindikator läßt sich daher bilden als Verhältnis aller Eigenwertungen zu der Summe aller Wertungen Z,

(1a) $\quad O = \dfrac{\Sigma B_{eigen}}{\Sigma B_{fremd} + B_{eigen}} \qquad$ *Objektivitätsindex*

die in Abb. 5 bereits ausgewählt vorliegen. Der Index variiert in den Grenzen von 0 bis +1: je größer der Wert, desto weniger objektiv die Berichterstattung.

Ein Neutralitätsindex muß immer auf ein bestimmtes *Einstellungsobjekt* bezogen werden und läßt sich auf zweierlei Weise, nämlich *direkt* und *indirekt* errechnen: Der direkte Index errechnet sich, indem man – zu dem jeweiligen Einstellungsobjekt – alle *Eigenbewertungen* des Organs auszählt, von den positiven die negativen Bewertungen abzieht und diese wieder ins Verhältnis setzt zu der Zahl Z insgesamt vorliegender Bewertungen.

Der indirekte Index errechnet sich analog, indem man – wieder zu dem jeweiligen Einstellungsobjekt – als *Fremdbewertungen* im Artikel auszählt, die Differenz positiver und negativer Fremdbewertungen bildet und diese analog zu der Zahl Z der Gesamtbewertungen ins Verhältnis setzt:

(1b) $\quad N_{direkt} = \dfrac{\Sigma B_{+eigen} - \Sigma B_{-eigen}}{Z} \qquad$ *Direkter Neutralitätsindex*

(1c) $\quad N_{indirekt} = \dfrac{\Sigma B_{+fremd} - \Sigma B_{-fremd}}{Z} \qquad$ *Indirekter Neutralitätsindex*

Der indirekte Index ist aussagekräftig für die Bewertung von Einstellungsobjekten in der (politischen) Öffentlichkeit, der direkte Index ist dagegen aussagekräftig für die Einstellung, die das jeweilige Organ gegenüber dem Objekt einnimmt. Wir werden später (Kap. 8.51-16) sehen, daß man solche Indizes noch verfeinern kann.

Schließlich kann man auch das Verhältnis von Überschrift und Artikel anhand von Bewertungen analysieren: Wenn in der Überschrift anteilig mehr Bewertungen als im Artikel vorkommen, so kann man unterstellen, daß der Kommunikator (der Journalist) das Lesen des Artikels unter einer spezifischen Perspektive intendiert, sofern es sich gerade in der Überschrift um Eigenbewertungen handelt.

Demgemäß kann man einen Verzerrungsindex bilden, indem man die Zahl der Eigenbewertungen zu der Zahl der Aussagen in der Überschrift in Beziehung setzt und diesen Quotienten durch einen entsprechenden Quotienten, bezogen auf den Artikel, dividiert. Nimmt dieser Index den Wert 1 an, so sind Überschrift und Artikel vollkommen konsonant – die Überschrift gibt ein maßstabgerechtes Abbild des Inhalts her. Ist der Wert dieses Index jedoch größer, so liegt eine Verzerrung vor. Als „Aussage" gelten hier alle Satzteile, die sich zu einem eigenen Satz ergänzen lassen. So wird z.B. die Überschrift „Weizsäcker nein – Brandt blamiert" wie zwei Sätze gerechnet etc.

(1d) $$V = \frac{\frac{\sum B_{eigen-Überschrift}}{\sum Aussagen_{Überschrift}}}{\frac{\sum B_{eigen-Artikel}}{\sum Aussagen_{Artikel}}} \qquad Verzerrungsindex$$

Dieser Index läßt sich natürlich nur dann anwenden, wenn man Eigenbewertungen eines Organs sowohl in der Überschrift als auch im Artikel vorfindet.

Wenden wir diese Indizes auf unsere beiden Texte an, deren Rohauswertung durch Feststellung von Bewertungen schon vorliegt (Daten aus Abb. 5), so ergibt sich folgendes Bild (Abb. 9):[8]

	BILD	Neue Westfälische
Zahl der Fremdbewertungen im Artikel	$B_+ = 2$ $B_- = 8$	$B_+ =$ $B_- = 14$
Zahl der Eigenbewertungen im Artikel	$B_+ = 1$ $B_- = 12\ (5)$	$B_+ = 0$ $B_- = 1\ (1)$
Zahl der Fremdbewertungen in der Überschrift	$B_+ = 0$ $B_- = 1$	$B_+ = 0$ $B_- = 1$
Zahl der Eigenbwertungen in der Überschrift	$B_+ = 1$ $B_- = 0$	$B_+ = 0$ $B_- = 0$
Objektivitätsindex	$\frac{13}{23} = .56$	$\frac{1}{14} = .07$
Direkter Neutralitätsindex (SPD)	$\frac{-4}{-9} = .44$	$\frac{-1}{-3} = .33$
Indirekter Neutralitätsindex (SPD)	$\frac{0:4}{0:4} = 1$	$\frac{2:3}{2:3} = 1$
Verzerrungsindex	$\frac{1/2}{13/45} = 1.73$	$\frac{0/2}{1/56} = 0$

Abbildung 9: Messung von Objektivität anhand von 4 Indizes

---

8 Als Einstellungsobjekt für den Neutralitätsindex wurde das Objekt „SPD" gewählt, weil dieses die meisten Bewertungen in den gewählten Artikeln erhält (Eigenbewertungen hierfür in Klammern).

Daraus erkennt man, daß sich die beiden Zeitungen doch recht wesentlich unterscheiden[9]: Zum einen hinsichtlich der Trennung von Nachricht und Meinung, die in der Bild-Zeitung sehr wenig respektiert wird, wie der Indexwert von .56 zeigt.

Zum anderen zeigt sich, daß der Neutralitätswert bei BILD ebenfalls einen höheren Wert aufweist, was auf eine negative Einstellung zum Einstellungsobjekt (hier SPD) hinweist. Schließlich zeigt der Verzerrungsindex V, daß auch in der Überschrift vergleichsweise mehr Eigenbewertungen bei der BILD-Zeitung als im Artikel auftreten: Man kann daher vermuten, daß die BILD-Zeitung nicht nur Informationen vermitteln will, sondern zugleich auch eine recht deutliche Perspektive, wie diese Informationen einzuschätzen sind (vgl. dazu auch Schröder/Storll 1980).

Wie wir noch sehen werden (vgl. Kap. 7.1), gibt es eine Vielzahl von Indikatoren, die zur Bestimmung spezifischer Kommunikatoreigenschaften gebildet werden können und die den Rückschluß vom Text auf Merkmale des Kontextes zulassen.

1.32 Schluß vom Inhalt auf den Rezipienten

Schon der Schluß vom Inhalt auf den Kommunikator, insbesondere auf dessen mögliche oder tatsächliche Intention, ist eine problematische Angelegenheit: Erst recht gilt dies jedoch für den Schluß vom Inhalt auf dessen Wirkung beim (möglichen, wahrscheinlichen, wirklichen) Rezipienten, denn hier ist so gut wie alles ungewiß: Jeder Inhalt hat eine direkte Beziehung zu seinem Kommunikator, denn dieser hat ihn erzeugt, formuliert, auf den Weg gebracht etc. Welche Rezipienten jedoch der Inhalt erreicht, ob dieser von ihnen aufgenommen oder gar angenommen wird, kann man vom Inhalt *allein* her in keinem Fall sagen. Wir können allenfalls *im Vergleich* und bei Unterstellung der Konstanz aller anderer bei der Rezeption wirksamer Bedingungen (sog. Ceteris-paribus-Klausel) Bedingungen ableiten, die einen Inhalt mehr oder weniger wirksam erscheinen lassen (dieses Problem wird ausführlicher in Kap. 5.33 diskutiert).

Jeder Kommunikationsinhalt, der den Rezipienten erreicht, kann Wirkungen hervorrufen, wobei sich das Wirkungsproblem jedoch mehrfach und in gestufter Abfolge stellt: Ein Inhalt muß zunächst rein physikalisch seinen Rezipienten erreichen. Das ist ein technisches Problem, dessen Lösung bei der Inhaltsanalyse generell schon vorausgesetzt wird. Des weiteren muß der Inhalt *rezeptabel*, d.h. verständlich formuliert sein. Das ist bereits als syntaktisches Problem angeschnitten worden, nämlich bei der Messung von Verständlichkeit (vgl. Beispiel 6). Darüber hinaus muß unterstellt werden können, daß die Bedeutung der verwendeten Worte zwischen Kommunikator und Rezipient genügend ähnlich ist – das ist ein semantisches Problem, das sich normalerweise nur dann stellt, wenn Kommunikator und Rezipient nicht dem gleichen kulturellen Raum angehören und dann für syntaktisch identische Worte semantisch nicht mehr gleiche oder zumindest ähnliche

---

9 Selbstverständlich kann man solche Aufschlüsse nur dann verallgemeinern, wenn man sie an einem repräsentativen Sample von Artikeln gewonnen hat und nicht auf Grund der Analyse eines einzigen Artikels.

Bedeutungen assoziiert werden. Die Bedeutung eines Zeichens im engeren Sinne (Denotation) spezifiziert eine relativ feste Beziehung zwischen einem Zeichen (Wort) und einem oder mehreren Objekten (Gegenständen, Zeichen, Ideen etc.), die dann wie in einem Lexikon aufgelistet werden können. Daneben gibt es jedoch eine Bedeutung im weiteren Sinne (Konnotation), die die relativ subjektiven Assoziationen, die man bei der Präsentation eines Zeichens (Wortes) empfindet, zum Gegenstand hat. Dies macht man sich in einem weiteren inhaltsanalytischen Verfahren, dem sogenannten *Semantischen Differential* (Polaritätenprofil) zunutze, das für bestimmte Zeichen bestimmte Wirkungsdimensionen meßbar macht. Man präsentiert einer Versuchsperson (Rezipient) ein bestimmtes Wort und gibt dazu eine Reihe von semantischen Gegensatzpaaren (etwa warm – kalt) vor, die die Endpunkte einer normalerweise siebenstufigen Skala bilden.

Da die Gegensatzpaare jeweils im Hinblick auf ein bestimmtes Analyseziel hin entwickelt werden, eignet sich dieses Verfahren besonders für den Vergleich von Objekten (Personen) im Hinblick auf die vorgegebenen Eigenschaften. Für unser Beispiel etwa könnte man danach fragen, wie bestimmte Politiker oder Parteien im Hinblick auf politisch relevante Eigenschaften eingeschätzt werden. Will man etwa wissen, wie gut sich zwei Kandidaten für ein politisches Amt eignen, so kann man eine repräsentative Befragung durchführen und jeweils ein semantisches Differential von den Befragten (Rezipienten) ausfüllen lassen. So erhält man etwa das folgende Ergebnis (Beispiel 8):

Beispiel 8: Analyse des Rezipienten[10] (*Semantisches Differential*)

Anhand von 20 Eigenschafts-Paaren sollten die Befragten über den Bundeskanzler Helmut Schmidt und den Kanzlerkandidaten F. Josef Strauß urteilen. Links stand eine positive Eigenschaft („stark"), rechts die entsprechende negative („schwach"), dazwischen waren sechs Kästchen markiert. Die Anweisung lautete: Je mehr Sie Ihr Kreuz nach links setzten, desto mehr halten Sie die linke Eigenschaft für zutreffend, je mehr Sie ihr Kreuz nach rechts setzen, desto mehr gilt die rechte Eigenschaft.

Für jedes Eigenschaftspaar wurde je ein Mittelwert für Strauß und Schmidt errechnet. Die Reihenfolge der Eigenschaftspaare ergab sich daraus, wie oft sie als „sehr wichtig" bezeichnet wurden (vgl. Abb. 10).

Dieses Beispiel zeigt jedoch nur die semantischen Wirkungsbedingungen auf. Denn schließlich muß der Inhalt weiterhin auf Eigenschaften wie Informationsgehalt (Überraschungswert), Relevanz oder affektive Komponenten analysiert werden, die ihn eben nicht nur rezeptabel (verständlich), sondern auch akzeptabel (wirksam) machen. Dies sind Probleme auf der pragmatischen Ebene, d.h. auf *der* Ebene, wo auch nach der Beziehung der Zeichen zu ihren Benutzern gefragt wird. Wir kennen auch diese Ebene bereits von der exemplarischen Kommunikatoranalyse: auch der Umgang des Kommunikators mit dem Inhalt, also seine Intention,

---

10 Nach: Der Spiegel Nr. 19/5.5.1980, S. 48.

1 Gegenstand, Ziel und Begriff der sozialwissenschaftlichen Inhaltsanalyse 31

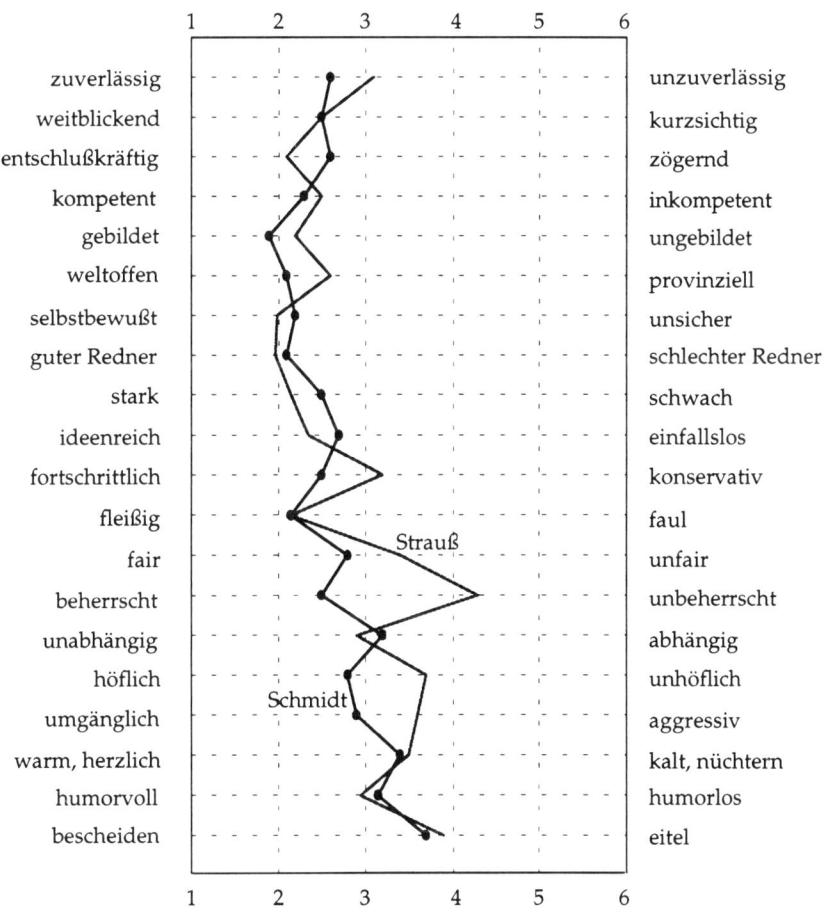

Abbildung 10: Semantisches Differential der Kanzlerkandidaten Schmidt und Strauß vor der Bundestagswahl 1980

seine stilistischen Fähigkeiten, sein Sich-In-Den-Rezipienten-Hineinversetzen bei der Formulierung des Inhalts, setzt schon die pragmatische Ebene voraus. Daher ergeben sich bei dieser Art von Inhaltsanalyse prinzipiell die gleichen Probleme wie bei der Kommunikator-Analyse, wie dies in Abb. 11 schematisch dargestellt ist:

Semiotische Ebene der Analyse	Typ der Analyse	Intention des Kommunikators	Wirkungsbedingung beim Rezipienten
syntaktisch	Verständlichkeitsanalyse	Inhalte verständlich zu formulieren	Inhalte müssen *formal* geeignet formuliert werden, damit sie verständlich sind.
semantisch	Assoziationsanalyse	möglichst solche Zeichen zu benutzen, die für Kommunikator und Rezipient bedeutungsgleich sind	Die Bedeutung der Zeichen eines Inhalts muß möglichst eindeutig sein, damit der Inhalt verständlich wird.
pragmatisch	Wirkungsanalyse	inhaltliche Beeinflussung des Rezipienten	Inhalte müssen inhaltlich geeignet formuliert werden, damit sie die intendierte Wirkung erzielen (und nicht irgendeine andere).

Abbildung 11: Analogie der Analyse von Intention des Kommunikators und Wirkung beim Rezipienten (exemplarisch)

Wir werden später sehen (vgl. Kap. 8.6), daß in der Tat diese Entsprechung des Analysetyps zwischen Kommunikator und Rezipient besteht.

1.33 Schluß vom Inhalt auf die Situation

Die Zielkategorie der Situation ist – im Vergleich zu der von Kommunikator und Rezipient – nicht derart präzise abgrenzbar, da darunter von Fall zu Fall andere, in der jeweiligen Kommunikationssituation wirksame Randbedingungen und/oder sich einstellende Folgen erfaßt werden.

Bedingungen sollen hierbei alle solche Variablen heißen, die den Rahmen bestimmen, innerhalb dessen Kommunikationsinhalte formuliert und/oder rezipiert werden, so daß die jeweiligen Inhalte solche Bedingungen *reflektieren* können: Gesamtgesellschaftliche Werte, Vorstellungen, Einstellungen, Wissens- und Glaubensbestände können dazu ebenso zählen wie politischen Zwänge oder ökonomische Restriktionen, aber auch der „Zeitgeist" oder das Glücksgefühl kultureller Epochen, oder – auf der Ebene individueller Kommunikation – neurotische Einflüsse, Bedürfnis- und Motivationslagen etc.

Im Rahmen unserer willkürlich ausgewählten Artikel sind verschiedene Typen von Situationsanalyse denkbar: Man könnte die Inhalte auf darin vorkommende

Bestände an Wissen, Einstellungen und Werten analysieren und (sofern dies repräsentativ erfolgen würde) daraus folgern, daß man gegenüber bestimmten Objekten bestimmte Eigenschaften assoziiert, bestimmte gemeinsame Wertvorstellungen hegt etc. Diese Unterstellung ist natürlich besonders dann interessant, wenn Inhalte mit einer *Wertung* oder einer *Norm* versehen sind, denn gerade Werte und Normen sind sehr stark gesamtgesellschaftlich akzeptiert und abgesichert (*man denkt, handelt, deutet so* bzw. *man muß oder sollte so denken, handeln, deuten etc.*). Für unser Beispiel könnte man daher unterstellen, daß die an Personen und Parteien festgemachten Wertungen einen Rückschluß auf allgemein vorhandene Wertungen zulassen, sozusagen eine öffentliche Meinung widerspiegeln.[11]

Summiert man alle vorkommenden Bewertungen in beiden Artikeln getrennt für Koalition und Opposition (wobei hier Personenbewertungen jeweils der Koalition bzw. der Opposition zugerechnet werden), so erhält man anhand der Daten aus Beispiel 3 ein sehr eindeutiges Ergebnis (Beispiel 9):

Beispiel 9: Analyse der Situation (*Bewertungsanalyse*)

	Objekt der Bewertung	
	Koalition	Opposition
Zahl positiver Bewertungen insgesamt	–	1
Zahl negativer Bewertungen insgesamt	37	1

Abbildung 12: Bewertungen von Koalition und Opposition in der Presse anläßlich der Absage von Von Weizsäcker als Kandidat für die Wahl des Bundespräsidenten

Die Interpretation dieser Analyse ist deutlich: *man* bewertet das zugrundeliegende Ereignis (fehlender Kandidat der Koalition für das Amt des Bundespräsidenten) generell negativ bzw. *man* lehnt das Verhalten der Koalition ab. Daß eine solche Analyse natürlich voraussetzt, daß der Kommunikator dem Volk sehr genau aufs Maul geschaut hat (und nicht etwa selbst völlig subjektive Bewertungen zum Ausdruck bringt), bringt die grundsätzliche Inferenzproblematik aller Inhaltsanalyse erneut ins Spiel (vgl. dazu Kap 8.61).

Folgen von Kommunikation – im weitesten Sinne – lassen sich unter bestimmten Umständen ebenfalls inhaltsanalytisch erschließen und sollen hier analog zu den Bedingungen als Situationsvariablen bezeichnet werden. Beispielsweise kann man die Interaktion einer Gruppe beobachten, indem man die stattfindende Kommunikation der Gruppenmitglieder fortlaufend analysiert, und dann daraus Schlüsse auf Gruppenkonflikte, Gruppenintegration etc. zieht (*Interaktionsprozeßanalyse*, vgl.

---

11 Sofern Situationsvariablen gesamtgesellschaftliche Bestände, vor allem des Denkens, Wertens, Meinens, Wissens oder Handelns zum Gegenstand haben, lassen sie sich auch in Bezug zur Zielkategorie des Rezipienten setzen: Der Inhalt reflektiert, was *der* Rezipient denkt, wertet, meint, weiß oder wie er handelt. Auf dieses Problem soll später ausführlicher eingegangen werden (vgl. Kap. 7.2).

Bales 1950; 1956) Oder man analysiert Propagandasendungen fortlaufend auf Zu- oder Abnahme bestimmter Schlüsselbegriffe (*Symbolanalyse*) oder deren Bewertungen oder Assoziation (*Bewertungsanalyse*) hin und schließt dann daraus auf das politische Klima, die Vorbereitung politischer oder militärischer Aktionen etc. (vgl. dazu exemplarisch George 1956). Wir werden dazu später noch verschiedene Beispiele kennenlernen.

1.4 Typologie der Inhaltsanalyse

Wir haben uns bislang einen zunächst noch sehr groben Überblick über Gegenstand, Ziele und Mittel der Inhaltsanalyse verschafft. Wir haben das Ziel der Inhaltsanalyse als Analyse sozialer Wirklichkeit durch Textanalyse definiert und dabei drei Ziele unterschieden, die wir an Positionen des Kommunikationsprozesses festgemacht haben: Schluß auf Kommunikator, Rezipient und Situation. Des weiteren haben wir als Mittel der Analyse drei Ebenen kennengelernt, nämlich die syntaktische, semantische und pragmatische Ebene, denen jeweils spezifische Analyseverfahren zugeordnet werden können. Trägt man Ziele und Mittel der Analyse in ein Koordinatensystem ein, so ergibt sich eine erschöpfende Typologie inhaltsanalytischer Verfahren (Abb. 13), die, wie wir sehen werden, noch verfeinert werden kann (vgl. Kap. 7.13), und die später zur systematischen Vorstellung aller inhaltsanalytischen Verfahren benutzt werden soll (vgl. Kap. 8).

Ziel der Analyse / Mittel der Analyse	Kommunikator	Rezipient	Situation
syntaktische Dimension			
semantische Dimension			
pragmatische Dimension			

Abbildung 13: Typologie inhaltsanalytischer Verfahren

2 Zur Geschichte der Inhaltsanalyse

Das Verständnis für die Möglichkeiten, die die Inhaltsanalyse eröffnet, rundet sich, wenn man ihre Entwicklung von einem intuitiven zu einem systematischen Erhebungsinstrument sozialer Wirklichkeit verfolgt. Ganz grob lassen sich dabei fünf Phasen der Entwicklung unterscheiden, die nicht völlig trennscharf abzugrenzen sind und von vielen anderen Entwicklungen, insbesondere der der Massenmedien und der internationalen Politik, bestimmt worden sind (vgl. dazu ausführlicher Merten 1982): 1. Die Phase der Intuition (bis 1900), 2. die quantitativ-deskriptive Phase (7. Jh.–1926), 3. die Phase der Reife zum eigenständigen Erhebungsinstrument sozialer Wirklichkeit (1926–1941), 4. die Phase der interdisziplinären Erweiterung (1941–1967) und schließlich 5. die gegenwärtige Phase der theoretisch-methodischen Fundierung (1967 ff.).

2.1 Die Phase der Intuition (bis 1900)

Die *Phase der Intuition* ist so alt wie die Menschheit selbst, denn der Schluß von der Beschaffenheit manifester Inhalte (Handlinien, Organe oder Verhalten von Opfertieren) auf nichtmanifeste Umstände oder Zustände (Launen der Götter, Gunst des Schicksals, Glück in der Liebe, Beschaffenheit des Wetters) ist ein in vielen Kulturen durchgängig vorfindbares Element. Die Vorgehensweise derartiger „Inhaltsanalyse" erfolgt jedoch nach subjektivem Gutdünken, nach Intuition und bleibt, weil sie gern zum Geheimnis erklärt wird, ebenso unerfindlich wie die Plausibilität ihrer Inferenz vom Inhalt auf jeweils relevante Objekte. Bis auf den heutigen Tag wird diese intuitive Art von Inhaltsanalyse, freilich in entschärfter Form, geübt, wenn Menschen auf Grund von „Erfahrung", „Gefühl" oder noch kruderer Systematiken aus der Analyse von allerlei Inhalten auf die Realisation von allerlei Dingen schließen. Eine realitätsnähere Version intuitiver Inhaltsanalyse stellt schließlich auch alles subjektive Bewerten, Beurteilen, Einschätzen bestimmter Qualitäten bestimmter Objekte dar (etwa: Kritik eines Kunstwerks, Beurteilung von Personen, Prognosen, Wettervorhersagen etc.), denn die Logik des Schlusses selbst kann nicht immer angegeben, geschweige denn schlüssig begründet werden. Das für alle Inhaltsanalysen typische Schlußverfahren von inhaltsinternen auf inhaltsexterne Merkmale läßt sich jedoch schon hier durchgängig nachweisen. Dennoch kann man zumindest zwei Ansätze nennen, nämlich die Psychodiagnostik und die Psychoanalyse, die sich von der Intuition zu realitätsnäheren Verfahren der Inhaltsanalyse entwickelt haben: Zum einen die Graphologie, die seit Meyer (1895) eine wissenschaftliche Verankerung als Instrument der Persönlichkeitsdiagnostik erfahren hat (Schluß vom Schriftbild auf den Kommunikator), und zum anderen die Traumdeutung nach Freud (1900), die ebenfalls vom verbal reproduzierten Traum auf konkrete Wirklichkeit des Kommunikators (Patienten) zurückschließt. Freud (1900: 1) formuliert dieses Inferenzprinzip mit aller wünschenswerten Klarheit: „Auf den folgenden Blättern werde ich den Nachweis erbringen, daß es eine psychologische Technik gibt, Träume zu deuten und daß bei der Anwendung dieses Verfahrens jeder Traum sich als sinnvolles psychisches Gebilde herausstellt, welches an angebbarer Stelle in das seelische Treiben des Wachens einzureihen ist". Doch mehr als sechzig Jahre später erst wird dieses Verfahren als Verfahren der Inhaltsanalyse erkannt und präzisiert (vgl. Hall 1966).

2.2 Die quantitativ-deskriptive Phase (7. Jh.–1926)

Diese Phase unterscheidet sich von der Phase der Intuition durch ihren Anspruch auf *intersubjektive* Prüfbarkeit, die durch Quantifizierung garantiert werden soll. Das setzt auf zweifache Weise die Erfindung der Schrift voraus: Einmal ist die Erfindung der Arithmetik an die Erfindung der Schrift gebunden, und zum anderen ist eine Quantifizierung nur dort sinnvoll, wo große Mengen von Zeichen, also Texte, analysiert werden können. Der Anspruch auf Inferenz, in der intuitiven Phase ebenso generös durchgesetzt wie methodisch dubios gehandhabt, wird zurückgenommen bis auf den Punkt, wo quantitative Beweisführung herangezogen werden kann.

Die ersten derartigen Inhaltsanalysen können daher frühestens in der Blüte der frühen Hochkulturen erwartet werden. Doch bereits im 7. Jh. findet sich die erste quantitativ-deskriptive Inhaltsanalyse, die anläßlich der Codifizierung des hebräischen Alten Testaments von den Masoreten in Palästina erstellt wurde: Da die Schreiber im Altertum nach der Zahl geschriebener Lettern bezahlt wurden und da das Abzählen daher umständlich war, verfielen sie – verkürzt gesagt – auf die vollständige Auszählung des Alten Testaments nach größeren Einheiten, nämlich nach Worten, so daß die Codifizierung des Alten Testaments eine exakte *Häufigkeitsstatistik* nach Worten, also eine Textanalyse auf der syntaktischen Ebene darstellt (vgl. dazu Yule 1944: 7 f.).

Es ist bekannt (und das vorherige Beispiel bestätigt dies), daß die Entwicklung von Schrift und Medien zuerst für religiöse Zwecke in Anspruch genommen worden ist. Von daher nimmt es nicht wunder, daß auch Inhaltsanalysen zuerst für die Klärung weltanschaulicher Fragen benutzt worden sind: Gut tausend Jahre später, im 18. Jahrhundert, entbrennt in Schweden ein Streit um die Rechtgläubigkeit der aus Deutschland übernommenen Heilslehre der mährischen Brüder (Pietisten), gegen die von der lutherischen Staatskirche ein offizielles Gerichtsverfahren angestrengt wird. Die Entscheidung über Rechtgläubigkeit wird nun anhand einer quantitativen, vergleichenden Inhaltsanalyse zwischen den Texten der lutherischen Staatskirche und den drei großen Texten der mährischen Brüder (1739, 1748, 1778) gefällt: Anhand einer präzisen, vergleichenden Auszählung bestimmter religiöser Schlüsselbegriffe (etwa: Gott, Heiland, Himmelreich etc.) wird der Beweis erbracht, daß die Lehre der pietistischen Sekte nicht im Widerspruch zur Staatskirche steht (vgl. dazu ausführlich Dovring 1951: 1954).

Das Aufkommen der Massenpresse in der 2. Hälfte des 19. Jahrhunderts gab dann den ersten weltlichen Impuls zur Durchführung von Inhaltsanalysen: Hier ist das Ziel zunächst nur eine Auflistung der sehr heterogenen Inhalte, die die Presse auf Grund ihres Universalitätsanspruches bietet. Das typische inhaltsanaly-

2 Zur Geschichte der Inhaltsanalyse

tische Design für derartige Analysen ist daher die Aufstellung eines semantisch differenzierenden Kategorienschemas (wie es ansatzweise in Beispiel 2 demonstriert worden ist), um die Vielfalt von Themen und Ereignissen überschaubar, wenn auch pauschal und abstrakt, in den Griff zu bekommen. Da sich das Volumen jeder Kategorie (durch Ausmessen der Fläche aller Artikel, die darunter subsumiert werden) bestimmen läßt, erhält man eine relativ exakte Deskription der Inhalte der Zeitung. Von Anfang an geht natürlich auch hier das Erkenntnisinteresse über die Deskription hinaus, indem entweder der Vergleich mehrerer Organe miteinander (*Vergleichende Kommunikatoranalyse*) oder der Vergleich eines Organs mit sich selbst über die Zeit (*Trendanalyse*) angestrebt wird, über den dann implizit Schlußfolgerungen auf den Kontext angestellt werden.

Die Analyse New Yorker Zeitungen durch Speed (1893), die oft als älteste solcher Inhaltsanalysen bezeichnet wird, ist dafür ein gutes Beispiel, da sie sowohl einen Vergleich *mehrerer* Zeitungen *und* einen Vergleich über einen bestimmten Zeitraum enthält.

Beispiel 10: Analyse der Themen New Yorker Zeitungen (1881 versus 1893) nach semantischen Kategorien

Columns of Reading-Matter in New York Newspapers, April 17, 1881, and April 16, 1893

Subjekt	Tribune 1881	Tribune 1893	World 1881	World 1893	Times 1881	Times 1893	Sun 1881	Sun 1893
Editorial	5.00	5.00	4.75	4.00	6.00	5.00	4.00	4.00
Religious	2.00	0.00	0.75	0.00	1.00	0.00	0.50	1.00
Scientific	1.00	0.75	0.00	2.00	1.00	0.00	0.00	2.50
Political	3.00	3.75	0.00	10.50	1.00	4.00	1.00	3.50
Literary	15.00	5.00	1.00	2.00	18.00	12.00	5.75	6.00
Gossip	1.00	23.00	1.00	63.50	.50	16.75	2.00	13.00
Scandals	0.00	1.50	0.00	1.50	1.00	2.50	0.00	2.00
Sporting	1.00	6.50	2.50	16.00	3.00	10.00	0.50	17.50
Fiction	0.00	7.00	1.50	6.50	1.00	1.50	0.00	11.50
Historical	2.50	2.50	2.75	4.00	2.50	1.50	4.25	14.00
Musik and Drama	2.50	4.00	1.50	11.00	4.00	7.00	0.00	3.50
Crimes and Criminals	0.00	0.50	0.00	6.00	0.00	1.00	0.00	0.00
Art	1.00	1.00	3.00	3.00	2.00	0.00	0.25	1.25

Abbildung 14: Vergleichende *Kommunikatoranalyse* und *Trendanalyse* New Yorker Zeitungen nach Speed (1893: 707)

Speed interessiert sich für die Veränderung der Berichterstattung von Themen in New Yorker Zeitungen. Zu diesem Zweck wählt er ein Sample von 4 Tageszeitungen aus, setzt willkürlich einen Sonntag im April fest und vergleicht die Inhalte der Sonntagsausgaben des Jahres 1881 mit denen des Jahres 1893, indem er die Inhalte nach Kategorien aufschlüsselt und artikelweise vermißt. Er führt also im Verständnis unserer Typologie (vgl. Kap. 1.4) eine vergleichende *Kommunikatoranalyse* als auch eine *Trendanalyse* der Berichterstattung durch und gelangt zu den in Abb. 14 dargestellten Ergebnissen.

Im Sinne einer Deskription durchaus zulässig stellt Speed dann fest, daß die Berichterstattung über religiöse, wissenschaftliche und literarische Angelegenheiten abgenommen, die Berichterstattung hingegen über Gerüchte, Skandale und Kriminalität, also die sensationelle Berichterstattung, zugenommen hat. Daraus *schließt* er jedoch fälschlich (dieses Beispiel wird ausführlicher in Kap. 7.22 diskutiert), daß die Presse vom Pfade der Tugend abgekommen sei. Wenige Jahre später liefert Wilcox (1900) eine vergleichende Analyse von 147 Tageszeitungen, die er auf bestimmte Nachrichtenkategorien hin untersucht. Methodologisch interessant ist vor allem, daß er für verschiedene Kategorien einen Gesamtdurchschnitt ermittelt, gegen den die Berichterstattung verschiedener Regionen gemessen wird, so daß Abweichungen vom Durchschnitt als Abweichungen von bestimmten Linien der Berichterstattung angesehen werden. In dieser Analyse wird zudem nicht mehr allein die Artikelfläche vermessen, sondern es werden weitere Maße, wie etwa Bildflächen berücksichtigt. Damit deutet sich die weitere Verfeinerung deskriptiver Analysen schon an: Es wird alles, was irgendwie quantifizierbar erscheint, vermessen: Überschriften, Plazierung auf Seiten, Illustrationen etc. Solche letztlich physikalisch-deskriptiven Studien werden, mit unterschiedlichem Design, vor allem an der Columbia School of Journalismus in Missouri unter Tenney durchgeführt und stellen vergleichende Profile der Berichterstattung (bezogen auf die Häufigkeit einzelner Kategorien) für Zeitungen dar (vgl. dazu instruktiv Woodward 1930: 19 ff. sowie Kingsbury/Hart 1937). Die bekannteste solcher Studien ist die vergleichende Analyse von Willey (1926) über Provinz-Zeitungen (country-newspapers), die zugleich den Höhepunkt der quantitativ-deskriptiven Phase markiert.

Anlaß für die erste deutschsprachige quantitative Inhaltsanalyse ist ebenfalls – wie in den USA – das neue Medium der Presse. Stoklossa (1910) geht es, ganz ähnlich wie Speed und unter ähnlich pädagogisch-moralischem Anspruch, um den Inhalt der Zeitung, also das, „was das deutsche Volk tagtäglich an geistiger Speise vorgesetzt erhält" (Stoklossa 1910: 556). Und ganz analog zu Speed wird eine vergleichende Inhaltsanalyse durchgeführt, bei der die Inhalte artikelweise nach Kategorien vermessen und nach Fläche ausgezählt werden (diese Analyse wird ausführlicher als Beispiel in Kap. 8.31-5 diskutiert).

Im gleichen Jahr, in dem Stoklossa seine Untersuchung durchführt, referiert Max Weber auf dem ersten Deutschen Soziologentag über eine Soziologie des Zeitungswesens und entwickelt zur Inhaltsanalyse von Zeitungen Vorstellungen, die charakteristisch für die deskriptive Phase sind „... wir werden nun, deutlich gesprochen, ganz banausisch anzufangen haben damit, zu messen, mit der Schere und dem Zirkel, wie sich denn der Inhalt der Zeitungen in quantitativer Hinsicht verschoben hat im Laufe der letzten Generation, nicht am letzten im Inseratenteil, im Feuilleton, zwischen Feuilleton und Leitartikel, zwischen Leitartikel und Nachricht, zwischen dem, was überhaupt an Nachricht gebracht wird und was heute nicht mehr gebracht wird ... Es sind erst die Anfänge solcher Untersuchungen vorhanden, die das zu konstatieren suchen ... und von diesen Anfängen werden wir zu den qualitativen übergehen" (Weber 1911: 52).

Schließlich bleibt zu erwähnen, daß ein anderer Typ deskriptiver Inhaltsanalyse, nämlich die syntaktische Analyse, ebenfalls in dieser Phase entwickelt wird: Sherman (1893) beschäftigt sich mit der stilanalytischen Untersuchung englischer Prosa und beginnt, Feinstrukturen in Texten (Satzlängen, Konjunktionen etc.) aufzudecken. Vier Jahre später erscheint eine andere syntaktische Analyse in deutscher Sprache, nämlich das erste deutschsprachige Häufigkeitswörterbuch (Kaeding 1897). Auch diese syntaktischen Ansätze werden später von Zipf (1932) und Fucks (1968) wiederaufgenommen und zu echten inferentiellen Analysemethoden ausgebaut.

2.3 Die Phase der Reife zum eigenständigen Erhebungsinstrument (1926–1941)

Die dritte Phase der Inhaltsanalyse ist durch eine Reihe sehr unterschiedlicher Entwicklungen zu kennzeichnen:

Erstens treten nun neben die Presse als neue Medien der Film und das Radio (Hörfunk) und stimulieren damit neue Anwendungsmöglichkeiten der Inhaltsanalyse und zwar auf zweifache Weise: Einmal werden die schon bekannten quantitativ-deskriptiven Analysen auch für den Film (Dale 1935) und das Radio unternommen (Albig 1938), zum anderen werden die neuen Medien auch für die Werbung attraktiv: Es entspinnt sich in den USA ein erbitterter Konkurrenzkampf der Medien um Werbe-Etats, was wiederum zur Folge hat, daß die Frage nach optimaler *Wirkung* von Werbe-Inhalten (bei niedrigstem Aufwand, versteht sich) zu der Frage einer sich parallel entwickelnden Massenkommunikationsforschung wird. Als Konsequenz für die Entwicklung der Inhaltsanalyse wurden nun solche Analysen gefordert, die Rückschlüsse auf gezielte Veränderungen (Wirkungen) beim Rezipienten ermöglichen sollten. Damit war die Phase der Deskription überholt.

Zweitens waren aus der Phase der Deskription selbst erste zögernde Ansätze hervorgegangen, von *inhaltsinternen* Merkmalen auf *inhaltsexterne* Merkmale zu schließen. Als interessanter Vorläufer dieser Phase muß die Analyse von Garth (1916) gewürdigt werden, der diese Schlußmöglichkeit vermutlich als erster gültig präzisiert hat. Garth begnügt sich für eine Analyse von Zeitungsinhalten nicht einfach mit der Erhebung von Inhalten an einem oder wenigen Stichtagen, sondern erhob an insgesamt 138 Tagen den Inhalt verschiedener Zeitungen, den er wie üblich nach semantischen Kategorien vermaß. Als einer der ersten argumentierte er mit der berühmten *Reflexionshypothese* („the contents of newspapers reflect the interests of the people" (Garth 1916: 140)) und schließt daraus, daß relativ konstante Berichterstattung zu bestimmten Themen ein konstantes *Leser*-Interesse signalisiert. Die Konstanz der Berichterstattung ermittelt er, und das ist das Novum, durch Berechnung eines Streuungsmaßes, das ein Maß für die Nichtzufälligkeit erwartbarer Abweichungen von einem Durchschnittswert der Berichterstattung (je

Kategorie) abgibt. Aber auch die Messung von Sensationalismus durch verschiedene Indizes (Hart 1932; Kingsbury/Hart 1937) oder der Schluß vom Inhalt von Tageszeitungen auf die öffentliche Meinung (Woodward 1930; 1934) weist in diese Richtung.

Drittens muß der Nachhall des ersten und die Antizipation des zweiten Weltkrieges als starkes Motiv für die Analyse politischer Propaganda genannt werden.

Hier ist insbesondere und vor allen anderen Harold D. Lasswell zu nennen, dessen Biographie mit der Entwicklung der Inhaltsanalyse so eng verknüpft ist, daß er auch „Vater der Inhaltsanalyse" genannt wird (Schramm 1957: 105). Lasswell interessierte sich von Anfang an für das Maß an Aufmerksamkeit, das Personen, Gruppen, Massen oder Organisationen bestimmten Symbolen und deren Kommunikatoren entgegenbringen. Unter Rückgriff auf Erkenntnisse der politischen Psychologie (Lasswell 1927a) beschäftigte er sich daher sehr bald mit Propaganda, definiert als „Technik zur Beeinflussung menschlichen Handelns durch die Manipulation von Symbolen" (Lasswell 1934a: 521 f.), und mit deren Analyse. Die Aufdeckung militanter Stereotypen in preußischen Schulbüchern (Lasswell 1925) stellte seine erste inhaltsanalytische Arbeit dar, doch schon in seiner Dissertation (Lasswell 1927) dehnte er seine Anstrengungen auf die Analyse von Propaganda schlechthin aus.

Lasswell sah, daß die rein *quantitative* Auszählung von Häufigkeiten bestimmter Symbole problematisch bleiben mußte und ergänzte sie durch Einführung einer *qualitativen* Dimension, indem er bei jeder Nennung eines bestimmten Symbols zusätzlich die Richtung der *Bewertung* des Symbols (direction) anhand einer einfachen Ordinalskala (negativ - neutral - positiv) mitcodieren ließ (zur Unterscheidung qualitativer und quantitativer Analyse siehe ausführlicher Kap. 3.3). Zwar war auch die Bewertung von Begriffen, Objekten oder Inhalten anhand verschiedener Skalen schon früher vorgeschlagen worden, so etwa schon von Woodward (1930: 531 f.), jedoch war Lasswell der erste, der diese Dimension systematisch und in großem Umfang bei der Analyse internationaler Beziehungen im sogenannten „world attention survey" (Lasswell 1941b) und in späteren Symbolanalysen (Lasswell 1952) verwendete und ausbaute (vgl. Beispiel 11).

Beispiel 11: Kombination qualitativer und quantitativer Inhaltsanalyse (*Symbolanalyse*) bei Lasswell (1941b)

Vorgehensweise
Es wird eine Liste politisch relevanter Symbole oder Schlüssel-Symbole im Hinblick auf ein bestimmtes Propagandaziel definiert. Ein Sample von Zeitungen wird über einen bestimmten Zeitraum hinweg analysiert: Alle dort auftretenden Symbole werden ausgezählt; zudem wird geprüft, ob das entsprechende Symbol in einem negativen, neutralen oder positiven Zusammenhang auftaucht. Daraus lassen sich Trendanalysen gewinnen, die ggf. signifikante Schlüsse auf Änderung von Einstellungen oder Beziehungen gegenüber einem durch das Symbol repräsentierten Objekt (etwa: USA) zulassen (vgl. Abb. 15).

Es zeigt sich an diesem Beispiel sehr deutlich, daß die Bewertung der bzw. die Einstellung zu den USA sich mit Beginn des 2. Weltkrieges für das Nachbarland

2 Zur Geschichte der Inhaltsanalyse

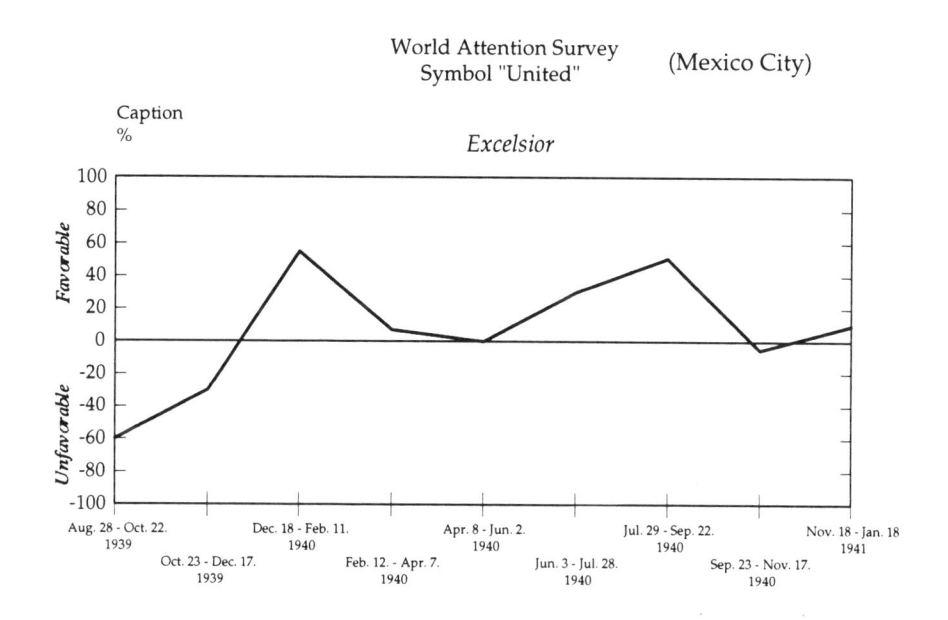

Abbildung 15: Symbolanalyse: Intensität und Richtung (der Bewertung) des politischen Symbols „USA" im Excelsior (Mexico City) 1939–1941 (Lasswell 1941b: 457)

Mexico von einer stark negativen zu einer wohlwollenderen Haltung veränderte: Die USA, bislang als übermächtiger Nachbar gefürchtet, wurden mit Beginn des 2. Weltkrieges als neutrale Großmacht eher positiv eingeschätzt.

Die Möglichkeit, das Instrument der Inhaltsanalyse weiter zu entwickeln und insbesondere die dabei auftretenden methodischen Fragen anzugehen, bekam Lasswell, als er 1939 von der Regierung mit der Leitung einer Abteilung zur Analyse von Propaganda (wartime communication) betraut wurde. Zusammen mit seinen Mitarbeitern (darunter Morris Janowitz, Daniel Lerner und Ithiel de Sola Pool) entwickelt er seit Beginn des 2. Weltkrieges wesentliche Überlegungen zur sachgerechten Definition von Erhebungseinheiten (*recording units*), zur systematischen Auswahl von Untersuchungseinheiten (*sampling units*), zur Bildung von Kategorien und zur Messung übereinstimmender Codierung von Inhalten durch verschiedene Coder (*Intercoderreliabilität*). Darüber wird mehrfach berichtet (Lasswell 1942; 1949a), und die mitgeteilten Ansätze, Techniken und Problemlösungen gewinnen rasch bleibende Anerkennung.

Der Krieg als Vater aller Dinge spielte auch und gerade für die Entwicklung der Inhaltsanalyse eine bedeutende Rolle, insbesondere deshalb, weil der fortgeschrittene Stand der Inhaltsanalyse nun auch gesicherte Inferenzmöglichkeiten vom Inhalt auf den Kommunikator zu bieten schien: Die Inhaltsanalyse von allen möglichen offiziellen und inoffiziellen Quellen feindlicher Propaganda wird zur Staatsnotwendigkeit: In den USA wird nicht nur vom Kongreß jene Abteilung zur Analyse von Propaganda eingesetzt, deren Direktor Lasswell wird, sondern auch im Außen- und Justizministerium werden gezielte, laufende Inhaltsanalysen von Propaganda vor allem des dritten Reichs durchgeführt. Auch an der New School for Social Research in New York wird eine Abteilung für totalitäre Kommunikation eingerichtet, deren Leitung Hans Speier und Ernst Kris übertragen wird und die sich vor allem mit der Inhaltsanalyse von Radiosendungen befaßt.

Für die Entwicklung der Inhaltsanalyse zu einem eigenständigen Instrument sozialer Wirklichkeit sind weitere theoretische und methodologische Fortschritte zu nennen, die ebenfalls in diese dritte Phase fallen. Vor allem ist hier Charles W. Morris (1938) zu würdigen, der mit seiner Differenzierung der Semiotik in Syntax, Semantik und Pragmatik einen entscheidenden Anstoß für die spätere theoretische Fundierung der Inhaltsanalyse und damit auch für die Integration vieler und unterschiedlicher Verfahren gab (vgl. dazu Kap. 4.11). Zum anderen ist hier die parallele Entwicklung der Befragung zum Erhebungsinstrument, vor allem durch Lazarsfeld (1933), aber auch die Wiederentdeckung des Experiments durch Dickson und Roethlisberger (1939) zu nennen. Auch der Fortschritt der schließenden Statistik, der sich in der berühmten Arbeit von Fisher (1925) manifestiert, gibt einen wesentlichen Anstoß für die Anwendung exakter statistischer Verfahren bei Samplebildung, Korrelationsrechnung und Signifikanztest (vgl. etwa Woodward 1930).

2.4 Die Phase der interdisziplinären Erweiterung (1941–1967)

Das Jahr 1941 kann in mehrfacher Hinsicht als das Geburtsjahr der Inhaltsanalyse als eigenständiger Methode gelten und leitet zugleich die vierte Phase der Inhaltsanalyse ein: Im August 1941 findet an der Universität von Chicago eine Konferenz über Massenmedien statt, an der so gut wie alle der damals führenden Vertreter der Massenkommunikationsforschung teilnehmen (vgl. Waples 1941a). Diese Konferenz kann als erste Konferenz über interdisziplinäre Kommunikationsforschung angesehen werden und damit zugleich auch als die erste Konferenz, auf der die Methode der Inhaltsanalyse systematisch, aus verschiedenen Perspektiven und von verschiedenen Ansätzen her diskutiert wird. Teilnehmer sind neben Lasswell Douglas Waples, der über die Analyse von Wirkungen des Lesens (Waples 1940) auf die Inhaltsanalyse gestoßen ist und im gleichen Jahr zusammen mit Bernard Berelson eine Studie zur Anwendung der Inhaltsanalyse auf Wahlverhalten vorgelegt hat (Waples/Berelson 1941), weiterhin Bernard Berelson, der im gleichen Jahr die erste methodologische Dissertation zur Inhaltsanalyse vorlegt (Berelson 1941) und Lazarsfeld, der über die Inhaltsanalyse von Radiosendungen referiert (Lazarsfeld/Stanton 1944) und später mit Berelson zusammen eine erste Anleitung zur Inhaltsanalyse verfaßt (Berelson/Lazarsfeld 1948), die, ins Deutsche übersetzt, auch die erste deutschsprachige Anleitung zur Inhaltsanalyse darstellt (Berelson/Lazarsfeld 1952) und die Grundlage für das erste umfassende und bis heute benutzte Lehrbuch zur Inhaltsanalyse (Berelson 1952) abgibt. Auch Ernst Kris stellt seine von ihm und Hans Speier durchgeführten Analysen deutscher Propagandasendungen vor (Kris/Speier 1944). Lasswell schließlich hält ein Grundsatzreferat über den Stand der Inhaltsanalyse. Zusammenfassend heißt es da: „... In content analysis we look upon statements and signs as raw materials to be summarized in order to bring out either (1) the impact of content upon audience, or (2) the influence of control upon content. An adequate content analysis results in a condensed description of (1) the frequency with which selected symbols have been mentioned, (2) the number of neutrally or unfavorably, and (3) the number of times presentations have been made with given degrees of intensity" (Lasswell 1941a, hier zitiert nach Lasswell 1946: 90). In den Berichten zu dieser Konferenz (Waples 1941a) taucht schließlich gleich mehrfach der Begriff „content analysis" auf, der zu diesem Zeitpunkt schon terminus technicus für eine bekannte und akzeptierte neue Methode darstellt.[12]

Daß die breite Verwendung dieses Begriffs in der Tat erst ab 1941 erfolgt, läßt sich auf ganz andere Weise, nämlich durch eine Inhaltsanalyse von Titeln zur Inhaltsanalyse belegen (vgl. Merten/Ruhrmann 1982): Die von Barcus (1959) zusammengestellte Bibliographie inhaltsanalytischer Arbeiten, die 1719 Titel für den Zeitraum 1900–1958 umfaßt, wurde auf die im jeweiligen Titel festzustellende Nennung der Begriffe „content", „analysis of content" und „content analysis" in Abhängigkeit vom Erscheinungsjahr analysiert. Unterteilt man die Nennungen in die Zeitabschnitte 1900–1940 und 1941–1958, so ergibt sich folgendes Bild (Abb. 16):

Im Titel (Barcus 1959) festgestellter Begriff	Jahr der Nennung:	
	1900–1940	1941–1958
„analysis of content"[13]	5	7
„content analysis"	-	93
nur „content"	17	53
pauschal „content"	22	153

Abbildung 16: Verwendung der Begriffe „analysis of content", „content" und „content analysis" 1900–1958

---

12 Soweit abzusehen, wird der Begriff „content analysis" als fester Begriff für eine akzeptierte Methodik bereits 1940 von Waples, Berelson und Bradshaw benutzt: „The term ‚content analysis' is here taken to include the analysis of the several aspects of written discourse" (Waples 1940: 147). Janowitz (1948: 917) macht jedoch geltend, daß es Lasswell selbst gewesen sei, der den Begriff „content analysis" geprägt hat. Eine erste Abhandlung ausschließlich über Inhaltsanalyse stellt die Dissertation von Berelson dar (Berelson 1941). Eine erste Vorstellung dieser Methode im Rahmen eines Methodenbuchs (Nafziger 1949: 86–102) wird von F. Day gegeben.

13 Statt „analysis of content" wurden auch verbale Formen „analyzing of content" sowie Flexionen mitgerechnet. Daß das gewählte Schlüsselwort „content" darüberhinaus einen zulässigen Indikator darstellt, zeigt der Vergleich der Verteilung von „content"-Titeln mit den Gesamt-Titeln: Dabei entfallen von insgesamt 175 Nennungen des Begriffes „content" 22 (= 12.6%) auf die Zeit bis 1940 und 153 (= 87.4%) auf die Zeit nach 1940. Die Auszählung der gesamten Bibliographie mit analoger Zeit-Teilung ergibt 343 (= 25.2%) Titel (1900–1940) gegen 1014 (= 74.7%) Titel (1941–1958).

Es zeigt sich nicht nur statistisch, daß diese Verteilung hochsignifikant ist, sondern es zeigt sich vor allem, daß der Begriff „content analysis" vor dem Jahre 1941 im Titel von einschlägigen Arbeiten zur Inhaltsanalyse *nicht* aufgetreten ist.

Neue Theorien – etwa die Informationstheorie (vgl. Shannon 1949) –, verfeinerte Analysetechniken – exemplarisch dafür können die Arbeiten von Osgood (1954) stehen – und ein geschärftes Methodenbewußtsein stimulieren neue Anwendungsgebiete und Verfahren der Inhaltsanalyse und drängen gleichzeitig den Anteil des klassischen Printmediums Presse zurück: Man erkennt, daß Inhaltsanalyse im besten Sinne Kommunikationsanalyse sein kann (vgl. Osgood 1959: 33) und daß die Beschränkung auf gedruckte Texte nur ein Ausdruck methodischer Hilflosigkeit war. Denn die Analyse verbaler und erst recht verbal-nonverbaler Inhalte eröffnet durch Einbezug von Intonation, Tonhöhen, Gestik, Mimik etc. neue und sehr viel trifftigere Dimensionen der Analyse und damit verbesserte Inferenzmöglichkeiten, die den Geltungsbereich der Inhaltsanalyse erheblich erweitern, insbesondere im Bereich psychologischer Fragestellungen (vgl. im Überblick Auld 1955). Im Bereich der Sozialpsychologie ist das von Bales (1950; 1956; 1968) entwickelte Verfahren zur Beobachtung von Kleingruppen, die sogenannte *Interaktionsprozeßanalyse* (IPA) zu nennen, das sowohl als Verfahren der Beobachtung (vgl. Manz 1974: 47 ff.) als auch als ein Verfahren der Inhaltsanalyse verbaler *und* nichtverbaler Inhalte anzusehen ist (vgl. dazu ausführlicher Kap. 8.53-18).

Besonders augenfällig wird der Fortschritt der Inhaltsanalyse, wenn man die einzelnen Beiträge einer zweiten Konferenz über Probleme der Inhaltsanalyse, die von Osgood Ende 1955 im Allerton House in Monticello/Illinois organisiert wird, betrachtet: Der Politologe George diskutiert (in: Pool 1959: 7–32) anhand der *Propagandaanalyse* quantitative und qualitative Möglichkeiten der Inferenz vom Text auf den Kontext (hier: Kommunikator); er diskutiert dabei insbesondere das Problem, ob ein Text jeweils bestimmte Zustände (Einstellungen, Absichten etc.) des Kommunikators unmittelbar repräsentiert (represental model) oder ob man nicht erst weitere Randbedingungen berücksichtigen muß, um auf bestimmte Zustände des Kommunikators schließen zu können (instrumental model). Die verbürgte Nachricht einer amtlichen Quelle etwa wäre dem *Repräsentationsmodell* zuzurechnen (denn hier repräsentiert resp. reflektiert der Inhalt mehr oder minder die zugrundeliegenden Ereignisse), während der Inhalt einer Propagandasendung nicht auf seine Wahrheit, sondern auf seine Intention hin zu analysieren ist und erst bei Kenntnis dieser bestimmte Wahrheiten preisgeben kann (vgl. dazu auch Kap. 7.21), also dem *Instrumentalmodell* zuzurechnen ist.

Der Psycholinguist Charles E. Osgood (1959) stellt ein Verfahren vor, das er in Anlehnung an die *Persönlichkeitsstruktur-Analyse* von Baldwin (1942) entwickelt hat und als *Kontingenz-Analyse* bezeichnet. Dabei geht es weder um Zählung bestimmter Begriffe noch um die damit assoziierten Bewertungen, sondern um das gleichzeitige (kontingente) Auftreten bestimmter Symbole: Auf Grund der Auszählung in einem bestimmten Text läßt sich einerseits ein Erwartungswert für die Wahrscheinlichkeit angeben, daß zwei Symbole assoziiert sind. Zum anderen läßt sich prüfen, ob im konkreten Fall diese Wahrscheinlichkeit über- oder unterschritten wird. Aus der Über- oder Unterschreitung der Erwartungswerte kann auf eine

2 Zur Geschichte der Inhaltsanalyse

kognitive oder affektive Assoziationsstruktur bzw. Dissoziationsstruktur des Kommunikators bezüglich dieser Symbole zurückgeschlossen werden (vgl. dazu ausführlich Kap. 8.31-6). Anhand der Analyse der Tagebücher von Goebbels lassen sich interessante Aufschlüsse gewinnen: Dachte Goebbels beispielsweise an den harten Kriegswinter, so „flüchtete" er sich sofort in ein Eigenlob oder dachte an den „Führer", um von dort her Zuversicht zu gewinnen etc. (vgl. Osgood 1959: 69 f.).

Ein weiteres von Osgood entwickeltes Verfahren der *Bewertungsanalyse*, die „evaluative assertion analysis", ist ebenfalls hervorzuheben, da dieses dem Anspruch „diskursiver Logik" (Krippendorff 1969: 86 f.) genügt und vergleichsweise sichere Inferenzmöglichkeiten bietet (vgl. dazu ausführlich Kap. 8.51-12). Sie gestattet es, Einstellungen eines Kommunikators gegenüber ausgewählten Objekten (Menschen, Staaten, Ideen, Ereignissen) zu messen.

Der Psychologe Wilson Taylor diskutiert eine von ihm auf der Basis von Satzergänzungstests (Taylor 1953; 1957) entwickelte *Verständlichkeitsanalyse* bzw. *Lesbarkeitsanalyse*, bei der innerhalb eines Textes jedes n-te Wort ausgelassen wird und vom Rezipienten rekonstruiert werden muß. Der Psychologe George F. Mahl diskutiert *Motivationsanalysen*, bei denen aus vorliegenden Texten auf bestimmte psychische Zustände (Angst, Stress etc.) zurückgeschlossen wird (vgl. Dollard 1947 sowie Mahl 1959: 96 ff.). Verschiedene Studien mit den hier vorgestellten neuen Verfahren, insbesondere der Kontingenzanalyse, etwa im Bereich der Folklore oder der historischen Forschung (insbesondere Biographien), belegen die mittlerweile erreichte interdisziplinäre Palette von Anwendungsmöglichkeiten.

Pool selbst resümiert die wesentlichen methodologischen Probleme der neuen Verfahren (Pool 1959: 189 ff.) und betont insbesondere das Problem *qualitativer* versus *quantitativer Analyse*, die Dimensionen des Messens nach Häufigkeiten, Kontingenzen und Intensitäten, sowie Probleme der Samplebildung und der Kategorienbildung.

Die Entwicklung der elektronischen Datenverarbeitung, die in den fünfziger Jahren beginnt, erweist sich gerade für die Inhaltsanalyse hilfreich, da die Verarbeitung von Texten ein Problem der Verarbeitung von Massendaten darstellt. Bereits 1962 wird das Problem von Hays (1962) und Stone (1962) für die Analyse von Satzstrukturen aufgegriffen, ein Jahr später erscheint das erste Lehrbuch über Inhaltsanalyse, in dem der Einsatz von EDV angeregt wird (North 1963), drei Jahre später liegt mit dem „General Inquirer" (Stone et al. 1966) ein erstes Lehrbuch zur *elektronischen Inhaltsanalyse* mit vielen Anwendungsbeispielen aus vielen Disziplinen vor (vgl. dazu ausführlicher Kap. 12.3).

Die erste systematische Darstellung der Inhaltsanalyse in deutscher Sprache (Silbermann 1962) erscheint ebenfalls in dieser Phase. Von besonderem Interesse bleibt nach wie vor das Inferenzproblem. Pool (1959: 190) bemerkt dazu hoffnungsvoll: „The present work, however, explores problems of description only as a step toward inference. Our concern has been with inferences from the content of a text to what is going on in the environment in which the text appeared".

2.5 Die Phase der theoretisch-methodischen Fundierung (1967 ff.)

1967, zwölf Jahre nach der Allerton House-Konferenz über Inhaltsanalyse, findet in der Annenberg School (Philadelphia) eine weitere Konferenz über Inhaltsanalyse statt. Fragte man bei den bisherigen Konferenzen in Chicago (1941) und Monticello (1955) vor allem danach, was man mit der Methode der Inhaltsanalyse alles analysieren kann, so kehrt sich diese Frage auf der Annenberg-Konferenz tendenziell um: hier fragt man im Rahmen theoretischer Argumentation zunächst nach den Grenzen der Inhaltsanalyse. Den in dieser Sicht wichtigsten Beitrag liefert Krippendorff (1969), der zunächst darstellt, was Inhaltsanalyse *nicht* ist (Krippendorff 1969: 4 f.). Zugleich betont er aus theoretischer Sicht die Tatsache, daß Ergebnisse von Inhaltsanalysen ambivalent sind, solange es nicht gelingt, den selektiven Zugriff, der durch den Kontext eines Inhalts und durch das Ziel einer Analyse aufgezwungen wird, explizit zu machen (Krippendorff 1969: 70 f.). Die von Krippendorff vorgestellte Hierarchie von Inferenz-Modellen der Inhaltsanalyse soll schließlich zeigen, welche Beschränkungen bei der Anwendung der bislang bekannten Verfahren vorliegen (vgl. dazu Kap. 7.2).

Die Diskussion des Inferenzproblems, der Notation von Texten – verbaler und nonverbaler Art – und schließlich die weitere Anwendung elektronischer Datenverarbeitung für Zwecke der Inhaltsanalyse markieren die Schwerpunkte dieser Konferenz und zugleich auch die der gegenwärtigen Entwicklung: Theoretische Anstrengungen gelten vor allem der Erforschung der Struktur von Kommunikationsprozessen (vgl. Watzlawick 1967) und dabei insbesondere dem Problem der Selektivität aller Kommunikation (vgl. McGuire 1968; Luhmann 1972; Clarke 1973; Merten 1977). Verbesserung von Inferenzmöglichkeiten ergibt sich einerseits durch die Entwicklung sensibler Indikatoren (vgl. Besozzi 1976), andererseits durch die Entwicklung multivariater Analyseverfahren (vgl. Lazarsfeld 1959; Blalock 1972), die Verbesserung von Notationssystemen durch systematischen Einbezug des nonverbalen Bereichs (vgl. Ekman 1969; 1969a), Verbesserung der Datenanalyse durch die Entwicklung spezieller elektronischer Textanalyseverfahren (vgl. etwa Deichsel 1975 sowie Mochmann 1980).

Auf einer vierten, bereits internationalen Konferenz über Inhaltsanalyse in Pisa 1974 werden im Bereich der elektronischen Inhaltsanalyse bereits Anwendungen wie die Analyse von Schlagzeilen durch geeignete inhaltsanalytische Wörterbücher (vgl. Deichsel 1975a) diskutiert.

Die längst fällige Auseinandersetzung der Linguistik, deren Fundus an Verfahren der Textklassifikation und Textanalyse von der Inhaltsanalyse bislang gar nicht zur Kenntnis genommen wurde, beginnt dagegen nur zögernd (vgl. Ungeheuer 1971; Tillmann 1971). Hier darf man für die Zukunft noch einiges erwarten.

Der Aufschwung der Methode der Inhaltsanalyse läßt sich schließlich selbst durch eine Inhaltsanalyse *von* Inhaltsanalysen belegen (Abb. 17): Sehr deutlich erkennt man, daß sich die Zahl inhaltsanalytischer Arbeiten in jedem Zeitabschnitt etwa verdoppelt: Diese typisch evolutionäre Funktion belegt damit auf ihre Weise, daß die Methode der Inhaltsanalyse (bis zum Jahre 1958) „boomt". Angesichts der Tatsache, daß der Trend zur Fixierung von Kommunika-

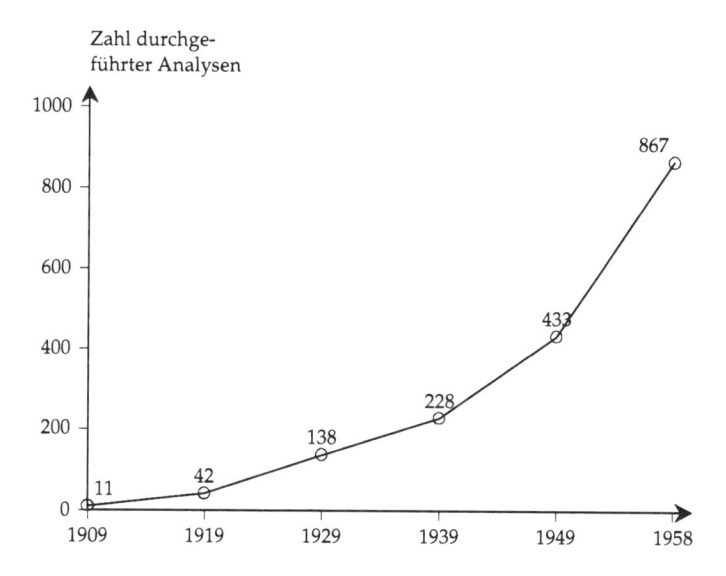

Abbildung 17: Entwicklung der Inhaltsanalyse (nach Barcus 1959: 79)

tionsinhalten aller Art in modernen Gesellschaften (z.B. durch die Entwicklung neuer Printmedien) selbst noch immer stark zunimmt, dürfte dieser Boom noch anhalten.

Im deutschsprachigen Bereich hat die Inhaltsanalyse – wie auch andere Methoden der Sozialforschung – mit einiger Verspätung Fuß gefaßt: Nach den ersten deutschsprachigen Darstellungen (Berelson/Lazarsfeld 1952; Silbermann 1962) erscheint eine erste Bibliographie von Wersig (1968), doch erst in den 70er Jahren wird die Methode in größerem Umfang bekannt (vgl. Bessler 1970; Schulz 1971; Mayntz 1972; Ritsert 1972; Herkner 1974; Deichsel 1975; Lisch/Kriz 1978; Mochmann 1980; Krippendorff 1980; Kuttner 1981; Bos/Tarnai 1989; Friedrichs 1990; Früh ^{3}1991).

3 Definitionsprobleme der Inhaltsanalyse

Schon die bislang vorgestellten unterschiedlichen Verfahren und Anwendungen von Inhaltsanalyse haben gezeigt, daß die Spannweite inhaltsanalytischer Vorgehensweise geradezu riesig ist, und zwar sowohl in bezug auf das jeweilige Ziel der Analyse als auch in bezug auf die dafür entwickelten Mittel (Verfahren). Daher sollen in diesem Kapitel zunächst einige Grundannahmen und Kontroversen zur inhaltsanalytischen Methode diskutiert werden, die das Verständnis für Vorteile und Nachteile unterschiedlicher inhaltsanalytischer Vorgehensweise schärfen. Bereits in ihrem ersten Entwurf eines Lehrbuches zur Inhaltsanalyse stellen Berelson/Lazarsfeld (1948: 5 f.) eine Definition von Inhaltsanalyse vor, die von allen späteren Lehrbüchern aufgegriffen und meist auch übernommen wird.[14] Sie lautet: „Content analysis is a research technique for the objective, systematic, and quantitative description of the manifest content of communication".

Es lohnt sich, die in dieser Definition enthaltenen Annahmen auf ihre Triftigkeit hin zu überprüfen, denn dabei wird sich schnell herausstellen, daß fast jede auf wesentliche und zugleich umstrittene Probleme der Inhaltsanalyse hinweist.

3.1 Inhaltsanalyse als Technik (research technique), Methode oder Modell

Spätestens seit der ersten Konferenz über Probleme und Anwendungen der Inhaltsanalyse in Chicago im Jahre 1941 hat sich der von Lasswell, dem „Vater der Inhaltsanalyse" (Janowitz 1948: 917) geprägte Begriff „content analysis" durchgesetzt. Zunächst verstand man darunter eine *Technik* zur Beschreibung von Kommunikationsinhalten (Janis 1943: 293; Kaplan 1943: 230; Berelson/Lazarsfeld 1948: 6). Später wird dafür der Begriff der Methode eingeführt (Day 1949: 89), und parallel dazu wird die Möglichkeit der Inferenz von Inhalten auf Aspekte sozialer Wirklichkeit betont: „content analysis" wird zu einem Verfahren (Hartmann 1970: 117), einer Forschungstechnik (Harder 1970: 226) oder einer Methode (Scheuch 1958: 200; Friedrichs 1990: 314) sozialwissenschaftlicher *Datenerhebung*, die bald gleichberechtigt neben anderen Methoden, vor allem Befragung und Beobachtung steht. Die Begriffe „Verfahren", „Technik", „Methode" und auch „Instrument" (Harder 1970: 226) werden dabei synonym verwendet.

Die Methode der sozialwissenschaftlichen Datenerhebung kann man – im Unterschied zu der naturwissenschaftlichen Datenerhebung – definieren als theoretisch abgeleitetes und forschungslogisch geordnetes System von Regeln, mit dessen Hilfe von einem Vermittlungsprozeß auf Aspekte der sozialen Wirklichkeit geschlossen werden kann. Dabei kann sowohl der Vermittlungsprozeß (Beobachtung, Interview, Textinterpretation) als auch die soziale Wirklichkeit unmittelbares soziales Handeln (Kommunikation, Interaktion, Rezeption) als auch abstrakte oder aggregierte Formen sozialen Handelns darstellen. Das impliziert eine strukturelle Äquivalenz der Methode der Inhaltsanalyse zu anderen Methoden der Datenerhebung, die an anderer Stelle noch zu diskutieren ist (vgl. Kap. 6). Im folgenden wollen wir hier von *Methoden*[15] der Datenerhebung sprechen, wenn dabei der unterschiedliche Zugriff auf die soziale Wirklichkeit gemeint ist (z.B. durch Befragung, Beobachtung, Textrezeption) und von *Verfahren*, um unterschiedliche Vorgehensweisen innerhalb einer Methode zu kennzeichnen. Wir haben es also im folgenden mit der Methode der Inhaltsanalyse zu tun, deren unterschiedliche Verfahren vorzustellen sind.

---

14 Vgl. etwa Cartwright 1953: 424; Barcus 1959: 8; Maletzke 1963: 57 f.; Silbermann 1962: 571; Wersig 1968: 16; Lisch/Kriz 1978: 20 und Kuttner 1981: 50.

15 Soweit nicht die Datenerhebung, sondern theoretisch-methodologische Fragen im Vordergrund stehen, wird dagegen von *Instrumenten* gesprochen.

3.2 Objektiv und systematisch

Gemeinhin gelten Objektivität und Systematik als grundlegende Kriterien wissenschaftlicher Vorgehensweise, so daß eine Diskussion dieser Aspekte unstrittig und darum überflüssig scheint. Die Forderung nach objektiver *Beschreibung* (eines Inhalts einer Kommunikation) erfordert zunächst eine Vorklärung. Wie bereits angedeutet (vgl. Kap. 1.1), soll ein fixierter sprachlicher Inhalt – in Übereinstimmung mit linguistischen Vorstellungen – als *Text* bezeichnet werden, d.h. als „zusammengehörige, isolierbare Gruppe von aktualisierten Zeichen (vgl. so Link 1974: 67 aber auch Glinz 1973: 20; Titzmann 1977: 10). Dabei ist es gleichgültig, ob es sich um Schrift- oder Wortzeichen, um Gesten oder Mimik etc. handelt. Ein Text setzt also immer eine Möglichkeit der *Notation* solcher Zeichen bzw. Zeichenfolgen im physikalischen Sinn voraus. „Ein solcher Text kann daher, auch zwecks wissenschaftlicher Analyse, nur mit minimaler Verfremdung beliebigen ... Rezipienten vorgelegt werden ... Es kann also *eine* (und die wichtigste) Variable in der Kommunikation, nämlich der Text, *konstant* gehalten werden ... Damit wird für die Textanalyse die Intersubjektivität erreichbar, die allgemein von der Wissenschaftstheorie gefordert wird" (Glinz 1973: 17). Objektivität der Beschreibung eines *Textes* ist auf mehreren Ebenen möglich: Auf der *physikalischen* Ebene, indem man einen Text z.B. nach Länge und Breite resp. Fläche vermißt. Auf der syntaktischen Ebene, indem man einen Text segmentiert, z.B. nach Buchstaben, Silben, Worten, Sätzen, Absätzen. Auf der *semantischen* Ebene, soweit man dort explizite Relationen zwischen bestimmten Zeichen und bestimmten „Bedeutungen" treffen kann (denotative Bedeutungen). Soweit also die Analyse-Ebene von Inhalten unterhalb der pragmatischen Ebene bleibt (vgl. ausführlicher dazu Kap. 5), kann man in der Tat Inhalte objektiv beschreiben: „The syntactic-and-semantic requirement is meant to rule out the analysis of communication content for the pragmatic dimension of language" (Berelson 1952: 16). Aber ist *das* der Inhalt einer Kommunikation? Offensichtlich nicht, denn die eigentliche Ebene des Verstehens, der Interpretation, der Wirkung bleibt damit ausgeblendet. Man soll als Codierer einen Text zwar lesen, aber man soll ihn möglichst nicht verstehen, nicht „zwischen den Zeilen lesen" (Holsti 1969: 12), das eigene Vorwissen und eigene Perspektiven sozusagen wegdefinieren. Die Forderung nach Objektivität läuft daher auf ein vorsätzliches Nichtverstehen von Texten hinaus. Dieses Problem wird uns bei der Diskussion quantitativer versus qualitativer Vorgehensweise bzw. bei der Diskussion latenter versus manifester Inhalte erneut begegnen. Berücksichtigt man aber umgekehrt die pragmatische Ebene, also die eigentlich kommunikativ relevanten Beziehungen eines Textes zu seinem Rezipienten, so wird die Forderung nach Objektivität verletzt, sofern die Regeln, nach denen ein beliebiger Rezipient den Text rezipiert (selegiert), nicht explizit gemacht werden, zumal ja der dem Inhalt zugrundeliegende Kommunikationsprozeß nicht intersubjektiv rekonstruierbar ist. „Inhalte eines Textes (sind) im Kommunikationsprozeß (nicht) Merkmale, die unabhängig von diesem extrahiert werden könnten" (Ungeheuer 1971: 193). Dieses Dilemma wird uns bei allen inhaltsanalytischen Verfahren, die auf der pragmatischen Ebene ansetzen, wiederbegegnen.

3.3 Quantitative Beschreibung

Quantifizierende Vorgehensweise hat ordnende Funktionen, indem sie Vergleichbarkeit erzeugt, Informationen verdichtet und vor allem die Verwendung von *Ziffern* gestattet, also durch Abstraktion die semiotische Dimension hinter sich läßt. Numerische Daten haben keinen Kontext, der ihren Wert verändern könnte. Zugleich liegt darin auch die große Verführung: Ziffern als Daten erlauben keinen Rückschluß darauf, ob die für das jeweilige Ziel relevanten Merkmalsausprägungen eines Textes überhaupt erhoben worden sind und ob weiterhin die Übersetzung in numerische Daten angemessen (homomorph) erfolgt ist. Quantifizierende Vorgehensweise ist mithin leider auch eine effektive Strategie zur Kaschierung methodologischer Schwächen: „Quantitative techniques in content analysis, can provide a defense against subjectivity and bias. They cannot, however, provide a substitute for serious thinking. Unfortunately, as in many other fields of social science, some authors seem tempted to quantify for the mere sake of appearing scientific" (McGranahan 1951: 559, hier zitiert nach Krippendorff 1967: 37). Die Forderung nach quantifizierendem Vorgehen in der Inhaltsanalyse hat, eröffnet durch Kracauer (1952), eine langanhaltende Kontroverse ausgelöst, in deren Verlauf (vgl. Berelson 1952: 114 ff.; George 1959; Ritsert 1972; Ritsert 1972a; Rühl 1976; Rust 1980) qualitative und quantitative Vorgehensweise oft als einander ausschließende inhaltsanalytische Strategien bezeichnet wurden, obwohl diese doch eher *komplementär* (Rust 1980: 8) zueinander stehen. Die drei wesentliche Argumente gegen die quantifizierende Vorgehensweise sind:

1) Quantifizierung ist ein selektives Vorgehen, das den Gesamtzusammenhang eines Inhaltes zerstört und daher die Zuverlässigkeit der Analyse herabsetzt.
2) Bedeutungstragende Indikatoren verändern ihre Bedeutung unter dem Einfluß unterschiedlicher kultureller oder situationaler Kontexte.
3) Quantifizierende Analyse sucht nach häufig auftretenden Schlüsselbegriffen oder Assoziatonen und kann daher relevante, aber singulär auftretende Variablen allenfalls als residual behandeln.

Da Inhaltsanalysen grundsätzlich Textualität, also die Kohärenz von Zeichen und Zeichengruppen vorgeben, sind diese Einwände durchaus plausibel. Quantifizierung von Texten setzt eine Auswahl relevanter Merkmale dieser Texte ja voraus, und diese kann nur jeweils im Hinblick auf das *Ziel* einer Analyse gültig erfolgen, d.h. zuvor muß qualitativ theoretisch analysiert werden (vgl. Bulmer 1979; Hopf/ Weingarten 1979: 13 ff.). Pool (1959: 192) betont im gleichen Sinn die komplementäre Funktion beider Vorgehensweisen.

Zugleich kommt damit die pragmatische Ebene der Inhaltsanalyse wieder ins Spiel, denn genau dort hat der Kontext, innerhalb dessen ein Merkmal auftritt, seine strategische Bedeutung. Marsden (1965: 298 ff.) schlägt daher eine Differenzierung in klassische (quantitative), nonquantitative und pragmatische Inhaltsanalyse vor.

Man kann dieses Problem sehr schön an einem Beispiel, nämlich an der Entwicklung der *Bewertungsanalyse* (vgl. Kap. 8.51) demonstrieren: In der deskripti-

3 Definitionsprobleme der Inhaltsanalyse

ven Phase wurden Inhaltsanalysen vor allem als Einwortanalysen durchgeführt, indem man bestimmte Schlüsselbegriffe auszählte (oder nach bestimmten *Kategorien* sortierte) und dann die *Häufigkeiten* (frequencies) des Auftretens ermittelte. Diese Häufigkeiten gelten als Indikator für die Aufmerksamkeit, die einem bestimmten Thema (vgl. *Themenanalyse* in Kap. 8.3) resp. einem bestimmten Symbol entgegengebracht wird. Wenn man z.b. während einer Bundestagswahl die Häufigkeit der Nennung von politischen Parteien in den Medien auszählt, so kann man daraus zunächst nur entnehmen, welche von den beiden *häufiger* genannt wird. Ein Schluß auf die Popularität, der ja gerade vor Wahlen so wichtig ist, ist damit nicht möglich, denn die Häufigkeit kann aus ganz anderen Gründen unterschiedlich ausfallen (Eine der Parteien kann z.b. bereits die Regierung stellen und erfährt dann über den Amtsbonus eine häufigere Nennung; es kann aber auch an dem häufigeren Auftreten, den besser vorbereiteten Pressekonferenzen eines der Spitzenkandidaten liegen etc.).

Um etwas über Popularität der Spitzenkandidaten zu erfahren, kann man die Nennhäufigkeit mit einer *qualitativen* Kategorie, nämlich mit *Bewertungen* (positiv, neutral, negativ) assoziieren. Dadurch erhält man ein wesentlich differenzierteres Bild (vgl. Abb. 18). Von dieser Möglichkeit hat bereits Bleyer (1924) Gebrauch gemacht. Doch erst Lasswell (1938; 1941b; 1952) verhilft durch seine Aufmerksamkeits- und Symbolanalysen dieser Entwicklung zur Anerkennung. Der Fortschritt ist hier offensichtlich durch einen Einbezug qualitativer Daten erfolgt (1). Er schlägt alsbald wieder zur Quantifizierung um, indem negative Bewertungen durch negative Ziffern (– 1) und positive Bewertungen durch positive Ziffern (+ 1) ersetzt werden und dadurch numerisch codiert werden können (2).

Bewertungen sind aber nicht alle gleich schlecht oder gleich gut, sondern können viele Nuancen annehmen. Dieser *qualitative* Einwand kann – mit gebotener Vorsicht (vgl. Osgood 1954) – erneut in eine quantitative Verfahrensweise (3) umgemünzt werden, indem man Skalen festlegt, nach denen unterschiedliche Wertstärken skaliert werden können. Andererseits ergibt sich bei der Einführung von Wertungen ein pragmatisches Problem, da der jeweilige Codierer nun seinen subjektiven Wertmaßstab mit einbringt: Er favorisiert z.B. einen der Kandidaten und skaliert daher dessen Bewertungen möglicherweise tendenziell besser. Dieses theoretisch qualitative Argument kann man methodisch umsetzen, indem man – wie bei der *Werthaltungsanalyse* nach Osgood (1954) (vgl. Kap. 8.5) – die jeweiligen Einstellungsobjekte (hier: Kandidaten) und die dazu gemachten Wertfeststellungen standardisiert und in maskierter Form aus dem Text extrahiert.

Eine weitere Überlegung bei der Feststellung von Popularität durch Medienanalyse – erneut ein qualitatives Argument – ergibt sich, wenn man nach den Absendern der Wertungen fragt (4): Es ist z.B. ganz entscheidend zu wissen, ob die Wertungen von der Gegenpartei erfolgen, von den Journalisten oder gar von der eigenen Partei. Damit kommt der Kommunikator ins Spiel, indem nun die bezüglich eines Kandidaten vorfindlichen Wertungen qualitativ nach drei (oder mehr) Kommunikatoren unterschieden werden. Schließlich kann man auch nach den Empfängern fragen (5), indem man z.B. Wertungen zusätzlich nach dem Medium differenziert (in welchem Organ bzw. auf welchem Sender erscheint die Wer-

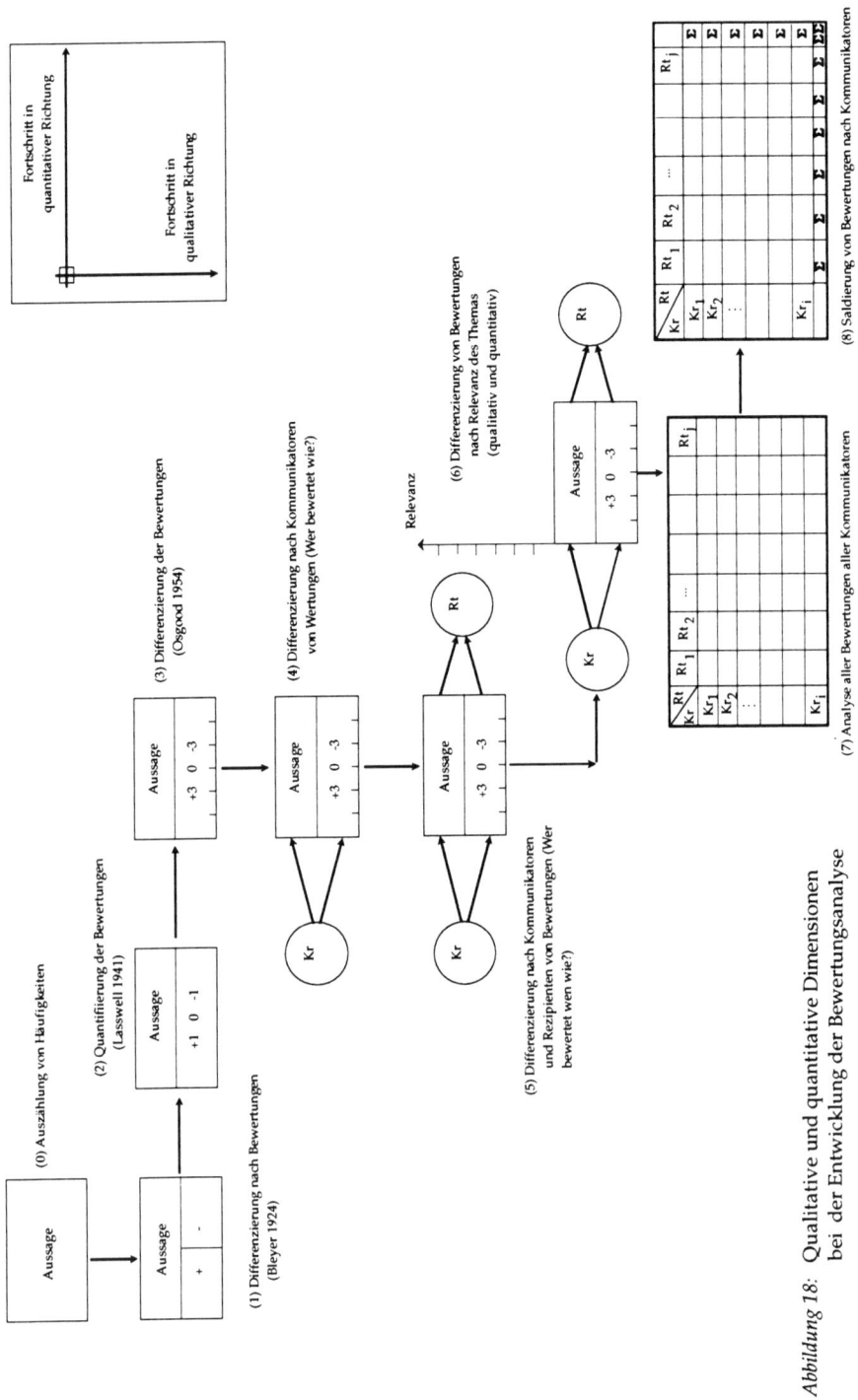

Abbildung 18: Qualitative und quantitative Dimensionen bei der Entwicklung der Bewertungsanalyse

(0) Auszählung von Häufigkeiten
(1) Differenzierung nach Bewertungen (Bleyer 1924)
(2) Quantifizierung der Bewertungen (Lasswell 1941)
(3) Differenzierung der Bewertungen (Osgood 1954)
(4) Differenzierung nach Kommunikatoren von Wertungen (Wer bewertet wie?)
(5) Differenzierung nach Kommunikatoren und Rezipienten von Bewertungen (Wer bewertet wen wie?)
(6) Differenzierung von Bewertungen nach Relevanz des Themas (qualitativ und quantitativ)
(7) Analyse aller Bewertungen aller Kommunikatoren
(8) Saldierung von Bewertungen nach Kommunikatoren und/oder Rezipienten

Fortschritt in quantitativer Richtung
Fortschritt in qualitativer Richtung

tung?). Damit ist die ursprüngliche Aussage ersetzt worden durch einen vollständigen Kommunikationsakt (*Wer bewertet wen wie* in *welchem* Medium?). Man könnte diese Erweiterung der Bewertungsanalyse nochmals weitertreiben, indem man die Ereignisse, die zu Bewertungen führen, nach Relevanz bzw. Selbstverständlichkeit der Bewertung differenziert (6) oder zwischen Bewertern und Bewerteten einer Soziomatrix der Wertungen aufträgt (vgl. Merten 1982c), die in bezug auf *alle* relevanten Spitzenpolitiker (7) erneut eine schärfere Analyse als nur über Kanzlerkandidaten zuläßt und damit gleichzeitig weitere Möglichkeiten der Quantifizierung (Bildung von Bewertungssalden etc.) zuläßt (8). An diesem Beispiel läßt sich ein fruchtbares Wechselspiel zwischen quantitativer und qualitativer Vorgehensweise in 9 Schritten feststellen: Anhand theoretischer Überlegungen werden zunächst neue qualitative Dimensionen (Richtung der Bewertung, Art, Typ des Senders, Typ des Empfängers etc.) eingeführt, die ggf. eine Quantifizierung der Merkmale zulassen. Zugleich stellt sich dabei heraus, daß diese Entwicklung weg von der Einwortanalyse und hin zu assoziativen Verknüpfungen (also: zur Berücksichtigung des *Kontextes*) führt. Man kann auch sagen: Die qualitativ eingebrachten Verfeinerungen stellen Randbedingungen dar, die das ursprünglich rein quantitativ-eindimensionale Analyseverfahren gültiger und zuverlässiger (objektiver) gemacht haben. Das soll jedoch nicht heißen, daß rein qualitative Vorgehensweise an sich schon Ansprüche auf erhöhte Gültigkeit und Zuverlässigkeit für sich reklamieren kann: Offensichtlich ist eine wechselseitige Ergänzung beider Vorgehensweisen fruchtbar, während der rein qualitative Typ analog zum rein quantitativen aus mancherlei Gründen durch fehlende Objektivität ausgezeichnet ist (vgl. Herkner 1974: 159 ff.). Die folgende qualitative Analyse ist ein gutes Beispiel dafür:

<u>Beispiel 12:</u> Qualitative Analyse der „Deutschen Nachrichten" nach Hund (1968)

Vorgehensweise:

Hund analysiert ein Sample von acht Ausgaben der „Deutschen Nachrichten" aus dem Jahre 1967, wobei er über die Auswahl und die Definition der Untersuchungseinheiten (Ausgabe, Artikel, Satz?) keine Angaben macht.

Die Prüfung der Hypothese „Die Deutschen Nachrichten sind faschistisch" vollzieht sich in drei Sequenzen:

1) Der Codierer fungiert als überdurchschnittlicher Leser, indem er nicht nur den gesamten Text verstehen muß, sondern zu ausgewählten Schlüsselbegriffen deren Assoziation im Text, z.B.

	Außenseiter
	Asoziale
Rote Studenten =	Kriminelle
	Politwürmer
	Bazillus
heraussuchen muß.	

2) Bei jeder solcher Explikation versucht der Codierer, analoge Explikationen und gleichzeitig das jeweilige Explikandum aus der faschistischen Sprache zu erinnern, z.B.

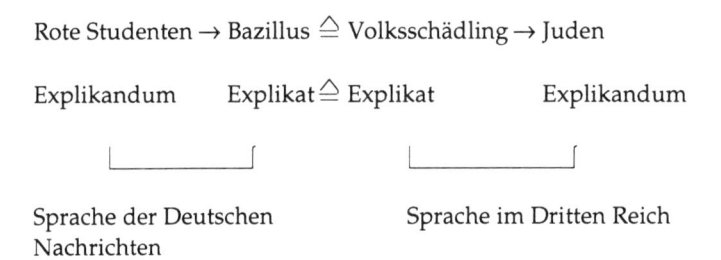

Rote Studenten → Bazillus ≙ Volksschädling → Juden

Explikandum   Explikat ≙ Explikat   Explikandum

|_____| |_____|

Sprache der Deutschen   Sprache im Dritten Reich
Nachrichten

3) Über die Identität der Explikate wird dann die Identität der Situation (hier: faschistische Sprache) erschlossen.

Kritik:

Dieses Verfahren „Assoziativer Inferenz" ist bar jeder Objektivität. Es funktioniert vermutlich nur deshalb so gut, weil der Codierer schon *von vornherein* weiß, daß die Deutschen Nachrichten ein neofaschistisches Organ darstellen, so daß die zu findenden Assoziationen nicht gar so schwer beschafft werden können. Wenn man den Text neutral präsentieren könnte, würden andere Assoziationen genauso wahrscheinlich, d.h. das Verfahren ist mit hoher Willkür behaftet. Zum anderen findet das Hintergrundwissen des Codierers Anwendung, das hier von starken subjektiven Einstellungen resp. Bewertungen geprägt sein kann und daher das Manko fehlender Objektivität noch vergrößert.

Das Resümee der Untersuchung spricht in diesem Sinne für sich: „... hier wird die ohnmächtige Wut eines Berserkers deutlich, der gegen alle die Zähne fletscht, die sich den Wahnvorstellungen faschistischer Machtwünsche in den Weg stellen. Ihm ist mit Argumenten nicht mehr beizukommen. Sein Bewußtsein verhängt ein Schleier von Ignoranz, gleichsam wie die Capa den Blick des Stieres trübt" (Hund 1968: 189).

Insgesamt ist das Postulat der quantifizierenden Beschreibung nicht schlüssig. Gerade die vielfältigen Textanalyseverfahren der Linguistik (vgl. Titzmann 1977; Gülich/Raible 1977) zeigen, daß Quantifizierung keinesfalls vorausgesetzt werden muß. Daß eine quantifizierende Beschreibung das Schlußverfahren vom Text auf die soziale Wirklichkeit wesentlich erleichtert (und für die Anwendung vieler Verfahren vorausgesetzt), ist eine andere Sache.

Beschreibung ist – nach der Berelsonschen Definition – das *Ziel* der Inhaltsanalyse. Damit ist die Inhaltsanalyse kein Instrument der Erhebung, sondern bleibt bei der reinen Textanalyse stehen. Diese Argumentation bleibt umso unverständlicher, als Berelson (1952: 27 f.) andererseits fünf Bereiche der Inhaltsanalyse mit 17 verschiedenen Zielen auflistet:

3 Definitionsprobleme der Inhaltsanalyse

A. Beschreibung des Inhalts
  1. Trendanalyse
  2. Wissenschaftsentwicklung (spezielle Trendanalyse)
  3. Vergleichende Analysen internationaler Kommunikation
  4. Vergleichende Analysen verschiedener Medien
  5. Wirklichkeitsprüfung der Medien
  6. Ermittlung von Standards der Berichterstattung
  7. Codifizierung qualitativer Daten (offene Fragen etc.)

B. Beschreibung der Form der Aussage
  8. Propagandatechnik-Analyse
  9. Lesbarkeitsanalyse
  10. Stilanalyse

C. Beziehung zwischen Inhalt und Kommunikator
  11. Intentionsanalyse
  12. Persönlichkeits- oder Gruppenanalyse
  13. Propaganda-Analyse (Tendenzanalyse)
  14. Instrumentale Propaganda-Analyse (Funktionen und Folgen von Propaganda)

D. Beziehung zwischen Inhalt und Rezipient
  15. Rezipientenanalyse (Reflektionsanalyse)

E. Wirkungen des Inhalts
  16. Aufmerksamkeitsanalyse
  17. Wirkungsanalyse (auf Einstellungen und Verhalten).

Berelson hat diese Aufstellung anhand vorliegender Untersuchungen vorgenommen, d.h. sie ist anwendungsorientiert und nicht theoretisch abgeleitet. Verteilt man diese Ziele jedoch auf die hier entwickelte Typologie inhaltsanalytischer Ziele (vgl. Abb. 13), so zeigt sich das in Abb. 19 dargestellte Bild.

Und bei näherem Hinsehen zeigt sich, daß „reine" Beschreibungen eben nur die Beschreibung von Propaganda-Techniken sind (8), denn Trendanalysen (1, 2) und Kommunikationsanalysen (3, 4, 6) sind Grenzfälle der Beschreibung, bei denen die soziale Wirklichkeit sich identisch *im Text* findet, als strenger Anwendungsfall der *Reflektionsanalyse* (vgl. Kap. 7.211), derzufolge sich die soziale Wirklichkeit in den Medien „spiegelt". Auch die Kodifizierung qualitativer Daten (7) (offene Fragen im Interview) ist Bestandteil eines inferentiellen Erhebungsverfahrens, nämlich der Befragung. Diese Widersprüchlichkeit bei Berelson wird verständlich, wenn man berücksichtigt, daß Berelson (1941) zunächst drei Typen von Analyse unterschieden hat: die Intentionsanalyse (Schluß auf Intentionen des Kommunikators), die Wirkungsanalyse (Schluß auf den Rezipienten) und ein damit zusammenhängendes deskriptives Verfahren, nämlich „content analysis", das zugleich Basis der inferentiellen Verfahren ist.

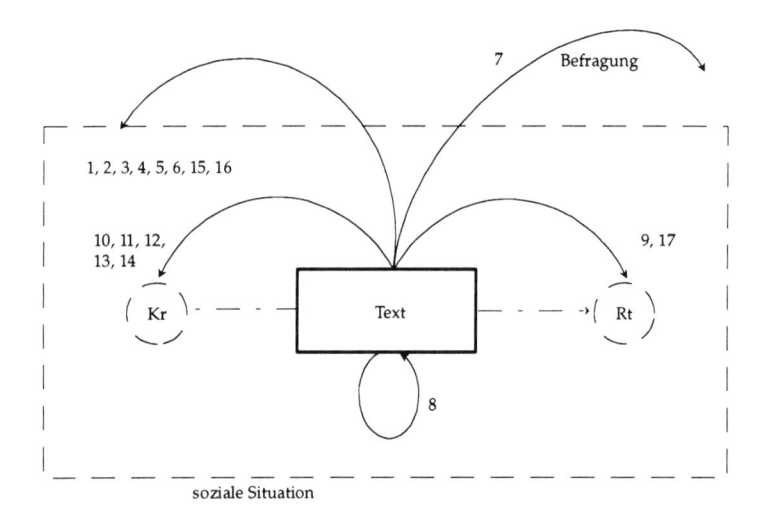

Abbildung 19: Deskription und Inferenz als Ziele der Inhaltsanalyse bei Berelson

Festzuhalten ist daher, daß die Inhaltsanalyse nicht die Deskription eines Inhalts, sondern die Inferenz vom Inhalt auf soziale Wirklichkeit zum Ziel hat. Besser gesagt: Ist das *Ziel* der Analyse die *Deskription,* so wollen wir von *Textanalyse* sprechen, ist das Ziel dagegen der Schluß vom Text auf Aspekte sozialer Wirklichkeit, so wollen wir von *Inhaltsanalyse* sprechen. Zwar ist selbstverständlich auch ein Text ein Stück soziale Wirklichkeit (er ist ja innerhalb eines Kommunikationsprozesses erzeugt worden, bedient sich meist bestimmter Konventionen etc.), doch die Analyse solcher Wirklichkeit nach unterschiedlichen Gesichtspunkten ist vor allem eine linguistische Domäne und stellt allenfalls die Vorbedingung für das eigentlich inferentielle Verfahren der Inhaltsanalyse dar. Denn bei vielen Verfahren der Inhaltsanalyse geht es gar nicht um die soziale Wirklichkeit des Textes (die mit Aspekten sozialer Wirklichkeit außerhalb des Textes in Beziehung gesetzt wird), sondern um die quantitative Relation von Textmerkmalen, z.B. in der *Trendanalyse,* bei der nicht die Gültigkeit, sondern eher die Konstanz der als Indikator benutzten Variable wichtig ist: „Systems of classification may by inadequate and unstandardized; nevertheless, if a system is used consistently over time valuable facts may appear" (Albig 1938: 349). Substantielle Überlegungen zur Inferenz finden sich daher auch typisch zuerst bei den Historikern (vgl. Dibble 1963).

3.4 Manifester Inhalt

Die Beschränkung auf den *manifesten* Inhalt von Texten wurde bereits von Lasswell (1938: 204) gefordert und wird bei Berelson explizit mit der Forderung nach Ausschluß der pragmatischen Dimension begründet (Berelson 1952: 16). Damit verschließt diese aus Gründen methodischer Grobschlächtigkeit resp. forschungspraktischer Effizienz erhobene Forderung den gerade für die Inferenz interessan-

3 Definitionsprobleme der Inhaltsanalyse

testen Bereich der Inhaltsanalyse überhaupt. Darüber hinaus lassen die Verfechter dieser Forderung geflissentlich außer acht, daß auch die rein syntaktische resp. semantische Analyse eines Textes es mit sich bringt, daß der Text – sozusagen als unvermeidlicher Nebeneffekt – rezipiert und interpretiert werden muß, so daß auch bei der Beschränkung auf manifeste Inhalte Verzerrungen nur dann völlig ausgeschlossen werden können, wenn die Analyse elektronisch durchgeführt wird (vgl. Kap. 12.32). Ritsert (1972; 1972a: 32 ff.) führt die Manifest-latent-Dychotomie auf die Dychotomisierung von Bedeutungen in denotative und konnotative Bedeutung (vgl Kap. 4.1) zurück. Aber das erklärt noch nicht, was der nichtmanifeste Inhalt sei und wie man ihn analysieren und berücksichtigen kann. Holsti steuert hierzu den liebenswerten Vorschlag bei „nicht zwischen den Zeilen zu lesen" (Holsti 1969: 12). Auch die Annahme, daß die Eigenschaft „latent" mit der Eigenschaft „qualitativ", die Eigenschaft „manifest" hingegen mit der Eigenschaft „quantitativ" assoziiert sein soll (Lisch/Kriz 1978: 44 ff.), hilft hier nicht weiter.

In Anlehnung an den hier benutzten Begriff des Textes liegt es jedoch nahe, den manifesten Inhalt als *Text* zu bezeichnen: *Manifest* sollen dann alle *absoluten* Merkmale eines Textes sowie die zwischen diesen herstellbaren Relationen heißen. *Latent* sind dagegen die Relationen, die sich zwischen den absoluten oder relationalen Textmerkmalen und den *Benutzern* des Textes (Kommunikator, Codierer, Rezipient) ausmachen lassen (Abb. 20).

Eigenschaft	manifester Inhalt (Text)	latenter Inhalt
absolut	syntaktische Einheiten, syntaktisch-semantische Einheiten	-
relational	syntaktische Strukturen, semantische Assoziationen	Relationen zwischen Text und Textinterpreten

Abbildung 20: Manifester und latenter Inhalt

Das erklärt zum einen, daß es hier erneut um den Einbezug der pragmatischen Ebene geht und, damit zusammenhängend, daß die objektive Beschreibung der latenten Inhalte gerade wegen ihrer Relationalität nicht zu leisten ist. Diese Relationalität ließe sich dann aufheben, wenn man eine Theorie hätte, welche die Beziehung beliebiger manifester Textmerkmale zu beliebigen Rezipienten voraussagen könnte – also eine Theorie der Inhaltsanalyse resp. ein abgeschlossenes Arsenal von Regeln der Interpretation von Texten.

3.5 Kommunikation

Der Kommunikationsbegriff tritt bei der Methode der Inhaltsanalyse an zwei Stellen, jedoch mit völlig unterschiedlicher Bedeutung und Berechtigung auf (vgl. Kap. 5). Nach Berelson/Lazarsfeld (1948: 1) gilt der Inhalt als Relikt eines Kommunikations*prozesses*, der gemäß der klassischen Lasswell-Formel „Who says what in which channel to whom with what effect" (Lasswell 1948: 37) strukturiert ist (Abb. 21).

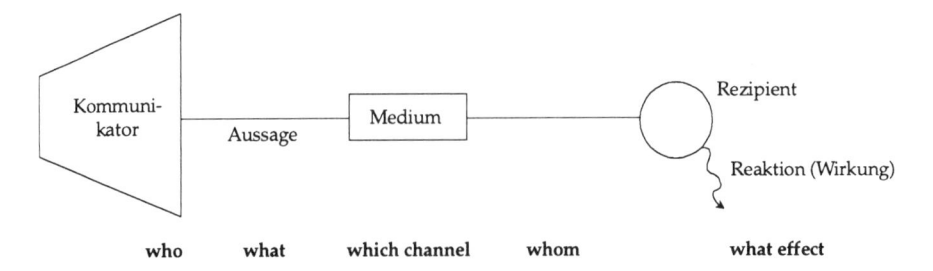

Abbildung 21: Das Kommunikationsmodell der Lasswell-Formel

Nicht zufällig handelt es sich hier um ein Modell der Massenkommunikation, das Kommunikation als Transport eines Containers, „Inhalt" genannt, versteht, der von einem Kommunikator durch ein Medium zu einem Rezipienten transportiert wird. Und nicht zufällig versteht auch Berelson einen Inhalt als einen objektivierbaren, quantifizierbaren, physisch vorhandenen Korpus – mechanische Vorstellungen der Theorie reproduzieren sich in der Methode (vgl. Merten 1974). Ganz in diesem Sinne ist daher der Begriff der Kommunikationsanalyse mißverständlich, der statt des Begriffs Inhaltsanalyse benutzt wird (Mochmann 1980), denn er suggeriert nicht die Analyse eines Textes, sondern die eines Prozesses. Explizit wird diese Verwirrung, wenn man Inhaltsanalyse „als Sammelbegriff für ein Instrumentarium (versteht), welches ganz allgemein der Erforschung von Kommunikationsprozessen jeder Art dient" (Lisch/Kriz 1978: 20). Denn Inhaltsanalyse schließt vom Text auf den Kommunikator oder auf den Rezipienten oder auf die Bedingungen, unter denen der Prozeß sich ereignet hat (Situation), sie kann jedoch nicht den (hochkomplexen) Prozeß selbst rekonstruieren, dem sich der Text letztlich verdankt. Kommunikationsprozesse sind *relationale* Prozesse, die sich als Beziehung zwischen Kommunikator, Rezipient und sozialer Situation ereignen und die als Relationen weder aus einer dieser Positionen und erst recht nicht aus dem Relikt, nämlich dem Text, rekonstruiert werden können (vgl. Kap. 5). Wenn man vom Text her den Kommunikationsprozeß rekonstruieren könnte, dann wäre mit Hilfe des Kommunikationsprozesses umgekehrt ein sehr viel besseres, ideales Verständnis des Textes möglich etc. – das läuft auf einen echten Zirkelschluß hinaus (vgl. Merten 1981). Um solchen Verwirrungen zu entgehen, sollte man den Kommunikationsbegriff aus der Definition von Inhaltsanalyse ganz herausnehmen.

3.6 Resümee

Die Durchmusterung wesentlicher Annahmen der Inhaltsanalyse, wie sie in der Berelsonschen Definition enthalten sind, hat zu zwei Ergebnissen geführt. Zum einen muß die Definition erweitert werden um die Forderung nach *Inferenz* von

3 Definitionsprobleme der Inhaltsanalyse

textinternen auf textexterne Merkmale, denn nur dann kann Inhaltsanalyse eine Methode zur Erhebung sozialer Wirklichkeit sein. Zum anderen sind die Forderungen nach quantitativer Analyse manifester Inhalte ebenso unbegründet, wie die Bezeichnung „Kommunikation" als Gegenstand der Inhaltsanalyse mißverständlich ist.

In Anlehnung an Krippendorff (1967; 1980)[16] soll daher an der bereits vorgestellten Definition festgehalten werden: *Inhaltsanalyse ist eine Methode zur Erhebung sozialer Wirklichkeit, bei der von Merkmalen eines manifesten Textes auf Merkmale eines nichtmanifesten Kontextes geschlossen wird.*

---

16 Krippendorff (1980: 13) definiert Inhaltsanalyse (content analysis) als „research technique for making replicable and valid inferences from data to their context". Mit Rücksicht auf die Tatsache, daß nicht Daten, sondern der Text, aus dem Daten herausgezogen werden, einen Kontext hat, ist diese Definition entsprechend zu modifizieren.

Teil II: Theorie

Im zweiten Teil werden theoretische Bestände der Semiotik, der Kommunikationstheorie und der Instrumententheorie, soweit sie für eine theoretische Fundierung der Inhaltsanalyse relevant sind, vorgestellt.

In Kapitel 4 werden zunächst theoretische Überlegungen der Semiotik und Linguistik, insbesondere zur Theorie des Zeichens und seiner Bedeutung, vorgestellt.

In Kapitel 5 werden verschiedene Kommunikationsmodelle resümiert und die daraus ableitbaren Erkenntnisse für die Inhaltsanalyse diskutiert. Als wesentliches theoretisches Konzept wird Selektivität herausgearbeitet, das sich sowohl im Problem der Bedeutungszuweisung, der Sinnbildung und der Wirkung von Kommunikation zeigt.

In Kapitel 6 schließlich wird nach der Beschaffenheit der Instrumente (Befragung, Beobachtung, Inhaltsanalyse) gefragt, mit deren Hilfe soziale Wirklichkeit erhoben werden soll. Dabei werden sowohl die Gemeinsamkeiten als auch die Unterschiede der Methode der Inhaltsanalyse zu anderen Methoden herausgestellt. Darüber hinaus wird geprüft, ob und in welchem Umfang auch Inhaltsanalyse als reaktives Verfahren der Datenerhebung begriffen werden kann.

4 Inhaltsanalyse als semiotische Analyse

Inhaltsanalyse setzt die Analyse von Texten (Textanalyse) nach bestimmten Merkmalen voraus. Texte sind fixierte Inhalte aller möglichen Textbasen (z.B. Sprache, Gestik, Mimik etc.), die *Zeichen*charakter haben. Daraus folgt, daß viele Probleme der Textanalyse bzw. der Inhaltsanalyse semiotische Probleme sind, so daß theoretische Erkenntnisse über Bildung, Verknüpfung und Benutzung von Zeichen auch für die Inhaltsanalyse grundsätzliche Bedeutung haben.

4.1 Grundlagen der Semiotik

4.11 *Zeichen als syntaktische, semantische und pragmatische Relation*

Die Definition des *Zeichenbegriffs* löst noch immer groteske Kontroversen aus (vgl. Wersig 1980 sowie die Kritik daran von Stetter 1980 und Boom 1980). In einem ersten Anlauf kann man zunächst die Repräsentationsfunktion eines Zeichens, also die Tatsache, daß es stellvertretend für etwas anderes (Objekt, Zeichen, Idee) stehen kann, betonen. Die Beziehung zwischen Zeichen und dem von ihm *Bezeichneten* ist jedoch keinesfalls einfach oder eindeutig.

„Die Semiotik krankt auf den Tod daran, daß sie sich als unfähig erweist, die Repräsentationsfunktion des Zeichens sprachlich zu bewältigen" (Boom 1980: 275). Die verschiedenen Beschreibungen (Bezeichnungen), die unterschiedliche Autoren für die Beziehung zwischen Zeichen und Bezeichnetem benutzen, sind Ausdruck dieses Dilemmas (Abb. 22).

4 Inhaltsanalyse als semiotische Analyse

Bestandteil des Zeichens / Autoren	Bezeichnendes		Bezeichnetes	
			geistig	materiell
Stoiker	semainon		semainomenon	tynchanon
	semeion		semeioton	pragma
Augustinus	signans		signatum	
Spekulative Grammatiker	vox		significatum	
Port-Royal	signe en tant que chose	idée de cette chose	idée d'un représenté	le représenté
Peirce	representamer		interpretant object	
			interpretant	denotatum
Morris	sign vehicle		designatum	
Ogden/Richards	symbol		thought-reference	referent
Saussure	signifiant		signifié	
Hjelmslev	Ausdrucksform		Inhaltsform	

Abbildung 22: Bezeichnendes und Bezeichnetes nach Autoren (entnommen bei Nattiez 1979: 391)

Saussure (1916) nahm zunächst noch eine zweistellige Zeichenrelation an, die er durch *Signifikant* (signifiant) und *Signifikat* (signifié) zu beschreiben suchte. Doch während Saussure unter Signifikant die psychische Reaktion auf ein materialisiertes Ereignis und unter Signifikat die Aktivation eines Bewußtseinsinhaltes verstand, versteht man heute unter dem Signifikanten den materiellen Zeichenträger und unter Signifikat die Bedeutungsfunktion, das Bedeutete (vgl. Link 1974: 23).

Prinzipiell wird auch hier schon sichtbar, daß ein Zeichen nicht ein Gegenstand oder eine absolute Größe (Objekt etc.) ist, sondern sich nur als *Relationensystem* begreifen läßt: Zeichen ist immer nur Zeichen im Hinblick auf ein Bezeichnetes.

Seit Peirce (1931 ff.) weiß man jedoch, daß der Begriff des Zeichens nicht als zweistellige, sondern mindestens als dreistellige Relation zu denken ist (Abb. 23).

Nach Peirce besteht eine triadische Relation: Ein zum Zeichen erklärtes X ist als Mittel M einem Objekt O für einen Interpretanten I zugeordnet.

$X = r (M, O, I)$

Ein Zeichen kann als Zeichen nur dann funktionieren, wenn alle drei Relationen, insbesondere jedoch der Interpretanten-Bezug vorhanden sind. Der Interpretant, (nicht zu verwechseln mit dem Interpreten, also dem Benutzer des Zeichens) läßt sich als Art des (selektiven) Zugriffs begreifen, mit dem die Relation Objekt-Mittel

```
                    Zeichenträger  (sign, Repräsentamen,
                          M         Mittel, Signifikant)
                         /\
                        /  \
                       /    \
                      /      \
                     /        \
                    /          \
                   /            \
                  /              \
                 /_____\
                O                  I
         Objekt  (ideell oder materiell)      Interpretant
```

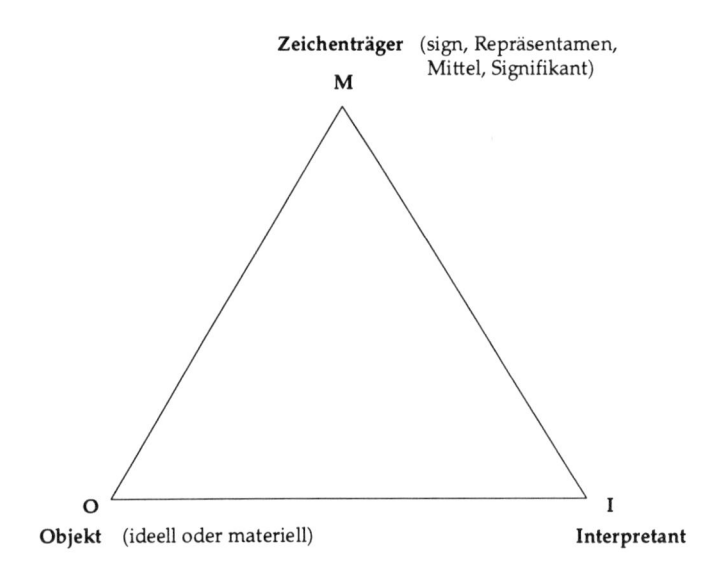

Abbildung 23: Dreistellige Zeichenrelation nach Peirce (1931)

durch eine operative Strategie hergestellt wird. Wenn ein Kleinkind seinem Stofftier (O) den Namen „Bappi" (Mittel M) zuordnet, dann ist der Interpretant nicht das Kleinkind, sondern die relationierende Denkstruktur des Kleinkinds, die den Zusammenhang zwischen der Objekt- und der Mittelrelation eines Zeichens darstellt. Präziser: Der Interpretant relationiert zwei Relationen (vgl. Nattiez 1979: 390 f.). Hinter dieser anspruchsvollen Erkenntnis von Peirce steht die Überlegung, daß die Relation zwischen einem Mittel (Signifikanten) und einem Objekt ohne einen Akt operativen Denkens gar nicht möglich ist: Nicht die Welt ist die erlebbare Wirklichkeit, sondern das Denken der Welt. Umgekehrt erlaubt es dann gerade die Existenz eines Interpretanten, jedes Mittel M zu einem Signifikanten zu machen: Ein Zeichen (Signifikant) ist dann „alles, was zum Zeichen erklärt wird und nur, was zum Zeichen erklärt wird. Jedes beliebige Etwas kann (im Prinzip) zu Zeichen erklärt werden" (Bense 1969: 10). An die Peircesche Lehre von der dreistelligen Relation der Zeichen knüpft Morris (1938) mit dem Vorschlag einer einheitlichen Zeichenlehre an, die er Semiotik nannte und nach drei Ebenen differenzierte: „Man kann den Prozeß, in dem etwas als Zeichen funktioniert, Zeichenprozeß oder *Semiose* nennen. Die Tradition, die bis auf die Griechen zurückgeht, stellt sich gemeinhin vor, daß dieser Prozeß aus drei (oder vier) Faktoren besteht: nämlich aus dem, was als Zeichen wirkt, aus dem, worauf das Zeichen referiert, und aus dem Effekt, der in irgendeinem Rezipienten ausgelöst wird und durch den die betreffende Sache ihm als Zeichen erscheint. Diese drei Komponenten der Semiose sollen jeweils *Zeichenträger* (sign-vehicle), *Designat* (designatum) und *Interpretant* (interpretant) heißen. Hinzu kommt als vierter Faktor der *Interpret* (interpreter)" (Morris 1972: 20).

4 Inhaltsanalyse als semiotische Analyse

Syntaktik ist der Zweig der Semiotik, der sich mit den Zeichen als solchen und ihren Darstellungsmöglichkeiten (Zeichen-Mittel-Relation, Verknüpfungsregeln von Zeichen etc.) befaßt. Hier stellt das Zeichen daher nur eine einstellige Relation Z = r (M) dar, die exakt dem Mittelbezug bei Peirce entspricht. Die Frage, was ein Zeichen bedeutet (Objektbezug) oder was es bewirkt (Interpretantenbezug) sind für die syntaktische Ebene irrelevant.

Semantik ist die Lehre von den Beziehungen, die zwischen einem Zeichen (Signifikans, Symbol) und dem dadurch Bezeichneten (Signifikatum, Referens) bestehen. Der Objektbezug bei Peirce stellt sich demgemäß als Beziehung Z = r (M, O) dar, d.h. er ist auch von der syntaktische Ebene bzw. vom Mittel M und dessen Relationen abhängig: die Abfolge der Buchstaben A, M, O kann unterschiedliche Vorstellungen auslösen (unterschiedliche Bedeutungen haben) je nachdem, ob man die Abfolge „OMA" oder die Abfolge „MAO" wählt. Die zweistellige Relation z = r (M, O) ist daher *insgesamt* Gegenstand der Semantik. Auch für die Semantik gilt, daß pragmatische Aspekte, also der Interpretantenbezug, irrelevant sein sollen.

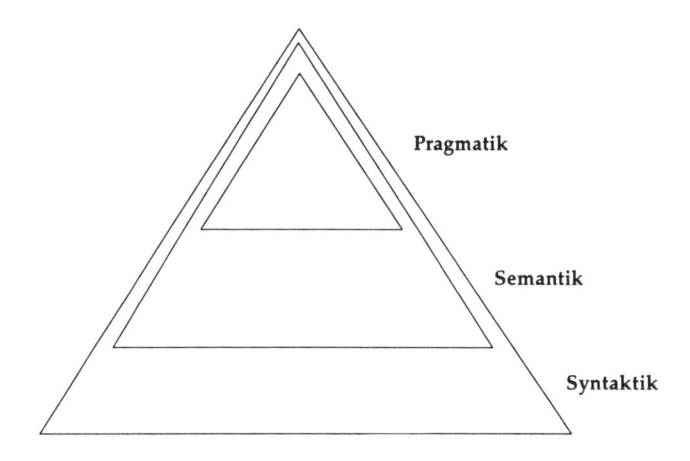

Abbildung 24: Hierarchische Relationen der Semiotik

Pragmatik ist die Lehre von der Relation der Zeichen zu ihren Benutzern. Das impliziert sogleich auch die semantische und damit die syntaktische Dimension, da die syntaktische Dimension, wie gezeigt, auf die semantische Dimension Einfluß hat und die Frage nach der Benutzung von Zeichen sofort die Frage nach der „Bedeutung", die bestimmte Zeichen für bestimmte Kommunikanden haben, einschließt. Demgemäß handelt es sich bei der Pragmatik um die dreistellige Relation

Z = r (M, O, I) ,

was sich auch in Form einer hierarchischen Mengenrelation darstellen läßt. Diese Darstellung, so vereinfacht sie auch noch immer sein mag und so viele Fragen sie noch offen läßt (vgl. Eco 1972: 76 ff.; Köller 1977: 33 ff.; Bentele/Bystrina 1978: 20 ff.), reicht für Zwecke der Inhaltsanalyse zunächst aus. Hier läßt sich die Morrissche Terminologie nutzbar anwenden für eine Differenzierung inhaltsanalytischer Verfahren in syntaktische, semantische und pragmatische Verfahren (vgl. Kap. 8.0).

Auf der syntaktischen Ebene werden Zeichen analysiert im Hinblick auf die Mittel, mit denen ein Zeichen dargestellt wird. In der Verschriftlichung, der normalerweise Texte unterzogen werden, besteht die syntaktische Analyse aus der Auszählung von Wörtern, Silben, Buchstaben, wobei jeweils nur deren Anordnung oder Aufbau, also syntaktische Mittel, relevant sind. So kann man z.B. auf der syntaktischen Ebene anhand des (morphologischen) Stils eines Autors eine *Autorenanalyse* durchführen (vgl. Kap. 8.11-1), indem man anhand der Häufigkeit bestimmter Buchstaben, Silben, Wörter, Wörterfolgen oder Sätze auf bestimmte autorenspezifische Merkmale stößt.

Auf der semantischen Ebene kann man z.B. mit einer *Themenanalyse* das Auftreten bestimmter Begriffe, Themen oder Ideen analysieren (vgl. Kap 8.31-5), indem man semantische Klassen (Kategorien) bildet, unter die bestimmte Inhalte subsumiert werden.

Auf der pragmatischen Ebene schließlich kann man eine *Verständlichkeitsanalyse* oder eine *Wirkungsanalyse* von Inhalten durchführen (vgl. Kap. 8.42), indem man prüft, welche Gestaltung eines Textes welche Wirkungen beim Rezipienten erzielt. Dieses Problem reicht bereits auf die Kommunikationsebene und wird daher später ausführlicher diskutiert (vgl. Kap. 5.33).

Andererseits gibt es deutliche Hinweise darauf, daß auch diese semiotische Dreiteilung von Morris noch immer zu grob ist. Zur Vorstellung der einzelnen inhaltsanalytischen Verfahren werden wir daher ein differenzierteres Schema benutzen (vgl. Kap. 8.0).

4.12 Das Problem der Bedeutung

Eines der größten Probleme der Semiotik stellt, neben der Definition des Zeichens, die Definition von „Bedeutung" dar. Ogden und Richards (1923: 186 f.) listen 16 verschiedene Bedeutungen von Bedeutung auf.

Im ungeprüften Alltagsverständnis gilt die Bedeutung eines Zeichens als etwas, das mit dem Zeichen relativ starr verbunden und als Objekt gedacht wird. Die Buchstabenfolge P-F-E-R-D bildet z.B. das Zeichen „Pferd", dessen Bedeutung normalerweise durch die Aufzählung von Eigenschaften oder durch Umschreibungen (z.B.: vierfüßiges, pflanzenfressendes Säugetier, mit langem Schweif, zähmbar, als Haustier verwendbar, schnellaufend, als Reittier benutzbar etc.) erklärt werden kann. Dieser Typus von Bedeutungsfestellung heißt *denotative Bedeutung*, weil er in bezug auf ein Zeichen (durch Angabe von Eigenschaften) genau expliziert und damit festgelegt werden kann. Doch diese denotative Bedeutung ist im Grunde nicht der Normalfall, sondern ein Sonderfall. Denn normalerweise wird – unabhängig von der Denotation – einem Zeichen dadurch eine bestimmte Bedeutung zugesprochen, daß es in einem bestimmten Kontext auftritt, so daß man von *konnotativer Bedeutung* spricht. Da die Zahl möglicher Kontexte prinzipiell unbegrenzt ist, ergibt sich die tatsächliche Bedeutung eines Zeichens im Nor-

4 Inhaltsanalyse als semiotische Analyse

malfall aus der jeweiligen konnotativen Komponente, es sei denn, es gibt eine einzige und nur eine einzige Denotation.

Der Normalfall liegt daher genau umgekehrt: Wenn in einem Text die Wörter „Danke schön" vorkommen, so wäre die Denotation etwa „sich bedanken für irgendetwas, jemandem seine Zufriedenheit bekunden" etc. Doch erst aus dem aktuellen Kontext dieser Wörter kann erschlossen werden, ob dieses „Danke schön" wirklich so „gemeint" war oder ob damit nicht das Ablehnen eines Angebots oder gar verstecktes agressives Verhalten ausgedrückt wird. Ogden und Richards (1923: 11) haben analog zu Peirce ein dreistelliges Relationsmodell entwickelt (Abb. 25), dessen Ähnlichkeit zu dem Modell von Peirce jedoch leicht darüber hinwegtäuscht, daß hier problematische Annahmen in bezug auf die Definition von „Bedeutung" enthalten sind, die gerade im Bereich der Inhaltsanalyse ungeprüft übernommen worden sind (vgl. Fühlau 1978: 9 oder Lisch/Kriz 1978: 36 ff.).

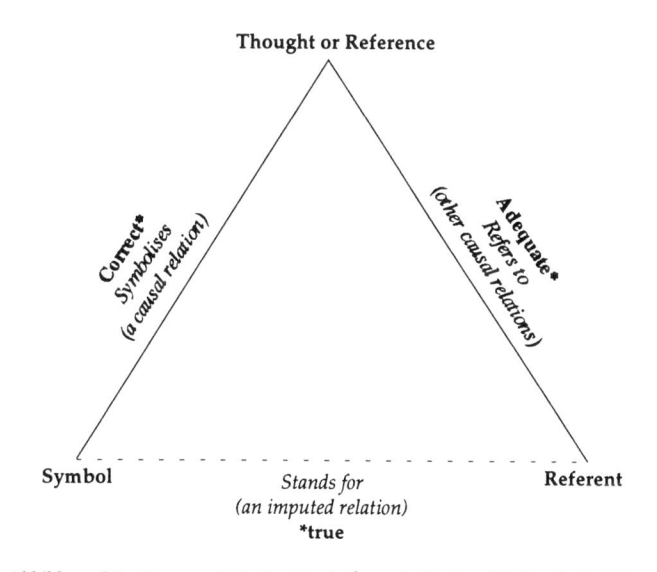

Abbildung 25. Das semiotische Dreieck nach Ogden/Richards (1923: 11)

Zum einen suggeriert das Modell das Auftreten von genau drei Größen im Signifikationsprozeß, während es in Wirklichkeit sehr viel mehr sind, und zum zweiten verfestigt es die unglückliche Vorstellung, daß die Bedeutung eines Wortes etwas mit der Sache zu tun hat, auf die sich das Wort bezieht. Dadurch wird das Symbol (Wort) zum einen an einen Wahrheitswert gebunden und zum anderen muß der Gegenstand (reference) identifiziert werden. Beide Implikationen führen zu unauflösbaren Schwierigkeiten (vgl. Eco 1972: 69 ff.).

Ein anderes und fruchtbares Verständnis von „Bedeutung" gewinnt man, wenn man die Zuweisung von Bedeutungen unter dem Gesichtspunkt der *Selektivität* betrachtet. McKay (1969: 24 f.) hat als erster auf diesen wesentlichen Aspekt aufmerksam gemacht: „... meaning is clearly a relationship between message and recipient rather than a unique property of the message alone ... For the original speaker, the meaning of what he says is the selective function he wants it to perform in the listener's range of states of readiness. This is distinct – and may ... be quite different from the *effective* meaning to the listener ... and both of these may differ from the *conventional* meaning which is the selective function calculated from a ‚standard recipient'".

Dieses Verständnis legt es nahe, auf der rein semantischen Ebene nur von denotativer Signifikation zu sprechen, die man z.B. anhand eines Wörterbuches durch erschöpfende Aufzählung bestimmen kann (z.B.: „Hausfrau" = Mensch, weibliches Geschlecht, nicht mehr schulpflichtig, nicht berufstätig, nicht arbeitslos, unbezahlt zu Hause arbeitend etc.). Hingegen impliziert die konnotative Signifikation bereits die pragmatische Ebene, da der Einfluß des Kontextes über einen Rezipienten des Textes ermittelt werden kann, dessen Interpretant im Peirceschen Sinne schon mitvorausgesetzt wird.

Der Begriff der Bedeutung ist andererseits aber auch zu trennen vom Begriff der *Information* bzw. vom *Sinn*, den ein Zeichen oder eine Zeichenfolge für den Rezipienten hat. Das Konzept der Selektivität, das zur Erklärung von Bedeutungen eingeführt wurde, hat aber gerade auch dort – auf der kommunikativen Ebene – seine Berechtigung und soll ebenda weiter ausgeführt werden (vgl. Kap. 5.3).

4.2 Grundlagen der Linguistik

Nach den Vorklärungen über Zeichen und Bedeutung können nur einige für Zwecke der Inhaltsanalyse wichtige Begriffe, nämlich Wort, Satz und Text, näher betrachtet werden.

4.21 Wort

Wörter können sowohl als Signifikant (Bedeutungsträger, Bezeichnung eines materiellen Gegenstands) als auch als Signifikat (Sinn) stehen. Soll z.B. ein schlichter goldener Ring als Signifikant gelten, so ist das zugehörige Signifikat die Aussage „verheiratet" resp. „verlobt". Diese Bedeutung ist jedoch nicht zwingend – im Gegenteil: Gibt es für einen Signifikanten mehrere Signifikate, so spricht man von einem *Polysem* (Homonym, Homograph), gibt es für ein Signifikat mehrere Signifikanten, so spricht man von einem *Synonym* (Abb. 26).

Nach Dietrich/Klein (1974: 94) sind z.B. 43% aller deutschen Wörter Homographen, d.h. Polyseme bzw. Homonyme in bezug auf ihre Schreibweise. Die Bestimmung des richtigen Signifikats muß durch den *Kontext* erfolgen, wobei dafür sowohl syntaktische als auch semantische Möglichkeiten bestehen. Syntaktisch kann man z.B. anhand des verwendeten Artikels auf das gemeinte Signifikat schließen (z.B. der Heide/die Heide).

Andere Bedeutungen muß man konnotativ aus dem Text erschließen, z.B. „Der Bauer wurde vom Springer geschlagen". Diese letzte Möglichkeit zeigt an, daß im Grunde jedes Zeichen durch seinen *Kontext* verschiedene Signifikate erhalten kann, d.h. ein *Polysem* ist. Diese Möglichkeit, den Sinn eines Zeichens in Abhän-

4 Inhaltsanalyse als semiotische Analyse

gigkeit von einem Kontext bzw. einer bestimmten Situation zu variieren, also eine Auswahl (Selektion) aus mehreren Möglichkeiten zu treffen, ist, so paradox es klingen mag, die Grundlage allen Verstehens – auch wenn dies für die Inhaltsanalyse eines Kommunikats *ex post* große Schwierigkeiten mit sich bringt.

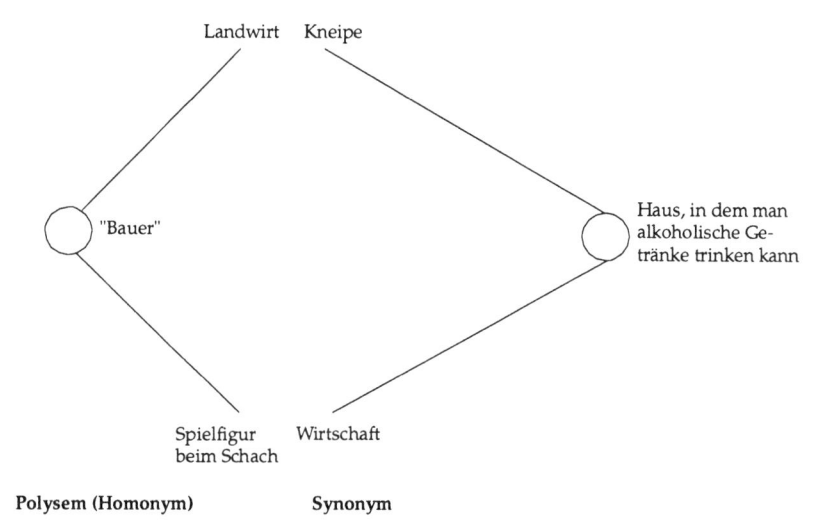

```
         Landwirt   Kneipe


    "Bauer"                          Haus, in dem man
                                     alkoholische Ge-
                                     tränke trinken kann



        Spielfigur   Wirtschaft
        beim Schach

 Polysem (Homonym)      Synonym
```

Abbildung 26: Homonym und Synonym

Die „Bedeutung" eines Wortes (denotative Bedeutung) kann durch die erschöpfende Aufzählung aller seiner Seme festgestellt werden. Ein *Sem* ist die kleinste, bedeutungstragende Einheit eines Zeichens. So verfügt z.B. das Zeichen „Pfeil" über die Seme „gerade", „spitz", „gefährlich" etc.. In bezug auf das Signifikat kann man daher ein Sprachzeichen durch Aufzählung seiner Seme bzw. als Bündel von Semen definieren.

Doch die Aufzählung solcher denotativen Seme reicht, wie wir bereits gesehen haben, nicht aus, denn auch der Kontext steuert Seme hinzu, die als *Klassem* bezeichnet werden. Der bereits genannte Homograph „Bauer" wird z.B. durch die Kontextaussage „wurde vom Springer geschlagen" mit einem *Klassem* „Schachfigur" verbunden. Ein Zeichen, das in seinem Kontext benutzt wird, also seine Signifikation sowohl durch die Menge seiner Seme als auch die Menge seiner Klasseme erfährt, heißt *Semem*. Wird ein Zeichen resp. ein Wort jedoch ohne Kontext benutzt (z.B. in einem Lexikon), so heißt es *Lexem*.

In der Inhaltsanalyse spielt gerade diese Unterscheidung eine besondere Rolle, da viele Analyseverfahren als Einwortanalysen arbeiten, also Wörter als Lexeme herauspicken und ihren Kontext unberücksichtigt lassen, zugleich aber bestimmte Standardbedeutungen zuschreiben (vgl. in Kap. 8.31-5 die *Themenanalyse*).

Ein anderer Fall, bei dem die Bedeutung eines Zeichens verfremdet wird, indem das Zeichen substituiert wird, ist die Metapher. Ein „lahmer Gaul" ist dann nicht ein lahmes Pferd, sondern eine symbolisierende Beschreibung eines trägen Mitmenschen. Bei der *Metapher* werden ein oder mehrere Seme, die einen Signifikanten definieren, als Substitut für einen anderen Signifikanten eingesetzt, es gibt eine semantische Schnittmenge: „lahmer Mensch" und „lahmer Gaul" haben dann z.B. das gleiche Sem „lahm" etc. Anders bei der *Metonymie*. Hier steht das zu ersetzende mit dem substituierenden Signifikant nicht in semantischer, sondern in pragmatischer Beziehung. Wenn man z.B. den Satz „Wallstreet meldet starken Kursverlust" liest, so ist mit „Wallstreet" semantisch gar nichts zu assoziieren. Wenn man aber *weiß*, daß dort die amerikanische Börse sitzt, so kann man statt „amerikanische Börse" auch „Wallstreet" sagen et vice versa.

Homographen, Synonyme, Metaphern und Metonyme treten bei inhaltsanalytischen Untersuchungen, insbesondere im Bereich der Massenkommunikation, sehr häufig auf. Daher muß deren korrekte Berücksichtigung von Fall zu Fall auf geeignete Weise sichergestellt werden.

4.22 Satz

Im klassischen Verständnis sind Sätze die natürlichen Einheiten. Auch die Grammatik der Umgangssprache ist am Satz ausgerichtet In der Inhaltsanalyse ist der Satz (Hauptsatz, Nebensatz) oft die eigentliche Analyseeinheit (Untersuchungseinheit). Nach Glinz (1973: 54) ist ein Satz „die Portion Text, die um ein Verb herum zentriert ist." Diese Bestimmung ist zu ungenau. Daher wird in der Linguistik der Begriff der *Proposition* benutzt: Eine Proposition ist ein Textteil, der aus einer einzigen Wortkette besteht. Eine Wortkette in einem Satz liegt vor, wenn man das Verb in den Infinitiv setzt (vgl. Glinz 1973: 54). Ein Satz hat daher mindestens eine Wortkette und damit mindestens eine Proposition. Der Satz „Er war sich nicht sicher, ob es Zweck hatte, einen Brief zu schreiben" enthält drei Propositionen, nämlich:

1.) sich nicht sicher sein
2.) Zweck haben/Es
3.) einen Brief schreiben

Während eine Proposition also sehr genau definiert werden kann, kann man dies von einem Satz nicht sagen (denn zwischen zwei Punkten können mehrere Sätze stehen). Für bestimmte Analyseverfahren ist es daher sinnvoller, die einzelnen Propositionen als Analyseeinheiten zu benutzen.

Die Struktur eines Satzes wird im wesentlichen durch syntaktische Regeln, nämlich durch die Grammatik bestimmt. Die Regeln der Grammatik setzen jedoch zugleich schon die semantische Ebene voraus. Man kann zwar festlegen, daß einem Verb manchmal ein Akkusativ folgen muß (Er liebt das Kartenspiel) und manchmal ein Dativ (Er war dem Trunk ergeben), aber die Entscheidung, *wann* das eine oder das andere zu gebrauchen ist, setzt inhaltliche Kenntnisse über den Typ des Verbs etc. voraus. Daher ist die Konstruktion von Satzstrukturen (*Phrasenstrukturen*) auf syntaktischer Ebene letztlich an semantische Regeln gebunden.

Für die Inhaltsanalyse sind die Möglichkeiten zur Deskription von Sätzen besonders interessant. Neben der quantitativen Bestimmung bestimmter Sätze, Satzteile,

4 Inhaltsanalyse als semiotische Analyse

Worte oder Silben in Sätzen sind zugleich auch qualitative Möglichkeiten der Beschreibung bekannt, nämlich die *Phrasenstrukturen*. Hier sollen exemplarisch die wichtigsten Typen, nämlich die *Dependenzgrammatik* (vgl. Tesniére 1959) und die generative *Transformationsgrammatik* (vgl. Chomsky 1965) vorgestellt werden.

Die *Dependenzgrammatik* geht vom Verb aus und betrachtet alle anderen Wörter eines Satzes als davon abhängig, d.h. sie überführt die lineare Redekette in eine hierarchische Struktur (Abb. 27).

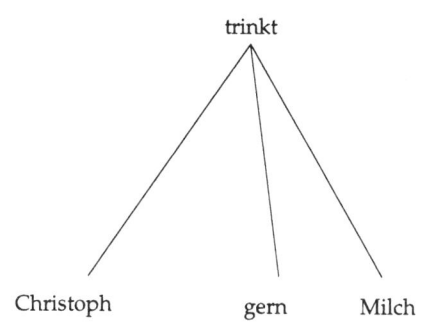

Abbildung 27: Beispiel für Satzbeschreibung durch die Dependenzgrammatik

Die *generative Transformationsgrammatik* benutzt ebenfalls den Satz als Einheit, erhebt aber den Anspruch, alle möglichen Sätze durch eine abstrakte *Tiefenstruktur* zu erfassen, die zugleich auch durch Transformationsregeln die Bildung von Oberflächenstrukturen (natürliche Sätze) vorschreibt. Die generative Transformationsgrammatik zerlegt einen Satz S zunächst binär in Subjekt (*Noun phrase*) und Prädikat (*Verb phrase*) und bildet dann weitere Untergliederungen (Abb. 28).

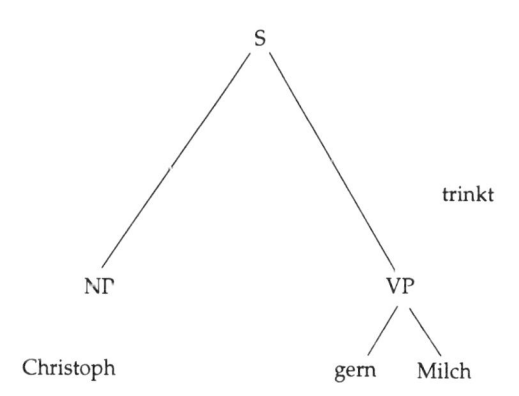

Abbildung 28: Beispiel für Satzbeschreibungen durch die generative Transformationsgrammatik

Bei der generativen Transformationsgrammatik handelt es sich in noch stärkerem Maß um eine syntaktische Analyse, die jedoch für die Bildung der Transformationsregeln ebenfalls die semantische Ebene voraussetzt.

Eine Kombination dieser beiden Verfahren stellt die Kasusgrammatik von Fillmore (1969) dar, die auftretende Subjekte sowohl nach Kasus als auch inhaltlich (Agens, Objekt, Resultat, Instrument, Ursprung, Ziel etc.) differenziert und damit wesentlich reichhaltigere Strukturbeschreibungen ermöglicht (vgl. Petöfi 1971: 94 f.)

Für die Entwicklung von inhaltsanalytischen Indikatoren noch interessanter ist jedoch der von Van Dijk (1974) eingeschlagene Weg, Handlungsstrukturen zu beschreiben und Makrostrukturen zu entwickeln, die z.B. mit der Verständlichkeit eines Textes korrespondieren sollen (vgl. Van Dijk/Kintsch 1975).

4.23 Text

Wie der Zeichenbegriff, so ist auch der Textbegriff in der Linguistik nicht unumstritten. Ganz einfach könnte man z.B. einen Text als eine nach angebbaren Regeln geordnete Menge von Zeichen mit kommunikativer Funktion definieren (vgl. Breuer 1974: 25). Titzmann (1977: 10) definiert Text als „jede Äußerung, die sich einer natürlichen oder künstlichen Sprache bedient" und Link (1974: 38) definiert einen Text als „zusammengehörige, isolierbare Gruppe aktualisierter Zeichen." Diesen Definitionen ist das Element des Zeichens (bzw. der Sprache) und das Element der Zusammengehörigkeit gemeinsam. Das letztere ist von besonderer Bedeutung. Schmidt (1976: 144 ff.) spricht hier von *Textualität* und weist darauf hin, daß damit sowohl sprachliche als auch soziale Phänomene gefaßt werden können, insbesondere kommunikative Organisationsstrukturen.

Damit kann ein weiterer wesentlicher Begriff diskutiert werden, der unglücklicherweise (wie viele wichtige Begriffe) sehr unterschiedlich gebraucht wird, nämlich der Begriff des *Kontexts*. In Abb. 29 sind die hier relevanten Typen von Kontext verdeutlicht.

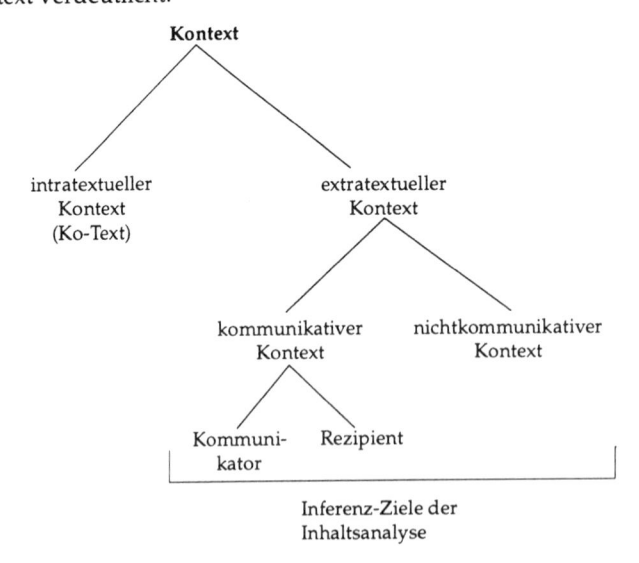

Abbildung 29: Der Begriff des Kontextes

Zunächst wird zwischen intratextuellem und extratextuellem Kontext unterschieden: Für ein bestimmtes Zeichen innerhalb eines Textes sind alle anderen Zeichen der Kontext zu diesem Zeichen, genauer: *intratextueller* Kontext oder Ko-Text. Demgemäß erfährt ein solches Zeichen seine Konnotation über den gesamten Kontext, d.h. die Textualität wirkt selektiv im Hinblick auf die Bedeutungszuschreibung.

Beispielsweise ist das Wort „gewählt" ein Polysem, dessen aktuelle Bedeutung der jeweilige Kontext selegiert, etwa:

- Er hat eine andere Partei gewählt (politische Wahl)
- Er hat die richtige Nummer gewählt (telefonieren)
- Er drückt sich gewählt aus (gehobene Sprache sprechen)
- Er hat ein Essen gewählt (eine Speise aussuchen) etc.

In diesem Zusammenhang sind auch *Form* und *Inhalt* eines Textes zu nennen. Während mit *Inhalt* eines Textes dessen Aktualisierung, dessen Interpretation durch einen verständigen Rezipienten (Durchschnittsrezipienten) gemeint ist (vgl. Kap. 3.4), wird unter *Form* eine vom Inhalt abstrahierende Struktur verstanden, z.B. Stil, Wortwahl, Verschachtelung von Sätzen sowie alle Arten von Randbedingungen nicht-schriftlicher resp. nicht-textueller Art (z.B. Sauberkeit des Drucks, Satztypen, Präsentation etc.). Nach klassischer Vorstellung sind Form und Inhalt zwei distinkte Merkmale, doch wissen wir aus der Kommunikationstheorie, daß die Form eines Textes ggf. eine entscheidende Rolle für die Analyse bzw. das Verständnis des Inhalts spielt, indem die Form als *Meta-Aussage* zur Bewertung des Inhalts herangezogen wird.

Die Selektion einer Bedeutung bzw. die Aktualisierung vom *Sinn* eines Textes hängt daneben nicht nur von dem Ko-Text, sondern auch von dem *extratextuellen* Kontext ab. Dieser ist bei einem schriftlich fixierten Text normalerweise nicht präsent, hat aber dennoch seinen Einfluß. Ganz grob soll er hier differenziert werden in den kommunikativen Kontext und den nicht-kommunikativen Kontext. Der kommunikative Kontext soll die eigentliche Kommunikationssituation, den Kommunikator und den Rezipienten erfassen, sozusagen die Momentaufnahme des Kommunikationsprozesses mit den beteiligten Kommunikanden (wobei hier außer acht bleiben soll, daß diese im Prozeß der Kommunikation nicht als Personen, sondern als Handelnde vertreten sind). Der nichtkommunikative Kontext umfaßt alle anderen denkbaren Randbedingungen (z.B. Gesellschaftsstruktur, politische, wirtschaftliche u.a. Determinanten), die vergleichsweise dauerhaft sind. Dieser extratextuelle Kontext ist damit identisch mit *dem* Kontext, der als Inferenz-Ziel der Inhaltsanalyse bereits genannt wurde (vgl. Kap. 1.1).

4.24 Textbeschreibung und Textanalyse

Jede Beschreibung bildet einen Text selektiv, nach Kriterien des Interesses ab. In diesem Verständnis ist eine Textdeskription immer zugleich auch Textanalyse. Da Textanalyse die notwendige Vorstufe der Inhaltsanalyse darstellt, lohnt es sich, abschließend nach Möglichkeiten der Textbeschreibung zu fragen. Eine solche Beschreibung läßt sich als Prozeß fortlaufender Kodier-Entscheidungen begreifen, der beim Gegenstand, nämlich dem Kommunikationsprozeß ansetzt, dann dessen Notation berücksichtigt und die weitere analytische Vorgehensweise an semiotischen und meßtheoretischen Größen ausrichtet. So erhält man eine Typologie mit insgesamt acht Entscheidungsknoten (Abb. 30).

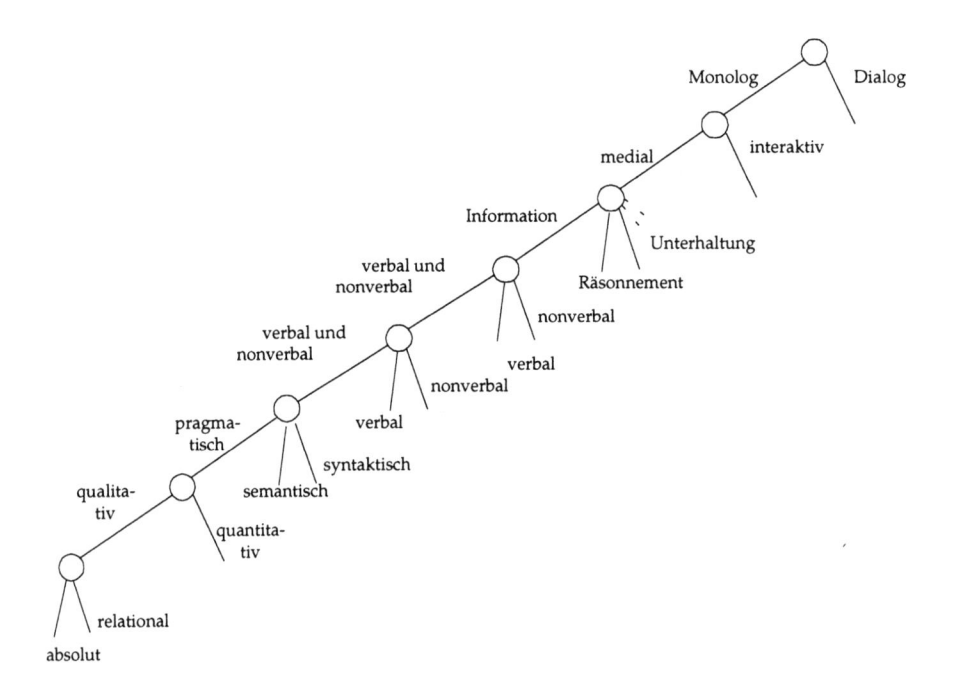

Abbildung 30: Typologie der Textbeschreibung (Textanalyse)

1.) Relation zwischen Kommunikator und Rezipient
Hier wird differenziert, ob ein Dialog oder ein Monolog stattfindet. Eine weitere Differenzierung in Gespräch, öffentliche Rede etc. ist denkbar (2 Alternativen).

2.) Medium der Kommunikation
Hier wird differenziert, ob es sich um interaktive oder vermittelte (mediale) Kommunikation handelt (2 Alternativen).

3.) Anlaß/Gegenstand der Kommunikation (Textsorte)
Hier wird der Anlaß bzw der Gegenstand der Kommunikation als Differenzierungskriterium gewählt (Gerichtsrede, Literatur, small talk etc.) (n Alternativen, $n \geq 2$).

4.) Typ des Kommunikationskanals (Textbasis)
Hier wird differenziert in verbalen, nonverbalen bzw. verbalen und nonverbalen Kanal (3 Alternativen).

5.) Notation
Das Notationssystem erfaßt einen Text nicht in toto, sondern erneut nach Kriterien der Relevanz. Ganz grob kann man hier den Einbezug des verbalen oder des nonverbalen oder den simultanen Einbezug beider als Kriterium benutzen (3 Alternativen).

6.) Semiotische Ebene der Analyse
Hier wird nach syntaktischer, semantischer oder pragmatischer Ebene differenziert (3 Alternativen).

7.) Qualitative versus quantitative Beschreibung
Hier wird differenziert, ob die Beschreibung qualitativ vorgeht (z.B. nach Kategorien, Strukturen etc.) oder ob Quantifizierung der erhobenen Merkmale stattfindet (2 Alternativen).

8.) Absolut versus relational
Hier wird differenziert, ob die erhobenen (qualitativen oder quantitativen) Merkmale absolute Merkmale (Wörter, Sätze, Bildelemente) sind oder ob sie relationale Merkmale (Strukturen, Differenzen etc.) darstellen (2 Alternativen).

Insgesamt ergibt sich damit ein Schema mit mindestens 864 Möglichkeiten der Beschreibung, wobei jede einzelne Möglichkeit als achtstelliger Code dargestellt werden kann. Eine Ausfüllung dieser Typologie von Texten wäre reizvoll, zumal es bislang nur wenige solcher Typologien gibt (vgl. statt anderer für literarische Texte Van Dijk 1972: 319), kann jedoch hier nicht geleistet werden. Eine Erweiterung für Zwecke der Inhaltsanalyse müßte einen weiteren Entscheidungsknoten, nämlich das Ziel der Analyse (Kommunikator, Rezipient, Situation) vorsehen.

5 Inhaltsanalyse als Kommunikationsanalyse

Die Inhaltsanalyse verdankt sich der Tatsache, daß Inhalte einer Kommunikation mehr oder minder vollständig notiert und transkribiert und damit, unabhängig von der Präsenz der Kommunikanden, analysiert werden können. Bedingungen und Möglichkeiten inhaltsanalytischer Vorgehensweise sind schon damit unmittelbar von den zugrundeliegenden Kommunikationsprozessen bestimmt. Desweiteren stellt die Ebene der Kommunikation den Anschluß an die semiotische Analyse auf der pragmatischen Ebene dar, so daß hier insbesondere nach Intentionen (eines Kommunikators) und Wirkungen (beim Rezipienten) zu fragen ist.

In diesem Kapitel werden daher zunächst einige theoretische Vorstellungen von Kommunikationsprozessen diskutiert, insbesondere das Verhältnis von Kommunikation und Massenkommunikation. Die Frage nach Sinn und Wirkung leitet sodann über zu der inhaltsanalytisch relevanten Frage nach pragmatischen Dimensionen von Texten.

5.1 Modelle der Kommunikation

Das einfachste und zugleich bekannteste Kommunikationsmodell ist das aus der Verhaltenstheorie entlehnte Reiz-Reaktionsmodell, das eine Relation zwischen drei Elementen (Kommunikator, Stimulus und Rezipient) darstellt (Abb. 31). Dieses Modell ist asymmetrisch angelegt, d.h. die Rolle des Kommunikators und die des Rezipienten sind festgeschrieben, so daß dieses Modell bevorzugt als Massenkommunikationsmodell benutzt wird. Die ungemein simple (und gerade deshalb so überzeugende) Annahme, die diesem Modell zugrunde liegt, ist direkt aus der behavioristischen Reflex-Theorie abgeleitet: Stimuli, sofern sie den Rezipienten erreichen (treffen), *haben* eine voraussagbare Wirkung. Der Rezipient sitzt sozusagen am Ende eines Transmissionsriemens und wird mit Stimuli zwangsernährt. Damit fällt dieses Modell sogar noch gegen das Kommunikationsmodell des Aristoteles zurück, der zweitausend Jahre zuvor schon erkannt hatte, daß Aussagen nach Form und Inhalt im Hinblick auf den Rezipienten sorgsam konstruiert und präsentiert werden müssen, damit die intendierte Wirkung auch eintritt.

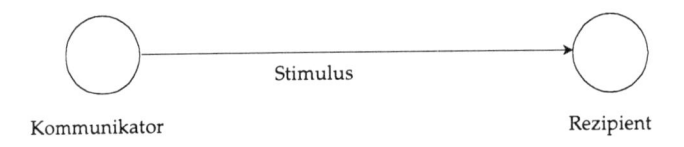

Abbildung 31: Reiz–Reaktionsmodell

Ganz offensichtlich hat dieses Modell auch als Grundlage der Inhaltsanalyse gedient. Lasswell selbst gibt dafür eindeutige Belege: „The strategy of propaganda ... can readily be described in the language of stimulus-response ... the propagandist may be said to be concerned with the multiplication of those stimuli which are best calculated to evoke the desired response, and with the nullification of those stimuli which are likely to instigate the undesired responses" (Lasswell 1927: 33). Auch bei der später vorgenommenen Ersetzung des Begriffs „Stimulus" durch den Begriff des „Symbols" bleibt das Verständnis kommunikativer Rezeption identisch mit der Vorstellung physikalischer Trefferwirkung: „When attention is directed toward similar objects, the symbols of these objects compete in the personalities involved for positive and negative affective *impulses*" (Lasswell 1934: 185; Hervorhebung K.M.). Unbesorgt wird daher im Rahmen damaliger Inhaltsanalyse, die als „statistical semantics of political discourse" (Kaplan 1943: 230) resp. als „quantitative semantics" (Lasswell 1949) bezeichnet wird, die Häufigkeit bestimmter Symbole als gültiger Indikator für die Stärke von Aufmerksamkeit, Interessen oder Wirkungen beim Rezipienten eines Kommunikationsinhalts resp. deren Intention beim Kommunikator angesehen. Das aber heißt: Den Aussage-Elementen (Symbolen) werden absolute, objektivierbare Eigenschaften, insbesondere Bedeutungen zugeschrieben, ganz analog, wie bestimmten Stimuli determinierbare Reaktionen zugesprochen werden: „That is, the content analyst assumes that the

5 Inhaltsanalyse als Kommunikationsanalyse

‚meanings' which he ascribes to the content, by assigning it to certain categories, correspond to the ‚meanings' intended by the communicator and/or understood by the audience. In other words, the assumption is that there is a common universe of discourse among the relevant parties, so that the manifest content can be taken as a valid unit of study" (Berelson 1952: 19).

Die vor allem durch die einflußreichen Arbeiten von Morris (1938; 1946) vorgetriebene Erkenntnis, daß Menschen miteinander nicht auf Grund von Reizen kommunizieren, sondern daß diese eine je unterschiedliche Bedeutung und damit Handlungsrelevanz haben, die von der materiellen Gestalt des Reizes her nicht erschlossen werden kann, stimulierte die Suche nach einem anspruchsvollen Modell, das diese Erkenntnissen berücksichtigte, auch und gerade für die Inhaltsanalyse. Der Ingenieur Shannon (1949) entwickelte jedoch gerade zu jener Zeit ein Nachrichtenübertragungsmodell (Abb. 32), das unglücklicherweise zu einem Kommunikationsmodell umgedeutet wurde:

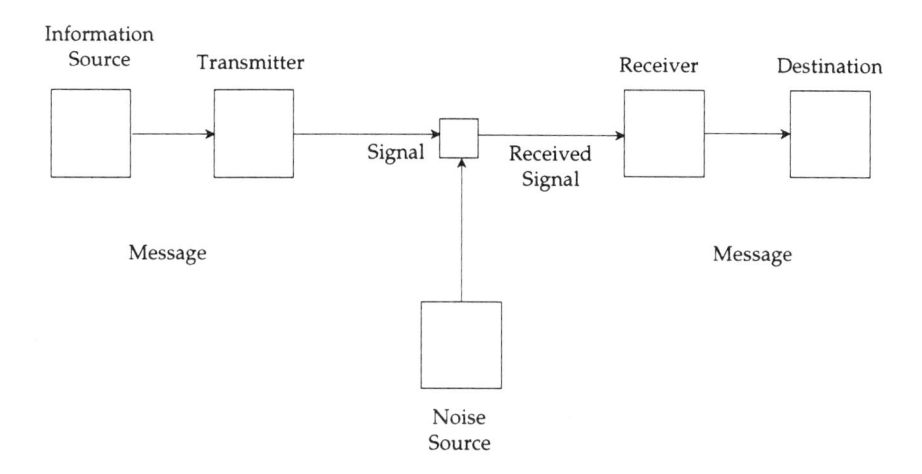

Abbildung 32. Das Nachrichtenübertragungsmodell von C. Shannon (1949: 7)

Obwohl nämlich Shannon nur auf der syntaktischen Ebene die Wahrscheinlichkeiten für das Auftreten bestimmter Zeichenträger (Buchstaben) untersuchte und ausdrücklich hervorhob, daß „semantic aspects of communication are irrelevant to the engineering problem" (Shannon 1949: 31), übernahm Schramm (1954) dieses Nachrichtenübertragungsmodell als Kommunikationsmodell (Abb. 33) und deutete die syntaktischen End bzw. Decodierungen als semantische Ent- resp. Decodierung von Inhalten.

Diese Simplifizierung der Zuschreibung von Bedeutungen als auch des Kommunikationsprozesses selbst ist für Zwecke der Inhaltsanalyse einfach übernommen worden (vgl. etwa Friedrichs 1990: 193; Herkner 1974: 167; oder Lisch/Kriz 1978: 32) und dürfte die Vorstellung von Inhaltsanalyse als einer objektivierbaren Mechanik für Zeichenanalyse erheblich gefördert haben.

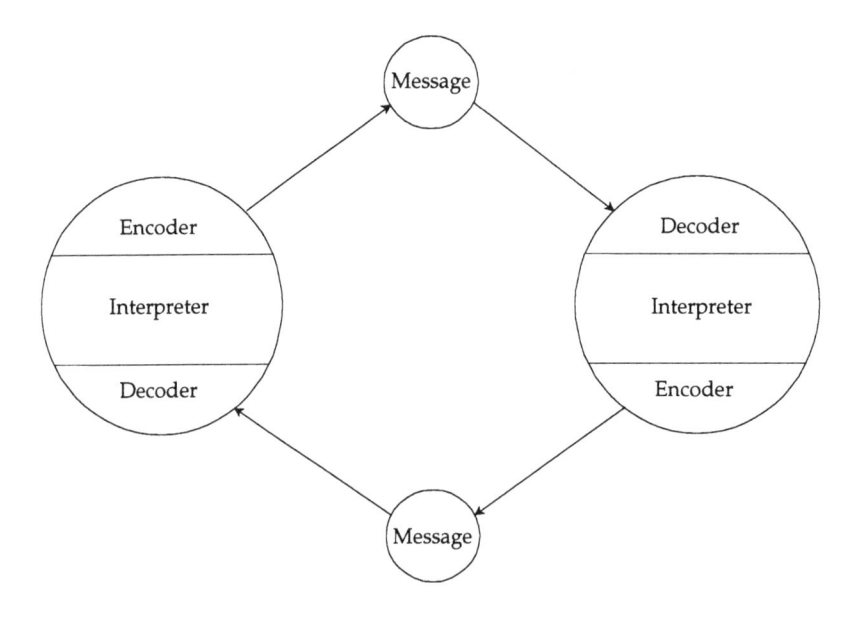

```
                    ┌─────────┐
                    │ Message │
                    └─────────┘
              ╱                    ╲
    ┌─────────────┐           ┌─────────────┐
    │   Encoder   │           │   Decoder   │
    ├─────────────┤           ├─────────────┤
    │ Interpreter │           │ Interpreter │
    ├─────────────┤           ├─────────────┤
    │   Decoder   │           │   Encoder   │
    └─────────────┘           └─────────────┘
              ╲                    ╱
                    ┌─────────┐
                    │ Message │
                    └─────────┘
```

Abbildung 33: Kommunikationsmodell nach Schramm (1954: 8)

Ein anderes Kommunikationsmodell, nämlich die sog. „Lasswell–Formel", die wir bereits in Kap. 3.5 kennengelernt haben, hat eine ähnliche Karriere hinter sich: Sie läßt den Prozeß der Kommunikation zwar im dunkeln, ist jedoch für Klassifikation von Zielen der Inhaltsanalyse von verschiedenen Autoren (vgl. Barcus 1959; Budd 1967: 2 ff.; Holsti 1969: 26 sowie Herkner 1974: 165) benutzt worden (Abb. 34).

Es gibt jedoch gute Gründe, solche simplifizierenden Vorstellungen von Kommunikation für die Inhaltsanalyse zu hinterfragen.

Zunächst muß betont werden, daß im Kommunikationsprozeß Zeichen benutzt werden, deren Wirkung nicht aus ihnen heraus, sondern nur in Relation zu den jeweiligen Rezipienten bestimmt werden kann. Schon diese Feststellung verbietet es, Reiz-Reaktionsmodelle oder Transmissionsmodelle zu benutzen.

Des weiteren ist Kommunikation – schon auf der Ebene der persönlichen Interaktion – weder ein Prozeß der Übertragung oder des Tausches von irgendetwas, sondern ein anforderungsreich strukturierter Prozeß mit systemischen Eigenschaften, die „neue Grundbegriffe (erfordern); ihre Logik und ihre Epistemologie weichen in vielem grundsätzlich von dem herkömmlichen Verfahren wissenschaftlicher Analyse ab" (Watzlawick 1971: 33). Nach Luhmann (1972) konstituiert sich dieser Prozeß bereits auf der Ebene wechselseitiger Wahrnehmung von Kommunikanden als Selektivität erzeugender und verstärkender Prozeß. Dabei läßt sich zeigen (vgl. Merten 1977: 115 ff.), daß Kommunikationsprozesse prinzipiell a-kausal angelegt sind und über *reflexive* Strukturen verfügen.

5 Inhaltsanalyse als Kommunikationsanalyse

Purpose	Branch of semiotics	Types of comparisons	Questions	Research problem
To describe characteristics of communication	Semantics (sign/referent) Syntactics (sign/sign)	Messages source A 1. Variable X across time 2. Variable X across situation 3. Variables X and Y within same universe of document Messages, source type A / Messages, source type B Messages / standard 1. *A priori* 2. Content 3. Noncontent	What? How? To whom?	To describe trends in communication content To relate known characteristics of sources to the messages they produce To audit communication content against standards To analyze techniques of persuasion To analyze style To relate known characteristics of the audience to messages produced for them To describe patterns of communication
To make inferences as to the antecedents of communication (the encoding process)	Pragmatics (sender/sign)	Messages/nonsymbolic behavioral data 1. Direct 2. Indirect	Why? Who?	To secure political and military intelligence To analyze psychological traits of individuals To infer aspects of culture and cultural change To provide legal evidence To answer questions of disputed authorship
To make inference as to the effects of communication (the decoding process)	Pragmatics (sign/receiver)	Sender messages / recipient messages Sender messages / recipient behavioral data	With what effect?	To measure readability To analyze the flow of information To assess responses to communication

Abbildung 34: Analyseziele und Mittel der Inhaltsanalyse nach Holsti (1969: 26)

Noch immer vereinfacht kann man diesen Prozeß wie folgt modellieren (Abb. 35).

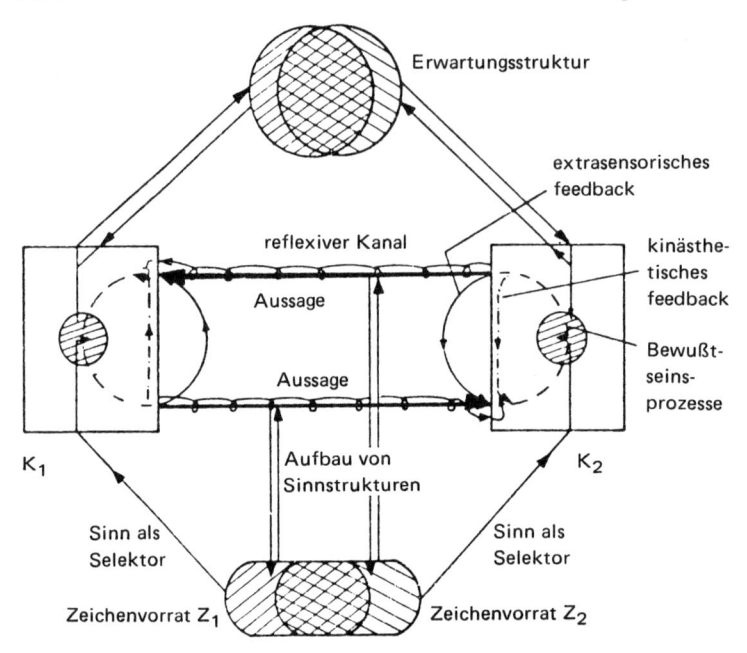

Abbildung 35: Interaktive Kommunikation (nach Merten 1977: 134)

Im Fall dyadischer Interaktion verfügt jeder der Kommunikanden K über mindestens zwei Kanäle der Wahrnehmung bzw. der Emission, nämlich über optischen und akustischen Kanal, wobei über den akustischen Kanal sprachlich kommuniziert wird. Zwar ist die Leistungsfähigkeit (Selektivität) der optisch mitteilbaren Zeichen viel geringer als die der sprachlichen Zeichen, doch wird dieser Nachteil durch die Tatsache wettgemacht, daß optisch beiderseitig und ununterbrochen kommuniziert werden kann, während der akustische Kanal nur jeweils einseitig und sukzessiv arbeitet. Das hat zur Folge, daß der optische Kanal den akustischen Kanal kontrollieren kann, so daß die Aussagen des optischen Kanals zu Metaaussagen werden, die die eigentlichen sprachlichen Aussagen durch Mimik, Gestik etc. sowohl von ihrem Duktus als auch von ihrem Inhalt her kontrollieren (bewerten, steuern) können. Daraus lassen sich komplexe reflexive Erwartungs- und Sinnstrukturen aufbauen, die ihrerseits den Kommunikationsprozeß wieder rückstabilisieren: Die Erzeugung konsensfähiger Bestände von Erwartungen, Erfahrungen und insbesondere die Ausbildung einer gemeinsamen Sprache sind dann unmittelbare Leistungen dieses Kommunikationssystems. Anders gesagt: Solche einfachen Kommunikationsprozesse verfügen über drei Typen von Reflexivität, nämlich soziale, sachliche und zeitliche Reflexivität.

Reflexivität in der *Sozialdimension* soll besagen, daß die Anwesenheit der Kommunikanden die Reflexivität des Wahrnehmens und Handelns erzwingt und damit jene unaufhebbare Vermaschung von Wahrnehmung des Wahrnehmens bzw.

Behandeln von Handlungen erzeugt, die das Charakteristikum aller Interaktion ist.

Reflexivität in der *Sachdimension* soll besagen, daß ein Kommunikationsprozeß zumindest eine Doppelstruktur von Aussagen und Meta-Aussagen aufweisen muß, derart, daß die Meta-Aussagen zur Steuerung des Kommunikationsprozesses und zur *Interpretation* der Aussagen eingesetzt werden.

Reflexivität in der *Zeitdimension* soll heißen, daß alle Kommunikation stets auch auf sich selbst zurückwirkt, also kumulative Effekte hat, die zur Stabilisierung des Kommunikationsprozesses, aber auch zur Ausbildung höherer kommunikativer Leistungen (Strukturen) wie Konsens, Sympathie, Verständigung etc. notwendig sind.

Dieses Verständnis von Kommunikation stimuliert eine Reihe von Folgerungen, von denen an dieser Stelle zwei besonders hervorzuheben sind: 1.) Reflexivität ist eine Strategie zur Selektivitätsverstärkung (vgl. Luhmann 1970) und 2.) Reflexivität als Kombination verschiedener Typen von Reflexivität – kann als Kriterium für Kommunikation gelten (vgl. Merten 1977: 161 ff.). Diese Feststellungen sind für die spätere Diskussion von Belang.

5.2 Kommunikation und Massenkommunikation

Gegen die hier vorgeschlagene Umformulierung des Kommunikationskonzepts durch das Kriterium dreifacher Reflexivität läßt sich einwenden, daß sie ausschließlich am Beispiel informeller Kommunikation entwickelt worden ist, also nicht auf Prozesse der Massenkommunikation anwendbar ist. In der Tat ist die Gleichsetzung von face-to-face-Kommunikation mit „Massenkommunikation" schon deswegen problematisch, weil in der Massenkommunikation weder die Kenntnis noch die Wahrnehmbarkeit der Kommunikanden füreinander gegeben ist. Hilfsweise spricht man bei Massenkommunikation daher von para-sozialer Interaktion (vgl. Horton 1956) oder von sozialem Handeln (vgl. Teichert 1972), womit das Problem jedoch nicht gelöst, sondern nur verschoben ist.

Es läßt sich jedoch unschwer zeigen, daß auch die Massenkommunikation dem Kriterium dreifacher Reflexivität genügen kann. Auszugehen ist dabei von der Tatsache, daß in der Massenkommunikation die Aufmerksamkeit vieler auf einen Fokus (dem Kommunikator) gerichtet ist und somit jeder Rezipient unterstellen kann, daß das, was er wahrnimmt, auch andere wahrnehmen, so daß die Reflexivität des Wissens sich sofort als Reflexivität in der Sozialdimension ausweist. Die Leistung dieser Struktur liegt vor allem darin, daß vom konkreten Kommunikationspartner abstrahiert werden kann – er wird nur noch als „man" vorausgesetzt. Diese Struktur hat damit eine sehr viel diffusere Kommunisierungswirkung als die interaktive Kommunikation, da im Zweifelsfall weder Mitwisser benannt noch die Identität des Gewußten überprüft werden kann: Sie *unterstellt* nur, daß dies so sei, sie beruht auf Fiktion.

Reflexivität in der Sachdimension zeigt sich in der typischen und im Bereich des Journalismus sogar normativ erwarteten Differenzierung von Information und

Kommentar, von Nachricht und Meinung. Letztere läßt sich unschwer als Typ der Bewertung, also als Meta-Aussage zur eigentlichen Aussage erkennen.

Reflexivität in der Zeitdimension zeigt sich in der Änderung bestimmter Wissens- oder Meinungsbestände, die als solche selbst thematisierbar sind und damit kumulative Effekte auslösen können.

Im Unterschied zur unvermittelten face-to-face-Kommunikation, die als reelles Kommunikationssystem anzusprechen ist, kann man Massenkommunikation als *virtuelle* Kommunikation begreifen, weil ihre Leistungen durch Spiegelung am Kommunikator zustande kommen.

Moderne Gesellschaften sind ohne die Leistungen der Massenkommunikation nicht denkbar. Dennoch ist damit die Leistung informeller Kommunikation nicht entwertet oder gar überflüssig – im Gegenteil: Wie der archaische optische Kanal sich in der sozialen Interaktion dem sprachlich-akustischen Kanal reflexiv überlagert, so überlagert sich die interaktiv geführte Kommunikation der Massenkommunikation, indem deren Aussagen *be*sprochen (bewertet, resümiert, interpretiert, kommentiert) werden können. Dieser Befund ist als „two-step-flow of communication" (Lazarsfeld 1944: 151 f.) in den Sozialwissenschaften bekannt geworden, erscheint aber auch in der linguistischen Diskussion (vgl. Wienold 1971: 69 ff.). Diese Überlegungen resümiert das folgende Modell (Abb. 36):

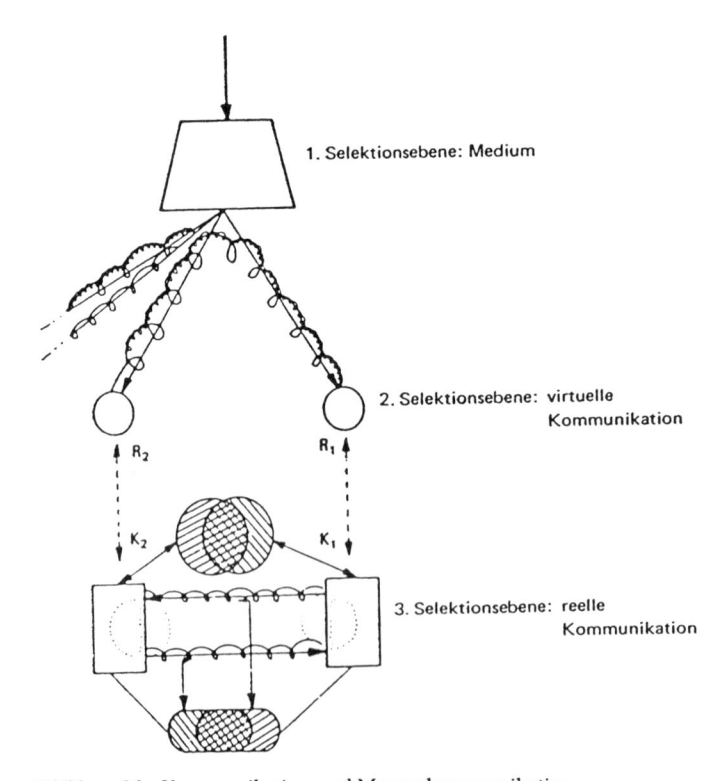

Abbildung 36: Kommunikation und Massenkommunikation

Es geht zunächst von einem organisierten Kommunikator (Medium) aus, der nach Gesichtspunkten des Interesses selegiert (1. Selektionsebene). Auf diese Selektionsleistungen spricht das eigentliche, virtuelle System der Massenkommunikation an, das die Ausbildung konsentierter, reflexiver Wissens- und Vorstellungsstrukturen (2. Selektionsebene) leistet.

Das reelle, interaktiv konstruierte Kommunikationssystem setzt diese Leistungen bereits voraus. Es überlagert sich den angebotenen Aussagen reflexiv (3. Selektionsebene) und stützt damit die virtuellen Leistungen ab: Reelles und virtuelles Kommunikationssystem setzen sich wechselseitig voraus, sie sind zueinander komplementär.

Für die Inhaltsanalyse sind hier insbesondere zwei Punkte relevant: Zum einen die Annahme, daß auch die Rezeption einer medialen Aussage einen Akt der Kommunikation darstellt. Diese Überlegung deckt sich mit linguistischen Vorstellungen, wonach „Textverstehen ... auf jeden Fall als *Kommunikationsvorgang* zu sehen (ist), auch dann, wenn kein wechselseitiges Gespräch, kein Austausch von Rede und Gegenrede stattfindet, sondern jemand als Leser einen schriftkonstituierten Text vor sich hat" (Glinz 1973: 15). Zum anderen das Konzept der Selektivität, das – nicht zufällig – bereits in der Diskussion des Bedeutungsproblems aufgetaucht ist.

5.3 Selektivität: Bedeutung, Sinn, Wirkung

Das Konzept der Selektivität ist uns nicht erst auf der pragmatischen Ebene der Kommunikation, sondern bereits auf der semantischen Ebene begegnet. Es lohnt sich, das *Verstehen* von Texten resp. die Interpretation von Aussagen nochmals unter dem Gesichtspunkt der Steigerung von Selektivität zu betrachten.

5.31 Bedeutung als doppelter Selektionsprozeß

Schon auf der syntaktischen Ebene findet in der Identifikation von Zeichen ein selektiver Prozeß statt: Ein „Bach" ist etwas anderes als ein „Buch". Auf der semantischen Ebene wird eine Selektivität dadurch ausgeübt, daß jeder der prinzipiell unendlich vielen Signifikanten mit einigen wenigen der prinzipiellen unendlich vielen Signifikate denotativ verknüpft wird. Auf diese denotative Selektivität antwortet eine konnotative Selektivität des Kontextes (vgl. Weinrich 1967: 4 f.), die flexibel ist und in Kommunikationsprozessen aufgebaut, temporär festgeschrieben und/oder bei Bedarf jederzeit wieder verändert werden kann. Wären „Bedeutungen" eindeutige starre Zuordnungen, so würde damit die Gültigkeit inhaltsanalytischer Codierung zwar enorm erhöht. Doch gleichzeitig würde jede Kommunikation, die mit der Möglichkeit situationsspezifischer Selektion steht und fällt, unmöglich. Gerade deshalb ist das Schema von Ogden/Richards (1923: 11) so irreführend. Daß die Selektionen eines Kommunikators schließlich andere sind und sein können als die des Rezipienten, ist von McKay (1969: 24 f.) deutlich betont worden (vgl. Kap. 4.12). Die konstruktivistische Theorie (vgl. Schmidt 1987) hat diesen Sachverhalt nachdrücklich bestätigt.

5.32 Sinn als komplexer Selektionsprozeß

Sinn ist eine Struktur, die nur auf der pragmatischen Ebene denkbar ist und die Bedeutungszuweisungen bereits voraussetzt. Sinn meint – grob gesagt – nicht die konkrete Bedeutung (denotativ oder konnotativ), die ein Zeichen hat, sondern die Handlungsrelevanz, die Aktualität, die ein Zeichen in einer bestimmten Situation für einen bestimmten Rezipienten hat. Das Wort „Feuer" kann eine Panik, das Anzünden einer Zigarette, das Abfeuern eines Gewehrs oder irgendeine beliebige Handlung auslösen – je nachdem es als Alarmschrei in einem Kino, als höfliche Frage an einen Raucher, als Befehl an Soldaten oder als Geheimcode zwischen zwei Handelnden auftritt. Auch hier taucht der Aspekt der Selektivität von Sinn auf. Luhmann (1971: 37) führt dazu aus: „...Die gesuchte Funktionsweise sinnhafter Erlebnisverarbeitung (läßt) sich nunmehr in einem ersten und grundlegenden Moment genauer bestimmen: Sie leistet *Reduktion und Erhaltung von Komplexität* dadurch, daß sie das unmittelbar gegebene, evidente Erleben durchsetzt mit *Verweisungen auf andere Möglichkeiten* und mit *reflexiven und generalisierenden Negationspotentialen* und es dadurch für *riskante Selektivität ausrüstet*".
Sinn ist also weder mit Bedeutung gleichzusetzen noch mit Information. Eine Wiederholung einer Aussage ist redundant, d.h. die Aussage hat ihren Informationsgehalt für einen Rezipienten verloren – nicht jedoch ihren Sinn. Andererseits ist der Sinn einer Aussage also auch nicht vom Wahrheitswert einer Aussage abhängig, sondern nur von der Art des selektiven Zugriffs, den der jeweilige Kommunikand im Akt des Wahrnehmens oder Handelns ausübt.

5.33 Wirkung

Wirkungen der Kommunikation, insbesondere der Massenkommunikation, sind prominenter Erkenntnisgegenstand mehrerer Disziplinen. Daß bislang jedoch kaum systematische Erkenntnisse, sondern allenfalls eine Konkursmasse sich wechselseitig widersprechender punktueller Befunde vorliegt (vgl. Merten 1982a; Merten 1994a), hat seinen Grund in einer fehlenden Theorie der Kommunikation und in den methodischen Schwierigkeiten zur Messung von Wirkungen.
Von welchen Eigenschaften eines Textes kann man auf welche Reaktionen des Rezipienten bzw. welche Intentionen, Reaktionen hervorzurufen, des Kommunikators schließen? Dies fragt die pragmatische Inhaltsanalyse (vgl. Kap. 8.6). Alle Versuche, Textbeschreibungen auf der pragmatischen Ebene zu leisten, waren denn auch seit Aristoteles immer Vorstufen pragmatischer Inhaltsanalyse (vgl. Breuer 1972).
Berücksichtigt man, daß eine Theorie der Wirkung von einer Theorie der Kommunikation abgeleitet sein muß, so kann man zunächst unterstellen, daß auch

5 Inhaltsanalyse als Kommunikationsanalyse

Wirkungen an Selektionsprozesse gebunden sind oder gar mit diesen identisch sind.

Wieder war es Lasswell (1946: 80 ff.), der den Prozeß der Wirkung als einen gestuften Entscheidungsprozeß deutete, dessen Stufen (attention, comprehension, enjoyment, evaluation, action), eindeutig als selektive Prozesse erkenntlich sind. Dabei sind die beiden letztgenannten Positionen bereits Folgen von Wirkungen. Demgemäß kann man die Frage nach Indikatoren für Textwirkungen umformen in die Frage nach Indikatoren für Aufmerksamkeit und Interesse. Dabei ist ganz offensichtlich, daß auch hier erneut Selektionsprozesse angesprochen sind.

Geht man von einem Text aus und fragt nach dessen Wirkungspotential, so kann man drei miteinander zusammenhängende Faktoren unterscheiden, die für Rezeption und Wirkung eines Textes verantwortlich gemacht werden können, nämlich 1.) den eigentlichen Inhalt, der einen Anlaß resp. ein Thema (Topos) aufweist, sodann 2.) den formalen Rahmen, der zur Darstellung dieses Inhalts benutzt wird und schließlich 3.) einen inhaltlichen (interpretativen) Rahmen, der hier als *Kommentation* bezeichnet werden soll. Schematisiert ergibt sich folgendes Modell:

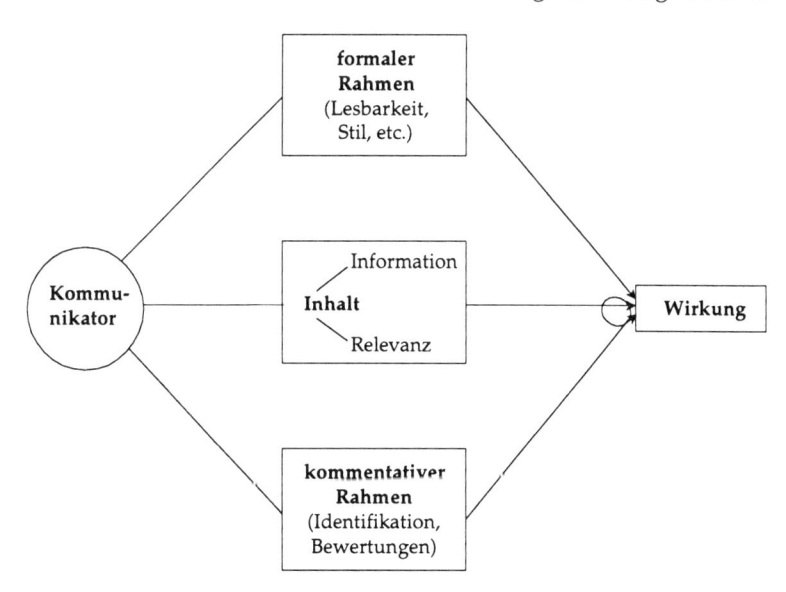

Abbildung 37: Wirkungsmodell von Texten

Komplizierter steht es mit dem zweiten Rahmenfaktor, der hier näherungsweise als *Kommentation* bezeichnet wird. Darunter sollen alle solche Strukturen gefaßt werden, die eine *Kommentierung* des Inhalts in bezug auf den Rezipienten leisten können. Pauschal kann man diese Eigenschaft auch dem formalen Faktor zuschreiben (ein Text ist „spannend" oder „langweilig" formuliert), doch ist die Funktion beim inhaltlichen Faktor wesentlich wirksamer: Hier werden Strategien angewandt, die immer in bezug auf den eigentlichen Inhalt formuliert werden müssen. Kommentation leistet unmittelbare Bewertungen des Inhalts, die ihrerseits an sozialen Standards festgemacht sind und so eine Orientierung für den Rezipienten erzeugen. Kommentation hat grundsätzlich selektive Funktion (vgl. Posner 1972: 136 ff.; Merten 1977: 152) und stellt nichts anderes dar als Meta-Aussagen, also sachlich-reflexiven Strukturen. Hier ist insbesondere das Einbringen affektiver Tönungen hervorzuheben, die in bezug auf kognitive Inhalte in besonders eindeutiger Weise kommentierend wirken.

Identifikation ist eine weitere Strategie, die den Inhalt an den Rezipienten zu binden sucht, indem *assoziativ* Elemente des Textes mit der Situation des Rezipienten verknüpft werden – sei es durch Hinweis auf andere Personen, durch Erzeugung von „Wir-Gefühlen" oder durch Unterstellung daß „man" sich in bezug auf den Inhalt einer Verhaltensnorm unterwirft. Auch hier zeigt sich die selektive Funktion in Gestalt einer sozial-reflexiven Struktur. Solche Wirkstrukturen fallen jedoch umso wirksamer aus, je mehr sie kombiniert auftreten: Die Assoziation zu einem Vorbild (hierarchische Relation) wirkt umso stärker, je mehr dieses Vorbild Vorbild für viele ist und je mehr positive Wertungsdimensionen es vorzeigen kann.

Schließlich kann man vermuten, daß auch Hinweise auf unerwartete *Veränderungen* (genauer: auf Veränderungen von Veränderungen) in bezug auf den Inhalt Wirkungspotential haben („Immer mehr Bürger wollen Strauß als Kanzler haben"), die Ungewißheit erzeugen und damit Freiräume für nachfolgende operative Inhalte bilden. Hier kann man die Wirksamkeit einer zeitlich-reflexiven Struktur erkennen. Einschränkend muß jedoch hinzugesetzt werden, daß Wirkungen auch von dem nicht mitrepräsentierten Kontext der Rezeptionssituation, z.B. der Präsenz anderer Rezipienten, der psychischen Verfassung im Moment der Rezeption, aber auch den Vorerfahrungen, den Wissensbeständen und der Einstellungsstruktur des Rezipienten abhängen. Von daher ist die Bestimmung von Wirkungen eines Textes immer nur relativ, in bezug auf einen Durchschnittsrezipienten in einer durchschnittlichen Situation möglich – was immer man darunter im einzelnen verstehen mag.

5.4 Rekonstruktion von Kommunikation durch Inhaltsanalyse

Die Diskussion um Strukturen und Wirkungsbedingungen von Kommunikation hat sehr deutlich gezeigt, daß Prozesse der Kommunikation, denen sich Inhalte verdanken, ungemein komplizierte Phänomene sind. Das liegt nicht zuletzt daran, daß so gut wie alle im Kommunikationsprozeß auftretenden Variablen *relationale* Größen sind, die nur im Hinblick auf andere Größen dieses Prozesses sinnvoll zu interpretieren sind.

Wenn in diesem Kapitel also Inhaltsanalyse mit Kommunikationsanalyse gleichgesetzt worden ist, dann immer als Analyse von Kommunikations*inhalten*, nicht als Kommunikations*prozeß*analyse. Diese Einschränkung ist wichtig und kommt nicht von ungefähr. Denn schon die Inhaltsanalyse wirft noch erhebliche Probleme auf. Erst recht problematisch und von der Logik her sogar ausgeschlossen ist es, von einem statischen Relikt (Inhalt) gar auf einen dynamischen Zustand (vergangener Kommunikationsprozeß) zurückzuschließen. Wenn Lisch/Kriz (1978: 46) ein „Verständnis von Inhaltsanalyse als rekonstruierte Interaktion" anempfehlen, dann verwechseln sie offensichtlich inferentielles Vorgehen mit textanalytischer Beschreibung. Zwar gibt es eine Interaktionsprozeßanalyse (vgl. Kap. 8.53-18), doch rekonstruiert dieses Verfahren eben nicht die Kommunikationsprozesse der beteiligten Gruppenmitglieder, sondern erfaßt trendanalytisch Indikatoren, von denen auf die Bildung einer (statischen) Struktur geschlossen werden kann. Wäre ein solches inhaltsanalytisches Verfahren zur Analyse von Kommunikationsprozessen auch nur denkbar, dann wären viele wesentliche Probleme mißverständlicher Kommunikation, an denen verschiedene Disziplinen arbeiten, auf inhaltsanalytische Weise eliminiert. Eine *Beschreibung* von Kommunikationsprozessen hingegen erfordert nur Möglichkeiten hinreichend präziser und verzögerungsfreier (simultaner) Notation. An solchen Problemen wird bereits seit längerem und mit Erfolg gearbeitet (vgl. Kap. 12.22).

6 Inhaltsanalyse als Erhebungsprozeß

Die Definition von Inhaltsanalyse als Erhebungsinstrument sozialer Wirklichkeit impliziert eine strukturelle Identität zu anderen Erhebungsinstrumenten.

Im folgenden sollen zunächst Gemeinsamkeiten, aber auch Unterschiede zwischen Inhaltsanalyse und anderen Erhebungsinstrumenten aufgezeigt werden. Daran schließt sich eine Diskussion des Problems der Reaktivität an.

6.1 Erhebung sozialer Wirklichkeit

In der hier vorgeschlagenen Definition von Inhaltsanalyse wird der Begriff „soziale Wirklichkeit" mit Vorbedacht benutzt. Die Bezeichnung „sozial" ist auf doppelte Weise gerechtfertigt: Zum einen ist die Produktion eines Textes ein soziales Handeln, denn Texte werden immer im Hinblick auf einen Rezipienten formuliert.

Zum anderen wird auf einen sozialen Kontext zurückgeschlossen, dem die Kommunikanden, die den Inhalt produziert haben, sowie andere soziale Positionen, die mit dem Begriff der Situation umschrieben worden sind, zuzurechnen sind.

Wirklichkeit ist nicht die objektive (physische) Wirklichkeit, sondern selektiver Zugriff nach interpretativen Regeln: ein Produkt der Kommunikation also (vgl. dazu vor allem Berger/Luckmann 1969 sowie Schmidt 1987: 13 ff.). Geht man davon aus, daß Instrumente zur Erhebung sozialer Wirklichkeit auf verschiedene Weise zum gleichen Ziel führen, so wird damit eine strukturelle Ähnlichkeit dieser Instrumente unterstellt. Es scheint plausibel, diese Ähnlichkeit anhand relevanter Besonderheiten zu bestimmen, die Erhebungsinstrumente sozialer Wirklichkeit von anderen Erhebungsinstrumenten, z.B. der klassischen Physik, unterscheiden.

Die wesentliche Besonderheit scheint nun gerade darin zu liegen, daß die Erhebung sozialer Wirklichkeit niemals pur, sondern immer nur gebrochen durch eine zweite soziale Wirklichkeit der Erhebung möglich ist. Instrumente zur Erhebung sozialer Wirklichkeit sind nach gängiger Auffassung Befragung und Beobachtung, also spezifische Typen von Kommunikation. Sie ermöglichen es, relevante Aspekte sozialer Wirklichkeit zu erheben und nach vorgegebenen Regeln zu verschriftlichen, so daß man Datenerhebung auch als „Prozeß der Überführung sozialer Wirklichkeit in symbolische Wirklichkeit" (Merten/Teipen 1991: 153) bezeichnen kann (Abb. 38).

In der Regel wird unterstellt, daß durch die Vertextung (1/2) gleichsam eine Fossilierung der relevanten Aspekte der zu erhebenden sozialen Wirklichkeit gelingt, daß man also soziale „Daten" extrahieren kann, deren Analyse auf dieser Stufe problemlos möglich ist.

```
(1)
    Soziale
    Wirklichkeit

(1/2)   Befragung, Beobachtung

(2)
    Symbolische
    Wirklichkeit
    (Text)

(2/3)   Inhaltsanalyse

(3) Daten
```

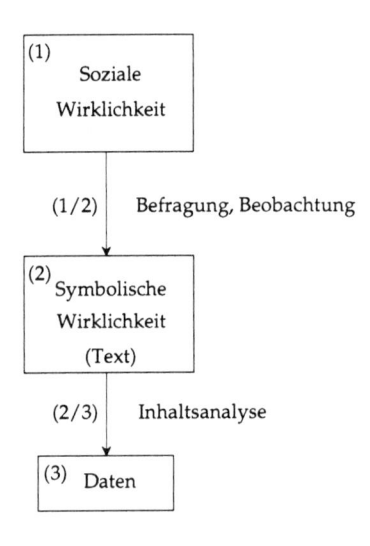

Abbildung 38: Drei Ebenen der Datenerhebung

Bei genauer Hinsicht muß diese Annahme jedoch in Frage gestellt werden, weil Texte (2) ex definitione sozial verfaßt sind und somit ebenfalls einen Typus sozialer Wirklichkeit repräsentieren. Daten lassen sich daraus erst dann gewinnen, wenn erneut eine Transformation von Texten in Daten vorgenommen wird. Unter Daten im sozialwissenschaftlichen Sinn sind grundsätzlich Codes zu verstehen, die irrelevant gegen semantische und erst recht pragmatische Bezüge sind; aus diesem – und nur aus diesem – Grunde ist es möglich und sinnvoll, sie als numerische Relationen zu fassen. Diese Transformation (2/3) setzt jedoch eine inhaltsanalytische Prozedur sui generis voraus, die alle semantischen oder pragmatischen Relationen eliminieren und in numerische Relationen überführen muß und genau dadurch überhaupt erst Daten (3) generieren kann.

Erhebung sozialer Daten durch Befragung und/oder Beobachtung verläuft also bindend als *zweistufiger* Prozeß, der grundsätzlich eine inhaltsanalytische Prozedur impliziert. Unter diesem Blickwinkel ist die Inhaltsanalyse sozusagen ein sekundäres Erhebungsinstrument.[17] Von Inhaltsanalyse als Erhebungsinstrument spricht man jedoch normalerweise dann, wenn sie direkt (primär) auf die Analyse von Texten angewendet wird.

In diesem Fall wird soziale Wirklichkeit aus zeichenhaft verfaßten Strukturen erhoben, also aus einer symbolischen Wirklichkeit. Primäre und sekundäre Anwendung der Inhaltsanalyse als Erhebungsinstrument unterscheiden sich hinsichtlich der zur Anwendung kommenden instrumenten-theoretischen Voraussetzungen grundsätzlich nicht. Begreift man in Anlehnung an Alfred Schütz die Interpretation der Welt, wie sie sich ausschnitthaft in jeder Erhebung vollzieht, als soziale Wirklichkeit, als perspektivische Abstraktion der Welt (vgl. Cicourel 1974: 77 ff.; Arbeitsgruppe 1976: 91 ff.), so kann man Inhaltsanalyse ja gerade definieren als *"Methode zur Erhebung sozialer Wirklichkeit, bei der von Merkmalen eines manifesten Textes auf Merkmale eines nichtmanifesten Kontextes geschlossen wird"*.

Inhaltsanalyse ist – primär oder sekundär eingesetzt – mithin mit jeder Art von Datenerhebung notwendig verbunden, und genau deshalb ist es gerechtfertigt, sie als *basales* Erhebungsinstrument zu bezeichnen.

Abbildung 38 macht deutlich, daß bei Befragung und Beobachtung zwei soziale Transformationen (1/2) und (2/3) stattfinden und demgemäß *primäre* (situative) und *sekundäre* Reaktivität auftreten können.[18]

Die instrumententheoretische Logik der Einbindung der Inhaltsanalyse als Instrument zur Erhebung sozialer Wirklichkeit fordert demgemäß, daß auch das Instrument der Inhaltsanalyse reaktiv sein kann.

Im Interview wird die zu erhebende soziale Wirklichkeit durch ein Frage/Antwort-Spiel freigelegt, bei der teilnehmenden Beobachtung durch direkte Teilnahme am sozialen Verhalten. In beiden Fällen wird ein verbaler resp. nonverbaler[19] Kommunikationsprozeß katalysiert.

Die Vorstellung von Beobachtung, Befragung und Inhaltsanalyse als Verschränkung zweier sozialer Wirklichkeiten soll dies verdeutlichen.

---

17 Der inhaltsanalytische Bezug wird allerdings auch schon vorher – sowohl bei Befragung als auch Beobachtung – bei der Kategorisierung von Fragen bzw. von Beobachtungseinheiten sichtbar: Sie unterliegt – typisch – den gleichen Regeln, die für inhaltsanalytische Kategorien gelten, nämlich der Forderung nach a) theoretischer Affinität, b) Vollständigkeit, c) wechselseitiger Exklusivität, c) Unabhängigkeit, d) Vollständigkeit und e) Eindeutigkeit (vgl. Kap. 7.12).

18 Bei der standardisierten Befragung ist die Verschriftlichung – mit Ausnahme offener Fragen – jedoch fast immer durch den Fragebogen vorgegeben, so daß hier sekundäre Reaktivität tendenziell marginal ausfallen dürfte. Dies gilt auch für die Beobachtung, wenn dafür – wie etwa in der Interaktionsprozeßanalyse – vorab erschöpfende Kategorien der Beobachtung vorgegeben sind.

19 Kommunikation auf der nonverbalen Ebene entsteht bereits dann, wenn zwei Personen einander wahrnehmen, weil sie dann bindend auch wahrnehmen, daß sie wahrgenommen werden – und entsprechend darauf reagieren. Vgl. dazu grundlegend Luhmann (1972: 52 f.).

6.11 Teilnehmende Beobachtung als Erhebungsinstrument

Beobachtung als Erhebungsinstrument ist unmittelbar auf die Analyse sozialen Handelns bzw. sozialer Interaktion gerichtet; dieses wird *simultan* miterlebt, weil der Beobachter selbst in einen Interaktionszusammenhang eingebunden wird (Abb. 39).

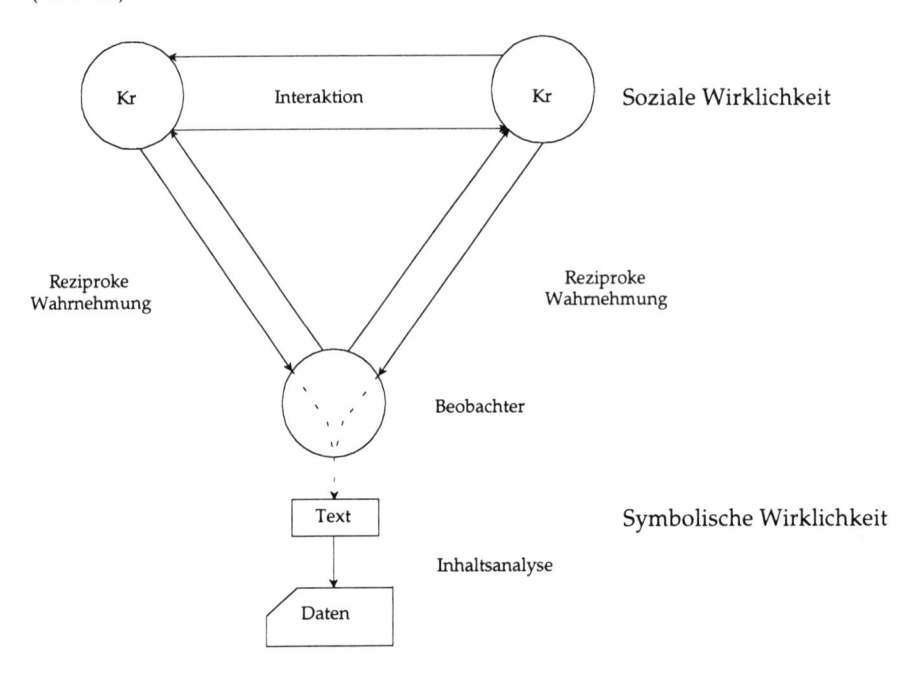

Abbildung 39: Teilnehmende Beobachtung als Erhebungsprozeß

Demgemäß liegt hier sowohl bei der Wirklichkeit der Erhebung als auch bei der symbolischen Wirklichkeit eine kommunikative Wirklichkeit vor.

Die typische Besonderheit der teilnehmenden Beobachtung liegt darin, daß der Beobachter durch seine Anwesenheit die zu erhebende soziale Wirklichkeit verzerrt. Genauer: Indem dessen Wahrnehmungen von dem oder den Beobachteten selbst wahrgenommen werden, interferiert eine kommunikative soziale Wirklichkeit der Erhebungssituation mit der sozialen Wirklichkeit des Beobachtungsdatums und verzerrt das Beobachtungsdatum. Diese Erscheinung wird *Reaktivität* genannt. Reaktivität läßt sich mit Esser (1975: 258) definieren als ... „Reaktion einer Untersuchungsperson ..., welche von dem methodisch erforderlichen Verhalten – nämlich die bloße Reaktion auf den Untersuchungsstimulus – abweicht". Bei der nichtteilnehmenden Beobachtung wird unterstellt, daß hier keine Reaktivität auftritt, weil sich das zu beobachtende Handeln ungestört entfalten kann.

In beiden Fällen wird jedoch die zu erhebende soziale Wirklichkeit zunächst –

6 Inhaltsanalyse als Erhebungsprozeß 89

wie immer auch – in einen Text, also eine symbolische Wirklichkeit überführt. Die Transformation des Textes in numerische Relationen stellt hier notwendig eine inhaltsanalytische Prozedur dar, die unter angebbaren Bedingungen ebenfalls sekundär reaktiv sein kann.

6.12 Interview als Erhebungsprozeß

Bei der mündlichen Befragung ist die soziale Wirklichkeit der Erhebungssituation ein dyadischer Kommunikationsprozeß, während die zu erhebende soziale Wirklichkeit nur indirekt, nichtkommunikativ vorliegt und erinnert werden muß (1. Selektionsprozeß), sprachlich formuliert werden muß (2. Selektionsprozeß) und inhaltlich im Hinblick auf das Verhalten des Befragenden mehr oder minder verzerrt sein kann (3. Selektionsprozeß).

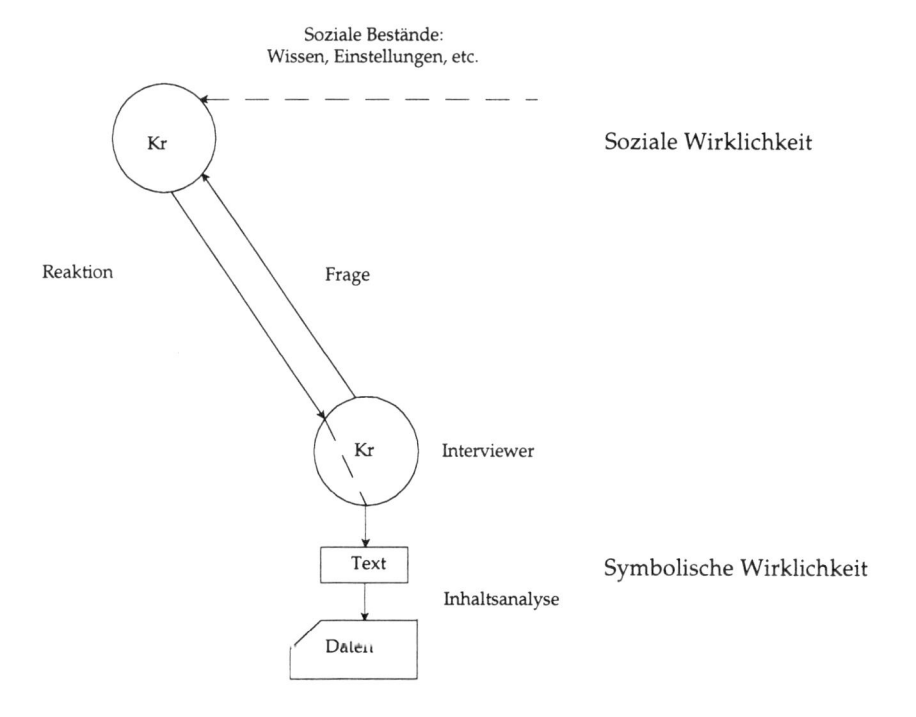

Abbildung 40: Interview als Erhebungsprozeß

Bei der schriftlichen Befragung hingegen ist der Interviewer nicht anwesend, so daß Einflüsse seiner Person in der Erhebungssituation auszuschließen sind; gerade dies aber bewirkt, daß der Befragte sich tendenziell bei der Beantwortung von Fragen nicht, wie im Interview, bei Bedarf rückversichern kann, ob er Fragen richtig „verstanden" hat, ob die zu gebenden Antworten auch das treffen, was er „meint", daß gefragt sei. Er wird daher hilfsweise eine *Erwartung* entwickeln von dem, was er meint, daß es der Interviewer erwartet, was angemessen ist etc. Die entfallende mögliche situative Verzerrung durch die Interviewerrolle muß daher bei der schriftlichen Befragung tendenziell mit dem Preis einer alternativen Verzerrung des „geeinten Sinns" bezahlt werden. Auch dies führt – über die Verschränkung von Erwartenserwartungen – auf einen Kommunikationsprozeß. Das gleiche gilt sinngemäß auch für die nicht-teilnehmende Beobachtung: Hier entsteht ein Kommunikationsprozeß nicht durch die Verschränkung von direkten Wahrnehmungen des Wahrgenommenwerdens, sondern durch die Forderung an den Beobachter, den gemeinten Sinn eines beobachteten sozialen Verhaltens zu erschließen. Man könnte auch sagen: Schriftliche Befragung und nichtteilnehmende Beobachtung sind – verglichen mit Interview und teilnehmender Beobachtung – strukturell unterdefinierte Situationen, die der Befragte bzw. der Beobachter dadurch zu bewältigen suchen, daß sie hilfsweise virtuelle reflexive Strukturen bemühen, die jedoch notwendig einen anderen Typus von Kommunikation implizieren. Erneut kommt auch hier durch die Vertextung die Inhaltsanalyse ins Spiel.

6.13 Inhaltsanalyse als Erhebungsprozeß

Bei der Inhaltsanalyse wird oft angenommen, daß die vorhandenen Inhalte nicht durch den Inhaltsanalytiker verzerrt werden können, da dieser bei der Textproduktion normalerweise nicht präsent ist. Somit ist sowohl die Wirklichkeit der Erhebung als auch die symbolische Wirklichkeit nichtkommunikativ, so daß Inhaltsanalyse als nonreaktives Verfahren gilt (Abb. 41).

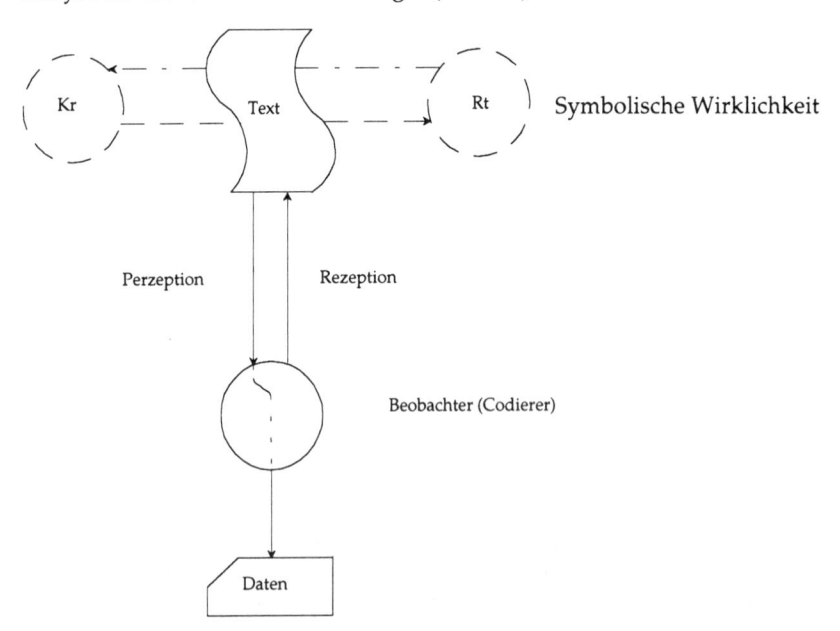

Abbildung 41: Inhaltsanalyse als Erhebungsprozeß

6 Inhaltsanalyse als Erhebungsprozeß

Es hat daher den großen Vorteil, daß die produzierten Inhalte unabhängig von Zeit und Raum, in dem der Kommunikationsprozeß stattfand und unabhängig von den Kommunikanden selbst eingesetzt werden und dies zugleich beliebig oft und unter wechselnden Fragestellungen, die an den Inhalt herangetragen werden. Lisch/Kriz (1978: 11) sehen gerade aus diesen Gründen in der Inhaltsanalyse „das zentrale Modell zur Erfassung (bzw. Konstituierung) sozialwissenschaftlicher Realität", erliegen jedoch einem fatalen Fehlschluß, wenn sie mit der Formulierung daß Texte „...den Vorteil (haben), daß sie, im Gegensatz zu den Ergebnissen eines Experiments oder den Anworten auf eine Befragung, nicht reaktiv entstanden sind" die Möglichkeit suggerieren, daß Texte auch reaktivitätsfrei, etwa durch „Bedeutungsrekonstruktion" (vgl. Lisch/Kriz 1978: 35 ff.) analysiert werden könnten.

Auch die Tatsache, daß bestimmte Beobachtungsverfahren, wie die Interaktionsprozeßanalyse (vgl. Kap. 8.53) oder aber auch die Codierung offener Fragen im Interview als Inhaltsanalyse begriffen werden können, unterstützt diese Vorstellung. Schematisiert ergibt sich somit folgendes Bild (Abb. 42).

		Zu erhebende soziale Wirklichkeit		
		kommunikativ	nonkommunikativ	
Soziale Wirklichkeit in der Erhebungs situation	kommunikativ	teilnehmende Beobachtung	Interview	reaktive Instrumente
	non-kommunikativ	nicht-teilnehmende Beobachtung	schriftliche Befragung, Inhaltsanalyse	nonreaktive Instrumente

Abbildung 42: Synopsis von Erhebungsinstrumenten sozialer Wirklichkeit

Nach dieser Synopse ist die Inhaltsanalyse den nichtreaktiven Verfahren zuzurechnen (vgl. Webb 1966). So einleuchtend diese Feststellung ist, so problematisch wird sie, wenn wir die Ausgangsüberlegung heranziehen, derzufolge Erhebungsinstrumente sozialer Wirklichkeit eine affine Struktur aufweisen.

6.2 Inhaltsanalyse als reaktives Erhebungsinstrument

Unsere bisherige Analyse hat gezeigt, daß Interview und teilnehmende Beobachtung als Instrument zur Erhebung sozialer Wirklichkeit als zwei miteinander verschränkte Kommunikationsprozesse begriffen werden können. Diese Verschränkung ist notwendig, um überhaupt an die soziale Wirklichkeit heranzukommen. Sie ist jedoch nur um den Preis der *Reaktivität* möglich.

Die Methode der Inhaltsanalyse gilt dagegen als reaktivitätsfrei. Ein Text als fossiliertes Relikt sozialer Wirklichkeit ist in der Tat nichtreaktiv, d.h. er verändert sich nicht im Moment der Rezeption. Dieser Sachverhalt verführt zu der Annahme, es könne eine „objective, systematic and quantitative description of the manifest content of communication" (Berelson 1952: 18) geben. Berelson ist ihr offensichtlich erlegen, wenn er fordert, nur „black marks on white", d.h. „relatively denotative communication materials and not with relatively connotative materials" (Berelson 1952: 19 f.) zu berücksichtigen. In der Tradition dieser Perspektive wird die Inhaltsanalyse daher oft noch als nicht-reaktive Methode verstanden (vgl. statt anderer Friedrichs 1990: 317). *Daten* kann man aus einem Text jedoch erst dadurch gewinnen, daß man auf den Text selektiv, nach angebbaren Regeln, zugreift. Auf diese Unterscheidung weisen Mayntz et al. (1972: 34) mit wünschenswerter Deutlichkeit hin. Und dieser selektive Begriff setzt die Rezeption oder sogar das *Verstehen* eines Textes durch den Codierer voraus. Soweit dabei nur syntaktische und/oder semantische Ebenen erfaßt werden, funktioniert dieser Zugriff, wie ausgeführt, noch relativ problemlos, d.h. Probleme entstehen allenfalls durch unkorrekte Zuordnung etc.

Auf der pragmatischen Ebene indes ändert sich die Sachlage völlig: Hier beginnt der Text, im Akt des Codierens sozusagen, ungewollt zu sprechen. Beispielsweise reichen Wertfeststellungen sicherlich auf die pragmatische Ebene, und genau aus diesem Grund ist es notwendig, sie so weit wie möglich zu neutralisieren. Nicht umsonst hat Osgood (1956: 49) als Begründung für die Neutralisierung (Maskierung) von wertbezogenen Einstellungsobjekten ausgeführt daß „attitude objects ... are signs whose evaluative meanings vary extremely with the person producing or receiving them." Und Cicourel (1974: 219) merkt dazu an: „Die Interpretation eines jeden Dokuments, Romans oder Zeitungsartikels unterliegt stets einer Re-Interpretation bei ‚weiterer Überlegung' oder zusätzlicher Information. Bedingungen, die den Bereich für Re-Interpretation einschränken ..., sind schwer zu erfüllen, weil unbekannte Faktoren in der Datenauswahl operieren und die Natur des informationalen Inhalts post factum bestimmt wird".

Der Codierer verfügt oberhalb der denotativen Ebene (also auf der pragmatischen Ebene, wenn man die Semantik extensional betrachtet) über einen *subjektiven* pragmatischen Kalkül. Nun gilt aber – verkürzt gesagt – , „daß der Mensch von den ersten Tagen seines Lebens an die Regeln der Kommunikation zu erlernen beginnt, obwohl diese Regeln selbst, dieser Kalkül der menschlichen Kommunikation, ihm kaum jemals bewußt werden" (Watzlawick 1971: 13). Das aber heißt: Da die Regeln, nach denen auf der pragmatischen Ebene durch Selektion Sinn erzeugt wird (vgl. Luhmann 1971), nicht expliziert werden oder gar werden können, verbleibt hier ein inkommensurables Moment der Ambivalenz: Objektivität der Beschreibung eines Textes ist hier nicht definitiv, nach Regeln logischer Zuordnung oder erschöpfender Aufzählung, sondern nur innerhalb bestimmter Bandbreiten möglich. Das aber heißt auch, daß Texte, sobald deren pragmatische Dimension in eine Beschreibung (bewußt oder unbewußt) eingeht, einer je subjektiven Interpretation unterliegen. Damit stellt sich prinzipiell das gleiche Problem, das in der Ethnomethodologie im interpretativen Paradigma aufscheint: „Nach dem interpretativen Paradigma können daher ... Situationsdefinitionen und Handlungen nicht als ein für allemal, explizit oder implizit getroffen und festgelegt angesehen werden, – getroffen und festgelegt in der Form einer buchstäblichen oder sinngemäßen Übertragung eines vorgegebenen, kulturell etablierten Symbolsystems auf sie. Vielmehr müssen Situationsdefinitionen und Handlungen angesehen werden als Interpretationen, die von den an der Interaktion Beteiligten an den einzelnen „Ereignisstellen" ... getroffen werden, und die ... der Überarbeitung und Neuformulierung unterworfen sind" (Matthes/Schütze 1973: 61). Erinnern wir uns nochmals an die Definition von Reaktivität als fehlerhafte „Reaktion auf den Untersuchungsstimulus" und abstrahieren von den behavioristischen Termini, die hier benutzt werden, so ist offensichtlich, daß hier die Relation zwischen einem Symbol (Untersuchungsstimulus) und einer Situation, in der sich Befragter und Befrager befinden, gemeint ist. Diese funktioniert als Kontext und stiftet eben jene Reaktivität, die zu einer entsprechend verzerrten Reaktion führt. Berücksichtigt man die Tatsache, daß Kontexte selektive Funktion haben (vgl. Kap. 4.12), so kann man auch umgekehrt formulieren: der Zeichenprozeß wählt in der interpretierenden (reagierenden) Person eine verfälschte Reaktion aus.

Nun ist ein Text keine Untersuchungsperson, er empfängt weder Stimuli noch reagiert er auf diese. Aber der Codierer eines Textes interpretiert im Prozeß der Erzeugung eines Datums zwangsweise diesen Text, was nichts anderes heißt, als daß hier ein Zeichenprozeß stattfindet.

Von Zeichenprozessen aber sagte bereits Morris (1946, hier zitiert nach Cherry 1967: 160) „sie *wählten* Reaktionen in der sie interpretierenden Person aus". Die Relativierung einer Reaktion, die man bei der Befragung Reaktivität nennt, und die bei der Befragung durch die interaktive Situation geschaffen wird, stellt sich also auf der pragmatischen Ebene der Inhaltsanalyse völlig *analog* ein. Und wenn für die Befragung gilt, daß „Reaktivität ... der Preis der Rollenübernahme (ist)" (Esser 1975: 265), dann gilt analog für die Inhaltsanalyse, daß Reaktivität der Preis für Verstehen des Textes ist: Soziale Wirklichkeit läßt sich, so könnte man resümierend sagen, eben niemals pur, sondern nur durch die soziale Wirklichkeit des Erhebungsprozesses gebrochen erfassen.

Die symbolische Wirklichkeit, die ein Text darstellt, verfügt aber über Grade sozialer Mächtigkeit: Sowohl von der oben beschriebenen instrumententheoretischen Logik her als auch von der Tatsache, daß Texte sprachlich verfaßt sind und von daher soziale Eigenschaften besitzen, die offenbar im Kontakt mit Codierern (Rezipienten) reaktive Konsequenzen haben.

Die aus Texten zu erhebende Struktur wird immer dann reaktiv sein, wenn sie soziale Strukturen besitzt und wenn diese entsprechende soziale Strukturen beim

Rezipienten (Codierer) aktivieren. Dabei kann im ersteren Fall soziale Struktur implizit (etwa im Kontexteinfluß auf der konnotativen Ebene) oder explizit (z.B. in vorfindlichen Wertungen) manifestiert sein.

Soziale Strukturen sind hingegen auf der syntaktischen Ebene (wenn etwa nur Zahl und Relation syntaktischer Einheiten analysiert werden) und oft auch auf der denotativ-semantischen Ebene (wo für bestimmte Begriffe fixierte, eindeutige Relationen bestehen) eliminiert. Die kommunikative Wirklichkeit der Erhebung ist wirkungsmächtig, wenn ein Rezipient (ein Codierer) mit seinen eigenen sozialen Strukturen (etwa: mit seinem Wertesystem) aktiv interferiert. Sofern eine Textanalyse sich also nicht auf reine Zählung oder Zuordnung syntaktischer oder semantischer Einheiten oder Relationen beschränkt, *muß* auch bei der Inhaltsanalyse Reaktivität in Rechnung gestellt werden.

Resümierend bleibt festzuhalten, daß Reaktivität nicht nur *interaktiv* sondern auch *interpretativ* erzeugt werden kann. Daher müsen Inhaltsanalyse, sofern sie die pragmatische Ebene tangieren, solche reaktiven Effekte in Rechnung stellen bzw. deren Bandbreite versuchen auszuloten. Ein Vorschlag dazu wird bei der Vorstellung der *Bewertungsanalyse* (vgl. Kap. 8.51-16b) gemacht.

Teil III: Methode

In diesem Teil werden – nach einem Exkurs über Messen und Schließen (Kap. 7) die inhaltsanalytischen Verfahren vorgestellt (Kap. 8).

Die Vorstellung erfolgt anhand einer theoretisch abgeleiteten Typologie, die nach Zielen und Mitteln der Analyse differenziert. Ziele sind Kommunikator, Rezipient und soziale Situation. Jedes Verfahren wird nach einem festen Schema vorgestellt, das 1.) die Entwicklung des Verfahrens, 2.) das Inferenzproblem, 3.) die Vorgehensweise bei der Anwendung, 4.) die Kritik am Verfahren, 5.) Variationen und 6.) Anwendungsbeispiele aufzeigt. Querverweise zu anderen Verfahren und ausführliche Literaturhinweise sollen das Verständnis des jeweiligen Verfahrens abrunden.

7 Messen und Schließen

7.1 Messen

In diesem Kapitel sollen Bedingungen und Möglichkeiten, gültig von Merkmalsausprägungen eines manifesten Textes auf Merkmalsausprägungen der sozialen Wirklichkeit (Kontext) zu schließen, präzisiert werden. Dabei werden zunächst methodologische Probleme des Messens und der Inferenz erörtert. Sodann werden unterschiedliche Möglichkeiten der Inferenz vorgestellt.

7.11 Grundlagen des Messens: Skalen

Die Ordnung der realen Erscheinungswelt gelingt, indem man die in ihr vorfindlichen Objekte zueinander in Beziehung setzt, sie relationiert und damit *Struktur* bildet. Die Methode, mit der man diese Ordnung vergleichen kann, heißt gemeinhin *Messen*, d.h. man kann *Messen* im weitesten Sinne als eine Methode des Vergleichs von Objekten (Fällen, Untersuchungseinheiten, Versuchspersonen) hinsichtlich einer bestimmten Eigenschaft (*Variable*, *Merkmal*) bezeichnen.

Messen im engeren Sinne bedeutet dann die Zuordnung erhobener *Merkmalsausprägungen* zu bestimmten Symbolen oder Codes (meist: Ziffern oder Zahlenwerte). Definiert man z.B. als Untersuchungseinheit (UE) einen Zeitungsartikel, so kann dieser verschiedene Merkmale (z.B. Thema, Lesbarkeit, Umfang) haben. Ein Vergleich der Artikel hinsichtlich der Merkmalsausprägungen auf den genannten Merkmalen (Abb. 43) kann durch eine empirische Relation beschrieben werden, aber auch durch eine numerische Relation. So kann man z.B. festlegen, daß das Thema „Politik" den Code 1, das Thema „Sport" den Code 2 erhält. Damit ist jedoch zunächst nur ein Symbol, nämlich eine Ziffer, an Stelle einer empirisch angebbaren Merkmalsausprägung getreten, also nur eine *nominale* Zuordnung getroffen worden. Wir können nur sagen „Politik ist ein *anderes* Thema als Sport".

Kann man nun sicherstellen, daß Beziehungen zwischen empirischen Objekten (z.b. Personen mit bestimmten Eigenschaften) durch entsprechende numerische Beziehungen ersetzt werden können, d.h. kann man empirische Relationen in numerische Relationen transformieren, ohne dabei diese Relationen zu verändern (*Homomorphie*), so spricht man von einer *Skala*.

Untersuchungs-einheit	Merkmal	Merkmals-ausprägung	Code	empirische Relation	numerische Relation
Artikel A	Thema	Politik	1	A und B haben verschiedene Themen	1 ≠ 2 (nominal)
Artikel B	Thema	Sport	2		
Artikel A	Verständlichkeit	gut	3	Artikel A ist besser verständlich als Artikel B	3 > 2 (ordinal)
Artikel B	Verständlichkeit	schlecht	2		
Artikel A	Umfang	180 cm^2	180	Artikel A ist halb so groß wie Artikel B	180 = 360/2 (rational)
Artikel B	Umfang	360 cm^2	360		

Abbildung 43: Empirische und numerische Relationen zweier Untersuchungseinheiten in bezug auf drei Merkmale

Nach Stevens (1946) kann man vier Skalentypen voneinander unterscheiden, die zueinander in einem hierarchischen Verhältnis stehen und die als *Nominalskala, Ordinalskala, Intervallskala* und *Rationalskala* bezeichnet werden (Abb. 44) (vgl. auch Kromrey ^{5}1991: 174 ff.; Merten/Teipen 1991: 70 ff.).

Nominalskalen haben eine ordnende Funktion, indem sie durch Feststellung von Gleichheit (=) bzw. Ungleichheit (≠) ein Sortieren von Objekten (empirischen Relativen) nach entsprechenden Kriterien zulassen. So kann man z.B. die Inhalte einer Zeitung nach verschiedenen Kategorien sortieren (Politik, Wirtschaft, Kultur etc.) und den Umfang der jeweiligen Kategorien (nach Fläche, Zahl der Artikel etc.) exakt bestimmen. Wenn man z.B. „Politik" durch den Code „1" kennzeichnet und „Sport" durch den Code „2", so haben Ziffern auf diesem Skalen-Niveau keine weiteren Leistungen: So kann man weder sagen, daß Politik an erster Stelle steht noch kann man sagen, daß doppelt soviel Sport wie Politik auftritt. Die Ziffern haben rein unterscheidende, differenzierende aber keinerlei quantitative Funktion.

Ordinalskalen erlauben zusätzlich zu der nominalen Unterscheidung in „gleich" bzw. „ungleich" eine weitere Unterscheidung in „größer" (>) oder „kleiner" (<). Erlaubt sind hier alle Transformationen zwischen Objekten und Zahlen, die die Reihung der Objekte nicht zerstören. Wenn man z.B. zwei Artikel A und B miteinander vergleicht und Artikel A eine höhere Lesbarkeit (Verständlichkeit) hat als Artikel B, so kann Artikel A durch den Code „3" und Artikel B durch den Code

"2" codiert werden: Die Relation „Artikel A ist besser als Artikel B zu lesen" wird dann überführt in die Relation 3 > 2. Eine umgekehrte Wahl der Codes wäre unzulässig, da dann diese Eigenschaft verlorengeht; hingegen wäre jede Relation der Codes c_A bzw. c_B zulässig, wenn für die Relation der zu wählenden Codes nur immer gilt: $c_A > c_B$.

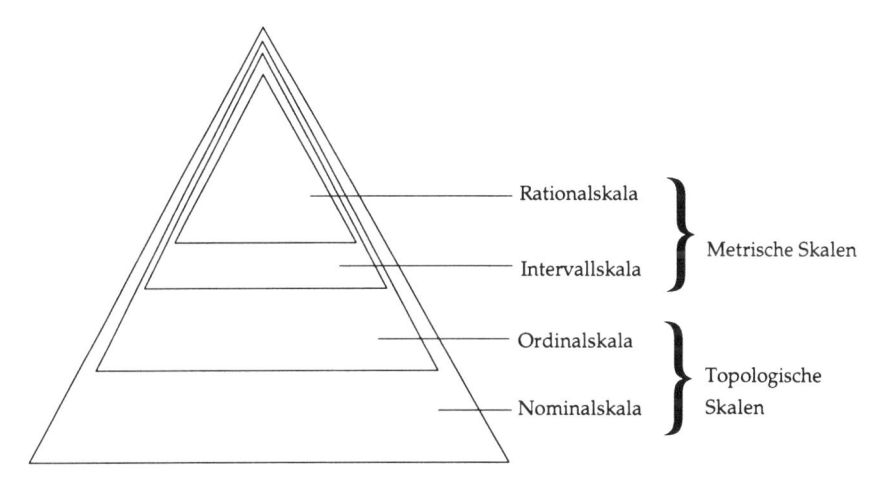

Abbildung 44: Hierarchie der Skalen nach Stevens (1946: 678)

Intervallskalen fordern gegenüber den Ordinalskalen zusätzlich, daß der Abstand (das Intervall) zwischen zwei benachbarten Rangplätzen immer konstant ist. Daher ist es hier erlaubt, sowohl Differenzen (−) als auch Summen (+) von Skalenwerten zu bilden. Typisches Beispiel für die Intervallskala ist z.B. ein Thermometer, bei dem Abstände zwischen den Skalenwerten als zulässiges Maß interpretiert werden können („heute ist es 5° wärmer als gestern").

Rationalskalen schließlich zeichnen sich dadurch aus, daß nicht nur die Abstände zwischen beliebigen benachbarten Rangplätzen identisch sein müssen, wie bei den Intervallskalen, sondern daß diese Skalen einen Nullpunkt haben, so daß beliebige Skalenwerte zueinander auch ins Verhältnis (:) gesetzt werden dürfen. Insgesamt gilt für die Skalentypen, daß sie nur asymmetrisch transformierbar sind: Vom höheren Skalenniveau kann man jederzeit in ein niedrigeres Skalenniveau transformieren (denn die höheren Skalen erfüllen ja die Bedingungen der niedrigeren Skalen allemal), aber nicht umgekehrt.

Dieses theoretisch begründete Postulat wird in der Praxis oft unterlaufen, wenn Ordinalskalen in Rationalskalen hochtransformiert werden. Das kann unter bestimmten Bedingungen, die freilich exakt zu benennen wären, interessant, ggf. sogar sinnvoll sein (wenn z.B. ein Nullpunkt vorhanden ist und wenn man, wie bei Schätzskalen in Form von „Leitern", gleiche Abstände suggerieren kann). Meßtheoretisch bleibt dies freilich nach wie vor problematisch (vgl. dazu Hewes 1978; Allerbeck 1978). Wenn also mit der Methode der Inhaltsanalyse *Daten* erhoben werden, die als *Ziffern* codiert werden, so muß man sich immer darüber klar sein, daß diese Ziffern *Codes* sind, aber keine *Zahlen*, mit denen im Sinn des Einmaleins umgesprungen werden darf. Erst durch Angabe des Skalenniveaus ergibt sich, welche Transformationen empirischer Wirklichkeit in numerische Relativa zulässig sind und in welchem Umfang damit mathematische Operationen durchgeführt werden können.

7.12 Qualitative Messung

Die Kontroverse zwischen Vertretern quantitativer und qualitativer Inhaltsanalyse (vgl. Kap. 3.3) ist von vielerlei Polemik durchzogen, die oft mehr der Verfestigung von Positionen als der Klärung unterschiedlich beurteilter Probleme gedient hat.

Der Vorwurf gegen quantitatives Vorgehen liegt – verkürzt gesagt – vor allem in der Behauptung, daß Quantifizierung notwendig selektiv vorgehen muß und damit möglicherweise wesentliche Beziehungen, die nur interpretativ, also aus der Textualität des Textes zu erschließen sind, ausspart. Gerade bei der Inhaltsanalyse, deren Gegenstand *Texte* sind, deren Sinn nur interpretativ, unter Berücksichtigung der Textualität zu erschließen ist, ist dies ein gewichtiges Argument. Barton/Lazarsfeld (1955) betonen die Komplementarität qualitativer und quantitativer Vorgehensweise: Bei der Analyse eines Erkenntnisobjektes geht es zunächst um die Aufdeckung der relevanten Merkmalsdimensionen (Variablen, Indikatoren), die gerade bei der Inhaltsanalyse zunächst im Gesamtzusammenhang festgemacht werden müssen. Die dazu notwendigen Schritte müssen jedoch *explizit* und damit intersubjektiv nachprüfbar gemacht werden. In einem zweiten Schritt kann mit der Ordnung der empirisch feststellbaren Merkmalszusammenhänge begonnen werden. An diesem Punkt sind Prozeduren des Messens anzusetzen, die zunächst auf der qualitativen Ebene, nämlich auf der Ebene der *Nominalskala*, ansetzen. Qualitative Messung bezieht sich auf die Bildung von *Kategorien*, Klassifikationen resp. Typologien und stellt damit den ersten und daher oft entscheidenden Ordnungsversuch dar: „Die Bedeutung dieses ersten Schrittes von vollständig ungeordneten Daten zu einer ... Klassifikation sollte niemals unterschätzt werden. Bevor die Daten nicht in einer gewissen Art und Weise geordnet sind, kann die Analyse von Beziehungen nicht begonnen werden, verfeinerte Kategorien entwickeln sich normalerweise während des Versuchs, Beziehungen zwischen vorläufigen Kategorien herzustellen" (Barton/Lazarsfeld 1955: 54). Da diese Meßoperation gerade in der Inhaltsanalyse bei der Bildung von Kategorien für die *Themenanalyse* und andere Verfahren relevant ist, soll sie an dieser Stelle ausführlicher behandelt werden. Die für qualitative Daten zulässige Meßoperation wird durch die Eigenschaft der Nominalskala vorgegeben: Jeder Inhalt wird probeweise auf Kategorien verteilt, wobei nur die Meßoperationen gleich (=) oder ungleich ($\neq$) benutzt werden.

An inhaltsanalytische Kategoriensysteme werden allgemein sechs Forderungen gestellt (vgl. Holsti 1969: 95):

a) Das Kategorienschema soll theoretisch abgeleitet sein, d.h. es soll mit den Zielen der Untersuchung korrespondieren.

7 Messen und Schließen

b) Das Kategorienschema soll vollständig sein, d.h. es soll die Erfassung aller nur möglichen Inhalte gestatten.
c) Die Kategorien sollen wechselseitig exklusiv angelegt sein.
d) Die Kategorien sollen voneinander unabhängig sein.
e) Die Kategorien sollen einem einheitlichen Klassifikationsprinzip genügen.
f) Die Kategorien sollen eindeutig definiert sein.

Theoretische Orientierung eines Kategorienschemas bedeutet, daß das Klassifikationsprinzip mit den Zielen der Untersuchung korrespondieren muß. Wenn man Nachrichten analysiert (Bush 1960), so sind ganz andere Kategorien zu benutzen als wenn Comics nach Spielsituationen (Spiegelman 1953) oder Handlungen einer Kleingruppe (Bales 1950) kategorisiert werden sollen. Jede gewählte Kategorie sollte daher möglichst exakt operationalisiert sein, so daß sie *gültig* (valide) in bezug auf das theoretische Konzept und *zuverlässig* (reliabel) in bezug auf die Eintragungen des Codierers ist (vgl. Kap. 10.1).

Vollständige Kategoriensysteme lassen sich prinzipiell unterscheiden in offene und geschlossene Kategoriensysteme. Ein offenes Kategoriensystem wird meist induktiv, anhand des vorliegenden Materials gebildet. Da man dabei immer nur Stichproben berücksichtigt, also das Auftreten anderer Themen immer denkbar bleibt, führt man zur Erfüllung der Vollständigkeitsbedingung eine Residualklasse ein, die inhaltlich nicht definiert wird („Sonstiges", „Anderes"). In Abb. 45 ist ein einfaches Kategorienschema für eine Presseanalyse wiedergegeben, das eine Residualkategorie enthält. Ein geschlossenes Kategoriensystem ist logisch zu begründen und wird im einfachsten Fall durch Dychotomisierung der Inhalte nach einer Dimension gebildet (Abb. 46).

1. Politik
2. Wirtschaft
3. Kultur
4. Sonstiges

Abbildung 45: Offenes Kategorienschema einer Themenanalyse (vgl. Kap. 8.31)

1. Beschäftigt
2. Arbeitslos

Abbildung 46: Geschlossenes Kategorienschema

Verwendet man mehrere Dimensionen, wie etwa Bales in der *Interaktionsprozeßanalyse* (vgl. Kap. 8.53-18), so muß die Geschlossenheit theoretisch begründet werden können oder man muß eine hierarchische Ordnung der Kategorien angeben, so daß stufenweise kategorisiert wird, wobei pro Stufe analog immer nur eine dychotome Kategorie auftritt (Abb. 47). Die besondere Leistung dieses Schemas liegt darin, daß die Beschreibung umso präziser wird, je mehr die Situation dem amerikanischen Rezipienten (geistig, räumlich, zeitlich) „nahe"steht:

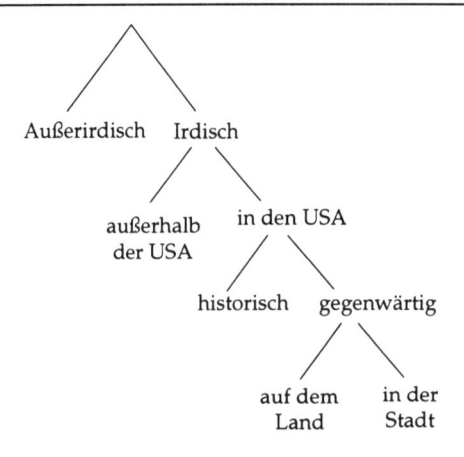

```
                    /\
                   /  \
        Außerirdisch   Irdisch
                      /\
                     /  \
         außerhalb    in den USA
         der USA      /\
                     /  \
              historisch  gegenwärtig
                          /\
                         /  \
                   auf dem   in der
                     Land     Stadt
```

Abbildung 47: Klassifikation von Comics nach Situationen (nach Spiegelman et al. 1953)

Andere Klassifikationsschemata als Anwendungsfall qualitativer Messung (Ordnung) sind in der Linguistik weit verbreitet, nämlich die Kategorisierung von Sätzen anhand von *Strukturen*. Die wesentlichen Verfahren haben wir bereits kennengelernt (vgl. Kap. 4.22).

Unabhängigkeit der Kategorien ist eine Forderung, die implizit in der wechselseitigen Exklusivität der Kategorien enthalten ist, die aber für die *Assoziationsanalysen* von besonderer Bedeutung ist, da deren statistische Prozedur mit der Unabhängigkeit der Kategorien voneinander steht und fällt (vgl. Kap. 8.3 mit den dort beschriebenen Verfahren).

1. Familiäre Beziehungen
2. Verbrechen, Kriminalität
3. Natur und Tiere
4. Militär und Krieg
5. Liebe, Erotik
6. Geschäftswelt, Industrie, Arbeitswelt
7. Regierung und öffentliche Angelegenheiten
8. Geschichtliche Ereignisse
9. Übernatürliches
10. Unterhaltung und Freizeit
11. Rasse und Nationalität
12. Erziehung und Schule
13. Wissenschaft und Wissenschaftler
14. Literatur und Kunst
15. Religion und Kirche

Abbildung 48: Uneinheitliches Klassifikationsschema für Jugendliteratur (Nauck 1974: 121)

Einheitliches Klassifikationsprinzip ist eine Forderung, gegen die gerne verstoßen wird, weil Klassifikationsprinzipien selten offensichtig sind. Beispielsweise verwendet Nauck (1974) ein Klassifikationsschema zur Themenanalyse von Jugendliteratur, das in mehrfacher Hinsicht problematisch ist (vgl. Abb. 48). Zum einen ist das Kategoriensystem weder dychotomisiert noch mit einer Residualkategorie ausgestattet, so daß das Schema nicht erschöpfend ist und daher die Reliabilität der Codierung stark angezweifelt werden muß, insbesondere dann, wenn man weiß, daß der Erstbenutzer dieses Kategorienschemas (Barcus 1963: 193) eine solche Restkategorie vorgesehen hatte. Zum zweiten darf man fragen, ob die Kategorien wechselseitig exklusiv definiert sind resp. ob sie voneinander unabhängig sind. Dies wäre umso notwendiger, als Nauck auf der Basis dieser Kategorien eine Kontingenzanalyse vornimmt. Zum dritten wäre zu fragen, warum das Schema nicht mit den zwei Kategorien „Übernatürliches" (9) und „Natur" (3) auskommt. Stattdessen gibt es einmal weitere Kategorien, die man wohl auch als „natürlich" bezeichnen muß, zum anderen taucht eine zweite Kategorie von Übernatürlichem auf, nämlich „Religion und Kirche". Wie immer man sich behelfen will – hier kommen mindestens zwei Klassifikationsprinzipien zur Anwendung. Daß die Probleme sauberer Kategorienbildung aufwendig sind, ist mittlerweile auch theoretisch gut zu belegen (vgl. Sodeur 1974). Andererseits gibt es zahlreiche forschungspraktische Vorschläge, wie Kategorien zu bilden sind (vgl. Schutz 1958; Holsti 1969).

Der Vorschlag, für die Analyse bestimmter inhaltsanalytischer Objekte (Texte) ein einheitliches Kategorienschema zu verwenden, ist z.B. für Zwecke der Interaktionsanalyse von Bales (1950), für Zwecke der Presseanalyse von Bush (1960) und für Zwecke der Medienkulturanalyse von Gerbner (1969a) gemacht worden. Der Vorteil solcher standardisierter Kategorien liegt in der Vergleichbarkeit analoger Untersuchungen. Da analoge Untersuchungen jedoch entweder Paralleluntersuchungen oder Replikationen sind und da Paralleluntersuchungen in der Regel vermieden werden und Replikationen selten sind, haben standardisierte Kategorienschemata wenig Anklang gefunden. Zudem erfordert nicht nur ein spezifisches Analyseziel, sondern auch die mögliche Veränderung von Inhalten über die Zeit selbst eine Anpassung bzw. Neuformulierung von Kategorien. Speed (1897) z.B. stellt ja gerade das Verschwinden der Kategorie „Religion" und das Aufkommen der Kategorie „Sensation" in der Tagespresse fest (vgl. Kap 2.2). Auch an dem zuletzt vorgestellten Beispiel von Nauck (1974) (vgl. Abb. 48) kann man dieses Problem verdeutlichen: Dort wurde ein Kategorienschema, das für die Analyse von Comics in amerikanischen Sonntagszeitungen entwickelt worden war (Barcus 1961: 172 f.; Barcus 1963: 193), für die Analyse von deutschen Jugendbüchern übernommen. Daß dabei die Kategorie „Rasse und Nationalität" (11), die für amerikanische Verhältnisse sehr relevant ist, nicht greift und umgekehrt die Kategorie „Abenteuer", die ein wesentliches inhaltliches Merkmal von Jugendbüchern ist, vollkommen fehlt bzw. wahlweise unter Militär und Krieg (4), Geschichtliche Ereignisse (8) oder anderen untergebracht werden muß, ist sofort einsichtig und belegt die Problematik der Übernahme standardisierter bzw. vorgegebener Kategorien: Anders als in der Psychologie, wo standardisierte Kategorien etwa beim Intelligenztest voll akzeptiert worden sind, kann man in den Sozialwissenschaften kein Interesse für vorgefertigte Klassifikationen feststellen (vgl. Pool 1959: 212 f. sowie Holsti 1969: 101 f.).

Differenzierung von Kategorienschemata erhöht die Gültigkeit der Analyse, verringert jedoch die Zuverlässigkeit, mit der der Codierer seine Zuordnungen trifft (vgl. Kap. 10.1). Daher ist ein hochentwickeltes Kategorienschema, wie das von Willey (1926: 35-37), der anhand von 10 Haupt- und 49 Unterkategorien Presseinhalte kategorisiert (Abb. 51), oder das Schema von Holzer (1967a: 86 ff.), der anhand von sechs formalen Dimensionen sogar 129 Kategorien für die Zeitschriftenanalyse entwickelt, ebenso interessant wie problematisch. Eine andere Form der Differenzierung ist die Vorgabe von *Mehrfachcodierungen*, die einem Inhalt zugeordnet werden können, analog dem Verfahren der „Mehrfachnennung" im Interview. Diese Vorgehensweise zur Klassifikation ist sinnvoll, weil thematische Inhalte oft nach mehreren Gesichtspunkten gleichzeitig kategorisiert werden können bzw. weil sie relational codiert werden müssen. Betrachtet man z.B. die Differenzierung eines Kategoriensystems, wie sie bei der Themenanalyse oft vorkommt und wie sie in Abb. 49 exemplarisch aufgeführt ist: Hier taucht „Politik" (1) einmal als allgemeine Kategorie auf, zum anderen aber auch mit inhaltlichen Nennungen. Damit wird die alleinige Codierung von „Politik" doppeldeutig: handelt es sich hier um eine weitere *inhaltliche* Themenkategorie (z.B. „internationale Beziehungen") oder handelt es sich hier um Eigenprobleme des politischen Systems (z.B. „Wahl" oder „Affären" etc.)?

1. Politik allg.
2. Innenpolitik
3. Außenpolitik
4. Wirtschaftspolitik
5. Sozialpolitik
6. Kulturpolitik
7. Wirtschaft
8. Kultur
9. ...

Abbildung 49: Implizite Mehrfachkategorisierung

Dieses Problem läßt sich durch Einführung einer *Mehrfachcodierung* lösen, bei der man zudem noch eine Rangordnung des Themenschwerpunktes durch Berücksichtigung der Abfolge der Codierung (die 1. Codierung berücksichtigt den relevantesten Aspekt etc.) einführen kann. Eine Doppelcodierung (Abb. 50) empfiehlt sich allemal auch dann, wenn Ereignisse oder Themen relational codiert werden z.B. bei der Angabe von Regionen für außenpolitische Themen: Hier sind Ereignisse oder Themen meist relational strukturiert (z.B. „deutsch-französisches Abkommen" oder „Amerikanische Geiseln in Teheran"). Der Zuwachs an Gültigkeit, den eine Mehrfachcodierung bietet, wird jedoch ggf. durch ein Sinken der Zuverlässigkeit und vor allem durch einen stark erhöhten Aufwand der Codierung und der Datenanalyse reduziert.

Das von Willey (1926) verwendete Standard-Kategorienschema für die Presseanalyse (Abb. 51) umgeht diese Schwierigkeiten durch eine Mehrfachstufung, die

7 Messen und Schließen

2. Eintrag / 1. Eintrag	Außenpolitik	Innenpolitik 1: Wirtsch. Politik	Innenpolitik 2: Sozialpolitik	Innenpolitik 3: Kulturpolitik	Innenpolitik 4: sonst. Innenpolitik	Wirtschaft	Kultur	Sonstiges
Außenpolitik								
Innenpolitik 1: Wirtsch. Politik								
Innenpolitik 2: Sozialpolitik								
Innenpolitik 3: Kulturpolitik								
Innenpolitik 4: sonst. Innenpolitik								
Wirtschaft								
Kultur								
Sonstiges								

Abbildung 50: Schema expliziter Doppelcodierung

1. Domestic Political News 2. Foreign Political News 3. Diplomatic Correspondence and International Relations 4. Administrative, Judicial, and Legislative News 5. „Home Town Helps" and Community Development 6. Other Political News	Politik	
7. Labor News 8. Industrial, Commercial, Financial News 9. Price and Supply of Necessities 10. Other Economic News	Wirtschaft	
11. Science, Invention, and Discovery 12. Art Notes and Criticism 13. Amusement Notes and Announcements 14. Literary Criticism 15. Books and Publishers Notes 16. Educational News 17. Religious News 18. Social Service and Philanthropic News 19. Health, Sanitation, and Safety 20. Other Cultural News	Kultur	Information
21. Crime and Criminal Procedure 22. Accidents 23. Public Welfare Investigations 24. Civil Suits 25. Suicide 26. Divorce 27. Other Crime and Catastrophes	Sensation	
28. Sports 29. Outings and Celebrations 30. Other Sports	Sport	
31. Biography Personen 32. Interest in Persons 33. Interest in Things 34. Society and Fraternal News 35. Holidays and Commemorative Exercises 36. Other Personal News	Personen	
37. Original Editorials 38. Reprinted Editorials 39. Communications to the Editor 40. Cartoons	Meinungen, Kommentar	Kommentation
41. Human interest Stories 42. Stories and Magazine Material 43. The Men's Page 44. The Women's Page 45. Photographs	Human Interest, Unterhaltung	Delektation
46. Filler 47. Routine Notices 48. The Weather 49. Unclassificable Material	Verschiedenes	

Abbildung 51: Haupt- und Unterkategorien für die Pressenanalyse nach Willey (1926: 35–37)

zunächst bei den klassischen Funktionen der Medien, nämlich Information (Nachricht), Kommentation (Meinung) und Delektation (Unterhaltung) ansetzt (vgl. Prakke 1968: 65 ff.) und in einer zweiten Differenzierung für die Information die bekannten Kategorien (Politik, Wirtschaft, Kultur etc.) aufführt. In einem dritten Schritt wird in insgesamt 49 Feinkategorien differenziert, wobei Willey sorgfältig darauf achtet, daß entsprechende Residualkategorien stets berücksichtigt werden (Nr. 6, 10, 20, 27, 30, 36, 49). *Eindeutigkeit* von Kategorien ist eine Forderung nach Trennschärfe der Zuordnung, die prinzipiell durch dreierlei Vorgehensweisen erreicht werden kann, nämlich: a) durch exakte Definition der Kategorie (z.B. „Inland" = Alte und neue Bundesländer), b) durch erschöpfende Aufzählung (Wirtschaft = Markt, Produktion und Konsum von Gütern, Auseinandersetzungen von Tarifpartnern etc.) oder c) durch logische Abgrenzung gegen eine bereits bestehende Kategorie (Juxtaposition einer Kategorie, z.B. Ausland oder „anderes"). Für elektronische Inhaltsanalyse ist dabei die erschöpfende Aufzählung in sogenannten *Wörterbüchern* sinnvoll, freilich auch nur dann, wenn man mehrdeutige Wörter (Homographen oder Homonyme, vgl. Kap. 4.21) oder Metaphern resp. Metonymien durch Zusatzangaben aus dem Text (Kontext) eindeutig sortieren kann.

In den meisten Fällen ist jedoch weder eine eindeutige Definition (Wesensdefinition) der Kategorie noch eine erschöpfende Aufzählung möglich bzw. praktikabel, so daß die Eindeutigkeit von Kategorien sich in der Regel erst beim Codieren zeigt. Verwendet man Kategorien in der Inhaltsanalyse, so empfiehlt es sich für die praktische Arbeit, zusätzlich zum *Codierbuch* einen *Kommentar* anzulegen, in dem alle wesentlichen Aufzählungen bzw. Ausgrenzungen für eine bestimmte Kategorie notiert werden (vgl. Kap. 11.10).

7.13 Qualitative (semiotische) Ebenen

Inhaltsanalysen können prinzipiell auf drei qualitativen Ebenen erfolgen: auf der syntaktischen und/oder der semantischen und/oder pragmatischen Ebene (vgl. dazu Kap. 4.1). Freilich sind diese Ebenen nicht voneinander unabhängig, sondern sie bauen hierarchisch aufeinander auf. Dieses Problem ist in der theoretischen Linguistik aus unterschiedlicher Perspektive gesehen und analysiert worden (vgl. etwa Stalnaker 1970; Oller 1972). Für die Entwicklung einer Typologie inhaltsanalytischer Verfahren erscheint es jedoch sinnvoll, die Hierarchie der semiotischen Ebenen als Variablenzusammenhang zu definieren, derart, daß man den Einfluß der niedrigeren Ebene bei der jeweils höheren Ebene getrennt ausweist. Man erhält dann eine syntaktische, zwei semantische und drei pragmatische Ebenen in Übereinstimmung mit der bekannten Tatsache, daß auf der syntaktischen Ebene eine einstellige Relation $Z = r (M)$, auf der semantischen Ebene eine zweistellige Relation $Z = r (M, O)$ und auf der pragmatischen Ebene eine dreistellige Relation $Z = r (M, O, I)$ vorliegt (vgl. dazu Kap. 4).

Der Sinn dieser Unterteilung liegt zunächst einmal in einer schärferen Präzisierung analytischer Vorgehensweisen: Geht man z.B. auf die pragmatische Ebene und fragt, welche Wirkungen ein Text hat, so kann man die Zuschreibung von

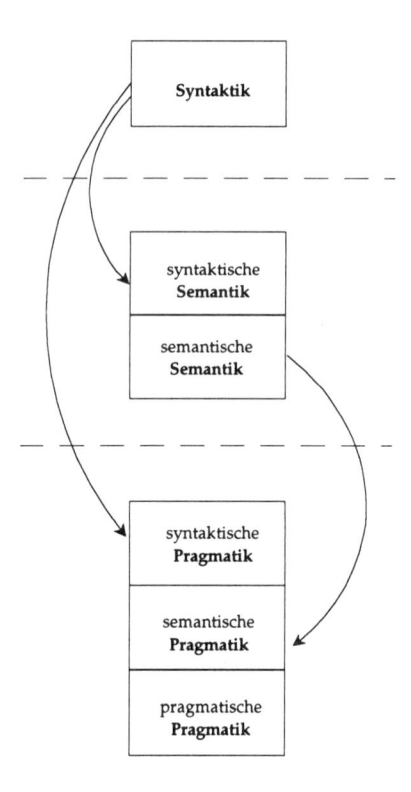

```
                    ┌──────────────┐
                    │  Syntaktik   │
                    └──────────────┘


                    ┌──────────────┐
                    │  syntaktische│
                    │   Semantik   │
                    ├──────────────┤
                    │  semantische │
                    │   Semantik   │
                    └──────────────┘


                    ┌──────────────┐
                    │  syntaktische│
                    │   Pragmatik  │
                    ├──────────────┤
                    │  semantische │
                    │   Pragmatik  │
                    ├──────────────┤
                    │ pragmatische │
                    │   Pragmatik  │
                    └──────────────┘
```

Abbildung 52: Differenzierung semiotischer Analyse-Ebenen

Wirkungen sowohl an der syntaktischen Ebene festmachen, indem man etwa die *Verständlichkeit* oder *Lesbarkeit* eines Textes von der optimalen Zahl der Worte pro Satz, also von einer syntaktisch-pragmatischen Größe, abhängig macht. Man kann zudem fragen, welchen Einfluß die Verwendung bestimmter Bedeutung tragender Worte hat bzw. welche Assoziationen bestimmte Symbole beim Leser auslösen, wie dies beim *semantischen Differential* erfolgt. Das wäre die semantisch-pragmatische Ebene. Und schließlich kann man nach eigentlich pragmatischen Strukturen fragen, die die Rezeption eines Textes steuern, z.B. Aufmerksamkeitswerte, rhetorische Strukturen etc. Das wären dann pragmatisch-pragmatische Größen.

Ganz analog kann man auf der semantischen Ebene nach dem Einfluß fragen resp. dem Anteil, den syntaktische Strukturen bei der Bildung von Bedeutungen haben bzw. umgekehrt, man kann fragen, wo die Wortanalyse nicht mehr allein über syntaktische, sondern nur unter Zuhilfenahme semantischer Strukturen läuft. Das wäre die syntaktisch-semantische Ebene, auf der z.B. *Wortanalysen* oder auch *Stilanalysen* zu verorten wären.

Auf der rein semantischen Ebene hingegen erfolgt die Analyse nach den denotativen Bedeutungen, die bestimmte Worte haben bzw. nach den Assoziationen, die zwischen bestimmten, Bedeutung tragenden Worten, bestehen (konnotative Be-

7 Messen und Schließen

deutungen). Diese Unterscheidung ist zugleich wichtig für die Frage, ob die Codierung reaktiv ausfallen kann. Sie muß bei der Codierung für jede der insgesamt formulierten Variablen einzeln beantwortet werden (vgl. auch Kap. 10.22). Hier wären also *Themenanalysen* oder *Assoziationsanalysen* einzuordnen.

Auf der syntaktischen Ebene schließlich erfolgt die Analyse nach rein syntaktischen Merkmalen wie Buchstaben, Silben, Worten oder Sätzen und deren Strukturen, soweit sie formaler Art sind. Diese qualitativen Ebenen, die zugleich die Mittel der Analyse angeben, bilden mit den schon genannten Zielkategorien Kommunikator, Rezipient und Situation eine zweidimensionale Typologie inhaltsanalytischer Verfahren, die für die Vorstellung der einzelnen Verfahren (Kap. 8) zugrundegelegt wird.

7.14 Quantitative Messung

Quantifizierendes Vorgehen ist überall dort bequem, wo sich logisch oder natürlich abgrenzbare Einheiten der Messung angeben lassen: Man kann Apfelsinen *zählen* oder Gewichte und Längen *messen*, weil die zugrundeliegenden Dimensionen (Mengen, Kräfte, Vektoren) logisch oder physikalisch korrekt quantifizierbar sind. In den Sozialwissenschaften sind solche einfachen Beziehungen oft nicht gegeben, und in der Inhaltsanalyse speziell ist die Isolierung quantifizierbarer Einheiten oft nur um den Preis der Vernachlässigung kontextueller und damit wesentlicher Beziehungen möglich. In Anlehnung an die entwickelte Differenzierung der semiotischen Ebenen läßt sich grob sagen, daß Möglichkeiten quantifizierender Analyse von der syntaktischen zur pragmatischen Ebene hin tendenziell geringer werden. Das bedeutet freilich nicht, daß auf der pragmatischen Ebene keine Quantifizierung möglich ist, sondern es zeigt nur, daß dort – aus verschiedenen Gründen – die größten Schwierigkeiten auftreten.

7.141 Einwort-Analyse

Die ältesten quantitativen Inhaltsanalysen beschränken sich – sowohl auf der syntaktischen als auch auf der semantischen Ebene – zunächst nur auf das einzelne Wort: Das Auszählen von Buchstaben und Worten nach *Häufigkeiten* (frequencies) ist das einfachste, aber auch das anspruchsloseste Verfahren. Auf der syntaktischen Ebene dient die Auszählung von Buchstaben, Silben oder Worten der *Deskription* von Buchstaben-, Silben-, Wort- oder Satzstrukturen. Die Aufstellung von Häufigkeitsstatistiken (vgl. etwa Herdan 1964) ist ein Verfahren, bei dem *Häufigkeiten* der Benutzung oder des Vorkommens entsprechender Einheiten bestimmt und ggf. als Standard ermittelt werden. Darauf wiederum können dann echte inhaltsanalytische Verfahren wie die *Stilanalyse* oder die *Autorenanalyse* aufbauen.

Auf der syntaktisch-semantischen Ebene finden wir analog Verfahren der *Stilanalyse* oder der *Wortartanalyse*, bei denen syntaktisch-semantisch Häufigkeiten des Vorkommens bzw. der Benutzung von Wortarten ermittelt werden (vgl. Herdan 1960).

Auf der semantisch-semantischen Ebene läßt sich durch Auszählen von Wortarten, Symbolen oder Themen zunächst ebenfalls eine Beschreibung von Texten erreichen, die dann benutzt werden kann für eine *Symbolanalyse* oder *Themenanalyse*. Wir haben diesen Typ der Analyse bereits in unserer vergleichenden Analyse zweier Zeitungen kennengelernt (vgl. Kap.1.1). Auch hier dient die Quantifizierung durch Bestimmung von Häufigkeiten zunächst nur dazu, verschiedene Inhalte vergleichbar zu machen.

Die Inferenz von Häufigkeiten des Vorkommens eines Wortes im Text auf einen entsprechenden Kontext ist absolut weder auf der syntaktischen noch auf der semantischen Ebene möglich. Liegen jedoch Standards vor, z.B. Durchschnittshäufigkeiten der Verwendung von bestimmten Buchstaben oder Symbolen oder Standards für die Anteile bestimmter *Themen* (Kategorien), etwa bei der Presseanalyse, so kann man Abweichungen von diesen Standards ggf. als Ausgangsgröße für eine textexterne Variable benutzen.

Eine inhaltliche Aussage zwischen textinternen Häufigkeiten und textexternen Merkmalen gibt es allenfalls in bezug auf die Aufmerksamkeit, mit der Symbole wahrgenommen werden: Nach Lasswell (1941a: 459 f.; 1946: 90 f.) korreliert die Häufigkeit eines Symbols resp. eines Namens mit der Aufmerksamkeit, die diesem Symbol oder Namen entgegengebracht wird. Einen exakten Beweis dieser These bleibt Lasswell jedoch schuldig, so daß man nur eingeschränkt den Vergleich von Häufigkeiten zur Inferenz auf Aufmerksamkeit benutzen kann. Im übrigen ist anzunehmen, daß die Aufmerksamkeit gegenüber einem Symbol nicht linear mit der Häufigkeit seines Auftretens, sondern nur logarithmisch im Sinne des Weber-Fechner-Gesetzes korreliert.

7.142 Mehrwort-Analyse

Ansätze zur Zweiwort-Analyse finden sich bereits bei Bleyer (1924: 21 f.), der Themenkategorien der Presse auszählt und diese zusätzlich nach positiver, neutraler oder negativer Bewertung sortiert. Doch erst Lasswell (1938; 1941a; 1952) entwickelt dieses Verfahren zur *Symbolanalyse*, indem er nicht nur die Häufigkeiten des Auftretens eines Symbols erhebt, sondern zugleich dessen positive oder negative Assoziation (direction). Genau besehen handelt es sich hier um die Kombination einer quantifizierbaren Variablen mit einer qualitativen Variablen. Eine Erweiterung, die ebenfalls von Lasswell stammt, stellt dann die Messung der Intensität der Bewertung dar, so daß hier praktisch eine nach drei Dimensionen sensible Variable gebildet werden kann (frequency, direction, intensity), die später von anderen Autoren für *Bewertungsanalysen* übernommen wird. Bewertungen erweitern die Analysemöglichkeiten erheblich, indem sie Einstellungen oder Werthaltungen der Kommunikanden zum Ausdruck bringen, also prinzipiell auf der pragmatischen Ebene angesiedelt sind.

Ein ganz anderer Typ von Assoziationen wird durch die *Assoziationsanalyse* erfaßt (vgl. etwa Osgood 1959). Dabei wird innerhalb eines Textes geprüft, welche Begriffe resp. Symbole mit anderen über- oder unterzufällig auftreten. Aus dieser

7 Messen und Schließen

Über- oder Unterzufälligkeit einer Assoziation wird dann auf mentale Assoziation bzw. Dissoziation dieser Begriffe beim Kommunikator geschlossen.

7.143 Bildung von Indizes

Die aufwendigste Form inhaltsanalytischer Quantifizierung liegt in der Bildung von Indizes. Ein *Index* ist eine Meßgröße, die durch Zusammenfassung bzw. Kombination mehrerer quantifizierbarer Variablen (Indikatoren) gebildet wird und der Messung komplexer Größen dient. Die Bildung eines Index setzt die theoretische Klärung des Zusammenhangs zwischen den Variablen, die Spezifikation möglicher Störvariablen sowie mathematische Annahmen über Kombinationsmöglichkeiten und Meßfehler voraus (vgl. Besozzi/Zehnpfennig 1976: 13 ff.).

Die Verwendung von Indizes in der Inhaltsanalyse dient vor allem der Ermittlung von *Standards*, die dann als Vergleichsmaß für inferentielles Vorgehen benutzt werden können, z.B. zur Bestimmung von Sensationalismus oder Objektivität der Berichterstattung, zur Bestimmung von *Lesbarkeit* resp. *Verständlichkeit* von Texten etc. So haben Kingsbury/Hart (1937: 5 ff.) einen Sensationalismus-Index entwickelt, indem sie für ein Sample von Zeitungen drei gesellschaftlich relevante Themen (Ausland, Außenpolitik, Innenpolitik) und drei sensationelle Themen (Geld, Sex, Kombination von Geld und Sex) definieren, für jede Titelseite den Anteil, den diese zwei Themengruppen einnehmen, berechnen und davon die Differenz bilden (Abb. 53).

Newspapers and the News

New York City Newspapers	Percentage of Front Page Headline Space Devoted to		Socialized Minus Sensational Percentages
	Three Socialized Interests	Three Sensational Interests	
Highly Socialized Groups			
Times	31,3	2,1	29,2
Herald-Tribune	27,6	0,7	26,9
Evening Post	29,9	4,8	25,1
Morning World	23,8	2,9	20,9
Middle Group			
Brooklyn Daily Eagle	20,6	5,6	15,0
American (Hearst chain)	19,6	6,1	13,5
Telegram (Scripps-Howard chain)	17,0	7,6	9,4
Sun	17,2	9,7	7,5
Sensational Group			
Evening Graphic (MacFadden Tabloid)	7,7	18,5	-10,8
Evening Journal (Hearst chain)	6,2	30,8	-24,6
Daily Mirror (Tabloid)	0,4	27,6	-27,2
Daily News (Chicago Tribune Tabloid)	1,9	31,9	-30,0

Abbildung 53: Sensationalismus-Index (Kingsbury/Hart 1937: 10)

Je stärker positiv diese Differenz, desto eher gilt die Berichterstattung als „seriös", je stärker negativ diese Differenz, umso mehr gilt die Berichterstattung als „sensationell". Dieser Index baut auf einer *Themenanalyse* auf (vgl. Kap. 8.31-5), die zur Sortierung der antagonistisch verstandenen Bereiche Relevanz und Sensation vorgeschaltet wird. Er berücksichtigt daher nur Themenanteile nach Artikelfläche, ist also inhaltlich völlig unempfindlich, so daß die Werte dieses Index gerade bei einem kleinen Sample, wo die Relation zwischen inhaltlicher Größe und dafür bereitgestelltem Artikelumfang stärker variieren kann, mit Vorsicht zu betrachten sind.

Ein anderer, ebenfalls bereits „klassischer" Index ist der für die *Objektivitätsanalyse* (vgl. Kap. 8.51-16) entwickelte Ungleichgewichtsindex (coefficient of imbalance), von Janis und Fadner (1943). Ganz analog wird hier ein Text (t) zunächst zerlegt in einen relevanten Teil r und einen irrelevanten Teil i. Der relevante Teil wird sodann analysiert im Hinblick auf ein zu bewertendes Objekt, indem günstige (favorable) Bewertungen f und ungünstige (unfavorable) Bewertungen u ausgezählt werden. Analog zum Sensationalismus-Index von Kingsbury/Hart wird die Differenz aus günstigen und ungünstigen Bewertungen (f − u) gebildet und in bezug zum aktuellen und zum gesamten Text gesetzt:

(2)   Ungleichgewichts-Index $C = \dfrac{(f-u)^2}{rt}$

Auch mit diesem Index wird eine Ablösung von rein inhaltlichen Größen (Wörter, Sätze, Satzstrukturen) erreicht. Doch darf die Eleganz dieses Maßes nicht darüber hinwegtäuschen, daß die praktische Anwendung auf erhebliche Schwierigkeiten stößt.

Wieder ein anderer Typ eines inhaltsanalytischen Index ist der von Flesch (1948) entwickelte Lesbarkeits-Index (readability yardstick), der die Lesbarkeit bzw. Verständlichkeit eines Textes in Abhängigkeit von der Wortlänge (w) (gemessen als Zahl der Silben pro 100 Wörter) und der Satzlänge (s) (gemessen als Zahl der Worte pro Satz) bestimmt und damit einen Index

(3)   Lesbarkeit = $20.8 - 8.5\,w - 1.01\,s$

berechnet (Flesch 1948: 229). Die Probleme dieses Index werden in Kap. 8.4 ausführlicher erörtert.

7.2 Inhaltsanalytische Inferenz

In diesem Kapitel sollen die Bedingungen und Möglichkeiten, gültig von einem Text auf einen Kontext zu schließen, präzisiert werden. Dazu werden zunächst theoretische und methodologische Probleme erörtert, die an Beispielen festgemacht werden.

Unter Schließen ist hier die theoretische *Inferenz* von Merkmalsausprägungen des Textes auf Merkmalsausprägungen der sozialen Wirklichkeit zu verstehen, nicht der statistische Schluß *(Repräsentationsschluß)* von Eigenschaften einer Textstichprobe auf Eigenschaften der Grundgesamtheit (vgl. zum statistischen Schließen Kap. 9.3).

7.21 Theoretische Probleme

Inhalte (Texte) bilden Aspekte sozialer Wirklichkeit (Kontexte) ab. Diese Abbildung ist zunächst selektiv, wie alle Abbildungen, indem sie bestimmte Aspekte betont, andere vernachlässigt. Damit hängt aber auch zusammen, daß zwischen Text und Kontext, zwischen Ereignis und Inhalt, keine eindeutige Relation bestehen kann, sondern daß diese Relation zumindest zweideutig ist. Diese Probleme sind von verschiedenen Disziplinen untersucht worden.

Historiker etwa haben ein Interesse daran zu erfahren, aus welchen formalen oder inhaltlichen Eigenschaften eines Textes (Urkunde, Dokument) man auf die Wahrheit des mitgeteilten Inhalts resp. des zugrundeliegenden Ereignisses schließen kann (vgl. Albrecht 1975). Dibble (1963) präsentiert dazu vier Typen gültiger Inferenz. Literaturwissenschaft und Sozialwissenschaft fragen sich, welche Beziehung zwischen Wissens- und Wertvorstellungen einer Gesellschaft und denen in den Medien bestehen. Unter bestimmten Bedingungen kann man davon ausgehen, daß Inhalte soziale Wirklichkeit reflektieren resp. repräsentieren, unter bestimmten Bedingungen jedoch ist anzunehmen, daß diese Korrespondenz nicht vorliegt und statt dessen eine ganz andere Beziehung zum Tragen kommt. Dahinter stehen zwei verschiedene *Kommunikationsmodelle*, nämlich das *Repräsentationsmodell* (bzw. die *Reflektionshypothese*) und das *Instrumentalmodell* (bzw. die *Kontrollhypothese*).

7.211 Das Repräsentationsmodell

Bereits 1938 wird von Inglis die Frage gestellt, ob die Medien gesellschaftliche Verhältnisse widerspiegeln oder ob nicht umgekehrt die Medien Vorreiter gesellschaftlicher Verhältnisse sind, also Veränderungen auslösen. „The reflection theory holds that literature *reflects* society; the control theory, that it *shapes* society" (Inglis 1938: 526). Um zu entscheiden, ob die *Reflektionshypothese* oder die *Kontrollhypothese* zutrifft, analysiert sie über einen Zeitraum von 35 Jahren die Titelheldinnen in 420 amerikanischen Kurzgeschichten nach allen nur denkbaren Variablen und versucht anhand der demographischen Variablen einen Vergleich mit entsprechenden Daten der amerikanischen Statistik.

Aus dem Ergebnis (Abb. 54) schließt sie, daß die Abbildung der Wirklichkeit in den Medien den tatsächlichen Daten nachhinkt, daß also die Reflektionshypothese zutrifft. Eine auch statistisch sehr viel anspruchsvollere und aussagekräftigere Untersuchung über Wertvorstellungen in den Medien (Albrecht 1956), die ebenfalls anhand der Analyse von Kurzgeschichten durchgeführt wird und deren Ergebnisse mit vorhandenen Daten über bestehende Wertvorstellungen verglichen wird, stützt diese Hypothese, insbesondere im Bereich der amerikanischen Mittelklasse.

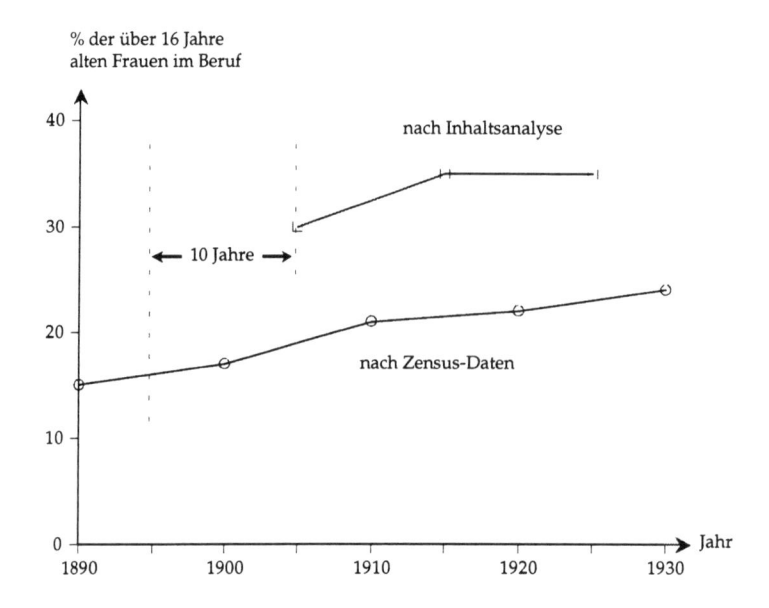

Abbildung 54: Test der Reflektionshypothese nach Inglis (1938: 530)

Der Psycholinguist Osgood (1959) entwickelt auf der 2. Konferenz über Inhaltsanalyse in Allerton House ganz analoge Überlegungen. Er unterstellt, daß die Verwendung bestimmter Worte ein gültiger Ausdruck bestimmter mentaler Zustände des Kommunikators ist und bezeichnet diese Annahme als *Repräsentationsmodell* (representational model). Daraus leitet er die Möglichkeit ab, aus der Analyse von Texten auf Einstellungen (*Werthaltungsanalyse*) oder Assoziationen (*Kontingenzanalyse*) des Kommunikators zu schließen (vgl. Auld 1955). Das Repräsentationsmodell bzw. die Reflektionshypothese gehen also davon aus, daß manifeste Texte ein verläßliches Abbild oder Korrelat des Kontextes abgeben, so daß damit der Inferenzschluß vom Text auf den Kontext legal wird. Das setzt jedoch voraus, daß bei der Produktion des Textes keine *absichtliche* Verzerrung (Täuschung) vorgenommen wird bzw., daß bei der Abbildung gesellschaftlicher Strukturen (Wissen, Werte etc.) verzerrende Einflüsse (z.B. die Orientierung an Sensationen etc.) unterbleiben. Solange solche Bedingungen nicht kontrolliert sind, bleibt die Gültigkeit solcher Inferenz problematisch (vgl. Mahl 1959: 91 ff.).

7.212 Das Instrumentalmodell

Das Gegenstück zur Reflektionshypothese ist die *Kontrollhypothese*. Sie unterstellt, daß die Medien Vorreiter sind und damit gesellschaftliche Strukturen gerade eben nicht reflektieren, sondern kontrollieren bzw. verändern. Berelson und Salter (1946) haben in einer interessanten Untersuchung analysiert, welche ethnischen Gruppen in 198 zufällig ausgewählten amerikanischen Kurzgeschichten repräsen-

7 Messen und Schließen

tiert wurden und verglichen dieses Ergebnisse mit amtlichen Daten. Das Ergebnis (Abb. 55) zeigt – entgegen der *Reflektionshypothese* –, daß diese Abbildung stark verzerrt ist, und zwar nicht irgendwie zufällig, sondern nach Prestige-Gesichtspunkten:

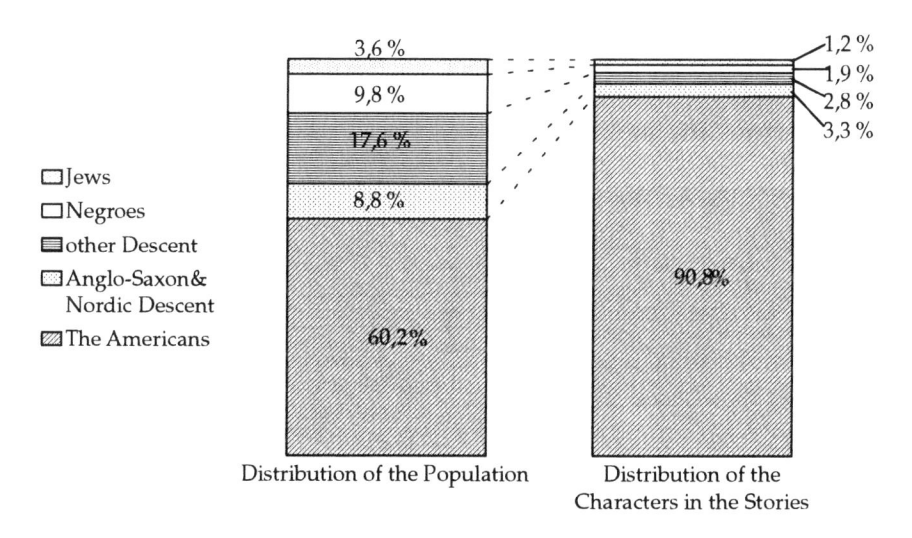

□ Jews
□ Negroes
▤ other Descent
▥ Anglo-Saxon & Nordic Descent
▨ The Americans

Distribution of the Population: 3,6 % / 9,8 % / 17,6 % / 8,8 % / 60,2 %

Distribution of the Characters in the Stories: 1,2 % / 1,9 % / 2,8 % / 3,3 % / 90,8 %

Abbildung 55: Vergleich ethnischer Gruppen (Berelson/Salter 1946: 175)

„Echte Amerikaner" tauchen wesentlich öfter auf als weniger geschätzte Minoritäten, insbesondere Schwarze: Während die echten Amerikaner gleichsam 1,5-fach vergrößert erscheinen, werden die Schwarzen auf 0,2 verkleinert. Diese Verschiebung erfolgt systematisch in Richtung auf Konformität mit amerikanischen Normen. Berelson/Salter vermuten folgerichtig, daß die Medien damit – ganz im Sinne der Kontrollhypothese – Langzeitwirkungen haben, die Vorurteile aufbauen können. Das Pendant zur Kontrollhypothese stellen George (1959) und Mahl (1959) mit dem *Instrumentalmodell* vor. Grob gesprochen besagt dieses, daß Aussagen multifunktional sind in bezug auf die damit ausgedrückten Absichten. Um den korrekten Sinn von Aussagen zu erfassen, d.h., um von einem Text auf den Kontext (vor allem: Kommunikator) zu schließen, müssen verschiedene Randbedingungen erfüllt werden. a) Kenntnis der Bedingungen, unter denen die Aussage begonnen wurde, b) Kenntnis der Bedingungen, unter denen die Aussage beendet wurde und c) Kenntnis der nichtlexikalischen Aspekte der Aussage (vgl. Mahl 1959: 98 ff.). Dies gilt vor allem für den Schluß von Aussagen auf Emotionen (*Motiv-Analyse*).

Die genannten Randbedingungen sind ersichtlich sämtlich textextern, und dies gilt auch für eine andere Anwendung des Instrumentalmodells, nämlich die *Propaganda-Analyse*. Hier ist der Schluß von textinternen auf textexterne Merkmale nicht durch systematische Analyse wie etwa bei der *Symbol-Analyse* (vgl. Lasswell 1941b) möglich, sondern ggf. durch sorgfältiges Beobachten außergewöhnlicher,

„seltener" Ereignisse. Das heißt nach George (1959: 24 f.) nichts anderes, als daß *qualitative Analyse* neben der quantitativen Analyse betrieben werden muß. Das kann im konkreten Fall auch heißen, daß man versucht, „zwischen den Zeilen" zu lesen oder andere pragmatische Strukturen zu berücksichtigen, was Berelson (1952: 121) mit dem Begriff „content assessment" bezeichnet.

Das Instrumentalmodell entpuppt sich somit nicht als Alternative oder Kontraposition, sondern als Korrektur des Repräsentationsmodells: Die Argumente der quantitativ-qualitativen Kontroverse tauchen hier erneut auf. Für die praktische Vorgehensweise bedeutet dies, daß die Gültigkeit des Repräsentationsmodells nicht a priori, sondern nur unter genau anzugebenden Randbedingungen gesichert ist resp. umgekehrt, daß bestimmte Randbedingungen (Intention des Kommunikators, Funktionen der Aussage, herrschende Wertvorstellungen einer Gesellschaft etc.) korrigierend berücksichtigt werden müssen. Die perfekte Gültigkeit des Repräsentationsmodells ist nur dann gegeben, wenn die zu inferierende soziale Wirklichkeit (der Kontext) und der Text partiell oder vollständig kongruent sind. Das ist für mindestens drei Typen von Analysen der Fall:

a) Wenn die Abbildung durch ein Medium *Wahrheit* beanspruchen kann

Das trifft z.B. für Anzeigen in der Presse, soweit es um Angebots- oder Nachfrageprobleme geht, zu: Hier werden Wirklichkeiten kommuniziert, deren Abbildung *wahr* und damit repräsentativ ist. Wenn jemand eine Wohnung annonciert, dann ist eine Wohnung wie beschrieben auch in der Tat vorhanden[20]. Gleiches gilt für die Berichterstattung über politische Ereignisse: Wenn man wissen will, *ob* der Botschafter am Nachmittag eine Pressekonferenz gegeben hat, dann muß man eben die Presse befragen etc. Sehr mißverständlich hat Berelson (1952: 43 ff.) dieses Problem unter die Rubrik „Wirklichkeitsprüfung der Medien" gefaßt und als Beschreibung von Texten bezeichnet. Wenn man so will, kann man die *Beschreibung* von Inhalten als Ziel der Inhaltsanalyse zulassen, sofern man sie als Grenzfall versteht, bei dem soziale Wirklichkeit (Kontext) und Text zusammenfallen.

b) Wenn Medienanalyse das Ziel der Inhaltsanalyse ist

Das trifft zu, wenn man vergleichende Analysen von Medien macht, um zu erfahren, *was* die Medien an Inhalt anbieten. Bei Berelson (1952: 35 ff.) tauchen auch diese Ziele als „Vergleichende Analyse verschiedener Medien" bzw. als „Ermittlung von Standards der Berichterstattung" (vgl. Kap. 3.3) auf und werden dort ebenfalls der Beschreibung von Inhalten zugerechnet.

c) Trendanalysen

Soweit man davon ausgehen kann, daß die abgebildeten Inhalte einer Wahrheitsprüfung standhalten müssen oder können, z.B. in der Nachrichtengebung der Presse etc., kann das Repräsentationsmodell mit großer Sicherheit zugrundegelegt

---

20 Diese valide Abbildungsfunktion der Presse ist bislang allenfalls von den Historikern beachtet worden. Für sozialwissenschaftliche Zwecke könnte man die Entwicklung von Mietpreisen in Abhängigkeit von dem gebotenen Komfort, dem Anspruchsniveau verschiedener Regionen bzw. Bezirke etc. verfolgen – um nur ein Beispiel zu nennen.

7 Messen und Schließen 115

werden. Genauer: Wenn man inhaltsanalytisch Trends verfolgt, so muß nur sichergestellt sein, daß die Abbildung entsprechender Ereignisse mit einer gewissen Konstanz vorgenommen wird. „Social bookkeeping" (Dibble 1963: 206) wird dann zu einer ergiebigen Informationsquelle, sofern keine Veränderungen im Abbildungsprozeß vorgenommen werden bzw. wenn Veränderungen im Abbildungsverhalten explizit gemacht werden (vgl. Angell 1953: 319 f.; Albrecht 1975: 39 ff.). Kann man keine Annahmen über die Gültigkeit des Repräsentationsmodells machen bzw. einschränkende Randbedingungen präzisieren, so ist eine gesicherte Inferenz nur noch dann möglich, wenn man anhand ähnlicher, bereits vorliegender Untersuchungen, in denen sich der Inferenzschluß als gültig erwiesen hat, vorgeht.

7.22 Typen von Inferenz als Typen von Hypothesen

Inferenz bedeutet, daß man von der Ausprägung einer Variablen auf die Ausprägung einer anderen Variablen *schließen* kann, daß also eine Korrespondenz zwischen diesen Variablen besteht, die man üblicherweise in Form einer Hypothese formuliert: Eine *Hypothese* ist demnach eine Verknüpfung (Relationierung) von (mindestens) zwei Variablen unter Angabe einer Verknüpfungsvorschrift. Weiß man bereits, daß zwischen Text und Kontext eine Beziehung besteht, so kann man an einer konkreten Untersuchung diese Beziehung bereits voraussetzen, d.h. man kann dann eine *deduktive Hypothese* bereits überprüfen (testen). Liegt jedoch keine These über den Zusammenhang zwischen Text und Kontext vor, so kann man aus einer laufenden Untersuchung nur *induktive* Hypothesen über den Zusammenhang zwischen Text und Kontext gewinnen. Zum Test solcher Hypothesen muß man anhand theoretischer Annahmen oder durch Wiederholung die Plausibilität dieses Zusammenhangs erhärten, d.h. man muß beweisen, daß er nicht nur in einem einzelnen Fall, sondern generell gültig ist (vgl. dazu auch Kap. 11.1). Berücksichtigt man die typisch inhaltsanalytische Fragestellung, also Korrespondenz zwischen Text und Kontext, so kann man zwei Typen der Inferenz nach der Relation der Variablen zueinander unterscheiden, nämlich absolute und relative Inferenz: *Absolute Inferenz* liegt dann vor, wenn bestimmte Merkmale eines Textes unmittelbar mit bestimmten Merkmalen eines Kontextes korrespondieren (Abb. 56).

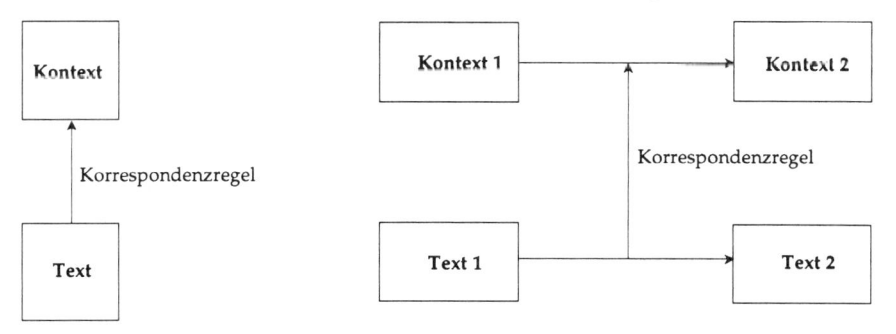

Abbildung 56: Absolute Inferenz   *Abbildung 57*: Relationale Inferenz

Ein Beispiel dafür wäre die Analyse der syntaktischen Struktur eines Textes, die autorenspezifisch ist und gewissermaßen den „geistigen Daumenabdruck" eines Autors darstellt (*Autorenanalyse*). Ein anderes Beispiel ist aus der Propaganda-Analyse bekannt: Wenn in der Propaganda bestimmte Items auftauchen (z.B. Wunderwaffe), so kann man – unter Anzug bestimmter Randbedingungen über die Regeln solcher Propaganda – darauf schließen, daß der Kommunikator (Staat) tatsächlich bestimmte Waffen vorbereitet oder zum Einsatz bringen will (vgl. etwa George 1956). Auch in der *Dokumenten*-Analyse taucht dieser Typ von Inferenz häufig auf, wenn man z.B. aus der formalen oder inhaltlichen Abfassung eines Textes auf das Eintreten eines Ereignisses oder die Echtheit einer Urkunde schließt (vgl. Dibble 1963 sowie Albrecht 1975: 29 ff.). Auch der Grenzfall, daß Text und Kontext zusammenfallen, wäre hier zu subsumieren: Wenn man wissen will, was ein Politiker wann gesagt hat (Kontext), so kann man den Text unmittelbar als direkten Beleg benutzen (vgl. Dibble 1963: 312 ff.).

Die Variablenverknüpfung ist hier eine qualitative (=, ≠), die entsprechende Hypothesenform ist die Form der Wenn-Dann-Hypothese.

Relationale Inferenz liegt dann vor, wenn nicht eine Korrespondenz von zwei Merkmalen, sondern eine Korrespondenz über Merkmalsdifferenzen bzw. Merkmalsveränderungen hergestellt wird (Abb. 57). Dieser Typ ist am besten als *vergleichende Inhaltsanalyse* zu bezeichnen. Im einfachsten und vermutlich auch am häufigsten vorkommenden Fall werden dabei zwei Texte hinsichtlich eines interessierenden Merkmals miteinander verglichen, und die Inkongruenz bzw. Differenz der Merkmalsausprägungen wird in Beziehung gesetzt zu entsprechenden Kontextrelationen, so daß man im einfachsten Fall die typische Vierfeldertabelle erhält. Als instruktives Beispiel für diesen Typ der Inferenz kann man die Analyse von Speed (1893) heranziehen, die bereits als eine der frühen deskriptiven Studien vorgestellt worden ist (vgl. Kap. 2.2, Abb. 14).

Beispiel 13: Abbildung einer Je desto-Hypothese am Beispiel von Speed (1893)

Speed geht im Verständnis der Kontroll-Hypothese davon aus, daß die Inhalte der Presse den Geschmack resp. die Moral der Leser beeinflussen: „From this analysis of the contents of the papers of the dates mentioned, everyone can draw a plain inference as to whether the expansion of the newspaper-press ... has been upon lines calculated to benefit the public" (Speed 1893: 708). Das Aufkommen des Sensationsjournalismus belegt er durch eine vergleichende Auszählung der Inhalte nach Kategorien und stellt dabei fest, daß die Sensationsberichterstattung sich im Durchschnitt versechsfacht hat, während andere Inhalte („Religiöse Angelegenheiten", „Wissenschaft") völlig verschwunden sind (Abb. 58).

Anteil von Sensationsberichterstattung (gossip), an der gesamten Berichterstattung (%)

1881	1893
5,0	32,8

Abbildung 58: Anwachsen der Sensationsberichterstattung 1881-1893

7 Messen und Schließen

Aus der *Zunahme* des Anteils „Sensationsberichterstattung" (textinternes Merkmal) schließt Speed gemäß seiner implizit zugrunde gelegten Hypothese auf eine Abnahme bzw. einen Verfall des Geschmacks resp. der Moral bei den Journalisten (Abb. 59).

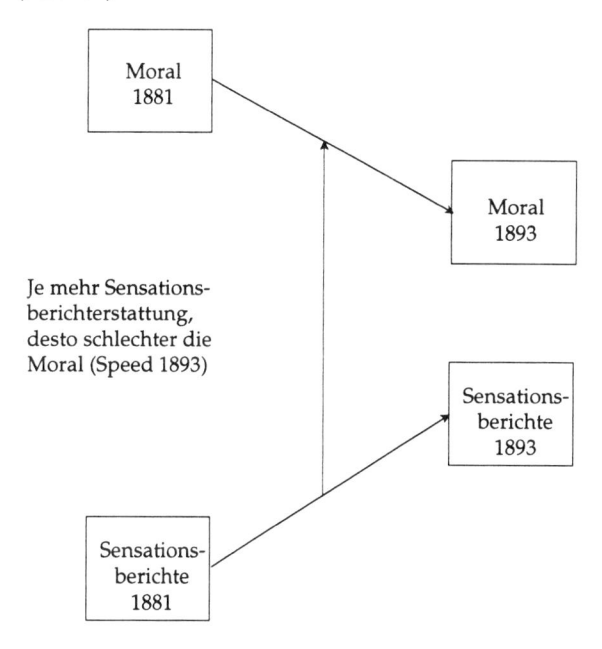

Abbildung 59: Inferenz von Text auf den Kontext bei Speed (1893)

Eine Tabelle, die man aus den erreichneten Prozentwerten aufstellen kann, suggeriert denn auch einen entsprechend hohen negativen Assoziationskoeffizienten zwischen Anstieg der Sensationsberichterstattung und Abnahme der journalistischen Moral (Abb. 60).

	Textfläche	
	für Sensation	für anderes
bessere Moral (1881)	5%	95%
Behauptung:		
schlechtere Moral (1893)	32%	68%

Abbildung 60: Assoziation zwischen Sensationsberichterstattung und Moral

Dieser Schluß erscheint sehr plausibel, doch er ist im Grunde nicht mehr und nicht weniger als eine *induktive Hypothese*, die eben nur eine Vermutung, nicht jedoch ein Beweis (*Test*) für den Zusammenhang zwischen Sensationsberichterstattung der Presse und der Moral der Journalisten darstellt. Denn dieser Zusammenhang muß ja überhaupt erst belegt werden, z.B. durch Befragung von Journalisten, also durch *Außenvalidierung*. Zudem wäre für den Beweis dieser Behauptung auch noch zu prüfen, ob dieser Zusammenhang nicht nur an dem konkreten Beispiel, sondern generell gegeben ist, d.h. es bedarf mindestens einer weiteren gleichartigen Untersuchung (mit gleichartiger Außenvalidierung), um von einem *Test* der Hypothese zu sprechen.

Denkbar wäre schließlich auch noch, daß eine Drittvariable (z.B. „sozialer Wandel") sowohl auf die Moralvorstellungen als auch auf das Interesse für Sensation einwirkt und so den von Speed vermuteten Zusammenhang erklärt resp. außer Kraft setzt (Abb. 61).

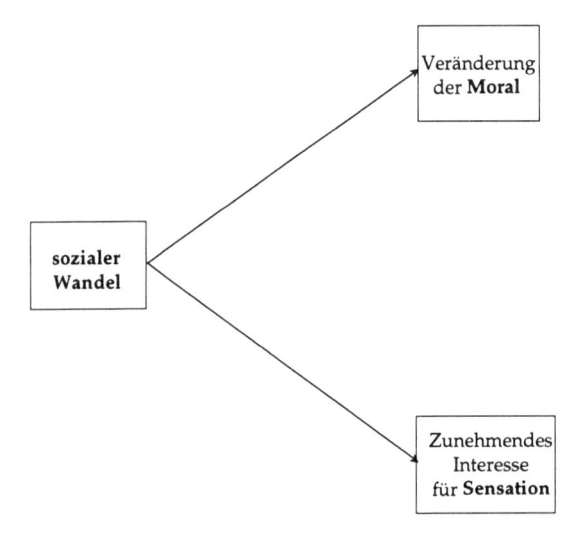

Abbildung 61: Drittvariable zur Erklärung eines Zusammenhanges

An diesem Beispiel kann man sehr schön sehen, wie verführerisch es ist, von textinternen auf textexterne Merkmale zu schließen, *ohne* die Gültigkeit dieses Schlusses überhaupt zu prüfen: Diese meisten der auch heute noch durchgeführten „Inhaltsanalysen", die hauptsächlich als *Themenanalysen* resp. *Symbolanalysen* der Printmedien angefertigt werden, sind im Grunde eben keine Inhaltsanalysen, weil sie bei der Textanalyse stehenbleiben und die Gültigkeit der darauf aufbauenden Inferenz gar nicht prüfen oder sie unter impliziter Berufung auf inhaltsanalytisches Alltagswissen bereits als gesichert vorgeben (vgl. etwa Kepplinger 1980; Merten 1982b).

Zugleich wird damit aber auch deutlich, daß die Entwicklung relevanter textinterner Indikatoren ein zentrales Anliegen der Inhaltsanalyse bleibt, was wiederum nichts anderes heißen kann, als daß die *Deskription* von Texten selbst nach bestimmten Variablen resp. Variablenkombinationen, ein wesentliches Arbeitsfeld der Inhaltsanalyse darstellt. Hier steht der Ertrag der linguistischen Analysemethoden noch aus, mit denen bislang allenfalls vereinzelt (vgl. etwa Titzmann 1981) inhaltsanalytische, also inferentielle Ziele angegangen worden sind.

8 Typologie inhaltsanalytischer Verfahren

Die Vorstellung der einzelnen inhaltsanalytischen Verfahren in diesem Kapitel erfolgt im Rahmen einer Typologie, die vor allem der Forderung nach Vollständigkeit genügen will. Damit kann die Willkürlichkeit in der Vorstellung inhaltsanalytischer Verfahren, die oft zu beobachten ist (vgl. statt anderer Lisch/Kriz 1978), zugunsten einer präzisen Verortung einzelner Verfahren nach theoretisch abgeleiteten Dimensionen vermieden werden.

Eine solche Typologie kann nach verschiedenen Dimensionen angelegt werden. So kann man z.B. vom *Inhalt* ausgehen und nach der Intention von Texten klassifizieren (Kern 1969), oder nach den publizistischen resp. kommunikativen Funktionen eines Textes (Prakke 1968: 67 f.). Oder man wählt eine analytische Dimension, indem man textuelle und nichttextuelle Aspekte unterscheidet und diese zusätzlich nach semiotischen und sozialen Kriterien differenziert (van Dijk 1972: 319). Diese Dimensionen sind jedoch für die Vorstellung inhaltsanalytischer Verfahren vor allem deshalb wenig geeignet, weil sie nur am Analyseobjekt (und dort auch nur partiell) festmachen und die Zieldimension nicht berücksichtigen. Daher soll für die Vorstellung ein zweidimensionales Schema gewählt werden, das nach *Zielen* (Kommunikator, Rezipient, Situation) und *Mitteln* (semiotische Ebenen) differenziert.

8.01 Differenzierung nach Zielen der Analyse

Ziele der Analyse sind *Kommunikator, Rezipient* und *Situation* (vgl. Kap. 1.1). Kommunikator soll der *Absender* des Inhalts sein, wobei dies eine anonyme Organisation (Redaktion, Regierung, Partei, Verein), eine Gruppe von Personen oder eine Einzelperson sein kann. Sollten für die hier genannten drei Gruppen von Kommunikatoren ggf. verschiedene Verfahren der Inhaltsanalyse bekannt sein, so werden sie in der hier gegebenen Abfolge Individuum-Gruppe-Organisation vorgestellt werden.

Rezipient soll der Empfänger des analysierten Inhalts sein, wobei darunter ebenfalls eine Organisation, eine Mehrzahl von Personen (Massen, Publika, Gruppen) oder Einzelpersonen verstanden werden.

Situation ist notwendigerweise eine relativ offene Zielangabe, die immer dann, wenn weder Kommunikator noch Rezipient Ziel der Analyse sind, eingetragen wird. Unter Situationsanalyse könnte man daher Analysen über gesellschaftliche Vorstellungen, Werte, Normen, Wissens- und Meinungsbestände subsumieren, aber auch Analysen von Gruppenstrukturen (vgl. Bales 1968) oder Analysen, die aus der Art der Bemalung von Vasen etwa auf die ökonomische Struktur von Gesellschaften zurückschließen (vgl. McClelland 1958).

8.02 Differenzierung nach Mitteln der Analyse

Mittel der Analyse sollen die semiotischen Ebenen heißen, auf denen die Analysen aufbauen. Entsprechend der hier vorgeschlagenen feineren Differenzierung der semiotischen Ebenen (vgl. Kap. 7.13) sind daher logisch sechs Ebenen, davon drei pragmatische Ebenen zu unterscheiden. In Verbindung mit den genannten Zielen ergibt sich somit eine 3x6-Matrix inhaltsanalytischer Verfahren, die alle inhaltsanalytischen Verfahren, soweit sie nicht bei der reinen Deskription verharren, aufnehmen kann[21] (Abb. 62).

8.03 Vorstellung der Verfahren

Da fast jedes der hier vorzustellenden inhaltsanalytischen Verfahren für eine Vielzahl verschiedener Problemstellungen benutzt werden kann, da zudem oft Unterschiede und Gemeinsamkeiten zu anderen Verfahren bestehen und da aufwendige inhaltsanalytische Arbeiten zudem oft mit einer Kombination verschiedener Verfahren arbeiten, ist die Vorstellung der einzelnen Verfahren relativ breit angelegt und folgt einer durchgängigen Systematik: Jedes Verfahren erhält zunächst eine fortlaufende Numerierung, die mit der Kapiteleinteilung nach den genannten sechs semiotischen Ebenen korrespondiert. Die Vorstellung des Verfahrens folgt stets einem einheitlichen Schema:

1) Entwicklung des Verfahrens
Hier werden – soweit sinnvoll und notwendig – die wesentlichen Arbeiten und Vorarbeiten, die zur Entwicklung des Verfahrens geführt haben, aufgezeigt.

2) Logik des Schlusses vom Text auf den Kontext
Hier wird geprüft, ob und wie eine Inferenz vom Text auf den Kontext gültig abgeleitet werden kann.

3) Vorgehensweise
Hier wird – soweit möglich an einem konkreten Beispiel – die exakte Vorgehensweise demonstriert.

---

21 Es wurde bereits gezeigt, daß man die Deskription als Sonderfall der Inferenz verstehen kann, wenn zu inferierende soziale Wirklichkeit und soziale Wirklichkeit des Textes zusammenfallen. Solche Grenzfälle werden daher ggf. unter der Kategorie „Situation" vorgestellt.

8 Typologie inhaltsanalytischer Verfahren

Ebene/Mittel der Analyse \ Ziel der Analyse	Kommunikator	Rezipient	Situation
Syntaktische Ebene 8.1	(1) Autorenanalyse (2) Persönlichkeitsstrukturanalyse		
Syntaktisch-semantische Ebene 8.2	(3) Wortanalyse		(4) Syntaktische Komplexitäts-Analyse
Semantisch-semantische Ebene 8.3	(5) Themenanalyse (6) Kontingenzanalyse (7) Bedeutungsfeldanalyse		(5) Themenanalyse
Syntaktisch-pragmatische Ebene 8.4	(8) Frequentielle Lesbarkeitsanalyse (9) Strukturelle Lesbarkeitsanalyse	(8) Frequentielle Lesbarkeitsanalyse (9) Strukturelle Lesbarkeitsanalyse (10) Auffälligkeitsanalyse	
Semantisch-pragmatische Ebene 8.5	(11) Wertanalyse (12) Einstellungsanalyse (Evaluative Ass. Analysis) (13) Motivanalyse (14) Persönlichkeitsstrukturanalyse (15) Verständlichkeitsanalyse (Cloze Procedure) (16) Objektivitätsanalyse	(15) Verständlichkeitsanalyse (Cloze Procedure) (17) Semantisches Differential	(16) Symbolanalyse (16) Wirklichkeitsanalyse (18) Interaktionsprozeßanalyse
Pragmatisch-pragmatische Ebene 8.6		(19) Resonanzanalyse	(20) Interviewanalyse

Abbildung 62: Synopsis inhaltsanalytischer Verfahren

4) Kritik
Hier werden methodische oder technische Probleme, die bei der Anwendung des Verfahrens entstehen können, diskutiert.

5) Variationen und Weiterentwicklungen
Hier werden ggf. vorliegende Ansätze zur möglichen oder tatsächlichen Weiterentwicklung, im methodischen oder technischen Bereich, z.B. durch den Einsatz von Computern, diskutiert.

6) Anwendungen
Hier wird der Bereich möglicher Anwendungen dieses Verfahrens skizziert und ggf. durch entsprechende Beispiele belegt.
Einige Verfahren – z.B. die *Verständlichkeitsanalyse* oder die *Themenanalyse* eignen sich sowohl zum Schluß auf den Kommunikator als auch auf den Rezipienten als auch ggf. auf die Situation. Darauf wird jeweils gesondert hingewiesen. Hinweise auf weiterführende Literatur resp. mit dem jeweiligen Verfahren durchgeführte Untersuchungen beschließen die Vorstellung eines jeden Verfahrens. Auf einige Besonderheiten der Darstellung ist noch hinzuweisen:

a) Die *Namensgebung* inhaltsanalytischer Verfahren ist keineswegs einheitlich: Sie erfolgt sowohl nach den Zielen (z.B. Objektivitätsanalyse) als auch nach den Mitteln (z.B. Semantisches Differential). Hier wird im Zweifelsfall die gängige Bezeichnung übernommen und durch den Verweis auf andere Bezeichungen ergänzt. Manche Verfahren haben gar keine einheitliche Bezeichnung (z.B. die Analyse nach Kategorien), so daß in solchen Fällen ein besonderer Hinweis erfolgt.

b) Zur Lösung einer praktischen Forschungsfrage (z.B. Analyse der Abschiedsbriefe von Selbstmördern (vgl. Osgood 1959a)) wird oft eine Kombination verschiedener Verfahren angewendet. Im Zweifelsfall werden solche Problemstellungen resp. Untersuchungen bei dem in bezug auf die Differenzierung in semiotischen Ebenen hierarchisch höchststehenden Verfahren abgehandelt.

c) Da die Deskription von Inhalten nach verschiedenen Gesichtspunkten fast immer die Vorstufe für die Entwicklung inhaltsanalytischer Verfahren gewesen ist, wird auf Möglichkeiten der Textanalyse bzw. der Textnotation, insbesondere auch aus dem Bereich der Linguistik, soweit möglich und sinnvoll, eingegangen.

d) Von besonderem Interesse ist neben der Analyse schriftlich-verbaler Texte die Analyse nonverbaler Inhalte (paralinguistische Dimensionen, Gestik, Mimik, Bilder, Filme etc.) und insbesondere die Kombination verbaler und nonverbaler Inhalte, z.B. bei Fernsehinhalten. Soweit möglich, werden bei den dafür wesentlichen Verfahren entsprechende Untersuchungen auf diesen drei Ebenen gesondert behandelt.

8 Typologie inhaltsanalytischer Verfahren

Dem Vorteil einer solchen pauschalen Übersicht steht jedoch der Nachteil des sog. „Kochbucheffekts" gegenüber: Solche Schemata verführen dazu, sich sofort und *nur* ein bestimmtes, für den jeweiligen Zweck angesehenes Verfahren herauszupicken, ohne dessen Problematik zu reflektieren. Um solchen Kochbuchpraktiken den Weg zu verlegen, sind hier verschiedene Vorkehrungen getroffen worden:

Zunächst ist die Typologie selbst theorie-orientiert und hinsichtlich der Ziele bewußt nicht *zu* differenziert angelegt. Weiterhin wird nach der Vorstellung des jeweiligen Verfahrens eine ausführliche Kritik angebracht, die auf mögliche grundsätzliche und/oder spezielle Probleme bei der Anwendung des Verfahrens aufmerksam macht und es werden, soweit möglich, jeweils Anwendungsbeispiele (gute und schlechte) vorgestellt und diskutiert. Querverweise stellen zudem den Bezug zu theoretischen und methodischen Problemen oder zu anderen Verfahren her.

Der Aufweis „weißer Flecken" innerhalb der Typologie hat schließlich auch heuristische Funktion: Er macht auf Defizite resp. Schwerpunkte in der bisherigen Entwicklung inhaltsanalytischer Verfahren aufmerksam.

8.04 Synopsis inhaltsanalytischer Verfahren

Die im folgenden vorzustellenden 35 Verfahren sind synoptisch in Abb. 62 aufgeführt. Die Vorstellung der einzelnen Verfahren beginnt bei den Kommunikatoranalysen (Kap. 8.11, Kap. 8.21 etc.) und wird dann für jede der sechs semiotischen Ebenen (zeilenweise) abgehandelt. Die zuletzt vorgestellten Verfahren sind also Situationsanalysen auf der pragmatisch-pragmatischen Ebene (Kap. 8.63). Eine Übersicht über Ziele und Möglichkeiten der jeweils behandelten Verfahren bringen die entsprechenden Übersichten (Kap. 8.1, 8.2 ff.), die den jeweiligen semiotischen Ebenen vorangestellt werden.

Die Synopsis macht auf wichtige Eigentümlichkeiten aufmerksam: Die meisten inhaltsanalytischen Verfahren dienen der Kommunikatoranalyse, die wenigsten der Rezipientenanalyse. Des weiteren sinkt der Grad der Objektivierbarkeit von Verfahren mit der je höheren semiotischen Ebene. Auf der pragmatischen Ebene finden sich daher sowohl die meisten als auch zugleich die dubiosesten inhaltsanalytischen Verfahren. Die Synopsis reflektiert damit getreulich die bereits ausführlich diskutierten Probleme der Inhaltsanalyse (vgl. Kap. 4.3).

8.1 Syntaktische Analyse

Auf der syntaktischen Ebene kann eine Analyse von Texten nur *formal*, d.h. nach dem Mittel der Zeichendarstellung, untersucht werden. Die Frage nach der Assoziation der Zeichen zu bestimmten Objekten, Ideen oder Begriffen (also die Frage nach der Bedeutung) kann erst auf der semantischen Ebene, die Frage nach der Wirkung kann erst auf der pragmatischen Ebene gestellt werden. Demgemäß sind die Möglichkeiten inhaltsanalytischer Vorgehensweise auf der syntaktischen Ebene vergleichsweise beschränkt, so daß nur aus der *Stilanalyse* abgeleitete Verfahren, nämlich die *Autorenanalyse* und ein Typus der *Persönlichkeitsstrukturanalyse* zu nennen sind.

8.11 Syntaktische Analyse des Kommunikators

Syntaktische Eigenheiten des Kommunikators werden vor allem durch die *Stilanalyse* untersucht: Dabei wird geprüft, ob aus syntaktisch einfachen oder komplexen Variablen (Zahl der Wörter oder Silben pro Satz, Relation von Haupt- und Nebensätzen etc.) bestimmte Kennwerte ermittelt werden können, die für bestimmte Autoren resp. für bestimmte Eigenschaften von Kommunikation typisch sind.

Im folgenden sollen zwei solcher Verfahren, die *Autorenanalyse* und die *Persönlichkeitsstrukturanalyse*, vorgestellt werden. Beide Verfahren machen Gebrauch von syntaktisch-stilistischen Merkmalen, sind also der *Stilanalyse* im weitesten Sinne zuzurechnen. Daneben gibt es andere Möglichkeiten syntaktischer Beschreibungen, wie z.B. die mathematisch-topologische Analyse (vgl. Fischer 1969; 1970) oder die in der Linguistik in vielen Variationen entwickelten Baumdarstellungen von Satzstrukturen, die aber in bezug auf die Konstruktionsregeln schon semantische Voraussetzungen mitbringen (vgl. Kap. 8.23). Dabei handelt es sich jedoch bislang nur um textanalytische, nicht um inhaltsanalytische Verfahren.

8.11-1 Autorenanalyse

Die *Autorenanalyse* ist ein Sonderfall der *Stilanalyse*. Sie prüft, ob bestimmte Autoren (deren syntaktische Kennwerte anhand der von ihnen verfaßten Texte ermittelt werden können) als Autor für bestimmte Texte, deren Autor bislang anonym ist, in Frage kommen. Umgekehrt lassen sich damit auch Plagiate aufdecken. Die Autorenanalyse ist also eine *Kommunikatoranalyse*.

1) Entwicklung des Verfahrens

Die Stilanalyse nahm ihren Anfang durch die Arbeiten von Sherman (1893) und Kaeding (1897), die Worthäufigkeiten der englischen bzw. deutschen Sprache analysierten. Entsprechende Häufigkeitsstatistiken wurden später für Silben (Dewey 1923) oder für Buchstaben (vgl. Zipf 1932; Yule 1944) berechnet. Schon Lutoslawski (1897: 145 ff.) machte Vorschläge, wie man durch Messung stilistischer Eigenschaften („Stilometrie") eines Textes auf den Autor eines Textes schließen kann. Doch insbesondere Zipf, auch „Vater der statistischen Linguistik" genannt, legte durch seine Arbeiten zum Prinzip relativer Frequenz resp. zum „Prinzip der geringsten Anstrengung" (je häufiger ein Wort benutzt wird, desto kürzer ist es) die Grundlage für die statistische (syntaktische) Analyse von Texten (vgl. Zipf 1949; Mandelbrot 1961). Später folgen kompliziertere Analysen der *Abfolge* resp. Kombination von Buchstaben, Silben oder Worten (vgl. Pratt 1939; Herdan 1960; 1962; 1964; Fucks 1968). Die Entwicklung solcher und anderer stilistisch trennscharfer Indikatoren legten es erneut nahe, nach stilspezifischen Eigenheiten von Autoren zu fragen, die besser als „autorenspezifische Stilcharakteristiken" (Fucks

1968) oder als „encoding habits" (Paisley 1964) bezeichnet werden. Wilhelm Fucks bringt diese Korrelation zwischen Stil und Autor auf die Formel „Kein Mensch kann etwas gänzlich Ungeordnetes machen" (Fucks 1968: 138), d.h. jeder Autor verfügt über individuelle, charakteristische Stilmerkmale, die sich im Text sozusagen als syntaktischer Daumenabdruck manifestieren. Dabei zeigen sich jedoch zwei unterschiedliche Prinzipien, die als „major encoding habits" resp. als „minor encoding habits" (Paisley 1964) zu charakterisieren sind: Major encoding habits sind syntaktische Merkmale, die sehr häufig auftreten, z.B. bestimmte Hauptwörter etc. Diese werden statistisch ausgezählt, wozu ein *großer* Zählaufwand notwendig ist. Die Autorenanalyse von Yule (1944) und Fucks (1968) arbeitet mit diesem Prinzip.

Minor encoding habits sind syntaktische Merkmale des Kommunikators, die vergleichsweise selten resp. außergewöhnlich sind, die also vorab „typisch" für ihn sind. Nach diesem Prinzip lassen sich – mit erheblich weniger Aufwand – ebenfalls Autorenanalysen durchführen. Von der statistischen Vorgehensweise sind beide Verfahren relativ ähnlich. Die Annahme spezifischer syntaktischer Kennwerte erweist sich schließlich nicht nur für verbale Texte, sondern auch für nonverbale Texte, z.B. Musik oder Malerei, als sinnvoll (vgl. Paisley 1964).

2) Logik des Schlusses vom Text auf den Kontext

Es erfolgt ein Vergleich ausgewählter Stilmerkmale von Textstichproben eines anonymen Textes mit Textstichproben von Texten eines bekannten Autors, dessen Autorenschaft für den anonymen Text gemutmaßt wird. Durch exakte statistische Testverfahren wird entschieden, ob die Ähnlichkeit zwischen den verglichenen Stilmerkmalen den Schluß auf die Identität des Autors zuläßt. Die Stilanalyse ist daher sowohl von der Objektivität des Verfahrens als auch von der Gültigkeit des Schlusses vom Text auf den Kontext (hier: Autor des Textes) ein sehr exaktes Verfahren.

3) Vorgehensweise

Die Durchführung einer Autorenanalyse soll hier sowohl nach major encoding habits als auch nach minor encoding habits vorgeführt werden.

Als bahnbrechend ist zunächst die Autorenanalyse des Textes „De Imitatione Christi" zu beschreiben, der sowohl Thomas von Kempen (1379–1471) als auch Jean Charlier de Gerson (1363–1429), Kanzler der Universität Paris, zugeschrieben wird. Diese Analyse wurde von Yule (1944: 221–285) durchgeführt.

Beispiel 14: Autorenanalyse von „De Imitatione Christi" (nach Yule 1944)

Es liegt ein Text („De Imitatione Chrisi et contemptu omnium vanitatum mundi") vor, der zwei Autoren zugeschrieben wird. Es wird unterstellt, daß derjenige der mutmaßlichen Autoren, dessen Stilcharakteristika mit denen des zur Debatte stehenden Textes (De Imitatione) am besten übereinstimmt, als Autor akzeptiert wird[22]. Daher werden nun Textstichproben gebildet, anhand derer relevante Variablen extrahiert werden. Yule analysiert zunächst die Häufigkeit des Auftretens von Hauptwörtern in allen drei Korpora.

Anhand dieser Daten kann man zunächst nur sagen, daß die Verteilung in der Imitatio mit den Textstichproben des van Kempen besser übereinstimmt als mit denen von Gerson. Yule entwickelt daher einen weiteren Kunstgriff, indem er die drei Korpora auf alle solche Hauptwörter hin analysiert, die im biblischen Standardwerk, der Vulgata, *nicht* enthalten sind. Das ist insofern schlüssig, als der biblische Wortschatz durch das Thema (das bei allen Autoren biblisch ist) vorgegeben ist und daher wesentlich weniger diskriminiert als nichtbiblisches Vokabular, das autorenspezifisch sehr viel mehr variieren müßte. Dieser zweite Analyseschritt ist praktisch ein Zugeständnis an minor encoding habits, und die Ergebnisse zeigen, daß die Übereinstimmung zwischen der Imitatio und dem Korpus des van Kempen sehr viel besser ist als die bei der Auszählung aller Hauptwörter. Bei einer Mikroanalyse stellt Yule beispielsweise fest, daß Wörter wie „esse" oder „curatus", die de Gerson benutzt, *weder* in der Imitatio *noch* bei van Kempen auftreten (Yule 1944: 241 f.).

Folgerichtig analysiert Yule in einem dritten Schritt nicht mehr Häufigkeiten bestimmter Variablen, sondern die *Kontingenz*, also das gleichartige bzw. gleichzeitige Auftreten bestimmter Worte innerhalb der drei Korpora. Dabei ergeben sich dann eindeutigere Ergebnisse, die Yule (1944: 269) mit einem eigens dafür entwickelten Assoziationsmaß Q ausdrückt:

$Q_{\text{Imitatio-van Kempen}} = +.43$
$Q_{\text{Imitatio-de Gerson}} = -.11$
$Q_{\text{van Kempen-de Gerson}} = -.41$

Während zwischen der Imitatio und van Kempen eine relativ starke, gleichsinnige (positive) Kontingenz besteht, ist sie in Bezug zu de Gerson schwach und vor allem gegensinnig (negativ). Dieses Ergebnis entscheidet die Frage, ob van Kempen oder de Gerson als Autor der Imitatio anzusehen ist, eindeutig zugunsten des ersteren Autors. Während Yule nur auf der Wortebene analysiert, richtet Fucks sein Augenmerk auf makrosyntaktische Variablen: Zahl der Silben pro Wort, Zahl der Wörter pro Satz, Satzschachtelung. Das folgende Beispiel beschreibt die von Fucks durchgeführte Analyse der „Apokalypse", als deren Autoren die Apostel Paulus, Lukas oder Johannes gelten.

Beispiel 15: Geistiger Vaterschaftsnachweis am Beispiel der Apokalypse (tatverdächtig: die Apostel Paulus, Lukas oder Johannes)

Sowohl auf dem inkriminierten Text (Apokalypse) als auch aus Texten der mutmaßlichen Autoren werden Textstichproben (Zufallsstichproben mit jeweils 100 Sätzen) erhoben. Diese Stichproben werden im Sinne der „major encoding habits"

---

22 Das setzt freilich voraus, daß die mutmaßlichen Autoren bestimmte andere Bedingungen erfüllt haben: Sie müssen z.B. in der gleichen Zeit, in der der Text entstanden ist, gelebt haben, sie müssen weitere und möglichst thematisch ähnliche Werke geschrieben haben etc. Diese Prüfung muß der eigentlichen Inhaltsanalyse vorausgehen.

8 Typologie inhaltsanalytischer Verfahren

auf relevante Indikatoren hin analysiert. Als Indikatoren verwendet Fucks vier Variablen (Wortlänge, gemessen als Zahl der Silben pro Wort, Satzlänge, gemessen als Zahl der Wörter pro Satz, Satzgliederung, gemessen durch die Zahl der Sektionen je Satz und Satzschachtelung, gemessen durch die höchste Rangzahl der Sätze), für die er sowohl Mittelwerte als auch deren Streuung berechnet und die als Koordinaten für eine zweidimensionale Darstellung benutzt werden (Abb. 63). Dadurch ist es möglich, jedem Autor ein Feld, aufgespannt durch Mittelwert und Streuung der gezogenen Stichproben, zuzuweisen. Ist der Bereich des anonymen Autors zu dem eines anderen (bekannten) Autors genügend kongruent (was anhand statistischer Schlußverfahren genügend exakt geprüft werden kann), so kann der bekannte Autor als Verfasser des vorgelegten Textes gelten.

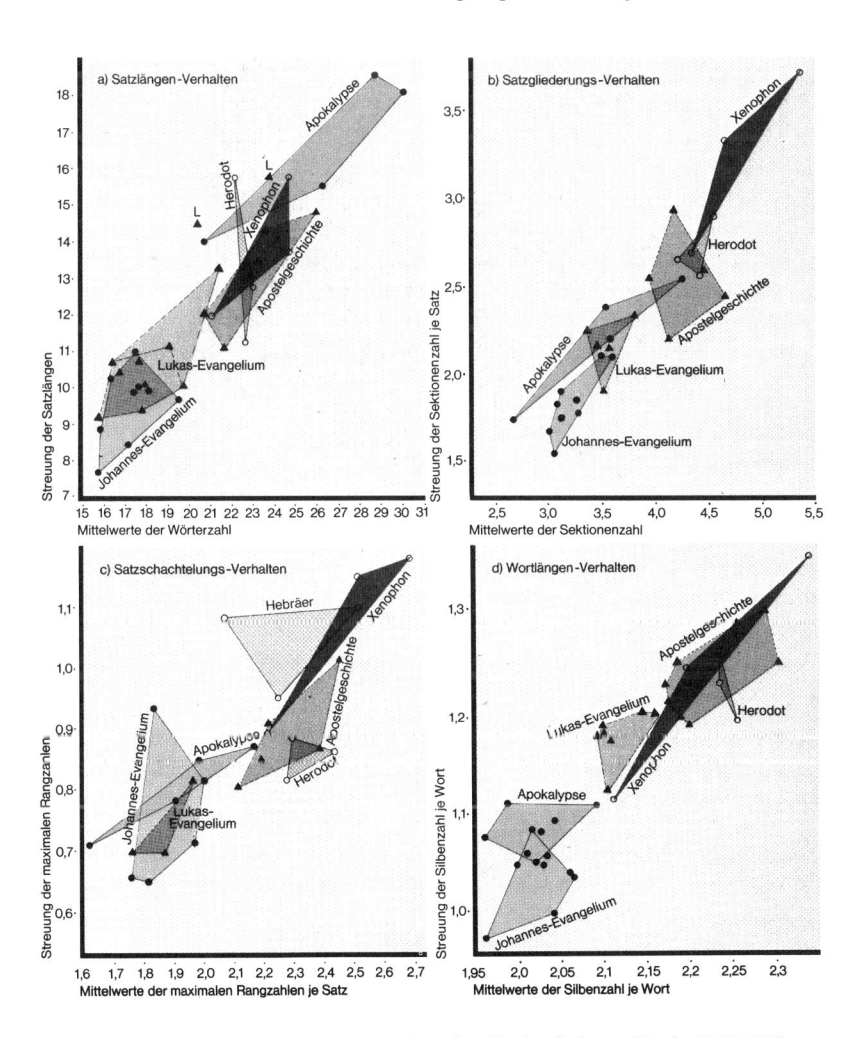

Abbildung 63: Ergebnisse der Autorenanalyse für die Apokalypse (Fucks 1968: 109)

Das Ergebnis zeigt zunächst, daß eine eindeutige Aussage nicht zu treffen ist: Hinsichtlich der Wörterzahl kommt der Apostel Paulus als Autor in Frage, hinsichtlich der Sektionenzahl Lukas und hinsichtlich Satzschachtelung und Wortlängen der Apostel Johannes. Die fehlende Durchgängigkeit der Übereinstimmung läßt jedoch sicher darauf schließen, daß keiner der drei mutmaßlichen Autoren in Frage kommt.

Die beiden vorgestellten Beispiele haben den Nachteil, daß dazu umfangreiche Datenmengen erhoben und bearbeitet werden müssen, weil „gängige" Stilcharakteristika oft wenig diskriminieren und daher wenig aussagefähig sind. Bereits bei Yule (1944) wird daher angeregt, bestimmte Merkmale zu suchen (bei Yule: Verwendung unkonventioneller, d.h. nichtbiblischer Wörter), die sich von den „normalen" Merkmalen stark unterscheiden.

In Anlehnung an die Eigenheit der Renaissance-Maler, in ihren Arbeiten Details in charakteristischer Form aufzuführen (z.B. spezifische Darstellung von Händen, Ohren oder Kieselsteinen), schlägt Paisley (1964) vor, Autorenanalysen anhand entsprechender charakteristischer Details durchzuführen, die er als „minor encoding habits" bezeichnet. Die erste Analyse dieses Typs wurde anhand der „Federalist papers", als deren Autoren sowohl Hamilton als auch Madison galten, von Mosteller/Wallace (1963) durchgeführt. Dabei erwies sich die Annahme von minor encoding habits als fruchtbar. So konnte z.B. allein anhand der Verwendung der Präposition „upon" (die von Hamilton fünfmal so häufig benutzt wurde wie von Madison), eine Entscheidung zugunsten Madisons getroffen werden. Die Forderungen an diesen Typ von Autorenanalyse sind folgende (vgl. Paisley 1964: 225 ff.):

a) Es müssen Charakteristika der Wortverwendung gesucht werden, die vergleichsweise häufig oder vergleichsweise selten auftreten.

b) Solche Charakteristika dürfen nicht zu prominent sein, da sie sonst vermutlich von anderen Autoren ebenfalls benutzt werden.

c) Die Benutzung solcher Charakteristika sollte mechanisch geschehen, damit der Autor sich dessen nicht bewußt wird und die Charakteristika ggf. vorsätzlich ändert.

d) Das jeweilige Charakteristikum sollte genügend häufig auftreten, um seine Verteilung ermitteln zu können.

e) Die Verwendungshäufigkeit sollte innerhalb verschiedener Arbeiten eines Autors möglichst wenig, im Vergleich von Arbeiten verschiedener Autoren jedoch maximal variieren.

Für die Analyse der Kennedy-Nixon-Debatten stellt Paisley (1969: 144) z.B. fest, daß die Wörter have / of / that / the / this besonders gut zwischen den Autoren diskriminieren.

Für beide Varianten der Autorenanalyse gilt positiv, daß statistische Prozeduren, vor allem bei der Samplebildung und beim Test auf Identität mit Hilfe der schließenden Statistik, in vollem Umfang angewendet werden können.

8 Typologie inhaltsanalytischer Verfahren

4) Kritik

Die Stilcharakteristika (Indikatoren) sind nicht konstant, sondern variieren beim gleichen Autor a) zwischen Arbeiten aus verschiedenen Gattungen (Roman, Prosa, priv. Korrespondenz), b) zwischen Arbeiten aus verschiedenen Schaffensperioden (je älter der Autor ist, desto „einsilbiger" schreibt er) und c) zwischen Werken der gleichen Gattung und der gleichen Schaffensperiode, so daß die Entnahme zufälliger Textstichproben im strengen Sinn nicht möglich ist. Auf der anderen Seite sind alle auf der syntaktischen Ebene erhobenen Variablen quantifizierbar und können auf Rationalskalenniveau verarbeitet werden, so daß Autorenanalysen sowohl durch Computer (und dadurch relativ einfach) als auch andererseits mit einem Höchstmaß an Objektivität durchgeführt werden können.

5) Variationen und Weiterentwicklungen

Mittlerweile gibt es eine enorme Anzahl von Verfahren, Stilmerkmale auf der syntaktischen, aber auch auf der syntaktisch-semantischen und der syntaktisch-pragmatischen Ebene festzustellen, um damit Eigenschaften von Texten, wie z.B. Verständlichkeit, Lesbarkeit etc., zu beschreiben. Ein Überblick über *Stilanalysen* als vorwiegend deskriptive Textanalysen findet sich bei Berelson (1952: 66 f.) sowie Holsti (1969: 61 ff.). Variationen der Autorenanalyse ergeben sich durch die Verwendung verschiedener syntaktischer Variablen, die vor allem von Yule (1944), Fucks (1955; 1968) und anderen (vgl. Paisley 1964; Thiele 1963) erprobt worden sind. Eine Weiterentwicklung der *Stilanalyse* durch Einbezug einfacher semantischer Größen stellt die *Wortartanalyse* (vgl. Kap. 8.21) dar, die damit zugleich anspruchsvollere Inferenzmöglichkeiten bietet. Eine Weiterentwicklung der Autorenanalyse ist jedoch auch denkbar durch Analyse logischer Verknüpfungen von Aussagen (Häufigkeiten und/oder Folgen temporaler, finaler, konditionaler oder adversativer Sätze), wie sie im Rahmen der automatischen Sprachübersetzung (vgl. Koller 1975) benutzt werden.

Der Verzicht auf die semantische oder gar pragmatische Ebene dieser Verfahren erleichtert den Einsatz der elektronischen Datenverarbeitung, so daß gerade syntaktische Analysen wie die *Autorenanalyse* fast durchgängig mittels EDV durchgeführt werden können (vgl. etwa Krallmann 1965; Morton/Levinson 1966; O'Donnell 1966; Sedelow 1966; Paisley 1969 Mochmann 1980: 18 f.).

6) Anwendungen

Das Verfahren der Autorenanalyse läßt sich zur Feststellung der Identität von Texten, aber auch zur Unterscheidung von Originalen und Plagiaten anwenden. Analysen im Bereich nonverbaler Texte, z.B. im Bereich der Musik (vgl. Fucks/Lauter 1965; Reckziegel 1967; Paisley 1964: 228 ff.) sind ebenso möglich wie im Bereich der gesprochenen Sprache auf physikalischer Ebene (vgl. Meyer-Eppler 1950). Syntaktische Stilanalysen sind nicht nur für die Identifikation von Autoren, sondern auch für die Identifikation des journalistischen Stils (vgl. Tannenbaum/Brewer 1965) oder zur Charakterisierung unterschiedlicher Textsorten oder unterschiedlicher Sprachen (vgl. Fucks 1968: 44 ff. und 82 ff.) durchgeführt worden.

Eine informationstheoretische Interpretation der Stilanalyse (Bürmann/Frank/Lorenz 1963) stellt den Bezug zu anderen Verfahren her.

8.11-2 Persönlichkeitsstrukturanalyse

1) Entwicklung des Verfahrens

Wie bei der *Autorenanalyse* kann man syntaktische Merkmale gesprochener oder geschriebener Sprache mit der Person des Kommunikators in Bezug setzen und fragen, welche Merkmale seiner Persönlichkeit mit textinternen Merkmalen korrespondieren. Carroll (1938) hat z.B. einen Index verbaler Diversifikation (index of diversification) entwickelt, bei dem geprüft wird, wie oft das häufigst verwendete Wort (im Englischen: der Artikel „the") in Bezug zu allen anderen Wörtern benutzt wird. Dieser Index wird später von Johnson (1941) verfeinert, indem er die Gesamtzahl aller Wörter analysiert – dieses Verfahren, das als *Wortartanalyse* bezeichnet wird, wird später vorgestellt (vgl. Kap. 8.21). Mittenecker (1951) entwikkelt – unabhängig von Carroll (1938) – einen ähnlichen Diversifikationsindex (Perseverationsindex), indem er die Wiederholung von Text – resp. Redeteilchen – mißt. Dabei stellt er fest, daß die erhaltenen Index-Größen normaler Kommunikatoren (Versuchspersonen) sich stark von denen schizophrener Personen unterscheiden.

2) Logik des Schlusses vom Text auf den Kontext

Mittenecker (1951: 370) weist anhand seiner Daten nach, daß die Unterschiede zwischen Normalen und Schizophrenen eindeutig sind – das Verfahren erscheint daher als inhaltsanalytisches Verfahren zur Analyse von Persönlichkeitsstrukturen (hier: mentale Strukturen) geeignet.

3) Vorgehensweise

Es werden Texte von 700–1000 Silben Länge benötigt, die sowohl schriftlich (als Aufsatz etc.) als auch mündlich (gesprochene Sprache, die auf Band aufgezeichnet wird) erhoben werden können.

Die Analyse beginnt jeweils mit dem ersten Wort des Textes (sofern dies kein Eigenname ist), indem a) die Zahl der Silben dieses Wortes ausgezählt wird und b) indem geprüft wird, in welchem Abstand (wieder gemessen in Silben) sich das Wort wiederholt. In Abb. 64 ist ein Stück eines Textes wiedergegeben. Das erste Wort („der") ist eine Silbe lang und wiederholt sich nach 16 Silben, so daß in der Urliste

$$\text{als erster Quotient } q_1 = \frac{\text{Zahl der wiederholten Silben}}{\text{Zahl der Silben des Abstandes}} = \frac{s_1}{a_1} = \frac{1}{16}$$

eingetragen wird.

„Der Rhein fließt in die Ostsee, nein, in die Nordsee. Ich war noch nie an der Nordsee, aber ich weiß es von der Schule her, er fließt in die Nordsee. Die Flüsse fließen alle in die Nordsee, immer ins Weltmeer fließen sie ab, von der Quelle ab. Der kleine Rhein entspringt als eine ganz kleine Quelle am Gotthard, wird zum großen Strom für die Schiffe, für die Reisenden. Er ist kalt und mündet in die Nordsee. Nebenflüsse sind Neckar, Main, Murg, Etsch, der Belt, das sind doch die deutschen Vaterlandslieder ..."

Abbildung 64: Textbeispiel zur Persönlichkeitsstrukturanalyse (Mittenecker 1951: 372)

Das zweite Wort ist ein Eigenname und wird nicht berücksichtigt. Das dritte Wort („fließt") ist ebenfalls einsilbig und wiederholt sich nach 28 Silben, so daß als nächster Quotient 1/28 eingetragen wird. Die nächsten Wörter („in die") wiederholen sich bereits nach drei Silben, so daß als Quotient jetzt 2/3 eingetragen wird etc. Es wird also ausgezählt:

a) die Gesamtzahl der Silben eines Textes N

b) die Zahl der Wiederholungen W

c) die Anzahl der wiederholten Silben $S = \sum s_1$

d) die Mittelwerte der Abstände $D = \frac{1}{n} \sum a_i$

Mittenecker stellt auf Grund von entsprechenden Analysen Mittelwerte für die Zahl der Wiederholungen W und die Zahl der wiederholten Silben sowohl für normale als auch für schizophrene Personen auf, die sich in beiden Fällen genügend stark unterscheiden (Abb. 65). Sowohl die Häufigkeit der Wiederholungen als auch die Zahl der wiederholten Silben ist bei Schizophrenen mithin wesentlich höher.

	Mittelwert der Wiederholungen W	Mittelwert der wiederholten Silben S
Normale	10,4	14,6
Schizophrene	14,8	22,7

Abbildung 65: Diversifikationsmittelwerte für Normale und Schizophrene (nach Mittenecker 1951: 370)

4) Kritik

Die syntaktische Analyse erlaubt es, unabhängig vom eigentlichen Inhalt zu analysieren, der aus vielerlei Gründen verzerrt sein kann. „Die nichtinhaltliche Bedeutung der Sprache, das ‚Sprachverhalten', wird vor allem bei den sprachlichen Veränderungen des schizophrenen Formenkreises Beachtung verdienen, da die inhaltliche Verwendung der Sprache durch die Krankheit selber weitgehend verfälscht, verschoben und unverständlich wird" (Mittenecker 1951: 364). Andererseits steht der Nachweis aus, daß die Unterschiede zwischen Normalen und Schizophrenen nicht auch durch andere Variablen hervorgerufen werden können, z.B. durch Altersunterschiede, Schicht- oder Bildungsunterschiede.

5) Variationen und Weiterentwicklungen

Dieses Verfahren auf rein syntaktischer Ebene hat keine Weiterentwicklung erfahren. Der Grund dafür leuchtet sofort ein, wenn man die entsprechende Textprobe aus Abb. 64 nochmals heranzieht: Offensichtlich treten hier entsprechende Hinweise auf Abweichungen von Normalität auch inhaltlich auf, die also auf der semantischen Ebene zu analysieren wären. Dies hat bereits White (1949) versucht; er konnte zeigen, daß der entsprechende semantische Indikator für Schizophrenie die Tendenz zur Vermeidung persönlicher Themen ist.

Folgerichtig sind andere und weiterreichende Verfahren der Persönlichkeitsstrukturanalyse auf der semantisch-pragmatischen Ebene entwickelt worden (vgl. Kap. 8.51). Die Vorstellung dieses syntaktischen Verfahrens von Mittenecker hat – wie bereits gesagt – vor allem exemplarischen Wert, denn sie zeigt, daß dort, wo die semantische oder pragmatische Ebene eines Textes nur verzerrt erhoben werden kann, syntaktische Analysen benutzt werden können.

6) Anwendungen

Aus der Kritik ergibt sich, daß vor dem Einsatz dieses Verfahrens zunächst der Einfluß anderer Variablen geprüft werden müßte. Dies ist jedoch bislang nicht erfolgt, so daß die Anwendung des Verfahrens mit Vorsicht erfolgen muß.

8.12 Syntaktische Analyse des Rezipienten

Nach Definition ist die Syntaktik die Lehre von der Beziehung der Zeichen zu ihrer Darstellung. Von daher kann eine syntaktische Analyse den Rezipienten nur insofern berücksichtigen, als sie von syntaktischen Merkmalen, z.B. dem Wortschatz, ausgeht und den mutmaßlichen Kreis von Rezipienten, der diesen Text rezipieren kann, bestimmt. Das aber bedeutet, daß hier eine Rezipientenanalyse und ggf. sogar eine Situationsanalyse mit der Kommunikatoranalyse zusammenfällt.

8.13 Syntaktische Analyse von Situationen

Syntaktische Analysen von Situationen sind wenig erforscht, wenn man von einem einzigen Sonderfall, nämlich der *Stilanalyse* absieht. Wie für den Kommunikator (*Autorenanalyse*) kann man anhand syntaktischer Variablen z.B. eine Differenzierung nach Textsorten (z.B. Geschäftsbrief, Rede, wiss Arbeit, Liebesbrief, Reklame etc.) versuchen, also *Stilanalyse* betreiben. Im Vergleich zur *Autorenanalyse* stellen sich dabei komplementäre Probleme: Ist es für die Autorenanalyse relevant, zwischen verschiedenen Textsorten des gleichen Autors zu unterscheiden, so ist es für die *Stilanalyse* von Texten relevant, ob bei verschiedenen analysierten Textsorten ein und derselbe Autor oder verschiedene Autoren verantwortlich zeichnen. Eine solche Analyse stellt also einen Grenzfall der Inhaltsanalyse dar, bei dem Text und Kontext zusammenfallen, also nur eine reine beschreibende Textanalyse vorliegt.

8.2 Syntaktisch-semantische Analyse

Auf dieser Ebene rangieren solche Verfahren, bei denen die syntaktische Analyse eines Textes nach Regeln erfolgt, die bereits die semantische Ebene voraussetzen. Das betrifft sowohl die aus der Linguistik bekannten deskriptiven Verfahren der *Wortartanalyse*, aber auch die logische Satzanalyse bzw. Satzgliedanalyse (vgl. Glinz 1947). Ehe die daraus entwickelten inferentiellen Verfahren, nämlich die *Autorenanalyse* bzw. die *syntaktische Komplexitätsanalyse* als Entwicklung in Anlehnung an die generative Grammatik von Chomsky (1965) vorgestellt werden, soll jedoch eine interessante Kombination von Wortart- und Satzgliedanalyse vorgestellt werden, die bislang nur als deskriptives Verfahren, als Textanalyse, eingesetzt worden ist, nämlich das Verfahren der *Textpartitur* von Weinrich (1972).

Beispiel 16: Verfahren der Textpartitur nach Weinrich (1972)

Weinrich (1972) geht von einer auf das Verb konzentrierten Dependenzgrammatik aus. Dabei wird ein Text, vertreten durch seine Verben, zeilenweise durchnumeriert und als Kopfzeile einer Matrix angeschrieben (Abb. 66). Sodann werden die Verben nach insgesamt 16 Dimensionen (A bis O) auf das Vorhandensein (1) oder Nichtvorhandensein (0) entsprechender Merkmale abgefragt, so daß der gesamte Text einer numerischen, binären Codierung unterworfen wird.

Exemplarisch soll die Codierung des Satzes Nr. 28 dargestellt werden. Er lautet im Original (Weinrich 1972: 48):

„Trotzdem ich das ja nicht richtig *überlegt* hatte". Der erste Codierschritt prüft auf eine Negation oder Affirmation, so daß hier für die Negation eine „1" in der 28. Spalte der 2. Partiturzeile codiert wird. Der zweite Codierschritt (B) fragt nach Singular versus Plural, so daß hier eine „0" codiert werden muß („ich"). In Kategorie C wird jedoch eine „1" codiert, weil hier die erste Person („ich") zu Wort kommt. Und daher wird bei D analog eine „0" codiert. In Kategorie E wird die Mehrwertigkeit des Aktanten („überlegt hatte") festgestellt, die jedoch (Kategorie F) nur zweiwertig ist. Da kein Artikel beim Substantiv („ich") vorliegt, und da ein Erzählen in Perspektiven (Plusquamperfekt) und Rückschau erfolgt, werden die Kategorien G bis J als „-110" codiert. Da keine indirekte Rede vorliegt, das Verb jedoch am Ende steht und als Aktiv auftritt, werden die Kategorien K bis M als „-10" codiert. Da keine Präposition vorliegt, wird in Kategorie N eine „0" codiert.

Diese Partitur kann jederzeit nach relevanten Gesichtspunkten erweitert oder durch Einführung von Feingliederungen (Hinzufügen weiterer Partiturzeilen zu schon vorhandenen Zeilen) differenziert werden. Weinrich (1972: 55) schlägt zudem vor, je nach Analyseziel auch semantische Parameter zu benutzen.

In einem weiteren Schritt entwickelt Weinrich parallel zur Textpartitur eine Textübergangspartitur, bei der nur zwischen gleichen und ungleichen Übergängen unterschieden: wird Liegt bei zwei aufeinanderfolgenden Verben in der gleichen Kategorie eine gleiche Eintragung vor (00 oder 11), so wird in der Übergangspartitur jeweils eine „0" codiert und umgekehrt. In Abb. 66 wechselt z.B. in Satz 26 bis 29 die Negation mit der Affirmation kontinuierlich ab, so daß in der entsprechenden Übergangspartitur in Kategorie A in Spalte 26 bis 29 die Codes "1111" einzutragen wären. In der letzten Spalte der Partitur lassen sich schließlich Relationen

Text: Bottroper Protokolle   Textpartitur

Syntakt. Merkmal \ Verb-Folge	1	2	3	4	5	6	7	8	9	10	11	12	13	14	15	16	17	18	19	20	21	22	23	24	25	26	27	28	29	30	31	32	33	34	35	Relation
A Affirmation vs. Negation	0	0	0	0	0	0	0	0	0	0	0	0	0	0	0	0	0	0	0	0	0	0	0	0	0	0	1	0	1	0	0	0	1	0	0	31 : 4
B Verb: Singular vs. Plural	0	0	0	0	0	0	0	1	1	1	1	0	0	0	0	0	0	0	0	0	0	0	0	0	0	0	0	0	0	0	0	0	0	0	0	28 : 7
C 3. Person vs. 1./2. Person	0	0	0	0	0	0	1	0	0	0	0	0	1	0	1	0	0	1	0	0	1	1	1	1	1	1	1	1	1	0	1	0	1	1	1	20 : 15
D 1. Person vs. 2. Person	-	-	-	-	-	-	0	-	-	-	-	0	-	0	-	-	-	0	1	-	0	-	-	-	-	-	-	-	-	-	-	-	-	1	0	12 : 3
E Valenz: einwertig vs. mehrwertig	0	0	0	0	0	0	0	1	0	1	1	1	1	1	0	0	0	0	0	0	0	0	0	0	1	0	0	0	1	1	0	0	0	0	0	27 : 8
F Mehrw.: zwei- vs. dreiwertig	-	-	-	-	-	-	0	-	0	0	0	0	-	-	-	-	-	-	-	-	-	-	-	1	-	-	0	1	-	-	-	-	-	-	-	6 : 2
G Bestimmter Artikel vs. unbestimmter Artikel (der Substantive in der Textfolge)	0	-	0	-	-	0	0	-	-	-	-	-	-	0	0	0	-	-	-	-	-	-	0	-	-	-	-	-	0	-	1	0	-	1	-	17 : 3
	0	0	0				1									0						0						0							0	
H Tempus: Besprechen vs. Erzählen	1	1	1	1	0	1	1	1	1	-	0	0	1	1	0	1	0	1	1	0	0	0	0	0	0	0	1	1	1	0	1	0	1	0	1	16 : 18
I Tempus: Nullstufe vs. Perspektive	0	0	0	0	0	1	1	1	0	-	1	1	1	0	1	0	0	1	1	0	1	0	0	1	0	0	1	1	1	0	0	0	0	0	0	20 : 14
J Perspektive: Rück- vs. Vorschau	-	-	-	-	-	1	1	0	-	-	0	0	0	-	0	-	1	1	-	0	-	-	1	0	0	-	-	1	0	0	-	-	-	-	-	9 : 5
K Indikativ vs. Konjunktiv (der indirekten Rede)	-	-	-	-	-	-	-	-	-	-	-	-	-	-	-	-	-	-	-	-	-	-	-	-	-	-	-	-	-	-	-	-	-	-	-	
L Verb: Zweistellung vs. Endstellung oder Spitzenstellung	0	0	0	0	0	0	0	1	0	0	0	0	0	0	0	0	0	0	0	0	0	0	0	0	0	0	1	0	0	1	0	0	0	1	0	30 : 5
M Aktiv vs. Passiv	0	0	0	0	0	0	0	0	0	0	0	0	0	0	0	0	0	0	0	0	0	0	0	0	0	0	0	0	0	0	0	0	0	0	0	34 : 1
N Präpositionale Gruppe vs. keine präpos. Gruppe	1	1	1	1	0	0	0	1	0	0	0	0	0	0	0	0	0	0	0	1	0	1	1	1	0	0	0	0	0	0	0	0	0	0	1	25 : 10
O Vollverb vs. Transverb (Kopula + Präd.-Nomen)	0	0	0	0	0	0	1	0	0	0	0	0	1	1	0	1	0	0	1	0	1	0	0	1	0	0	0	0	0	1	1	0	0	0	0	27 : 8

(…)

Abbildung 66: Textpartitur nach Weinrich

(als Frequenzen der binären Codes) angeben, so daß man daraus entsprechende Indizes bilden kann. Bei n Kategorien ließe sich dann auch eine n-stellige Index-Struktur entwickeln und diese könnte mit bestimmten Textmerkmalen (z.B. Textsorten) oder gar textexternen Merkmalen relationiert werden – hier liegt also eine Möglichkeit zur Entwicklung eines echt inferentiellen Verfahrens exemplarisch auf der Hand. Weinrich (1972) denkt hier vor allem an eine *Verständlichkeitsanalyse*, wobei er als Verständlichkeit die Zahl gleicher Übergänge (Indikator für Textkohärenz) zu der der ungleichen Übergänge (Indikator für Textrhematik) ansieht.

8.21 Syntaktisch-semantische Analyse des Kommunikators

In diesem Kapitel wird die *Wortartanalyse* vorgestellt, die sich als inhaltsanalytisches Verfahren sowohl für die *Persönlichkeitsstrukturanalyse* als auch für die *Autorenanalyse* eignet.

8.21-3 Wortanalyse

Die *Wortanalyse* ist ein Verfahren, bei dem die Häufigkeit bestimmter Wortklassen (z.B. Verben, Substantive, Adjektive) in einem Text ausgezählt wird. Zwar werden diese Wortarten rein syntaktisch behandelt, d.h. es interessiert nicht deren semantische Referenz, doch setzt die Trennung der Wortklassen bereits die semantische Ebene voraus, so daß es sich um ein syntaktisch-semantisches Verfahren handelt. Verschiedene, aus der Verteilung von Wortklassen gebildete Indizes korrespondieren mit bestimmten personalen Merkmalen (Intelligenz, Alter, Geschlecht etc.), lassen sich also für die *Persönlichkeitsstrukturanalyse* benutzen (vgl. Busemann 1925; Johnson 1944; Chotlos 1944). Die Verteilung von Wortarten kann aber auch als Stilcharakteristik benutzt werden, die hinreichend präzise zwischen Autoren diskriminiert und somit auch auf der syntaktisch-semantischen Ebene für die *Autorenanalyse* eingesetzt werden kann (vgl. Lauter 1966; Wickmann 1969).

1) Entwicklung des Verfahrens

Den Anstoß zur Entwicklung dieses Verfahrens gaben die Arbeiten von Busemann (1925; 1926), der in Anlehnung an die zehn Kategorien des Aristoteles und die daraus abgeleiteten vier Wundtschen Kategorien (Gegenstand, Eigenschaft, Zustand, Beziehung) eine Differenzierung von Texten in *aktionale* und *qualitative* Aussagen entwickelt: Unter aktionalen Aussagen versteht Busemann alle Verben (Kategorie der Aktion), mit Ausnahme der Hilfsverben „haben", „sein" und „werden". Unter qualitativen Aussagen versteht Busemann qualitativ-quantitative Aussagen, also Angaben von Eigenschaften oder Größenangaben. Busemann bildet nun aus dem Verhältnis von aktionalen zu qualifizierenden Wörtern in einem Text einen *Aktionsquotienten* Aq und stellt durch Analyse von Schulaufsätzen fest, daß der Aktionsquotient mit steigendem Alter tendenziell kleiner wird, also einer eher qualitativen Stilform weicht: Textinterne syntaktische Merkmale korrespondieren hier mit textexternen Merkmalen, so daß hier ein echtes inhaltsanalytisches Verfahren vorliegt, das später von Boder (1940) und Schlismann (1948) variiert bzw. vereinfacht wird.

Unabhängig davon entwickelt Carroll (1938) einen syntaktischen Index verbaler Diversifikation (index of verbal diversification), bei dem geprüft wird, wie oft das häufigst verwendete Wort eines Textes in Bezug zu allen anderen Worten auftritt. Dieser zunächst empirisch-statistisch abgeleitete Index wird später von Johnson (1941), Fairbanks (1944), Mann (1944), Chotlos (1944) und auf mathematischer Basis von Herdan (1960: 26) durch die Type-Token-Ratio (TTR) ersetzt, die die Zahl verschiedener Wörter (types) in einem Text zu der Zahl insgesamt auftretender Wörter (tokens) mißt, also ein noch präziseres Maß der Diversifikation abgibt als das von Carroll. Dieser Index korrespondiert, wie Johnson (1944) hervorhebt, mit einer Reihe personaler Variablen, läßt sich daher als psycholinguistisches Verfahren der Inhaltsanalyse benutzen.

Eine Weiterentwicklung dieses syntaktisch-semantischen Verfahrens durch Einführung einer Bewertungsdimension, das unter dem Namen Discomfort-Relief-Quotient (DRQ) von Dollard/Mowrer (1947) entwickelt wird, wird später vorgestellt (vgl. *Motivanalyse*, Kap. 8.51-13).

Auch für *Autorenanalyse* läßt sich die Wortartanalyse benutzen, denn die Verteilung von Wortarten läßt sich analog als Stilcharakteristikum interpretieren, das zwischen verschiedenen Autoren hinreichend gut diskriminiert. So schlägt z.B. Wickmann (1969: 25) eine Autorenanalyse vor, die nach insgesamt 19 Kategorien differenziert (Abb. 67).

Wortklassen/Satzzeichen	Code
Substantiv	1
Finite Verbform	2
Infinite Verbform	3
Hilfsverb	4
Flektiertes Adjektiv	5
Artikel	6
Alleinstehendes Pronom	7
Attributiv gebrauchtes Pronom	8
Numerale	9
Adverb	10
Verbzusatz	11
Präposition (in, über, mit ...)	12
Konjunktion (und, oder, aber ...)	13
Name	14
Komma	15
Satzschluß (Punkt, Ausrufungszeichen)	16
Unflektiertes Adjektiv	17
Substantiviertes Verb	18
Substantiviertes Adjektiv	19

Abbildung 67: Kategorien zur Klassifizierung von Wortarten (nach Wickmann 1969: 25)

8 Typologie inhaltsanalytischer Verfahren

Die Vorgehensweise hierbei erfolgt analog den Verfahren der *Autorenanalyse*, d.h. Schlüsse auf den mutmaßlichen Autor werden auf Grund relativer Ähnlichkeit von Wortartverteilungen riskiert.

2) Logik des Schlusses vom Text auf den Kontext

Bei allen *Wortklassenanalysen* werden die entwickelten Indizes entweder autorenspezifisch verglichen oder zu Persönlichkeitsvariablen in Bezug gesetzt, so daß die Inferenz entweder statistisch über die Ähnlichkeit von Verteilungen oder durch Außenvalidierung abgesichert ist. Daher sind Wortartanalysen als valide inhaltsanalytische Verfahren anzusehen.

3) Vorgehensweise

Zunächst werden Textstichproben gebildet, wobei sowohl schriftliche Texte (Aufsätze, Tagebücher etc.) als auch verbale Texte, die durch Tonträger aufgezeichnet werden können, für die Analyse geeignet sind.

Erhebungseinheit ist ein nach Zahl der enthaltenen Wörter definierter Textteil, während *Analyseeinheit* jeweils bestimmte Worte innerhalb dieses Textes sind.

Der Sampleumfang schwankt dabei zwischen einigen hundert (Busemann 1925) und mehreren tausend Wörtern (Fairbanks 1944). Während Busemann (1925) einen Aktionsquotienten als Verhältnis aus Tätigkeitswörtern (mit Ausnahme von „sein" und „haben") und Eigenschaftswörtern eines Textes bildet, geht Boder (1940) genau umgekehrt vor, indem er einen Adjektiv-Verb-Quotienten bildet, bei dem die Zahl der Eigenschaftswörter eines Textes zu der Zahl der Verben in Bezug gesetzt wird.

Beim Type-Token-Index (Johnson 1941; 1944) wird die Anzahl der verschiedenen Wortklassen bzw. Wörter zu der Anzahl der Wörter insgesamt in Bezug gesetzt. Dabei unterscheidet Johnson (1944) vier verschiedene TTR's sowie einige weitere, daraus abgeleitete Indikatoren.

Bei der Stilanalyse wiederum wird die Häufigkeit vorgegebener Wortklassen ausgezählt und als Verteilung oder unter informationstheoretischen Gesichtspunkten (Lauter 1966; Herdan 1960: 182 ff.) als Stilcharakteristikum interpretiert.

Je nach Ziel der Analyse werden nun Vergleiche mit Kontextvariablen (normale versus schizophrene Personen) durchgeführt bzw. es wird anhand von bekannten Parametern (vgl. Busemann 1925) geprüft, auf welches externe Merkmal geschlossen werden kann. Bei der *Autorenanalyse* durch Analyse von Wortarten werden die Indexwerte des analysierten Textes mit entsprechenden Indexwerten von Texten mutmaßlicher Autoren in Beziehung gesetzt, wobei eine statistische Prüfung ggf. den Identitätsschluß absichern hilft.

4) Kritik

Wortartenstrukturen als textinterne Merkmale lassen sich vergleichsweise leicht erheben und sind voll quantifizierbar. Diesem Vorteil steht jedoch der Nachteil gegenüber, daß die Wortartanalyse wie andere syntaktische Verfahren vom eigentlichen Inhalt gänzlich abstrahiert, also ebenfalls nur ein Verfahren zur Messung des „geistigen Daumenabdrucks" von Kommunikatoren abgibt. Für die statistische Prozedur besteht zudem ebenfalls das Problem, daß Zufallsstichproben von Texten (im strengen Sinn) nicht gezogen werden können. Für die Type-Token-Ratio gilt zudem die Einschränkung, daß sie nicht sampleunabhängig ist, sondern mit der Größe des Samples variiert, so daß Vergleiche nur bei gleichem Sampleumfang zulässig sind (vgl. Mandelbrot 1961: 216 f.). Johnson (1944: 2 f.) schlägt daher vor, entweder Texte von verschiedenem Sampleumfang zu segmentieren (segmentale TTR) oder eine stabile Beziehung zwischen TTR und Sampleumfang zu bestimmen, die zur Normierung unterschiedlicher TTR bei unterschiedlichen Samplegrößen eingesetzt werden kann. Chotlos (1944: 103 ff.) zeigt, daß die zwischen der Zahl verschiedener Wörter (D) und der Zahl von Wörtern ingesamt (N) postulierte loglineare Beziehung

(4) $\log D = a \log N + \log B$

mit empirischen Werten gut übereinstimmt, so daß entsprechende Umrechnungen auch bei verschiedenem Sampleumfang mit hinreichender Präzision vorgenommen werden können.

5) Variationen und Weiterentwicklungen

Die Wortartanalyse ist – außer für Zwecke der *Autorenanalyse* – durch anforderungsreichere, d.h. auf hierarchisch höherer semiotischer Ebene stehenden Verfahren, stark verdrängt worden (vgl. in Kap. 8.51 die *Persönlichkeitsstrukturanalyse, Motivanalyse).*

Johnson (1944) zeigt jedoch, daß die Analyse der Häufigkeiten von Wortarten ebenfalls zur Ermittlung von Standards benutzt werden kann, mit denen die sprachliche Entwicklung von Kindern beschrieben werden kann. Folgerichtig regt er an, neben der Wortartanalyse auch auf der semantischen Ebene entsprechende Analyseverfahren zu entwickeln: Auch hier zeigt sich somit, daß den Verfahren auf semiotisch höherer Analyse-Ebene auch höhere Analyse-Leistung zuerkannt und abverlangt werden kann.

6) Anwendungen

Das Verfahren der Wortartanalyse erlaubt neben der Inferenz auf die Urheberschaft von Texten auch die Inferenz auf Eigenschaften des Kommunikators. Johnson (1944: 24 ff.) stellt fest, daß TTR-Werte normaler Personen von denen schizophrener Personen stark abweichen, so daß die Wortartanalyse analog zum syntaktischen Verfahren von Mittenecker (1951) (vgl. 8.12) als *Persönlichkeitsstrukturanalyse* eingesetzt werden kann. Chotlos (1944: 89 ff.) zeigt, daß der TTR-Index auch zur Messung von Intelligenzleistungen und zur Altersbestimmung eingesetzt werden kann und schließlich auch mit anderen Variablen (Geschlecht, Stadt-Land-Bewohner) korreliert: Je höher die Intelligenzleistung, je größer das Alter und je großstädtischer der Wohnort eines Kommunikators, desto mehr Substantive wird er je Texteinheit verwenden. Jaffe (1958) zeigt einen Zusammenhang zwischen TTR und emotionalen Zuständen auf. Eine Übersicht über weitere Anwendungen der TTR-Analyse geben Mahl/Schulze (1969: 326 f.).

Die beschriebenen Verfahren sind einerseits relativ leicht anzuwenden, beschränken sich andererseits zugleich auf wenige Anwendungsgebiete. Denkbar wäre es jedoch, Beziehungen zwischen Wortartstrukturen und Kontextstrukturen zu suchen, die auch im sozialen Bereich – nicht nur bei der Differenzierung von verschiedenen Texten – sondern auch bei der Differenzierung von Sprachverhalten eingesetzt werden können.

8.22 Syntaktisch-semantische Analysen des Rezipienten

Wie für die syntaktische Ebene gilt auch für die syntaktisch-semantische Ebene, daß der Schluß vom Text auf den Rezipienten auf diesen Ebenen nicht möglich ist.

8.23 Syntaktisch-semantische Analyse der Situation

8.23-4 Syntaktische Komplexitätsanalyse

Nur mit erheblichen Einschränkungen kann das im folgenden vorzustellende Verfahren der *syntaktischen Komplexitätsanalyse* als echtes inhaltsanalytisches Inferenzverfahren zur Inferenz auf Situationen (hier soziale Schicht) bezeichnet werden. Es zeigt jedoch exemplarisch Möglichkeiten auf, anhand rein formaler (syntaktischer) Strukturen Indizes zu gewinnen, die mit textexternen Merkmalen korreliert werden können.

1) Entwicklung des Verfahrens

Die Entwicklung der generativen Grammatik durch Chomsky (1965) ermöglicht es, Äußerungen (Propositionen) in kleinere Einheiten zu zerlegen und durch einen Graph mit hierarchischen Verzweigungen als *Struktur* zu beschreiben. Damit ergibt sich eine qualitative als auch eine quantitative Möglichkeit der Analyse indem a) das Auftreten und b) die Komplexität bestimmter Strukturen textanalytisch erfaßt werden kann.

Diese Möglichkeiten sind besonders für die soziolinguistische *Sprachstrukturanalyse* interessant, bei der nicht nur die Häufigkeit von Wortarten, sondern gerade der Satzbau einen relevanten und gut diskriminierenden Indikator abgibt. Schon die Psycholinguistik (vgl. Deese 1970) hat auf vielfältige Weise Beziehungen zwischen Spracherwerb, Intelligenzleistung und Alter nachgewiesen. Soziolinguistische Arbeiten (vgl. Dittmar 1970/71), insbesondere die von Bernstein (1959; 1960) und Oevermann (1969) haben gezeigt, daß Sprache und Spracherwerb auch schichtabhängig bestimmt sind. Diese Befunde sind mittlerweile gut abgesichert (vgl. Reichwein 1967; Labov 1968; Grimm 1973) und stimulieren daher ein entsprechendes inhaltsanalytisches Verfahren der *Sprachstrukturanalyse*, (vgl. Chomsky 1965: 24; Sprachbarrieren 1970: 122 ff.), das nach sozialer Schicht, also einem Merkmal der sozialen Situation, diskriminiert.

2) Logik des Schlusses vom Text auf den Kontext
Der Schluß vom Text auf den Kontext ist bei diesem Verfahren bislang nur implizit abgesichert: Man unterstellt, daß Kommunikatoren (Sprecher) aus einer höheren sozialen Schicht einen anderen elaborierten Sprachcode bzw. eine andere, aufwendigere Satzstruktur verwenden als Kommunikatoren der Unterschicht. Eine Außenvalidierung, die entweder über eine Theorie der Sprachverwendung oder empirisch durch Bildung von Standards zu leisten wäre, steht bislang noch aus.

3) Vorgehensweise
Im Verständnis der generativen Grammatik läßt sich jede Äußerung (Satz) in kleinere Einheiten zerlegen, deren Verbund untereinander durch eine Raumstruktur abgebildet werden kann. „Kleinere Einheiten" sind dabei die bereits vorgestellten Nominalphrasen (NP), die Verbalphrasen (VP) sowie Verben (V), Adverben (A), Personalpronomina (PersP), Nomen (N), Determinatoren (Det), Konjunktionen (Konj.) und Negatoren (Neg.). Eine solche Baumstruktur kann prinzipiell nach vier Typen differenziert werden (vgl. Sprachbarrieren 1970: 122 ff.):

a) Mehrfachverzweigend

Satzbeispiel: „Bund, Länder und Kommunen sind hoch verschuldet".
Hier sind drei Nominalphrasen (Bund, Länder, Kommune) gleichberechtigt genannt: (a_1) + (a_2) + (a_3). Da diese Elemente gleichberechtigt sind, ist keine weitere Verklammerung möglich. Dies kann man analog durch einen Graph darstellen. Da alle drei Nominalphrasen gleichberechtigt sind, ist die Verzweigung symmetrisch, d.h. mehrfachverzweigend.

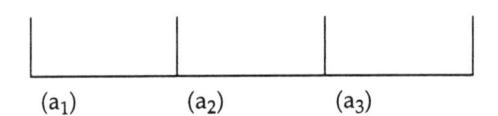

Abbildung 68: Mehrfachverzweigung

b) Rechtsverzweigend

Satzbeispiel: „Der Stoff aus dem die Träume sind, die Hans träumt".
(a_1 + (a_2 + (a_3)))
Hier ist das Element a_3 dem Element a_2 untergeordnet, und a_2 wiederum dem Element a_1, so daß der Graph wie folgt aussieht

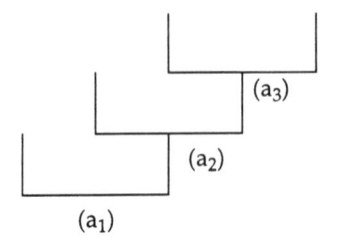

Abbildung 69: Rechtsverzweigung

8 Typologie inhaltsanalytischer Verfahren

c) Linksverzweigend

Satzbeispiel: Das „Ausbildungsförderungsgesetz"

Hier ist das Element (a_1) (Ausbildung) dem Element (a_2) untergeordnet etc., wie man durch eine Auflösung sofort sehen kann „Das Gesetz der Förderung der Ausbildung". Demgemäß läßt sich der Graph wie folgt beschreiben:

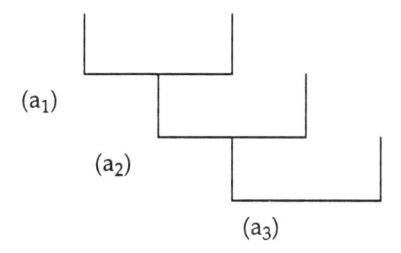

Abbildung 70: Linksverzweigung

Typisch für Linksverzweigungen sind Kollationen von Substantiva, wie sie sich besonders in der Politik („Bundesausbildungsförderungsgesetz"), in der Verwaltung („Dienstaufsichtsbeschwerdeverfahren") oder in der Wissenschaft („Satzkomplexitätsanalyse") finden.

d) Einbettung

Satzbeispiel: „Das Auto, das in der Garage stand, sprang nicht an".
((a_1 + (b) + (a_2)))

Hier ist in den Satz mit den Elementen (a) ein Satz mit den Elementen (b) eingeschachtelt. Ist in (b) ebenfalls nochmals eine Einbettung von Elementen (c) enthalten, so spricht man von Mehrfacheinbettung resp. von Selbsteinbettung, z.B.: „Das Auto, das in der Garage des Nachbarn, der verreist war, stand, sprang nicht an". Schematisiert wird dafür der folgende Graph gezeichnet (Abb. 71):

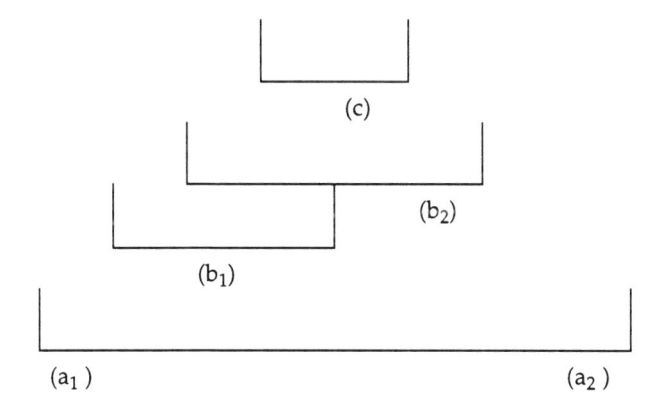

Abbildung 71: Einbettung eines Satzes

Diese verschiedenen Satzstrukturen haben nach Chomsky (1965: 24 f.) eine unterschiedlich große Komplexität, die durch einen Komplexitätsgrad K beschrieben werden können (Abb. 72). Dieser Index drückt die unterschiedliche Komplexität bei der Sprachverwendung aus: Mehrfachverzweigungen erscheinen besonders einfach, während Einbettungen, insbesondere Mehrfacheinbettungen, eine höhere Satzkomplexität aufweisen. Der Komplexitätsindex eines Textes errechnet sich nun, indem man zunächst Satz für Satz die Strukturen bildet und deren Komplexitätsgrad und sodann über alle Sätze n den Mittelwert bildet

(5) $\quad I_S = \dfrac{1}{n} \sum_{1}^{n} K_i \qquad$ *Komplexitätsindex eines Textes*

Typus	Komplexitätsgrad K
Mehrfachverzweigung	2
Rechtsverzweigung	3
Linksverzweigung	4
Einbettung	5
Mehrfacheinbettung 2. Grades	10
Mehrfacheinbettung 3. Grades	15
etc.	

Abbildung 72: Gewichtung von Satzstrukturtypen nach Komplexität (nach Sprachbarrieren 1970: 128)

Des weiteren läßt sich eine Satzgliedstruktur *innerhalb* der einzelnen Sätze bestimmen, indem man auch hier die Strukturen bildet und den Komplexitätsgrad K_{ij} des j-ten Satzgliedes des i-ten Satzes bildet. Da die Zahl der Satzglieder m_i pro Satz verschieden ist, ergibt sich ein analoger Index I_G als Mittelwert über alle Satzglieder aller Sätze:

(6) $\quad I_G = \dfrac{\sum_{i=1}^{n} \sum_{j=1}^{m_i} K_{ij}}{\sum_{i=1}^{n} m_i} \qquad$ *Satzgliedstrukturindex*

Als Beispiel für eine Sprachstrukturanalyse soll eine Tagesschau-Life-Reportage, die im elaborierten Code erfolgt ist (Kommentator Gerd Ruge) und im restringierten Code wiedergegeben wurde (Wiedererzählungen durch eine Putzfrau), vorgestellt werden:

<u>Beispiel 17:</u> Sprachstrukturanalyse anhand der Wiedererzählung von Fernsehnachrichten (nach Albrecht 1972: 299 f.)

Der entsprechende Komplexitätsindex für den elaborierten Code ergibt sich dann wie folgt:

8 Typologie inhaltsanalytischer Verfahren

Komplexität	Elaborierter Code (Ruge)	Restringierter Code (Putzfrau)
mehrfachverzweigend	4 x 2 = 8	5 x 2 = 10
rechtsverzweigend	3 x 3 = 9	3 x 3 = 9
linksverzweigend	7 x 4 = 28	1 x 4 = 4
eingebettet	1 x 5 = 5	1 x 5 = 5
	15 50	10 28
Daraus errechnet sich der Index I_s	50 : 4 = 12.5	28 : 8 = 3.5

1   „(a) die Lage im Bundestag hier ist immer noch nicht völlig klar, (b) aber sie scheint sich zu
2   lichten. (c) Die Gefahr, (d) daß die Abgeordneten eine Nachtsitzung überstehen müßten, (e) in der so lange geredet würde, (f) bis eben die andere Seite, (g) nämlich die Opposition, darauf verzichtet, (h) eine Abstimmung herbeizuführen, (i) diese Gefahr scheint vorbei zu sein, (k) es kommt wohl darauf hinaus, (l) daß man gegen 21 Uhr hier die
3   Debatte zunächst einmal unterbricht. (m) Es geht im Grunde darum, (n) daß die Opposition gerne die Scharte wieder auswetzen möchte, (o) die sie hinnehmen mußte, (p) als Rainer Barzel nicht genügend Stimmen für eine Bundeskanzlerschaft zusammenbekam.
4   (q) Und sie möchte es dadurch tun, (r) daß sie der Regierung nachweist, (s) auch sie habe eigentlich keine Mehrheit mehr."

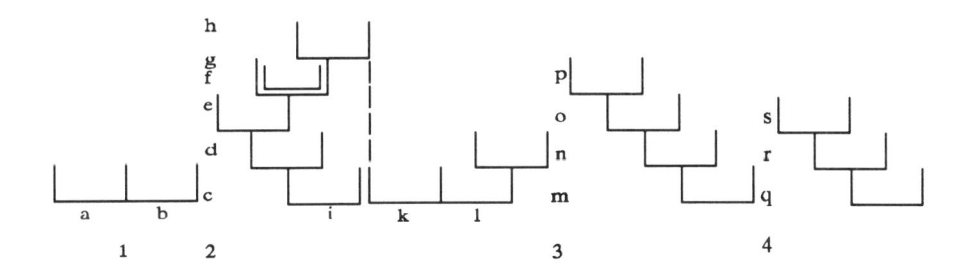

Abbildung 73: Text im elaborierten Code (Originalton Gerd Ruge)

1.2   „(a) Die Lage, (b) die war noch nicht richtig klar. (c) Und ob sie eine Nacht durch-
3   arbeiten müßten, (d) das wurde schon ausgestellt. (e) Die Abgeordneten brauchten
4   keine Angst zu haben, (f) daß sie eine ganze Nacht noch reden müßten. (g) Die Gefahr
5   war vorbei. (h) Ja und der Rainer Barzel hatte nicht genügend Stimmen gehabt für das Amt als Bundeskanzler, (i) daß er das Amt übernehmen kann als Bundeskanzler.
6.7   (k) Da war die Stimmengleichheit, nicht. (I) Rainer Barzel möchte gerne die verlorenen Stimmen, (m) die er verloren hatte, (n) möchte er gerne wiedergewinnen.
8   (o) Ja, Rainer Barzel möchte die Regierung beweisen, (p) daß sie keine Mehrheit hat."

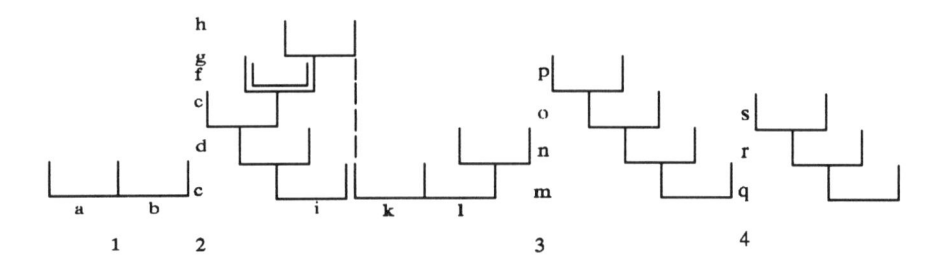

Abbildung 74: Wiedererzählung im restringierten Code (Putzfrau)

Der Komplexitätsgrad des restringierten Codes ist damit um ein Mehrfaches geringer als der des elaborierten Codes.

4) Kritik

Die Kritik an diesem Verfahren muß an zwei Punkten ansetzen: Zum einen fehlt die notwendige Außenvalidierung, um von der Satzstruktur bzw. den daraus abgeleiteten Indizes auf Schicht- oder sonstige *soziale* Merkmale zu schließen. Zum anderen ist die Festsetzung von Komplexitätswerten durch Gewichtung relativ beliebig, so daß ein anderes Gewichtungsverfahren möglicherweise ganz andere Werte ergibt. Will man sich jedoch auf ordinale Zurechnung beschränken, was im Sinne der vorgenommenen Skalierung zulässig wäre, so muß man einen Index bilden, der *nicht* die Bildung eines arithmetischen Mittels voraussetzt.

Das Verfahren ließe sich empirisch präzisieren, wenn man aktive Sprachverwendung (Frequenz der Verzweigungstypen) und passive Sprachverwendung (Verständlichkeit bzw. Akzeptabilität der Sprache) mißt. Das aber würde bedeuten, daß dieses Verfahren als Typ von *Verständlichkeitsanalyse* bzw. *Lesbarkeitsanalyse* auf der syntaktisch-pragmatischen Ebene anzusetzen wäre (vgl. Kap. 8.4). Der hohe Analyseaufwand zur Bestimmung der Strukturen ist schließlich ein weiteres Hindernis.

5) Variationen und Weiterentwicklungen

Die Quantifizierung, wie sie hier vorgenommen wurde, berücksichtigt nicht die Mischung von bestimmten Wortarten und Satzgliedstrukturen, wie sie exemplarisch im Verfahren der *Textpartitur* von Weinrich (1972) zu finden ist (vgl. Kap. 8.2). Gerade aber die Konstruktion solcher Mischindizes könnte im Hinblick auf die Sprachanalyse nach sozialer Schicht von besonderer Fruchtbarkeit sein. Mögliche Entwicklungen dazu zeigen Labov (1980: 58 ff.) und Grimm (1973: 81 ff.) auf, die jedoch bislang nicht außenvalidiert sind. Noch anforderungsreicher wird die syntaktische Struktur als solche durch das von Dittmar/Rieck (1977) gewählte Verfahren berücksichtigt: Diese Autoren analysieren den Spracherwerb der deutschen Sprache bei Gastarbeitern ebenfalls durch Bildung von Phrasenstrukturen, zählen jedoch dann nicht einen willkürlich gewählten Komplexitätsgrad aus, sondern zählen die Häufigkeit der (insgesamt 101) verschiedenen *Regeln,* wie solche Sätze gebildet werden und ermitteln dann die Wahrscheinlichkeit, mit der bestimmte Regeln von bestimmten Sprachanwendungen benutzt werden sowie einen syntaktischen Kennwert.

Ein ähnliches Verfahren zur Strukturanalyse hat Yngve (1960) entwickelt, das später noch ausführlicher vorgestellt wird (vgl. Kap. 8.41-9). Weitere Verfahren zur Analyse sozialer Schicht werden von Labov (1968; 1980) und Fasold (1970) angeregt.

6) Anwendungen

Dieser Typ von *Sprachstrukturanalyse* läßt sich für alle gesprochene oder geschriebene Sprache verwenden. Damit können sowohl Analysen des Spracherwerbs von Kindern (nach Alter) unternommen werden als auch schichtspezifische Analysen, wobei die Analyse nicht den jeweiligen Kommunikator, sondern die durch ihn repräsentierte soziale Situation zum Ziel hat.

8.3 Semantisch-semantische Analyse

Die auf dieser Ebene vorzustellenden Verfahren machen *inhaltlichen* Gebrauch von der semantischen Eigenschaft von Texten oder Textelementen, die demgemäß nach inhaltlichen Gesichtspunkten klassifiziert werden *(Themenanalyse)* oder deren Relation zu anderen semantisch bedeutungsvollen Einheiten ermittelt wird *(Kontingenzanalyse).*

Gerade die Linguistik hat zudem in den letzten Jahren eine Vielzahl von Analyseverfahren hervorgebracht, die zwar wegen der (noch) ausstehenden inferenziellen Erweiterung (noch) nicht als Verfahren der Inhaltsanalyse angesprochen werden können, die aber z.T. interessante Beschreibungsmöglichkeiten enthalten und daher zumindest kursorisch vorzustellen sind.

Bereits Johnson (1944: 3 ff.) hatte ja angeregt, zur Analyse von Persönlichkeitsstrukturen nicht nur syntaktische Größen zu benutzen, sondern ausdrücklich auch den Einbezug semantisch empfindlicher Variablen gefordert.

Harris (1952; 1954) hat ein von ihm *Diskurs*-Analyse genanntes Verfahren entwickelt, das die formale Beschreibung von Sätzen durch Bildung von Äquivalenzklassen von Morphemen leistet. Der implizit enthaltene Anspruch, diese formale Analyse „goes beyond descriptive linguistics" (Harris 1952: 1) reicht jedoch nicht für inhaltsanalytische Ansprüche aus.

Lüger (1969; 1974) propagiert ein von ihm *semische Analyse* genanntes Verfahren der Textbeschreibung, bei dem die Referenz relevanter Wörter durch Einsetzproben ermittelt werden kann. Damit sollen gleichzeitig semische Differenzen bei bedeutungsähnlichen Wörtern sichtbar gemacht werden (Kontrastanalyse). Auch hier fehlt der inferentielle Bezug völlig. Kegel/Saile (1975) entwickeln ein semantisches Analyseverfahren zur Textsemantik, das auch nichtverbale Aspekte (z.B. Bebilderung in Kinderbüchern) berücksichtigt. Dabei wird sowohl eine referenzsemantische als auch eine sinnsemantische Analyse vorgeschlagen, wobei die referenzsemantische (topologische) Analyse durch Konfigurationsanalyse von Nominalphrasen untersucht wird, während mit der sinnsemantischen Analyse Bedeutungsregeln erstellt werden, die als empirische Urteile über Sprache gelten können und damit unabhängig von theoretischen und/oder logischen Aspekten der Bedeutung angesehen werden können.

Interessant sind auch die von Lotman (1972: 141 f.) für die textimmanente semantische Analyse vorgeschlagenen Operationen, die durchaus zur Entdeckung neuer inhaltsanalytischer Indikatoren herangezogen werden könnten. Gleiches gilt ebenfalls für die einzelnen Verfahren der *strukturellen Textanalyse* (vgl. Koch 1972; Titzmann 1977). Dabei handelt es sich um einen vergleichsweise neuen Ansatz „zur Rekonstruktion von Bedeutungen beliebiger Texte" (Titzmann 1981), bei dem die Sprachkompetenz des Interpreten, kulturelles Wissen etc. vorausgesetzt wird, so daß diese Verfahren auch die pragmatische Ebene voraussetzen und dort ausführlicher vorgestellt werden sollen (vgl. Kap. 8.5).

Gülich/Raible (1977) stellen schließlich im Überblick weitere Modelle zur Textbeschreibung vor, die interessante Beschreibungsmöglichkeiten eröffnen.

Andererseits ist eine linguistische Beschreibung eines Textes - auch dann, wenn sie sich explizit „Inhaltsanalyse" nennt (vgl. Geckeler 1971: 233 ff.) - keine Garantie für das Auffinden inhaltsanalytisch relevanter Deskriptoren bzw. Indikatoren.

8.31 Semantisch-semantische Analyse des Kommunikators

Auch auf der eigentlich semantischen Ebene sind die meisten Verfahren Verfahren zur Inferenz auf den Kommunikator. Zusätzlich zu den Analysemöglichkeiten auf der syntaktischen Ebene wird auf der semantischen Ebene nach „Bedeutungen", also nach der Beziehung zwischen Zeichen und Referenz gefragt. Dadurch wird sowohl der Anwendungsbereich als auch die Wirklichkeitsnähe inhaltsanalytischer Verfahren erheblich gesteigert. Für die Kommunikator-Analyse sollen im folgenden das Verfahren der *Themenanalyse* (thematische Analyse, Kategorienanalyse), das zugleich die Basis vieler höherer Analyseverfahren darstellt, die *Kontingenzanalyse* und die *Bedeutungsfeldanalyse (Assoziationsstrukturanalyse)* vorgestellt werden.

8.31-5 Themenanalyse

1) Entwicklung des Verfahrens

Die *Themenanalyse* (auch: thematische Analyse) ist eines der ältesten inhaltsanalytischen Verfahren überhaupt. Bereits die ersten Presseuntersuchungen von Speed (1893), die bereits vorgestellt wurden (vgl. Kap. 2.2, Beispiel 10) oder die erste deutschsprachige Untersuchung von Stoklossa (1910) sind Themenanalysen. Doch erst die großangelegten Presseuntersuchungen von Willey (1926) und die Weiterentwicklung dieses Verfahrens durch Lasswell zur *Symbol-* oder zur *Objektivitätsanalyse* (vgl. Kap. 8.51) haben die Themenanalyse zum Standardverfahren für die

Analyse von Massentexten – von Medien also – werden lassen. Der Hauptvorteil dieses Verfahrens liegt darin, daß Themen (Inhalte) beliebiger Art in vergleichsweise wenige *Kategorien* sortiert werden können, die nach Fragestellung vorweg definiert werden müssen. Die Themenanalyse leistet somit eine erhebliche Reduktion von Information und ist damit ein vergleichsweise ökonomisches Verfahren.

2) Logik des Schlusses vom Text auf den Kontext

Bei der Themenanalyse wird – sofern sie nicht rein zur Beschreibung von Inhalten dient – stillschweigend das *Repräsentationsmodell* bzw. die *Reflektionshypothese* (vgl. Kap. 7.211) als gültig unterstellt. Man geht also davon aus, daß das, was als Inhalt abgebildet wird, auch in der Wirklichkeit so ist bzw. vom Kommunikator und Rezipienten für wahr und richtig gehalten wird. Sobald diese Prämisse nicht mehr erfüllt ist (und es gibt gute Beispiele dafür, daß dies der Fall sein kann), müssen pragmatische Annahmen über die Intention des Kommunikators (*Intentionsanalyse*, vgl. Kap. 8.61) oder über die Wirkungen beim Rezipienten (*Wirkungsanalyse*, vgl. Kap. 8.62) eingeführt werden, wie dies die *Kontrollhypothese* resp. das *Instrumentalmodell* fordern. Bei jeder Analyse muß daher die Gültigkeit der Inferenz eigens nachgewiesen werden.

3) Vorgehensweise

Da die Themenanalyse das häufigst angewandte inhaltsanalytische Verfahren darstellt, wird die Vorgehensweise ausführlicher beschrieben. Auch die Kriterien für die Darstellung von Kategorien (Kap. 7.12), die Bildung von Samples (Kap. 9), die Diskussion über Gültigkeit und Zuverlässigkeit (Kap. 10) und die Diskussion praktischer Probleme bei der Durchführung einer Inhaltsanalyse (Kap. 11) berücksichtigen insbesondere das Verfahren der Themenanalyse und daraus abgeleitete Verfahren.

a) Kategorienbildung

Die Themenanalyse setzt zunächst die Beschreibung des Textes nach *Kategorien* voraus. *Kategorien* sind Klassen eines übergeordneten und damit abstrahierenden Klassifikationsschemas, das demgemäß unter verschiedenen Gesichtspunkten entwickelt werden kann. Selbst wenn man nur eine reine Beschreibung des Textes (eine *Textanalyse*) vornehmen will, erfordert die Bildung der Kategorien ein zielgerichtetes und selektives Vorgehen. Für die *Themenanalyse* gilt mit Berelson (1952: 147) noch immer: „Content Analysis stands or falls by its categories". Kriterien für die Festlegung von Kategorien, die bereits ausführlich erläutert wurden (vgl. Kap. 7.12), sind:

1. Das Kategorienschema soll theoretisch abgeleitet sein, d. h. es soll mit den Zielen der Untersuchung korrespondieren.
2. Das Kategorienschema soll vollständig sein, d.h. es soll die Erfassung aller möglichen Inhalte gestatten.
3. Die Kategorien sollen wechselseitig exklusiv angelegt sein.
4. Die Kategorien sollen voneinander unabhängig sein.

5. Die Kategorien sollen einem einheitlichen Klassifikationsprinzip genügen.
6. Die Kategorien sollen eindeutig definiert sein.

So einleuchtend solche Forderungen sein mögen, so wenig werden sie im konkreten Fall beachtet, wie das folgende Beispiel exemplarisch zeigt:

Beispiel 18: Der Inhalt der Zeitung (Stoklossa 1910)
„Um den ungefähren Inhalt dessen, was das deutsche Volk tagtäglich an geistiger Speise vorgesetzt erhält zu bestimmen, habe ich dreißig Zeitungen eine Woche lang auf ihren Inhalt untersucht ... Die Einteilung in die 15 folgenden Rubriken ergab sich im Laufe der Arbeit ganz von selbst" schreibt Stoklossa (1910: 36 f.) und präsentiert das folgende Kategoriensystem (Abb. 75).

Kategorien	Explikation der zu subsumierenden Inhalte
1. Nachrichten aus der inneren Politik	–
2. Unterhaltungsliteratur	–
3. Auswärtige politische Nachrichten	–
4. Leitartikel über innere Politik	–
5. Leitartikel über äußere Politik	–
6. Theater und Schaustellungen	–
7. Verbrechen, Unfälle und Skandale	–
8. Künstlerische Mitteilungen	–
9. Nützliche Mitteilungen	Rezepte, Briefkasten-Auskünfte, ärztliche Ratschläge und dergleichen
10. Sport, Jagd	–
11. Wasserstandsnachrichten (Wettermeldungen)	–
12. Börse	
13. Wissenschaft	
14. Reiseschilderungen	
15. Allerlei (Lokales)	meist Nachrichten, die nur lokales Interesse beanspruchen; daneben alles, was nicht in den übrigen Rubriken Aufnahme fand

Abbildung 75: Kategoriensystem zur Presseanalyse nach Stoklossa (1910: 37)

Schon diese Bemerkung zeigt, daß das Kategoriensystem nach eigenen Worten des Autors eben nicht einer theoretischen Ableitung genügt - etwa im Gegensatz zu Willey (1926), dessen umfangreiches Kategoriensystem sich an den publizistischen Funktionen der Information, Kommentation und Delektion orientiert (vgl. nochmals Kap. 7.12). Des weiteren sind die Kategorien nicht vollständig, denn der Bereich „Wirtschaft" ist durch „Börse" (Kategorie 12) nur marginal abgedeckt. Zudem sind die Kategorien nicht vollständig wechselseitig exklusiv, was z.B. durch den Vergleich der Kategorien 6 und 8 deutlich wird. Schließlich wird in der Definition der Kategorie 15 deutlich, daß hier kein einheitliches Klassifikationsprinzip durchgehalten wird. Neben der Kategorisierung nach Themen findet also eine Kategorisierung nach Regionen resp. eine Kategorisierung nach Reichweiten von Interessen statt. So bleibt, gerade wenn diese Kategorie oft auftritt, offen, ob darunter nicht lokale Ereignisse aus der Politik, Wirtschaft etc. subsumiert sind. Insgesamt verstößt Stoklossa damit gegen mindestens vier der sechs Forderungen zur Definition von Kategoriensystemen.

b) Samplebildung
Die Bestimmung des Samples (vgl. ausführlicher Kap. 9) ist der nächste Schritt, wobei zugleich festgelegt werden muß, was als *Auswahleinheit* (sampling unit) und was als *Analyseeinheit* (recording unit) gelten soll. Während dieses Problem bei der Befragung nur selten auftaucht, ist es bei inhaltsanalytischen Verfahren ständig präsent. Normalerweise wird als Auswahleinheit eine Vielzahl (Ausgabe, Seite etc.) der Erhebungseinheit (Artikel, Absatz, Satz, Wort) definiert. Bei Printmedien wird üblicherweise der Artikel als Erhebungseinheit benutzt.

c) Codierung
Das definierte Sample wird nun analysiert, wobei jede Erhebungseinheit zunächst einer bestimmten Kategorie zugewiesen wird. „Zuweisen" heißt hier, daß je Kategorie die Zahl der einschlägigen Artikel (oder anders definierter Erhebungseinheiten) ausgezählt wird, wobei eine Gewichtung mit der Fläche des jeweiligen Artikels die Genauigkeit erhöht.[23]
Damit erhält man eine Beschreibung der Inhalte nach Themen bzw. Kategorien, also das Ergebnis der Textanalyse. Um vom Text auf den Kontext zu schließen, sind je nach Fragestellung – weitere Prozeduren notwendig, die grob nach Typen unterschieden werden können (vgl. Kap. 7. 212):

– Soziale Wirklichkeit wird in Texten *wahr* abgebildet
  Das gilt z.B. für Anzeigen in Zeitungen (Kleinanzeigen), aber auch für Ereignisse, die mit einem Anspruch von Wahrheit in den Medien berichtet werden.

– Ziel der Analyse sind Medien
  Das gilt z.B. für die Analyse des Anteils von Anzeigen bei einem Medium, um z.B. herauszufinden, ob die Abhängigkeit des Mediums vom Anzeigenaufkommen steigt oder fällt, wie stark sie ist etc..

Für diese beiden genannten Typen reicht im Grenzfall die Analyse einer einzigen Erhebungseinheit, sicherlich jedoch die einer Textquelle (Organ, Sender etc.) aus: Text und Kontext fallen hier zusammen.

---

[23] Genau genommen müßte man mit der Zahl der Buchstaben pro Artikel gewichten bzw. bei visuellen Inhalten mit entsprechenden Größen, z.B. der Dauer der Sendung etc.

- Trendanalysen
Inhaltsanalytische Trendanalysen verfolgen die Veränderung eines Objektes der sozialen Wirklichkeit soweit es sich im Text repräsentiert, über die Zeit. Man kann auch von einer vergleichenden Inhaltsanalyse sprechen, wobei die Veränderung (qualitativ, quantitativ) bestimmter Merkmale über die Zeit analysiert wird (das Medium wird hinsichtlich dieser Merkmale über die Zeit mit sich selbst verglichen).

Bei einer Trendanalyse müssen mindestens zwei Einheiten miteinander verglichen werden. So analysiert Speed (1893) die Berichterstattung mehrerer Zeitungen im Jahre 1881 und vergleicht diese mit der vom Jahre 1893.

- Vergleichende Analysen
Hier wird aus der Differenz zweier textinterner Merkmale auf eine entsprechende Differenz textexterner Merkmale geschlossen.

Für diesen Fall müssen mehrere, verschiedene Texte (verschiedener Zeitungen, Sender, Filme etc.) erhoben werden.

Die außerordentliche Flexibilität der Themenanalyse zeigt sich besonders bei der statistischen Auswertung: Da die Besetzung der Kategorien nach Häufigkeiten (frequencies) bestimmt wird, sind statistische Prozeduren auf Rationalskalenniveau erlaubt. An die Auszählung nach Kategorien lassen sich daher eine Vielzahl von statistischen Verfahren anschließen, die – je nach Zielvorgabe – alle Möglichkeiten einschließen. Ganz grob kann man hier folgende Typen unterscheiden:

a) Univariate Auszählung von Kategorien zur *Deskription* des Kommunikators (meist: Medium) nach Inhalten (vgl. Hüther 1973).

b) Vergleichende univariate Auszählung zur Bildung von Standardwerten (des Kommunikators (vergleichende Medienanalyse, vgl. Merten 1982c).

c) Bildung textinterner Indizes aus uni-, bi- oder multivariater Analyse (z.B. *Objektivitätsanalyse*), die mit entsprechenden textexternen Variablen oder Indizes korreliert werden (z.B. Daten aus statistischen Jahrbüchern, regionaler Bezug etc. oder Daten, die durch andere Verfahren, z.B. Befragung des Kommunikators, gewonnen wurden (vgl. Lasswell 1949: 173–232)).

Diese Möglichkeiten der Themenanalyse lassen sich nochmals wesentlich steigern, wenn neben der Auszählung nach Kategorien die Berücksichtigung der *Bewertung* der Kategorie (nach verschiedenen Richtungen) resp. sogar die Messung der Intensität der Bewertungen erfolgt: Hier handelt es sich bereits um einen dreidimensionalen Merkmalsraum (*Kategorien, Richtung* und *Intensitäten*) – und dementsprechend komplex fallen entsprechende Prozeduren aus, wie sie etwa für die *Symbolanalyse, Bewertungsanalyse* oder *Objektivitätsanalyse* eingesetzt werden (vgl. Kap. 8.51).

Daneben lassen sich an alle solche Analysen zusätzlich Trendanalysen anschließen, die die Konstanz resp. Veränderung solcher Indizes oder Korrelationen textinterner mit textexternen Variablen bzw. Indizes feststellen.

8 Typologie inhaltsanalytischer Verfahren

4) Kritik

Obwohl die Themenanalyse das beliebeste inhaltsanalytische Verfahren darstellt, zudem ohne besondere Vorkenntnisse angewendet werden kann, wird gerade hier (vgl. nochmals die Diskussion der Analyse von Speed (1893) in Kap. 7.2) die Validität der Inferenz nur sehr selten geprüft resp. das Repräsentationsmodell als vollgültig angesehen. Diese Annahme ist nicht gerechtfertigt: Bei jeder Analyse muß der Inferenzschluß belegt werden – sei es durch Bezug auf vergleichbare Untersuchungen, bei denen sich ex post die Inferenz als gültig erwiesen hat (vgl. George 1959: 13), sei es durch andere Möglichkeiten der Außenvalidierung.

5) Variationen und Weiterentwicklungen

Das Verfahren der Themenanalyse ist die Basis einer Reihe anderer Verfahren, die als *Bewertungsanalyse, Symbolanalyse, Objektivitätsanalyse, Wirklichkeitsanalyse* etc. bekannt sind. Diese Verfahren sind Themenanalysen, die eine qualitative Dimension, nämlich die *Bewertung* bestimmter Kategorien (vor allem: Handlungsträger, Politiker, Staaten, Institutionen etc.) berücksichtigen und daher später auf der pragmatischen Ebene im einzelnen vorgestellt werden (vgl. Kap. 8.51).

Der Zusammenhang zwischen der Themenanalyse und den daraus abgeleiteten Verfahren läßt sich in Form eines Stammbaumes (Abb. 76) darstellen.

	Themenanalyse des Kommunikators		
Typ des Kommunikators:	Massenmedien	Person	Gruppe
Semantische Ebene:	Buch-, Presse-, Hörfunk-, Film- oder Fernsehanalyse (deskriptiv oder vergleichend)	Persönlichkeitsstrukturanalyse	
Pragmatische Ebene:	Bewertungsanalyse	Persönlichkeitsstrukturanalyse	Interaktionsprozeßanalyse
	Objektivitätsanalyse		
	Symbolanalyse	Traumanalyse	Interviewanalyse
	Wirklichkeitsanalyse	Motivanalyse	

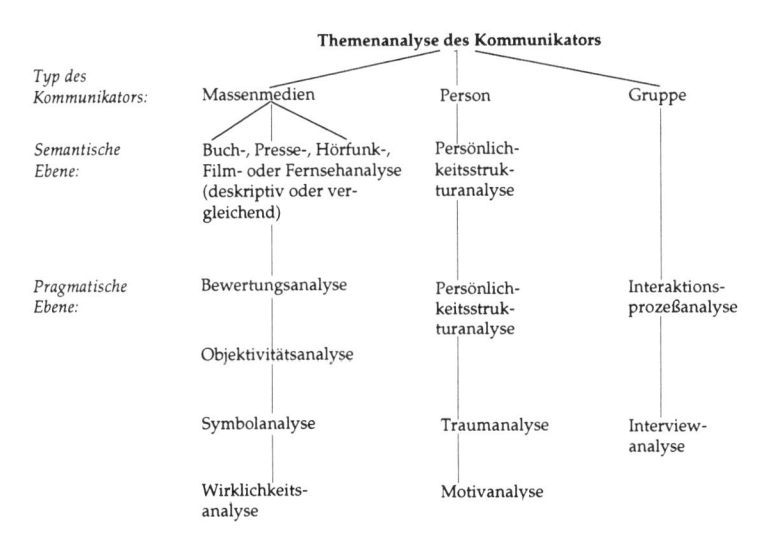

Abbildung 76: Stammbaum themenanalytischer Verfahren

6) Anwendungen

Der Anwendungsbereich der Themenanalyse und der daraus abgeleiteten Verfahren ist fast unerschöpflich und soll im folgenden anhand von exemplarischen Darstellungen, die zum einen nach Typ des Kommunikators und nach Inhalten, zum anderen nach Zielen differenziert, versucht werden. Eine Synopsis, die nach Kommunikator und nach Inhalt differenziert ist, zeigt Abb. 77.

Medium / Ziel der Analyse (Typ des Inhalts)	Buch	Zeitung, Zeitschrift	Hörfunk	Bild, Film	Fernsehen
unspezifischer Inhalt / totale Analyse	Nauck 1974	Willey 1926 Koszyk 1962 McQuail 1977 Merten 1982c	Albig 1938 Waples 1942 Lazarsfeld 1944 Merten/Gansen/Götz 1995	Dale 1935 Jones 1942 Waples 1942 Wayne 1956	Gardner 1962 Berghaus 1974 Weiß 1976 Merten 1994
Information allgemein		Woodward 1930 Schmitt 1977		Kottwitz 1970 Frank 1974	Wember 1976 Schmitt 1977 Frank 1974
Nachrichten		Galtung 1965 Schulz 1976 Deichsel 1975			Schulz 1976 Schatz 1981
Sensation		Hart 1932 Tannenbaum 1960 Budd 1962			
Bildung, Unterrichtung	Nauck 1974	Brandner 1966		Auster 1956	Gies 1975 Vowinckel 1976
Kommentar		Klein 1954 Schönbach 1977 Merten 1982c	Shepard 1956 Guback 1962		Lang 1956 Weiß 1976 Guback 1962
Unterhaltung	Asheim 1949 Kagelmann 1976	Spiegelmann 1953a Barcus 1963	Herzog 1941	Rosenberg 1957 Asheim 1949	Escher 1979
Anzeigen, Werbung		Aufermann 1965 Schütte 1995	Merton 1946	Fiske 1947	Smythe 1955

Abbildung 77: Synopsis themenanalytischer Untersuchungen von Medien und Medieninhalten

8 Typologie inhaltsanalytischer Verfahren

Die *Presse* ist – auch bei dieser exemplarischen Synopse – das vergleichsweise am meisten und am intensivsten analysierte Medium. Das liegt nicht nur daran, daß die Presse das älteste Medium ist (wenn man vom Flugblatt einmal absehen will), sondern daß hier die Notation des Textes schon in verbaler und manifester, lesbarer Form vorliegt. Seit Willey (1926) seine großangelegten Untersuchungen über die Landpresse in den USA durchgeführt hat, sind eine Fülle von Untersuchungen entstanden, wobei vor allem die politische Berichterstattung und Kommentierung, insbesondere die von Wahlen, analysiert worden ist.

Eine der ersten großen deutschsprachigen Untersuchungen dieser Art ist von Koszyk (1962) durchgeführt worden. Eine entsprechende Analyse politischer Aktivitäten in Großbritannien liegt von McQuail (1977) vor. Eine umfangreiche vergleichende Untersuchung (Merten 1982c) analysiert die Struktur der Berichterstattung der deutschen Tagespresse zur Bundestagswahl 1976.

An *Zeitschriften* sind vor allem Illustrierte (Holzer 1967a) analysiert worden. *Radio*-Sendungen sind vor Aufkommen des Fernsehens relativ häufig analysiert worden (vgl. Albig 1938; Waples 1942; Lazarsfeld 1944). Das Interesse hat sich jedoch dann fast vollkommen dem Fernsehen zugewandt. Erst durch die medienpolitisch bedeutsame Installation des dualen Rundfunksystems in Deutschland sind Programmanalysen des Hörfunks wieder aktuell geworden (vgl. Merten/Gansen/Götz 1995).

Auch das Interesse an *Film*-Analysen (vgl. Dale 1935; 1937; Jones 1942; Waples 1942) ließ nach Aufkommen des Fernsehens nach. Deutsche Untersuchungen liegen vor von Pahl (1967), Silbermann/Schaaf/Adam (1980) und Kuchenbuch (1978), wobei die Film-Analyse jedoch generell aus einer breiteren Perspektive betrieben wird.

Bild-Analysen sind vergleichsweise selten durchgeführt worden (vgl. Shue 1953; Wayne 1956; Aronson 1958; Kottwitz 1970).

Fernseh-Analysen stellen die größten Anforderungen, weil hier nicht nur optischer und akustischer Kanal analysiert werden müssen, sondern weil die Kanäle auch synchron aufeinander bezogen werden müssen (vgl. dazu Kap. 12.22). Ansätze zu solchen Analysen liegen von Gardner (1962) und von Berghaus (1974) vor.

Das *Buch* ist, wie alle Printmedien, vergleichsweise leicht zu analysieren. Hier sei exemplarisch die Untersuchung von Nauck (1974) genannt.

Spezifische Analysen liegen für die publizistischen Funktionen sowie für den nichtredaktionellen Teil und viele Spezialthemen vor:

Information (Nachricht) in der Presse ist dabei besonders oft Gegenstand der Analyse gewesen (vgl. statt anderer Woodward 1930 sowie Schmitt 1977), wobei neuerdings spezielle Aspekte, vor allem die Wirklichkeitskonstruktion der Nachrichten (vgl. Schulz 1976; Merten 1985; Ruhrmann 1989 und Früh 1994) oder der Aspekt der Sensation (vgl. Hart 1932; Tannenbaum 1960; Budd 1962) berücksichtigt werden. Analog sind Untersuchungen von Film (Frank 1974) oder Fernsehen (vgl. Straßner 1975; Wember 1976; Schmitt 1977) durchgeführt worden. *Unterrichtung* als weitere publizistische Funktion (bzw. als Teilfunktion der Nachricht) ist von jeher eine pädagogische Domäne gewesen. So finden sich dazu auch zahlreiche Untersuchungen (vgl. Brandner 1966; Auster 1956; Gies 1975 und Vowinckel 1976).

Kommentation ist – gerade aus politischer Perspektive – vermutlich die am häufigsten analysierte publizistische Funktion, vor allem im Hinblick auf Wahlentscheidungen. Für die Presse (vgl. Klein 1954; Schönbach 1977; Merten 1982c) liegen ebenso wie für den Hörfunk (vgl. Shepard 1956; Guback 1962) oder für das Fernsehen (vgl. Lang 1956; Kepplinger 1980) entsprechende Analysen vor. *Unterhaltung* ist von einer Vielzahl von Gesichtspunkten aus analysiert worden. Bei der Presse sind vor allem Witz (cartoon) und Comics analysiert worden (vgl. Rothman 1966; Spiegelman 1953; Barcus 1963), während für den Hörfunk (vgl. Herzog 1941) wie für den Film (vgl. Asheim 1949; Rosenberg 1957) nur wenige Untersuchungen vorliegen.

Für das Fernsehen liegt dagegen neuerdings eine ausführliche Untersuchung vor (vgl. Escher 1979), ebenso für das Medium Buch (vgl. Asheim 1949; Kagelmann 1976). Nichtredaktionelle Inhalte (Anzeigen, Werbung, Leserbriefe) sind unter verschiedenen Gesichtspunkten analysiert worden (vgl. Aufermann 1965; Merton 1946; Fiske 1947; Smythe 1955; Guback 1962).

Schließlich seien exemplarisch einige spezielle Inhalte erwähnt, die vergleichsweise häufig analysiert worden sind. Dazu gehören vor allem Rezensionen (vgl. Champion 1973), Biographien (Lowenthal 1944) und Schlagzeilen (vgl. Emig 1928; Deichsel 1975). Eine Fülle weiterer Subfunktionen der Medien, die inhaltsanalytisch untersucht worden sind (bis 1958), schlüsselt Barcus (1959: 279–292) auf. Besonders hervorzuheben sind die auch in Deutschland meist aus aktuellen Anlässen von Gewalthandlungen durchgeführten Inhaltsanalysen von Gewaltdarstellungen im Fernsehen (vgl. Gerbner 1980; Groebel 1993; Merten 1996). Die mit der Themenanalyse oder mit daraus abgeleiteten Verfahren (die noch vorgestellt werden) realisierbaren Untersuchungsziele sind fast unerschöpflich und können hier nur exemplarisch resümiert werden. Sehr grob wird dabei eine Ordnung der Ziele durch Zuordnung zu Erkenntnisinteressen wissenschaftlicher Disziplinen benutzt, wie sie etwa bei Herkner (1974: 162 f.) zu finden ist.

Für die Geschichte ist die Analyse persönlicher Dokumente (vgl. Lowenthal 1944; Osgood 1959: 66 f.) relevant, ebenso wie der Rückschluß von bestimmten Stilgattungen auf bestimmte politisch-ökonomische Verhältnisse (vgl. Aronson 1958: 252 f.). Daneben ist die Inhaltsanalyse selbstverständlich auch unmittelbar als Dokumentenanalyse (vgl. Garraty 1959; Albrecht 1975) interessant.

In der *Ethnologie* sind vor allem strukturelle Textanalysen durchgeführt worden. Über Inhaltsanalyse berichtet Armstrong (1959); interessante Anwendungen berichten Sebeok (1957) und Kalin (1966).

In der *Literaturwissenschaft* hat die Inhaltsanalyse bislang nur als *Stilanalyse* (vgl. *Autorenanalyse*) Anwendung gefunden. Über entsprechende Probleme berichtet Saporta (1959). Andererseits gibt es durchaus dezidierte Analysen bestimmter Textsorten oder Texteigenschaften, wie z.B. die Analyse von Humor (vgl. Barron 1950; Middleton 1959; Stephenson 1951).

Die *Politik* ist von Anfang an eine der Domänen der Themenanalyse gewesen. Lasswell (1941) hat zunächst *Aufmerksamkeitsanalysen* durchgeführt, die sich später zur *Objektivitätsanalyse* und zur *Propaganda-Analyse* ausgeweitet haben (vgl. Lasswell 1949; George 1956; Mueller/Greiner 1969). Die Analyse der öffentlichen Meinung (vgl. Harris 1948; Doob 1949; Kepplinger 1980) fällt ebenso wie die *Objektivitätsanalyse* zur Messung der Objektivität der Berichterstattung (vgl. Janis/Fadner 1943; Kepplinger 1980; Schröder/Storll 1980; Merten 1982c) oder die Bewertung von Politikern (vgl. Koszyk 1962) in den ureigensten Bereich der Politik.

In der *Psychologie* hat man zunächst vielfältige Verfahren der *Persönlichkeitsstrukturanalyse* (vgl. Baldwin 1942; Gottschalk 1979) entwickelt, die sowohl kognitive Fähigkeiten, affektive Dispositionen oder mentale Defekte aufdecken sollen: Die Spannweite reicht dabei von der Feststellung schizoider Eigenschaften (vgl. Laffal 1965a) bis zur inhaltsanalytischen Messung des Einflusses von Angst auf penile Erektionen mit Hilfe der Themenanalyse (vgl. Gottschalk 1979). Eine besondere Rolle nehmen dabei die *Motivanalyse* (vgl. Dollard 1947; McClelland 1958; Schöfer 1980) oder die *Traumanalyse* (vgl. Eggan 1952; Hall 1966 und Gottschalk 1979) ein. Instruktiv ist z.B. die Analyse von Abschiedsbriefen von Selbstmördern (vgl. Osgood 1959a; Gottschalk/Gleser 1960 oder Ogilvie 1966) mit dem Ziel, echte von vorgetäuschten Suizidversuchen zu unterscheiden.

In der *Psychiatrie* liegt das Interesse sowohl auf der Arzt-Patienten-Interaktion (vgl. Auld 1955; Psathas 1966; Marsden 1971) als auch in der Messung von Heilerfolg (vgl. Dollard/Mowrer 1947). Die dabei verwendeten Kategorienschemata sind stark differenziert (vgl. etwa Laffal 1965 oder Hall 1966: 33 ff.).

Die *Sozialpsychologie* hat sich inhaltsanalytisch vor allem mit der Analyse von Kleingruppen beschäftigt (vgl. Bales 1968), die Aufschluß über die Entwicklung von Gruppenstrukturen, Hierarchiebildung, Konformität etc. geben kann (vgl. *Interaktionsprozeßanalyse*). Daneben ist die Analyse von Einstellungen zu nennen, die auch von der Propaganda-Analyse miterfaßt werden und naturgemäß im politischen Bereich am häufigsten durchgeführt worden sind (vgl. Mueller/Greiner 1969; Bessler 1970).

Auch die *Soziologie* interessiert sich für Einstellungen, die als Werthaltungen resp. als *Vorurteile* gegenüber bestimmten Ethnien, Charakteren oder Rollen auftreten. So haben White (1947), Albrecht (1956) und Becker (1968) Werthaltungen untersucht, wie sie in den Medien auftreten, während Vorurteile gegenüber Minoritäten von Berelson/Salter (1946) und von Delgado (1972) analysiert werden. Ulze (1977) analysiert die Darstellung der Frau in den Medien, während Foltin/Würzberg (1975) die Darstellung der Arbeitswelt in den Medien analysieren. Analysen von abweichendem Verhalten (Davis 1952; Stein/Hilbers 1977) oder Analysen von Comics nach den dort enthaltenen Einstellungen zu bestimmten Berufen oder Charakteren (vgl. Barcus 1963; Kagelmann 1976) sind hier ebenso zu nennen wie die Analyse von Hochzeitsanzeigen in bezug auf darin ausgedrückte soziale Eigenheiten (vgl. Hatch 1947). Auch die Analyse kultureller Indikatoren (vgl. Gerbner 1969a) ist hier zu erwähnen.

In der *Publizistik* (Massenkommunikationsforschung) sind Inhaltsanalysen vor allem in bezug auf die verschiedenen Medien (vgl. Abb. 77) durchgeführt worden. Aber auch inhaltlich sind sehr viele Aspekte der Produktion und Rezeption medialer Texte analysiert worden: Anzeigen sind sowohl in bezug auf ihren Anteil an der Gesamtproduktion (vgl. Aufermann 1965) als auch in bezug auf ihre Werbewirksamkeit (vgl. Fiske 1947; Harder 1965; Haseloff 1969) analysiert worden. Aktualität resp. Sensationalismus von Inhalten (vgl. Stewart 1943; Tannenbaum 1969), aber auch das Interesse gegenüber medialen Inhalten (vgl. McClung Lee 1945) sind ebenso untersucht worden wie die Wirklichkeitskonstruktion durch mediale Inhalte (vgl. Schulz 1976). Ebenso sind die inhaltlichen Eigenschaften erfolgreicher Artikel (vgl. Schönbach 1978) oder von Bestsellern (vgl. Austin 1952) untersucht worden. Die meisten Themenanalysen sind darüber hinaus als *Trendanalysen* konzipiert (vgl. statt anderer Grobe 1973).

Von besonderem Interesse sind dabei natürlich Analysen, die über den verbalen Kanal hinausgehen. Kottwitz (1970: 27 f.) benutzt zur Beschreibung von Bildern in der Presse ein siebenfaches Kategoriensystem (Abb. 78):

---

1. *Informationsniveau*, differenziert nach:
1.1 Regionaler Bezug (lokal, national, international)
1.2 Zeitlicher Bezug (Dauer in Tagen, Wochen, Monaten, Jahren)
1.3 Häufigkeit des Auftretens/Überraschung (häufig, gelegentlich, selten, sehr selten vorkommend)
1.4 Relevanz (nach Regionen und nach Dauer des Ereignisses)
2. *Informationsumfang* (Bild-Text-Relation, differenziert nach Zeit, Raum, Einmaligkeit und Relevanz)
3. *Emotion* (sachlich, eher sachlich, sachlich-emotional, eher emotional, emotional)
4. *Selektivität* (Abbildung der Realität versus Perspektive (Ausschnitt) mit zusätzlichen Effekten)
5. *Ästhetik* (keine Kriterien angegeben)
6. *Textumfang* der Bildunterschrift (keine Unterschrift, einfache Benennung, Benennung mit Attribut, Satz, Text, mehrere Sätze)
7. *Inhaltliche Kategorien:*
   Politik
   Wirtschaft
   Wissenschaft
   Bildende Kunst
   Theater
   Film
   Natur
   Unfälle / Katastrophen
   Kriminalität
   Gesellschaftliches (Human Interest)
   Sport
   Sonstiges

Abbildung 78: Kategoriensystem zur Analyse von Bildern (nach Kottwitz 1970: 27–40)

Von besonderem Interesse ist die Feststellung von Kottwitz, daß bei der Kategorisierung nach diesem Schema eine sehr hohe *Intercoderreliabilität* gemessen wurde.

8.31-6 Kontingenzanalyse

Unter dem Begriff *Kontingenzanalyse (Assoziationsanalyse)* versteht man ein inhaltsanalytisches Verfahren, bei dem in einem Text geprüft wird, welche Symbole überdurchschnittlich oft im Zusammenhang mit vorgegebenen (theoretisch relevanten) Symbolen auftreten. Die festgestellten Assoziationen (Kontingenzen) zwischen diesen Symbolen werden dann zum Schluß auf den Autor des Textes benutzt. Es handelt sich somit um eine semantische Kommunikatoranalyse, die zur Inferenz auf Persönlichkeitsstrukturen benutzt werden kann.

1) Entwicklung des Verfahrens

Die Überlegung, daß das überdurchschnittlich häufige gemeinsame Auftreten zweier Symbole (items) X_1 und X_2 einen Rückschluß auf den Kommunikator zuläßt, stammt von Baldwin (1942: 168): „The contiguity of two items, if repeated sufficiently often to exclude the hypothesis that the contiguity is due to chance, indicates a relationship in the personality". Diese Überlegung wird von Osgood aufgegriffen und anhand eines Experimentes (vgl. Osgood 1959: 55 ff.) überprüft. Als Ergebnis wird das Verfahren als „contingency content analysis" von Osgood/Anderson (1957) präsentiert und auf der zweiten Konferenz über Inhaltsanalyse (1955) von Osgood in größerem Zusammenhang vorgestellt und erläutert (vgl. Osgood 1959).

2) Logik des Schlusses vom Text auf den Kontext

Die Kontingenzanalyse fußt auf dem *Repräsentationsmodell*, d.h. sie unterstellt, daß die festgestellte Kontingenz zweier Items X und Y Ausdruck einer analogen Kontingenz im Kopf des Kommunikators ist. Schon daraus folgt jedoch, daß nur dann vom Text auf den Kommunikator geschlossen werden darf, wenn dieser den Text unbewußt (unkontrolliert) und absichtslos produziert hat. Ist er sich dessen bewußt, so steht zu vermuten, daß er sich gegen „Entdeckung" absichert, indem er vorsätzlich „anders" spricht oder schreibt.

Wenn der Kommunikator jedoch mit seinem Text eine bestimmte Absicht verfolgt (z.B. jemanden überreden will etc.), so ist anzunehmen, daß er sich der Situation (dem Thema, dem Rezipienten etc.) anpassen wird und dadurch ebenfalls seine ansonsten vielleicht vorhandenen Assoziationen unkontrollierbar verzerrt. Die Anwendung der Kontingenzanalyse setzt also eine Prüfung der Kommunikationssituation voraus.

3) Vorgehensweise

Das Vorgehen erfolgt in fünf Schritten:

a) Festlegung der Analyseeinheiten (Untersuchungseinheiten)
   Die Festlegung der *Analyseeinheit* (recording unit) ist relativ problematisch, denn: Wird sie zu groß gewählt, so ergeben sich zwischen allen möglichen Items Kontingenzen, wird sie zu klein gewählt (z.B. ein einzelner Satz), so ergeben sich gar keine Kontingenzen mehr. Auf Grund eines (freilich nicht näher er-

läuterten) Tests schlägt Osgood (1959: 62) daher vor, als Analyseeinheit Texte mit einem Wortumfang von 120 bis 210 Wörtern zu benutzen.

b) Definition der Kategorien
Im zweiten Schritt müssen die Kategorien festgelegt werden, die als relevant gelten. Im Gegensatz zur *Themenanalyse* (vgl. Kap. 8.31-5) darf das Kategorienschema *offen* bleiben, denn es müssen ja nicht alle vorkommenden Inhalte (Themen) erhoben werden, sondern eben nur die, die von Interesse sind. Als Kategorien können einzelne Symbole, Items etc. benutzt werden, es können aber auch Klassen verwandter Worte gebildet werden. So kann man z.B. die Symbole „Bundeskanzler", „Kanzler", „Regierungschef" oder auch den jeweiligen Namen eines Bundeskanzlers unter eine einzige Kategorie subsumieren. Die Bestimmung der relevanten vorzugebenden Kategorien ergibt sich aus der Fragestellung der Untersuchung, die Festlegung aller anderen Kategorien muß am Text selbst erfolgen.

c) Erstellung der Rohdatenmatrix
Im dritten Schritt wird eine Rohdatenmatrix gebildet, die im Kopf die gesamten Kategorien X_1 bis X_m enthält und am Rand alle Analyseeinheiten(Abb. 79).

n x m-*Rohdatenmatrix*

n \ m	x_1	x_2	x_3	x_4	
1	+	-	+	+	3
2	-	-	+	+	2
3	-	-	+	-	1
4	+	-	-	+	2
5	-	+	-	-	2
	.4	.2	.6	.6	$\Sigma = 9$

n x n *Kontingenzmatrix*

n \ n	x_1	x_2	x_3	x_4
x_1	-	.08	.24	.24
x_2	.0	-	.12	.12
x_3	.2	.0	-	.36
x_4	.2	.0	.4	-

Obere Dreiecksmatrix:
Erwartete Wahrscheinlichkeit p_e
Untere Dreiecksmatrix:
Beobachtete Wahrscheinlichkeit p_0

Abbildung 79: Rohdatenmatrix und Kontingenzmatrix

Sind m Kategorien festgelegt worden und werden n Analyseeinheiten ausgewertet, so erhält man eine n x m-Matrix, d.h. eine Matrix mit n Zeilen und m Spalten. In unserem (fiktiven Beispiel haben wir m = 4 Kategorien und n = 5 Analyseeinheiten, d.h. man erhält eine Matrix mit 5 Zeilen und 4 Spalten. Bei jeder Analyseeinheit wird nun geprüft, ob die einzelnen Kategorien auftreten

8 Typologie inhaltsanalytischer Verfahren 159

oder nicht. Tritt eine Kategorie auf (egal wie oft!), so wird in die Rohdatenmatrix ein „+" eingetragen, tritt sie nicht auf, so wird ein „−" eingetragen. Aus Abb. 79 sieht man, daß in der 1. Analyseeinheit die Kategorien X_1, X_3 und X_4 auftreten, während X_2 nicht auftritt. Am Fuß der Matrix wird nach Auswertung aller Analyseeinheiten für jede Kategorie die Auftrittswahrscheinlichkeit (relative Häufigkeit) eingetragen, d.h. die Summe aller positiven Einträge (+), dividiert durch die Zahl der Analyseeinheiten (n). Daher erhält man z.B. für X_2 nur 1/5, während man für X_3 3/5 = 0.6 erhält etc.

d) Erstellung der Kontingenzmatrix
Es gilt festzustellen, ob eine Assoziation „überzufällig" oder „unterzufällig" ist. Dies gelingt, indem man die erwartete theoretische Wahrscheinlichkeit des gemeinsamen Auftretens zweier Kategorien X_1 und X_j, nämlich p_e, berechnet und prüft, ob diese größer oder kleiner als die empirisch gewonnene Wahrscheinlichkeit des gemeinsamen Auftretens zweier Kategorien p_0 ist.

Nach dem Multiplikationssatz für *unabhängige* Ereignisse ergibt sich die erwartete Häufigkeit einfach als Produkt der Einzelwahrscheinlichkeiten, das in die jeweilige Zeile der rechten oberen Hälfte der n x n-Kontingenzmatrix eingetragen wird (Abb. 79). In diesem Beispiel tritt X_1 mit einer Wahrscheinlichkeit von 0.4 und X_2 mit 0.2 auf, so daß sich für die erwartete Wahrscheinlichkeit des gemeinsamen Auftretens von X_1 und X_2 der Wert $p_{e_{12}} = 0.4 \times 0.2 = 0.08$ ergibt. Auf diese Weise werden alle erwarteten Wahrscheinlichkeiten bestimmt. Die erwarteten Wahrscheinlichkeiten geben einen neutralen Wert an. Ist der Wert der empirischen Wahrscheinlichkeit größer, so spricht man von *Assoziation*, ist er kleiner, spricht man von *Dissoziation* der jeweiligen Items.

Die empirische Wahrscheinlichkeit für das gemeinsame Auftreten zweier Items erhält man, wenn man die Summe des gemeinsamen Auftretens aller Paare über alle Analyseeinheiten hinweg bestimmt und durch die Anzahl n der Analyseeinheiten dividiert. Aus Abb. 79 ergibt sich z.B., daß X_1 und X_2 niemals gemeinsam auftreten, während X_3 und X_4 sowohl in der ersten als auch in der zweiten Analyseeinheit gemeinsam auftreten. Demgemäß ist $p_{0_{12}} = 0/5 = 0$, aber $p_{0_{34}} = 2/5 = 0,4$. Diese Wahrscheinlichkeiten werden in die linke untere Dreiecksmatrix eingetragen. Die Differenz $(p_0 - p_e)$, die z.B. für $X_1 X_3$ den Wert $(0.2 - 0.24) = -0.04$ hat, läßt bei positivem Vorzeichen eine Assoziation, bei negativem Vorzeichen eine Dissoziation erkennen.

e) Prüfung auf Signifikanz
Je stärker positiv oder negativ die Assoziation oder Dissoziation, gemessen als Differenz $(p_0 - p_e)$, ausfällt, desto eindeutiger ist das Ergebnis. Um zu unterscheiden, ob das Ergebnis eindeutig (signifikant) ist, oder ob es sich rein zufällig (auf Grund der gewählten Stichprobe) ergeben hat, muß die *Signifikanz* der Assoziation überprüft werden.

Dazu bieten sich zwei Möglichkeiten an: Die Prüfung durch CHI^2 oder die Prüfung über den *Standardfehler* (vgl. Kap. 9). Im ersten Fall berechnet man für jedes Paar X_i und X_j, dessen Assoziation auf Signifikanz geprüft werden soll, die Prüfgröße CHI², indem zunächst eine Vierfeldertabelle aufgestellt wird (Abb. 80).

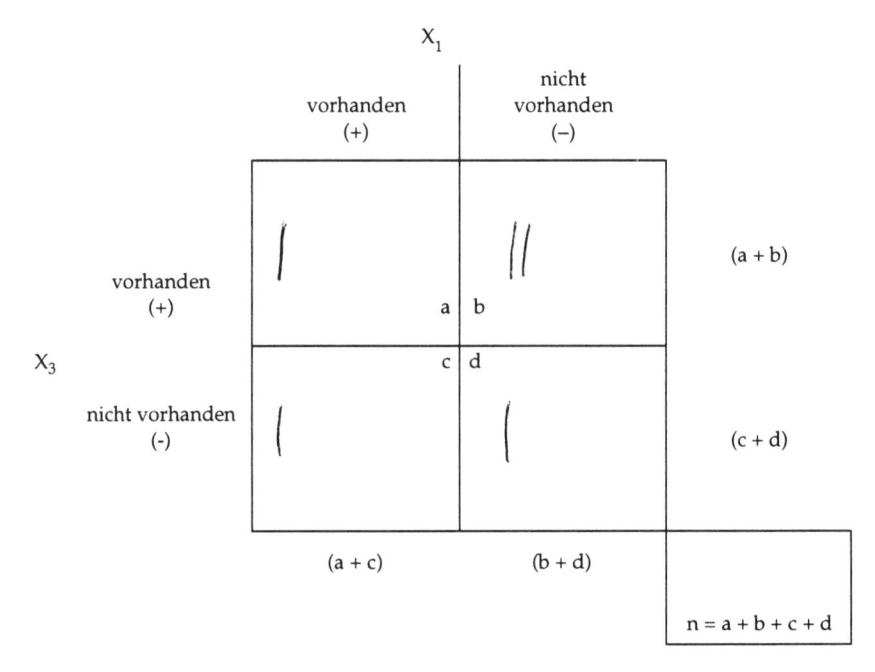

```
                              X₁
                    vorhanden      nicht
                       (+)       vorhanden
                                    (-)
                    ┌─────────┬─────────┐
          vorhanden │    /    │   //    │   (a + b)
             (+)    │         │         │
                    │   a     │   b     │
    X₃              ├─────────┼─────────┤
                    │   c     │   d     │
       nicht vorhanden │  /   │   /     │   (c + d)
             (-)    │         │         │
                    └─────────┴─────────┘
                       (a + c)   (b + d)
                                          n = a + b + c + d
```

Abbildung 80: Berechnung von Signifikanzwerten mit CHI²

Man beginnt mit der ersten Analyseeinheit und prüft, ob die Items X_i und X_j dort vertreten sind. Entsprechend den vier logischen Möglichkeiten, die sich aus der Kombination von X_i und X_j ergeben (++, +−, −+, −−), wird die jeweils zutreffende Kombination festgestellt und ein Eintrag (Strich) in der jeweiligen Zelle gemacht. Diese Prozedur wird über alle Analyseeinheiten hinweg durchgeführt, so daß bei n Untersuchungseinheiten auch n Einträge in der Tabelle enthalten sind. In Abb. 80 ist dies exemplarisch für die Items X_1 und X_3 erfolgt: Bei der ersten Analyseeinheit ist sowohl X_1 als auch X_3 vertreten, so daß in Zelle a ein Eintrag erfolgt. In Analyseeinheit 2 und 3 ist nur X_3 vertreten, so daß in Zelle b zwei Einträge erfolgen etc.

Die Prüfgröße CHI² errechnet sich dann wie folgt:

(7) $$CHI^2 = \frac{(ad - bc)^2 \cdot n}{(a+b)(a+c)(b+d)(c+d)}$$

Legt man das in den Sozialwissenschaften übliche Signifikanzniveau von .05 zugrunde (was bedeutet, daß man eine Irrtumswahrscheinlichkeit von 5% in Kauf nimmt), so ist der Wert von CHI² signifikant, wenn er gleich oder größer als der (in jedem Statistikbuch nachschlagbare) Wert der CHI²-Verteilung bei einem Freiheitsgrad ausfällt. Dieser hat den Wert von 3.84. Ist das errechnete CHI² aus der Tabelle größer, so sprechen wir von einer *signifikanten* Assoziation bzw. Dissoziation, ist er kleiner, so ist die Assoziation bzw. Dissoziation nicht signifikant. Der Nachteil dieses Prüfverfahrens liegt darin, daß für die Berechnung von CHI² die erwartete Häufigkeit pro Zeile (die sich aus dem Produkt von Zeilensumme mal Spaltensumme, dividiert durch n, ergibt), den Wert 5 nicht unterschreiten darf. (Das Beispiel in Abb. 80 arbeitet mit fiktiven Zahlen!).

Osgood schlägt daher eine andere Signifikanzprüfung, nämlich über den *Standardfehler*, vor:

Dazu berechnet man für alle Assoziationspaare $X_i X_j$ die Erwartungswahrscheinlichkeit p_e und berechnen den Standardfehler als

(8) $$\sigma s_{p_e} = \sqrt{\frac{p_e(1-p_e)}{n}}$$

Um die Grenzen zu bestimmen, den der beobachtete Assoziationswert über- oder unterschreiten muß, damit man von Signifikanz sprechen kann, wird ein entsprechender Standardwert (z-Wert) für zweiseitige Fragestellung bestimmt. Die übliche Irrtumswahrscheinlichkeit von $\alpha = .05$ muß demgemäß auf beide Seiten (Überschreiten oder Unterschreiten) verteilt werden. Aus jedem Statistikbuch (etwa Kriz 1973: 277) entnimmt man dazu einen Wert von $Z_{.975} = 1.96$. Die Prüfregel lautet nun: Bewegt sich die empirisch gefundene Wahrscheinlichkeit p_0 in den Grenzen

(9) $$(p_e + 1.96\ \sigma_{p_e}) > p_0 > (p_e - 1.96\ \sigma_{p_e})$$

so ist die gemessene Assoziation *nicht* signifikant, sondern gilt als rein zufällig zustande gekommen. Überschreitet die empirische Wahrscheinlichkeit jedoch dieses Intervall nach oben oder unten, so spricht man von *Signifikanz*, also von nicht mehr zufallsbedingter Abweichung: In diesem Fall ist die Assoziation resp. Dissoziation statistisch erhärtet.

4) Kritik

Kritik an der Osgoodschen Kontingenzanalyse (vgl. Krippendorff 1969: 76 ff.) ist an mehreren Punkten anzubringen:

a) Der Inferenzschluß ist aus den geschilderten Gründen heraus nur dann möglich, wenn der Text ohne Verzerrungen durch Intention oder Situation produziert worden ist.

b) Die Größe der Analyseeinheit und die Zahl der gewählten Kategorien haben direkten Einfluß auf die Stärke der zu berechnenden Assoziationen. Der von Osgood genannte Erfahrungswert von 120 bis 210 Wörtern ist nur ein pragmatischer Näherungswert. Die Zahl der Kategorien relativiert diesen Wert.

c) Das Verfahren berücksichtigt pro Untersuchungseinheit die auftretenden Items nur jeweils einmal, ist also unempfindlich gegen Wiederholung des Items in derselben Analyseeinheit und verschenkt damit zusätzliche Informationen.

d) Das Verfahren stellt keinen Bezug zu der Referenz der benutzten Wörter her und bleibt damit zugleich auch kontextunempfindlich.

e) Das Verfahren ist unempfindlich gegenüber den affektiven oder kognitiven Beziehungen zwischen den Items. Der Satz „Jungsozialisten mögen das Militär nicht" würde die gleiche (positive) Assoziation zwischen den Items „Jungsozialisten" und „Militär" erzeugen wie der Satz „Jungsozialisten mögen das Militär".

f) Die Berechnung der Erwartungshäufigkeit p_e und die darauf aufbauenden Signifikanztests setzen Unabhängigkeit der Items und der Assoziationen voraus. Die Assoziationen sind jedoch ex definitione wechselseitig abhängig, und zwar um so stärker, je weniger Items bei der Analyse verwendet werden.

Als instruktives Beispiel zur Illustration dieser Kritikpunkte kann man eine an sich verdienstvolle Untersuchung von Jugendbüchern heranziehen:

Beispiel 19: Analyse von Jugendbuchthemen (Nauck 1974)

Ziel dieser Untersuchung ist es, die Themen in Jugendbüchern zu bestimmen. Zu diesem Zweck wird zunächst eine Themenanalyse durchgeführt, bei der jeder Titel anhand eines Kategorienschemas (vgl. Abb. 48) nach bis zu 15 Themen codiert werden kann. Analyseeinheit ist dabei der einzelne Titel in toto (vgl. Nauck 1974: 120 f.). Auf der Basis der anteilig vertretenen Themen je Titel führt Nauck eine zweite Inhaltsanalyse durch, nämlich eine Kontingenzanalyse, bei der die 15 Kategorien der Themenanalyse identisch als Items der Kontingenzanalyse übernommen werden. Die erwarteten und beobachteten Kontingenzen werden nach Gleichung (8) berechnet, und Nauck erhält das folgende Bild (Abb. 81). Dabei drückt die Stärke der Verbindung zwischen den einzelnen Themen die berechnete Assoziation aus, während die Größe der Kreise symbolisiert, wie stark die einzelnen Themen im Durchschnitt pro Buch vertreten sind.

Die Kritik muß zunächst einmal an der Unabhängigkeit der Kategorien ansetzen. Denn da jedes Buch *immer* mindestens ein Thema hat, werden vergleichsweise sehr viele Assoziationen auftauchen. Hier reproduziert sich – verkürzt gesagt – das bereits von Osgood gesehene Dilemma der angemessenen Größe der Analyseeinheit. Darüber hinaus wirken sich die vergleichsweise geringe Zahl der Kategorien und das geschlossene Kategoriensystem auf die sowieso nicht gesicherte Unabhängigkeit der Assoziationen voneinander verstärkend aus, so daß stärkere Verzerrungen entstehen. Unter solchen Umständen ist es jedoch erst recht bedenklich, wenn Nauck (1974: 123) das Signifikanzniveau auf 0.32 erniedrigt, was bedeutet, daß in 32% aller Fälle schon rein zufällig eine Assoziation festzustellen sein wird. Da 15 Kategorien vorhanden sind, gibt es 15 (15-1)/2 = 105 Assoziationen, und von diesen sind 35 Assoziationen, d.h. jede dritte Assoziation, pseudosignifikant.

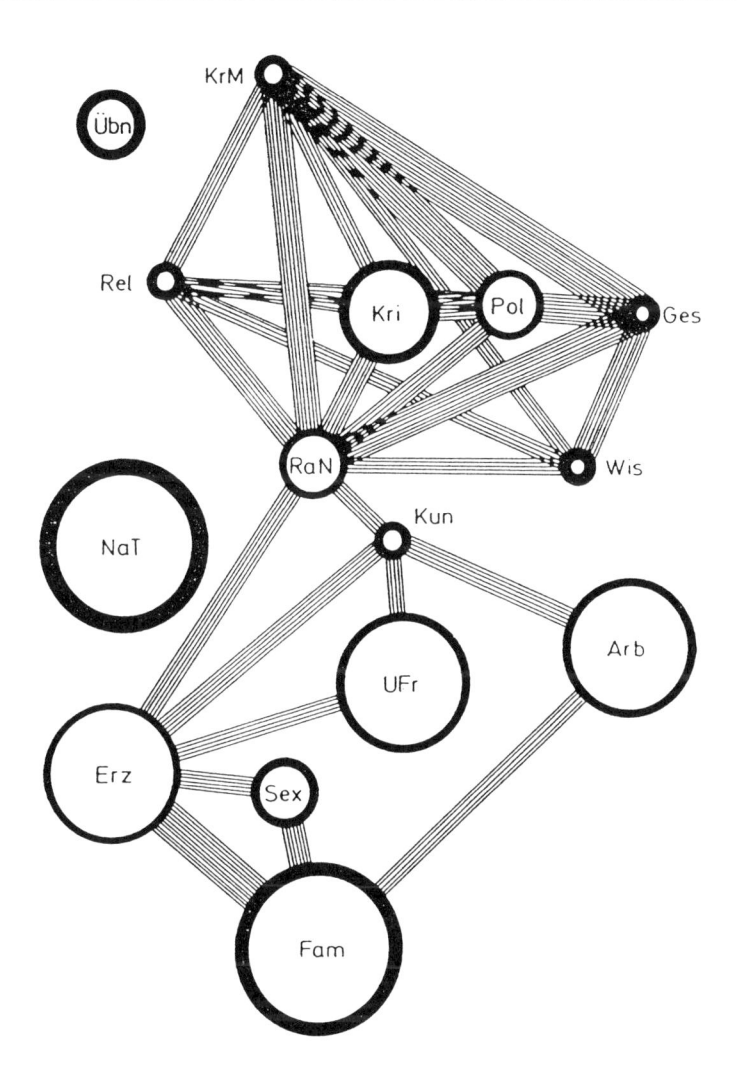

8 Typologie inhaltsanalytischer Verfahren 163

Arb	–	Geschäftswelt, Industrie, Arbeitswelt	NaT	=	Natur und Technik
			Pol	=	Regierung
Erz	=	Erziehung und Schule	RaN	–	Rasse und Nationalität
Fam	=	Familiäre Beziehungen	Rel	=	Religion und Kirche
Ges	=	Geschichtliche Ereignisse	Sex	=	Liebe, Erotik
Kri	=	Kriminalität	Übn	=	Übernatürliches
KrM	=	Militär und Krieg	UFr	=	Unterhaltung und Freizeit
Kun	=	Literatur und Kunst	Wis	=	Wissenschaft

Abbildung 81: Themenassoziation der 15 möglichen Themen im Jugendbuch (Nauck 1974: 169)

5) Variationen und Weiterentwicklungen

Aus den genannten Kritikpunkten ergeben sich deutliche Hinweise, daß das Verfahren der Kontingenzanalyse verbesserungsbedürftig ist. Weymann (1973) hat daher ein von ihm *Bedeutungsfeldanalyse* genanntes Verfahren entwickelt, das es gestattet, differenzierte Assoziationen, vor allem aber auch kausale Strukturen zu entdecken und zu analysieren. Dieses Verfahren wird im folgenden noch näher vorgestellt (vgl. Kap. 8.31-8). Auch der Ansatz von Spolsky (1970) ist hier zu nennen. Im übrigen kann die Analyse von Kontingenzen mit Hilfe anderer Verfahren, z.B. durch die hierarchische Clusteranalyse (vgl. Johnson 1967; Schlosser 1976: 189 ff.) oder durch geeignete faktorenanalytische Analysetechniken verfeinert werden. Daß solche Möglichkeiten bislang jedoch wenig genutzt worden sind, dürfte seinen Grund in der vergleichsweise beschränkten Anwendung der Kontingenzanalyse selbst haben.

6) Anwendungen

Die Kontingenzanalyse ist ein Verfahren zur Aufdeckung mentaler Assoziationen beim Kommunikator. Weil die zu analysierenden Texte frei, also unverstellt produziert und zudem ziemlich umfangreich sein müssen, eignen sich allenfalls Tagebücher, Lehrpläne oder Lehrinhalte zur Analyse. Osgood (1959: 69) berichtet über eine Analyse der Tagebücher von Goebbels, bei der aufschlußreiche Zusammenhänge zwischen den Schwierigkeiten des Dritten Reiches und Goebbels' persönlichen Sorgen offenbar wurden: Dachte Goebbels z.B. an die Überlegenheit der germanischen Rasse, dann vermied er es, an die Briten zu denken (weil diese der gleichen Rasse angehörten, aber Feinde waren). Dachte er an den harten Kriegswinter, so tröstete er sich mit Eigenlob und betonte die Nähe zum Führer etc.

Von Sebeok (1957) liegt ein Versuch vor, die gemeinsamen Grundstrukturen resp. Grundmotive Tscheremissischer Märchenerzählungen zu analysieren. Weymann (1973a) hat Themen der Erwachsenenbildung (1955–1969) auf ihre Assoziationen hin untersucht. Ähnlich hat Hard (1978) Lehrpläne aus dem Bereich der Didaktik über einen Zeitraum von 30 Jahren (1945–1975) analysiert und benutzt die Kontingenzanalyse, um Assoziationen zwischen Lehrplänen und deren Themenstruktur aufzuzeigen. Damit läßt sich die Kontingenzanalyse auch zur Inferenz auf soziale Situationen anwenden. Andere Typen von Kontingenzanalysen diskutiert Marsden (1971: 370 ff.).

8.31-7 Bedeutungsfeldanalyse (Assoziationsstrukturenanalyse)

Die Bedeutungsfeldanalyse ist ein inhaltsanalytisches Verfahren, das nicht nur, wie die Kontingenzanalyse, das simultane Auftreten von Items erfaßt (deren Assoziation), sondern auch die Abfolge von Items berücksichtigt und damit latente Kausalstrukturen manifest macht.

1) Entwicklung des Verfahrens

Der Begriff des Bedeutungsfeldes stammt aus der Linguistik (vgl. Meier 1976) und wurde durch Arbeiten von Wundt und anderen in der Psychologie hoffähig.

8 Typologie inhaltsanalytischer Verfahren

„Versuche haben gezeigt, daß diejenigen Wörter, die im Gehirn der Versuchspersonen gemeinsame Bedeutungselemente besitzen, öfter und rascher assoziiert werden" (Meier 1976: 553). Weymann (1973: 761) hat diesen Gedanken aufgegriffen und entwickelt daraus, mit Rückblick auf die Kontingenzanalyse, die *Bedeutungsfeldanalyse*. „Osgoods Kontingenzanalyse macht die charakteristischen Assoziationen und Dissoziationen eines Sprechers auf inhaltsanalytischem Wege sichtbar. Die hier vorgeschlagene Technik der 'Bedeutungsfeldanalyse' soll sich durch mehr Differenziertheit bei der Datenerhebung und größere analytische Kapazität auszeichnen". Es wird unterstellt, daß „die Bedeutung eines Stimuluswortes gleich der 'potential distribution of responses to that form' (ist), d.h. sie ist die theoretische Verteilung aller Responses auf einen Stimulus. Je mehr gemeinsame Responses zwei Stimulusworte ausgelöst haben und je weniger individuelle Responses sie auslösen, desto größer ist die assoziative Bedeutungsähnlichkeit der beiden Reizworte" (Weymann 1973: 762). Die bei Weymann (1973) zunächst auftretenden Mängel in der statistischen Analyse (vgl. Kriz 1975) sind in der Weiterentwicklung der Bedeutungsfeldanalyse zur Assoziationsstrukturenanalyse durch Lisch (1979) behoben worden. Zugleich hat Lisch weitere Vorschläge für die statistische Analyse gemacht, die bei der Vorstellung des Verfahrens berücksichtigt werden sollen.

2) Logik des Schlusses vom Text auf den Kontext

Die Bedeutungsfeldanalyse resp. Assoziationsstrukturenanalyse unterstellt wie die Kontingenzanalyse die Gültigkeit des Repräsentationsmodells. Bei der Anwendung ist daher sorgfältig zu prüfen, ob die Produktion des Textes durch die Situation oder im Hinblick auf den Rezipienten verzerrt erfolgt ist. Dies ist bei einer Person normalerweise weit eher der Fall als bei den Medien, wenn man Propagandasendungen einmal ausschließt.

3) Vorgehensweise

Die Vorgehensweise bei der Bedeutungsfeldanalyse resp. Assoziationsstrukturenanalyse (ASA) ist zunächst die gleiche wie bei der Kontingenzanalyse (vgl. Kap. 8.31-6):

a) Definition der Analyseeinheiten (Untersuchungseinheiten)
   Es werden Analyseeinheiten definiert, die in Anlehnung an Osgood zwischen 120 und 210 Wörtern umfassen. Weymann (1973: 765) schlägt vor, dies auf Textabsätze umzurechnen und in Texten bei jeder 4. Seite einen entsprechenden Absatz auszuwählen.

b) Definition eines Kategoriensystems
   Es wird ein Kategoriensystem definiert, das, wie bei der Themenanalyse, nicht geschlossen sein muß, sondern offen sein darf.

c) Erstellung der Rohdatenmatrix
   Es wird ein Rohdatenmatrix gebildet, bei der über alle n Analyseeinheiten nicht nur das Vorkommen bestimmter Items X notiert wird (wie bei der Kontingenzanalyse), sondern bei der auch die Abfolge der Items festgehalten wird. Damit ist auch impliziert, daß das Mehrfachauftreten von Kategorien miterfaßt wird,

so daß die Bedeutungsfeldanalyse nicht nur die Abfolge, sondern auch die Häufigkeit bestimmter Items berücksichtigt und damit kausale Strukturen erfassen kann. Das erste jeweils auftretende Item wird dabei als Stimulus, das bzw. die folgenden dann als Response bezeichnet. In Abb. 82 ist eine Rohdatenmatrix (mit fiktiven Daten) wiedergegeben, bei der zur Illustration ein Kategoriensystem mit m = 10 Items X_i und n = 5 Analyseeinheiten zugrunde gelegt wird. Die Zahl der Zeilen der Rohdatenmatrix entspricht dabei der Zahl der Analyseeinheiten, die Zahl der Spalten entspricht dabei der längsten Kette auftretender Items, sie muß daher empirisch bestimmt werden. Dabei gilt, daß ein Stimulus Item X nicht zugleich sich selbst als Response auslösen kann, d.h. in entsprechenden Fällen wird das doppelte Auftreten nicht berücksichtigt.

n \ m	für m = 10 Items									
1.	5	3	6							
2.	5	1								
3.	4	2	10	4	3	4	1	7		
4.	5	3	4	2	7	2				
5.	6	1	2							

Abbildung 82: Rohdatenmatrix bei der Bedeutungsfeldanalyse (nach Weymann 1973: 765 f. und Lisch 1979: 67 f.)

Die in Abb. 82 dargestellte Matrix weist insgesamt 10 Spalten auf, denn in der 3. Analyseeinheit treten insgesamt acht der zehn Kategorien auf, davon Item 4 gleich viermal.

d) Bildung der Assoziationsstrukturmatrix

Zunächst werden die Erwartungswerte für das Auftreten der Abfolge $X_i X_j$, also aller Fälle, in denen X_i vor X_j auftritt, gebildet:

Ist S_i die Häufigkeit, mit der X_i als Stimulus auftritt und R_i die Häufigkeit, mit der X_i als Response auftritt und R_j die Häufigkeit, mit der X_j als Response auftritt und R die Summe aller n Items, die als Response auftreten, so errechnen sich die Erwartungswerte für das Auftreten von $X_i X_j$ als

(10) $\qquad f_{e_{ij}} = S_i \cdot \dfrac{R_j}{(R - R_i)}$ $\qquad\qquad$ *Erwartungswert*

Diese Formel ergibt sich aus der Überlegung, daß es sich hier um bedingte Wahrscheinlichkeiten handelt: Wenn zunächst ein Stimulus X_i auftritt, dann

8 Typologie inhaltsanalytischer Verfahren

kann er nicht auch als Response auftreten, so daß im Nenner der Wahrscheinlichkeit die Fälle R_i nicht mitberücksichtigt werden dürfen. In unserem Beispiel mit fiktiven Daten (Abb. 82) errechnet sich z.B. die erwartete Häufigkeit für

$$X_4 X_2 \text{ als } f_{e_{42}} = 4 \cdot \frac{3}{16-3} = .92$$

Diesen Erwartungswerten werden die beobachteten Werte f_0 gegenübergestellt, die wie bei der Kontingenzanalyse durch Auszählung der Paare ermittelt werden. Das ergibt hier

$$f_{0_{42}} = 2 \text{ und somit } (f_{0_{42}} - f_{e_{42}}) = 2 - .92 = 1.08$$

Ganz analog zur Kontingenzanalyse gilt, daß eine positive Differenz ($f_0 - f_e$) als Assoziation, eine negative Differenz als Dissoziation interpretiert wird. Um zu entscheiden, ob diese Assoziation bzw. Dissoziation zufällig zustande gekommen ist oder nicht, wird wieder ein Signifikanztest durchgeführt.

e) Prüfung auf Signifikanz
Soweit die Erwartungswerte in den einzelnen Zeilen nicht kleiner als 5 sind, kann der CHI²-Test wieder benutzt werden, wie dies bei der Kontingenzanalyse demonstriert worden ist (vgl. Kap. 8.31-7). Andernfalls wird vorgeschlagen (vgl. Lisch 1979: 69 f.), eine kumulierte Binominalverteilung zu benutzen.

f) Analyse auf Assoziationsstrukturen
Zur weiteren Analyse wird sodann eine symmetrische m x m -Matrix aufgestellt, in die die jeweiligen Assoziationen bzw. Dissoziationen, die der Signifikanztest abgesichert hat, einzutragen sind (Abb. 83).

Eine Assoziation wird mit +, eine Dissoziation mit –, eine fehlende Assoziation mit 0 ausgewiesen. Diese Matrix ist – anders als bei der Kontingenzanalyse – keine Dreiecksmatrix: Die Assoziation $X_4 X_2$ ist etwas anderes als die Assoziation $X_2 X_4$. In Abb. 83 sind Assoziationen bzw. Dissoziationen wegen der geringen Fallzahl ohne Berücksichtigung eines Signifikanztestes eingetragen, um das Prinzip zu verdeutlichen: Man erkennt, daß $X_4 X_2$ assoziiert ist, also häufiger als erwartet auftritt, während $X_2 X_4$ negativ assoziiert ist, also weniger häufig als erwartet auftritt. Da die Kategorie X_5 niemals als Response und die Kategorien X_8 und X_9 weder als Stimulus noch als Response auftreten, sind die entsprechenden Zellen frei.

Man kann diese Matrix schließlich benutzen, um Abfolgen zwischen den Items zu analysieren. Wenn z.B. X_4 als Stimulus X_2 als Response auslöst, so kann man weiter prüfen, ob Item X_2 auch noch als Response anderer Stimuli X_i fungiert bzw. seinerseits als Stimulus fungiert und andere Responses auslöst. Auf diese Weise kann man die Verbindung zwischen verschiedenen Items soziometrisch analysieren bzw. als Graph darstellen, so daß – je nach Zielsetzung – hier weitere Datenanalysen ansetzen können (vgl. Lisch 1979: 75 ff.).

	X_1	X_2	X_3	X_4	X_5	X_6	X_7	X_8	X_9	X_{10}
X_1		+	–	–		–	+			–
X_2	–		–	–		–	+			+
X_3	–	–		+		+	–			–
X_4	+	+	+			–	–			–
X_5	+	–	+	–		–	–			–
X_6	+	–	–	–			–			–
X_7	–	+	–	–	–					–
X_8										
X_9										
X_{10}	–	–	–	+		–	–			

Abbildung 83: Assoziationsstrukturenmatrix (nach Lisch 1979: 73)

4) Kritik

a) Die Assoziationsstrukturenanalyse berücksichtigt Häufigkeiten und Abfolgen von Items, so daß sie einen wesentlichen Fortschritt gegenüber der einfachen Kontingenzanalyse darstellt.

b) Sie setzt jedoch die Bildung von Assoziationen aller Items mit allen Items voraus, so daß sich in größerer Zahl rein zufällig dann „signifikante" Assoziationen einstellen können. Daher sollte das Signifikanzniveau hier besonders hoch angesetzt werden.

c) Der Bereich der Anwendungen ist – wie bei der Kontingenzanalyse – vergleichsweise eng und so gut wie ausschließlich auf den Kommunikator beschränkt.

d) Es gibt EDV-Programme, die diese und andere Operationen der Assoziationsstrukturenanalyse bereits standardmäßig bewältigen können (vgl. Kap. 12.3).

5) Variationen und Weiterentwicklungen

Die für die Analyse zugrunde gelegten Texte erstrecken sich üblicherweise über längere Zeit. Es ist daher denkbar (vgl. Lisch 1979: 81), Assoziationsstrukturen nicht nur als Graph abzubilden, sondern die Veränderung solcher Strukturen zu

8 Typologie inhaltsanalytischer Verfahren

analysieren und sie in Beziehung zu Bedingungen der sozialen Situation (Einflüsse des sozialen Wandels, bestimmter Epochen etc.) zu setzen. Es ist ferner denkbar, daß ein geschlossener Text in sich ebenfalls nicht homogen ist, sondern zu Anfang andere Items mit anderen Strukturen aufweist als zum Schluß.

6) Anwendungen

Anwendungen der Bedeutungsfeldanalyse bzw. der Assoziationsstrukturenanalyse sind wie bei der Kontingenzanalyse nur relativ begrenzt möglich. Weymann (1973) hat Themen der Erwachsenenbildung mit der Bedeutungsfeldanalyse analysiert und sie anschließend clusteranalytisch weiterbearbeitet. Weymann (1974) hat ebenfalls die Bedeutungsfeldanalyse gewählt, um die Darstellung von Kriminalität in Illustrierten in Zusammenhang mit Typisierung von Tätern, Instanzen sozialer Kontrolle etc. zu analysieren.

8.32 Semantisch-semantische Analyse des Rezipienten

Analog zur Situation auf der semantisch-syntaktischen oder der syntaktischen Ebene ist ein Schluß des Rezipienten auf dieser Ebene nicht möglich, es sei denn über den Umweg einer Kommunikatoranalyse.

8.33 Semantisch-semantische Analyse der Situation

Möglichkeit zur Inferenz auf die (soziale) Situation sind durch die Themenanalyse gegeben sowie auch durch andere semantische Verfahren, sofern diese trendanalytisch oder vergleichend eingesetzt werden können. Dabei wird überwiegend die Gültigkeit des *Repräsentationsmodells* unterstellt.

8.33-5 Themenanalyse

Das Verfahren der Themenanalyse ist bereits bei der Kommunikatoranalyse vorgestellt worden (vgl. Kap. 8.31-5) und wird auch bei der Situationsanalyse hinsichtlich der konkreten Vorgehensweise unverändert angewandt. Einzig das Ziel ist geändert. Es wird nicht mehr auf den Kommunikator, sondern auf die soziale Situation geschlossen. Dieser Schluß ist unter verschiedenen Annahmen bzw. Bedingungen möglich (vgl. Kap. 7.212):

1. Soziale Wirklichkeit wird im Inhalt mit Wahrheitsanspruch abgebildet.
2. Soziale Wirklichkeit wird im Inhalt reflektiert (Repräsentationsmodell).
3. Soziale Wirklichkeit und Inhalt fallen zusammen.
4. Veränderungen des Inhalts korrelieren mit Veränderungen der sozialen Wirklichkeit.
5. Trendanalysen.
6. Analyse der Situation durch multiple Kommunikatoranalyse.

Im folgenden sollen diese Inferenzmöglichkeiten anhand von Beispielen erläutert werden.

1) Soziale Wirklichkeit wird im Inhalt mit Wahrheitsanspruch abgebildet

Dieser Typ von Situationsanalyse wird z.B. durch eine inhaltliche Analyse von Kleinanzeigen repräsentiert: Die Publikation von Stellenangeboten, freiem Wohnraum, Offerten für gebrauchte Fahrzeuge etc. beruht auf Wahrheit, so daß hier das Repräsentationsmodell vollkommen erfüllt ist.

Man kann diesen Typ Analyse durch Vergleiche bzw. Verfolgung von Trends verfeinern: So kann man z.B. durch eine Presseanalyse unmittelbar auf die Steigerung von Mietpreisen zurückschließen und diese in Bezug zu amtlichen Statistiken setzen etc.

Ein anderer Fall wäre die Erhebung von Unfällen anhand der Unfallberichterstattungen durch die Presse. Zwar darf man davon ausgehen, daß die berichteten Unfälle sich auch tatsächlich ereignet haben, jedoch ist nicht gesichert, ob die Unfallberichterstattung repräsentativ oder gar total erfolgt: Die Auswahlkriterien für die Unfallberichterstattung richten sich nicht nur nach der Höhe des Schadens, sondern sind von manch anderen Faktoren abhängig: Ob das Konkurrenzorgan darüber berichtet (hat), ob man rein zufällig einen Redakteur frei hat, der am Ort recherchiert etc. Dieser Typus soll anhand eines Beispieles näher beleuchtet werden (Beispiel 20):

Beispiel 20: Describing Community Structure Through Newspaper Content Analysis (Janes 1958)

Janes (1958: 103) versucht die Analyse bestimmter Gemeinde-Strukturen im Hinblick auf folgende Fragen:

a) Welche Schichten werden disproportional zu ihrem relativen Anteil in den Medien (hier Presse) erwähnt?

b) Welcher Typ von Ereignissen, der bestimmte Familien betrifft, tritt mit welcher Häufigkeit auf?

c) Welche örtlichen Vereinigungen (Vereine) gibt es?

d) Welche (typischen) Eigenschaften haben die Personen, über die berichtet wird?

Um diese Fragen zu beantworten, wird eine Liste von (berichteten) Ereignissen angelegt, die nach einem Kategorienschema (Abb. 84) klassifiziert werden:

Zugleich wird jeder genannte Haushalt registriert, wenn eines oder mehrere Mitglieder als Teilnehmer an einem Ereignis genannt werden. Über die jeweilige Familie werden aus der Zeitung demographische Daten zusammengestellt, insbesondere die Mitgliedschaft in Vereinen, Status und Beruf(e) der Familienmitglieder sowie zusätzlich Stellung und Funktion von Mitgliedern in den genannten Vereinen.

Typ der Ereignisse	Häufigkeit des Auftretens (1.1.– 31.10.1949)
Begräbnisse	258
Parties	160
Hochzeiten	135
Dinners und Tanzveranstaltungen	102
Geselliges Beisammensein	86
Empfänge	61
Taufen	55
Geburtstagsparties	38
Hochzeitstage	28
Nachmittagseinladungen	18
Anderes	37
	Σ = 978

Abbildung 84: Klassifikation lokaler Ereignisse (Janes 1958: 104)

Dabei stellt sich heraus:

a) Je höher der Rang einer Familie in der lokalen Prestigestruktur, desto öfter werden deren Mitglieder erwähnt. Da aber 85% aller Familien einmal genannt werden, fungiert die Berichterstattung als vergleichsweise verläßliches Abbild der Gemeindestruktur.

b) Die wesentlichen Anlässe, in denen Mitglieder einer Familie in bestimmten Rollen genannt werden, sind Hochzeiten (33%), Begräbnisse (25%) und Geburten oder Geburtstagsfeiern (16%). Danach folgen die typisch gesellschaftlichen Einladungen, die wechselseitig im vertrauten Kreis veranstaltet werden. „Insofar as a basic component of community structure is patterned interaction between separate family groups, newspaper data give a picture of the forms, frequencies and variety of such interaction" (Janes 1958: 105).

c) Die Presseanalyse zeigt, welche Vereine vor allem genannt werden. Diese Nennungen können nach Janes als repräsentativ angesehen werden: Am häufigsten werden Wohltätigkeitsvereine genannt, am wenigsten politische Vereinigungen.

d) Aus den Angaben über einzelne Personen, besonders anläßlich von Begräbnissen oder Geburtstagen, lassen sich aussagekräftige sozialstrukturelle Indikatoren gewinnen.

Dieses Verfahren (so Janes 1958: 108 f.) läßt sich durch den systematischen Vergleich mehrerer Gemeinden (Städte, Kreise etc.) zu einer exakten Gemeindetypologie erweitern. Eine ähnliche Analyse (über die Namensnennung von Personen) haben Bush/Bullock (1952) durchgeführt.

2) Soziale Wirklichkeit wird im Inhalt reflektiert

Während im vorhergehenden Typus von Situationsanalyse das Repräsentationsmodell voll erfüllt war und allenfalls Repräsentativitätsprobleme (im statistischen Sinn) zu beachten waren, reklamiert der hier zu beschreibende Typus von Situationsanalyse die Geltung des Repräsentationsmodells aus Plausibilitätsgründen, also ohne logische oder empirische Beweiskraft. Die Problematik dieses Schlusses ist bereits anhand der Analyse von Minderheitsdarstellungen durch Berelson/Salter 1946 aufgezeigt worden (vgl Kap. 7.212). Entsprechende Untersuchungen liegen zur Darstellung der Gastarbeiter (Delgado 1972) oder der Frau (Ulze 1977) in der Presse vor, aber auch zur bildlichen Darstellung von Farbigen in Illustrierten (Shue 1953). In allen Fällen wird von der benachteiligten Darstellung in den Medien auf die Benachteiligung in der sozialen Wirklichkeit zurückgeschlossen – mit mehr oder minder vorsichtigen Annahmen.

3) Soziale Wirklichkeit und Inhalt fallen zusammen

Dieser Typ der Situationsanalyse ist einmal unter historischem Aspekt interessant, z.B. bei der Darstellung relevanter historischer Ereignisse durch die Presse. Hier tritt jener Sonderfall auf, bei dem Beschreibung eines Inhalts zugleich auch die Beschreibung der sozialen Wirklichkeit ist.

Zum anderen kann man darunter aber auch spezifisch massenkommunikative Wirklichkeiten verstehen. Wenn z.B. Anzeigen einer Zeitung als Textsorte zugrunde gelegt werden, so kann man aus der Vergrößerung oder Verkleinerung des Anzeigenteils – ceteris paribus – unmittelbar auf die wirtschaftliche Situation der jeweiligen Zeitung resp. die Gesamtkonjunktur schließen.

4) Veränderung des Inhalts korreliert mit Veränderung der sozialen Wirklichkeit

Hier wird nicht mehr wie unter Punkt 2 die Isomorphie von Inhalt und Wirklichkeit unterstellt, wie sie das Repräsentationsmodell suggeriert, sondern es wird nurmehr eine Korrelation zwischen der Veränderung des Inhalts und der Veränderung der Wirklichkeit unterstellt. Offensichtlich erhöht diese Modifikation des Repräsentationsmodells, wie das folgende Beispiel zeigt, die Gültigkeit der Situationsanalyse:

Beispiel 21: Veränderung gesellschaftlicher Werte 1958–1968 in Kontaktanzeigen (Giegler/Merten 1996) (Abb. 85)

Kontaktanzeigen (Heiratsanzeigen, Bekanntschaftsanzeigen) geben in der Beschreibung des Inserenten und des gesuchten Partners auf engstem Raum Aufschlüsse über zentrale gesellschaftliche Normen und Werte. Sie lassen sich damit als hervorragende Indikatoren für gesellschaftlichen Wandel nutzen.

Analysiert man z.B. Kontaktanzeigen zwischen 1958 und 1968 auf die Nennung christlicher Bezüge (z.B. „katholisch", „komme aus christlichem Elternhaus", „christliche Einstellung" etc.), so zeigt sich für DIE ZEIT, daß 1958 noch 100% der

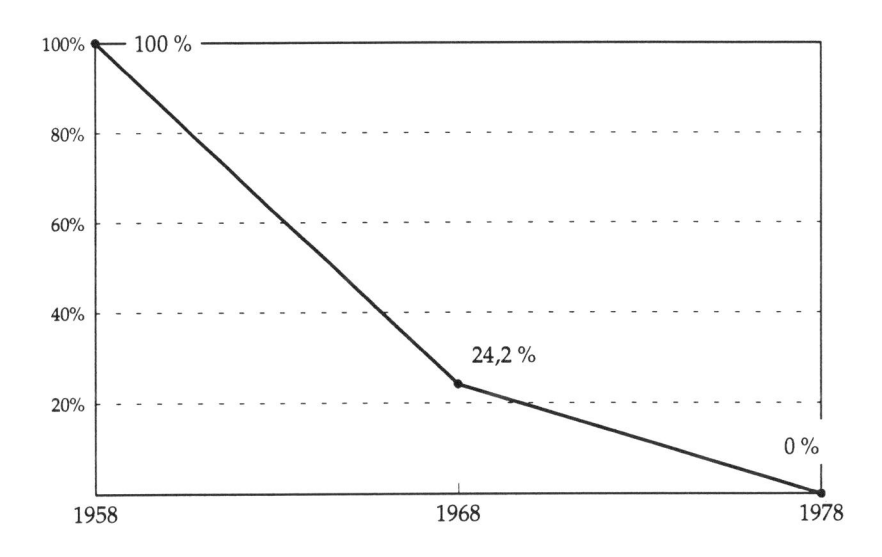

8 *Typologie inhaltsanalytischer Verfahren* 173

```
100% ●── 100 %
 80% - - - - - - - - - - - - - - - - - - - - - - - - - - - -
 60% - - - - - - - - - - - - - - - - - - - - - - - - - - - -
 40% - - - - - - - - - - - - - - - - - - - - - - - - - - - -
                              24,2 %
 20% - - - - - - - - - - - -●- - - - - - - - - - - - - - - -
                                                    0 %
                                                    ●
      1958                  1968                   1978
```

Abbildung 85: Religiöser Bezug in Kontaktanzeigen DIE ZEIT 1958–1968

Anzeigen mit entsprechenden Nennungen formuliert waren. Bis 1968 sinkt dieser Prozentsatz auf 24.2%, also auf weniger als ein Viertel ab. Mit anderen Worten: Binnen 10 Jahren ist das christliche Wertesystem hier weggebrochen und hat ein Vakuum entstehen lassen. Da Kontaktanzeigen hochgradigen Bezug zur Wirklichkeit haben, kann man entsprechende Veränderungen in der Gesellschaft der Bundesrepublik unterstellen. Man hätte mithin, bei damaliger Kenntnis der Veränderung „Nennung christlicher Bezüge" in Kontaktanzeigen, Entwicklungen wie die studentische Revolution von 1968 voraussagen können (vgl. Giegler/Merten 1996).

5) Trendanalyse

Entgegen anderer Ansicht (vgl. Lisch/Kriz 1978: 151 ff.) stellt die *Trendanalyse* keinesfalls ein inhaltsanalytisches Verfahren dar: Jedes inhaltsanalytische Verfahren, aber auch jedes andere Erhebungsverfahren, läßt sich zu mehr als einem Zeitpunkt anwenden. Setzt man die Ergebnisse zueinander in Beziehung, so erhält man eine Trendaussage, also eine zusätzliche Möglichkeit, die soziale Wirklichkeit prozeßhaft, *in der Zeit,* zu analysieren. Dieses Vorgehen läßt sich besonders gut für die Situationsanalyse benutzen. Beispielsweise erhebt Barcus (1961) anhand einer Themenanalyse von Comics die wesentlichen Themen amerikanischer Comics. Da er diese Analyse über 60 Jahre ausdehnt, kann er zusätzlich zu den jeweiligen Themen auch deren Veränderung erfassen und damit weitere Informationen aus den inhaltsanalytisch (themenanalytisch) erhobenen Daten herausarbeiten. Beispielsweise stellt Barcus (1961: 175) fest (Abb. 86), daß die Zahl der Darstellung von

„Humor" seit 1915 kontinuierlich abgenommen hat – entweder fällt den Autoren nichts Lustiges mehr ein, oder die Menschen haben den Spaß am Humor verloren.

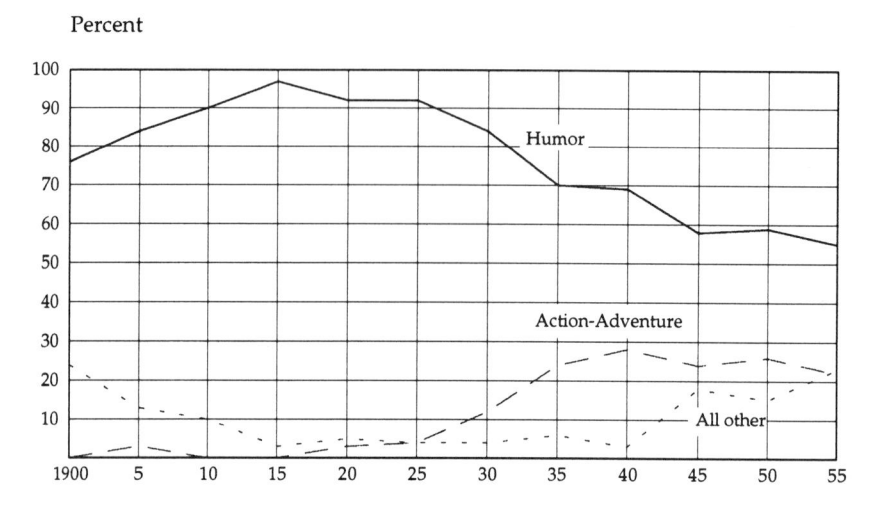

Abbildung 86: Inhaltliche Trends in Comics (nach Barcus 1961: 175)

Berelson/De Grazia (1947) analysieren Propaganda und können durch trendanalytisches Vorgehen zeigen, daß (1942!) japanische, italienische und deutsche Propaganda keinesfalls, wie vermutet, gleichgeschaltet waren. Trendanalytisch geht auch Zaninovich (1963) bei der Bestimmung internationaler Beziehungen vor. Über statistische Probleme bei der Anwendung von Trends in der Inhaltsanalyse informiert Haskins (1961).

Champion (1973) kann anhand einer Trendanalyse rezensierter wissenschaftlicher Literatur zeigen, daß der wissenschaftliche Einfluß des Mittleren Westens der USA ständig abgenommen hat. Hard (1978) benutzt die Kontingenzanalyse als inhaltsanalytische Basis zur Ermittlung der Relation zwischen bestimmten Themen (von pädagogischen Veranstaltungen) und verfolgt die dabei gewonnenen Assoziationen trendanalytisch, um Veränderungen der Lehrinhalte zu erfassen und daraus auf sozialen Wandel zu schließen.

6) Analyse der Situation durch multiple Kommunikatoranalyse

Dieser Typ von Situationsanalyse ergibt sich durch einen Vergleich der Inhalte mehrerer Kommunikatoren zum gleichen Thema: Dabei geht es dann nicht mehr um die einzelnen Aussagen, sondern um die Homogenität der Aussagen: Wenn alle Kommunikatoren zu bestimmten Themen ähnliche oder gleiche Aussagen machen, dann kann man daraus verschiedene Schlüsse ziehen (z.B. Wirksamkeit von Zensur, durchgängige Relevanz des Ereignisses, Pressemonopole etc.). Umgekehrt kann man fragen, welche Themen von verschiedenen Kommunikatoren gleicherweise nicht berücksichtigt werden. Durch Bildung von Standards solcher Inhalte (durchschnittlicher Umfang und durchschnittliche Streuung des Umfanges bestimmter Themen) läßt sich zudem ein Maß entwickeln, das als Norm dienen kann und gegen das die individuellen Werte einzelner Kommunikatoren sichtbar und meßbar gemacht werden können (vgl. Berelson 1952: 43; Merten 1982c).

8.4 Syntaktisch-pragmatische Analyse

Mit der syntaktisch-pragmatischen Ebene wird der Einbezug des Zeichenbenutzers (des Kommunikators, des Rezipienten) bindend gefordert. Damit kommt eine weitere und besonders ergiebige Analyse-Ebene ins Spiel, was sich unmittelbar darin äußert, daß auf der pragmatischen Ebene die meisten Verfahren der Inhaltsanalyse zu finden sind.

Die Analyse von Texten vollzieht sich – das gilt für alle pragmatischen Ebenen – stets so, daß Texte aktualisiert, interpretiert oder in ihrer Wirkung ausprobiert werden (müssen). Mit der Reaktion des Rezipienten, der Interpretation durch den Codierer oder der Intention des Kommunikators kommen damit notwendig verzerrende Effekte ins Spiel, die als *interpretative Reaktivität* bezeichnet worden sind (vgl. Kap. 6.2). Die syntaktisch-pragmatische Analyse berücksichtigt jedoch nur die Auswirkung formaler, syntaktischer Größen, sie abstrahiert von semantischen (referenzsemantischen) oder gar pragmatischen (sinnsemantischen, illokutiven, konnotativen oder handlungsrelevanten) Aspekten eines Textes. Die Frage ist hier: Welcher Zusammenhang besteht zwischen bestimmten syntaktischen Strukturen und bestimmten Eigenschaften der Zeichenbenutzer? Die *Lesbarkeitsanalyse* und die *Informationsanalyse* geben darauf eine klare Antwort. Diese Verfahren werden nachfolgend im einzelnen vorgestellt.

8.41 Syntaktisch-pragmatische Analyse des Kommunikators

Syntaktisch-pragmatische Analyse des Kommunikators heißt die Analyse der Verständlichkeit der von ihm produzierten Texte durch Analyse syntaktischer Größen. Zwar ist *Verständlichkeit* oder *Lesbarkeit* immer an die Rezeption und nicht an die Produktion eines Textes geknüpft. Dennoch kann man auch einen Kommunikator auf dessen Verständlichkeit resp. Lesbarkeit hin analysieren, so daß die entsprechenden Verfahren nicht nur als Rezipientenanalyse, sondern zugleich auch als Kommunikatoranalyse bezeichnet werden können und daher bereits hier vorzustellen sind.

8.41-8 Frequentielle Lesbarkeitsanalyse

Lesbarkeitsanalyse ist der Oberbegriff für eine Vielzahl von Verfahren, um von textinternen Merkmalen auf ein textexternes Merkmal, nämlich die Lesbarkeit dieses Textes (gemessen beim Rezipienten) oder die Fähigkeit, lesbar zu formulieren (gemessen beim Kommunikator), zu schließen. Unter frequentieller Lesbarkeitsanalyse sollen dabei alle solchen Verfahren verstanden werden, die auf der Häufigkeitsauszählung bestimmter Einheiten (meist: von Silben oder Wörtern) basieren.

1) Entwicklung des Verfahrens

Über die Entwicklung der Lesbarkeitsanalyse berichten Klare (1963: 29 ff.), Wiio (1968) und Früh (1980: 24 ff.). Bereits den schon erwähnten Masoreten (vgl. Kap. 2.2) war aufgefallen, daß die kürzeren Wörter zugleich auch die häufiger auftretenden Wörter waren – eine Feststellung, die später von Zipf (1932) als ökonomisches Gesetz präzisiert worden ist. Daraus entwickelte sich die Vorstellung, daß die Lesbarkeit eines Textes von der Kürze der Wörter und anderen erklärenden syntaktischen Variablen abhängig sei, derart, daß eine optimale lineare Kombination dieser Faktoren einen Maximalwert an Lesbarkeit erbringt. Einen ersten Beitrag liefert Thorndike (1921), indem er ein Verzeichnis der 10.000 häufigst verwendeten Wörter (samt deren Häufigkeit des Auftretens) vorlegte. Dies war die Basis für viele der früheren Lesbarkeitsanalysen. Klare (1963: 74–80) zählt für die Zeit 1923–1959 nicht weniger als 41 Ansätze. Sehr schnell erkannte man, daß die Zahl von Variablen, die für die Lesbarkeit relevant sind, gering ist. Im ersten Entwurf einer Lesbarkeitsformel benutzte Flesch (1943) drei Variablen:

a) Die durchschnittliche Satzlänge (sl),
b) die Zahl der Affixe (aff),
c) die Zahl der persönlichen Wörter (wp).

Flesch kombiniert diese drei Faktoren in Form eines linearen Regressionsmodells, das die Schwierigkeit des Lesens messen soll:

(11) $L = .1338 \, sl + .0645 \, aff - .0659 \, wp - .7502$ *Leseschwierigkeit*
(Flesch 1943)

Mit dieser Formel sollen sich Skalenwerte (scores) zwischen 1 („sehr leicht zu lesen") und 7 („sehr schwierig zu lesen") ergeben. Die Eichung dieser (und weiterer) Lesbarkeitsformeln ist durch Vergleich mit dem Standard-Test von McCall/Crabbs (1925) erfolgt. Bei diesem Test werden einem Schüler (4. Klasse) zunächst standardisierte Textproben zu lesen gegeben. Anschließend werden Fragen an das Verständnis des Textes gestellt. Kann ein durchschnittliches Schulkind einen bestimmten Prozentsatz (50% oder 75%) der Fragen richtig beantworten, so gilt der Text als verständlich. Der Vorteil dieses Verfahrens gegenüber den früheren lag darin, daß es nicht den Bezug auf ein bestimmtes Standardvokabular, z.B. auf das von Dale (1931) entwickelte Wörterbuch von 769 Wörtern, erforderlich macht, sondern auf beliebige Texte angewandt werden kann und somit leicht zu handhaben ist. Dale/Chall (1948) kritisieren bei Flesch die umständliche Bestimmung von Affixen und persönlichen Wörtern und schlagen statt dessen ein Lesbarkeitsverfahren vor, das nur zwei Faktoren berücksichtigt, nämlich:

a) die Satzlänge (sl),

8 Typologie inhaltsanalytischer Verfahren

b) den Prozentsatz von Worten, der nicht in einer auf 3000 Worte vergrößerten Wortliste enthalten ist (pw), die die Autoren zusammengestellt haben (vgl. Dale/Chall 1948: 45–54).

Daraus bilden sie – ebenfalls durch Validierung mit dem McCall/Grabbs-Test bei 50% der richtig beantworteten Fragen - die folgende Formel für die Lesbarkeit (readability):

(12) $R = .0496\ sl + 1.579\ pw + 3.6365$ *Lesbarkeit*
(Dale/Chall 1948)

Diese Werte werden wiederum empirisch mit bestimmten Lesefähigkeiten assoziiert (Abb. 87):

a) durchschnittliche Satzlänge in Worten (sl),
b) durchschnittliche Länge von 100 Wörtern in Silben (wl),
c) Anteil der „persönlichen Wörter" (wp),
d) Anteil der „persönlichen Sätze" (sp).

R	Lesefähigkeit (definiert über erreichte Schulklasse)
5.0 – 5.9	5. – 6. Klasse
6.0 – 6.9	7. – 8. Klasse
7.0 – 7.9	9. – 10. Klasse
8.0 – 8.9	11. – 12. Klasse
9.0 – 9.9	13. – 15. Klasse (College)
10.und mehr	16. Klasse und darüber (College mit Abschluß)

Abbildung 87: Lesbarkeit R und Lesefähigkeit (nach Dale/Chall 1948: 18)

Flesch (1948) entwickelt jedoch gleichfalls ein neues Verfahren, das die folgenden erklärenden Variablen für Lesbarkeit enthält:

Als persönliche Wörter gelten dabei Pronomen (außer solchen in der 3. Person, wenn sie sich auf Dinge und nicht auf Personen beziehen), alle Wörter, die einen Bezug zum Geschlecht aufweisen (Namen, Verwandtschaftsbeziehungen etc.) sowie die Wörter „Menschen" (people) und „Leute" (folks). Als persönliche Sätze gelten Sätze, die Anführungszeichen aufweisen, Fragen, Imperative und direkt adressierte Sätze, Ausrufe sowie Sätze, die nicht komplett sind und aus dem Kontext erschlossen werden müssen (vgl. Flesch 1948: 229).

Flesch kombiniert die beiden ersten Faktoren zu einer neuen Lesbarkeitsformel, die diesmal nicht Schwierigkeit, sondern Einfachheit (Reading Ease) mißt:

(13) $RE = 206.835 - .846\ wl - 1.015\ sl$ *Einfachheit*
(Flesch 1948)

Die beiden weiteren Faktoren interpretiert Flesch inhaltlich, also als Faktoren der Verständlichkeit, die demgemäß Interesse am Inhalt (Human Interest) messen sollen:

(14)   HI = 3.635 pw + .314 ps   *Leseinteresse*
                                        (Flesch 1948)

Die Eichung beider Formeln wird von Flesch wiederum durch Korrelation mit dem Standardtest von McCall/Crabbs (1925) vorgenommen. Die erhaltenen Werte werden dann nach den folgenden Tabellen interpretiert (Abb. 88).

Sowohl das Verfahren von Dale/Chall (1948) als auch das von Flesch sollen im folgenden demonstriert werden.

2) Logik des Schlusses vom Text auf den Kontext

Bestimmte Eigenschaften eines Textes, die syntaktisch definiert sind, korrelieren mit bestimmten Eigenschaften des Kommunikators resp. des *das*, was er schreibt, ist mehr oder minder lesbar. Da diese Relation unmittelbar durch empirische Tests validiert wird, ist die Inferenz vom Text auf den Kontext zulässig.

3) Vorgehensweise

Die Anwendung der Lesbarkeitsformeln von Dale/Chall (1948) und von Flesch (1948) soll – stellvertretend für andere – nun im Vergleich demonstriert werden:

4) Kritik

Die Kritik an den beiden vorgestellten Analyseverfahren betrifft die gleichen Punkte:

a) Basis von Wortlisten, Wort- und Satzlängen. Dieser Vorteil ist zugleich auch ein Nachteil: „Lesbarkeit" wird damit zu einer formalen Eigenschaft, die mit stilistischen oder anderen inhaltlichen Eigenschaften in Widerstreit geraten kann. Während Bleyer (1924) für die Analyse von Geschriebenem etwa 200 stilistische Indikatoren aufzählt, reduzieren sowohl Flesch als auch Dale/Chall diesen Reichtum an inhaltlichen Möglichkeiten auf ganze zwei formale Größen. Die von ihnen entwickelten Formeln, so kritisiert Kearl (1948: 347), arbeiten einseitig, nach dem Prinzip „Je kürzer, desto besser". Damit wird von einer „inhaltlichen Lesbarkeit" nicht nur bewußt abstrahiert, sondern diese sozusagen für irrelevant erklärt. Beispielsweise würde die Kleistsche Anekdote, die mit dem Satz

> „In einem bei Jena gelegenen Dorf erzählte mir auf einer Reise nach Frankfurt der Gastwirt, daß sich, mehrere Stunden nach der Schlacht, um die Zeit, da die Armee des Prinzen von Hohenlohe das Dorf bereits verlassen und von Franzosen, die es für besetzt gehalten, umringt gewesen wäre, ein einzelner preußischer Reiter darin gezeigt habe und versicherte mir, daß, wenn alle Soldaten so tapfer gewesen wären wie dieser, die Franzosen hätten geschlagen werden müssen, auch wenn sie noch dreimal stärker gewesen, als sie in der Tat waren."

beginnt und die als literarisches Kabinettstück gilt, nach der Formel von Flesch einen Lesbarkeitswert von

RE = 206.835 − 846 · 176 − 1.015 · 86 = − 28.7

erhalten (den ersten Satz stellvertretend für die ganze, gleichartig aufgebaute Anekdote genommen). Abgesehen davon, daß negative Werte nach Flesch gar

8 Typologie inhaltsanalytischer Verfahren

Silben pro 100 Worte	Satzlänge in Worten	Lese-Einfachheit	Skalenwert	Lese-Interesse	Anteil pers. Wörter	Anteil pers. Sätze
192 oder mehr	29 oder mehr	sehr schwierig	0-10	langweilig	2 oder weniger	0
			10-20	etwas interessant	4	5
			20-30			
167	25	schwierig	30-40	interessant	7	15
155	21	ziemlich schwierig	40-50			
147	17	normal	50-60	sehr interessant	11	32
139	14	ziemlich leicht	60-70			
131	11	leicht	70-80	spannend		
			80-90	dramatisch		
123 oder weniger	8 oder weniger	sehr leicht	90-100		17 oder mehr	58 oder mehr

Abbildung 88: Lesbarkeit und Interesse nach Flesch (1948: 230)

	Dale/Chall (1948)	Flesch (1948)
1. Definition des Samples	Zufallsauswahl von 100 Wörtern aller 2000 Wörter, jeweils mit einem Satz beginnend und endend.	Zufallsauswahl von 100 Wörtern, jeweils mit einem Satz beginnend. Zahlen oder einzelne Großbuchstaben werden als Wörter gezählt.
2. Bestimmung von Häufigkeiten	Bestimmung der exakten Zahl von Wörtern und der Zahl der Sätze. Bestimmung der Zahl der Wörter, die nicht in der erweiterten Dale/Chall-Liste (Dale/Chall 1948a: 45–54) enthalten sind.	Bestimmung der exakten Zahl der Wörter und der Sätze. Bestimmung der Zahl der persönlichen Wörter und persönlichen Sätze.
3. Bildung von Indizes	Bestimmung der durchschnittlichen Satzlänge sl Bestimmung des Anteils von Wörtern pw, die nicht in der Wortliste enthalten sind (Dale score).	Bestimmung der durchschnittlichen Satzlänge sl; Bestimmung der durchschnittlichen Silbenzahl pro 100 Wörter wl; Bestimmung des Anteils persönlicher Wörter wp; Bestimmung des Anteils persönlicher Sätze p.
4. Einsetzen in die Formel	R = .0496 sl + 1.579 pw + 3.6365	RE = 206.835 − .846 wl − 1.015 sl HI = 3.635 pw + .314 ps
5. Interpretation des Wertes	leicht schwer 0 < R < 10	schwer leicht 0 < RE < 100 uninteressant interessant 0 < HI < 100

Abbildung 89: Vorgehensweise der Lesbarkeitsanalyse von Dale/Chall und Flesch

nicht vorkommen dürfen, müßte der Lesbarkeitswert als „weniger als unlesbar" interpretiert werden - obwohl doch gerade diese Anekdote als alles andere als stumpfsinnig gelten kann.

b) Die Verfahren arbeiten vollkommen theorielos, d.h. sie sind empirisch korrigierte Daumenregeln.

Das zeigt sich schon darin, daß beide Formeln mit vier Stellen hinter dem Komma arbeiten, aber in der konkreten Interpretation von Lesbarkeit auf Intervalle (z.B. 3.–4. Klasse) ausweichen. Von empirisch korrigierten Regeln darf man freilich auch nicht erwarten, daß die Grenzen, in denen sich die Lesbarkeitswerte bewegen, exakt angebbar sind. Auch diese sind nur als Rohwerte zu betrachten.

8 Typologie inhaltsanalytischer Verfahren

c) Soweit inhaltliche Faktoren (bei Flesch) benutzt werden, bleibt offen, wie diese mit „Human Interest" assoziiert sein sollen.
   Für die Bestimmung von „Human Interest" wäre es viel sinnvoller gewesen, Variablen wie Informationswerte, Relevanzwerte etc. zu benutzen. Das aber würde bedeuten, daß ein Text inhaltlich, also zumindest auf der semantisch-pragmatischen Ebene, zu analysieren wäre.

d) Andererseits haben Untersuchungen (vgl. etwa Hayes 1950; Swanson/Fox 1953) bestätigt, daß die Lesbarkeitsformeln eine ausreichende Zuverlässigkeit (reliability) aufweisen.

5) Variationen und Weiterentwicklungen

Die Lesbarkeitsformeln, insbesondere diejenigen von Flesch, haben eine ungewöhnlich hohe Resonanz gehabt. Flesch selbst hat an dieser Resonanz durch Publikation mehrerer Bücher über verständliches Schreiben (Flesch 1946; Flesch 1949; Flesch 1951; Flesch 1973) kräftig mitgewirkt. Der von ihm entwickelte Lesbarkeitsindex (Reading Ease) ist von Farr et al. (1951: 334) dadurch vereinfacht worden, daß nur Satzlänge und *ein*silbige Wörter berücksichtigt werden, so daß sich eine Veränderung der Beziehung

(15) $RE_1 = 1.599\ ewl - 1.015\ sl - 31.517$ *Lesbarkeit* (Farr 1951)

ergibt. Eine groß angelegte vergleichende Untersuchung von Lesbarkeitsformeln von Powers et al. (1958) empfiehlt eine Korrektor der Formeln wie folgt:

(16) $RE = -2.2029 + .0778\ sl + .0455\ wl$ *Modifizierte Flesch-Formel*

(17) $R = 3.2672 + .0596\ sl + .1155\ pw$ *Modifizierte Dale/Chall-Formel*

(18) $RE_1 = 8.4335 + .0923\ sl + .0648\ ewl$ *Modifizierte Farr-Formel*

Zugleich stellen Powers et al. (1958: 104) fest, daß die neu modifizierte Dale/Chall-Formel (Gleichung 17) die besten Ergebnisse erbringt.
   Flesch (1950) selbst hat zu seinen Lesbarkeitsformeln noch einen Index zur Messung des Abstraktionsgrades von Texten entwickelt:

Abstraktionsfähigkeit
(19) $RA = 168.095 + .531\ dw - .811\ wl$ (Flesch 1950)

Dabei sind:

dw (definite words):   Alle Namen und Titel, Zeitangaben, Zahlenangaben, finite Verben in der ersten, zweiten und dritten Person, Personalpronomen, Pronomen, bestimmte Artikel, jeweils in 100 Wörtern.

wl (Wortlänge):   Zahl der Silben pro 100 Wörter.

Gillie (1957) hat diesen Abstraktionsindex RA nochmals vereinfacht. Briest (1974: 549) hat auf Grund experimenteller Untersuchungen festgestellt, daß die Verständlichkeit eines Textes mit der Zahl der Wörter, Satzglieder, Fremdwörter, Abstrakta, Zahl der substantivischen Attribute und Zahl der Wörter im Satzrahmen negativ korreliert. Positiv wirkt sich die Zahl der Verben pro Satz (Verbintensität) aus. Briest benutzt nun die erhaltenen Korrelationswerte dieser sieben Variablen als Gewichtungsfaktor für die Häufigkeit des Auftretens dieser Variablen in einem Satz und summiert die einzelnen Produkte zu einem Korrelationsgewichtungsmaß (KWM) auf, das „eine recht sichere Bestimmung der allgemeinen Verständlichkeit von Aussagen gewährleistet" (Briest 1974: 533) und nach Ansicht des Autors dem Lesbarkeitsindex von Flesch überlegen sein soll. Die Bedenken gegen dieses Verfahren richten sich nicht so sehr auf die Praktikabilität (vgl. Briest 1976), sondern auf das Zähl- und Verrechnungsverfahren, das wenig Zuverlässigkeit garantiert. Die bereits kritisierte Beschränkung auf zwei rein formale Variablen zur Messung von Lesbarkeit hat Taylor (1953) dazu veranlaßt, ein völlig anders arbeitendes, inhaltliches Verfahren zur Bestimmung der Lesbarkeit zu entwickeln, das noch zu diskutieren sein wird (vgl. Kap. 8.51-15 *Verständlichkeitsanalyse*).

6) Anwendungen

Die quantitative Lesbarkeitsanalyse ist vor allem für praktische didaktische und journalistische Zwecke anzuwenden. Flesch (1951) hat deshalb eine populäre Anleitung verfaßt. Siegel/Siegel (1953) haben die Verständlichkeit von Wahlreden amerikanischer Präsidentschaftskandidaten analysiert. Danielson/Bryan (1963) haben ein Programm zur elektronischen Lesbarkeitsanalyse entwickelt.

8.41-9 Strukturelle Lesbarkeitsanalyse

Unter dieser Bezeichnung sollen hier eine Reihe von Ansätzen subsumiert werden, die nicht von der Häufigkeit bestimmter Wörter, sondern von der Satzstruktur ausgehen. Obwohl diese Ansätze im einzelnen noch nicht als ausgereift inhaltsanalytische Verfahren gelten können, sollen sie hier vorgestellt werden, weil sie eine beachtenswerte Alternative zur frequentiellen Lesbarkeitsanalyse darstellen.

1) Entwicklung des Verfahrens

Bei der Vorstellung struktureller Textanalysen wurde schon mehrfach darauf hingewiesen, daß sich solche Verfahren auch zur Messung von Verständlichkeit eignen. Ausgangsbasis ist dabei meist der grammatische *Satz*, der einer strukturellen Analyse unterzogen wird. Bereits bei der *syntaktischen Komplexitätsanalyse* (vgl. Kap. 8.234) wurden solche Möglichkeiten sichtbar. Weinrich (1972) weist auf entsprechende Möglichkeiten zur Verständlichkeitsanalyse hin. Bormuth (1966) resümiert die wichtigsten solcher strukturellen Ansätze und macht auf erste empirische Überprüfungen und Validierung für inhaltsanalytische Zwecke aufmerksam.

Im folgenden soll das Verfahren der *Worttiefenanalyse* (word depth analysis) von Yngve (1960) genauer vorgestellt werden.

8 Typologie inhaltsanalytischer Verfahren

2) Logik des Schlusses vom Text auf den Kontext

Die Worttiefenanalyse geht auf Grund psychologischer Annahmen davon aus, daß die Verständnisleistung, die für einen Text aufgebracht werden muß, mit der strukturellen Satzkomplexität korreliert. Diese Annahme ist durch experimentelle Überprüfungen abgesichert worden (vgl. Bormuth 1964), so daß eine Inferenzbasis gegeben ist.

3) Vorgehensweise

Der Grundgedanke der Worttiefenanalyse nach Yngve (1960) kann anhand eines Satzbeispiels demonstriert werden (Abb. 90):

```
Das   schnelle blaue   Auto   raste   vorbei
(2)     (3)    (2)     (1)    (1)     (0)
```

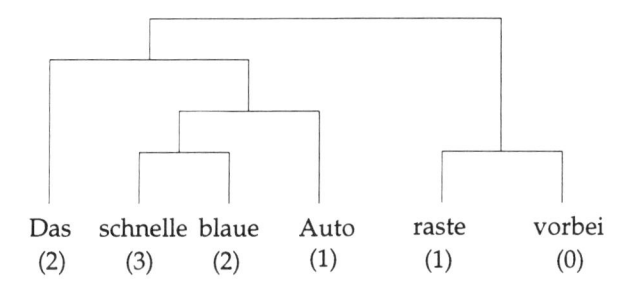

Abbildung 90: Worttiefenanalyse nach Yngve (1960)

Der Satz „Das schnelle blaue Auto raste vorbei" hat eine bestimmte strukturelle Komplexität, die durch seine totale Tiefe bzw. seine durchschnittliche Tiefe bestimmt wird. Ausgangsüberlegung dabei ist, daß die Konstruktion eines Satzes (die Voraussetzung für dessen Verstehen ist) hierarchisch erfolgt und, wenn das erste Wort rezipiert ist, von links nach rechts abläuft. Das heißt, daß ein Leser (Sprecher), sobald er ein Subjekt formuliert hat, die Nachfolge eines Prädikats mitbedenkt. Bei jedem Wort, das er formuliert, muß er die nachfolgende Struktur mitbedenken, also einen Aufwand treiben, von dem angenommen wird, daß er mit der Verstehensleistung korreliert. Genauer: Bei jedem Wort, daß er produziert, ergibt sich die Verstehensleistung, die für dieses Wort notwendig wird, aus der Zahl der damit initiierten, aber noch zu vervollständigenden Struktur. So hat beispielsweise das erste Wort im obigen Satz („das") die Tiefe 2, denn mit der Produktion dieses Wortes muß sowohl ein Subjekt („Auto") als auch ein Prädikat („raste") mitbedacht werden. Das zweite Wort („schnell") hat die Tiefe 3, denn hier muß die Produktion eines weiteren Adjektivs, eines Subjekts und eines Prädikats berücksichtigt werden. Das Subjekt („Auto") hat die Tiefe 1, denn hier muß nur das Prädikat („raste") berücksichtigt werden. Gleiches gilt für das Prädikat selbst, denn hier folgt nun noch eine Spezifikation („vorbei"). Die Tiefe von „vorbei" ist dagegen 0, denn damit ist der ganze Satz abgeschlossen. Hat ein Satz n Wörter w_i, so errechnet sich die Satztiefe

(20) $$SS = \sum_{1}^{n} w_i$$ *Satztiefe*

und die durchschnittliche Tiefe als

(21) $$\bar{S} = \frac{1}{n} \sum_{1}^{n} w_i$$ *Durchschnittliche Satztiefe*

Hat der jeweilige Text m Sätze mit je n_j Wörtern, so errechnet sich die durchschnittliche Texttiefe als

(22) $$T = \frac{1}{m} \sum_{j}^{m} \sum_{i}^{n_j} w_{ij}$$ *Durchschnittliche Texttiefe*

In unserem Beispiel hat der Satz also eine Tiefe von 9 und eine durchschnittliche Tiefe von 1.5. Diese durchschnittliche Tiefe kann als Maß für die Verständlichkeit angesehen werden. Bildet man entsprechend die mittlere Satztiefe über alle Sätze, so erhält man ein direktes Maß für die aufzubringende Verständnisleistung des Rezipienten bzw. für die Verständlichkeit des Kommunikators. Bormuth (1964) hat dieses Maß empirisch überprüft und dabei festgestellt, daß dieser Verständlichkeitsindex mit anderen, herkömmlichen Verfahren mit .78 korreliert und zudem gegen Satzlängen unempfindlich ist. Zudem zeigt sich (vgl. Bormuth 1966: 124), daß die Worttiefenanalyse der Linearitätsforderung bei Regressionsgleichungen genügt, während die herkömmlichen Verfahren der frequentiellen Lesbarkeitsanalyse diesem Anspruch nicht gerecht werden.

4) Kritik

Obwohl dieses Verfahren bislang nicht weiter erprobt zu sein scheint, lassen sich zwei Kritikpunkte formulieren:

a) Das Verfahren zur Bestimmung der Satztiefe ist vergleichsweise aufwendig. Es ist unmittelbar nicht zur Behandlung durch elektronische Inhaltsanalysen geeignet, solange kein entsprechender Algorithmus zur Definition einer Tiefenstruktur entwickelt ist.

b) Das Verfahren arbeitet nur formal – dies ist sowohl ein Vorteil als auch ein Nachteil.

8.42 Syntaktisch-pragmatische Analyse des Rezipienten

Die Verfahren der Lesbarkeitsanalyse, die in Kap. 8.41 als Kommunikatoranalysen vorgestellt worden sind, können sinngemäß auch als Rezipientenanalysen benutzt werden. Des weiteren wird hier ein informationstheoretisches Verfahren, das hier als *Auffälligkeitsanalyse* bezeichnet werden soll, vorgestellt.

8.42-8 Frequentielle Lesbarkeitsanalyse

Wie bereits ausgeführt, ist dieses Verfahren sowohl als Kommunikator- als auch als Rezipientenanalyse anzusprechen. Die genaue Vorstellung findet sich demgemäß in Kap. 8.41-8.

8.42-9 Strukturelle Lesbarkeitsanalyse

Wie bereits ausgeführt, ist auch dieses Verfahren sowohl als Kommunikator- als auch als Rezipientenanalyse anzusprechen. Die exakte Vorstellung findet sich demgemäß in Kap. 8.41-9.

8.42-10 Auffälligkeitsanalyse

Das hier als Auffälligkeitsanalyse bezeichnete Verfahren basiert auf der mathematischen Informationstheorie und stellt somit ebenfalls einen Typ syntaktisch-pragmatischer Rezipientenanalyse dar.

1) Entwicklung des Verfahrens

Shannon (1949) hat durch die Entwicklung der mathematischen Informationstheorie ein exakt formalisierendes Maß zur Beschreibung von Informationsgehalten von Strukturen geliefert, das zur formalen Zeichenanalyse in verschiedener Weise angewendet wird. Ausgangspunkt der Informationstheorie ist die Definition von Information als Unwahrscheinlichkeit des Eintretens eines Ereignisses (eines Zeichens). Besteht ein Ereignis aus mehreren Zeichen, so kann man einen mittleren Informationsgehalt berechnen, der auch als *Entropie* H bezeichnet wird. Dieses Maß wurde bereits 1951 von Shannon benutzt, um den mittleren Informationsgehalt der englischen Sprache zu beschreiben (vgl. Shannon 1951) und spielt mittlerweile in der Linguistik eine wichtige Rolle (vgl. Anschütz 1966; Fischer 1970; Gráfik 1975). Damit zusammenhängend wurden auch Maße der subjektiven Information (Überraschung, die eine Nachricht beim Empfänger auslöst) entwickelt (vgl. Wells 1961; Anschütz 1966; Maser 1967; Gäng 1967). Der Rezipient, der für das Eintreten eines Ereignisses eine bestimmte (subjektive) Erwartung (Entropie) hat, wird das wirkliche Eintreten dieses Ereignisses umso mehr als *Überraschung* empfinden, je mehr es von diesem Erwartungswert abweicht (vgl. Attneave 1953; Frank 1965).

Auffälligkeit eines Ereignisses hängt demnach sowohl von seiner Überraschung ab als auch davon, ob es genügend häufig auftritt, um wahrgenommen zu werden. Frank (1964) hat gezeigt, daß dieses Auffälligkeitsmaß ein Maximum hat, das den Wert $1/e = .368$ annimmt. Das heißt, daß ein Zeichen, das mit der relativen Häufigkeit von .368 (in bezug auf andere Zeichen) auftritt, als maximal auffällig wahrgenommen wird. Diese Feststellung ist mithin die Basis für ein präzises inhaltsanalytisches Verfahren, das insbesondere zur Analyse von Bildern etc. tauglich ist.

2) Logik des Schlusses vom Text auf den Kontext

Man kann durch Analyse eines Textes (Bildes) voraussagen, ob bzw. wann er (es) maximale Auffälligkeit (maximale Aufmerksamkeit beim Rezipienten) hat. Frank (1965) und Riedel (1966) haben diesen theoretischen vorausgesagten Maximalwert empirisch bestätigt und damit den Inferenzschluß validiert.

3) Vorgehensweise

Um herauszufinden, welche Auffälligkeitswerte ein nonverbaler Text (Bild etc.) hat, werden alle Klassen von Zeichen nach Häufigkeit des Auftretens festgestellt. Unter dem Vorbehalt gleicher Sättigung (z.B. bei Farben) ist diejenige Klasse am auffälligsten, die dem Wert $1/e$ am nächsten kommt.

4) Kritik

Das Verfahren reagiert nur auf syntaktische, nicht auf semantisch oder pragmatische Aspekte von Texten. Es kann somit nur die formale Dimension einer Kommunikationswirkung messen.

Da jedoch aus der Kommunikationsforschung bekannt ist, daß sich Wirkung als selektiver Prozeß vollzieht, dessen erste Selektionsstufe grundsätzlich über die Aufmerksamkeit läuft, ist dieser inhaltsanalytische Ansatz für Wirkungsanalysen von Texten (Bildern, Plakaten) aktuell.

5) Variationen und Weiterentwicklungen

Soweit abzusehen, ist dieses Verfahren bislang kaum bekannt geworden. Eine Weiterentwicklung wäre denkbar, bei der eine optimal auffällige Gestaltung eines Textes durch mehr als eine Zeichenklasse überprüft wird. Zudem bleibt die Frage offen, ob syntaktische oder pragmatische Effekte das syntaktische Maximum nicht zusätzlich beeinflussen können.

8.43 Syntaktisch-pragmatische Analyse der Situation

Hier sind keine entsprechenden inhaltsanalytischen Verfahren bekannt.

8.5 Semantisch-pragmatische Analyse

Auf der semantisch-pragmatischen Ebene wird, wie bei der syntaktisch-pragmatischen Ebene, der Kommunikator bzw. der Rezipient immer mitgedacht: Sei es, indem semantische Komponenten der Wirkung eines Textes auf einen Rezipienten ermittelt werden, sei es, daß ein zu analysierender Text von einem Codierer verstanden resp. interpretiert werden muß oder sei es, daß eine Theorie über menschliches Verhalten eines Kommunikators resp. Rezipienten vorausgesetzt wird (z.B. *Dogmatismus-Analyse*). Im Prinzip lassen sich daher drei Typen von Verfahren unterscheiden: Zum einen Verfahren, die die semantische Wirkung von Texten rein auf der semantischen Ebene feststellen. Das bekannteste dieser Verfahren ist das

8 Typologie inhaltsanalytischer Verfahren 187

Semantische Differential. Zum anderen alle Verfahren, bei denen Texte „verstanden" werden müssen, ohne daß nach deren Wirkung als solcher gefragt wird. Prototyp dafür wäre die *Verständlichkeitsanalyse* durch rezipientenseitige Einsetzproben. Zum dritten gehören dazu alle semantischen Verfahren, die zusätzlich mit *Bewertungen* operieren, z.B. die von der *Themenanalyse* (vgl. Kap. 8.31) abgeleiteten Verfahren der *Wertanalyse, Symbolanalyse, Einstellungsanalyse* oder *Objektivitätsanalyse.* Der Zugewinn an Realitätsnähe, den diese Verfahren gegenüber der *Themenanalyse* aufweisen, liegt, theoretisch gesprochen, in der komplexeren Struktur von Bewertungen: Sie stellen Aussagen über zugrundeliegende Aussagen, also *Meta-Aussagen* dar, die selektivitätsverstärkende Funktion haben und genau deshalb Voraussetzung für Verstehen und Wirkung von Texten sind (vgl. Merten 1982a).

Dem Vorteil, der sich durch die Vielfalt möglicher Indikatoren und darauf aufbauender Verfahren ergibt, gesellt sich jedoch auch auf dieser Ebene ein Nachteil, der durch die mögliche *Reaktivität* dieser Verfahren entsteht.

Textanalytische Verfahren, also Möglichkeiten zur Beschreibung von Texten, die immer auch Ausgangspunkt für neue inhaltsanalytische Verfahren sein können, lassen sich gerade auf dieser Ebene eine ganze Reihe nennen. So schlägt Lenz (1974) ein graphisches Verfahren vor, mit dem Satzkomplexität, Thema, syntaktische Gliederung (nach Abschnitten), Bewertungen und Wortgruppen fortlaufend dargestellt und in ihren Relationen zueinander analysiert werden können (Abb. 91).

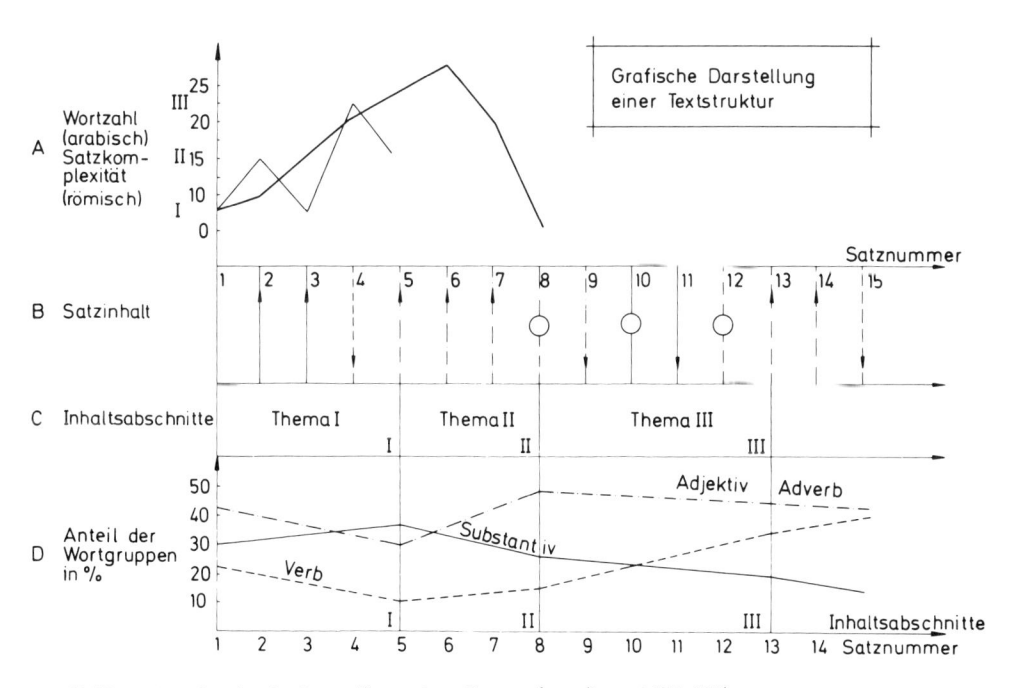

Abbildung 91: Graphische Darstellung einer Textstruktur (Lenz 1974: 175)

Es erscheint möglich, solche Darstellungen unmittelbar zu quantifizieren und damit einer statistischen Verarbeitung zuzuführen.

Die Linguistik hat die Inhaltsanalyse bislang so gut wie gar nicht und wenn doch, mit deutlichen Vorbehalten zur Kenntnis genommen (vgl. Tillmann 1971; Ungeheuer 1971; Titzmann 1981a). Zwei führende Vertreter, Sol Saporta und Sebeok, haben gar erklärt, daß „die Disziplin des ‚Wer sagt Was zu Wem unter Welchen Bedingungen mit Welcher Absicht und mit Welcher Wirkung', die vermutlich den Gegenstand der Kommunikationsanalyse gut umreißt, eine ziemlich präzise Definition dessen liefern, was mit Linguistik nichts zu tun hat" (Sol Saporta/Sebeok 1959: 131 f.). Dennoch lohnt es sich, auch linguistische Verfahren durchzumustern und nach alternativen Beschreibungsmöglichkeiten zu suchen, die als Basis für inferentielle Verfahren dienen können.

Glinz (1965) entwickelt ein von ihm *Verstehens-Analyse* genanntes Verfahren. Dies kann als verfeinertes strukturalistisches Verfahren angesprochen werden, das die Minimalbedingungen für das Verstehen eines Textes eines durchschnittlichen Hörers zu ermitteln sucht, indem Satzpläne gebildet werden. Dabei bleibt jedoch das Inferenzproblem völlig unberührt.

In Anlehnung an Vater (1973) kann man einen Typ von *Nominalanalyse* entwickeln und prüfen, wieviel Information pro Satz von einem Kommunikator übermittelt wird. Damit ist implizit eine *Verständlichkeitsanalyse* angesprochen. „Informationseinheit" ist dabei weder ein informationstheoretisches Maß noch ein Typ von Analyseeinheit, sondern die kleinste semantisch definierte Information (vgl. Schatz 1972). Zum anderen kann man direkt nominale Strukturen in Form eines Baumdiagramms als Verständlichkeitsmaß definieren. So verfahren die interessanten Analysen über Rundfunknachrichten von Böhm et al. (1972) oder von Schäfer (1977). Ebenfalls als Möglichkeit für semantische Inhaltsanalysen (etwa Verständlichkeitsanalysen) ist die Bestimmung semantischer Information (vgl. Anschütz 1966; Frank 1967) denkbar.

Schließlich ist der informationstheoretische Ansatz auf der semantisch-pragmatischen Ebene zu nennen, der von Weltner (1964) vorgeschlagen worden ist, und der gleichfalls Ansatzpunkte für ein inhaltsanalytisches Verfahren liefert.

Petöfi (1974) diskutiert Möglichkeiten einer semantisch arbeitenden, semantisch-interpretativen Text-Struktur-Welt-Struktur-Theorie, die über die rein semantischen Ansprüche hinausweist und die Bildung eines Lexikons verlangt. Einen Vergleich verschiedener linguistischer und anderer Ansätze liefert Gardin (1969).

Wiederum einen ganz anderen Ansatz verfolgt die strukturelle Textanalyse. Exemplarisch soll hier das von Titzmann (1977; 1981; 1981a) entwickelte Verfahren vorgestellt werden, das sich als semantisch-pragmatisches Verfahren zur Rekonstruktion von Bedeutungen durch einen kompetenten Interpreten versteht.

Beispiel 22: Strukturelle Textanalyse (nach Titzmann 1981; 1981a)

Titzmann geht davon aus, daß mit Hilfe der strukturellen Textanalyse die Rekonstruktion der Bedeutung beliebiger Texte geleistet werden kann. Das Verfahren arbeitet nach objektiven Regeln, d.h. „subjektive Assoziationen des Autors oder der Rezipienten zum gegebenen Text (sind) nicht Objekt der strukturellen Textanalyse

8 Typologie inhaltsanalytischer Verfahren

... es heißt andererseits, daß nachweisbare Bedeutungen auch dann Objekt der strukturellen Textanalyse sind, wenn weder Autor noch Rezipient sie (bewußt) wahrgenommen haben" (Titzmann 1981: 64).

Es handelt sich mithin um ein Verfahren, bei dem semantische Implikationen auf Grund logischer Entscheidungen festgestellt werden, also um eine Argumentationsanalyse.

Voraussetzungen sind: a) Ein kompetenter Interpret, b) eine Theorie über die Möglichkeit der Organisation von Texten und c) eine Menge von Interpretationsregeln.

Die strukturelle Textanalyse vollzieht sich in zwei Schritten:

a) *Aufstellen der Interpretationsregeln:* Dabei ist die wichtigste Regel, daß für jeden analysierten Term alle ihm zugeordneten Bedeutungen oder Merkmale rekonstruiert werden müssen (vgl.Titzmann 1977: 368).
So liefert z.B. die Analyse der Proposition „Der Milchmann verkauft auch Brötchen", z.B. die folgenden Informationen:
1. Der Milchmann ist männlich.
2. Der Milchmann ist mindestens 18 Jahre alt.
3. Der Milchmann verkauft etwas.
4. Der Milchmann verkauft Milch und Milchprodukte.
5. Normalerweise verkauft ein Milchmann Milch und Milchprodukte.
6. Gerade dieser Milchmann verkauft aber noch mehr.
7. Dieser Milchmann verkauft auch Brötchen etc.

b) *Sortierung aller über einen Text gemachten Aussagen* derart, daß diese zueinander in Beziehung gesetzt werden und hierarchisch geordnet werden, so daß daraus ein Ensemble von geordneten Hypothesen (ein Textmodell) entsteht.

Die gesamte Analyseprozedur umfaßt daher die Zerlegung des Textes in einzelne Segmente, die regelhaft gesteuerte Sortierung bzw. Klassifizierung dieser Segmente und die Synthese der gebildeten Klassen (Hierarchiebildung etc.).

Obwohl jede Analyse eines Textes gegenüber dem Text selektiv verfährt, geht der Anspruch der strukturellen Textanalyse so weit, daß – unter Benutzung der zu bildenden Regeln – die Interpretation (Analyse) intersubjektiven Ansprüchen gerecht wird. Titzmann (1981) führt diesen Typ von Analyse exemplarisch an einem Diskurs vor.

Obwohl der Arbeitsaufwand dieses Verfahrens beträchtlich ist, erscheint es möglich, die strukturelle Textanalyse als Basis für ein inhaltsanalytisches Verfahren zu benutzen: So könnte man die textanalytisch objektivierbaren Bedeutungen mit denen möglicher Benutzer (Codierer) konfrontieren und aus der Richtung der Inkongruenz auf Merkmale des Kommunikators bzw. des Rezipienten schließen.

Zum anderen könnte man – darauf weist Titzmann (1981a) hin – eine Assoziationsstruktur eines Textes erzeugen, die im Fall konkurrierender Aussagen (z.B. in einer politischen Diskussion) einen Typ von Wahrheitswert abgeben und damit – zumindest analytisch – Diskussionen transparent und ggf. entscheidbar machen könnte.

8.51 Semantisch-pragmatische Analyse des Kommunikators

Die gesteigerten Möglichkeiten der Textanalyse auf dieser Ebene zeigen sich in der Vielzahl von diskutablen Verfahren zur Kommunikationsanalyse. Die im folgenden genannten Verfahren sind oft nur Oberbegriffe für eine Mehrzahl oder Vielzahl von Ansätzen, die zu bestimmten Problemen (z.b. zur Messung der *Objektivität* der Berichterstattung) entwickelt worden sind. Das hat auch zur Folge, daß in Verfahren mit unterschiedlicher Bezeichnung oft wesentliche Ähnlichkeiten festgestellt werden können. So ist die *Wertanalyse* wie die *Symbolanalyse* (vgl. Kap. 8.53) im Prinzip ein Typ von *Einstellungsanalyse*, während die *Propaganda-Analyse* sowohl *Einstellungsanalyse* als auch *Wahrheitsanalyse* oder *Objektivitätsanalyse* sein kann.

8.51-11 Wertanalyse

Die Wertanalyse ist „eine Methode zur quantitativen Beschreibung aller Arten verbaler Äußerung – von der Psychoanalyse zur Meinungsforschung durch Interview" (White 1944: 357). Sie kann sowohl als ein Typus von *Motiv-Analyse* (vgl. Kap. 8.51-13) als auch als ein Typus von *Einstellungsanalyse* (vgl. Kap. 8.51-12) angesehen werden, beansprucht aber eine prinzipielle Eigenständigkeit zwischen diesen beiden Verfahren.

1) Entwicklung des Verfahrens

White (1944) unterstellt – analog zu den Annahmen, die projektiven Tests der Psychodiagnostik zugrunde liegen –, daß spontanes resp. freies verbales Verhalten einer Person Bedürfnisse oder Werthaltungen dieser Person widerspiegelt. Er entwickelt anhand zahlreicher Analysen von Äußerungen von Staatsmännern und durch Vergleich mit den häufigst vorkommenden Wörtern des Englischen (z.B. Thorndike 1921) ein System von 100 allgemeinen und 25 speziell politischen Werten (Abb. 92), das den Bereich von Wertäußerungen in etwa abdeckt. White unterstellt

a) daß dieses Kategoriensystem alle Wertäußerungen angemessen (gültig) erfassen kann,
b) daß es einfach anzuwenden ist,
c) daß unterschiedliche Benutzer zu gleichen Ergebnissen kommen (Zuverlässigkeit der Codierung) und
d) daß mit diesem Kategoriensystem auch die Erfassung latenter Äußerungen möglich ist (z.B. Ironie, Humor etc.).

2) Logik des Schlusses vom Text auf den Kontext

Die Wertanalyse unterstellt die volle Gültigkeit des *Repräsentationsmodells*, so daß alle vorkommenden Wertäußerungen als gültige Äußerung der Persönlichkeitsstruktur oder persönlicher Motive interpretiert werden.

8 Typologie inhaltsanalytischer Verfahren

		100 allgemeine Werte			25 politische Werte		
H	Glück	G	Das Gute	R	Das Rechte		
Ho	Hoffnung			Tr	Wahrhaftigkeit		
Rw	Belohnung			J	Gerechtigkeit		
Co	Komfort	L	Liebe	Z	Erfolg		
	Fo Essen		Hm Heim		B Größe	Soc	Sozialismus
	Dr Trinken		Ma Ehe		Ok Schnelligkeit	Cm	Kommunismus
	Wa Wärme		Hd Kindsein		Ne Neuigkeit	Fs	Faschismus
	Re Ruhe				Sty Stil	N	Nationalismus
		F	Freundschaft		Ab Fähigkeit	M	Militarismus
S	Sicherheit		A Billigung		Pp Absicht	Im	Imperialismus
	Li Leben		So Geselligkeit		Cg Mut	Pol	Politik
	He Gesundheit		Ta Gespräche		Po Macht	Pro	Propaganda
	Pa Schmerz		Mm Mitgliedschaft		At Aufmerksamkeit	Sk	Streiks
	Fe Furcht		U Gruppenzusammenhalt		Rs Respekt	Dt	Schulden
	Pu Strafe		Gi Geben		Pos Position	Tx	Steuern
			Ki Freundlichkeit			P	Frieden
K	Wissen			E	Prosperität	D	Demokratie
	T Wahrheit	I	Freiheit		(ökonomisch)	Ci	Zivilisation
	Ob Beobachtung		(Unabhängigkeit)		La Land	Lb	Liberalismus
	Th Denken		Qe Qualität		Hs Haus	Am	Amerikanismus
	Me Bedeutung		Ac Aktivität		Clo Kleidung	Al	Verbündete
	Ed Erziehung		Ti Zeit		An Tiere	V	Sieg
			Op Gelegenheit		Mc Maschinen	Mt	Materialien
Or	Ordnung		Na Natürlichkeit		X „Dinge"	En	Unternehmen
	Ce Zuverlässigkeit		Rsp Verantwortlichkeit		Sa Ersparnisse	Cpt	Wettbewerb
	Si Einfachheit				Pf Gewinne	Inv	Investition
	Lk Ähnlichkeit	Pl	Freude		Pr Hohe Preise	Cs	Konsum
	Md Mittelmäßigkeit		C Abwechslung		W Arbeit	Pn	Planung
	Cl Sauberkeit		In Interesse		Gr Wachstum	Ar	Entscheidung
	Qi Ruhe		Ex Erregung		Mk Schaffen		
	Ca Vorsicht		St Geschichten		Tp Transport		
	Lw Gesetz		Hu Humor		Td Handeln		
	Le Führerschaft		Dk Trinken				
	O Organisation		Sx Sex		*Modale Werte*		
	Fa Vertrauen		Y Jugend		Ps möglich		
	Cer Zeremonie		Fe Schönheit		Pc praktisch		
	Ri Religion		Col Farbe		Av unvermeidbar		
			Mu Musik				

Abbildung 92: Wertkategorien der Wertanalyse (nach White 1944: 356)

3) Vorgehensweise

White (1944: 354 f.) nennt vier Schritte:

1.) Definition der Analyseeinheiten
   Unterstreichung aller in einem Text vorkommenden Wörter oder Wortverbindungen, die einen Wert ausdrücken.

2.) Transkription der Wertäußerung
Die Wertäußerungen werden entsprechend kategorisiert und mit den Symbolen (Kürzeln) der jeweiligen Kategorie versehen.

3.) Verknüpfung von Wertäußerungen mit Handlungsträgern
White entwirft zu diesem Zweck ein System von symbolischen Operatoren, das je nach Zweck der Untersuchung variiert werden kann (vgl. White 1947: 446 ff.) (Abb. 93):

Personale Relationierung:		kleiner Buchstabe vor dem Wertsymbol
i	=	Ego
m	=	Meine Mutter
etc.		
Negation und Position:		Apostroph oder Spiegelstrich vor dem Wertsymbol
Fo	=	(ich möchte) Essen
'Fo	=	kein Essen (Frustration)
-Fo	=	Essen (Befriedigung)
Objekte:		kleiner Buchstabe nach dem Wertsymbol
Fe m	=	Angst vor meiner Mutter
etc.		
Anderes:		
X–Y		(Bindestrich: X führt zu Y)
X=Y		(Gleichsetzung)
X/Y		(Widerspruch, Konflikt)
X > Y		(X ist wichtiger als Y)
(X		(Eintritt eines unbeabsichtigten Zustandes X)
p (X		Person p fordert X

Abbildung 93: Operatoren zur Bildung von Wertäußerungen (nach White 1947: 451)

Mit diesen Operationen lassen sich einfache Sätze bilden, z.B. i, In = „Ich bin nicht intelligent" oder m, Lo = „Meine Mutter liebt mich nicht".

4.) Sortierung und Summierung der Wertsymbole
Die Zahl vorkommender Wertäußerungen wird für jede Kategorie aufsummiert. Zugleich werden die wesentlichen Ziel-Mittel-Beziehungen herausgearbeitet resp. das Muster der dominanten Wertäußerungen wird interpretiert.

4) Kritik

Die Kritik an diesem Verfahren läßt sich in fünf Punkten zusammenfassen:

a) Das entwickelte Notationssystem ist ökonomisch und stellt den Prototyp für viele andere inhaltsanalytische Verfahren dar.

b) Das Repräsentationsmodell wird ungeprüft übernommen, so daß alle Texte, in denen z.B. auf Grund der Ereignisse Wertäußerungen verstärkt auftreten, zu problematischen Zuordnungen führen können.

c) Das Verfahren setzt das „Verständnis" des Textes vor der Analyse voraus. Das bedeutet, daß die subjektiven Werthaltungen des jeweiligen Codierers wirksam werden, so daß – je nach Text – verzerrende (reaktive) Einflüsse wirksam werden. Andererseits garantiert das „Verstehen" des Textes durch den Codierer, daß auch *latente* bzw. kotextuelle Bedeutungen mitcodiert werden können (Humor etc.).

d) Das Kategoriensystem ist nicht geschlossen und muß bzw. kann je nach Ziel der Untersuchung variiert werden. Dadurch kommt ein Moment der Beliebigkeit in die Analyse hinein.

e) Die Intensität der Bewertung wird nicht berücksichtigt. Der Satz „Das Essen schmeckt mir nicht" erhält dadurch z.B. die gleiche negative Bewertung wie „Ich bin todunglücklich".

5) Variationen und Weiterentwicklungen

Je nach Ziel einer Wertäußerungsanalyse kann das Kategoriensystem oder das System der Operatoren modifiziert werden. Eine Analyse politischer Reden fördert andere Wertäußerungen zutage als ein privates Tagebuch oder die Aufzeichnung von small talk. White (1947: 447) führt z.B. zur Analyse der Autobiographie eines Farbigen weitere persönliche Symbole (Farbige, Weiße etc.) ein.

Die Ergebnisse der Wertanalyse können durch vergleichende Analysen erhärtet werden. So benutzt White (1947) bei der Wertanalyse einer Autobiographie eines Autors zugleich Autobiographien anderer Autoren (Studenten), die das gleiche Alter haben. Daraus konstruiert er ein Wertemuster, das als Vergleichsmaßstab eingesetzt wird und wesentliche Unterschiede bzw. Eigenheiten der zur Untersuchung anstehenden eigentlichen Autobiographie offenbart.

6) Anwendungen

Die Wertanalyse eignet sich insbesondere für die Analyse größerer Texte, die zwangsfrei produziert worden sind, z.B. Tagebücher (White 1947) oder politische Reden (White 1949). Ginglinger (1955) hat jedoch gezeigt, daß nicht nur personale, sondern auch soziale Wertmuster durch Analyse von Zeitschriften festgestellt werden können.

8.51-12 Einstellungsanalyse (Evaluative assertion analysis, EAA)

Der Begriff Einstellungsanalyse (attitude analysis, Werthaltungsanalyse) kann als Oberbegriff für verschiedene inhaltsanalytische Verfahren gelten. Sowohl die *Wertanalyse* als auch die *Symbolanalyse* als auch die *Objektivitätsanalyse* messen Einstellungen, also Aussagen in einem Text, die in bezug auf ein Objekt mit einer Bewertung assoziiert sind. Im folgenden soll daher stellvertretend für andere das bislang anspruchsvollste Verfahren, die *evaluative assertion analysis* vorgestellt werden.

1) Entwicklung des Verfahrens

Die Verwendung von Bewertungen in der Inhaltsanalyse ist bereits von Bleyer (1924) eingeführt worden: Aussagen werden nicht nur nach Häufigkeit des Auftretens auf bestimmte Kategorien verteilt, sondern es wird deren Bewertung (direction) miterfaßt. Lasswell (1942) geht einen Schritt darüber hinaus und entwickelt eine fünffach gestufte Skala (−2, −1, 0, +1, +2), um Bewertungen nach Stärke (intensity) zu differenzieren. Damit werden bereits dreigliedrige Aussagen vom Typ

/Objekt/Konjunktion (+ −)/Attribut/

benutzt, z.B.

/Soziale Reformer/stabilisieren/Demokratie/
   SR   +   D

Lasswell (1952: 72) benutzt dieses Schema zur Verrechnung der Wertigkeit von Aussagen im Rahmen des Radir-Projektes.

Osgood et al. (1954; 1956) gehen über diesen Ansatz hinaus, indem sie nicht nur die Intensität einer Konjunktion (connector c) berücksichtigen, sondern ein (wertgeladenes) Attribut (common meaning cm) nach positivem oder negativem Wert skalieren. Damit ist die Grundlage für ein Verfahren, nämlich die *evaluative assertion analysis* (EAA) geschaffen, bei der Einstellungsobjekte (Subjekte oder Objekte eines Satzes) auf Grund der Skalierung ihrer Konnektoren und ihrer wertgeladenen Attribute bewertet werden können: „Das Ziel der wertenden Aussageanalyse (EAA) ist es, aus Aussagen die Wertungen in bezug auf signifikante Konzepte herauszuziehen und dabei den Einfluß, die Wirkung dieser Aussagen auf den Codierer der Aussagen oder dessen Einstellung zu minimieren" (Osgood 1958: 42). Soll z.B. die Bewertung des Begriffes „BRD" bzw. die Einstellung gegenüber diesem Begriff anhand eines Textes bestimmt werden, so sind Sätze wie

„Die BRD ist demokratisch"
/AO   /c/   cm   /

zur Einstellungsanalyse geeignet, während Sätze wie

„Die BRD ist ein Staat"
/AO   / c /   −   /

nichts zur Analyse beitragen können, weil darin kein Wert (cm) auftaucht.

Die evaluative assertion analysis geht mithin von folgenden Voraussetzungen aus:

a) Der durchschnittliche Sprachbenutzer kann verläßlich zwischen zwei Symbolklassen unterscheiden: Einmal einer Symbolklasse mit vergleichsweise durchgängig akzeptierten, relativ festgelegten Bedeutungen, die als „common meaning" (cm) bezeichnet werden. Zum anderen einer Klasse von Symbolen, zu denen unterschiedliche Einstellungen (Haltungen) eingenommen werden können (attitude objects AO).

8 Typologie inhaltsanalytischer Verfahren

b) Der durchschnittliche Sprachbenutzer kann feststellen, ob verschiedene Satzstrukturen gleiche Bedeutung haben oder nicht. Diese Annahme ist insofern grundlegend, als das Verfahren auf der Zerlegung komplizierter Sätze in einfache dreigliedrige Sätze besteht. So muß für die Analyse der Satz „Aufrechte Demokraten verurteilen faschistische Gewalttäter" in die Sätze „Faschisten sind Gewalttäter" und „Faschisten werden verurteilt von aufrechten Demokraten" zerlegt werden.

c) Codierer sind in der Lage, die Richtung von Bewertungen und deren Intensität in Sätzen (assertions) mit hinreichender Übereinstimmung festzustellen.

d) Codierer können mit hinreichender Übereinstimmung Richtung und Intensität von Werten in Attributen (common meanings) feststellen.

2) Logik des Schlusses vom Text auf den Kontext

Wie bei der Themenanalyse oder der Wertanalyse liegt bei der *EAA* das *Repräsentationsmodell* zugrunde. Die Berücksichtigung von Bewertungen verbessert jedoch die Gültigkeit des Repräsentationsschlusses: Es wird nicht mehr vom Vorkommen bestimmter Themen oder items auf eine im einzelnen diffuse Beschäftigung des Kommunikators mit diesen items geschlossen, sondern durch die explizite satzweise Bewertung ist die Einstellung des Kommunikators präzise zu orten, so daß man insgesamt die Gültigkeit des Inferenzschlusses unterstellen kann.

3) Vorgehensweise

Die Vorgehensweise bei der *EAA* vollzieht sich in vier Schritten:

a) Identifizierung, Isolation und Verschlüsselung der Einstellungsobjekte (AO)
   Normalerweise lassen sich Einstellungsobjekte ohne Problem als solche erkennen und von common meanings unterscheiden. Wichtig ist, daß alle Pronomen ebenfalls als AO gelten, wenn das Subjekt als AO gilt: So enthält der Satz „Der Bundeskanzler fliegt nach Moskau; er verurteilt den Angriff auf Afghanistan" zweimal das AO „Bundeskanzler": einmal direkt und einmal durch das Pronomen „er".
   Die Isolation der AO erfolgt in der Regel so, daß alle Substantiva, die nicht common meaning (cm) sind, als AO gekennzeichnet werden. Sodann wird jedes AO *maskiert*, d.h. es wird durch ein bedeutungsfreies Symbol (eine bedeutungslose Buchstabenkombination) ersetzt. Diese Maskierung ist ein wichtiger Kunstgriff des Verfahrens, denn Bewertungen reichen auf die pragmatische Ebene, sie provozieren subjektive Reaktionen des Codierers: „Attitude objects are signs whose evaluative meanings vary extremely with the person producing or receiving them" (Osgood et al. 1956: 49).

b) Übersetzung des Satzes in die vereinfachte Aussage (assertion)
   Jeder Satz wird zerlegt, bis er in die Form

   (AO / c / cm / oder
   / AO_1 / c / AO_2 / gebracht werden kann.

   Alle anderen Formen, insbesondere

(AO / c /—/ (z.B.: /Freiheit/ist/eine Idee/)
/cm$_1$ / c / cm$_2$ / (z.B.: /Gutmütigkeit/ist/Dummheit/)
sind irrelevant.

c) Zuordnung von Richtungen und Intensitäten
Konnektoren c können entweder assoziativ (+) oder dissoziativ (-) gebraucht werden und werden in beiden Richtungen dreistufig skaliert (1, 2, 3 bzw. -1, - 2, und -3)

+3 = Völlige Identifizierung, Wirklichkeit (adjektivisch: Superlativ) (Beispiel: „Herr Maier ist ein Held" oder „Herr Müller erscheint durch und durch als Gentleman" oder „Dieser Konflikt bedeutet den Ernstfall" etc.).

+2 = Durchschnittliche Identifikation, erwartbare Möglichkeit resp. Wahrscheinlichkeit, (adjektivisch normal).

+1 = Schwache Identifikation, schwache Konnektion.

Die negativen Werte werden als Dissoziation interpretiert und ansonsten völlig analog skaliert.

Common Meanings cm werden nach der gleichen Skala skaliert: Positive Bewertungen werden positiv, negative Bewertungen werden negativ verrechnet und hinsichtlich der Intensität der Bewertung wird analog nach drei Stufen skaliert:

+3 = Superlativ (Beispiel: „Ein äußerst fleißiger Arbeiter")

+2 = Normalfall, durchschnittliche Bewertung (Beispiel „Ein guter Arbeiter")

+1 = schwach, geringe Intensität (Beispiel „Herr Maier ist ein kleiner Betrüger")

d) Verrechnung der gesamten Aussage
Innerhalb eines Textes wird ein AO in der Regel mehrfach bewertet. So ist z.B. das AO „Herr Maier" im Satz „Herr Maier ist durch und durch ein Gentleman" mit +3 x +3 = +9 skaliert, während das gleiche AO im Satz „Herr Maier mag ein bißchen Wärme" mit +2 x +1= 2 skaliert wird. Es gibt jedoch auch assertions der Form /AO$_1$ / c / AO$_2$/ z.B. „Herr Maier ist ein Anhänger von Michael Jackson", bei denen die Bewertung von AO$_1$ über die Bewertung von AO$_2$ ermittelt werden muß.

Osgood et al. (1956: 91) haben daher folgendes Schema zur Messung der Einstellung gegenüber einer AO vorgeschlagen (Abb. 94):

Zunächst wird eine Tabelle mit 9 Spalten gebildet. In Spalte 1 wird die laufende Zahl (i) der jeweiligen AO eingetragen, die bewertet werden soll. In Spalte 2 wird das Symbol der maskierten AO eingetragen (hier: KTC).

Während in Spalte 3 – 5 die Daten zur vorläufigen Bewertung der A$_i$ eingetragen werden, enthalten die Spalten 6 – 9 die weiteren Werte zur endgültigen Berechnung der Bewertung der AO$_i$.

Die vorläufige Bewertung der AO$_i$ erfolgt durch Aufsummierung aller Produkte c x cm (Spalte 5). Gleichzeitig wird die Summe (absolut) aller Konnek-

lfd. Nr.	Bezeichnung der AO$_i$	Bewertung durch common meaning cm			Bewertung durch ein anderes Einstellungsobjekt AO$_j$			
		c	cm	c x cm	c	AO$_j$	Bewertung von AO$_j$	c x AO$_j$
1	KTC	+1 -2 +3 +3 $\Sigma/c/=9$ -2.2 ← 1.03 ←	+1 +3 -3 -2	+1 -6 -9 -6 $\Sigma c \times cm$-20 vorläufiger Wert für AO$_1$ =$\Sigma c \times cm$: $\Sigma/c/= -2.2$ endgültiger Wert für AO$_1$ ←	-3 +2 -3 +3 $\Sigma/c/=13$	FZU GTT FEQ ZJC	+0.233 -2.3 -0.66 +0.2	-0.7 -4.6 +1.98 +0.6 $\Sigma c \times AO$=2.72 $\Sigma c \times cm+\Sigma c \times AO$= -22.72=S $\Sigma c \times cm+\Sigma cmAO$= 9+13 =22=N S : N = -1.03
2	WJD	. . .	. . .					

Abbildung 94: Verrechnung der bewerteten Objekte (nach Osgood et al. 1956: 91)

toren c gebildet, so daß sich die vorläufige Bewertung als mit den Konnektoren gewichteter Mittelwert der cm-Wertungen ergibt. In Abb. 94 ergibt sich z.B. für AO$_1$ ein Mittelwert (aus vier Aussagen) von –2.2. Analog werden für alle anderen AO$_i$ nun die vorläufigen Mittelwerte berechnet bzw. die endgültigen für diejenigen AO$_i$, die nur durch c x cm-Bewertungen bestimmt werden.

In einem zweiten Durchgang werden sodann (Spalte 7 – 8) die c x AO$_j$-Bewertungen nachgetragen, die sich als Produkt aus Konnektor c und der schon vorliegenden Bewertungen AO$_j$ errechnen. Sodann wird die Summe aller Bewertungen c x cm und c x AO$_j$ berechnet, die in Abb. 94 den Wert 22.72 annimmt und hier mit S bezeichnet wird. Zugleich wird die Summe aller Absolutbeiträge aller Konnektoren (sowohl für common meanings als auch für AO$_j$) berechnet, die in Abb. 94 den Wert N = 22 annimmt.

Durch Division S/N erhält man dann den endgültigen gewichteten Mittelwert, der zugleich den endgültigen Wert AO$_1$ darstellt.

4) Kritik

Die Kritik an diesem Verfahren betrifft folgende Punkte:

a) Die evaluative assertion analysis berücksichtigt Häufigkeiten, Richtungen und Intensitäten von Bewertungen in Form einfachster, dreigliedriger Sätze. Dadurch wird der Realitätsgehalt der Ergebnisse – verglichen mit anderen Verfahren – wesentlich erhöht.

b) Die Maskierung der AO ist ein zwar umständlicher, aber methodisch wegweisender Schritt, der der interpretativen Reaktivität auf der pragmatischen Ebene Rechnung trägt. Osgood et al. (1956: 59) haben experimentell gezeigt, daß die Coder-Reliabilität durch die Technik des Maskierens in allen Versuchen wesentlich höher ist und im Durchschnitt von .71 auf .83 anwächst (bei 2 Codierern).

c) Das Verrechnungsverfahren bringt es mit sich, daß eine starke Bewertung (+9) durch neun schwache Bewertungen (+1) ersetzt werden kann. Diese Äquivalenz entspricht jedoch keiner pragmatischen Äquivalenz: Besonders starke Bewertungen symbolisieren besonders krasse Einstellungen und erzielen besondere Aufmerksamkeit. Auch die Zerlegung der Sätze ist zwar formal exakt, berücksichtigt aber erneut kaum pragmatische Bedingungen. Die Aussage „Hans ist kein Terrorist" signalisiert beispielsweise, daß diese Wahrheit nicht selbstverständlich ist (sonst wäre sie überflüssig). Nach der Verrechnung durch die EAA würde daraus aber die Zuordnung /Hans/ist/ein Nicht-Terrorist/ und damit schließlich /Hans/ist/ein guter Staatsbürger/ etc.

d) Zur Bildung der Wertintensitäten werden Ordinalskalen entwickelt, die später jedoch unzulässig als Intervallskalen behandelt werden.

5) Variationen und Weiterentwicklungen

Deetjen (1977) kritisiert das Verfahren vor allem wegen der Willkürlichkeit der Verrechnung und Satzzerlegung (Punkt c) der Kritik). Er schlägt daher zwei Veränderungen vor: Assertions sollten nicht pauschal zu einem Mittelwert zusammengefaßt werden, da Einstellungen in bezug auf ein AO normalerweise nach bestimmten Aspekten differieren können. Deetjen (1977: 83 ff.) schlägt zunächst vor, die Homogenität der Einstellungen durch Messung der Varianz der Wertprodukte zu prüfen und zudem die assertions inhaltlich nach bestimmten Dimensionen des AO zu differenzieren. Ein Manager kann z.B. wegen seiner Skrupellosigkeit schlecht bewertet werden, aber hinsichtlich seines geschäftlichen Erfolgs sehr gut etc.

Zum anderen schlägt Deetjen (1977: 160 ff.) vor, die dreifache Abstufung der Konnektoren inhaltlich als unterschiedliche Typen des Zeichengebrauchs zu interpretieren: *Informativ* sind alle Aussagen mit schwachem Konnektor (c = 1), *bewertend* sind alle Konnektoren mit einer mittleren Intensität (c = 2) und *inzitativ* (zum Handeln auffordernd) sind alle Konnektoren mit stärkster Intensität (c = 3). Deetjen kann anhand einer Untersuchung über das Image von Managern zeigen, daß diese Erweiterung empirisch gerechtfertigt werden kann. Lisch (1981) schlägt vor, die Bildung von Produkten c x cm durch Zuweisung ordinaler Werte zu ersetzen: Die vorläufige Bewertung eines AO wird nicht mehr als gewichtetes Mittel, sondern als rücktransformierter Median der Skalenwerte interpretiert.

6) Anwendungen

Der hohe Aufwand beim Einsatz der EAA schreckt offensichtlich viele Anwender ab und stellt sich somit als Barriere für die praktische Anwendung heraus:

8 Typologie inhaltsanalytischer Verfahren 199

Holsti (1962) hat eine Analyse der Reden des amerikanischen Außenministers J. F. Dulles durchgeführt und darin die Bewertungen gegenüber der UdSSR analysiert. Lynch (1964) untersucht die Bewertung von Indien in den Leitartikeln der New York Times. Deetjen (1977) analysiert die Einstellung einiger Zeitschriften gegenüber Managern und modifiziert zugleich das Verfahren der EAA. Darüber hinaus schlägt er vor (Deetjen 1977a), dieses Verfahren auch als Verfahren zur Messung von Objektivität zu benutzen (vgl. *Objektivitätsanalyse*). Schließlich sei die interessante Arbeit von Mueller/Greiner (1969) erwähnt, die mit diesem Verfahren nicht auf einen Kommunikator, sondern auf die politische Situation in Berlin (Ost) in der Vorphase des Mauerbaus schließen. Diese Studie wird als Situationsanalyse noch vorgestellt (vgl. Kap. 8.53-12). Erwähnenswert ist schließlich der Versuch von Osgood/Walker (1959), simulierte von echten Suizid-Abschiedsbriefen inhaltsanalytisch zu unterscheiden (vgl. Kap. 8.51-16e). Dabei wird auch die EAA benutzt. Holsti (1968a) hat schließlich für die EAA ein EDV-Programm entwickelt, so daß die Analyse auch durch den Computer durchgeführt werden kann.

8.51-13 Motivanalyse

Motivanalyse ist ein Oberbegriff für eine Reihe von der Psychodiagnostik und Psychotherapie entwickelten inhaltsanalytischen Verfahren, bei denen von einem Text (schriftlich oder verbal) auf Motive oder Affekte des jeweiligen Kommunikators geschlossen wird. Im folgenden sollen Verfahren vorgestellt werden, die teilweise – je nach Ziel der Analyse – auch als *Persönlichkeitsstrukturanalyse* angesprochen werden können (Abb. 94):

Motivanalyse   *Persönlichkeitsstrukturanalyse*

DRQ (1947)   *Einstellungsanalyse*

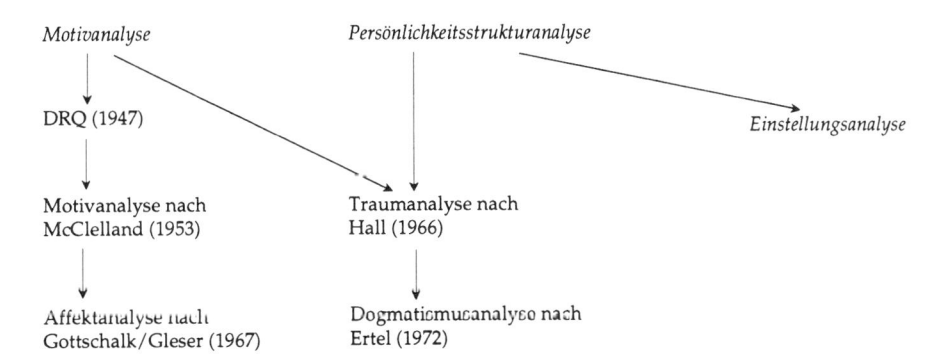

Motivanalyse nach   Traumanalyse nach
McClelland (1953)   Hall (1966)

Affektanalyse nach   Dogmatismusanalyse nach
Gottschalk/Gleser (1967)   Ertel (1972)

Abbildung 95: Motivanalyse und Persönlichkeitsstrukturanalyse

Die Motivanalyse hat zwei Wurzeln: Zum einen die Themenanalyse als originäres inhaltsanalytisches Verfahren und zum anderen den von Murray und Morgan 1935 entwickelten Thematischen Apperzeptions-Test (TAT). Bei diesem Test handelt es sich um einen verbal-projektiven Test, bei dem ein Text (genau: ein oder mehrere Bilder) durch einen Probanden analysiert und interpretiert wird, es handelt sich also sozusagen um eine interpretative Inhaltsanalyse, die in Form eines

Textes notiert wird. Dieser Text ist der eigentliche Text, der inhaltsanalytisch untersucht wird: Abweichungen von einer „durchschnittlichen" Beschreibung lassen dann – je nach Richtung der Abweichung – präzise Schlüsse auf motivationale Zustände des Kommunikators dieses Textes (i.e. der Rezipient des Bildes) zu. Diese Zusammenhänge zwischen Inhaltsanalyse und TAT lassen sich in der Arbeit von Shneidman (1951) besonders gut erkennen.

8.51-13a Discomfort-relief-quotient

Dieses Verfahren ist von Dollard und Mowrer (1947) vorgeschlagen worden, um Aufschluß über Motive oder Motivationslagen eines Kommunikators anhand der von ihm produzierten Texte zu gewinnen.

1) Entwicklung des Verfahrens
Die Autoren gehen von lerntheoretischen Voraussetzungen aus: Danach sind Relationen (responses) verursacht durch motivationale Zustände resp. Affekte (drives). Erfolg oder Belohnung helfen, solche Spannungen zu reduzieren und müssen sich folglich auch in den Reaktionen (hier: verbal produzierten Texten) niederschlagen. Sie entwickeln einen Index, der als „Discomfort-Relief-Quotient" (DRQ) bezeichnet wird und mit dem Spannungen festgestellt werden können. Es handelt sich also hier um eine typische Kommunikatoranalyse.

2) Logik des Schlusses vom Text auf den Kontext
Die Autoren gehen davon aus, daß Spannungen, die eine Persönlichkeit auszuhalten hat, sich in den von ihr produzierten Texten niederschlagen. Ganz offensichtlich wird hier das Repräsentationsmodell zugrunde gelegt. Da keine näheren Angaben über Einschränkungen dieses Modells gemacht werden, und da auch keine Außenvalidierung herangezogen wird, muß der Schluß vom Text auf den Kontext mit gebührender Vorsicht vollzogen werden.

3) Vorgehensweise
Die Analyse vollzieht sich in vier Schritten:

a) Definition der Analyseeinheit
   Diese Einheit kann ein Satz oder ein Abschnitt sein. Normalerweise ist ein unabhängiger Nebensatz die kleinste und auch geeignetste Einheit.
b) Definition der Items
   Je Analyseeinheit werden drei Typen von Worten unterschieden:
   1.) Streßindizierende Wörter (discomfort words) d
   2.) Entspannung indizierende Wörter (relief words) r
   3.) Wörter, die weder Streß noch Entspannung anzeigen
   Über das gesamte Sample werden alle Spannung und Entspannung indizierenden Wörter ausgezählt und nach der Gleichung

8 Typologie inhaltsanalytischer Verfahren

(23) $$DRQ = \frac{d}{d+r}$$ *Discomfort-Relief-Quotient*

zueinander in Bezug gesetzt.

c) Erhebung der Items
Alle positiven Items r und negativen Items d pro Seite werden ausgezählt. Daraus wird der DRQ-Quotient gebildet.

d) Trendanalyse
Die Analyse kann mehrfach wiederholt werden und erlaubt dann einen trendanalytischen Aufschluß über den Rückgang der Spannungen, der mit externen Variablen korreliert wird (z.B. Hilfe für den Kommunikator oder Fortschritt des Kommunikators in der Bewältigung von Problemen). Die Anwendung dieses Verfahrens liegt vor allem im Bereich der Therapieforschung resp. Sozialarbeit: Der Erfolg von Therapien und Sozialbetreuung kann durch wiederholte Analyse trendanalytisch durch einen abwärts gerichteten Graph (Abb. 96) sichtbar gemacht werden.

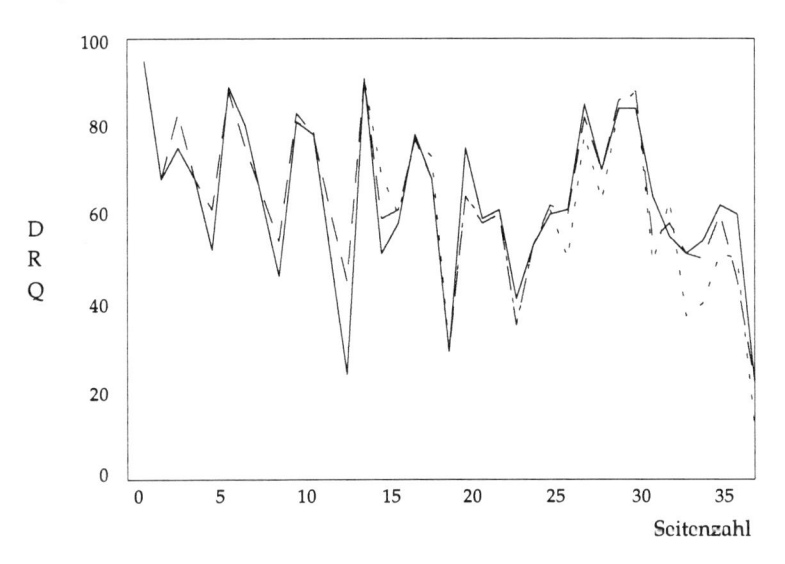

Abbildung 96: Graph der Streßanalyse bei erfolgreicher Behandlung (nach Dollard/Mowrer 1947: 17)

4) Kritik
Kritik an diesem sehr einfach arbeitenden inhaltsanalytischen Verfahren ist in verschiedener Hinsicht anzubringen:

a) Das Verfahren mißt Spannungen bzw. Streß, ohne den Typ (die Ursache) dieser Spannung zu bestimmen. Dieser kann daher sowohl in der Persönlichkeitsstruktur des Kommunikators (Patienten) liegen als auch in dessen familiärer oder beruflicher Situation. Murray et al. (1954) präsentieren denn auch den Fall, daß ein Patient Fortschritte macht, *ohne* daß der DRQ zurückgeht.

b) Das Verfahren mißt nur pauschal, d.h. es wird nicht die Intensität der Spannung bzw. des Stresses gemessen. So würde die negative Aussage „ich bin geschafft" das gleiche Gewicht erhalten wie die Aussagen „ich halte es nicht mehr aus" oder „ich könnte ihn umbringen".

c) Die mit der Analyse der Items zwangsläufig verbundene Analyse von Bewertungen erzeugt eine unkontrollierte Reaktivität, die auf die *Gültigkeit* (reliability) der Codierung negativ einwirkt. Zwar nennen die Autoren eine von ihnen gemessene Intercoderreliabilität von .80 oder darüber, doch dürfte auch hier gelten, was Markoff et al. (1974: 26) über solche Reliabilitäten sagen: Sie liegt bei den Urhebern solcher Verfahren – aus welchem Grunde auch immer – stets wesentlich höher als bei späteren Anwendern.

d) Die Produktion der Texte erfolgt nicht zweckfrei, sondern auf Aufforderung des Therapeuten, so daß sich auch dadurch eine Reaktivität einstellen kann.

e) Das Verfahren mißt nur die Differenz von Zuständen, nicht diese Zustände selbst. Es gibt keinen Hinweis, ob und welche Spannungswerte eine „normale" Person zeigt.

5) Variationen und Weiterentwicklungen

Das Verfahren hat als Prototyp vieler psychodiagnostischer Verfahren gedient. Eine Weiterentwicklung zur Motivanalyse nach sechs Motivkategorien haben Dollard/Auld (1959) vorgelegt.

6) Anwendungen

Das Verfahren wird zur Messung von Spannungen bzw. über die Zeit – zur Messung von Spannungsverringerungen – angewendet.

8.51-13b Motivanalyse nach McClelland (1953)

1) Die Entwicklung des Verfahrens

McClelland et al. (1953) unterstellen in Anlehnung an Freud, daß verbale Reaktionen gültige Hinweise auf das Vorliegen von Motiven liefern können. Ihre zentrale Annahme ist, daß Motive eines Kommunikators auch auf dessen sprachliches Verhalten abfärben, insbesondere dann, wenn es inhaltlich nicht durch ein Thema, durch Konventionen oder andere Vorstrukturen festgelegt ist, sondern sich *frei* entfalten kann. In Anlehnung an bekannte projektive Verfahren wie den Rorschach-Test oder den Thematischen Apperzeptions-Test (TAT), der von Morgan und Murray 1935 entwickelt wurde, erzielten sie die freie Entfaltung einer Beschreibung (dieser Vorlage), indem sie den Kommunikator (die Versuchsperson) aufforderten, zu dieser Vorlage eine Geschichte zu erfinden und ihrer Phantasie freien Lauf zu lassen. Dadurch ist die erfundene Geschichte weitgehend offen und gerade deshalb kann man erwarten, daß sich motivationale Einflüsse am ehesten auf diese Art entdecken lassen:

„.... This is fairly similar to the state of affairs when a human being is telling a story in response to a picture. That is, for most subjects putting thoughts into words or verbalizing is a highly overlearned response. Furthermore, in the fantasy situation no particular set of responses is supposed to be perceived as especially appropriate. Fantasy is a ‚free' response situation, provided the picture is not too structured" (McClelland et al. 1953: 40 f.).

Die erfundene Geschichte gibt also den Text ab, der auf Motiv-Indikatoren hin analysiert wird. Als Motiv hat McClelland (1953) zunächst das Leistungsmotiv (need achievement) untersucht. Spätere Arbeiten (Atkinson 1958: 83 ff. u. 205 ff.) zeigen, daß damit auch auf Geselligkeitsbedürfnis (n affiliation) und Machtstreben (n power) geschlossen werden kann. Die theoretischen Überlegungen zu diesem Typ von Motiv-Analyse erläutert McClelland anhand eines Bildmodells (Abb. 97):

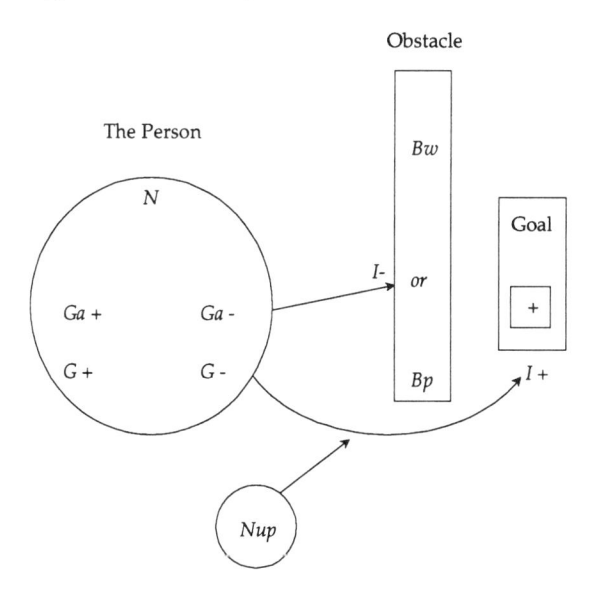

Abbildung 97: Prozeßmodell motivationaler Faktoren nach McClelland (1953: 109)

Eine Person hat ein Bedürfnis N, das ein instrumentelles Handeln I in bezug auf ein vorgestelltes Ziel hin auslöst. Dieses Handeln kann durch ein Hindernis blockiert sein (I-) oder direkt zum Erfolg führen (I+). Das Hindernis kann durch die Umwelt (Block person) bedingt sein, z.B. durch Unfähigkeit, Unlust, Versagensängste etc. Die Blockierungen schließen sich wechselseitig nicht aus, d.h. sie können gleichzeitig in einem Text auftreten. Bei der Person selbst wird jedoch eine Erfolgserwartung (Goal Attainment) unterstellt, die entweder positiv (Ga+) oder negativ (Ga–) sein kann, z.B. Hoffnungen oder Frustrationen. Bei Erfolg hat sie ein affektiv getöntes Erlebnis (G–). Schließlich ist es denkbar, daß sie von jemand anderem bei ihrem Streben nach Erfolg unterstützt wird (Nurturant press).

2) Logik des Schlusses vom Text auf den Kontext

McClelland (1953) weist anhand zahlreicher Tests nach, daß die Messung von Leistungsmotivation (n achievement) im Text mit entsprechenden Verhaltensvariablen korreliert und daß diese Korrelation über alle Kulturen hinweg besteht: Der Schluß vom Text auf den Kontext ist also durch Außenvalidierung abgesichert.

3) Vorgehensweise

Die Vorgehensweise vollzieht sich in drei Schritten:

a) Einer Versuchsperson resp. einer Gruppe von Versuchspersonen wird etwa 20 Sekunden lang ein Bild gezeigt. Danach werden Fragen nach dem Ereignis, den beteiligten Personen, der Situation und dem ablaufenden Verhalten gestellt, die schriftlich beantwortet werden sollen. Dabei wird der Hinweis gegeben, daß die Versuchsperson(en) für die Wiedergabe Phantasie (creative imagination) entwickeln sollen (McClelland 1953: 97 f.). Die von den Versuchspersonen wiedergegebene Geschichte stellt die Textbasis dar, die ohne grammatikalische Korrektur etc. der Analyse unterworfen wird.

b) Zu Beginn der Textanalyse wird zunächst geprüft, ob der jeweilige Kommunikator überhaupt motivationale Kategorien verwendet. Nur wenn dies der Fall ist, wird die Analyse durchgeführt, indem entsprechende Indikatoren aus dem Text entnommen werden. Das entsprechende Kategorienschema für Leistungsmotivation ist in Abb. 98 wiedergegeben.

Ein Kommunikator hat Leistungsmotivation, wenn er im Text Erfolgsvorstellungen (AI) erkennen läßt. Nur wenn AI eindeutig erkennbar ist im Text, darf eine weitere Analyse nach weiteren Kategorien erfolgen. Solche Kategorien sind:

1.) Bedürfnis N (need); wird codiert, wenn ein Kommunikator im Text entsprechende Angaben explizit äußert („er *hofft*, Sieger zu werden" etc.).

2.) Instrumentelles Handeln I auf ein Ziel hin: dies kann durch ein Hindernis blockiert sein (I_-) oder aber zum Erfolg führen (I_+).

3.) Erfolgserwartung G: kann sowohl positiv als auch negativ sein und innerhalb des gleichen Textes in beiden Ausprägungen auftreten.

4.) Die Blockierung des Handelns B: kann durch die Umwelt (B_w) oder aber durch die Person selbst (Unfähigkeit, Unlust, Versagensangst) bedingt sein (B_P). Beide Blockierungen können in einem Text gleichzeitig auftreten.

5.) Fremde Hilfe Nup.

6.) Belohnungserwartung G: kann positiv als auch negativ vorhanden sein und wird nur einmal codiert.

7.) Ist das Thema der Geschichte zugleich Erfolgserwartungs-Thema (Ach Th), so wird dies zusätzlich (+1) codiert.

c) Die nach den Kategorien zugewiesenen Punktwerte werden addiert, wobei der Punktwert, der sich als Summe aller Kategorien (AI, N, I_+, I_-, Ga+, Ga-, B_w, B_PNup, G_+, G_- oder Ach Th) ergibt, maximal den Wert 11 annehmen kann.

8 Typologie inhaltsanalytischer Verfahren

Bezeichnung	Definition	Operationalisierung	Code
AI	Achievement Imagery (Liegt kein AI vor, so ist der Text nicht in die Analyse aufzunehmen.)	Sich Mühe geben, wetteifern (direktes AI). Sehr sorgfältig arbeiten, etwas tun, um ein Ziel zu erreichen (indirektes AI).	+ 1
N	Need for Achievement	Ausdrücke des Hoffens, Wünschens oder des positiven Zwangs, sofern damit ein Bedürfnis (und kein Befehl etc.) ausgedrückt wird.	+ 1
I	Instrumental Activity	Alle expliziten Feststellungen von Aktivität, sofern sie nicht zur Beschreibung der Situation („Da fährt ein Auto") oder zum Resümee der Geschichte gehören. („Und wenn sie nicht gestorben sind ..")	+ 1
Ga	Goal Attainment	Erwartungen oder Vermutungen über das Erreichen eines Zieles.	+ 1
B	Block	Alles, was das instrumentelle Handeln blockiert. Ist dabei nicht zu entscheiden, ob der Grund in der Umwelt (B_W) oder in der Person (B_P) liegt, so wird im Zweifelsfall Umwelt codiert.	+ 1
Nup	Nurturant press	Unterstützung der Person (verbal oder durch Handlungen) in Richtung des erstrebten Zieles.	+ 1
G	Gratification	Positive oder negative Belohnungserwartung in Verbindung mit dem Erreichen oder Verfehlen des Zieles (wird nur einmal pro Text codiert), unabhängig von positiven oder negativen Feststellungen beim instrumentellen Handeln.	+ 1

Abbildung 98: Bezeichnung, Definition und Operationalisierung von Kategorien für Leistungsmotivation

4) Kritik

a) Die pauschale Summation motivationaler Kategorien geht von einem vergleichsweise simplen Motiv-Modell aus, das in der Realität wegen Überlagerung mit anderen Motiven nur selten anzutreffen sein dürfte.

b) Die Kategorien werden sämtlich gleich gewichtet, so daß eine im Text möglicherweise zum Ausdruck kommende Betonung einzelner Kategorien nicht berücksichtigt wird.

c) Die Instruktionen zur Codierung der Kategorien sind vergleichsweise ambivalent. Zwar berichtet McClelland eine Intercoderreliabilität von .85 bis .98 (McClelland 1953), doch zeigen andere Autoren (vgl. Markoff 1974: 26), daß dieser Wert normalerweise bei .64 bis .85 liegt.

d) Positiv bleibt jedoch festzuhalten, daß hier mit sehr einfachen inhaltsanalytischen Mitteln recht komplexe Motivzustände gemessen werden können.

5) Variationen und Weiterentwicklungen

Dieser Typ von Motivanalyse ist die Grundlage für eine Vielzahl von ähnlich aufgebauten Motivanalysen, die neben dem Leistungsmotiv auch Macht-, Angst-, Geselligkeits-, Hunger- und Sex-Motiv erfassen (vgl. Atkinson 1958). Auch hier wird die Gültigkeit der Inferenz vom Text auf den Kontext durch zahlreiche Versuche der Außenvalidierung bestätigt.

Von besonderem Interesse ist die Weiterentwicklung der Motivanalyse auch auf nichtverbale Zeichen hin (vgl. Aronson 1958).

Interessant ist aber auch die Sekundäranalyse von McClelland (1958) über den Zusammenhang zwischen Motivation und ökonomischen Bedingungen, der, genau besehen, einen Typ von Situationsanalyse darstellt. McClelland analysiert (nach dem Verfahren von Aronson (1958)) die Verzierung von antiken Vasen und antike Schriften und Epigramme auf Leistungsmotivation und stellt Schwankungen fest, die ganz offensichtlich mit dem wirtschaftlichen Wohlergehen eines Staates (hier: Attika) zu tun haben: Danach geht dem wirtschaftlichen Wachstum eine hohe Leistungsmotivation voraus, und analog folgt dem Absinken der Leistungsmotivation ein wirtschaftlicher Rückgang (McClelland 1958: 537 ff.). Zu ähnlichen Ergebnissen kommen DeCharms/Moeller (1962), die durch eine Motivanalyse von Kinderbüchern zeigen, daß die Leistungsmotivation direkt mit dem wirtschaftlichen Wohlergehen (gemessen durch die Zahl angemeldeter Patente je Jahr und durch Bezug auf weitere wirtschaftliche Daten) zusammenhängt.

8.51-13c Affektanalyse

Die Affektanalyse nach Gottschalk/Gleser (1967) ist eine *Motivanalyse* zur Messung von Angst, Furcht etc. Im Gegensatz zu Dollard/Mowrer (1947) unterstellen die Autoren jedoch, daß Affekte nicht nur eine quantitative, sondern auch eine qualitative Dimension haben müssen.

1) Entwicklung des Verfahrens

Spätestens seit Morgan und Murray den Thematischen Apperzeptionstest (TAT) entwickelt haben, sind die Präsentation von Bildmaterial und die daraus reproduzierten verbalen Inhalte durch Patienten ein wesentlicher Ansatz inhaltsanalytischer Vorgehensweise. Gottschalk (1955) übernimmt diesen Ansatz, entwickelt jedoch zusätzlich ein Kategoriensystem, mit dessen Hilfe diese verbalen Reproduktionen nach verschiedenen motivationalen Indikatoren analysiert werden können.

2) Logik des Schlusses vom Text auf den Kontext

Gottschalk (1967) und Gottschalk/Gleser (1969) definieren affektanzeigende Indikatoren und schließen aus dem Auftreten dieser Indikatoren auf entsprechende Zustände bei den jeweiligen Kommunikatoren der Texte. Das Repräsentationsmodell, das hiermit unterstellt wird, wird von den Autoren durch Vergleiche mit anderen Tests validiert, so daß ein gültiges inhaltsanalytisches Verfahren vorliegt.

3) Vorgehensweise

Neben Angst und Feindseligkeit können mit diesem Verfahren aber auch Merkmale der Persönlichkeitsstruktur (Schizophrenie) und andere Affekte bestimmt werden (vgl. Gottschalk 1979).

Gottschalk (1967) und Gottschalk/Gleser (1969) gehen zunächst von drei wesentlichen Annahmen aus:

a) Die verbale Aussage eines Kommunikators ist für die Feststellung von Affekten gültig. Sie bedarf nicht der Ergänzung durch paralinguistische Aussagen (Sprechgeschwindigkeit, Stimmhöhe, Intonation etc.).

b) Die Stärke eines Affekts zu einem bestimmten Zeitpunkt ist direkt proportional 1.) zur Häufigkeit auftretender affektanzeigender Items, 2.) zur Intensität dieser Items und 3.) zum Grad der Identifikation des Kommunikators mit seinen Affekten (Gottschalk 1967: 301) und kann daher durch Gewichtung genauer bestimmt werden. Die Stärke eines Affektes wird ordinal gemessen, indem alle Items, die diesen Affekt anzeigen, mit dem jeweiligen Gewicht w_i gewichtet werden:

(24) $\quad \text{Affekt}_{ordinal} = \sum_{i=1}^{n} h_i w_i \quad\quad$ *Affektstärke*

Dabei ist h_i die Häufigkeit, mit der das i-te Item auftritt und w_i das zugehörige Gewicht.

c) Da dieses ordinale Maß von der Sprechgeschwindigkeit der Kommunikatoren abhängig ist (es werden Sprachproben erhoben), muß das Maß sowohl über die Sprechdauer als über die Zahl der Wörter normiert werden. Gottschalk/Gleser legen daher eine bestimmte Zeiteinheit zugrunde und nehmen als Standard für die Wortzahl 100 Wörter. Das Affektmaß soll für statistische Verfahren auf Rationalskalenniveau anwendbar sein. Daher wird die folgende Transformation eingeführt:

(25) $\text{Affekt}_{\text{rational}} = \left[\dfrac{100 \sum\limits_{i=1}^{n} f_i w_i + .5}{N} \right]^{\frac{1}{2}}$

Dabei bedeutet: N = Wortzahl pro Zeiteinheit
f_i = Häufigkeit des Auftretens des i-ten Items pro Zeiteinheit
w_i = Gewicht des Items
n = Zahl der Items (Kategorien)

Die weitere Vorgehensweise soll nun am Beispiel der Angst-Analyse demonstriert werden. Die Angstskala in der von Schöfer (1980) für deutsche Zwecke vorgenommen Übersetzung ist in Abb. 99 exemplarisch wiedergegeben. Die praktische Vorgehensweise erfolgt in 4 Schritten:

a) Definition der Auswahleinheiten (Sampling unit)
In der Regel wird der Kommunikator (Patient) aufgefordert, etwa fünf Minuten etwas Interessantes oder Aufregendes aus seinem Leben zu berichten (Gottschalk/Gleser 1969: 9). Die vom Kommunikator produzierte Sprachprobe wird auf Tonband aufgenommen, transkibiert und dann analysiert. Die Analyse kann auch anhand „natürlicher" Texte (z.B. Briefe) erfolgen. In beiden Fällen soll jedoch der Sampleumfang mindestens 100 Wörter betragen (vgl. Schöfer 1980: 75 ff.).

b) Definition der Analyseeinheit
Als Analyseeinheit gilt der grammatikalische Satz. Pro Analyseeinheit darf nur ein affektives Item codiert werden. Sind mehrere affektive Items in einem Satz enthalten, so wird dasjenige mit dem höheren Gewicht codiert.

c) Erhebung
Der als Sprachprobe vorliegende Inhalt wird zweimal transkribiert, wobei zunächst alle sprachlichen Eigenheiten (Stottern, Wiederholungen, Pausen etc.) und auch nonverbale Merkmale (Stöhnen, Lachen etc.) registriert werden. Diese Zusatzinformation dient im Zweifelsfall der Korrektur des verbalen Textes, sie wird bei der zweiten, rein verbalen Transkription *nicht* mehr berücksichtigt. Die zweite Transkription enthält dagegen die Unterteilung in Analyseeinheiten (recording units), ist also satzweise differenziert.

d) Codierung
Grundsätzlich soll die Codierung objektiv erfolgen. Im Zweifelsfall soll daher nicht interpretiert, sondern die jeweilige unklare Analyseeinheit übergangen werden. Bei der Zählung der Worte werden alle Worte im Text berücksichtigt, also auch Zahlen etc. Über die Vorgehensweise gibt Schöfer (1980: 78 ff.) exakte Hinweise.

1. *Todesangst*
   Äußerungen über Tod, Sterben, Zerstörung, tödliche Bedrohung oder über Todesangst, erlebt von oder aufgetreten bei
   a) dem Sprechenden (3)*,
   b) anderen Lebewesen (2),
   c) unbelebten Objekten (1),
   d) Verneinung und Verleugnung (1).

2. *Verletzungs-(Kastrations-)Angst:*
   Äußerungen über Verletzungen, körperliche Schäden oder über Angst vor Verletzung oder über eine solche Bedrohung, erlebt von oder aufgetreten bei:
   a) dem Sprechenden (3),
   b) anderen Lebewesen (2),
   c) unbelebten Objekten (1),
   d) Verneinung oder Verleugnung (1).

3. *Trennungsangst:*
   Äußerungen über Im-Stich-gelassen-werden, Verlassenwerden, Zurückweisung, Verlust von Unterstützung, Fallen, Liebesverlust oder Verlust des geliebten Objektes, Einsamkeit oder über eine solche Bedrohung, erlebt von oder aufgetreten bei:
   a) dem Sprechenden (3),
   b) anderen Lebenwesen (2),
   c) unbelebten Objekten (1),
   d) Verneinung oder Verleugnung (1).

4. *Angst vor Schuld:*
   Äußerungen über Kritik, Beschimpfung, Beleidigung, Verurteilung, Mißbilligung, Grausamkeit, Mißhandlung, Schuld oder von einer solchen Bedrohung, erlebt von:
   a) dem Sprechenden (3),
   b) anderen Lebenwesen (2),
   c) Verneinung oder Verleugnung (1).

5. *Angst vor Scham/Schande:*
   Äußerungen über Spott, Unzulänglichkeit, Scham/Schande, Verlegenheit, Demütigung, Hervorhebung von Schwächen oder privaten Einzelheiten oder über eine solche Bedrohung erlebt von:
   a) dem Sprechenden (3),
   b) anderen Lebewesen (2),
   c) Verneinung oder Verleugnung (1).

6. *Diffuse oder unspezifische Angst:*
   Ängstliche Äußerungen in einzelnen Wörtern oder Sätzen ohne Charakterisierung der Art oder der Ursache der Angst, bezogen auf
   a) den Sprechenden (3),
   b) andere Lebewesen (2),
   c) Verneinung oder Verleugnung (1).   * Die Zahlen in der Klammer geben das Gewicht an.

Abbildung 99: Angstskala der Gottschalk/Gleser-Inhaltsanalyse (nach Schöfer 1980: 45 f.)

Handelnder/Erlebender	Code	Gewicht
1. Kommunikator (Patient)	a	3
2. andere Personen	b	2
3. unbelebtes Objekt	c	1
4. Negation von 1.–3.	d	1

Abbildung 100: Codierung von Handelnden bzw. Erlebenden bei Angst (nach Schöfer 1980: 87)

Die Analyse der Sätze erfolgt so, daß jede Codierung drei Informationen enthält: die Form des Affektes (bei der Angstskala 1–6), die Notierung des handelnden resp. erlebenden Subjekts resp. Objekts (a–d) und der Gewichtung (1–4). Die Gewichtung ergibt sich direkt aus der verwendeten Skala. Zusätzlich gilt, daß die Gewichtung um einen Punkt heraufgesetzt wird, wenn die beschriebene Angst durch Verstärkungen betont wird (Steigerungen, Superlative, Hervorhebungen, Wiederholungen). Der Code hat also die Struktur Angstform/Handelnder/Gewicht. Der Satz:

"Es war für mich ein besonders gefährlicher Augenblick"

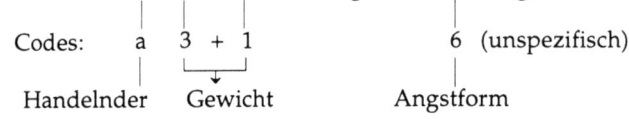

Codes: a   3 + 1   6 (unspezifisch)
         | └─┬─┘ |
    Handelnder Gewicht Angstform

erhält also den Code „6a4".

Bei der Codierung von Aggressionen wird unterschieden, von wem die Aggression ausgeht (Täter) und gegen wen sie sich richtet (Opfer). Dementsprechend gibt es hier mehrere Skalen und etwas andere Codierregeln (vgl. Schöfer 1980: 58 ff.).

4) Kritik

a) Das Verfahren berücksichtigt sowohl quantitativ als auch qualitativ unterschiedliche Affektindikatoren. Es ist also vergleichsweise realitätsnah.

b) Das Verfahren ist jedoch nicht kontextempfindlich. Die leichte Anwendbarkeit (ohne Interpretation des Textes) wird mit dem Verlust möglicherweise relevanter Kontextinformation, insbesondere bei der sprachlichen Produktion des Textes, bezahlt.

c) Intervallskalen lassen sich in Ordinalskalen heruntertransformieren, aber aus Ordinalskalen lassen sich nicht – auch nicht durch mathematische Kunstgriffe – Intervallskalen erzeugen.

8.51-14 Persönlichkeitsstrukturanalyse

Analog zum Begriff *Motivanalyse* stellt die *Persönlichkeitsstrukturanalyse* einen Oberbegriff für verschiedene inhaltsanalytische Verfahren dar, bei denen anhand eines Textes auf Merkmale eines Kommunikators, genauer: auf Merkmale seiner Persönlichkeitsstruktur geschlossen wird.

Mit dem Begriff „Persönlichkeitsstrukturanalyse", den Baldwin (1942) zum ersten Mal benutzt, ist ein genuin inhaltsanalytisches Verfahren gemeint, bei dem von Textmerkmalen auf Merkmale der Persönlichkeitsstruktur geschlossen wird. Baldwin (1942: 167) schlägt dazu eine Kombination von mehreren inhaltsanalytischen Verfahren (Häufigkeitsanalyse, Kontingenzanalyse und Vergleichende Analyse von Textmerkmalen) vor und demonstriert seine Vorgehensweise anhand einer Analyse von 301 Briefen einer gestörten Persönlichkeit (Letters from Jenny), die Allport (1946) später vorstellt.

Der Schluß von Textmerkmalen auf Persönlichkeitsmerkmale ist im Bereich der Intelligenzforschung seit langem bekannt (vgl. etwa Betzner 1930). Eine umfangreiche Dokumentation solcher Ansätze findet sich bei Marsden (1971: 347–355). Schon Boder (1940) hat auf der syntaktisch-semantischen Ebene durch Differenzierung von Wortarten (vgl. Kap. 8.21-3) gezeigt, daß ein bestimmtes Persönlichkeitsmerkmal mit bestimmtem Kommunikationsverhalten korreliert. Auf der rein syntaktischen Ebene (vgl. Kap. 8.11-2) wurde ebenfalls ein Ansatz zur Persönlichkeitsstrukturanalyse vorgestellt.

Auf der semantisch-pragmatischen Ebene ist jedoch die Zahl und die Gültigkeit entsprechender Indikatoren wesentlich größer, wie die exemplarische Vorstellung der *Traumanalyse* und der *Dogmatismusanalyse* zeigen werden. Denn auch die *Einstellungsanalyse* (vgl. Kap. 8.51-12), die bereits als eigenständiges Verfahren vorgestellt worden ist, läßt sich als Persönlichkeitsstrukturanalyse begreifen.

8.51-14a Traumanalyse

1) Entwicklung des Verfahrens

Die Analyse von Träumen ist seit Freud (1900) ein wesentliches psychodiagnostisches Verfahren. „Daß alles Material, das den Trauminhalt zusammensetzt, also im Traum reproduziert, *erinnert* wird, dies wenigstens darf uns als unbestrittene Erkenntnis gelten" (Freud 1900: 10 f.). Doch die molare Interpretation von Träumen von Freud ist abgelöst und verfeinert worden durch inhaltsanalytische Ansätze, nämlich durch Definition diskreter Indikatoren. Bereits Alexander Wilson (1935) entwickeln quantitative Methoden der Traumanalyse, und Hall (1947) entwickelt – ohne Kenntnis der bislang vorliegenden Arbeiten zur Inhaltsanalyse ein Instrument zur Persönlichkeitsdiagnostik, das als inhaltsanalytisches Verfahren anzusprechen ist und im folgenden vorgestellt werden soll. Andere Ansätze zur Traumforschung (Eggan 1952; Dollard/Auld 1959: 70ff.; Gottschalk 1966) gehen von ähnlichen Ansätzen aus.

2) Logik des Schlusses vom Text auf den Kontext

Hall (1966: 20 f.) geht davon aus, daß Träume ohne äußeren Zwang und ohne Stimulus produziert werden und somit absichtslos resp. ohne Verzerrung entstehen. Das aber bedeutet, daß das *Repräsentationsmodell* (vgl. Kap. 7.211) gültig ist. Träume sind Repräsentationen der Wirklichkeit: „Since Dreams are projections, their use for diagnostic or research purposes may be regarded as a projective method" (Hall 1966: 21). Da Hall (1966: 158–194) zudem Normen (Standardwerte, ermittelt als Durchschnitt von 1 000 Träumen) angibt, können Inhalte nicht nur als Repräsentationen, sondern auch in bezug auf eine Norm hin analysiert werden. Da die Traumforschung über die Messung von Hirnströmen (EEG) zudem validiert worden ist, geht Hall (1966: 25 f.) davon aus, daß die Traumanalyse als valides Verfahren anzusehen ist.

3) Vorgehensweise
Hall (1966) entwickelt ein umfangreiches System zur Beschreibung von Trauminhalten, das sich auf Motive aller Art bezieht. Die Durchführung einer Traumanalyse erfordert die folgenden Schritte:

a) Entwicklung eines Kategorienschemas zur Beschreibung relevanter Traum-Items
Hall verwendet hier ein Kategoriensystem mit neun Kategorien, deren jede als Skala behandelt und nach weiteren Unterkategorien differenziert wird (Abb. 100). Damit ergibt sich ein Kategorienschema mit insgesamt 148 Kategorien, das nur für zwei Kategorien im strengen Verständnis von Kategoriensystemen ausschließlich erschöpfend ist.
Exemplarisch soll hier das vollständige Schema für Kategorie 2 (Characters) aufgeführt werden (Abb. 102). Die praktische Codierung von Träumen, die nach Hall eine große *Reliabilität* aufweisen soll, erfolgt so, daß in jedem Satz alle einschlägigen Kategorien abgefragt und codiert werden. Beispielsweise würde der Satz

„Mein Vater und meine Mutter holten mich ab"

hinsichtlich der Charaktere codiert als

    1 MFA   1 FMA   ...

Analog lassen sich alle anderen Kategorien codieren, wobei bei den Interaktionen (Kategorie 3) noch zwischen Kommunikator und Rezipient unterschieden wird.

b) Auswahl der Texte
Von einer zu analysierenden Versuchsperson sind 5–10 Traumerzählungen erforderlich, deren Länge je Traum zwischen 50 und 300 Wörter umfassen soll.

c) Erhebung
Alle Träume werden en bloc nach den einzelnen Skalen (Kategorien) codiert, wobei pro Satz jedes Element normalerweise nur einmal codiert wird, mit Ausnahme von Interaktionen, in denen gerade Wiederholungen oder Steigerungen erfaßt werden. Die Erhebung erfolgt mittels standardisierter Erhebungsbögen und soll anhand eines konkreten Beispiels (Beispiel 23) vorgeführt werden:

8 Typologie inhaltsanalytischer Verfahren

Nr.	Kategorie	Inhaltliche Beschreibung	Unterkategorien	Codieralternativen	Insgesamt
1	Setting S and Objects O	Rahmen des Traumes	Indoor Outdoor	10	
		Vorkommende Objekte (Dinge)	Architektur Haushalt Essen Geräte Reise Straße Region Natur Körperteil Kleider Medien Geld Anderes	7 1 1 3 1 1 1 1 5 1 1 1 1	35
2	Characters	Beschreibung nach Zahl, Geschlecht, Identität und Alter	Zahl Sex Identität Alter	8 3 21 4	36
3	Aggressive, Friedly, Sexual Interaction	Aggression	nicht physisch (1 – 4) physisch (5 – 8)	4 4	
		Sympathie Sexuelle Interaktion	1 – 7 1 – 5	7 5	20
4	Activities	Handeln	Physisch Bewegung Ortsveränderung Verbal Expressiv Visuell Akustisch Denken	1 1 1 1 1 1 1 1	8
5	Achievement	Leistungsbilanz	Erfolg Mißerfolg Glück Unglück	1 1 1 5	8
6	Emotions	Emotionen	Ärger Furcht, Angst Glück Trauer Verwirrung	1 1 1 1 1	5
7/8	Modifier	Dimension der Sinneswahrnehmung	Farbe Größe Alter Dichte Geschwindigkeit Linearität Intensität Bewertung Zeit Negationen	2 2 2 2 2 2 2 1 1	18
9	Personale Strukturen	Kastrationsangst, Kastrationswunsch, Penis-Neid, Orales Verhalten, Regressives Verhalten	1 – 4 1 – 3 1 – 3 1 – 7	4 1 3 3 7	18
				148	148

Abbildung 101: Kategoriensystem zur Traumanalyse (nach Hall 1966: 33 ff.)

Kategorie	Definition	Code	Hinweise
Zahl	Individuum	1	Bei Tieren wird nur
	Gruppe	2	die Zahl codiert
	Gestorbenes Individuum	3	2ANI = 2 Tiere
	Gestorbene Gruppe	4	
	Imaginäres Individuum	5	
	Imaginäre Gruppe	6	
	Ursprüngliche Form	7	
	Veränderte Form	8	
Geschlecht	Männlich	M	
	Weiblich	F	
	Gemischte Gruppe	J	
Identität/	Vater	F	Beispiel:
Bezug	Mutter	M	Mein Vater = 1 M F A
	Eltern	X	
	Ehepartner	H	
	Ehepartnerin	W	
	Sohn	A	
	Tochter	D	
	Bruder	B	
	Schwester	T	
	Kind	C	
	Kleinkind	I	
	Familienmitglied	Y	
	anderer Verwandter	R	
	Bekannte	K	
	Prominente Person	P	
	Arbeitskollege	O	
	Ethnische, nationale oder regionale Identifikation der Person	E	
	Fremde	S	
	Unklare Identität	U	
	nicht identifizierbar	CZZ	
	Der Träumende selbst	D	
Alter	Erwachsene	A	
	Jugendliche	T	
	Kind	C	
	Baby	B	

Abbildung 102: Kategorie „Characters" (nach Hall 1966: 52 ff.) (differenziert nach vier Kategorien: Anzahl, Geschlecht, Identität und Alter)

8 Typologie inhaltsanalytischer Verfahren

Beispiel 23: Traumanalyse nach Hall (1966: 304 ff.)

Der Traum lautet:

I was in a bar drinking beer with my roommate. The bar was in Ft. Carson, but did not resemble any one we had been in. It most closely resembled a little lunch counter. In fact, the more I think of it, it was exactly the same. My roommate and I were fairly high on the beer we had been drinking. A friend we had brought with us was asleep on the floor between us. We were talking and joking about various things. The subject of age came up and my roommate was telling me how lucky I was because I never had to worry about I.D. cards nor that I am 21. The bartender heard this conversation and thought it was I who was underage. He asked for my I.D. so I gave it to him, sure that he would find it OK. He didn't however, and thought the card was a fake so he booted me out. My roommate was laughing so hard it was all he could do to keep his seat. I, too, was laughing but was a little mad at the bartender, so I started beating on the door. The bartender finally came and this time looked at all my idenfication. Then he let me back in. I went over to my roommate, hit him on the back and bought him a beer.

Scoring Card for Dream 10

O	S	Char	Aggressive	Friendly	Sexual	Activities	Success
AE	IU	1MKA	1MOA7>D	D 6>1MKA		P,D +	D
RG	OU	1MKA	D2R1MOA	D 3>1MKA		1MKA	
AE	IU	1MOA				D V=1MKA	
FO						1MKA V>D	
AD						A, 1MOA	
CM						1MOA V>D	
HH						D P>1MOA	
AD						C, 1MOA	

O	Failure	M-Fort	G-Fort	Emot	M	T	N	OI	OE	CA	CW	PE	Activities	LI	WD
BT				AN	S-		3	3	2	1			1MOA P>D		
FO					I+	x	x	x	x				E,1MKA		
					I-	x	x	x					E		
					A-	x	x						P		
					E-								M, 1MOA		
													S, 1MOA		
													M		
													D P>1MKA		

Erklärungen:

Kopfzeile: Enthält alle Kategorien entsprechend Abbildung 101

    O: AE = Unterhaltung, Freizeit, Vergnügen
        RG = Ort, Region
        FO = Essen etc.
    S: IU = Unbekannte Lokalität, innerhalb eines Hauses
        OU = Unbekannte Lokalität im Freien

Charakter:	1 MKA = 1 männlicher Bekannter (erwachsen)
	1 MQA = 1 männlicher Arbeitskollege (erwachsen)
Aggressionen:	1 MOA7 > D Arbeitskollege wird (mit Intensität 7 = körperliche Gewalt) aggressiv gegen den Träumenden
Aktivitäten:	Codierung der Handlungsträger und der Handlungen
P, D	= Physische Aktivität des Träumenden
P, D + 1MKA	= Physische Aktivität des Träumenden und eines männlichen Bekannten (erwachsen)
D, V = 1MKA	Träumender entfaltet verbale Aktivität (V) mit dem Bekannten und vice versa
1 MKA V > D	Bekannter spricht mit Träumendem etc.

Abbildung 103: Traumanalyse nach Hall (1966: 304 ff.)

d) Datenanalyse

Die Eintragungen werden ausgezählt und mit einem Standardwert, den Hall aus der Analyse von 1000 Träumen gebildet hat, verglichen. Für die Kategorie 2 (Charaktere) ist dieser Standard in Abb. 104 wiedergegeben. So gilt als Erwartungswert für das Auftreten eines *einzelnen* Menschen (neben dem Träumenden selbst) p = .687. Wird nun bei einer Stichprobe dieser Wert unterschritten, so beschäftigt sich der Träumende überdurchschnittlich mit *Gruppen* von Menschen (oder anderen Lebewesen) et vice versa. Abweichungen von solchen Standards können zudem mit vielen anderen Variablen in Bezug gesetzt werden, um deren Einfluß zu prüfen.

4) Kritik

a) Schon Freud (1900) unterscheidet zwischen dem latenten Inhalt von Träumen (dream thoughts) und dem manifesten Inhalt, der durch Nacherzählung des Träumenden als Text vorliegt und die Basis der Analyse darstellt. Die Verbalisierung ex post und auf bestimmte Aufforderung dürfte prinzipiell Verzerrungen enthalten, die als solche jedoch niemals prüfbar sind (weil Träume nur durch den Träumenden selbst reproduziert werden können). Eggan (1952) zeigt – gestützt auf anthropologische Untersuchungen bei den Hopi-Indianern –, daß Träume oft Kompensationsfunktionen haben: Ein ängstlicher Mensch träumt z.B., daß er ein Held ist etc. Das aber heißt nichts anderes, als daß gerade in Träumen das Repräsentationsmodell gerade nicht angemessen ist.

b) Die Kategorisierungstechnik geht nur von dem manifesten Traum aus, sie berücksichtigt nicht den Kontext, der z.B. in der situationalen Erfahrung des Träumenden liegen kann. So wird z.B. nach Hall (1966: 131) der Satz „Ich kaufe ein Gewehr" als Indikator für Penisneid codiert (weil ein Gewehr phallische Charakteristika aufweist), obwohl das Kaufen eines Gewehres ja auch konkrete Anlässe etc. gehabt haben kann: Das Verfahren leidet mithin an interpretativer Ambivalenz.

In diesem Zusammenhang muß auch die berichtet hohe Intercoderreliabilität (Hall 1966: 144 ff.) mit großer Vorsicht betrachtet werden. Die Feststellung, daß die von den jeweiligen Urhebern solcher Verfahren berichteten hohen Intercoderreliabilitäten, die meist um 0.9 liegen, von anderen Anwendern keinesfalls erreicht werden, sondern wesentlich darunter bleiben (vgl. so Markoff 1974: 26), dürfte auch hier zutreffen.

Summary of Characters				
	Male		Female	
	f	p	f	p
Total characters	1180		1423	
Average no. per dream	2.4		2.8	
Total animals	71	.060	60	.042
Total creatures	1	.001	–	
Single animals	43	.036	41	.029
Plural animals	28	.024	19	.013
Total human characters	1108	.939	1363	.958
Total single human characters	761	.687	980	.719
Total plural human characters	347	.313	383	.281
Total Male	587	.530	507	.372
Total Female	286	.258	547	.401
Total joint sex	145	.131	181	.133
Total indefinite	90	.081	127	.093
Total familiar	501	.452	796	.584
Total unfamiliar	607	.548	567	.416
Familiar males	280	.253	308	.226
Unfamiliar males	307	.277	199	.146
Familiar females	178	.161	392	.288
Unfamiliar females	108	.097	155	.114
Familiar indefinite	14	.013	33	.024
Unfamiliar indefinite	76	.069	94	.069
Familiar joint sex	29	.026	62	.045
Unfamiliar joint sex	116	.105	119	.087
Total adults	1078	.973	1271	.933
Total teenagers	7	.006	20	.014
Total children	20	.018	57	.042
Total babies	3	.003	15	.011

Abbildung 104: Standard für Kategorie 2 (Handlungsträger) (nach Hall 1966: 164)

c) Es wird nur das Auftreten einzelner Kategorien an sich geprüft, nicht jedoch das simultane Auftreten von Kategorien, wie bei der *Kontingenzanalyse*: Gerade aber bestimmte Cluster von Kategorien resp. daraus ableitbare Standards könnten wesentlich vertieftere Einsichten ermöglichen.

5) Variationen und Weiterentwicklungen

Die Traumanalyse ist ein vergleichsweise junges inhaltsanalytisches Verfahren, so daß bislang nur wenig alternative Ansätze bekannt sind. Gottschalk (1966; 1979) hat das von ihm entwickelte inhaltsanalytische Verfahren zur Analyse von Motiven auch auf Träume ausgedehnt.

6) Anwendungen

Hall (1966: 195 ff.) berichtet über eine Fülle von Skalen zur Messung von Motiven und Persönlichkeitsstrukturen (z.B. Angst, Masochismus, orales Verhalten, Streß, sexuelle Probleme etc.), die für die Traumanalyse benutzt worden sind.

8.51-14b Dogmatismusanalyse

Die *Dogmatismusanalyse* ist ein Typ von Persönlichkeitsstrukturanalyse, die auf Grund entsprechend definierter Indikatoren im Text auf eine dogmatische Persönlichkeitsstruktur des Kommunikators schließt. Die Definition dieser Indikatoren setzt jedoch eine Theorie über dogmatisches Verhalten und damit Annahmen über den Zeichenbenutzer voraus, so daß dieses Verfahren nicht als semantisch-semantische, sondern als semantisch-pragmatische Kommunikatoranalyse zu bezeichnen ist.

1) Entwicklung des Verfahrens

Bereits Johnson (1944: 13) schlägt vor, zur Messung von Dogmatismus generalisierende Indikatoren (allness terms) zu benutzen. Als solche sieht er z.B. Feststellungen wie immer, nie, jedermann, niemand, bzw. ganz allgemein eine zweiwertige Orientierung an, die im Alltagsverständnis denn auch als Schwarz-Weiß-Malerei bezeichnet wird. Ertel (1972) greift – vermutlich ohne diese Überlegung zu kennen – diesen Gedanken erneut auf und entwickelt ein prinzipiell gleichwertiges Verfahren.

2) Logik des Schlusses vom Text auf den Kontext

Ertel definiert dogmatische Indikatoren, ohne deren Außenvalidierung messen zu können. Er entwickelt jedoch auf Grund vergleichender Analysen plausible Kriteriumsgruppen, deren Standards als Eichgröße für Dogmatismus dienen können. Insofern – und nur insofern – kann man von Validierung des Inferenzschlusses sprechen.

3) Vorgehensweise

Ertel (1972: 250 ff.) definiert zunächst sieben theoretisch abgeleitete Stilmerkmale für Dogmatismus (Abb. 105), die in Form einer Maßzahl (Anzahl der dogmatischen gegenüber den weniger dogmatischen Ausdrücken innerhalb der jeweiligen Kategorie) ausgedrückt werden.

Des weiteren stellt er fest, daß sich die Häufigkeit der Verwendung von Maßausdrücken (Kategorie 3) und von Oppositionen (Kategorie 7) zwischen zwei

8 Typologie inhaltsanalytischer Verfahren 219

Klassen von Autoren (dialektische versus kritisch-rationalistische Wissenschaftler) stark unterscheidet, so daß damit zwei weitere Indikatoren benutzt werden können

Wenn jeder dieser Indikatoren wirklich Dogmatismus messen soll, dann müssen diese Indikatoren gleichsinnig und hoch miteinander korreliert sein. Dies ist der Fall (Abb. 106):

Bezeichnung der Kategorie	Operationalisierung	Bildung des Indikators
1. Adverbiale Häufigkeitsausdrücke	immer, stets, niemals vs. in der Regel, oft, selten etc.	rel. Häufigkeit der dogm. Ausdrücke
2. Mengenangaben	alle, keiner etc. vs. die meisten, viele, manche, wenige	rel. Häufigkeit der dogm. Ausdrücke
3. Maßausdrücke	superlativische versus andere Maßausdrücke	rel. Häufigkeit der superl. Ausdrücke
4. Ex- und Inklusionen	ausschließlich, allein, nur vs. oder, auch, außerdem, überdies, darüber hinaus	rel. Häufigkeit der Exklusionen
5. Notwendigkeit/Möglichkeitsausdrücke	kann nicht, darf nicht, kann nur, muß vs. kann, darf, muß nicht	rel. Häufigkeit der Notwendigkeitsausdrücke
6. Gewißheitsausdrücke	zweifellos, natürlich vs. offenbar, vielleicht, wahrscheinlich	rel. Häufigkeit der Gewißheitsausdrücke
7. Oppositionen und Begründungen	weil, daher, deshalb, demnach vs. aber, vielmehr, jedoch, obgleich, sondern	rel. Häufigkeit der Oppositionen

Abbildung 105: Inhaltliche Kategorien zur Messung von Dogmatismus (nach Ertel 1972: 250 ff.)

Interkorrelationen (Rho) zwischen neun Stilmerkmalen									
	1	2	3	4	5	6	7	8	9
1. Häufigkeit									
2. Menge	.72								
3. Maß	.75	.77							
4. Ausschließung	.90	.77	.88						
5. Notwendigkeit	.69	.60	.81	.78					
6. Gewißheit	.72	.54	.55	.44	.59				
7. Entgegensetzg.	.00	.05	.02	.08	.09	.00			
8. Maß (Ges.)	−.78	−.85	−.75	−.77	−.89	−.80	.04		
9. Entgegensetzg. (Ges.)	.58	.67	.57	.61	.68	.65	.03	.89	

Abbildung 106: Test auf Gleichsinnigkeit definierter Dogmatismus-Indikatoren (Ertel 1972: 257)

a) Definition des Sample
Ertel (1972: 254) schlägt vor, bei genügend großem Textvolumen nur jede x-te Seite auszuzählen. Ist diese Bedingung nicht erfüllt, werden vorliegende Texte total ausgewertet.

b) Bildung eines Index
Ertel faßt (mit Ausnahme des Indikators 7) alle Indikatoren zusammen und erhält durch z-Transformation eine Maßzahl, die von +10 für maximalen Dogmatismus bis −10 für minimalen Dogmatismus schwankt (Abb. 107):

```
Dogmatischer Stil                              Undogmatischer Stil

          Haber-    Marcuse
          mas     Adorno                Weber   Albert   Herrmann
  Holz-                                Dahren-
  kamp           Marx   Keiler          dorf    Popper          Topitsch
    ↓      ↓↓    ↓     ↓↓                ↓       ↓↓              ↓↓
 ├──────┼──────────┼──────────┼──────────┼──────────┤
 -10        5          0         - 5         - 10

      Dialektische Autoren              Erfahrungswissenschaftliche
                                                 Autoren
```

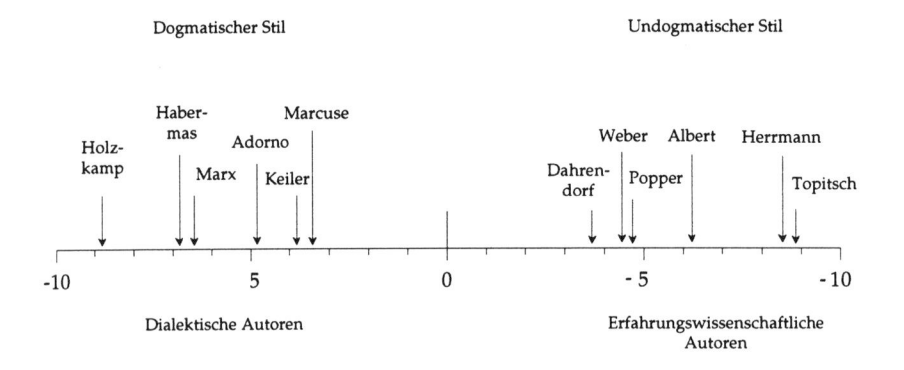

Abbildung 107:   Sortierung von Autoren nach Dogmatismus (Ertel 1972: 258)

4) Kritik

a) Die Inferenz ist nicht genügend abgesichert
„Daß All-Überall-und-Immer-Aussagen ein operationales Kriterium für dogmatisches Denken sind, ist eine *ausdrucksdiagnostische* Behauptung, die, da kein *Außenkriterium* vorliegt, genauso sinnvoll und valide ist wie die Behauptung, ein „stechender Blick" sei ein untrügliches Zeichen für ‚dogmatisches Denken' – was immer das Letztere sein mag" (Keiler 1975: 11).

b) Das Kategoriensystem ist nicht zuverlässig
Wie Keiler (1975) anmerkt, ergeben sich bei der Anwendung des Kategoriensystems oft starke Unterschiede, weil bei manchen Ausdrücken (vor allem Kategorie 7) nicht eindeutig ist, ob und wieso ein Ausdruck als dogmatisch bzw. nichtdogmatisch zu klassifizieren ist.

Dahinter steht das Problem des Kontextes, der ja bei der Zählweise nach Häufigkeiten ausgeblendet bleiben muß. Beispielsweise zeigt Keiler (1975: 13), daß man ohne Berücksichtigung des syntaktischen Kontextes grammatikalische Strukturen, die argumentativ als Abschwächung einer Position dienen, auch als dogmatische Aussagen zählen kann. Keiler schlägt statt dessen vor, die als Indikatoren benutzte Wortklasse durch ein *semantisches Differential* (vgl. Kap. 8.52) einmal zu validieren und erst danach eine Analyse durchzuführen.

c) Inhaltliche Stilmerkmale sind nicht konstant
Die Anwendung dieses Verfahrens setzt voraus, daß der „geistige Daumenabdruck" eines Autors eine gewisse Konstanz hat. Nun hat schon die rein syntaktische *Stilanalyse* (vgl. Kap. 8.11-1) gezeigt, daß Stilmerkmale mit der Textgattung, dem Alter und anderen Größen variieren. Gleiches gilt offensichtlich in noch höherem Maß für die hier benutzten inhaltlichen Indikatoren. Keiler (1975: 21) führt den Nachweis, daß innerhalb von zwei Abschnitten ein und des selben Textes eines Autors zwei völlig verschiedene Stilmuster – undogmatisches und dogmatisches – auftauchen können, die voneinander stärker unterschieden sind als die zwischen dem Autor (Holzkamp) und dem mutmaßlich weniger dogmatischen Autor (Albert).

Die Konstanz inhaltlicher Stilmerkmale muß auch insofern fraglich sein, als gerade wissenschaftliche Texte (die Ertel zugrunde gelegt hat) in bezug auf die Indikatoren stark heterogen sein können. Zum Beispiel wird eine explorative Vorgehensweise sicherlich mehr an Ausdrücken des Zweifels, des alternativen Denkens etc. aufweisen, als die Formulierung eines Beweises etc.

5) Variationen und Weiterentwicklungen

Keiler (1975: 7) regt an, die benutzten Indikatoren zunächst anhand eines semantischen Differentials zu überprüfen. Ertel (1972: 260) schlägt vor, nur noch die am besten diskriminierenden Kategorien zu benutzen. Darüber hinaus erweitert Ertel (1981) seine Dogmatismus-Analyse zu einem DOTA-Verfahren (Dogmatismus-Textauswertung), das nun mit einem festgelegten Ensemble von Wörtern arbeitet. Kritische und weiterweisende Anmerkungen zu diesem Verfahren sind von einer Reihe von Autoren vorgetragen worden (vgl. Keiler 1978).

6) Anwendungen

Das Verfahren der Dogmatismus-Analyse ist von Ertel (1972) zunächst zur Klärung dogmatischer Positionen im Schulenstreit zwischen dialektisch-materialistischen Wissenschaftlern (Adorno, Holzkamp etc.) und Vertretern des Kritischen Rationalismus (Popper, Albert etc.) angewendet worden. Später hat Ertel (1978) das Verfahren auf die Feststellung von Dogmatismus in den Reden Adolf Hitlers angewendet und dabei interessante Entwicklungen festgestellt. Günther/Groeben (1978) haben einen Zusammenhang von Dogmatismus und affektiven Textelementen nachgewiesen.

8.51-15 Verständlichkeitsanalyse (Cloze procedure)

Die *Verständlichkeitsanalyse* ist ein Einsetzverfahren, bei dem jedes n-te Wort eines Textes entfernt wird und dann von einem Rezipienten einzusetzen ist. Je mehr der ersetzten Wörter mit den ursprünglichen Wörtern übereinstimmen, desto verständlicher ist der Text. Verständlichkeit kann aber zugleich auch als Fähigkeit des Kommunikators, der diesen Text produziert hat, angesehen werden, so daß die Verständlichkeitsanalyse wie die *Lesbarkeitsanalyse* (vgl. Kap. 8.41-8) als Kommunikatoranalyse gelten kann. Das Verfahren wird daher an dieser Stelle nur erwähnt – seine genaue Vorstellung findet sich in Kap. 8.52–15.

8.51-16 Objektivitätsanalyse

Der Begriff der *Objektivitätsanalyse* wird hier als Oberbegriff für eine Reihe von Verfahren benutzt, bei denen geprüft wird, inwieweit Aussagen des Kommunikators mit der sozialen Wirklichkeit oder mit Aussagen über diese kongruent sind. Objektivitätsanalyse ist demgemäß nicht durch die spezifische Prozedur, sondern durch das Ziel der Analyse definiert. Sie stellt vermutlich einen der prominentesten Anwendungsbereiche der Inhaltsanalyse dar, der im Bereich der politischen Kommunikation seinen Schwerpunkt hat, so daß statt Objektivitätsanalyse oft auch von *Propaganda-Analyse* gesprochen wird. Bereits die Analyse der Rechtgläubigkeit der pietistischen Lehre durch die schwedische Staatskirche im 18. Jh. (vgl. Dovring 1951: 1954) fällt hierunter, erst recht aber die berühmt gewordenen Analysen, die Lasswell (1949: 173 ff.) zur Entlarvung feindlicher Propaganda angestellt hat. Exemplarisch wurde die Objektivitätsanalyse bereits in Kap. 1 (Beispiel 7) vorgestellt.

Charakteristikum aller Verfahren zur Objektivitätsanalyse, die im folgenden vorzustellen sein werden, ist der Vergleich des von einem relevanten Kommunikator produzierten Inhalts mit bestimmten Vergleichsgrößen (vgl. Abb. 108). Prinzipiell lassen sich dabei sechs Größen unterscheiden, die zur Bildung einer Typologie von Verfahren zur Objektivitätsanalyse herangezogen werden können:

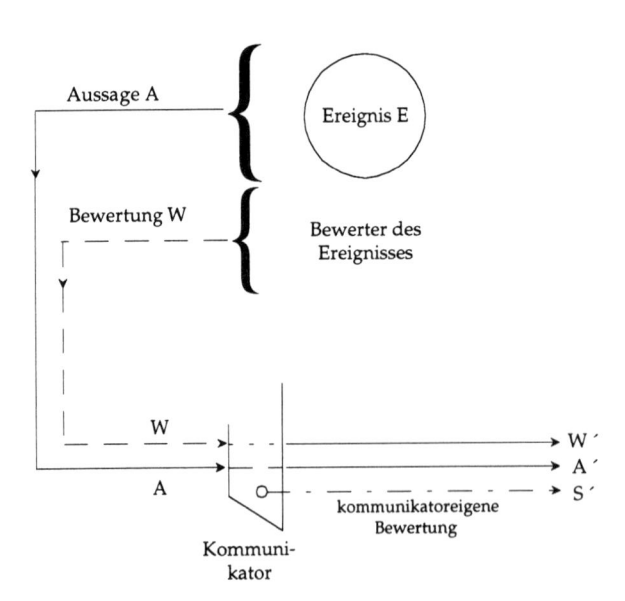

Abbildung 108: Variablen zur Objektivitätsanalyse

8 Typologie inhaltsanalytischer Verfahren

1.) Das Ereignis E (Gegenstand der Aussage), über das berichtet wird,
2.) die Aussage A *über* das Ereignis E,
3.) die Bewertung W, die dieser Aussage durch einen oder mehrere Kommentatoren beigefügt wird.

Diese drei Größen stellen den *Input* dar, der einem Kommunikator bekannt ist. Der *Output* des Kommunikators läßt sich analog differenzieren in:

4.) Die Aussage A', die der Kommunikator anhand der Kenntnis von E und/oder von A produziert,
5.) die Bewertung W', die der Kommunikator auf Grund der Kenntnis aller diesbezüglicher W formuliert und
6.) die von ihm zusätzlich produzierte Bewertung S.

Objektivität kann nun durch vier Vergleichsrelationen definiert werden:

a) Vergleich der produzierten Inhalte A nach Themen, also Ermittlung eines *Themenprofils* bzw. Vergleich der produzierten Bewertungen W' zu diesen Themen nach Richtung (W'$_{ij}$). Objektivität wird hier durch Unterstellung einer Gleichverteilung als Norm definiert.
b) Vergleich der Aussage A' mit dem zugrundeliegenden Ereignis E (Wahrheitsprüfung).
c) Differenzierung eines Inhalts in Information (A') und Kommentar (W'). Objektivitätsnorm ist hier die vollständige Trennung von Nachricht und Meinung.
d) Vergleich der Bewertung W' mit den Wertungen W und S in bezug auf entsprechende Aussagen (Messung von Selektivität durch Bestimmung von Stärke und Richtung von Meta-Aussagen (Meinung, Kommentar, Bewertung)).

Alle Verfahren zur *Objektivitätsanalyse* bauen auf einer oder mehrerer dieser Vergleichsrelationen auf: Die wichtigsten sind in Abb. 109 synoptisch aufgeführt:

Struktur der Variable(n)	Bezeichnung des Verfahrens
1. Verteilung aller A'	*Aufmerksamkeitsanalyse*
2. Verteilung aller W' zu A'	*Bewertungsanalyse (Symbolanalyse etc.)*
3. Vergleich A'– E	*Wahrheitsanalyse*
4. Vergleich A– A' bzw W– W'	*Input-Output-Analyse*
5. Vergleich A'– W'	*Diskriminationsanalyse für Nachricht/Meinung*
6. Vergleich A'$_i$– $\overline{A}'_i$ und/oder Vergleich W'$_{ij}$ – $\overline{W}'_{ij}$	*Strukturelle Objektivitätsanalyse*

Abbildung 109: Synopsis von Verfahren zur Objektivitätsanalyse

Die Analyse produzierter Bewertungen W' dieser Aussagen, die als *Aufmerksamkeitsanalyse* bzw. *Bewertungsanalyse* bekannt ist, wird dann zur *Objektivitätsanalyse*, wenn man eine Gleichverteilung aller Themen A'$_i$ bzw. aller Bewertungen W'$_{ij}$ zu diesen Themen nach Richtung unterstellen kann (Ausgewogenheit, Neutralität etc.). Vergleicht man die Aussagen eines Kommunikators mit einem (zurückliegenden *oder* zu antizipierenden) Ereignis, so kann man von *Wahrheitsanalyse* sprechen. Dieser Typ von Objektivitätsanalyse beschränkt sich naturgemäß jeweils auf ein singuläres Ereignis.

Vergleicht man die Aussagen A' eines Kommunikators (Output) mit den Aussagen A, die dem Kommunikator zur Verfügung standen (Input), so kann man eine exakte *Input-Output-Analyse* durchführen: Objektivität ist hier in dem Maß gegeben, wie Input und Output zueinander kongruent sind.

Differenziert man die vom Kommunikator produzierten Inhalte nach Information (Aussage A') und Meta-Aussage (W'), so kann man eine Diskriminationsanalyse zwischen Nachrichtung und Meinung durchführen. Hier liegt die Norm der Objektivität in der von den Massenmedien erwarteten idealen Trennung dieser beiden Aussagetypen.

Schließlich kann man die Aussagen eines Kommunikators mit denen anderer Kommunikatoren vergleichen und aus dem Standard (Mittelwert) eine Norm konstruieren. Analog kann man Wertungen W'_{ij} nach bestimmten Themen A_i differenzieren und auch hier Standards $\overline{W}'_{ij}$ ermitteln oder auch eigene Bewertungen S_{ij} des Kommunikators analysieren.

Bewertungen haben, wie bereits in Kap. 5.2 ausgeführt, selektive Funktionen dadurch, daß die Bewertung als Meta-Aussage zu einer Aussage die Akzeptanz dieser Aussage positiv oder negativ potenziert. Für Zwecke der Inhaltsanalyse kann man Bewertungen prinzipiell nach zwei Dimensionen unterscheiden, nämlich danach, ob sie verbal oder nonverbal erzeugt werden und weiterhin danach, ob sie inhaltlich (im Text selbst) erscheinen oder formal (durch andere Hinweise auf Präferenz) konstruiert sind (Abb. 110).

	inhaltlich	formal
verbal	verbale Meta-Aussagen (Bewertungen)	---
nonverbal	nonverbale Meta-Aussagen (visuell, paralinguistisch)	strukturelle Präferenzen (Präsentation)

Abbildung 110: Differenzierungen von Bewertungen

In diesem Zusammenhang ist darauf hinzuweisen, daß Wörter mit positiver Konnotation zwar häufiger auftreten als mit negativer Konnotation (vgl. Herkner 1974), daß aber andererseits gerade in den Massenmedien Bewertungen von Handlungsträgern – insbesondere von politischen Handlungsträgern – überwiegend negativ ausfallen (vgl. Merten 1982c), da sie dort im Dienst der Kritik der Massenmedien eingesetzt werden.

Die Differenzierung von Aussagen und Bewertungen nach Kommunikatoren einerseits und nach Themen andererseits macht das Objektivitätsmaß sensibler und damit exakter. Verfahren, die diese Differenzierung leisten, sind jedoch aufwendig und werden im folgenden unter dem Begriff *strukturelle Objektivitätsanalyse* abgehandelt. Es bleibt schließlich anzumerken, daß die *Objektivitätsanalyse* ganz analog zur Analyse der *Situation* benutzt werden kann, wenn man sich für die Inkongruenz von Wirklichkeit und durch Aussagen rekonstruierte Wirklichkeit interessiert (vgl. Kap. 8.53-16).

Die folgende Darstellung resümiert die wichtigsten Verfahren und berücksichtigt dabei insbesondere Ansätze zur Weiterentwicklung der Objektivitätsanalyse.

8.51-16a Aufmerksamkeitsanalyse

Dieses Verfahren ist von Lasswell (1941b) entwickelt worden, um das Maß an Aufmerksamkeit (und dessen Veränderungen) zu ermitteln, das bestimmten Symbolen (z.B. „USA", „Germany", „Der Führer" etc.) in bestimmten Presseorganen zuteil wird. Von der Zahl der Erwähnungen bzw. dem Umfang oder der Präferenz, mit dem dieses Symbol dargestellt wird, wird auf entsprechende Aufmerksamkeit des Kommunikators gegenüber diesem Symbol zurückgeschlossen.

Als Objektivitätsanalyse fungiert dieses Verfahren dann, wenn man eine Gleichverteilung verschiedener Symbole unterstellen kann (z.B. wechselseitige Aufmerksamkeit zweier vergleichbarer Staaten füreinander) oder wenn bestimmte Standards der Aufmerksamkeit (z.B. Mittelwerte eines Samples von Kommunikatoren) bekannt sind, mit denen der Wert eines einzelnen Organs verglichen werden kann. Umgekehrt kann man fehlende Objektivität feststellen, wenn man zeigen kann, daß ein bestimmter Kommunikator seine Inhalte nicht frei wählt bzw. bewertet, sondern diese Inhalte systematisch verzerrt und deren Bewertungen gerichtet sind (Beispiel 24):

Beispiel 24: Objektivitätsanalyse nach Lasswell (1949: 173–232)

Lasswell versucht, den Nachweis zu führen, daß ein bestimmtes Organ seine Inhalte nicht frei wählt (also objektiv ist), sondern diese in direkter Abhängigkeit von einem anderen Kommunikator (hier Propagandaministerium des Dritten Reiches) formuliert. Zu diesem Zweck entwickelt Lasswell insgesamt acht Tests:

1.) *Bekenntnistest* (avowal test)
Es wird geprüft, ob sich das inkriminierte Organ sich explizit als amtliche Quelle bezeichnet.
2.) *Paralleltest*
Die Inhalte des Organs werden über die Zeit mit denen der mutmaßlichen Propagandaquelle verglichen.

3.) *Konsistenztest*
Die Inhalte des Organs werden mit Propaganda-Zielen der mutmaßlichen Quelle auf Gleichsinnigkeit hin geprüft.

4.) *Bewertungstest* (presentation test)
Die im Inhalt enthaltenen Bewertungen bezüglich bestimmter Symbole (Ideen, Personen etc.) werden auf Richtung der Bewertung geprüft.

Symbole (hier: „USA" und „Drittes Reich") werden auf ihre Richtung hin verglichen. Es zeigt sich im Vergleich deutlich, daß das Organ (Der „Transocean") pro-deutsch *und* anti-amerikanisch operiert (Abb. 111).

Bewertungen

	+	−
USA	33.1%	66.8%
Drittes Reich	71.6%	28.4%

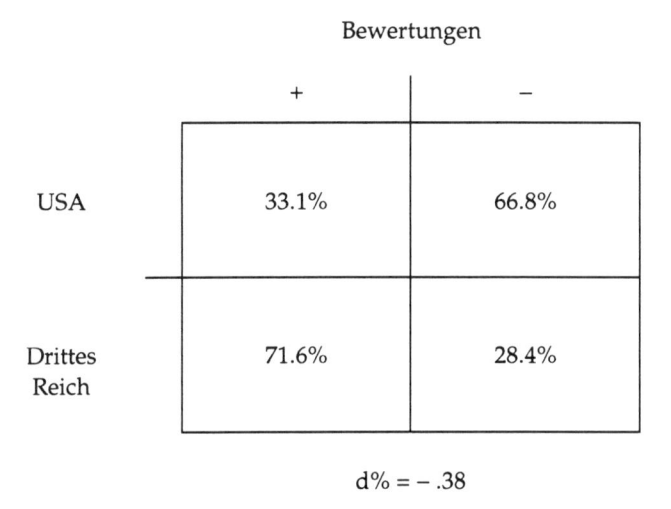

$d\% = -.38$

Abbildung 111: Objektivität des „Transocean" nach dem Bewertungstest (nach Lasswell 1949: 214 f.)

5.) *Quellentest* (source test)
Es wird geprüft, ob bei umstrittenen Themen (bei denen stark polarisierte Bewertungen zu erwarten sind), der Kommunikator positive wie negative Bewertungen gleichermaßen ausbringt.

6.) *Test auf verborgene Quellen* (concealed-source test)
Es wird geprüft, ob ein Kommunikator Inhalte aus einer oder mehreren verborgenen Quellen (bei entsprechend unbalancierten Bewertungen) übernimmt.

7.) *Distinktionstest* (distinctive test)
Es werden die häufigst vorkommenden (politischen) Schlüsselbegriffe eines Kommunikators ausgezählt, und es wird geprüft, ob diese zugleich auch die häufigst vorkommenden beim Durchschnitt aller Kommunikatoren sind.

8.) *Verzerrungstest* (distortion test)
Dieser Test stellt eine Verfeinerung des Bewertungstests dar. Hier werden zwei Organe daraufhin geprüft, ob sie gleiche bzw. verschiedene Inhalte haben und ob diese Inhalte gleichsinnig oder gegensinnig bewertet werden.

8 Typologie inhaltsanalytischer Verfahren 227

Summarisch kann man dann von fehlender Objektivität (Propaganda) sprechen, wenn die verschiedenen Tests im Ergebnis in die gleiche Richtung weisen.

Da die *Aufmerksamkeitsanalyse* sich nur in Nuancen von der *Symbolanalyse* (vgl. Kap. 8.53-16) unterscheidet, wird sie an dieser Stelle nicht im einzelnen vorgestellt.

8.51-16b Bewertungsanalyse

1) Entwicklung des Verfahrens

Unter *Bewertungsanalysen* sollen hier Themenanalysen verstanden werden, die zusätzlich zu der Kategorisierung von Themen *Bewertungen* einzelner oder aller Kategorien enthalten. Einen Anwendungsfall haben wir bereits im einleitenden Kapitel (Kap. 1.2, Beispiel 3) kennengelernt.

Schon Bleyer (1924: 22) regt dieses Verfahren an, indem er Kategorien nicht nur vermißt, sondern zusätzlich codiert, ob die erhobene Kategorie negativ (harmful, destructive) oder positiv (constructive, harmless) einzustufen ist. Lasswell (1941a: 460) spricht analog von einer günstigen Präsentation (indulgence) oder einer negativen Präsentation (deprivation).

2) Logik des Schlusses vom Text auf den Kontext

Analog zur Themenanalyse wird die Gültigkeit des Repräsentationsmodells unterstellt. Im Vergleich zur Themenanalyse ist hier die Gültigkeit des Schlusses von der Bewertung einer Kategorie (Person, Objekt, Idee) triftiger, da eben die Einführung von Bewertungen eine neue und wesentliche Dimension der Wirklichkeitskonstruktion enthält.

3) Vorgehensweise

Die Vorgehensweise ist die gleiche wie bei der *Themenanalyse* (vgl. Kap. 8.31-5), nur mit dem Unterschied, daß zusätzlich Bewertungen festgestellt werden. In der Regel wird dabei einfach differenziert zwischen positiven (+) und negativen (−) Bewertungen, wobei die neutrale Kategorie (0, ±) oft als Standard benutzt wird. Das Verfahren soll anhand einer einfachen Anwendung (Beispiel 25) demonstriert werden:

Beispiel 25: Aufrüstung oder Abrüstung in der amerikanischen Presse (1929) (nach Kingsbury/Hart 1937: 70)

Kingsbury/Hart analysieren, wie das Problem „Aufrüstung oder Abrüstung" in der amerikanischen Presse (24.6.–7.8.1929) diskutiert wird.

Zu diesem Zweck wird die Fläche aller Schlagzeilen der Titelseite zu diesem Thema vermessen und sodann wird geprüft, ob für Aufrüstung (Preparedness) oder gegen Aufrüstung (Disarmament) Stellung bezogen oder eine neutrale Haltung eingenommen wird (Neutral). Das Ergebnis der Auszählung findet sich in Abb. 112. Hier ist zunächst der Median aller Verhältnisse D/P gebildet worden, der den Wert $E_1 = 3.3$ hat. Aus Gründen der Darstellung wird nun für alle Zeitungen, die unterhalb dieses Durchschnitts (Standards) liegen, also in Richtung Aufrüstung verzerrt sind, der reziproke Wert P/D berechnet, wobei der entsprechende Standardwert dann $1/3.3 = 0.3 = E_2$ ist. Die Militanz der Organe wächst also in aufsteigender Folge. Des weiteren wird nun der Anteil, um den die einzelnen Zeitungen sich von diesem Standard unterscheiden, gebildet, der als Index der Verzerrung interpretiert wird: Das Maß der Verzerrung ergibt sich als

(26) $\text{Bias} = \dfrac{D/P - E_1}{E_1} = \dfrac{P/D - E_2}{E_2}$ *Verzerrungsindex* (Kingsbury/Hart 1937)

Paper	Column Inches of Front Page Headlines Devoted to Preparedness Neutral Disarmament			Ratio D/P	Index of Bias in Favor of Disarmament of Preparedness
Cleveland Plain Dealer	.0	7.2	13.2	.0	Totally peacewards
New York Times	7.0	9.5	56.1	8.0	D 1.4
Baltimore Sun	5.4	3.2	35.4	6.6	D 1.0
Washington Post	6.9	11.4	35.0	5.1	D .5
Christian Science Monitor	6.1	8.7	25.2	4.1	D .2
Boston Herald	4.9	2.2	17.9	3.7	D .1
Median				3.3	.0
				P/D	
Median				.3	.0
St. Louis Globe-Democrat	6.8	.0	19.6	.3	P .0
New York Herald-Tribune	11.1	9.5	25.8	.4	P .3
United States Daily	6.7	8.5	8.8	.8	P 1.7
New York World	18.5	6.1	20.8	.9	P 2.0
New York American	15.4	16.2	9.3	1.7	P 4.7
Chicago Herald-Examiner	17.2	11.0	7.2	2.4	P 7.0
Totals	106.0	93.5	274.3	.4	

Abbildung 112: Einstellung der amerikanischen Presse zur Wiederaufrüstung in Amerika (1929) (nach Kingsbury/Hart 1937: 70)

4) Kritik

a) Die Bewertungen differenzieren nur qualitativ, sie messen keine Intensität.

b) Es bleibt offen, wer die Bewertungen beisteuert und in welchem Zusammenhang die Bewertungen beigesteuert werden.

c) Es wird nicht geprüft, ob und wie stark die subjektiven Werte des Coders einen Einfluß auf die Feststellung von Bewertungen haben (interpretative Reaktivität).

5) Variationen und Weiterentwicklungen

Osgood et al. (1954) haben an diesen Kritikpunkten angesetzt und mit der *Evaluative Assertion Analysis* (vgl. Kap. 8.51-12) ein Verfahren entwickelt, das sowohl Intensitäten berücksichtigt als auch mögliche Reaktivität versucht auszuschalten. Auch zur Messung von Ausgewogenheit wird gerade dieses Verfahren als besonders geeignet empfohlen (Deetjen 1977a).

6) Anwendungen

Das Verfahren wird vor allem zur Messung von Bewertungen von Personen in den Massenmedien angewendet. Ein ebenso typisches wie simples Beispiel ist die Analyse eines Radio-Kommentators durch Shepard (1956).

8.51-16c Symbolanalyse

Die Symbolanalyse mißt – analog zur *Bewertungsanalyse* – die Richtung und auch die Intensität von Einstellungen resp. Bewertungen über die Zeit und kann sowohl als Kommunikator- als auch als Situationsanalyse benutzt werden. Das Verfahren wird in Kap. 8.53-16 ausführlich vorgestellt.

8.51-16d Coefficient of imbalance

1) Entwicklung des Verfahrens

Dieser Index zur Messung von Objektivität wurde von Janis/Fadner (1943) vorgestellt. Die Autoren stellen sich die Aufgabe, eine allgemeine Formel zur Messung von Ausgewogenheit (Objektivität) der Darstellung eines Objektes zu entwickeln.

Zur Entwicklung dieses Maßes werden zunächst einige Forderungen aufgestellt (Janis/Fadner 1943: 108):

1. Der Koeffizient soll häufigkeitsempfindlich und richtungsempfindlich sein.
2. Wird der Anteil neutraler Aussagen (gegenüber wertenden Aussagen) vergrößert, so soll der Zahlenwert des Maßes abnehmen. Gleiches gilt, wenn die Zahl der Aussagen insgesamt vergrößert wird.
3. Wenn alle Aussagen neutral sind, wenn kein relevanter Inhalt (Aussage mit Wertungen) vorhanden ist, oder wenn die Zahl positiver Wertungen gleich der Zahl negativer Wertungen ist, soll der Koeffizient den Wert Null annehmen.
4. Wenn die Zahl positiver Bewertungen nicht gleich der Zahl negativer Bewertungen ist, darf der Koeffizient nicht Null werden können.
5. Der Koeffizient soll im Verhältnis günstiger zu ungünstigen Bewertungen reagieren, sofern keine neutralen Kategorien vorhanden sind.

Um diese Forderungen zu präzisieren, führen die Autoren eine Zerlegung eines zu analysierenden Textes in folgende Größen ein (Abb. 113):

```
                        Text
                       /    \
                      /      relevant (r)
                     /       /  |  \
          irrelevant (i)    /   |   \
           /   |    |    |      |    |
          |  i | f(+) | u(-) | (+ -) |
```

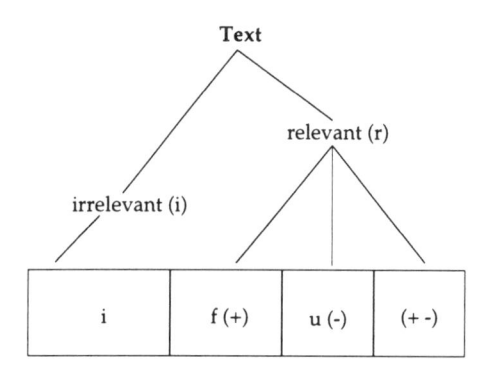

Abbildung 113: Differenzierung eines Textes für die Objektivitätsanalyse nach Janis/Fadner (1943)

Zunächst wird der gesamte Text (definiert als Summe aller Analyseeinheiten) aufgeteilt in einen Teiltext r, in dem das Objekt, dessen objektive Darstellung es zu prüfen gilt, enthalten sein muß und in einen Teiltext i, der nicht zu analysieren ist.

Als Ungleichsgewichts-Index C definieren Janis/Fadner sodann einen Index AT als Differenz zweier Indizes und:

$$(27) \quad AT = \frac{(f-u)^2}{rt} = \frac{f^2 - fu}{rt} - \frac{fu - u^2}{rt} = \frac{(f-u)}{r}\frac{f}{t} - \frac{(f-u)}{r}\frac{u}{t} = C_f - C_u$$

Der erste Faktor stellt den Koeffizienten günstiger Imbalance C_f dar. Er ist gleich dem Produkt aus resultierender und anteiliger günstiger Bewertung, bezogen auf den relevanten Text r bzw. den gesamten Text t.

Analog ist der zweite Koeffizient der Koeffizient ungünstiger Imbalance C_u, definiert als Produkt resultierender und anteiliger ungünstiger Bewertungen, wiederum bezogen auf den relevanten Text r resp. den gesamten Text t.

2) Logik des Schlusses vom Text auf den Kontext

Messungen von Ausgewogenheit der Darstellung eines Ereignisses oder Objektes in einem Text ist einer der Fälle, wo soziale Wirklichkeit, auf die inferiert wird, mit der Beschreibung von Textmerkmalen zusammenfällt (vgl. Kap. 7.212). Das trifft hier zu, wenn das Ziel der Analyse nur die Aufdeckung von Unausgewogenheit ist. Soll damit jedoch auf Dispositionen des Kommunikators geschlossen werden, so muß das *Repräsentationsmodell* unterstellt werden: Die Unausgewogenheit einer Darstellung wird dann zu bestimmten Absichten eines Kommunikators in Beziehung gesetzt. Für diesen Fall ist die Inferenz jedoch nur schwach abgesichert.

3) Vorgehensweise

Die Analyse vollzieht sich, was die Definition von Kategorien betrifft, analog der Themenanalyse. Wird nur eine einzige Kategorie (Objekt, Person, Idee) bewertet,

8 Typologie inhaltsanalytischer Verfahren 231

so braucht kein Kategoriensystem entwickelt zu werden. Die weitere Analyse erfolgt in zwei Schritten:

a) Definitionen der Untersuchungseinheit (Analyseeinheit)
   Üblicherweise wird dazu der grammatikalische Satz oder eine Proposition (Feststellung, assertion) benutzt.
b) Skalierung der Bewertungen
   Solange keine Regel zur Differenzierung von Intensitäten vorliegt, wird die einfache Verrechnung in positive (+1) oder negative (–1) und neutrale (0) Bewertung benutzt.

Dabei bedeutet:

t = Zahl aller Untersuchungseinheiten (Sätze etc.)
i = Zahl der Sätze, in denen das zu analysierende Objekt nicht vorkommt
r = Zahl aller Sätze, in denen das zu analysierende Objekt entweder positiv (f), negativ (u) oder neutral (n) bewertet dargestellt wird (dabei gilt also: r = f + u + n)

Soll die Messung der Wertintensität differenziert werden, so wird analog jeder Wertabstufung ein numerischer Wert zugewiesen.

Ist

m_y = Zahl der positiven Wertabstufungen
m_v = Zahl der negativen Wertabstufungen
W_{yi} = Zahl der positiv bewerteten Sätze der i-ten Wertstufe
W_{vi} = Zahl der negativ bewerteten Sätze der i-ten Wertstufe
y_i = numerisch positiver Wert (Gewichtung der i-ten Wertstufe)
v_i = numerisch negativer Wert der i-ten Wertstufe

so gilt für die durchschnittliche Bewertung des relevanten Textes

(28) $$A = \frac{\sum_{i=1}^{m_y} y_i \cdot w_{y_i} - \sum_{i=1}^{m_v} v_i \cdot w_{v_i}}{r}$$ *Bewertung des relevanten Textes*

und analog für die durchschnittliche Bewertungen des gesamten Textes

(29) $$T = \frac{\sum_{i=1}^{m_y} y_i \cdot w_{y_i} - \sum_{i=1}^{m_v} v_i \cdot w_{v_i}}{t}$$ *Bewertung des gesamten Textes*

Berücksichtigt man, daß die Summanden im Zähler jeweils die Differenz von positiv und negativ bewertetem Textteil insgesamt darstellen, und ersetzt man diese wieder durch die Symbole f und u, so ergibt das Produkt AT (durchschnittliche Bewertung des relevanten Textes mal durchschnittliche Bewertung des Gesamttextes) einfach

(30) $$AT = \frac{f-u}{r} \cdot \frac{f-u}{t} = \frac{f-u}{r} \cdot \frac{f}{t} - \frac{f-u}{r} \cdot \frac{u}{t} = C_f - C_u$$

Dabei ist C_f der Koeffizient positiver (günstiger) Imbalance und C_u der Koeffizient negativer (ungünstiger) Imbalance. Jeder dieser Koeffizienten ist also einfach das Produkt aus der durchschnittlichen Bewertung des relevanten Textes (A) und der relevanten Häufigkeit des positiven bzw. negativen Textes (gemessen entsprechend über die definierten Analyseeinheiten). Die Imbalance-Koeffizienten messen somit (vgl. Janis/Fadner 1943: 111) zwei Größen: Einmal die Imbalance der Bewertung, die auf den relevanten Text bezogen ist und zum anderen die Aufmerksamkeit, die innerhalb eines Textes vom Umfang t dem positiven (günstigen) resp. negativen (ungünstigen) Textteil f bzw. u geschenkt wird.

4) Kritik

a) Dieser Doppelkoeffizient ist nicht inhaltlich definiert, sondern nach rein formalen Kriterien entwickelt worden. Schon von daher fällt es schwer, ihn inhaltlich ex post mit Gehalt zu füllen.

b) Sofern nur positive (+1), negative (−1) und neutrale Bewertungen unterschieden werden, ist die mangelnde Abstufung von Intensität problematisch. Werden aber Intensitätsstufen eingeführt, so erfolgt auch dies wieder ex post, also ohne theoretische Ableitung.

c) Während die Imbalance der Bewertung als auch die anteilige Aufmerksamkeit, die dem bewerteten Text zuteil wird, relevante Größen sind, die auch interpretiert werden können, ist das Produkt aus beiden, das ja der Imbalance-Koeffizient C_f bzw. C_u darstellt, inhaltlich nicht zu interpretieren.

d) Das Verfahren ist nicht geeignet, mehrere Bewertungsobjekte in der Relation zueinander zu erfassen, wie dies die *strukturelle Objektivitätsanalyse* oder auch die *evaluative assertion analysis* anstrebt.

5) Variationen und Weiterentwicklungen

Weiterentwicklungen dieses Koeffizienten durch die Autoren, gerade im Hinblick auf inhaltliche Interpretation bei dessen Anwendung, sind nicht bekannt. Nur von Batlin (1954) gibt es einen Versuch, einen „index of imbalance" zu definieren.

6) Anwendungen

Hurwitz et al. (1976) haben den Koeffizienten benutzt, um das Echo auf den Rücktritt von Richard Nixon zu analysieren, und Pollock/Guidette (1980) haben analog einen Vergleich der Bewertung der Wahl Allendes in der Presse der USA und der Englands durchgeführt.

8.51-16e Wahrheitsanalyse

Der Vergleich von Aussagen mit dem zugrundeliegenden Ereignis, der hier als *Wahrheitsanalyse* bezeichnet wird, kann ex post, aber auch ex ante durchgeführt werden. Ex post kann man die Wahrheit bzw. die Angemessenheit der Aussage prüfen, wenn man das zugrundeliegende Ereignis kennt. Ex ante kann man von Merkmalen einer Aussage auf die Wahrheit des Eintretens eines kommenden Ereignisses schließen. Dies ist der inhaltsanalytisch relevante Fall: Der Schluß vom Inhalt auf eine externe Größe.

Da sich – wie bei der *Objektivitätsanalyse* – eine Mehrzahl von Verfahren zur Analyse eignet, sollen an dieser Stelle nur zwei Beispiele für diesen Typ gegeben werden, nämlich die Analyse von Selbstmordbriefen (Abschiedsbriefen) auf deren mutmaßliche Wahrheit (hier: folgender Suizidversuch) und die Analyse von Propaganda auf das Eintreten prognostizierter Ereignisse.

Beispiel 26: Analyse von Abschiedsbriefen von Selbstmordkandidaten

Osgood (1959) untersucht, ob und wie sich Briefe von Selbstmordkandidaten von normalen Briefen und von simulierten Briefen unterscheiden. Zu diesem Zweck analysiert er nach insgesamt 16 verschiedenen inhaltsanalytischen Indikatoren entsprechende Texte und vergleicht sie mit „normalen" Briefen bzw. mit simulierten Abschiedsbriefen. Im Ergebnis zeigt sich, daß die Mehrzahl der verwendeten Indikatoren nicht oder nicht genügend diskriminiert, doch bleiben einige wesentliche Unterschiede, die zur Unterscheidung tauglich sind.

In echten Abschiedsbriefen

– ist der Adjektiv-Verb-Quotient (vgl. Kap. 8.21) signifikant kleiner, d.h. es werden weniger Adjektive bzw. Adverbien benutzt,
– werden mehr Imperative (Forderungen) verwendet,
– ist die Zahl der Wörter pro Satz signifikant größer,
– werden signifikant mehr inkonsistente Bewertungen benutzt (z.B.: Ich bin ein Versager; ich habe mein Bestes getan etc.),
– wird signifikant mehr Selbstverteidigung bzw. Selbstlob artikuliert, aber auch Kritik an nahestehenden Personen.

Ergänzend können die Ergebnisse von Ogilvie et al. (1966) herangezogen werden, die ebenfalls echte Abschiedsbriefe mit simulierten Abschiedsbriefen verglichen haben. Diese Autoren stellen fest, daß in echten Abschiedsbriefen

– der konkrete Bezug auf Personen, Dinge und Örtlichkeiten häufiger ist,
– das Wort „Liebe" häufiger vorkommt und,
– die Erwähnung von Denk- oder Entscheidungsprozessen geringer ist.

Die Autoren bilden aus diesen drei Indizes einen Index, indem sie von der Summe der Punktwerte der ersten beiden Indizes den Punktwert des dritten Index abziehen und diesen Index zur Prognose auf „echte" Suizidfälle benutzen: Sie erreichen damit eine Vorhersagegenauigkeit von 94,4%. Ganz analog zur Traumanalyse (vgl. Kap. 8.51-14, Abb. 104) wäre es darüber hinaus möglich, für solche und andere Indikatoren Erfahrungswerte aus einem entsprechend großen Sample von Abschiedsbriefen zu gewinnen und damit zusätzliche Standardwerte (Normen) für entsprechende Prognosen zu gewinnen.

Beispiel 27: Propaganda-Analyse nach George (1956)

Anhand einer Ex-post-Analyse deutscher Propaganda aus dem Jahr 1943 zeigt George auf, daß analog von der Änderung der Inhalte eines Kommunikators eine *Änderung* des Handelns dieses Kommunikators geschlossen werden kann:

Seit Juni 1943 tauchte in der deutschen Propaganda u.a. die Ankündigung einer Vergeltungswaffe auf. Die Frage war, ob diese Ankündigung nur reine Propaganda war oder aber einen Wahrheitsbezug hatte. Die Klärung dieser Frage wurde durch eine sorgfältige Langzeitbeobachtung der deutschen Kriegspropaganda vorgenommen, die zwei wesentliche Ergebnisse brachte:

1. Die deutsche Propaganda war insofern ehrlich, als Goebbels zur Stützung der deutschen Kriegsmoral nie etwas versprach, was nicht einen konkreten Hintergrund hatte. Daraus läßt sich eine Korrespondenzregel wie folgt ableiten: „Wenn Bau von Waffen, dann Propaganda" bzw. „Wenn Propaganda, dann auch Bau von Waffen", die inhaltsanalytisch zur Inferenz genutzt werden kann.

2. Zwischen der Realisation des Ereignisses und seiner Vorankündigung lag durchschnittlich eine Zeit von etwa drei Monaten.

Aufgrund dieser Erfahrungen wurde bei den Alliierten der Bau der neuen Waffe ernst genommen.

Die Richtigkeit dieser Annahme bestätigte sich, als diese Ankündigung am 19.8.43 für zehn Tage und am 11.9.43 für sieben Tage in der deutschen Propaganda unterblieb und zugleich bekannt wurde, daß am 17.8. und am 7./8.9. Bombenangriffe auf deutsche Raketenstationen durchgeführt worden waren: Die Korrespondenzregel erlaubt also den wichtigen Schluß, daß der Stop der Propaganda auf dem Stop des Waffenbaus beruhen mußte, daß also die Alliierten mit dem Bombardement offensichtlich genau den Ort des Waffenbaus (Peenemünde) getroffen haben mußten.

Schematisiert ergibt sich also folgende Logik:

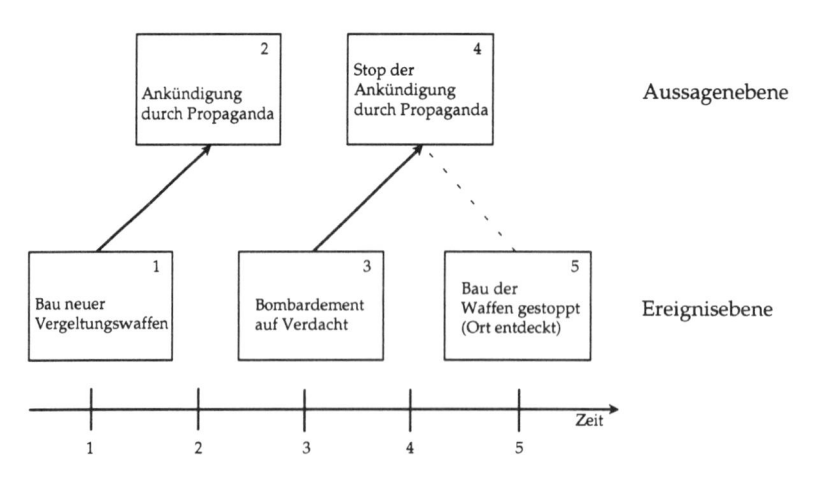

Abbildung 114: Logik der Wahrheitsanalyse nach George (1956)

8 Typologie inhaltsanalytischer Verfahren

Wesentlich an diesem Ansatz ist die Validität der Korrespondenzregel, denn dadurch und nur dadurch ist ein Rückschluß bzw. Vorschluß auf das Handeln des Kommunikators (und dessen Hintergründe) überhaupt möglich. Daß dabei der einfache Kausalschluß ggf. unzureichend ausfällt, zeigt die interessante Untersuchung von Mueller/Greiner (1969), die zwischen den Aussagen eines Kommunikators (hier: „Neues Deutschland" in den Monaten vor dem 13.8.61) und dessen Handlung sehr viel kompliziertere Relationen zwischen Produktion von Inhalten und Handeln aufdeckt.

8.51-16f Input-Output-Analyse

Bei diesem Typ von Objektivitätsanalyse wird der Input A, den ein Kommunikator erhält, mit dem von ihm produzierten Inhalt A' (Output) verglichen. Voraussetzung dazu ist demgemäß, daß der Input des Kommunikators kontrolliert werden kann – eine Bedingung, die in der Regel leider selten zu erfüllen ist. Der Vergleich kann nach verschiedenen Dimensionen erfolgen, nämlich:

a) Vergleich der Aussagen A – A' (Ähnlichkeit der Inhalte)
b) Vergleich der Bewertung W – W'

In beiden Vergleichen kann schließlich die Eigenpräferenz des Kommunikators zum Ausdruck kommen, die als Selbstbewertung S sowohl *inhaltlich-verbal* als auch *formal-nonverbal* ausfallen kann (vgl. Abb. 114).

inhaltlich-verbal: Der Kommunikator formuliert zusätzlich weitere Bewertungen, die in der Aussage A nicht als Bewertung W enthalten sind

formal-nonverbal: Präferenz des Kommunikators für bestimmte Themen, Objekte, Personen oder Ideen, die sich in bevorzugter Präsentation des Inhalts äußert (Umfang, Plazierung und Aufmachung des Inhalts lassen auf Präferenz schließen)

Als Beispiel für eine derartige Untersuchung soll die gut durchdachte Untersuchung von Klamandt/Langeheine/Schenkel (1980) vorgestellt werden:

Beispiel 28: Input-Output-Analyse nach Klamandt/Langeheine/Schenkel

Die Autoren vergleichen für drei Zeitungen den Input, der von politischen Parteien und der Landesregierung erzeugt wurde, mit dem Output, den die jeweiligen Zeitungen erzeugen. Basis der Untersuchung sind 346 Pressemitteilungen, die in drei Monaten (1.8.–31.10.1978) an die Zeitungen übermittelt wurden.

Die Autoren prüfen im Vergleich Kürzungen des Textes (nach Worten und nach Fläche), das Verhältnis von Überschrift zur Fläche, mögliche Hervorhebungen und Plazierungsverhalten sowie die Fristigkeit der Meldung (Akutalität), jeweils immer für den speziellen Input (Mitteilungen der Pressestelle der politischen Parteien und der Landesregierung in Schleswig-Holstein).

Die Bildung dieser Variablen orientiert sich an den der Untersuchung zugrunde gelegten Hypothesen:

H₁ Die untersuchten Zeitungen unterscheiden sich nicht in bezug auf die Veröffentlichungspraxis des Inputs.
H₂ Die untersuchten Zeitungen unterscheiden sich nicht in der Präferenz für die Autoren des Inputs (i.e. politische Parteien, Regierung).
H₃ Es gibt keine Interdependenz zwischen Inputkommunikatoren und den Zeitungen.

Diese Nullhypothesen kann man direkt als Objektivitätshypothesen ansehen.

Im Ergebnis zeigt sich nur, daß die Veröffentlichungspraxis der Zeitungen sich untereinander sehr wohl unterscheidet, also gegen H₁ verstoßen wird und zugleich auch, daß unterschiedliche Präferenzen für unterschiedliche Kommunikatoren bestehen. Genauer: Die drei Zeitungen drucken – in unterschiedlichem Maß – bestimmte Inputs nicht ab und der Nichtabdruck hängt wiederum von den jeweiligen Inputkommunikatoren ab (Widerlegung von H₂).

Während man jedoch zugestehen muß, daß die Zeitungen nicht alles drucken können, sich also zwangsweise selektiv verhalten müssen, würde die Objektivitätshypothese H₂ fordern, daß die Selektivität gegenüber allen Inputkommunikatoren gleicherweise geübt wird. Dies ist nicht der Fall: Sowohl in bezug auf die Variable große Überschrift (= Blickfang, bevorzugte Aufmerksamkeit etc.) als auch hinsichtlich der Präsentation als auch in bezug auf Hervorhebung zeigt sich eine gleichsinnige Tendenz, Mitteilungen der Landesregierung und der CDU zu bevorzugen und Mitteilungen der Oppositionsparteien SPD und FDP zu benachteiligen.

Freilich bleibt anzumerken, daß die Autoren rein formal (quantitativ) analysiert haben, also keine Bewertungen berücksichtigt haben, so daß theoretisch auch folgender Sachverhalt vorliegen könnte: Das Regierungslager wird stark negativ bewertet, die Opposition positiv, so daß die drei Zeitungen als regierungsfeindlich gelten könnten. Die Berücksichtigung solcher inhaltlicher Variablen zur Bestimmung von Objektivität leistet die *strukturelle Objektivitätsanalyse* (vgl. Kap. 8.51-16h).

8.51-16g Diskriminationsanalyse

Unter *Diskriminationsanalyse* soll ein spezieller Typus von Objektivitätsanalyse verstanden werden, nämlich die Analyse der Trennung von *Nachricht* und *Meinung* in Presse und Rundfunk.

Diese Trennung von Fakten und dazu artikulierten Perspektiven (Interpretation, Kommentaren, Meinungen) wird von der Ethik des Journalismus als bindende Norm gefordert („Comments are free, but facts are sacred"). Die Unterscheidung zwischen *Nachricht* und *Kommentar* liegt darin, daß der Kommentar eine *Bewertung* der Nachricht liefert, also *Meta-Aussage* zur bewerteten Aussage wird. Im Satz „Der Bundeskanzler gab eine überzeugende Stellungnahme ab" sind zwei Aussagen enthalten, nämlich:

Aussage: „Der Bundeskanzler gab eine Stellungnahme ab".
Meta-Aussage: Es ist (war) überzeugend (gut, richtig, prima etc.), wie der Bundeskanzler Stellung genommen hat.

8 Typologie inhaltsanalytischer Verfahren

Selbstverständlich kann eine Aussage in sich wertende Elemente enthalten, *ohne* daß dies ein Kommentar ist, z.B. wenn die wertende Aussage referiert (zitiert) wird („Die Opposition warf der Regierung ‚schwere Fehler' vor"). Daß im Zweifelsfall Bewertungen auch durch Wortwahl, Satzbau etc. erreicht werden können, also im Einzelfall durchaus schwierig zu operationalisieren sind, zeigt Posner (1972a). Auch die von Krippendorff (1970) entworfene vorläufige Typologie von Wertausdrücken zeigt, wie anforderungsreich im einzelnen Wertfeststellungen zu eruieren sind. In der Regel jedoch kann man unterstellen, daß Wertfeststellungen als binär (positiv-negativ) strukturierte Meta-Aussagen vom durchschnittlichen (kompetenten) Rezipienten als solche schnell und einfach erkannt werden können. Auf diesen Voraussetzungen baut auch die Diskriminationsanalyse auf, die von Schönbach (1977) zur Analyse der Trennung von Nachricht und Kommentar entwickelt worden ist und die im folgenden vorgestellt wird (Beispiel 29). Grundgedanke dieses Verfahrens ist es, von dem Grad der Trennung zwischen Nachricht und Meinung auf entsprechende Eigenschaften (Haltung, Absicht etc.) des Kommunikators zu schließen. Dabei kann auch hier wie bei der zuvor vorgestellten Input-Output-Analyse zwischen zwei Typen von Bewertung unterschieden werden: direkte und indirekte Bewertung: Während die direkte Bewertung kommunikativ, als Kommentar artikuliert sein muß und daher unmittelbar inhaltlich zu erschließen ist, wird die indirekte Bewertung erst durch die Analyse voll offenbar: Tendenziell einseitige Selektion und bevorzugte Präsentation bestimmter Inhalte (durch entsprechende Plazierung, vergrößerten Umfang, bessere Aufmachung etc.) sind hier als wesentliche Variablenbündel zu nennen: Je mehr deren Ausprägung gleichsinnig von der Norm abweicht, und je mehr direkte und indirekte Bewertung synchron laufen, desto eher kann auf strukturelle, also nicht zufällig erklärbare Verletzung der Objektivitätsnorm geschlossen werden.

<u>Beispiel 29:</u> Trennung von Nachricht und Meinung (nach Schönbach 1977)

Schönbach (1977: 48 ff.) entwickelt zunächst eine Dychotomie der zwei Variablen Nachricht und Meinung, die zu folgender Typologie führt (Abb. 115):

Nachrichten	*Kommentierung*	
	gleichsinnig (Richtung und Umfang parallel zu Nachricht)	nicht gleichsinnig (Richtung und Umfang nicht parallel zu Nachricht)
objektiv ausgewählt	partiell objektiv	objektiv
einseitig ausgewählt	nicht objektiv	partiell objektiv

Abbildung 115: Synchronisation von Nachricht und Meinung (nach Schönbach 1977: 48 ff.)

An einem konkreten Beispiel (Berichterstattung über Aussagen von SPD/FDP-Regierung und CDU/CSU-Opposition zu den Berlin-Verhandlungen im Jahre 1971) definiert Schönbach Objektivität zunächst negativ als Synchronisation von Nachricht und Meinung: Synchronisation setzt Einseitigkeit der Nachrichtengebung und Gleichsinnigkeit zwischen Kommentar und Nachricht voraus. Gleichsinnigkeit wiederum läßt sich differenzieren nach Richtung der Argumentation (Regierung versus Opposition) und zahlenmäßig nach Korrespondenz der Argumente im Nachrichten- und Meinungsteil. Im einzelnen:

Einseitigkeit wird gemessen, indem bei den jeweiligen Kommunikatoren der relevante Output inhaltlich verglichen wird mit einer Norm. Diese Norm wird definiert als das Spektrum der Berichterstattung von vier Prestige-Zeitungen, die links (Frankfurter Rundschau), gemäßigt links (Süddeutsche Zeitung), gemäßigt rechts (FAZ) und ausgeprägt rechts (Die Welt) berichten (Schönbach 1977: 62).

Gleichsinnigkeit Es wird – getrennt für Regierungs- und Oppositionsargumente – ausgezählt, wie parallel diese Argumente im Meinungs- und Nachrichtenteil auftreten, d.h. ob die Häufigkeit der einzelnen Argumente im Nachrichten- bzw. Meinungsteil miteinander korrelieren. Zusätzlich wird geprüft, wieweit auch in bezug auf die Präsentation Gleichsinnigkeit vorliegt (Schönbach 1977: 102 ff.).

Im Ergebnis zeigt sich (Abb. 116), daß die untersuchten Organe mit der Standardstruktur (der vier Prestige-Zeitungen) vergleichsweise gut übereinstimmen, während die Gleichschaltung von Nachricht und Kommentar große Unterschiede zeigt: Die Trennung von Nachricht und Meinung muß demnach nicht als Standard resp. Norm angesehen werden, sondern eher als idealtypische Forderung, der die einzelnen Organe nur partiell – mehr oder weniger stark – genügen.

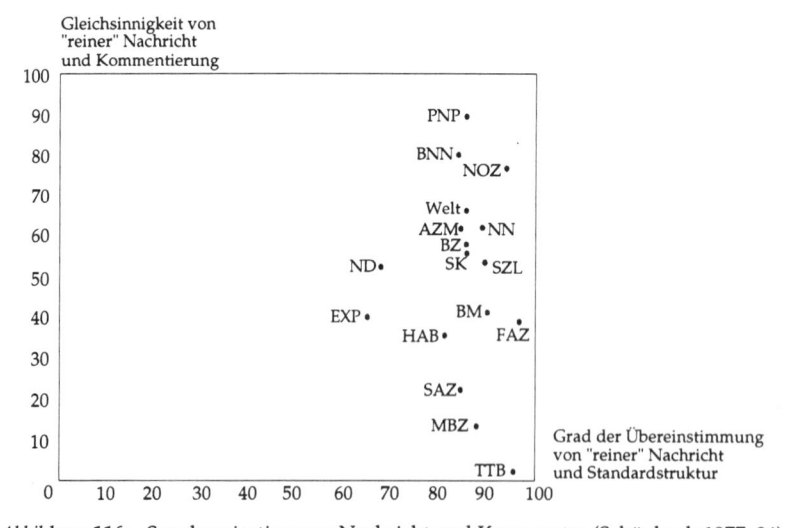

Abbildung 116: Synchronisation von Nachricht und Kommentar (Schönbach 1977: 84)

Wie bei der Input-Output-Analyse liegt auch bei der Diskriminationsanalyse ein Verfahren vor, das Inhalte relativ formal berücksichtigt und inhaltliche Bewertungen ausklammert.

Außerdem ist anzumerken, daß die Messung von Objektivität (gemessen als Trennung von Nachricht und Meinung) nur in bezug auf ein bestimmtes Thema (hier: Berlin-Verhandlungen 1971) erfolgt. Theoretisch wäre es denkbar, daß die ermittelten Objektivitätswerte für die einzelnen Organe jedoch themenabhängig variieren, so daß erst eine Analyse über mehrere Themen hinweg, die themenunabhängig zu gleichen Ergebnissen kommt, gesicherte Objektivitätswerte liefert. Die Ergebnisse von Schröder/Storll (1980: 203) deuten in diese Richtung.

8.51-16h Strukturelle Objektivitätsanalyse

Unter *struktureller Objektivitätsanalyse* soll hier ein Verfahren zur Messung von Objektivität verstanden werden, das neben den von der Input-Output-Analyse und der Diskriminationsanalyse schon bekannten formalen Faktoren auch inhaltliche Faktoren (und hier vor allem Bewertungen) berücksichtigt und aus der Gleich- oder Gegenseitigkeit aller relevanten Variablen auf Objektivität schließt (vgl. Schröder/Storll 1980; Merten 1982c).

Ausgangspunkt ist die Überlegung, daß ein Kommunikator – insbesondere im Bereich der politischen Berichterstattung – prinzipiell vier Möglichkeiten der Verzerrung (Selektivität) benutzen kann, nämlich:

1. Totale Selektion: Unterdrückung von Aussagen;
2. Formale Selektion: Erzeugung von Präferenzen (Aufmerksamkeit) durch bevorzugte Präsentation (Umfang, Plazierung, Aufmachung);
3. Inhaltliche Selektion: Erzeugung von Präferenzen durch Anreicherung der Aussagen mit Information (Überraschung, Neuigkeit etc. und/oder Relevanz);
4. Selektion durch inhaltlich-verbale und/oder inhaltlich-nonverbale Bewertungen.

Da Selektivität jedoch nicht an sich, sondern immer nur durch *Vergleich* mit anderen Aussagen oder mit Ereignissen festgestellt werden kann, kommt der Konstruktion der Norm ein besonderes Gewicht zu. Hier wird die Norm wie folgt konstruiert: Es wird ein möglichst repräsentatives Sample von Kommunikatoren definiert, für das für alle Variablen ein Gesamtmittelwert gebildet wird. Dieser gilt als *Standardwert*, gegen den die organeigenen Mittelwerte der einzelnen Variablen getestet werden können.

Totale Selektion läßt sich so für den Einzelfall noch immer nicht feststellen, wohl aber durch den Vergleich organeigener Mittelwerte der Berichterstattung zu bestimmten Themen.

Formale, inhaltliche und *inhaltlich-bewertende Selektion* läßt sich ebenfalls durch Vergleich organeigener Mittelwerte gegen den Gesamtmittelwert (bezogen auf die jeweils relevanten Variablen) feststellen.

Eine weitere Präzisierung der Objektivitätsmessung ist möglich, wenn inhaltliche und formale Selektion miteinander verglichen werden, indem für jeden Inhalt (Artikel) die Aktualität des berichteten Inhalts erhoben wird und im Vergleich zur formalen Selektion geprüft wird, ob hoher *Aktualität* (Relevanz, Informationsgehalt) auch eine hohe *Publizität* (Fläche, Plazierung, Hervorhebung) zuteil wird, und dies differenziert nach Themen oder Themenkategorien. Schließlich können auch Bewertungen differenziert werden, indem – dies ist gerade für den Bereich der politischen Kommunikation bedeutsam – nicht nur pauschal Bewertungen einzelner Handlungsträger (Kommunikatoren, Politiker) ausgezählt werden, sondern Bewertungen als geschlossene kommunikative Akte codiert werden, derart, daß jeweils Kommunikator und Rezipient dieser Bewertung miterfaßt werden und auch dies themenspezifisch. Damit ergibt sich ein Soziogramm der Bewertungen von Politikern, das für jedes Organ eigens und als Mittelwert aller Organe erstellt werden kann und es erlaubt, Objektivität nicht nur pauschal, sondern differenziert nach Themen und nach politischen Richtungen zu messen.

Die Objektivität eines Kommunikators kann somit – besonders im politischen Bereich – ungleich sensibler gemessen werden. Insbesondere kann Einseitigkeit resp. *Manipulation* in dem Maß unterstellt werden, wie die verschiedenen Indikatoren für Objektivität gleichsinnig ausfallen, also zugunsten resp. zuungunsten einer politischen Richtung. Als Beispiel für diesen Typ von Analyse kann die folgende Untersuchung dienen (Beispiel 30):

Beispiel 30: Strukturelle Objektivitätsanalyse (nach Merten 1982c)

Die Vorgehensweise ist folgende:

1. Es wird ein möglichst repräsentatives Sample von Kommunikatoren (hier: Zeitungen der BRD) gebildet.
2. Es wird eine künstliche Woche definiert, nach der jede n-te Ausgabe (und davon: Titelseite sowie ggf. weitere Seiten) als Erhebungseinheit (sampling unit) definiert wird.
3. Alle Artikel mit redaktionellem Inhalt werden zunächst nach Themen (vgl. *Themenanalyse* Kap. 8.31-5) kategorisiert und sodann nach Variablen formaler (indirekter) und inhaltlicher Selektivität codiert. Für jede Variable wird deren Mittelwert berechnet: gibt es k Kommunikatoren und l Variablen, so wird für jede Variable ein Mittelwert $\overline{V}_{kl}$ gebildet und aus diesen Mittelwerten wird dann ein Gesamtmittelwert $\overline{\overline{V}}_{kl}$ gebildet, der als Norm dieser Variablen interpretiert werden kann.
4. Alle Artikel werden formal und inhaltlich codiert, wobei insbesondere die Relevanz des zugrundeliegenden Ereignisses und der Grad der Information (Neuigkeit, Überraschung) nach einem festen Schema codiert werden.
5. Bewertungen werden als geschlossene kommunikative Akte erhoben, so daß sich insgesamt ein Soziogramm von Bewertern und Bewerteten ergibt.
6. Selbstwertungen der Organe in bezug auf politische Handlungsträger werden gesondert erhoben, da diese am ehesten Aufschluß über parteiliche Präferenzen geben können. Somit ergibt sich z.B. für die politischen Parteien und Koalition und Opposition (im Wahljahr 1976) folgendes Bild (Abb. 117):

8 *Typologie inhaltsanalytischer Verfahren*

Organ	SPD/FDP		SPD		FDP		CDU/CSU		CDU		CSU		d% SPD/FDP-CDU/CSU
Badische Zeitung	23,0	(25)	40,0	(10)	23,1	(13)	23,3	(30)	23,8	(21)	0,0	(3)	+ 4,7
Berliner Morgenpost	20,0	(20)	10,0	(10)	50,0	(4)	61,5	(13)	62,5	(8)	100,0	(2)	- 41,5
Die Welt	19,5	(82)	14,8	(54)	38,1	(21)	71,4	(28)	71,4	(21)	66,7	(3)	- 51,9
Express	77,8	(9)	100,0	(4)	33,3	(3)	60,0	(10)	66,7	(6)	0,0	(2)	+ 17,8
Frankfurter Allgemeine	20,0	(40)	12,0	(25)	41,7	(12)	60,7	(28)	70,0	(20)	50,0	(2)	- 40,7
Frankfurter Rundschau	60,0	(15)	50,0	(6)	66,7	(6)	3,1	(32)	4,5	(22)	0,0	(4)	+ 56,9
Hamburger Abendblatt	13,3	(15)	11,1	(9)	25,0	(4)	57,1	(7)	75,0	(4)	50,0	(2)	- 43,8
Kieler Nachrichten	42,2	(45)	34,6	(26)	64,3	(14)	60,9	(23)	72,2	(11)	25,0	(4)	- 18,7
Mindener Tageblatt	37,5	(16)	30,0	(10)	50,0	(2)	52,4	(21)	56,3	(16)	50,0	(2)	- 14,9
Neue Westfälische	37,5	(24)	35,7	(14)	50,0	(6)	55,0	(20)	64,3	(14)	100,0	(1)	- 17,5
Nürnberger Nachrichten	40,7	(27)	35,3	(17)	50,0	(8)	12,5	(24)	13,3	(15)	33,3	(3)	+ 28,2
Rheinpfalz	50,0	(26)	40,0	(15)	75,0	(8)	64,9	(37)	75,0	(28)	50,0	(4)	- 14,9
Saarbrücker Zeitung	38,5	(26)	33,3	(9)	58,3	(12)	55,0	(20)	60,0	(15)	50,0	(2)	- 16,5
Stuttgarter Zeitung	70,0	(10)	75,0	(4)	80,0	(5)	38,1	(21)	61,5	(13)	0,0	(5)	+ 31,9
Süddeutsche Zeitung	55,3	(38)	54,2	(24)	54,5	(11)	36,1	(36)	55,6	(18)	14,3	(7)	+ 19,2
Westdeutsche Allgemeine	50,0	(18)	53,8	(13)	50,0	(4)	35,7	(14)	44,4	(9)	20,0	(5)	+ 14,3

Abbildung 117: Positive Bewertungen von politischen Handlungsträgern durch die Organe selbst (Merten 1982c)

Sieht man Koalition und Opposition als Bewertungspole an, so ergibt die Prozentwertdifferenz unmittelbar ein Maß für den politischen Standort der jeweiligen Organe.

Der Vorteil dieses Verfahrens liegt darin, daß die Norm durch die analysierten Organe selbst erzeugt wird und nicht a priori von außen übernommen werden muß.

Schließlich ist es denkbar, zur Messung von Objektivität auch Aspekte inhaltlich-*nonverbaler* Selektion einzubeziehen. Dies ist möglich durch Berücksichtigung von Intonation, Pausen etc. und – für Film- und Fernsehinhalte – der optischen Komponenten. Bereits Lang/Lang (1955) beziehen visuelle Komponenten zur Feststellung von Objektivität ein und Tiemens (1970) untersucht schon so spezielle Variablen wie den Kamerawinkel und dessen Einfluß auf die objektive Darstellung von Fernsehinhalten. Freilich ergibt sich damit auch das Problem der Verrechnung verbaler und visueller Inhalte, das – wie die ungemein problematische Analyse von Kepplinger (1980) zur optischen Kommentierung des Fernsehwahlkampfes zeigt – offenbar ungelöst ist und daher stillschweigend umgangen wird. Hier liegt einer der Schwerpunkte zukünftiger inhaltsanalytischer Forschung (vgl. Kap. 12.1).

8.52 Semantisch-pragmatische Analyse des Rezipienten

Auf dieser semiotischen Ebene finden sich zwei wesentliche Verfahren zur Rezipientenanalyse. Das eine ist die *Verständlichkeitsanalyse (Cloze procedure)*, die bereits auch als Kommunikationsanalyse genannt worden ist (Vgl. Kap. 8.51-15). Das andere ist das *Semantische Differential*, das ein ebenso methodisch ausgereiftes wie praktisch fruchtbares Verfahren darstellt.

8.52-15 Cloze procedure

Während die *Lesbarkeitsanalyse* (vgl. Kap. 8.41-8) nach Dale/Chall (1948) und Flesch (1948) und daraus abgeleitete Verfahren syntaktisch, also rein formal arbeiten, sind mittlerweile eine Vielzahl von *inhaltlich* arbeitenden Verfahren entwickelt worden (vgl. Bormuth 1966). Ganz grob sollen diese Verfahren hier unterschieden werden in:

a) pauschale Verfahren
Diese Verfahren messen Verständlichkeit durch pauschale Verstehensleistung. Das bekannteste Verfahren ist dabei die *Cloze procedure* (Taylor 1953), die im weiteren vorgestellt wird,

b) distinkte Verfahren
Diese Verfahren erfordern die Analyse von Wortgruppen oder Wort-Relationen. Bereits Boder (1940) hat durch Bestimmung von Adjektiven und Verben darauf hingewiesen, daß das Verhältnis von Adjektiven und Verben auch als Indikator für Lesbarkeit interpretiert werden kann. Fechner-Gutjahr (1967) und

Weinrich (1972: 59f.) regen ähnliche Verfahren an. Die Untersuchung von Früh (1980) spezifiziert den Einfluß einer weiteren Reihe distinkter Faktoren auf die Verstehensleistung, die somit bereits in den Bereich der Textwirkung reichen. Schließlich ist hier die Untersuchung von Von Thun (1973) zu nennen, der neben syntaktischen Faktoren auch einen inhaltlichen Faktor („zusätzliche Stimulanz") analysiert, und die Untersuchung von Langer/Tausch (1972), die zwei Faktoren nennt.

Das Problem der distinkten Verfahren liegt darin, daß zwar der Beitrag jedes einzelnen Faktors auf die Verständlichkeit gemessen werden kann, daß aber bislang nur ansatzweise der simultane Einfluß mehrerer Faktoren überprüft worden ist (vgl. Früh 1980: 210 ff.). Daher wird hier nur die pauschale *Cloze procedure* vorgestellt.

1) Entwicklung des Verfahrens

Die Cloze procedure ist ein Einsetzverfahren, bei dem in einem Text jedes n-te Wort entfernt wird, das dann von einem Rezipienten einzusetzen ist. Je mehr der ersetzten Wörter mit den ursprünglichen Wörtern übereinstimmen (je mehr „Treffer"), desto verständlicher ist der Text. Das Verfahren ist also eine Rezipienten-Analyse, die analog aber auch als Kommunikatoranalyse anzusprechen ist, da die Verständlichkeit eines Textes auch als Fähigkeit (Eigenschaft) des Kommunikators dieses Textes interpretiert werden kann.

Miller (1950) hat Überlegungen entwickelt, wonach das richtige Einsetzen fehlender Wörter in einen Text nicht allein von der Auftrittswahrscheinlichkeit dieser Wörter abhängt, sondern sehr viel mehr von der bedingten Wahrscheinlichkeit, mit der ein Wort einem anderen Wort folgt. Damit ist das Einsetzen von Wörtern ein Problem des *Kontextes*. „By verbal context, therefore, we mean the extent to which the choice of a particular word depends upon the words that precede it. In the statistical sense, this definition of verbal context is given in terms of dependent probabilities" (Miller 1950: 177).

Auf Grund sorgfältiger vergleichender Analysen mit herkömmlichen Lesbarkeitsformeln zeigt Taylor (1953: 423 f.), daß sein Verfahren bei gleichem Testmaterial nicht nur zu vergleichbaren Lesbarkeitswerten führt, sondern daß es auch bei einfach gebauten, aber inhaltlich komplizierten oder unsinnigen Sätzen (wo die herkömmlichen Formeln hohe Verständlichkeit messen), sensibel ist. Taylor (1954) und Wiio (1968) zeigen zudem, daß dieses Verfahren auch für andere Sprachen (koreanisch bzw. finnisch) zu exakten Ergebnissen führt, und Weaver/Kingston (1963) zeigen durch eine Faktorenanalyse, daß die Anforderungen des Rezipienten bei der Cloze procedure durch drei Faktoren, nämlich verbales Verstehen, Ausnützen von Redundanz und Flexibilität des Denkens repräsentiert werden können.

2) Logik des Schlusses vom Text auf den Kontext

Taylor validiert seine Ergebnisse nicht nur durch Bezug auf die Lesbarkeitsformeln von Flesch (1948) und Dale/Chall (1948), sondern stellt durch zahlreiche Versuche fest, daß Rezipienten gleicher oder vergleichbarer Population (in bezug auf: Intelligenz, Vorwissen etc.) gleiche Ergebnisse mit der cloze procedure erzielen. Von daher ist der Inferenzschluß legitim.

3) *Vorgehensweise*

Die Vorgehensweise vollzieht sich in vier Schritten:

a) Definition des Samples
   Der zu analysierende Text soll mindestens 250 Wörter umfassen.

b) Präparation des Textes
   Aus dem Text werden nach dem Zufallsverfahren 20% aller Wörter gestrichen. Normalerweise wird also jedes 5. Wort gestrichen. Die gestrichenen Wörter werden durch Leerstellen einheitlicher Länge ersetzt (so daß deren Länge keinen Hinweis auf das einzusetzende Wort abgibt).

c) Einsetzen der gestrichenen Wörter
   Der präparierte Text wird nun einem Sample von Rezipienten gegeben, die Wörter in die Leerstellen einsetzen sollen. Das Sample soll im Hinblick auf bestimmte Charakteristika (Bildung, Alter, Vorwissen etc.) definiert sein, denn die erhaltenen Werte ändern sich mit dem Typ der Leserschaft.

d) Berechnung des cloze score
   Für jeden Abschnitt des Textes wird die Zahl der richtig eingesetzten Wörter ermittelt. Je höher diese Zahl, desto besser die Verständlichkeit. Der Abschnitt mit dem höchsten cloze score ist der Abschnitt mit der größten Verständlichkeit.

Taylor (1957: 20) weist jedoch darauf hin, daß die richtig eingesetzten Wörter nicht ins Verhältnis zu den insgesamt einzusetzenden Wörtern gesetzt werden dürfen, um einen relativen Lesbarkeitswert zu gewinnen. So praktisch diese Möglichkeit ist, sie ist unzulässig, weil man zeigen kann, daß die Wahrscheinlichkeit des richtigen Einsetzens eines bestimmten Wortes von dem vorher eingesetzten Wort abhängen kann, so daß die scores nur als ordinale Werte benutzt werden dürfen: Beispielsweise kann der Satz

„ ... kam herein und nahm ... Hut ab"

ergänzt werden durch männliche oder weibliche Pronomen: Wenn man aber zuerst „Er" einsetzt, dann kann man an der zweiten Stelle nicht „ihren" sondern nur „seinen" einsetzen et vice versa.

Taylor (1953: 424) macht darüber hinaus den Vorschlag, für bestimmte Einsetzungen auch Synonyma zu zählen (im Satzbeispiel wäre z.B. „Er" als auch „Sie" gleichwertig, im zweiten einzusetzenden Wort könnte statt „seinen" oder „ihren" auch „den" stehen) und diese mit einem halben Punkt zu berücksichtigen. Auf Grund experimenteller Ergebnisse zeigt sich jedoch, daß damit kaum verbesserte Werte gewonnen werden: Cloze procedure ist ein stabiles Verfahren für die Messung von Verständlichkeit.

4) *Kritik*

a) Cloze procedure berücksichtigt inhaltliche (semantische) Aspekte von Texten und mißt daher Verständlichkeit sehr viel präziser als die nur syntaktisch-formal arbeitenden Lesbarkeitsformeln.

b) Die Validierung wird an aktuellen Texten vorgenommen und nicht anhand von Tests, die vergleichsweise antik sind. (Der McCall/Crabbs-Test von 1925, der bei Flesch (1948) und Dale/Chall (1948) benutzt wird, gilt nur für Kinder und nicht für Erwachsene. Darüber hinaus ist bezweifelbar, ob sein Wortschatz noch aktuell ist.)

c) Nachteilig ist, daß kein Standardmaß (relative Häufigkeit der richtig ersetzten Wörter o.ä.) entwickelt werden kann.

d) Es ist nicht im letzten klar, was Cloze procedure wirklich mißt. Offensichtlich mißt sie jedoch mehr als Verständlichkeit. Andererseits kann es z.B. passieren, daß in einem Sample von n Personen an einer bestimmten Stelle alle das gleiche Wort einsetzen, *obwohl* dieses Wort nicht richtig ist, so daß kein Punkt erzielt wird: Cloze procedure mißt jedenfalls mehr als Redundanz.

5) Variationen und Weiterentwicklungen

Die Tatsache, daß Cloze procedure mehr mißt als nur Verständlichkeit bzw. Lesbarkeit, hat eine Reihe von Anstrengungen zur Weiterentwicklung mobilisiert:

Osgood (1959: 88) regt an, Cloze procedure auch für die Messung musischer oder bildlicher Produkte zu nutzen. Wiio (1968: 42 ff.) untersucht, in welchem Maße Cloze procedure von strukturellen, syntaktischen und Punktuations-Variablen abhängt und kommt zu dem Schluß, daß Verständlichkeit nicht durch einen einzigen dominanten Faktor repräsentiert werden kann. Die Korrelation zwischen Cloze procedure und Redundanz (r = −.88) ist jedoch sehr stark. Wiio (1968: 63) zeigt, daß cloze scores in Abhängigkeit von Schuljahren umgerechnet werden können (Abb. 118): Für jedes Alter gibt es demnach einen Schwellenwert, unterhalb dessen die Verständlichkeit stark abnimmt. Dieser Schwellenwert kann benutzt werden, um für verschiedene Altersstufen (Zahl absolvierter Schulklassen) vergleichbare scores zu konstruieren. Erreicht man bei einem Versuchstext z.B. einen Wert von 40 mit Versuchspersonen der 11. Klasse (Schnittpunkt von Ordinate und Abszisse in Abb. 118), so erreicht man die 35.0-Kurve, die anzeigt, daß ein entsprechend schwieriger Text für das 3. Schuljahr einen score von 28 ergibt etc..

Groeben (1976) schlägt vor, mit der Cloze procedure nicht nur die Vorerwartung des Rezipienten zu messen, sondern auch die Überraschung, die beim unmittelbaren Vergleich von eingesetztem mit dem (dann zugänglich gemachten) richtigen Wort entsteht. Er nennt dieses Verfahren progressice cloze procedure und schlägt zudem vor, ggf. nicht mehr das Wort, sondern größere Texteinheiten als Einheit der Auslassung zu wählen (vgl. Groeben 1977: 106 f.). Diesen Schritt hat Goldman-Eisler (1967) in ihrem Verfahren zum Erraten von Texten (text guessing) bereits mit Erfolg probiert.

6) Anwendungen

Da Cloze procedure mehr mißt als Verständlichkeit, überrascht es nicht, daß der Anwendungsbereich weit über die Feststellung von Verständlichkeit resp. Lesbarkeit hinausgeht. So hat Robinson (1965) soziale Schicht durch Cloze procedure gemessen. Donohew (1966) benutzt das Verfahren, um Unterschiede der Rezeption von Nachrichten in Abhängigkeit von politischem Interesse der Rezipienten zu messen, und Salzinger et al. (1966) benützen das Verfahren zur Messung von Schizophrenie.

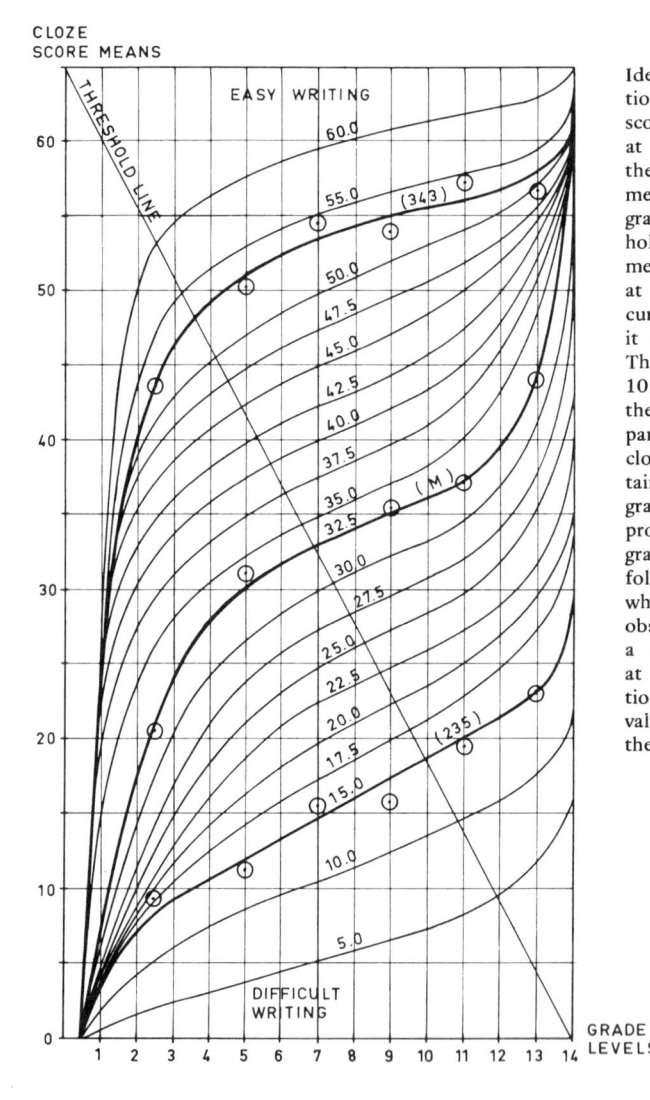

Idealized curves for the relationship between the cloze score means of test passages at different grade levels and the grade levels. Cloze score means can be transformed to grade levels through the threshold line. If the cloze score mean of a test passage is 15.0 at grade level 7.0 then the curve 15.0 is followed until it crosses the threshold line. This happens at grade level 10.0 which then would be the theoretical grade level of the particular test passage. If a cloze score mean 40.0 is obtained for a test passage at grade level 11.0 then the probable cloze score at other grade levels is obtained by following the curve 35.0 which crosses the point of observation. This would give a cloze score value of 28.0 at grade level 3.0. Interpolation is used to obtain other values than represented by the curves.

Abbildung 118: Zusammenhang zwischen cloze scores und Schulalter (Wiio 1968: 63)

8.52-17 Semantisches Differential (Polaritätsprofil)

Das *semantische Differential* (auch *Polaritätsprofil*) ist ein inhaltsanalytisches Verfahren, bei dem die Wirkung eines vorgegebenen Stimulus (Symbol) auf einen Rezipienten durch kontrollierte Assoziation mit vorgegebenen polarisierten Eigenschaftspaaren bestimmt wird.

1) Entwicklung des Verfahrens

Osgood (1952; 1952a) hat das semantische Differential unter streng lerntheoretischen Überlegungen entwickelt und geht dabei von folgender Prämisse aus: Man kann die *konnotative* Bedeutung eines Zeichens (vgl. Kap. 4.12) bestimmen, indem man dieses Zeichen als Stimulus versteht und die Reaktionen, die es beim Rezipienten auslöst, durch Vorgabe semantisch differenzierender Eigenschaftspaare (z.B. „gut–schlecht") kanalisiert und auf einer Skala meßbar macht. Das semantische Differential ist daher als Rezipientenanalyse anzusprechen, die durch Kombination von kontrollierter Assoziation und Rating-Verfahren sowohl Richtung (Assoziation) als auch Stärke (Nähe zu Eigenschaften) von Bedeutungen präzise meßbar macht. Das Verfahren wurde von Osgood bereits 1941 konzipiert (vgl. Osgood 1941; 1946) und später in geschlossener Form vorgestellt (vgl. Osgood 1952; 1957). Die ersten Anwendungen wurden auch hier noch durch den Krieg bestimmt: Osgood untersuchte nationale Stereotypen. Hofstätter (1955) hat – relativ unabhängig von Osgood – das gleiche Verfahren entwickelt, das er *Polaritätsprofil* nennt.

2) Logik des Schlusses vom Text auf den Kontext

Da die Wirkung des Textes (Stimulus, Symbol) am Rezipienten in bezug auf die semantische Dimension exakt gemessen werden kann, lassen sich verläßliche Standards bilden, die vergleichsweise stabil ausfallen und damit eine entsprechend stabile Basis für Inferenz bilden.

3) Vorgehensweise

Die Analyse erfolgt in vier Schritten:

a) Definition eines Stimulus
   Als Stimulus wird üblicherweise ein Zeichen (Objekt, Idee, Person, Eigenschaft) gewählt, doch läßt sich auch für semantisch sinnlose Worte oder Silben (z.B. Malumba, Takete, hok, wabu) eine analoge Analyse durchführen. Das gleiche gilt aber auch für nonverbale Stimuli (z.B. Bilder, Musikstücke etc.) (vgl. Osgood 1957: 66 ff.). Wir haben die Anwendung des semantischen Differentials bereits bei der Analyse von Kanzlerkandidaten (Schmidt versus Strauß) exemplarisch vorgestellt (vgl. Kap. 1.32). Hier sind „Schmidt" und „Strauß" die Stimuli, die in bezug auf eine Reihe von Eigenschaften eingeschätzt und miteinander verglichen werden.

b) Auswahl der Skalen
Wie die Stimuli, so ist auch die Wahl der Eigenschaftspaare vom Ziel der Untersuchung abhängig. Üblicherweise werden etwa j = 20 Eigenschaftspaare als Skala (Abb. 119) vorgegeben, auf der der Rezipient dann jeweils seine Einschätzung (rating) durch ein Kreuz einträgt. Die Skala wird als siebenstufige Skala vorgegeben, da ein Rezipient etwa sieben Alternativen noch simultan wahrnehmen kann und somit eine Verzerrung durch Bevorzugung der mittleren Alternativen vermieden werden kann. In unserem Beispiel werden j = 24 Skalen benutzt, um die Bedeutung der Begriffe „Liebe" und „rot" auszuloten. Dabei sollen die Skalen in bezug auf mögliche Bewertungen möglichst gleichmäßig in beide Seiten verteilt werden, so daß nicht etwa auf der linken Seite jeweils die positive Alternative und auf der rechten Seite die negative Alternative (oder umgekehrt) auftaucht.

Assoziation

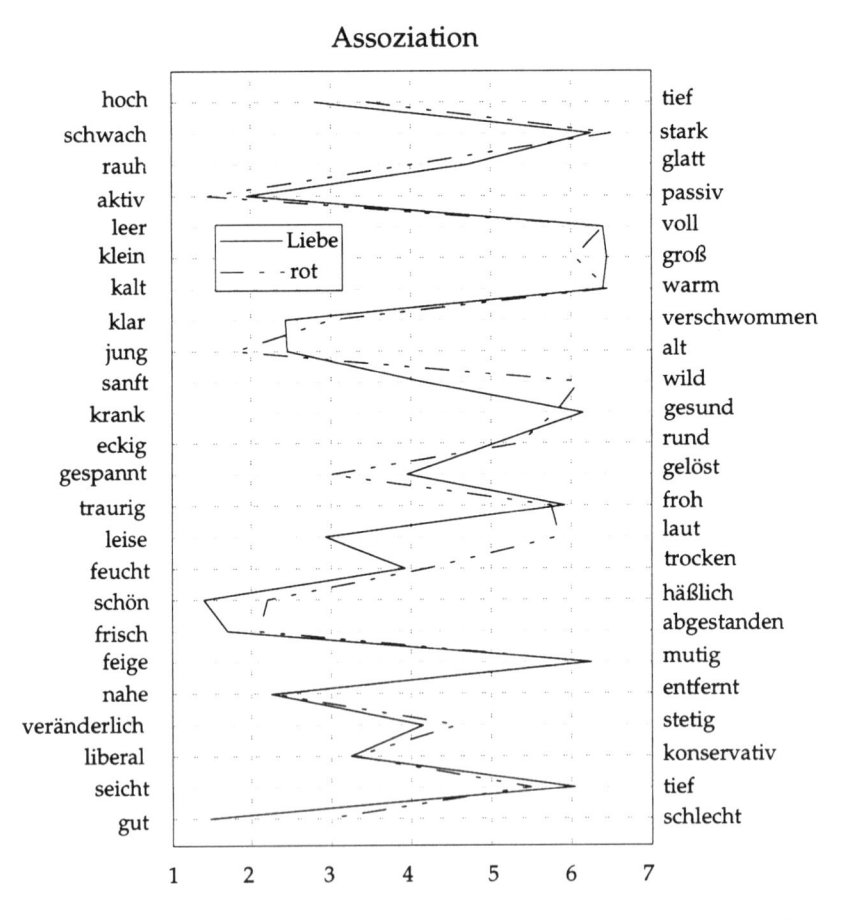

hoch	tief
schwach	stark
rauh	glatt
aktiv	passiv
leer	voll
klein	groß
kalt	warm
klar	verschwommen
jung	alt
sanft	wild
krank	gesund
eckig	rund
gespannt	gelöst
traurig	froh
leise	laut
feucht	trocken
schön	häßlich
frisch	abgestanden
feige	mutig
nahe	entfernt
veränderlich	stetig
liberal	konservativ
seicht	tief
gut	schlecht

— Liebe
— · · rot

Abbildung 119: Semantisches Differential zur Einschätzung von zwei Größen („Liebe" und „rot") nach Hofstätter (1957: 30)

c) Präsentation der Skalen
Die Skalen werden als Skalenmatrix mit dem jeweils einzuschätzenden Stimulus einer Anzahl der Rezipienten vorgelegt, die den Stimulus über alle Skalen hinweg einschätzen. Dabei kann man die Skalenwerte von 1 bis 7 oder aber von −3 über Null bis +3 laufen lassen (was sich besonders für wertgeladene Gegensatzpaare empfiehlt).

d) Statistische Prozeduren
Für jede der j Skalen wird nun ein Mittelwert $\overline{X}_j$ aus den Einschätzungen X_{jk} aller n Rezipienten gebildet:

(31) $\qquad \overline{X}_j = \frac{1}{n} \sum_{k=1}^{n} X_{jk} \qquad$ *Skalenmittelwert des semantischen Differentials*

Alle j Mittelwerte werden sodann als Meßwerte in der zugrunde gelegten Skalenmatrix eingetragen und ergeben, durch Linien verbunden, einen charakteristischen Graph („Polaritätsprofil"), der als *Standard* für das gewählte Sample von Rezipienten benutzt werden kann, und der qua Augenschein eine unmittelbare Interpretation erlaubt. In Abb. 119 ist z.B. der Begriff „Liebe" mit den Eigenschaften „stark", „aktiv", „voll", „groß", „warm", „gesund", „schön" etc. stark assoziiert, dagegen mit den Eigenschaften „sanft", „gelöst" oder „veränderlich" so gut wie gar nicht assoziiert. Die weitere statistische Behandlung kann – je nach Ziel der Analyse – sehr variabel und sehr umfangreich ausfallen. So kann man z.B. sowohl rein graphisch einen Vergleich zwischen zwei Stimuli (in Abb. 119 etwa „Liebe" und „rot") durchführen, aber auch rechnerisch, indem man die Mittelwerte zweier Stimuli über alle Skalen hinweg miteinander korreliert und daraus ein Assoziationsmaß berechnet. In Abb. 119 etwa ergibt die Korrelation zwischen „Liebe" und „rot" (berechnet als Produkt-Moment-Korrelation) einen Wert von r = +.089 (Hofstätter 1957: 31): Die Bedeutungen von „Liebe" und „rot" sind also – im Hinblick auf die gewählten Skalen – tatsächlich sehr ähnlich. Ganz analog kann man auch einen einzigen Simulus in bezug auf zwei oder mehrere unterschiedliche Rezipientengruppen (Populationen) einschätzen lassen. In Abb. 120 ist z.B. der Begriff „Atomkrieg" durch drei Nationen eingeschätzt worden.

Von besonderem Interesse ist schließlich eine Weiterbehandlung von Skalenwerten durch faktorenanalytische Prozeduren. Dabei hat sich – statistisch hoch abgesichert – gezeigt, daß bei allen möglichen Gegensatzpaaren drei Faktoren herausgezogen werden können, nämlich:

Evaluation: Dimension der Bewertung (gut-schlecht, ehrlich-unehrlich etc.),
Potency: Dimension der Stärke (stark-schwach, hart-weich etc.) und
Activity: Dimension der Aktivität (schnell-langsam, groß-klein etc.).

Diese Faktoren treten – unempfindlich gegen personale, situationale oder kulturelle Einflüsse – vergleichsweise beständig auf, d.h. sie werden in der gegebenen Abfolge als Faktoren einer Faktorenanalyse reproduziert, bzw. sie erklären den größten Teil der auftretenden Varianz bei einer Varianz- bzw. Regressionsanalyse (vgl. Osgood 1957: 72 ff.). Osgood schließt daraus auf einen dreidimensionalen

„semantischen Raum", der durch diese Faktoren aufgespannt wird und entwickelt
– neben theoretischen Überlegungen zur Semantik (vgl. Snider/Osgood 1969: 130
ff.) – auch weitere Möglichkeiten der Analyse.

Mean Profile for Three Cultural Groups
Concept ATOMIC WARFARE

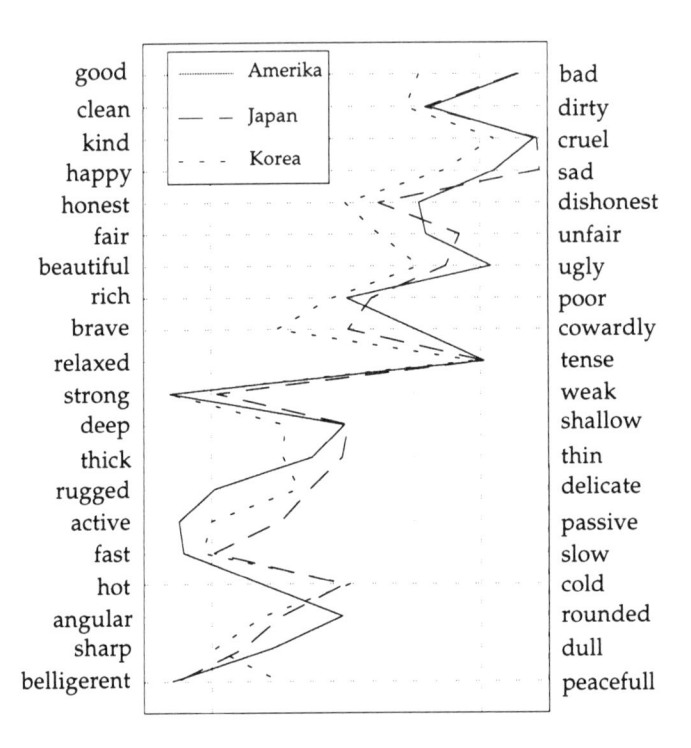

good	bad
clean	dirty
kind	cruel
happy	sad
honest	dishonest
fair	unfair
beautiful	ugly
rich	poor
brave	cowardly
relaxed	tense
strong	weak
deep	shallow
thick	thin
rugged	delicate
active	passive
fast	slow
hot	cold
angular	rounded
sharp	dull
belligerent	peacefull

Legend: ········ Amerika   — — Japan   - - - Korea

Abbildung 120: Polaritätenprofil für „Atomkrieg" von drei
Nationen (nach Snider/Osgood 1969: 276)

4) *Kritik*

a) Das Verfahren erlaubt nur die Einschätzung von simultan wahrnehmbaren Einheiten (Wörter, Bilder, Klänge), also von isolierten Einheiten. Es ist nicht kontextempfindlich.

b) Das Verfahren liefert – entgegen möglichen Annahmen – gültige und zuverlässige Resultate. Vor allem zeigt sich, daß die Grundannahmen über semantische Repräsentationen im dreidimensionalen semantischen Raum auch gegen kulturelle Unterschiede indifferent sind (vgl. Osgood 1975: 111 ff.).

c) Die verwendeten Skalen sind Ordinalskalen, werden aber bei der statistischen Analyse wie Rationalskalen behandelt. Damit ergibt sich das gleiche Dilemma wie bei vielen anderen Verfahren der Inhaltsanalyse. Messick (1957) weist jedoch durch Vergleich von Korrelationskoeffizienten auf Ordinal- und Rationalskala-Niveau nach, daß sich nur minimale Differenzen ergeben, so daß die Annahme gleicher Abstände legitim erscheint. Heise (1969) hat diese und andere methodologische Probleme des semantischen Differentials erneut überprüft und kritisiert metrische Annahmen und daraus folgende Probleme, vor allem die Interpretation von Ergebnissen durch Faktorenanalyse. Dennoch sieht auch er das semantische Differential als „a standard and useful tool for social psychological research" an (Heise 1969: 421).

d) Osgood unterstellt, daß dieses Verfahren kognitive Dimensionen mißt. Untersuchungen von Ertel (1964) und von Osgood (1975) zeigen jedoch, daß hier zweifelsfrei affektive Dimensionen angesprochen sind, so daß der gesamte semantische Raum damit keinesfalls erfaßt werden kann. Damit muß auch der Anspruch, mit diesem Verfahren „Bedeutungen" exakt zu bestimmen, zurückgewiesen werden (vgl. Weinreich 1959).

5) Variationen und Weiterentwicklungen

Der Grundgedanke des Verfahrens bietet wenig Möglichkeiten für Variationen. Variiert wird jedoch die Zahl der Skalen, die bei Osgood (1957) mit 20 angegeben wird, während Hofstätter (1966) mehr, andere Autoren (vgl. Bortz/Braune 1980: 242 ff.) weniger als 20 Skalen benutzen. Die siebenstufige Skala wird dagegen fast immer übernommen und nur in begründeten Fällen verändert. So reduzieren Fischer/Janett (1966) auf eine zweistufige Skala, um daran logische Operationen anschließen zu können. Auf der Ebene der Datenanalyse sind der Anwendung multivariater Verfahren schließlich keine Grenzen gesetzt, so daß hier neben faktorenanalytischen Prozeduren eine Fülle von Vorgehensweisen zu finden ist.

6) Anwendungen

Die vielfältigen Anwendungen des semantischen Differentials haben die Brauchbarkeit des Verfahrens als Diagnoseinstrument, jedoch noch nicht im gleichen Maße die Brauchbarkeit als Instrument der Inferenz bestätigt. Diese erscheint jedoch anhand der vielen gesicherten (freilich: noch nicht standardisierten) Ergebnisse als durchaus machbar.

Das semantische Differential kann für viele praktische Fragen eingesetzt werden. Die von Snider/Osgood (1969) und Osgood (1975) zusammengestellten Arbeiten behandeln sowohl Analysen von *Einstellungen* (vgl. Osgood 1957, 189ff.), z.B. im politischen Bereich, aber auch Analysen kindlicher Sprachentwicklung (vgl. Di Vesta 1966), die Analyse visueller Stimuli (vgl. Elliott/Tannenbaum 1963) oder die Anwendung für therapeutische Zwecke und die *Traumanalyse* mit Hilfe des semantischen Differentials. Ebenso können Ähnlichkeiten zwischen Personen festgestellt werden, aber auch Unterschiede im *Image* bestimmter Produkte und vieles andere mehr (vgl. Snider/Osgood 1969: 505–623).

Implizit läßt sich – wie jedes inhaltsanalytische Verfahren – auch das semantische Differential als *Trendanalyse* einsetzen. So berichten Bortz/Braune

(1980) über den Imagewechsel von Politikern, den sie in einem Panel mit Hilfe des semantischen Differentials festgestellt haben (vgl. auch Bos/Tarnai 1989).

8.53 Semantisch-pragmatische Analyse der Situation

Auch auf der semantisch-pragmatischen Ebene sind alle Verfahren der Kommunikator- bzw. Rezipientenanalyse ebenfalls als *Situationsanalyse* tauglich, wenn sie als vergleichende Analyse bzw. als Trendanalyse angelegt werden. So haben beispielsweise Mueller/Greiner (1969) eine hochinteressante Situationsanalyse über politische Krisen (Mauerbau am 13.8.1961) mit Hilfe der *Evaluative Assertion Analysis* erstellt. Salzinger et al. (1970) haben mit Hilfe der *Cloze procedure* die soziale Distanz zwischen Kommunikatoren gemessen.

8.53-16c Symbolanalyse

Die Symbolanalyse hat sowohl Bezug zur *Einstellungsanalyse* als auch Bezug zur *Propaganda-Analyse*. Sie stellt eine Situationsanalyse insofern dar, als das Ziel der Analyse die Ermittlung von Aufmerksamkeitsfeldern und Einstellungen im politischen Bereich ist.

1) Entwicklung des Verfahrens
Bereits bei der Vorstellung des World Attention Survey (vgl. Lasswell 1941b sowie Abb. 15 in Kap. 2.3) hatte Lasswell angeregt, die dort benutzte *Themenanalyse* durch Einführung einer qualitativen Dimension zu erweitern. „Since we are not only interested in the frequency of occurence of specific symbols, but in the plus or minus character of the presentation, additional rules are laid down for the coders. A plus presentation of a symbol puts it in a favorable light (an ‚indulgence'); a *minus* presentation puts it in an unfavorable setting (a ‚deprivation')" (Lasswell 1941b: 460). Diese Erweiterung ist bei der Symbolanalyse notwendig, denn dort sollen Einstellungen, also *Wert-Haltungen* bestimmter politischer Handlungsträger zu bestimmten Objekten ermittelt werden. Wie alle *Bewertungsanalysen* setzt daher auch die Symbolanalyse neben der Analyse der Objekte die Bildung von *Bewertungen*, also von *Meta-Aussagen* voraus. Die erste Anwendung dieses Verfahrens erfolgte im Rahmen eines Mammutprojektes, der RADIR-Untersuchung. RADIR (Revolution and the Development of International Relations) ist eine Inhaltsanalyse von Prestige-Zeitungen aus fünf Ländern aus der Zeit von 1890–1950, um die Entwicklung zentraler politischer Konzepte (Demokratie, Kommunismus, Gewaltanwendung etc.) zu analysieren (vgl. Lasswell et al. 1952: 26 ff.).

2) Logik des Schlusses vom Text auf den Kontext
Bei der Symbolanalyse wird unterstellt, daß ausgesuchte Symbole (und deren Bewertungen) als gültige Indikatoren für die Einstellung ihrer Kommunikatoren gelten können. Damit wird eine Variante des Repräsentationsmodells zugrunde ge-

legt, indem mehrere Presseorgane parallel untersucht werden, so daß mögliche einseitige Tendenzen ausgeschaltet werden können. Im Normalfall müssen aber die Vorbehalte gegen das Repräsentationsmodell (vgl Kap. 7.211) berücksichtigt werden.

3) Vorgehensweise

Die Vorgehensweise vollzieht sich in vier Schritten:

a) Die Liste der Symbole richtet sich nach dem Ziel der Analyse, d.h. sie ist selektiv und muß nicht den Anspruch auf Geschlossenheit von Kategorien erfüllen.

b) Definition des Samples
Lasswell et al. (1952: 43) benutzen als Auswahleinheit jeweils den 1. und 15. Tag eines Monats. Analyse-Einheiten sind dabei alle Leitartikel und Kommentare. Aber auch alle Möglichkeiten, eine „künstliche Woche" zu definieren (vgl. Kap. 9), können genutzt werden.

c) Bewertung
Bei jeder Nennung eines Symbols wird festgestellt, ob es positiv (+) oder negativ (–) bewertet wird und in welchem Zusammenhang es benutzt wird. Typisches Ergebnis ist der Satz „X steht zu Y mit der Einstellung Z".

d) Die Datenanalyse
Die Datenanalyse kann nach den bewerteten Objekten Y, nach den Bewertern X oder in Form einer zweidimensionalen Matrix m (X, Y) vorgenommen werden, wobei jeweils die Bewertung zu berücksichtigen ist. Da X und Y als Häufigkeiten erhoben werden, liegen keinerlei Beschränkungen hinsichtlich des Skalen-Niveaus vor.

4) Kritik

a) Die Symbolanalyse stellt im Vergleich zur Themenanalyse einen großen Fortschritt in Richtung auf die Erhebung sozialer Wirklichkeit dar, denn Bewertungen erzeugen zu Ereignissen und den damit assoziierten Personen Perspektiven. Stewart (1943: 293) zeigt, daß gerade die großen politischen Ereignisse immer Ereignisse sind, die bevorzugt Wertungen aufweisen: Die Wahrnehmung von zentralen Problemen, Ereignissen und Entwicklungen ist ohne Bewertungen undenkbar.

b) Der Schluß vom Text auf die Situation beruht auf dem Repräsentationsmodell, dessen Gültigkeit nicht relativiert wird.

c) Für die Datenanalyse bleibt zu kritisieren, daß Wertungen nur pauschal, also ohne Intensitätsabstufungen vorgenommen werden.

d) Die Feststellung von Bewertungen ist an subjektive Werthaltungen der Codierer gebunden und daher ggf. verzerrt (vgl. Bessler 1970: 87 f.).

5) Variationen und Weiterentwicklungen

Die Symbolanalyse ist als solche nicht weiterentwickelt worden. Auf der Symbolanalyse baut jedoch die von Osgood (1954: 1956) entwickelte *Evaluative Assertion Analysis* auf (vgl. Kap. 8.51-12), die insbesondere das Reaktivitätsproblem und das Problem der Intensitätsmessung von Bewertungen berücksichtigt.

6) Anwendungen

Neben der Anwendung im RADIR-Projekt (vgl. Lasswell et al. 1952) hat es eine Reihe vergleichbarer Analysen gegeben: Auster (1954) hat eine Symbolanalyse eines populären amerikanischen comic strip (Little Orphan Annie) durchgeführt und gezeigt, daß dort wesentliche Einstellungen der amerikanischen Gesellschaft reproduziert werden. Wayne (1956) versucht eine Beschreibung von Abbildungen in Illustrierten in USA und UdSSR und ordnet diese nach vorherrschenden Themen und Werten. Wang/Starck (1972) haben eine Symbolanalyse durchgeführt, um die urplötzlichen Veränderungen des politischen Klimas zwischen den USA und China (1971) zu analysieren. Auch eine groß angelegte frühe Inhaltsanalyse der deutschen Presse (Koszyk 1962) ist als Symbolanalyse anzusprechen. Ein spätes Produkt der RADIR-Untersuchung ist schließlich die von Namenwirth/Lasswell (1970) vorgelegte Untersuchung über den Wertewandel der beiden großen amerikanischen Parteien (Beispiel 31):

Beispiel 31: Wertewandel amerikanischer Parteien (Namenwirth/Lasswell (1970)

Namenwirth und Lasswell vergleichen die Aussagen der beiden großen amerikanischen Parteien aus den Jahren 1844–1864 mit denen der Jahre 1944–1964.

Anhand eines von Lasswell entwickelten Wörterbuchs von Werten (Abb. 121) werden acht Wertekategorien spezifiziert, die jeweils in theoretische Begriffe (substantive values) und deren Anwendung nach Ort, Institution etc. (value transformation) differenziert werden.

Anhand der Klassifizierung aller Werte-Aussagen nach diesem Kategorienschema werden a) Unterschiede zwischen den Parteien und b) Unterschiede der gleichen Partei im zeitlichen Vergleich analysiert.

Daran schließen die Autoren eine Faktorenanalyse an, die die sehr heterogenen Veränderungen der festgestellten Werte auf einige wesentliche zentrale Faktoren zurückführt (Abb. 122):

Das Ergebnis zeigt, daß Parteien einem Wertewandel unterworfen sind, der sich vor allem aus dem Anspruch, zeitgemäß zu sein, herleitet. Dieser Faktor trat 1844–1864 genau umgekehrt auf, sozusagen als konservatives Beharren, und dies bei beiden Parteien. Des weiteren macht sich ein mehr kontemplatives Element bemerkbar: Politisches Handeln im 20. Jahrhundert ist weniger durch Machtausübung (Handeln) denn durch überlegte Problemlösungen (Verhandeln) zu kennzeichnen. Schließlich wirken sich Tendenzen aus, entweder eher konservativ oder eher liberal zu handeln. Von besonderem Interesse dabei ist jedoch die Feststellung, daß sich der Wertewandel verlangsamt, während sich der gesamtgesellschaftliche soziale Wandel beschleunigt.

Categories and Classification Scheme of Lasswell Value Dictionary

Substantive values (Type A)		Value Transformation (Type B)
	Power	
Authoritative		Arena
Cooperation, solidarity		Indulgence
Conflict		Deprivation
Doctrine		Scope indicator
Other		Nations
		U.S.states
		Supranational institutions
		Democrats
		Republicans
	Rectitude	
Ethics		Indulgence
Religious		Deprivation
		Scope indicator
	Respect	
Respect other		Indulgence
		Deprivation
	Affection	
Affection other		Indulgence
		Deprivation
		Participants
	Wealth	
Wealth other		Transaction
		Participants
	Wellbeing	
Somatic		Indulgence
Psychic		Deprivation
		Participants
	Enlightenment	
Time, space		Indulgence
Other		Deprivation
		Scope indicator
		Participants
	Skill	
Aesthetic		Participants
Other		
	General Value Unspecific Indicators	
		Transaction indulgence
		Transaction deprivation
		Transaction
		Scope indicator
		Base indicator
		Arena
		Participants
		Self
		Selves
		Other
		Audience
		Positive affect
Undefined		Negative affect
Undefinable		Anomie

Abbildung 121: Kategorien des Werte-Wörterbuchs von Lasswell (nach Namenwirth/Lasswell 1970: 11 f.)

Beschreibung des Faktors	erklärte Varianz
1. „Moderne Zeit"	21,7%
2. „Handeln versus Verhandeln"	9,8%
3. „Persönlich versus sachlich orientierter politischer Stil"	8,5%
4. „Konservatismus versus Liberalismus"	9,8%

Abbildung 122: Erklärende Faktoren des Wertewandels (nach Namenwirth/Lasswell 1970: 37 ff.)

8.53-16i Wirklichkeitsanalyse

Als Wirklichkeitsanalyse sollen hier Ansätze resümiert werden, bei denen völlig analog zur *Objektivitätsanalyse* (vgl. Kap. 8.51-16) Aussagen mit Strukturen der Realität verglichen werden. Während jedoch bei der Kommunikatoranalyse Kongruenz bzw. Inkongruenz der verglichenen Größen in bezug zu Eigenschaften des Kommunikators gesetzt wird, fragt die *Wirklichkeitsanalyse* nach Umfang, Richtung und Struktur dieser Inkongruenz selbst, bzw. sie schließt im Idealfall von der in den Inhalten konstruierten Wirklichkeit, der „Wirklichkeit aus zweiter Hand", auf die zugrunde liegende Wirklichkeit.

Da Wirklichkeit durch ihre Struktur, also durch ihre Selektivität zu charakterisieren ist (vgl. Berger/Luckmann 1969: 21 ff.; Smith 1974; Watzlawick 1976), ist die Analyse von Selektivität resp. von Inkongruenz – völlig analog zur *Objektivitätsanalyse* – ein Charakteristikum aller Analysen. Da auch die *Wirklichkeitsanalyse* nicht durch eine bestimmte Prozedur der Variablenanalyse, sondern durch ihr Ziel definiert ist, gibt es – wieder in völliger Analogie zur Objektivitätsanalyse – eine Vielfalt möglicher Ansätze, die an dieser Stelle daher nur grob skizziert werden können. Charakteristisch ist jedoch, daß auch hier gerade die Analyse von Bewertungen inhaltlicher und/oder struktureller Art eine wesentliche Rolle spielt, so daß sie auf der semantisch-pragmatischen Ebene zu diskutieren sind.

1) Entwicklung des Verfahrens

Wenn überhaupt, dann ist die *Reflektionshypothese*, wonach abgebildete Wirklichkeit und originäre Wirklichkeit kongruent sein sollen (vgl. Kap. 7.211), der Ausgangspunkt für dieses Verfahren, denn deren Prämisse wird in Frage gestellt. Die Analyse von Berelson/Salter (1946) zeigt etwa, daß die Wirklichkeit aus zweiter Hand in Richtung herrschender Werte (bezogen auf Rasse und Status) verzerrt ist. Spiegelman et al. (1953) haben Comics untersucht und dabei ebenfalls Verzerrungen in Richtung herrschender Werte (hier: männliche Dominanz) festgestellt. Von den Nachrichtenmedien weiß man, daß deren Inhalte in Richtung *Aktualität* verzerrt sind, also nur eine Welt hoher Relevanzen und/oder informativer Ereignisse konstruieren. Dahinter wird bereits eine Korrespondenzregel sichtbar: Wenn man eine präzise Theorie hat, welche Inhalte (durch welche Medien bzw. Kommunikatoren) wie verzerrt werden, dann kann man von solchen Inhalten präzise auf die Wirklichkeit zurückschließen. Ein zweiter Anwendungsbereich der Wirklichkeitsanalyse geht unmittelbar in die *Wirkungsforschung* (vgl. Kap. 8.6) ein: Wenn man angeben kann, in welchem Maß Inhalte in bezug auf die zugrunde liegende Wirklichkeit verzerrt sind, dann kann man daraus Schlüsse auf eine dritte Wirklichkeit, die sich in den Köpfen der Rezipienten bildet, ziehen.

Prinzipiell kann man also zwei Typen unterscheiden: Zum einen die vergleichende Wirklichkeitsanalyse, bei der die Wirklichkeit aus zweiter Hand mit dem Ereignis oder Merkmalen des Ereignisses direkt verglichen werden kann und die hier als vergleichende Wirklichkeitsanalyse bezeichnet werden soll. Zum anderen eine strukturelle Wirklichkeitsanalyse, die nach den Eigenschaften, Kriterien fragt, die Ereignisse haben bzw. haben müssen, um kommuniziert zu werden.

2) Logik des Schlusses vom Text auf den Kontext

Es wird eine Theorie vorausgesetzt, die eine Korrespondenz zwischen Text und Kontext präzisiert. Da es eine Vielfalt von Randbedingungen bei der Formulierung von Texten gibt, müßte es auch eine Vielfalt von ableitbaren Hypothesen geben. Spätestens hier wird also deutlich, daß dieser Typ von Verfahren mangels solcher Theorien bislang erst ansatzweise als inferentielles Verfahren tauglich ist: Entsprechende Ansätze fördern derzeit, wie wir noch sehen werden, gerade die notwendigen Hypothesen zutage.

3) Vorgehensweise

Da es mehrere Ansätze gibt, kann man eine allgemeine Vorgehensweise nicht vorschreiben. Daher sollen an dieser Stelle zwei typische Beispiele benutzt werden, um die jeweilige Vorgehensweise zu verdeutlichen:

Beispiel 32: Vergleichende Wirklichkeitsanalyse (Martel/McCall 1964)

Die Autoren analysieren Charaktere in amerikanischen Kurzgeschichten und vergleichen deren demographische Daten einerseits mit statistschen Bevölkerungsdaten der USA und andererseits mit entsprechenden demographischen Daten von Lesern entsprechender Zeitschriften, die durch Befragung erhoben wurden.

Der Analyse zugrunde gelegt wird ein Sample von Zeitschriften aus den Jahren 1890, 1925 und 1955, das 40 Zeitschriftenausgaben je Jahr enthält. Erhebungseinheiten sind somit die Ausgaben, während die einzelnen Kurzgeschichten die Untersuchungseinheiten sind und Aussageeinheiten die darin geschilderten Charaktere (Personen). Das Ergebnis für das Jahr 1955 zeigt Abb. 123. Hier erkennt man zunächst, daß die Verzerrung für den objektiven Vergleichsmaßstab (amtliche statistische Angaben) größer ist als für die Population der entsprechenden Zeitschriftenleser.

Zum anderen läßt sich die Verzerrung durch die Medien wiederum sehr plausibel belegen: Bevorzugt wird in der Darstellung ein Charakter, der männlich und zwischen 26–35 Jahre alt ist, High-School-Abschluß hat und in der freien Wirt-

Table 3 - Statuses of Magazine Readers and Story characters, Compared with U.S. Adult Population (1955), by Sex *

		Males			Females		
			Percent Difference from U.S. Population			Percent Difference from U.S. Population	
	Percent of U.S. Popu-		Characters		Percent of U.S. Popu-		Characters
Statuses	lation	Readers	All	Stars	lation	Readers	All	Stars
Sex	49	-12	11	11	51	12	-11	-11
Race								
White	90	8	8	9	90	8	10	10
Age								
10-17	16	-5	-12	-10	15	-5	-10	-13
18-25	11	-1	-1	2	13	0	11	22
26-35	19	4	21	30	19	5	22	32
36-55	33	4	5	-11	32	3	-8	-20
56 and over	21	-1	-13	-11	21	-3	-16	-21
Schooling								
College	16	17	14	17	14	15	8	24
High School	39	12	25	26	46	11	21	16
Less than high school	45	-29	-39	-43	40	-26	-29	-40
Employment								
Women	--	--	--	--	30	2	4	13
Occupation								
Business, officials	13	9	40	33	6	2	31	27
Professionals, technicians	8	10	16	15	12	8	9	14
Clerical workers	12	6	-4	1	36	15	-10	-2
Laborers (non-farm)	56	-20	-44	-40	42	-22	-36	-25
Farmers	11	-5	-8	-9	4	-3	-4	-4
Marital Status								
Single	20	2	26	30	13	10	30	33

* Characters are from "realistic" stories with contemporary U.S. locations in the American, Cosmopolitan, Ladies' Home Journal, and Saturday Evening Post. The figures on statuses of readers and characters are percentage differences between the respective per-centage values and those for the U.S. population (e.g., an estimated 37 percent of adult readers were men-presented as "-12 percent" compared with 49 percent males among U.S. adults).

Readership data were provided by the Daniel Starch Agency, based on national surveys in 1954 and 1955. U.S. population data are Census figures for nearest availables years. Status distributions refer to groups over 18 years old, except "Schooling" (where 26 years in the lower limit) and "age" as indicated.

Abbildung 123: Vergleich demographischer Merkmale von Charakteren in Kurzgeschichten mit demoskopischen und amtlichen Daten (Martel/McCall 1964: 326)

schaft oder als Beamter tätig ist und unverheiratet ist. Anders gesagt: Die amerikanische Welt, so wie sie sich in Kurzgeschichten in Zeitschriften darstellt, wird von Charakteren mit diesen Merkmalen dominiert. Der Bezug auf amtlich-statistische und demoskopisch erhobene Norm erlaubt den notwendigen Vergleich und die Formulierung (induktiver) Hypothesen über die zu beobachtende Verzerrung. Eine wichtige Hypothese stellt fest, daß die demographischen Merkmale der Charaktere an den Merkmalen der Leser entsprechender Zeitschriften ausgerichtet sind etc.. Eine sehr viel allgemeinere Hypothese würde lauten, daß Minoritäten anteilmäßig unterdrückt werden, während Majoritäten präferiert werden (häufiger auftreten). Typischerweise gilt dies jedoch nicht für solche Variablen, bei denen eine Werthierarchie impliziert ist (Schulabschluß, Beruf). Foltin/Würzberg (1975: 41) weisen bei ihrer Analyse der Arbeitswelt im Fernsehen analog darauf hin, daß prestigeträchtige Berufe durchgängig überrepräsentiert sind.

Diese bereits sehr allgemeinen Feststellungen werden von Delgado (1972) in der Darstellung von Gastarbeitern in der Presse oder von Stein-Hilbers (1977) über Kriminelle ebenfalls bestätigt. In Bezug auf die Darstellung von Sensationen sind jedoch, wie die Analyse von Jones (1976) zeigt, völlig andere Gesetzmäßigkeiten gültig: Einer vermehrten Berichterstattung über Kriminalität kann real sowohl eine gestiegene als auch eine verminderte Kriminalität zugrunde liegen.

Beispiel 33: Strukturelle Wirklichkeitsanalyse (Schulz 1976)

Schulz analysiert die Darstellung von Wirklichkeit in den Nachrichtenmedien (Nachrichtenagenturen, Presse, Rundfunk).

Erhebungseinheiten sind die Ausgaben (Sendungen) der entsprechenden Medien an elf verschiedenen Tagen, Analyseeinheiten alle darin enthaltenen Nachrichtenbeiträge und Aussageeinheiten die darin enthaltenen Ereignisse.

Schulz führt nun keinen Vergleich der Meldungen mit einer Wirklichkeitsnorm durch, sondern prüft, von welchen inhaltlichen Faktoren eines Ereignisses (den sogenannten Nachrichtenfaktoren) die Publikation einer Nachricht abhängt (Abb. 124):

1. Dauer des Ereignisses	10. Beteiligung von Prominenz (Kultur)
2. Thematisierung des Ereignisses	11. Überraschung
3. Räumliche Nähe zum Ereignis	12. Struktur des Ereignisverlaufs
4. Politische Nähe zum Ereignis	13. Konfliktgrad des Ereignisses
5. Kulturelle Nähe zum Ereignis	14. Kriminalität
6. Relevanz des Ereignisses	15. Schaden
7. Regionale Zentralität	16. Erfolg
8. Nationale Zentralität	17. Personalisierung des Ereignisses
9. Beteiligung politischer Persönlichkeiten	18. Ethnozentrismus

Abbildung 124: Schema der verwendeten inhaltsanalytischen Kategorien (nach Schulz 1976: 38 ff.)

Die Aktualität eines Ereignisses bestimmt dessen Publizität. Anders gesagt: Welche Kombination welcher Merkmalsausprägungen eines Ereignisses bewirkt, daß dieses Ereignis als Nachricht abgebildet wird? Die Beantwortung dieser Frage ist zugleich auch die Antwort auf die Frage nach der Struktur der Wirklichkeit der Nachrichtenmedien.

Schulz konstruiert daher einen Publizitätsindex (Nachrichtenwert-Index) und berechnet die Korrelation dieses Index mit den einzelnen Aktualitätsfaktoren (Abb. 125):

Faktoren	dpa	Fernsehen/Hörfunk					Tageszeitungen				
		ARD	ZDF	BR	HR	WDR	FAZ	WAZ	BrZ	KSZ	Bild
Dauer	-.15	x	x	x	-.18	x	-.30	x	x	-.21	x
Thematisierung	.25	.34	.30	.43	.40	.42	.37	.30	.42	.31	x
Relevanz	.22	.30	.22	.36	.34	x	.22	.31	.27	.22	x
Regionale Zentralität	.14	x	x	x	x	x	x	x	x	x	.23
Persönlicher Einfluß	.16	.37	x	.41	.38	.40	.31	.28	.34	.41	x
Überraschung	x	.30	.32	x	x	x	x	x	x	-.21	.21
Struktur	-.26	-.35	-.32	-.40	-.56	x	-.36	x	-.42	-.22	-.23
Konflikt	x	x	-.23	x	.26	x	x	x	x	x	x
Schaden	x	x	x	x	x	x	-.16	-.16	x	x	x
Erfolg	x	.34	.26	.20	x	x	x	.24	.22	.28	x
Personalisierung	x	x	x	x	x	x	x	x	.19	x	.24
Ethnozentrismus	x	x	x	x	x	x	x	x	x	x	x

Abbildung 125: Korrelation zwischen Aktualität und Publizität (nach Schulz 1976: 114)

Es zeigt sich, daß ein Ereignis umso eher zur Nachricht werden kann

- je langfristiger ein Ereignis andauert oder diskutiert wird (Thematisierung),
- je mehr Relevanz es für die Rezipienten dieser Medien hat (Betroffenheit, Konsequenz),
- je mehr einflußreiche Personen (Politiker) dabei beteiligt sind,
- je weniger vorhersehbar der Verlauf des Ereignisses ist (Struktur),
- je überraschender das Ereignis auftritt,
- je mehr die Lösung eines Problems zu erwarten ist (Erfolg).

Diese und weitere Befunde werden durch ähnliche Untersuchungen von Ohlström (1966) oder Schönbach (1978) bestätigt.

Demgemäß erscheint die Welt einem Rezipienten als Zusammenhang von mehr oder weniger wichtigen Ereignissen, die unvorhersehbar, hochrelevant und vor allem politisch gefärbt sind. Die kleinen Probleme des Alltags, das durchschnittliche Geschehen, selbst erlebbare und subjektiv ähnliche Erfahrungen oder Handlungsweisen, die ex definitione die Wirklichkeit des Durchschnittsrezipienten ausma-

8 Typologie inhaltsanalytischer Verfahren 261

chen, tauchen nicht auf. Von daher kann man unterstellen, daß die völlig andere Wirklichkeit der Nachrichtenmedien bestimmte Wirkungen auf die Rezipientenwirklichkeit haben kann. Daß diese Wirklichkeit des Rezipienten sich zwischen der eigentlichen Wirklichkeit und der Medienwirklichkeit bewegt, kann man auch aus der Analyse des Themas „Gesundheit" in den Medien bei Nunnally (1957: 229) deutlich ablesen.

4) Kritik
Die Inferenz von der abgebildeten auf die real zugrunde liegende Wirklichkeit ist nur bei Vorliegen einer exakten Theorie möglich. Für diese gibt es jedoch bislang nur ein Arsenal von noch unverbundenen Hypothesen, denen zudem die notwendige Formalisierbarkeit noch gänzlich fehlt: Soweit also Wirklichkeitsanalysen unternommen worden sind, haben sie bisher eher induktiv der Entdeckung solcher Hypothesen gedient.

5) Variationen
Wie bereits angemerkt, sind für dieses Verfahren, das zielorientiert definiert ist, alle solche Verfahren sinnvoll, die auf der semantisch-pragmatischen Ebene angesiedelt sind, also insbesondere Bewertungen miterfassen können.

6) Anwendungen
Das Verfahren findet überall dort Anwendung, wo die Wirklichkeitsstruktur der Inhalte mit der Wirklichkeitsstruktur der Ereigniswelt in Beziehung gesetzt wird.

8.53-18 Interaktionsprozeßanalyse (IPA)

Die Interaktionsprozeßanalyse (IPA) ist ein Verfahren zur Beobachtung kleiner Gruppen durch sequentielle Inhaltsanalyse der Aussagen dieser Gruppenmitglieder. Bales (1948), der dieses Verfahren entwickelt hat, spricht von „Sequential Content Analysis of Social Interaction" (Bales 1948: 456). Offensichtlich handelt es sich um einen Grenzfall, bei dem Verfahren der Beobachtung und Verfahren der Inhaltsanalyse zusammenfallen (vgl. Kap. 12.1). Der Deutlichkeit halber sollte schon hier gesagt werden, daß die IPA *kein* Verfahren zur *Interaktionsanalyse* bzw. *Interviewanalyse* (vgl. Kap. 8.62 20) ist, sondern die Interaktion einer Gruppe nur selektiv berücksichtigt.

Andererseits handelt es sich bei der IPA jedoch um die Analyse wirklich ablaufender Interaktionsprozesse, also nicht um Interaktionsprozesse, die aus bestimmten Inhalten (z.B. Nacherzählungen, Witze, aber auch Bildinhalte) rekonstruiert und analysiert werden können (vgl. so etwa Dakin 1960).

1) Entwicklung des Verfahrens
Bales (1948; 1950; 1951; 1968) schlägt ein Verfahren zur Inhaltsanalyse von Gruppen vor, bei dem verbales und nonverbales Verhalten der einzelnen Gruppenmit-

glieder selektiv erfaßt wird. „Die Analyse von Interaktionsprozessen ist im Prinzip eine Art von Inhaltsanalyse; der Inhalt, den sie aus dem Rohmaterial der Beobachtung zu abstrahieren versucht, ist die Bedeutsamkeit jeder Handlung für die Lösung des Problems im Gesamtablauf des Gruppengeschehens" (Bales 1956: 151 f.).

Als *Text* gelten hier alle Äußerungen der Gruppenmitglieder, sofern sie an andere Gruppenmitglieder adressiert sind, die fortlaufend notiert und anhand eines Kategorienschemas differenziert werden. *Kontext* ist die Gruppenstruktur, die auf Grund theoretischer Annahmen postuliert wird (vgl. Parsons 1953: 163 ff.) und sich als soziales System ausdifferenziert.

2) Logik des Schlusses vom Text auf den Kontext

Die Korrespondenz zwischen Text und Kontext ist durch eine entsprechend formulierte Theorie hergestellt und empirisch prüfbar. Der Inferenzschluß ist damit gültig.

3) Vorgehensweise

Die Interaktionsprozeßanalyse ist vom Typ her ein Verfahren nichtteilnehmender, verdeckter und systematischer Beobachtung (vgl. Friedrichs 1990: 273). Dabei erhebt der Beobachter – von der Gruppe unbemerkt – geschlossene Kommunikationsakte in der Zeit (*wer* sagt *was* zu *wem wann*?), indem er folgende Parameter codiert:

a) Absender der Kommunikation (Notierung des sendenden Gruppenmitglieds),

b) Empfänger der Kommunikation (Notierung des empfangenden Gruppenmitglieds),

c) Inhalt der Kommunikation (nach starrem Kategorienschema),

d) Zeitliche Abfolge der Kommunikationen.

Das von Bales entwickelte Kategorienschema ist dabei von besonderem Interesse (Abb. 126), weil es – entgegen dem bei der *Themen-Analyse* üblichen *offenen* Kategoriensystem, das eine Residualkategorie (Sonstiges, Anderes, „Nicht Klassifizierbar") besitzt – ein *geschlossenes* Kategoriensystem ist: Jede überhaupt denkbare verbale Äußerung soll damit zugeordnet werden können. Das ist nur möglich, wenn ein solches Kategoriensystem theoretisch abgeleitet werden kann. Bales hat diese Forderung in Anlehnung an systemtheoretische Postulate erfüllt, die besagen, daß Systeme, wenn sie (von außen vorgegebene) Probleme lösen, eine Struktur entwickeln müssen, dies jedoch nur dann leisten können, wenn sie parallel dazu eine interne integrative Struktur (Gruppenkohäsion) entwickeln können.

Beide Strukturen entwickeln sich durch das Handeln der Gruppenmitglieder, so daß die Kategorisierung von deren (verbalem) Verhalten im Hinblick auf diese zueinander komplementären Strukturen erfolgt: Bales (1950) differenziert daher jeweils drei Typen von verbalem Verhalten, das er bei der Problemlösung weiter nach Frage/Antwort und bei der Integration weiter nach positiver/negativer Reaktion unterscheidet (Abb. 126).

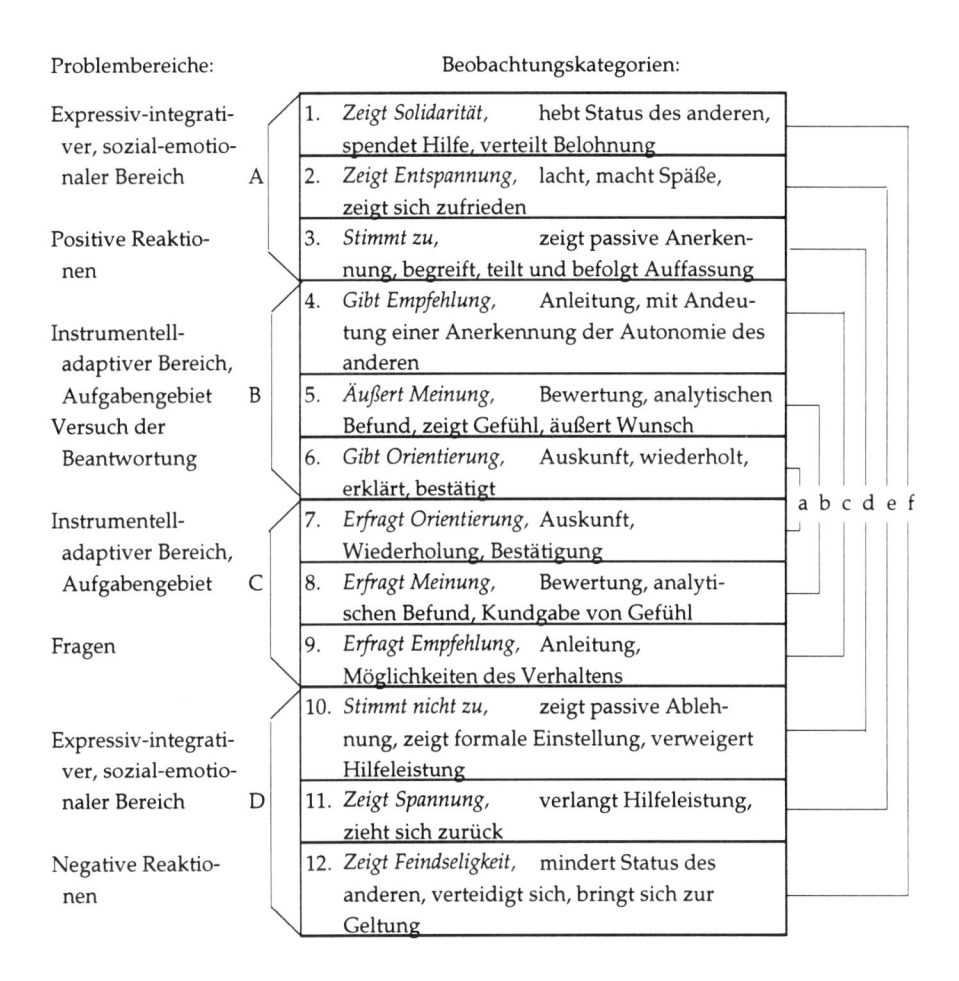

8 Typologie inhaltsanalytischer Verfahren 263

Problembereiche:		Beobachtungskategorien:	
Expressiv-integrativer, sozial-emotionaler Bereich	A	1. *Zeigt Solidarität,* hebt Status des anderen, spendet Hilfe, verteilt Belohnung	
		2. *Zeigt Entspannung,* lacht, macht Späße, zeigt sich zufrieden	
Positive Reaktionen		3. *Stimmt zu,* zeigt passive Anerkennung, begreift, teilt und befolgt Auffassung	
Instrumentelladaptiver Bereich, Aufgabengebiet Versuch der Beantwortung	B	4. *Gibt Empfehlung,* Anleitung, mit Andeutung einer Anerkennung der Autonomie des anderen	
		5. *Äußert Meinung,* Bewertung, analytischen Befund, zeigt Gefühl, äußert Wunsch	
		6. *Gibt Orientierung,* Auskunft, wiederholt, erklärt, bestätigt	
Instrumentelladaptiver Bereich, Aufgabengebiet Fragen	C	7. *Erfragt Orientierung,* Auskunft, Wiederholung, Bestätigung	a b c d e f
		8. *Erfragt Meinung,* Bewertung, analytischen Befund, Kundgabe von Gefühl	
		9. *Erfragt Empfehlung,* Anleitung, Möglichkeiten des Verhaltens	
Expressiv-integrativer, sozial-emotionaler Bereich	D	10. *Stimmt nicht zu,* zeigt passive Ablehnung, zeigt formale Einstellung, verweigert Hilfeleistung	
		11. *Zeigt Spannung,* verlangt Hilfeleistung, zieht sich zurück	
Negative Reaktionen		12. *Zeigt Feindseligkeit,* mindert Status des anderen, verteidigt sich, bringt sich zur Geltung	

Speziellere Unterteilung der System-Probleme (nach besonderer Relevanz jeweils eines Kategorien-Paars):

a) Probleme der Orientierung   d) Probleme der Entscheidung
b) Probleme der Bewertung   e) Probleme der Bewältigung von Spannungen
c) Probleme der Kontrolle   f) Probleme der Integration

Abbildung 126: Kategorienschema der *Interaktionsprozeßanalyse* (nach Bales 1967: 312)

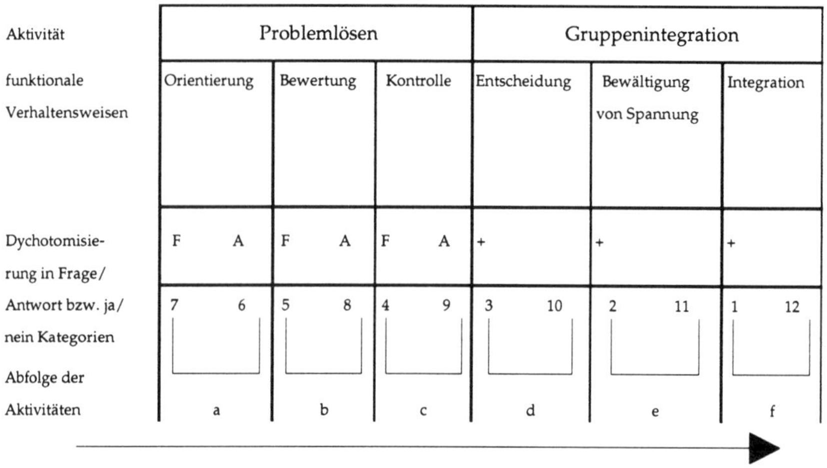

Aktivität	Problemlösen			Gruppenintegration		
funktionale Verhaltensweisen	Orientierung	Bewertung	Kontrolle	Entscheidung	Bewältigung von Spannung	Integration
Dychotomisierung in Frage/ Antwort bzw. ja/ nein Kategorien	F A 7 6	F A 5 8	F A 4 9	+ 3 10	+ 2 11	+ 1 12
Abfolge der Aktivitäten	a	b	c	d	e	f

Abbildung 127: Hierarchische Ordnung der Kategorien der Interaktionsprozeßanalyse

Vom Codierer wird erwartet und verlangt, daß er sich bei der Codierung der verbalen Äußerungen in die Rolle der Gruppenmitglieder hineinversetzen kann. Aus den über die Zeit codierten Verhaltensweisen der Gruppenmitglieder lassen sich – das ist das Ziel der Interaktionsprozeßanalyse – sowohl über die Gruppenstruktur (vor allem: Hierarchiebildung, Konsensprozesse etc.) als auch über das korrespondierende Verhalten einzelner Gruppenmitglieder wesentliche Aufschlüsse gewinnen. Da diese Prozesse gemäß Theorie regelhaft erfolgen, kann man analog wie bei anderen Verfahren, Standards bilden, mit denen das Verhalten einer bestimmten Gruppe verglichen werden kann, so daß Abweichungen von diesen Standards in Bezug zu spezifischen Gruppen- oder Situationsvariablen gesetzt werden können.

4) Kritik

Die Kritik läßt sich in vier Punkten zusammenfassen:

a) Der Anwendungsbereich der IPA ist sehr beschränkt
   Das Verfahren setzt Gruppen, deren Mitglieder einander möglichst unbekannt sind, und die unter Vorgabe eines relativ künstlichen Ziels in eine relativ künstliche Situation verbracht werden können (die sich zur Beobachtung eignet), voraus. Die gewonnenen Ergebnisse sind daher auch nur auf solche Gruppen in solchen Situationen verallgemeinerbar.

b) Das Kategorienschema ist geschlossen
   Da die Beobachtung laufend und damit unter Zeitdruck erfolgt, ist die Reliabilität der Codierung und auch deren Validität im Zweifelsfall nicht immer gesichert und kann im Nachhinein nicht mehr überprüft werden. Zudem ist die Berücksichtigung nonverbaler Aussagen (nonverbal cues) dann problematisch, wenn diese und/oder die verbalen Aussagen ambivalent ausfallen: Hier dürfte

8 Typologie inhaltsanalytischer Verfahren

sich die zur Codierung notwendige Interpretationsleistung des Codierers subjektiv und damit reaktiv auswirken.

c) Die Eintragungen werden nur kategorial berücksichtigt
Eine Gewichtung der codierten Akte findet nicht statt, so daß schwache wie starke Äußerungen gleich behandelt werden. Gerade aber in Gesprächen gibt es Zäsuren etc., die durch entsprechende verbale Ausdrücke zwar als solche erkenntlich sind, aber durch Gleichbehandlung nach dem Kategorienschema nicht als solche in die Analyse eingehen.

d) IPA ist keine Analyse von Interaktion
Die IPA ist eine *Prozeßanalyse*, jedoch keine *Interaktionsanalyse*: Die einzelnen Beiträge werden nur nach Kommunikator und Empfänger codiert, also isoliert erfaßt. Eine Relationierung der Inhalte zu allen simultan ablaufenden Prozessen (vor allem: nonverbales Verhalten, Typ des Schweigens der anderen Gruppenmitglieder etc.) findet nicht statt, so daß genau der für Interaktion typische relationale Charakter, die Eigenständigkeit des Interaktionsprozesses, nur marginal erfaßt werden kann. *Interaktionsanalyse* im eigentlichen Sinne bleibt damit ausgeblendet.

5) Variationen und Weiterentwicklungen
Borgatta entwickelt in der Kritik der IPA ein alternatives Verfahren, das er Interaction-Score-System (IPS) nennt und das statt der 12 nun 18 Hauptkategorien aufweist (Borgatta 1962: 279), die durch interne Differenzierung einiger der Kategorien von Bales in passive (weniger relevante) und aktive (relevante) Verhaltensweise erzeugt werden. Dadurch wird eine interne Gewichtung von Verhaltensweisen und damit eine zuverlässigere Messung möglich. Für spezifische Zwecke, z.B. im pädagogischen Bereich, werden weitere Kategorienschemata mit bis zu 82 Kategorien entwickelt (vgl. Manz 1974: 55 ff. sowie Merkens/Seiler 1978: 59 ff.). Das hat, wie bei allen Kategorienschemata zur Folge, daß zwar die Genauigkeit der Analyse zunimmt, die Zuverlässigkeit jedoch abnimmt (vgl. Kap. 10).

6) Anwendungen
Die mit Hilfe der IPA oder entsprechender Verfahren erhobenen Daten erlauben eine Inferenz auf bestimmte Gruppenstrukturen oder auf Merkmale einzelner Gruppenmitglieder, insbesondere:

a) Analyse der Verteilung der Verhaltensweisen der gesamten Gruppe oder einzelner Personen (Profilanalyse). Hier kann man z.B. geschlechtsspezifische Unterschiede, den Einfluß von Drogen oder Alkohol oder die Wirksamkeit sozialer Normen in der Gruppe analysieren.

b) Analyse der Assoziation bestimmter Verhaltensweisen (Sequenzanalyse)

c) Analyse der Beziehungen zwischen den Gruppenmitgliedern (Soziometrische Analyse). Hier kann man z.B. anhand der Aktiv/Passiv-Bilanz einzelner Verhaltensweisen bei einzelnen Gruppenmitgliedern analysieren, wo die Führungsrollen im Problemlösungsbereich (task leader) oder im emotional gefärbten Integrationsbereich (emotional leader) liegen (vgl. Hare 1955).

d) Vergleich der Profile von Handlungen innerhalb bestimmter Zeitabschnitte (Phasenanalyse).

8.6 Pragmatisch-pragmatische Analyse

Pragmatische Verfahren im eigentlichen Sinne setzen den Zeichenbenutzer – den Kommunikator und/oder den Rezipienten – unmittelbar voraus. Verfahren der Inhaltsanalyse auf dieser Ebene versuchen daher vom Text auf *Intentionen* des Kommunikators, auf *Wirkungen* dieses Textes beim Rezipienten oder auf die Kommunikationssituation in actu zu schließen. Es genügt also nicht mehr, wie bei den syntaktisch-pragmatischen Verfahren (Kap. 8.4), nach dem Gebrauch syntaktischer Strukturen zu fragen, noch, wie auf der semantisch-pragmatischen Ebene (Kap. 8.5), die Verwendung semantischer Assoziationen beim Rezipienten zu prüfen, sondern es geht um handlungsleitende Wirkungen von Kommunikation per se. Während sich jedoch der Wirklichkeitsbezug inhaltsanalytischer Verfahren durch Einbezug je höherer semiotischer Ebenen bislang analog vergrößerte, muß auf der höchsten Ebene ein starker Vorbehalt angebracht werden: Intentionen bzw. Wirkungen sind nicht Eigenschaften *des* Kommunikators bzw. *des* Rezipienten, sondern sie sind *situational* und damit hochgradig *relational* bedingte Variablenkonstellationen, deren Eintreten von ganzen Bündeln von Variablen abhängig ist (vgl. Kap. 5.33). Inhaltsanalytische Verfahren zur Bestimmung von *Intention* oder *Wirkung* eines Inhalts kann es daher im strengen Sinn nicht geben, und wir werden sehen, daß auch aufwendige Versuche in dieser Richtung nur unter starken Restriktionen sinnvoll konzipiert sein können, wenn sie nicht schon vorab – aus theoretischen oder methodischen Überlegungen heraus – fragwürdig sind.

8.61 Pragmatisch-pragmatische Analyse des Kommunikators

Notwendigerweise wird einem Kommunikator unterstellt, daß er nicht absichtslos Texte produziert. Es wird somit unterstellt, daß sein kommunikatives Verhalten sich auf die Erzielung einer intendierten *Wirkung* richtet. Wenn man indes schon auf Wirkungen nur unter Vorgabe starker Einschränkungen (ceteris-paribus-Klausel) schließen kann, so kann man auf Intentionen zur Erzielung einer Wirkung erst recht nur sehr unscharf schließen. Intention ist nicht eine Eigenschaft oder ein Merkmal, das man dem Kommunikator zurechnen kann (wie z.B. Autorenschaften eines Textes oder bestimmte Persönlichkeitsvariablen), sondern ebenfalls eine stark situationsabhängige *relationale* Größe, die nur dann valide bestimmt werden könnte, wenn man alle Situationsvariablen unter Einfluß von intrapersonalen Prozessen des Kommunikators (und des Rezipienten) in der Kommunikationssituation kontrollieren könnte.

Die *Propaganda-Analyse*, üblicherweise als Modellfall zur Analyse von Intentionen hingestellt (vgl. Berelson 1952: 80 f.), ist ein vergleichsweise einfaches Anwendungsgebiet, denn hier wird meist nur die Wahrheit eines Textes geprüft (vgl. *Wahrheitsanalyse*, Kap. 8.51-16e). Auch die Inferenz auf bestimmte Handlungsziele eines Kommunikators ist ein Sonderfall, denn diese werden allenfalls durch Trendanalyse von Texten, nicht durch Analyse eines Textes prognostizierbar (vgl. dazu vorzüglich Mueller/Greiner 1969). Welche Absicht ein Kommunikator mit der Kommunikation eines bestimmten Inhalts verfolgt, ist jedoch eine ganz andere Frage (vgl. nochmals Kap. 1, Beispiel 7).

Von daher müssen auch so vereinzelte Versuche wie von Beale (1975), ein Kategoriensystem zur Messung von Intentionen aus Texten zu entwickeln, von vornherein skeptisch betrachtet werden.

8.62 Pragmatisch-pragmatische Analyse des Rezipienten

Das Interesse für die Feststellung oder gar Prognose der *Wirkung* von Texten, das gerade durch die Entwicklung der Massenkommunikation ungemein stark angestiegen ist, steht bislang in einem sehr mißlichen Verhältnis zu theoretischen und methodischen Anstrengungen auf dem Gebiet der Wirkungsforschung. Grund dafür ist vor allem die Tatsache, daß Wirkungen relationale Konstrukte sind, also an Kommunikationsprozesse (und nicht an fossilierte Inhalte) gebunden sind, und daß die wesentlichen Relationen für die Zuschreibung von Wirkungen mangels einer Theorie der Wirkung bislang allenfalls probeweise formuliert worden sind.

Man kann zwar hypothetisch von einer von einem durchschnittlichen Kommunikator erzeugten durchschnittlichen Wirkung bei einem durchschnittlichen Rezipienten in einer durchschnittlichen Situation sprechen, und für Kommunikator und Rezipient durchschnittliche demographische oder sonstige Merkmale über die Normalverteilung spezifizieren. Doch solange man die Dimension einer Wirkung und die einer Situation nicht kennt, kann man nur rein theoretisch von durchschnittlichen, erwartbaren resp. „normalen" Wirkungen sprechen. Schon die Aufzählung der in einer Situation wirksamen Variablenbündel (vgl. Brown/Fraser 1979: 33 f.) macht ganz erhebliche Schwierigkeiten, ganz zu schweigen von der „Definition der Situation ".

Für das Verständnis der im folgenden vorgestellten Verfahren bzw. Ansätze soll zunächst ein einfaches Modell der Wirkungszuschreibung skizziert werden (Abb. 128). Vereinfacht kann man davon ausgehen, daß ein Text, der bei einem Rezipienten Wirkungen erzielen soll, einen mindestens dreifachen Filter durchlaufen muß, der hier als *Aufmerksamkeit, Relevanz* und *Evaluation* bezeichnet werden soll. Jeder dieser Filter (Selektionsinstanzen) kann dabei durch ein Bündel von Variablen charakterisiert werden (vgl. Kap. 5.33). *Aufmerksamkeit* kann ein Inhalt erzielen, wenn er möglichst informativ angelegt ist: Formal durch Auffälligkeit, inhaltlich durch den Grad an Überraschung (Information, Neuigkeit). Unglücklicherweise sind schon diese vergleichsweise einfachen Variablen *relationale* Variablen, d.h. deren Ausprägung (Größe) kann nicht am Inhalt selbst festgemacht, sondern nur in Bezug zum Rezipienten bestimmt werden. Selbst das Auffälligkeitsmaß kann nicht absolut, wie bei der *Auffälligkeitsanalyse* (vgl. Kap. 8.42-10), sondern immer nur relational, im Vergleich zu konkurrierenden Inhalten bestimmt werden. Die einzig mögliche Strategie ist es, Aussagen mit maximalen Aufmerksamkeitswerten anzureichern.

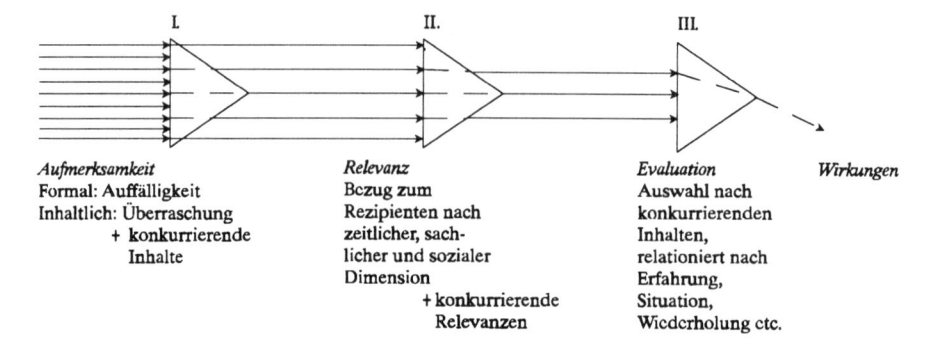

I.	II.	III.	
Aufmerksamkeit	*Relevanz*	*Evaluation*	*Wirkungen*
Formal: Auffälligkeit	Bezug zum	Auswahl nach	
Inhaltlich: Überraschung	Rezipienten nach	konkurrierenden	
+ konkurrierende	zeitlicher, sach-	Inhalten,	
Inhalte	licher und sozialer	relationiert nach	
	Dimension	Erfahrung,	
	+ konkurrierende	Situation,	
	Relevanzen	Wiederholung etc.	

Abbildung 128: Faktoren und Sequenzen bei Wirkungen von Aussagen

Hat der Inhalt den Filter der Aufmerksamkeit erfolgreich passiert, so wird dieser Inhalt einer weiteren Selektion nach Relevanz unterworfen.

Relevanz ist erst recht eine relationale Variable, die sich als Beziehung zwischen Werten und situationalen Bedürfnissen des Rezipienten und dem im Inhalt mitgeteilten Ereignis manifestiert. Da zudem andere Inhalte gleichzeitig auftreffen, die um Aufmerksamkeit und Relevanz konkurrieren, ist auch hier eine Entscheidung ohne Bezug zum konkurrienden Input schlechterdings nicht möglich – auch hier kann man nur unterstellen, daß die Chance zur Berücksichtigung mit dem Grad an Relevanz wächst.

Der dritte und vermutlich am wenigsten erforschte Filter ist hier *Evaluation* genannt worden: Ein Inhalt wird akzeptiert (positiv evaluiert), wenn daraus ein Nutzen für den Rezipienten erwächst. Die Entscheidung darüber hängt von einer Vielzahl von z.T. wenig oder gar nicht bekannten Variablen ab, über deren Zusammenspiel bislang kaum gesicherte Ergebnisse vorliegen (vgl. Blumler/Katz 1974). So können Wirkungen z.B. langfristig oder kurzfristig geartet sein, und sie können durch Verstärkung oder Abschwächung und alle anderen Typen von Lernprozessen zusätzlich verändert werden.

Prinzipiell ist jedoch klar, daß Entscheiden ein Behandeln von Handlungen darstellt, also eine reflexive Struktur aufweist (vgl. Luhmann 1970: 98 ff.). Das führt zu der Überlegung, daß reflexive Verhältnisse, die im Kommunikationsprozeß vorausgesetzt werden müssen, für die Zuschreibung von Wirkungen eine besondere Funktion haben können: Wissen, Meinungen und Werte von anderen, die gegenwärtig sind oder aber als relevante Bezugspersonen mitgedacht werden (Reflexivität in der Sozialdimension), sind ebenso wichtig wie die Berücksichtigung von Meinungen, Kommentaren, Bewertungen aller Art (Reflexivität in der Sachdimension) oder die Kumulation von Erfahrungen mit rückstabilisierenden Folgen (Reflexivität in der Zeitdimension) (vgl. Merten 1982a).

8 Typologie inhaltsanalytischer Verfahren

Der erste zu diskutierende Ansatz muß als eine Optimierungsstrategie wirksamer Faktoren bezeichnet werden: Inhalte haben um so mehr Wirkung, je mehr sie ein Aufmerksamkeits- und/oder Relevanzpotential aufweisen.

Maximierung von Aufmerksamkeit wird durch Information (Überraschung, Kontraste), aber auch durch feinere Strategien wie Unbestimmtheit von verbalen oder visuellen Aussagen (Hintergründen) erreicht.

Die Maximierung von Relevanz wird auf unterschiedliche Weise erreicht: Betonung von Relevanz oder Assoziation zu Relevanz, Bildung von Assoziationen zu kognitiv und/oder affektiv positiv bewerteten Objekten etc.. Schon die antike Rhetorik hat einen ganzen Katalog von Regeln aufgestellt, deren Erfüllung die intendierte Wirkung eines Textes garantieren soll (vgl. statt anderer Lausberg 1960). Viele haben sich davon bis auf den heutigen Tag in den Theorien der Werbewissenschaft (vgl. Hoffmann 1976; Kroeber-Riel 1980) oder den Strategien der Werbepraxis (vgl. Teigeler 1968; Möckelmann 1970) erhalten, und die linguistisch orientierten Ansätze der *Pragmatischen Textanalyse* (vgl. Breuer 1974: 137 ff.) oder der *Rhetorischen Analyse* (vgl. Bachem 1979: 86 ff.) sind um eine theoretische Fundierung und Erweiterung bemüht. Auf dieser Basis einer Optimierung von Aufmerksamkeit und Relevanz arbeitet auch das entsprechende inhaltsanalytische Verfahren, die *Resonanzanalyse*.

Dennoch bleibt ausdrücklich festzuhalten, daß der valide Schluß vom Inhalt auf die Wirkung des Inhalts bei Rezipienten *nicht* möglich ist. Das gilt nicht nur für literarische Texte (vgl. Groeben 1977: 208 f.), sondern für *alle* Arten von Texten.

Wie groß die Verführung ist, diese Restriktion zu umgehen, mag das folgende Beispiel zeigen:

Beispiel 34: Optische Kommentierung des Bundeswahlkampfes 1976 (Kepplinger 1980)

Kepplinger (1980) untersucht die Wahlberichterstattung von ARD und ZDF zur Bundestagswahl 1976, indem er eine Inhaltsanalyse von insgesamt 463 Beiträgen resp. Berichten mit insgesamt 3 115 Einstellungen vornimmt. Die Analyse wird getrennt für die SPD/FDP-Koalition und die CDU/CSU-Opposition durchgeführt. Während die Darstellung der Parteiblöcke insgesamt als ausgewogen gelten darf (Kepplinger 1980: 167), stellt Kepplinger bei der Darstellung der Spitzenpolitiker eine einseitige Kommentierung fest. „Eine Folge derartiger Kommentare dürfte darin bestehen, daß die Zuschauer an den Wahlchancen eines Kandidaten, der immer wieder auf Ablehnung trifft, zweifeln, während sie von den Siegesaussichten eines Kandidaten, der überall auf Zustimmung trifft, zunehmend überzeugt werden" (Kepplinger 1980: 169 f.).

Die Variablen sind:

a) Kamera-Einstellung (günstig, in Augenhöhe oder ungünstig, Vogel- oder Froschperspektive),

b) Darstellung positiver oder negativer Reaktionen des Publikums (optisch, akustisch etc.).

Die Ergebnisse zeigt Abb. 129. Daraus geht hervor, daß Helmut Schmidt vergleichsweise um 5% öfter eine bessere Kameraeinstellung erfährt und um 22% öfter mit günstigen Publikumsreaktionen gezeigt wird.

	Kohl		Schmidt	
	Kamera-einstellung	Publikums-reaktion	Kamera-einstellung	Publikums-reaktion
günstig	87	75	92	97
ungünstig	13	25	8	3
	100% (n=422)	100% (n=403)	100% (n=373)	100% (n=228)

Abbildung 129: Optische Kommentierung von Helmut Kohl und Helmut Schmidt im Fernsehen (nach Kepplinger 1980: 168 u. 175)

Diese Unterschiede in der „optischen Kommentierung" macht Kepplinger dafür verantwortlich, daß die CDU/CSU die Bundestagswahl 1976 verloren hat: „Bundestagswahlkämpfe sind bekanntlich in hohem Maße personalisiert: Sie sind auf die Spitzenkandidaten zugeschnitten und werden nach allgemeiner Ansicht durch ihren persönlichen Erfolg oder Mißerfolg entschieden" (Kepplinger 1980: 167; Noelle-Neumann 1980: 232 ff.).

4) Kritik:

Es handelt sich um eine pragmatische Inhaltsanalyse, bei der aus dem Vergleich zweier Inhalte (optische Kommentierung von Kohl und Schmidt) auf Wirkungen bei den Rezipienten (Wahlentscheidung zugunsten der SPD/FDP) geschlossen wird, genauer: daß 350 000 Stimmen Vorsprung der Koalition auf diese unterschiedliche optische Kommentierung zurückzuführen sind.

Dieser Schluß ist – von methodischen und anderen Gründen einmal ganz abgesehen – theoretisch nicht zulässig. Selbst wenn man – was freilich genau zu prüfen wäre – unterstellen kann, daß die bessere Präsentation des einen Kandidaten durch Journalisten, Kameraleute und Cutter sich im Sinne struktureller Präferenz als indirekte Bewertung auswirkt (vgl. Kap. 8.51-16, Abb. 110) und damit ein Plus an Stimmen erbringt, bleibt die Umrechnungsrelation schier unerfindlich: Genausogut hätten es 3,5 Millionen oder nur 0,35 Wählerstimmen sein können. Der Inferenzschluß ist – auch wenn man auf entsprechende Meinungsumfragen Bezug nimmt (vgl. Noelle-Neumann 1980: 241), nicht formulierbar, geschweige denn exakt ableitbar.

Ein weit gewichtigerer Einwand ergibt sich, wenn man feststellen muß, daß die Spitzenpolitiker bei der Analyse von Kepplinger gar nicht zu Wort kommen. Weder werden ihre Aussagen noch ihre Mimik, Gestik oder ihre Fähigkeit zur Interaktion berücksichtigt. Magazinsendungen mit Politikern leben indes gerade von diesen Leistungen, und genau diese Leistungen sind es, die z.B. beim Publikum

Eindrücke und Bewertungen erst erzeugen. Die hier kritisierte Analyse geht quasi davon aus, daß die Kandidaten als Papp-Plakate und nicht als hochaktive Kommunikatoren vorhanden sind. Daß bei Berücksichtigung der Kommunikatoren relevante Unterschiede zutage treten können, die zugunsten von Helmut Schmidt („Schmidt Schnauze") sprechen könnten, liegt auf der Hand, kann jedoch an dieser Stelle nicht ausgeführt werden.

Ein dritter Einwand, der ebenfalls inhaltsanalytisch zu begründen ist, ergibt sich aus der Überlegung, daß es neben der Darstellung von Spitzenpolitikern zum Thema Wahl im Fernsehen auch die Darstellung von Spitzenpolitikern zu anderen Themen, in anderen Medien und zu anderen Zeiten gibt, und daß *neben* den Spitzenpolitikern ein ganzer Wahlkampf, der vor allem außerhalb des Fernsehens geführt wird, „Wirkungen" hat. Diese werden bei der Saldierung gar nicht berücksichtigt.

So interessant die Anlage der Untersuchung ist, und so einfallsreich die gewählten pragmatischen Indikatoren auch sind: Die Korrespondenz zwischen den Ergebnissen der Inhaltsanalyse und der Wahlentscheidung am Wahltag ist ein Stück Alchemie in der Kommunikationsforschung (vgl. Merten 1982b).

Die Kritik, die am vorliegenden Beispiel artikuliert worden ist, ist prinzipiell die gleiche, die gegen die *ideologiekritische Textanalyse* geltend zu machen ist (vgl. Beispiel 12, Kap. 3.3), die auf Quantifizierung ganz verzichtet und durch Inspektion und Interpretation vor normativem Hintergrund Wirkungen feststellen möchte (vgl. statt anderer Sebstrup 1981). Auch das folgende Verfahren pragmatischer Rezipientenanalyse muß unter ähnlichen Vorbehalten gesehen werden.

8.62-19 Resonanzanalyse

1) Entwicklung des Verfahrens

Dieses Verfahren ist von EMNID entwickelt worden und trägt den Namen EFA 65 (Emnid Faktorielle Anzeigenanalyse 1965). Es schließt von inhaltlichen Qualitäten eines visuell-verbalen Inhalts (Anzeige) auf die Wirkung (Resonanz) dieser Anzeige beim Rezipienten (vgl. Harder 1965; Haseloff 1965). Grundlage dieses Verfahrens ist ein repräsentatives Sample von n = 444 Anzeigen, deren Anmutungsqualität bei den Rezipienten nach dem Impactverfahren (vgl. dazu Johannsen 1969) empirisch getestet worden ist. Daraus läßt sich eine Korrelation zwischen Eigenschaften des Inhalts und Resonanzbedingungen beim Rezipienten herleiten, die dann faktoranalytisch abgesichert worden ist.

2) Logik des Schlusses vom Text auf den Kontext

Der Schluß vom Text auf den Kontext (hier: Resonanz beim Rezipienten) ist auf Grund der empirischen Eichung ceteris paribus valide. Da die cetera jedoch gerade alle anderen Variablen sind, die Umfang und Richtung der Resonanz mitbestimmen, und da diese Faktoren situations- und personenabhängig stark variieren, kann man die Validität des Verfahrens allemal anzweifeln.

3) Vorgehensweise

Jeder visuell-verbale Inhalt wird zunächst nach fünf Klassen von Variablen analysiert (Abb. 130).

1	Formaleigenschaften	3	Motivationale Thematik
1	Größe	1	Aneignung und Haben-Wollen
2	Proportion	2	Geltung und Prestige
3	Farbigkeit	3	Entlastung und Daseinserleichterung
4	Prägnanz	4	Antrieb und Motorik
5	Bildbetonung	5	Erotik und Sex
6	Bildrealistik	6	Geborgenheit und Sicherheit
7	Produktbetonung		
8	Produktrealistik	4	Textanalyse
		1	Ansprechformel
2	Bezugssystem	2	Argumentation
1	Zeitbezug	3	Semantische Sequenzen
2	Bezugsperson	4	Wortangebot
3	Soziale Rolle	5	Text-Information
4	Kommunikation	6	Text-Prädikation
5	Konsumdemonstration	7	Text-Dynamik
6	Handlungsform und Zielorientierung		
7	Stimmung und Zustandsorientierung	5	Indikator-Variable
		1	Kreativität

Abbildung 130: Kategorien der Resonanzanalyse (nach Haseloff 1965)

Jede dieser Variablen ist fünfstufig skaliert, wobei die Skalierung so gewählt ist, daß die Verteilung über der Skala sich einer Normalverteilung annähert (vgl. Haseloff 1965: 2). So ist beispielsweise die Variable 3 (Farbigkeit) wie folgt operationalisiert (Abb. 131):

Skalenwert	Definition
1	schwarz und weiß – Linien, Schraffur, Konturen überwiegen
2	schwarz und weiß – Kontrastierung von Flächen
3	schwarz und weiß – mit Graustufen
4	schwarz und weiß (ggf. Graustufen) mit höchstens zwei Zusatzfarben
5	bunt (mehr als zwei Zusatzfarben) – farbige Zeichnungen, Malereien, Fotografien

Abbildung 131: Operationalisierung von Farbigkeit (nach Haseloff 1965: 33)

Die jeweiligen Codes aller Variablen werden nun – vereinfacht gesagt – als Eingangswerte für eine Faktorenanalyse benutzt, die in standardisierter Form (ope-

8 Typologie inhaltsanalytischer Verfahren

rationale Faktorenmatrix) vorgegeben wird (vgl. Haseloff 1965: 112 ff.). Die 29 Variablen werden einer Faktorenanalyse nach neun Faktoren unterzogen, die analog zum Wirkungsprozeß als Aufmerksamkeitsfaktor (Hinwendung), Motivationsfaktor und Entscheidungsfaktor bezeichnet werden können (Abb. 132).

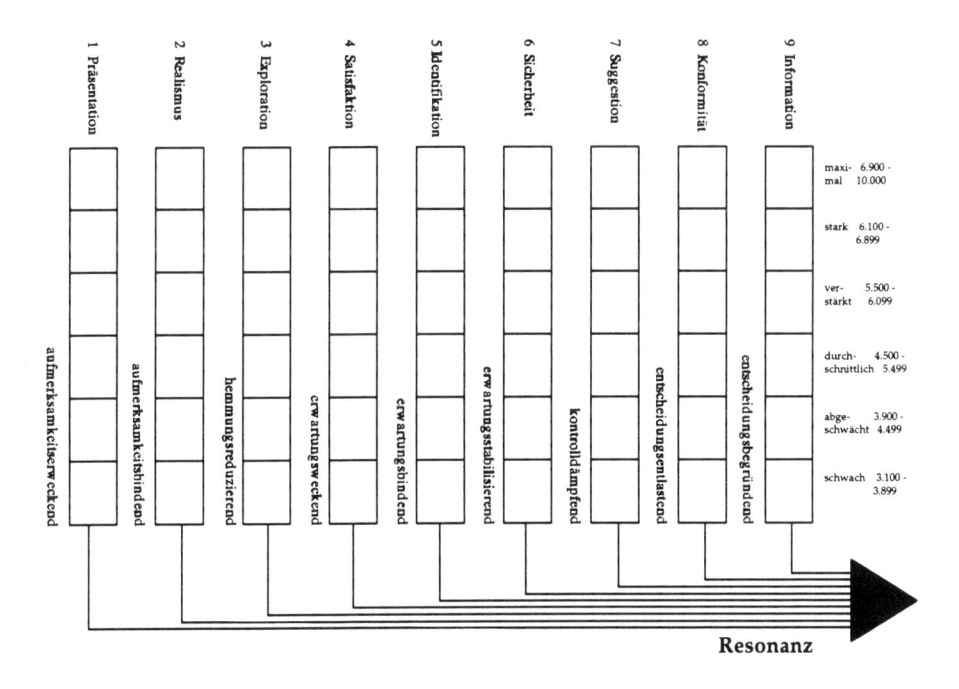

Abbildung 132: Wirk-Faktoren der EFA 65 (nach Haseloff 1965: 124)

Die Anwendbarkeit des Verfahrens auch ohne Kenntnis der Faktorenanalyse liegt in der standardisierten Errechnung der jeweiligen Faktorenstärke durch einfache Umrechnung der Eingangswerte in Faktorenwerte. Nach Haseloff (1965: 119 f.) sind die Faktorstärken wie folgt skaliert:

    0 –   3099   minimaler Beitrag
3100 –   3899   schwach
3900 –   4499   abgeschwächt
4500 –   5499   durchschnittlich
5500 –   6099   verstärkt
6100 –   6899   stark
6900 – 10000   maximal

Für jeden der neun Faktoren läßt sich damit dessen Beitrag für die Wirkung (Resonanz) des Inhalts insgesamt zahlenmäßig angeben.

4) Kritik

Die Kritik an diesem Verfahren kann an vier Punkten ansetzen:

a) Weder die 29 Variablen noch die neun Faktoren sind theoretisch abgeleitet – es könnten genausogut mehr oder weniger sein.
b) Die Operationalisierung der Variablen ist willkürlich, die Wahl der Skalenwerte und deren Definition erfüllt bestenfalls den Anspruch an eine Ordinalskala, läßt also den Einsatz einer Faktorenanalyse an sich gar nicht zu.
c) Die stärkste Kritik muß jedoch in bezug auf den Anspruch angemeldet werden, „Wirkung" zu messen. Allenfalls kann im Vergleich zweier Texte ein Unterschied an Resonanz ermittelt werden. Das ist freilich auch dem Verfasser klar: „Das Verfahren liefert also keine allgemeingültigen Erkenntnisse hinsichtlich der ‚Wirksamkeit' einer Anzeige. Wir hoffen, deutlich gemacht zu haben, daß es ‚die' Wirksamkeit einer Anzeige nicht gibt, daß hier vielmehr mit unterschiedlichen Wirkungsdimensionen zu rechnen ist" (Haseloff 1965: 126).
d) Die Eichung des Verfahrens basiert auf einem Sample von Anzeigen, das heute (1995) bereits ein stattliches Alter haben dürfte. Nun sind jedoch Anmutungsqualitäten von Anzeigen auch zeitabhängig, so daß eine Eichung mit zeitgemäßen Anzeigen ggf. zu anderen Werten führen könnte. Da das Verfahren nur zu kommerziellen Zwecken dient, ist eine Änderung der Eingangswerte für die Faktorenanalyse nicht möglich, da deren Konstruktion verständlicherweise nicht mitgeteilt wird.

5) Variationen und Weiterentwicklungen

Dieses Verfahren ist für kommerzielle Zwecke entwickelt worden. Mit vielen anderen ähnlichen Verfahren aus dem Bereich der Werbung hat es gemeinsam, daß die Codierung intuitiv und pauschal erfolgt. Es soll die intuitive und pauschale Feststellung von Anmutungsqualitäten, sozusagen die pragmatische Codierung durch den Rezipienten, ersetzen. Weitere Verfahren dieser Art sind im Bereich der Werbung bekannt.

6) Anwendungen

Anwendungen der Resonanzanalyse sind auf das Gebiet der Werbung – Test von Anzeigenentwürfen – beschränkt. Da solche Entwürfe für ausschließlich kommerzielle Zwecke gefertigt werden, kann man über das Ausmaß der Anwendungen und entsprechende Erfahrungen nur wenig gesicherte Aussagen machen.

8.63 Pragmatisch-pragmatische Analyse der Situation

Pragmatisch-pragmatische Inhaltsanalyse setzt den Kommunikator und/oder den Rezipienten voraus. Sie läßt sich jedoch auf die Analyse der Situation ausdehnen, wenn man als Situation den gesamten Kommunikationsprozeß, dem sich der Text verdankt, betrachtet.

Der pragmatisch-pragmatische Bezug ergibt sich hier also nicht daraus, daß vom Inhalt auf den Kommunikator oder den Rezipienten geschlossen wird, sondern

8 Typologie inhaltsanalytischer Verfahren 275

daraus, daß die Inhalte als solche relational, jeweils bezogen auf das Handeln des Kommunikators und/oder des Rezipienten (und dies ggf. wieder relationiert auf vorhergehendes Handeln etc.) erhoben werden. Anders gesagt: Die Analyse eines Kommunikationsprozesses in actu (und nicht nur partiell, selektiv und isoliert, wie bei der *Interaktionsprozeß-Analyse*, vgl. Kap. 8.53-18) ist deswegen als Inhaltsanalyse anzusprechen, weil die Analyse selbst in actu den unmittelbaren Schluß auf Kommunikator, Rezipient oder Situation erlaubt, die ja hier präsent sind. Hier liegt also genau der bereits diskutierte Fall vor (vgl. Kap. 3.3., Abb. 10), daß die Beschreibung sozialer Wirklichkeit mit der Analyse sozialer Wirklichkeit im besten Sinne identisch ist.

Das im folgenden vorzustellende Verfahren pragmatisch-pragmatischer Situationsanalyse ist die *Interview-Analyse*.

8.62-20 Interview-Analyse

Interview-Analyse wird als Oberbegriff für die Analyse *dyadischer Interaktion* benutzt, bei der von textlich erfaßbaren Merkmalen des Prozesses, der sich als *Kommunikation* zwischen Kommunikator (Interviewer, Therapeut) und Rezipient (Klient, Patient) ereignet, auf Merkmale des Rezipienten direkt (oder indirekt über die Weiterführung des Prozesses) geschlossen wird. *Text* sind dabei nicht nur der vom Kommunikator (Interviewer, Therapeut) (1) oder der vom Rezipienten (Klient, Patient) beigesteuerte verbale oder nonverbale Inhalt (2), sondern auch alle Relationen verbaler oder nonverbaler Art (z.B. Schweigen, Lächeln, Kopfnicken etc.) (3), die sich *zwischen* den gerichteten verbalen Inhalten ausmachen lassen (Abb. 133).

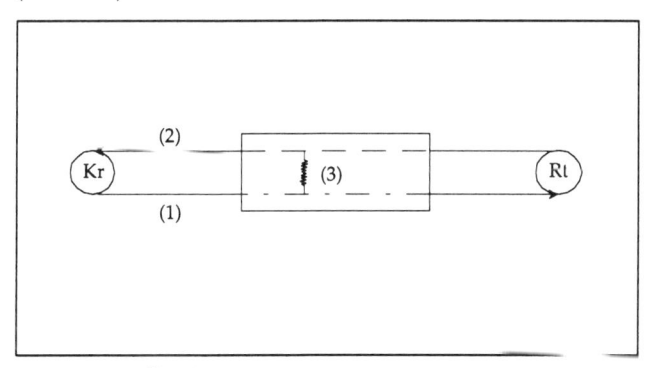

Situation

Abbildung 133: Modell der Interviewanalyse

Damit muß das bisherige Schema inhaltsanalytischer Vorgehensweise (vgl. Abb. 2, Kap. 1.1) erweitert werden: Textbasis können daher die direkt zurechenbaren „klassischen" verbalen Inhalte sein, aber auch die nonverbalen Inhalte, die solche verbalen Inhalte wechselseitig und anhaltend überlagern und damit den gesamten

Kommunikationsprozeß steuern. Zusätzlich kann aber das Verhältnis verbaler und nonverbaler Aussagen als Textbasis benutzt werden, was gerade aus theoretischer Sicht wichtige Analysemöglichkeiten eröffnet (vgl. Scherer 1974: 91ff.; Merten, 1977: 162 ff.).

1) Entwicklung des Verfahrens

Die Entwicklung der Interviewanalyse ist von mehreren Disziplinen und einer Vielzahl von Ansätzen, die voneinander kaum Notiz nehmen, geprägt. Der Grund dafür liegt auf der Hand: Interviewanalyse setzt die Analyse von Kommunikation voraus, die – aus gutem Grund – gleicherweise von vielen Disziplinen und noch vielfältigeren Ansätzen getragen wird. Während die Analyse von Interviews in der Soziologie bzw. Sozialpsychologie vor allem unter dem Gesichtspunkt der verbalen Interaktion erfolgt ist (vgl. Reschka 1971) und allenfalls bei der rein technischen Vercodung offener Antworten die Analogie zum Interview sichtbar wird (vgl. Kap. 12.13), hat auch umgekehrt die Interaktionsanalyse im sozialpsychologischen Bereich zwar viele Ansätze hervorgebracht, den inhaltsanalytischen Ansatz jedoch vollkommen vernachlässigt (vgl. Argyle 1972). Allein im Bereich des therapeutischen bzw. klinischen Interviews (vgl. im Überblick Seidenstücker 1974) hat sich eine stark inhaltsanalytisch orientierte Interviewanalyse entwickelt, die von Auld/Murray (1955) und von Marsden (1971) nachgezeichnet worden ist. Ansätze zur nonverbalen Inhaltsanalyse sind im Überblick von Mahl/Schulze (1969: 324–341) beschrieben worden. Eine systematische Zuordnung der vielen Ansätze ist aus verschiedenen Gründen nicht einfach, vor allem auch deshalb nicht, weil alle Ansätze zwar vom Interview ausgehen, aber die Definition des Textes mit und ohne Bezug auf das Interview vornehmen: Da die pragmatisch-pragmatische Ebene alle anderen Ebenen einschließt, können auch aus der Interviewanalyse Verfahren auf niedrigerer Ebene abgeleitet werden. Dies spiegelt sich auch in der von Marsden (1971: 346) entwickelten Unterscheidung in klassisches Modell, pragmatisches Modell und nonquantitatives Modell.

Dem *klassischen* Modell sind nach Marsden alle solche Verfahren zuzurechnen, die vom produzierten Inhalt *eines* Kommunikanden ausgehen und von den dort erhobenen und quantifizierten Merkmalsausprägungen auf Merkmale des Rezipienten oder der Situation schließen. Hier ist die Arbeit von Lasswell (1935) hervorzuheben, der Beziehungen zwischen dem verbalen Verhalten eines Patienten und personalen bzw. psychophysiologischen Größen festgestellt hat. Auch Dollard/Mowrer (1947) mit dem von ihnen entwickelten DRQ-Index sind hier zu erwähnen (vgl. Kap. 8.51-13a). Schließlich sind hier auch Untersuchungen über das Sprechverhalten und Körperbewegungen zu nennen (vgl. im Überblick Brähler 1975: 9 ff.) sowie die ansatzweisen Analysen nonverbalen Verhaltens, wie sie bereits bei Bales in der *Interaktionsprozeßanalyse* (vgl. Kap. 8.53-18) auftreten.

Das *pragmatische* Modell ignoriert die Beschränkung auf syntaktische und semantische Aspekte, die von Berelson (1952: 16) gefordert wird und postuliert ausdrücklich den Einbezug dieser Dimension, die in doppelter Hinsicht berücksichtigt wird. Zum einen werden Relationen zwischen dem produzierten Inhalt und den beteiligten Kommunikanden berücksichtigt, und zum anderen werden die erhobenen Inhalte der *Interpretation* durch geschulte Coder (Interviewer) unterworfen. Als Beispiel ist hier exemplarisch die Motiv-Analyse von Dollard und Auld zu nennen, die zur Codierung des Interviews 78 Patienten-Kategorien und sechs Therapeuten-Kategorien verwendet (vgl. Dollard/Auld 1959: 436–440). Die sequentielle Codierung des Prozesses nach diesen Kategorien ergibt damit nicht nur Analysemöglichkeiten nach diesen 84 Kategorien, sondern zusätzlich weitere 78 x 6 = 468 Möglichkeiten zur Analyse von Kontingenzen, die hier – anders als bei der *Kontingenzanalyse* (vgl. Kap. 8.31-6) – immer einen Sprecherwechsel und damit ein Strukturmerkmal des Interviews selbst implizieren.

Das *nonquantitative* Modell der Interviewanalyse ist vor allem linguistisch orientiert. Es verzichtet auf die Gleichsetzung und insofern auf Quantifizierung, als Häufigkeiten des Auftretens eines Merkmals nicht mit *Intensität* gleichgesetzt werden. Als Beispiel nennt Marsden die Analyse eines Erstinterviews durch Pittenger et al. (1960), bei der durch eine ungewöhnlich aufwendige Notationstechnik eine Fülle linguistischer und paralinguistischer Variablen erhoben wird. Diese Studie wird später vorgestellt.

Die Vielzahl der mittlerweile vorhandenen Ansätze zur Interviewanalyse – Marsden (1971: 385) spricht von Entwicklung oft nur um der Entwicklung willen – macht es unmöglich, auch nur eine Auswahl vorzustellen. Daher soll hier nur ein vergleichsweise einfaches, aber instruktives und in der Realität praktiziertes Verfahren demonstriert werden (Beispiel 35).

2) Logik des Schlusses vom Text auf den Kontext

Je nach Verfahren werden bei der Interviewanalyse unterschiedliche Validierungsverfahren benutzt. Will man vom laufenden Prozeß auf Kommunikator oder Rezipient schließen, so wird in der Regel eine Außenvalidierung vorgenommen: Es wird geprüft, ob bestimmte Persönlichkeitsmerkmale in bezug auf entsprechende Textmerkmale diskriminieren.

Eine andere Strategie ist es, bei der Interviewanalyse für relevante Variablen (durchschnittliche Sprechdauer der Kommunikatoren, Länge der Pausen etc.) anhand eines genügend großen Samples Mittelwerte zu errechnen und Abweichungen von diesen Mittelwerten in Bezug zu entsprechenden Merkmalen der Kommunikanden zu setzen. Schließlich wird auch das Repräsentationsmodell bemüht, z.B. wenn von Häufigkeiten bestimmter Textmerkmale auf Intensität bestimmter Kommunikanden-Merkmale geschlossen wird.

3) Vorgehensweise

Die Vorgehensweise soll anhand eines einfachen Beispiels demonstriert werden (Beispiel 35):

Beispiel 35: Gießener Sprachanalyse (GS) (nach Brähler 1975)

GS ist ein Verfahren, das man in Anlehnung an Starkweather (1956) als inhaltsfreies Verfahren (content-free bzw. non-content interview) bezeichnen kann, das nach den wegweisenden Entwicklungen von Matarazzo/Saslow (1956; 1961; 1963)

Sequenzen von Sprechen (des Kommunikators bzw. Therapeuten T oder des Patienten P) und Schweigen O mit Hilfe einer elektronischen *Sprachanalyse* erfaßt und entsprechende Kennwerte unmittelbar während des laufenden Interviews auswirft. Kategorien sind demgemäß alle logisch möglichen Dreier-Sequenzen, in denen mindestens zwei verschiedene Zustände O, P und/oder T auftreten (Abb. 134). Damit ist zugleich auch gesagt, daß und wie die hier eigentlich erhobenen Inhalte in bezug auf Beginn und Ende des Sprechens der Kommunikanden *relationiert* sind: Nicht die Inhalte an sich, sondern die Dauer des Sprechens und der Sprechwechsel sind hier die relevanten Variablen. Man sieht deutlich, daß die logisch abgeleiteten Kategorien auch inhaltlich sinnvoll eingesetzt werden können, um bestimmte Eigenarten des Sprechverhaltens bzw. des Interviews zu erfassen. Auf Eigenschaften des Therapeuten kann anhand derart erhobener Inhalte ebenso geschlossen werden (vgl. Brähler 1978) wie auf Eigenschaften der Rezipienten (vgl. Brähler 1976: 120 ff.), wobei das Ausmaß der Persönlichkeitsmerkmale, auf das GS diskriminiert, bislang erst ansatzweise erforscht ist. Sobald genügend valide Standardwerte vorliegen, kann man Individualwerte auch mit diesen Standards vergleichen und daraus Rückschlüsse ziehen.

1. TOP = *Pause*, die nach Reden des Therapeuten auftritt und von einem Reden des Patienten beendet wird (Reaktionszeit des Patienten).

2. POT = *Pause*, die nach Reden des Patienten auftritt und von einem Reden des Therapeuten beendet wird (Reaktionszeit des Therapeuten).

3. TOT = *Pause*, die nach Reden des Therapeuten auftritt und von einem Reden des Therapeuten beendet wird (Initiativzeit des Therapeuten).

4. POP = *Pause*, die nach Reden des Patienten auftritt und von einem Reden des Patienten beendet wird (Initiativzeit des Patienten)

5. OPO = *Reden des Patienten*, das nach einer Pause auftritt und von einer Pause beendet wird (Monologreden des Patienten).

6. OPT = *Reden des Patienten*, das nach einer Pause auftritt und von einem Reden des Therapeuten beendet wird (Startreden des Patienten).

7. TPO = *Reden des Patienten*, das nach Reden des Therapeuten auftritt und von einer Pause beendet wird (Niederreden des Therapeuten).

8. TPT = *Reden des Patienten*, das nach Reden des Therapeuten auftritt und von einem Reden des Therapeuten beendet wird (Intermittierendes Reden des Patienten).

9. PTP = *Reden des Therapeuten*, das nach Reden des Patienten auftritt und von einem Reden des Patienten beendet wird (Intermittierendes Reden des Therapeuten).

10. PTO = *Reden des Therapeuten*, das nach Reden des Patienten auftritt und von einer Pause beendet wird (Niederreden des Patienten).

11. OTP = *Reden des Therapeuten*, das nach einer Pause auftritt und von einem Reden des Patienten beendet wird (Startreden des Therapeuten).

12. OTO = *Reden des Therapeuten*, das nach einer Pause auftritt und von einer Pause beendet wird (Monologreden des Therapeuten).

Abbildung 134: Kategoriensystem der Gießener Sprachanalyse (nach Brähler 1978: 158 f.)

4) Kritik

Es ist ganz deutlich, daß die Interviewanalyse noch in ihren Anfängen steckt und bislang nur auf dem Gebiet des klinischen Interviews systematisch fortentwickelt worden ist.

Als generelles Defizit ist die Theorielosigkeit zu beklagen, so daß bislang wenig Sicherheit über relevante Variablen oder relevantes Zusammenspiel relevanter Variablen bestehen.

Auf der anderen Seite ist hervorzuheben, daß starke Anstrengungen unternommen worden sind, Analyseverfahren mit EDV-Unterstützung zu entwickeln (vgl. Starkweather 1964; Harway 1966 ; Ekman/Friesen 1969b).

5) Variationen und Weiterentwicklungen

Auf dem Gebiet des therapeutischen Interviews gibt es bereits eine Fülle von Verfahren. Neben den formalen (inhaltsfreien) Verfahren der Interviewanalyse sind Verfahren nonverbaler Analyse entwickelt worden, die vor allem zur Analyse der interpersonalen Beziehung zwischen Kommunikator und Rezipient benutzt werden können (vgl. Ekman/Friesen 1968). Von besonderem Interesse ist dabei die simultane Analyse von verbalen und nonverbalen Inhalten und ihr Bezug zueinander, die von Dittmann (1962) zuerst angeregt worden ist.

Ein ganz wesentliches Problem für die weitere Entwicklung der Interviewanalyse stellt die Entwicklung leistungsfähiger, d.h. mit hoher Geschwindigkeit und/ oder großer Genauigkeit arbeitender Notationssysteme (vgl. Kap. 12.22) dar.

6) Anwendungen

Die Interviewanalyse ist vor allem auf dem Gebiet des therapeutischen Interviews und hier vor allem bei den Erstinterviews eingesetzt worden. Dabei können ganz grob drei Analyseziele unterschieden werden: Der Schluß auf Eigenschaften oder Zustände des Patienten, der Schluß auf Verhalten des Therapeuten (vgl. Strupp/Wallach 1965) und der Schluß auf den Kommunikationsprozeß selbst (vgl. statt anderer Pittenger 1960).

Overbeck (1980) berichtet über die Erweiterung der Interview-Analyse zur familientherapeutischen Analyse, also zu einer Gruppenanalyse, bei der jedoch –anders als bei der Balesschen Interaktionsprozeßanalyse – die Inhalte relational und vollständig auf den Kommunikationsprozeß bezogen bleiben. Ausführliche Hinweise finden sich bei Seidenstücker (1964), Marsden (1971) und Gliemann/Mohring (1981).

9 Auswahl von Textstichproben

Die Verwendung von sorgfältig definierten Stichproben für die Inhaltsanalyse ist aus zwei Gründen besonders wichtig: Zum einen ist die Datenbasis von Texten meist sehr groß, so daß eine Totalanalyse überhaupt nicht durchführbar ist. Schon die Titelseite einer normalen Tageszeitung weist mehr als 2 000 Wörter auf. Die

Bildung einer Stichprobe (*Korpus*) ist daher meist die einzige Möglichkeit, mit begrenzten zeitlichen, finanziellen und technischen Mitteln Aussagen zu machen.

Der zweite Grund liegt in dem Anspruch, von Texten auf die soziale Wirklichkeit außerhalb von Texten zu schließen. Dabei setzen wir stillschweigend voraus, daß die jeweiligen Texte ein getreues Abbild aller nur denkbaren einschlägigen Texte darstellen, also *repräsentativ* für die *Grundgesamtheit* aller solcher Texte stehen.

In diesem Kapitel werden zunächst die Problematik solcher Annahmen und Vorschläge, wie man diese Problematik entschärft, behandelt. Ein Exkurs über statistisches Schließen demonstriert praktische Probleme des *Repräsentationsschlusses* und die Berechnung von Stichprobenumfängen.

Im Rahmen eines Lehrbuches können die statistischen Probleme nur ansatzweise behandelt werden. Exakte Herleitungen der verwendeten Gleichungen finden sich in jedem Statistikbuch (z.B. Blalock 1972 oder Kriz 1973). Weiterführende Hinweise über Stichprobenprobleme in der Inhaltsanalyse finden sich in der bemerkenswerten Arbeit von Kops (1977).

9.1 Grundgesamtheit und Stichprobe

Aussagen über empirische Sachverhalte sollen in den Sozialwissenschaften möglichst verallgemeinerbar sein, d.h. sie sollen für die *Grundgesamtheit* aller einschlägigen Fälle (Einheiten) gelten. Wenn man beispielsweise eine Untersuchung über die Aktualität von Nachrichtenartikeln durchführt und verallgemeinernde Aussagen formulieren will, so müßte man an sich *alle* Nachrichtenartikel analysieren. Eine Analyse der Grundgesamtheit ist jedoch nicht nur aus Zeit- und Kostengründen nur selten möglich, sondern scheitert, wie dieses Beispiel zeigt, auch aus anderen Gründen: So müßte man die Untersuchung auf *alle* Nachrichtenartikel in allen Ländern ausdehnen (regionale Dimension), und zugleich müßte man *alle* Nachrichtenartikel seit Beginn der Presse (1609) bis zum Ende der Presse (das Zeitungsverleger zwar immer beschwören, das aber bislang nicht eingetreten ist) analysieren (temporale Dimension). Das ist schlechterdings unmöglich. Von daher beschränkt man sich auf eine *Stichprobe* von Artikeln und schließt vom Ergebnis der daraus erstellten Analyse auf die jeweilige Grundgesamtheit, man macht einen *Repräsentationsschluß*. Dieser Schluß ist jedoch nur dann zulässig, wenn die Stichprobe ein maßstabgetreues Abbild der Grundgesamtheit darstellt bzw. wenn Abweichungen von diesem Maßstab erfaßt und korrigiert werden können. Daraus folgt: Zur Bestimmung einer Stichprobe muß man die jeweilige Grundgesamtheit so exakt wie möglich definieren.

9.11 Definition der Grundgesamtheit

Die Definition der Grundgesamtheit kann sich sowohl nach dem Erkenntnisinteresse richten, also nach dem Ziel der Analyse, sie kann aber auch anhand von regionalen, temporalen oder anderen Dimensionen vorgenommen werden.

Die Einschränkung der Grundgesamtheit ist auch im statistischen Sinn nützlich: Sie verringert die Streuung relevanter Merkmale und erlaubt damit präzisere Angaben oder die Verkleinerung der jeweilig zu bestimmenden Stichprobe. Wenn man daher Nachrichtenartikel auf Aktualität analysieren will, so muß neben der logisch notwendigen zeitlichen Begrenzung ggf. auch eine Beschränkung nach Regionen oder/und nach dem Typ der Presse eingeführt werden. Demgemäß könnte die Definition einer Grundgesamtheit lauten: „Alle Nachrichtenartikel der bundesdeutschen Tagespresse aus den Jahren 1966–76".

Die statistischen Beziehungen zwischen Grundgesamtheit und Stichprobe hängen vom Typ der Stichprobe ab und werden in Kap. 9.33 erläutert.

9.12 Definition von Einheiten

Die Definition des Samples setzt die Definition einer entsprechenden Einheit voraus, nämlich der *Auswahleinheit*. In der Inhaltsanalyse werden zumindest drei Typen von Einheiten unterschieden: *Auswahleinheit* (sampling unit, Erhebungseinheit), *Analyseeinheit* (recording unit, scoring unit, Untersuchungseinheit) und *Konteinheit* (context unit).

Die *Auswahleinheit* ist eine formal (physikalisch) definierte Einheit, die n mal im Sample und N mal in der Grundgesamtheit vertreten ist. Auswahleinheit kann z.B. eine Zeitungsausgabe an einem bestimmten Tag, eine politische Rede oder ein therapeutisches Interview sein, aber auch Vielfache dieser Einheiten (z.B. alle Ausgaben eines Monats, alle Reden einer Woche, alle Interviews eines Tages etc.).

Analyseeinheit (Untersuchungseinheit, recording unit) ist die Einheit, die untersucht werden soll. Wenn z.B. eine Zeitungsausgabe die Auswahleinheit ist, dann kann als Analyseeinheit der einzelne Artikel, der Absatz, der Satz oder ein einzelnes Wort definiert werden. Die Analyseeinheit muß jedoch das zu analysierende Element noch enthalten.

Im Gegensatz zur Auswahleinheit wird die Analyseeinheit also nicht formal, sondern *inhaltlich*, nach dem Ziel der Untersuchung, definiert. Wenn man das Verhalten von Politikern in Wahlkampfsendungen analysieren will, dann kann man z.B. als Auswahleinheit die jeweilige Sendung, als Analyseeinheit hingegen jede Rede-Einheit, jeden Satz oder gar das Vorkommen von Wertungen definieren – je nachdem, ob man eine *Themenanalyse* (Was hat er gesagt?), eine *Verständlichkeitsanalyse* (Wie *einfach* versteht er zu sprechen?) oder eine *Wertanalyse* (Welche *Wertungen* benutzt er?) durchführen will. Berelson (1952: 141) schlägt in diesem Sinn das item als natürliche Einheit vor, also vom Kommunikator inhaltlich produzierte Einheit.

Es gibt auch Versuche, „ideale" Analyseeinheiten für bestimmte Inhalte zu definieren. Danielson (1965) schlägt zur Analyse von Artikelüberschriften eine „basic space unit" als Maß vor, die den Vorteil hat, daß sie mit EDV identifiziert und ausgewertet werden kann. Jones/Troldahl (1961) analysieren die Texte von Nachrichtenagenturen und definieren als geeignete Analyseeinheit die Fernschreiberzeile. In beiden Fällen liegt der Vorteil dieser Definition darin, daß sie exakt quantifizierbar ist. Während bei der *Befragung* Auswahleinheit und Analyseeinheit zusammenfallen, ist die Auswahleinheit bei der Inhaltsanalyse in der Regel ein Vielfaches der Analyseeinheit, so daß man von einer *Klumpenstichprobe* (cluster-sample) sprechen kann.

Das hat durchaus Vorteile: Wenn man z.B. Bewertungen in einem Text als Auswahleinheiten definieren wollte, so müßte man alle Bewertungen auf geeignete Weise durchnumerieren, dann ein anhand eines Auswahlverfahrens (Zufallsauswahl, bewußte Auswahl) nur n von N der insgesamt in der Grundgesamtheit vorhandenen Wertungen berücksichtigen, d.h. man müßte einen enormen Dokumentationsaufwand umsonst betreiben. Definiert man jedoch Absätze, Artikel oder Seiten als Auswahleinheit, in denen die Analyseeinheit (hier: Bewertung) erwartbar gleich oft auftritt, so kann man die Auswahl sehr viel einfacher durchführen.

Die Definition der *Kontexteinheit* ist dann notwendig, wenn die *Analyseeinheit* erst aus ihrem (symbolischen, semiotischen) Kontext heraus bestimmt werden kann. Die Kontexteinheit ist definiert als die größte Texteinheit, die herangezogen werden muß, um die Analyseeinheit zu definieren. Bereits Geller et al. (1942) haben anhand der Auszählung von Bewertungen gezeigt, daß die Wahl der Einheiten sorgfältig erfolgen muß, denn sie beeinflußt das Ergebnis der Analyse (Abb. 135).

Analyseeinheit	Kontexteinheit	Zahl der Einheiten	Quotient negativer zu positiver Bewertung
Symbol	Satz	500	2.76
Absatz	Absatz	238	3.64
3 Sätze	3 Sätze	319	4.36
Artikel	Artikel	88	2.39

Abbildung 135: Analyseeinheit und Kontexteinheit (nach Geller/Kaplan/Lasswell 1942: 363 ff.)

Es zeigt sich sehr deutlich, daß das Ergebnis von der Definition der Auswahleinheit abhängig ist. Zwar ist das Ergebnis hinsichtlich der *Bewertungen* konsistent (mehr negative als positive Bewertungen), hinsichtlich der Relationen jedoch keineswegs. Soweit möglich, sollte man daher Kontexteinheiten nur dann abweichend von den Analyseeinheiten definieren, wenn der Kontext in der Tat für die Definition bzw. für das Verständnis der Analyseeinheit unerläßlich ist.

Die Definition der Einheiten kann nach Krippendorff (1980: 60 f.) auf verschiedene Weise erfolgen:

1. physikalisch
   (Bestimmung von Texteinheiten durch Länge, Fläche, Größe, Zeit.)
2. syntaktisch
   (Bestimmung von Texteinheiten als Wort, Satz, Artikel etc.)
3. referentiell
   (Bestimmung von Texteinheiten durch Objekte, Ereignisse bzw. Personen, z.B. „Der Mann, der Blut und Tränen vor dem Sieg verhieß", „Der Premier mit der Zigarre" etc. als Bezeichnung für W. Churchill etc.)

4. propositional
(Bestimmung von Texteinheiten durch Umformung in Propositionen. Osgood hat diesen Weg bei der Entwicklung der Evaluative Assertion Analysis (vgl. Kap. 8.51-12) benutzt.)
5. thematisch
(Bestimmung von Texteinheiten nach Themen; diese Definition setzt zu ihrer praktischen Handhabbarkeit jedoch ein sicheres Verständnis des ganzen Textes vor der Analyse bereits voraus; demgemäß wird diese Definition vor allem in der Ethnologie bei der Analyse von Folklore benutzt.)

9.2 Auswahlverfahren

Grundsätzlich lassen sich drei Typen von Auswahlverfahren unterscheiden, nämlich *willkürliche* Auswahl, *bewußte* Auswahl und *Wahrscheinlichkeitsauswahl*, wobei die letzteren sich gemäß Abb. 146 noch weiter differenzieren lassen.

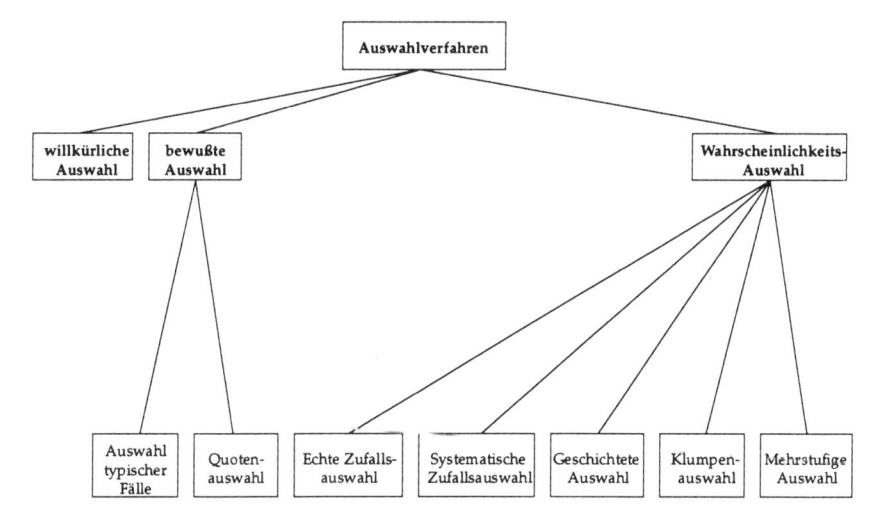

Abbildung 136: Typologie von Auswahlverfahren

9.21 Willkürliche Auswahl

Willkürliche Auswahl ist eine „Auswahl aufs Geratewohl" hin (Kellerer 1963: 156), bei der ohne Plan – weder auf Grund von Kenntnissen über die Merkmalsverteilungen in der Grundgesamtheit noch anhand eines Stichprobenplans – eine Stichprobe definiert wird. Damit ist zugleich gesagt, daß dieser Typ von Auswahlverfahren keinen Anspruch auf Repräsentativität erheben kann: Willkürliche Auswahlen sollen deshalb gerade *nicht* durchgeführt werden. Die Abgrenzung zwischen willkürlicher und bewußter Auswahl ist jedoch nicht definitiv, sondern diffus, so daß Elemente der Willkür, wie wir sehen werden, sich auch bei solchen Verfahren einschleichen können, die von ihrem Anspruch her auf Repräsentativität zielen.

9.22 Bewußte Auswahl (judgement sample, purposive sample)

Bei der bewußten Auswahl werden relevante Kriterien für die Auswahl vorgegeben, derart, daß die Stichprobe ein möglichst getreues Abbild der Grundgesamtheit darstellen soll. Das setzt Kenntnisse über die Verteilung der für die Analyse relevanten Variablen in der Grundgesamtheit voraus. Gerade in der Inhaltsanalyse ist die bewußte Auswahl (vgl. Budd 1967: 23; Kops 1977: 102 ff.) bislang das am häufigsten verwendete Auswahlverfahren – vermutlich nicht nur deshalb, weil die Statistik der Zufallsauswahlen so viel Kopfzerbrechen macht, sondern weil die Bedingungen für eine Zufallsauswahl für die Inhaltsanalyse vergleichsweise ungünstig sind: Die Beschaffung des Materials, der hohe Codieraufwand sowie die vergleichsweise geringen Kenntnisse der für die Stichprobenziehung relevanten Variablen sind einige solcher Gründe (vgl. Kops 1980).

Im folgenden sollen die für die Inhaltsanalyse wichtigsten Verfahren, nämlich die *Auswahl typischer Fälle* und die *Quotenauswahl* näher behandelt werden. Über weitere Verfahren bewußter Auswahl berichtet Kops (1977: 166 ff.).

9.221 Auswahl typischer Fälle

Bei diesem Verfahren werden in die Stichprobe typische, im Hinblick auf das Analyseziel besonders charakteristische Fälle aufgenommen. Das setzt voraus, daß die Kontrollmerkmale, die zum Urteil „typisch" herangezogen werden, mit den eigentlichen, zu untersuchenden Merkmalen stark zusammenhängen. Diese Forderung ist nicht a priori erfüllt, sondern muß von Fall zu Fall überprüft werden.

Beispiel für eine typische Auswahl ist z.B. die Untersuchung von Schönbach (1977), der vier große Tageszeitungen als typische Vertreter eines politischen rechts / gemäßigt-rechts / gemäßigt-links / links – Kontinuums auswählt und aus deren Mittelwert einen Index für neutrale Berichterstattung herausrechnet (Schönbach 1977: 61 ff.). Die typische Auswahl setzt voraus, daß bestimmte Einheiten, die als typisch bezeichnet werden können, einem bestimmten Durchschnittswert bzw. einer bestimmten Norm in der Grundgesamtheit besonders ähnlich sind bzw. von dieser möglichst wenig abweichen. Daraus ergibt sich unmittelbar ein Plan für die Auswahl der Einheiten.

Eine andere Möglichkeit besteht dann, wenn sich das entsprechende Merkmal klassifizieren läßt: In diesem Teil können für jede Klasse „typische" Einheiten bestimmt werden, wobei die Zahl der Einheiten dem Klassenumfang in der Grundgesamtheit entsprechen sollte (vgl. Kops 1977: 188 ff.). Das Beispiel von Schönbach (1977) ist ein solcher Fall mit mehreren, voneinander verschiedenen, typischen Einheiten.

9.222 Quotenauswahl (quota sample)

Während bei der Auswahl typischer Fälle die Repräsentativität der Auswahl in starkem Maß von dem Vorwissen des Forschers über die Strukturen der Grundgesamtheit und über die Repräsentativität individueller Fälle abhängt, gewissermaßen Milieukenntnis voraussetzt, wird diese Kenntnis bei der Quotenauswahl ersetzt durch die aus der amtlichen oder sonstigen Statistik bekannte Verteilung wesentlicher Merkmale. Die Anwendung des Quotenverfahrens setzt aber voraus, daß diese Quotenmerkmale mit der oder den zu analysierenden Variablen, die durch das Ziel der Untersuchung definiert sind, hoch korrelieren. Während jedoch bei der Umfrageforschung das Quotenproblem durch Angabe demographischer Daten (Alter, Geschlecht, Beruf), deren Verteilung in der Grundgesamtheit bekannt ist, gelöst werden kann, gibt es entsprechend eindeutige Merkmale in der Inhaltsanalyse nicht. Einen Versuch, anhand als relevant angesehener Quotenmerkmale eine Quotenstichprobe zu bilden, haben Coats/Mulkey (1950) unternommen (Beispiel 36):

Beispiel 36: Quotenauswahl für die amerikanische Tagespresse (nach Coats/ Mulkey 1950)

Die Autoren definieren zunächst acht Merkmale, von denen sie annehmen, daß sie wesentlich für die Beschreibung der Presse sind.
Dies sind:

1. Region des Erscheinens (fünf Regionen der USA);
2. Höhe der Auflage (unter 25 000, 25 000–100 000, über 100 000);
3. Zeitpunkt des Erscheinens (Morgen- versus Abendzeitung);
4. Publikation einer 7. Ausgabe (Sonntagsausgabe ja/nein);
5. Nachrichtenagenturen (bezieht nur AP/AP und andere, nur UP/UP und andere, bezieht Agenturmeldungen internationaler Agenturen);
6. Politische Ausrichtung (republikanisch/demokratisch/unabhängig);
7. Militärbezug (Organ ist/ist nicht in der Nachbarschaft einer größeren Einrichtung/Anlage der Armee);
8. Monopol (Organ gehört/gehört nicht zu einer Zeitungskette).

Sodann definieren sie ein Sample von 100 Zeitungen, das als repräsentativ für die Berichterstattung über militärische Belange in den USA gelten kann. Auf Grund der festgesetzten acht Quotenmerkmale entwickeln sie einen Quotenplan, aus dem zwei Subsamples gebildet werden, die hinsichtlich militärischer Berichterstattung miteinander verglichen werden. Die Ergebnisse der beiden Samples unterscheiden sich kaum – das Quotenverfahren erweist sich hier als präzises Instrument für die Bildung repräsentativer Auswahlen.

Trotz des positiven Eindrucks der Autoren ist jedoch offensichtlich, daß eine kombinierte Quotierung aller Merkmale bei derart vielen notwendigen Quotenmerkmalen kaum noch möglich ist. Darüber hinaus zeigt gerade das etwas esoterische Merkmal „Militärbezug", wie spezifisch die Merkmale zu wählen sind bzw. wie wenig verallgemeinerbare Merkmale für eine Quotenauswahl der Inhaltsanalyse vorhanden sind.

Die im diskutierten Beispiel gemachte Einschränkung auf militärische Belange machen andere Autoren, die ebenfalls mit dem Quotenverfahren arbeiten, nicht. Als weiteres Beispiel soll die „Publizistische Stichprobe" von Schulz (1968) vorgestellt werden (Beispiel 37):

Beispiel 37: Methode der publizistischen Stichprobe (nach Schulz 1968)

Schulz (1968) entwickelt die Methode der „publizistischen Stichprobe" mit dem Ziel, damit ein Instrument zu schaffen, „das kurzfristig und zu jeder Zeit aktuelle wie auch retroperspektive Untersuchungen ermöglicht - mit dem Anspruch, zuverlässige und präzise Aussagen über die Gesamtheit der deutschen Tagespresse zu machen" (Schulz 1968: 330 f.).

Auf der Basis der von Walter J. Schütz entwickelten Pressestatistik (vgl. Schütz 1967) wird die Grundgesamtheit aller Tageszeitungen der BRD definiert. Als Auswahleinheit wird die sog. „publizistische Einheit" definiert, d.h. alle Zeitungen mit gleichem Mantel werden der gleichen publizistischen Einheit zugerechnet. Daraus ergibt sich eine Grundgesamtheit von 175 publizistischen Einheiten (vgl. Schütz 1966: 14).

Als Quotenmerkmale benutzt Schulz die Region (Bundesländer der BRD) und die Auflage der Einheiten: Die Auswahl wird also getrennt nach Ländern vorgenommen derart, daß die Wahrscheinlichkeit, in die Auswahl zu gelangen, zu der Auflage der Zeitungen proportional ist. Dividiert man die Gesamtauflage A der Grundgesamtheit durch den Stichprobenumfang n (den Schulz (1968) mit n = 55 angibt), so erhält man das Auswahlintervall, das als Zähleinheit für die eigentliche Auswahl benutzt wird. Die Auswahl geht dann wie folgt vor sich:

Alle publizistischen Einheiten der Grundgesamtheit werden nach Bundesländern und nach absteigender Auflage aufgelistet, wobei von jeder publizistischen Einheit nur die jeweils auflagenstärkste Zeitung berücksichtigt wird (Abb. 137). Sodann wird eine Zufallszahl bestimmt, die zwischen 0 und dem Wert a des Auswahlintervalls liegt. Die Differenz zwischen der Auflage der 1. Zeitung je Landesliste und dem Auswahlintervall a ist der Startpunkt: Es werden alle Auflagen der nachfolgenden Zeitungen solange addiert, bis der Startpunkt erreicht oder überschritten ist: Die Zeitung, bei der dies erfolgt, wird in die Stichprobe aufgenommen. Daß Zeitungen, deren Auflage höher als das Auswahlintervall ist, in die Stichprobe aufgenommen werden, ist damit ein sicheres Ereignis.

Auch an diesem Beispiel zeigt sich das gleiche noch einmal: Es ist nicht gesichert, daß die Quotenmerkmale mit den fallweise verschiedenen relevanten Untersuchungsmerkmalen genügend hoch korrelieren. Schulz (1968: 333 ff.) berichtet zwar im konkreten Fall von einer hohen Übereinstimmung, doch diese kann sich – bei geänderter Fragestellung – allemal mitverändern: Die Ziehung einer einzigen Stichprobe für alle Zwecke und alle Zeiten ist damit nicht zu leisten (vgl. Mahle/ Wilkens 1969 sowie in Entgegnung Schulz 1972).

9 Auswahl von Textstichproben

Abschließend bleibt darauf hinzuweisen, daß bei allen bewußten Auswahlen die Auswahl argumentativ begründet werden muß. Je weniger dies erfolgt, desto ähnlicher wird die „bewußte" Auswahl der willkürlichen Auswahl.

1 Publizistische Einheit	2 Auflage in Tsd.	3 Start	4 kumulierte Auflage in Tsd.	5 kumuliertes Auswahlintervall	6 als Stichprobeneinheit ausgewählt
Berlin					
B. Z.	322		(Wahrscheinlichkeit über 1)		ausgewählt
Berliner Morgenpost	226	50	176	0	ausgewählt
Der Tagesspiegel	90		266	250	ausgewählt
Telegraf	81		347		
Der Abend	63		410		
nacht-depesche	45		455		
Spandauer Volksblatt	24		479		
Niedersachsen					
Hannoversche Allgemeine Zeitung	232	109	123	0	ausgewählt
Braunschweiger Zeitung	143		266	250	ausgewählt
Hannoversche Presse	140		406		
Nordwestdeutsche Allgemeine Verlagsges.	(129)		(535)	(500)	(ausgewählt)
Stader Tageblatt	17		423		
Verdener Aller-Zeitung...........	9		432		
Niederelbe Zeitung	12		444		
Bremervörder Zeitung	7		451		
Diepholzer Kreisblatt	14		465		
Norderneyer Badezeitung	2		467		
Osterholzer Kreisblatt	7		474		
Rheiderland	5		479		
Rotenburger Kreiszeitung	8		487		
Elmshorner Nachrichten	9		496		
Fehmarnsches Tageblatt	2		498		
Ostholsteiner Anzeiger	5		503	500	ausgewählt
usw.					

Abbildung 137: Auswahl nach der publizistischen Stichprobe (nach Schulz 1968: 332)

9.23 Wahrscheinlichkeitsauswahl (random sample)

Die Wahrscheinlichkeitsauswahl zeichnet sich gegenüber der bewußten Auswahl dadurch aus, daß die Chance, daß ein bestimmtes Element (eine bestimmte Analyseeinheit) ausgewählt wird, statistisch bestimmt werden kann. Die Vermutung über bestimmte Verteilungen, die bei der bewußten Auswahl einen relativ großen

Ermessensspielraum offen lassen, werden hier ersetzt durch den statistischen Kalkül. Die wichtigsten Verfahren werden im folgenden diskutiert.

9.231 Uneingeschränkte (einfache) Wahrscheinlichkeitsauswahl (simple random sample)

Dieses Verfahren ist das einfachste, aber zugleich das in der Praxis umständlichste Verfahren. Es setzt zunächst voraus, daß Auswahl- und Analyseeinheit zusammenfallen, so daß die Zahl der Einheiten in der Grundgesamtheit und tendenziell auch der Stichprobenumfang sehr groß werden: Hat die Grundgesamtheit den Umfang N und soll die Stichprobe den Umfang n haben, so wird durch geeignete Techniken zur Sicherung der Zufallsauswahl n mal eine Auswahleinheit bestimmt. Geeignete Techniken sind (vgl. Büschges/Lütke-Bornefeld 1977: 261 ff.):

a) Lotterieauswahl (Durchführung eines zufallsgesteuerten Prozesses wie Würfeln, Losen etc.)
b) Benutzung bereits definierter Zufallsgrößen (Tabellen mit Zufallszahlen, Zufallsgenerator)

Jedes ordentliche Statistik-Buch (etwa: Blalock 1972: 554 ff.) enthält Tabellen mit Zufallszahlen. Die Vorgehensweise ist folgende:

Alle Einheiten der Grundgesamtheit werden durchnumeriert bis zur Zahl N. Sodann bestimmt man durch Würfeln o.ä. in dieser Liste einen Anfang und bestimmt die nächsten n Zahlen, wobei Zahlen, die größer als N sind, ausgelassen werden. Die Einheiten mit den entsprechenden Nummern in der Grundgesamtheit sind dann die zur Stichprobe gehörigen Auswahleinheiten.

Das Problem bei dieser Vorgehensweise liegt in der notwendigen Numerierung der Einheiten der Grundgesamtheit, die nicht immer durchzuführen ist und generell einen hohen Arbeitsaufwand erfordert. Wenn man z.B. eine Lesbarkeitsanalyse bei Goethe durchführen wollte und ein Sample von Sätzen durch einfache Zufallsauswahl bestimmen wollte, so müßten man vorher jeden einzelnen Satz der gesammelten Werke von Goethe durchnumerieren. Abgesehen davon, ob es überhaupt eine solche Sammlung gibt und ob diese beschafft und zur Numerierung freigegeben wird, kommt das Numerieren ebenfalls einer Lebensaufgabe gleich.

9.232 Systematische Auswahl (systematic sample)

Die systematische Auswahl umgeht die Schwächen der uneingeschränkten Zufallsauswahl und hat sich gerade für die Inhaltsanalyse als ganz besonders fruchtbar gezeigt. Hier wird der Zufall „systematisch" garantiert, indem aus der Grundgesamtheit vom Umfang N jede n-te Auswahleinheit berücksichtigt wird bzw. ein Auswahlintervall (zeitlich), beginnend mit einem zufällig festgelegten Startpunkt, definiert wird. Für die Presseanalyse kann man dieses Intervall *zeitlich* bestimmen und an jedem N/n-ten Tag erheben. Dadurch wird jeder Wochentag nach einem bestimmten Turnus erneut in das Sample aufgenommen (rotated sample, vgl. Berelson 1952: 183). Bereits Taeuber (1932) verfährt so bei der Analyse von Wochenzeitschriften: Im Februar wird die erste, im Mai die zweite, im August die dritte und im November die vierte Woche analysiert. Mintz (1949) zeigt für Tageszeitungen, daß die Auswahl jedes n-ten Tages zu Ergebnissen führt, die in Einklang mit den Ergebnissen einer Volluntersuchung liegen. Davis/Turner (1951) definieren ein Sample von zwei Monaten, indem sie jeden 6. Wochentag wählen. Bei der Analyse der deutschen Presse im Jahr 1976 (vgl. Merten 1982c) wurde ein Intervall von vier Tagen festgelegt, so daß jeder 4. Tag in die Auswahl kommt und damit nach je vier Wochen genau die „künstliche Woche" im Sample enthalten ist.

So ökonomisch diese Vorgehensweise an sich ist, so problematisch kann sie in anderer Hinsicht sein: Wenn nämlich das gewählte Intervall mit anderen Intervallen interferiert, die durch die Periodizität des produzierten Inhalts oder durch das Analyseziel vorgegeben sind. Wenn man z.B. eine Stichprobe von Tageszeitungen definieren will und auf dem Kalender jeden 7. Tag als Intervall definiert, so hat man in der Stichprobe nur Montage oder nur Dienstage etc. Bei der Presse enthält aber die Montagsausgabe besonders viele Sportnachrichten, am Freitag besonders viele Anzeigen und am Sonnabend besonders viele kulturelle Inhalte (Feuilleton, Reise, Freizeit etc.), so daß hier schwere Verzerrungen auftreten würden.

Aber auch das Ziel der Analyse kann entsprechende Probleme bei der Intervallwahl erzeugen, die ungleich schwerer zu erkennen sind, wie das folgende Beispiel zeigt (Beispiel 38):

Beispiel 38: Messung von sozialem Status durch Analyse von Heiratsanzeigen (Hatch 1947)

Hatch stellt sich das Ziel, anhand von Heiratsanzeigen in der New York Times festzustellen, „what characteristics are common to the group assumed to be at the top of the social system" (Hatch 1947: 396). Zu diesem Zweck definiert er eine Grundgesamtzeit von Heiratsanzeigen über elf Jahre und bildet das Sample durch eine systematische Auswahl, indem er in einem Intervall von einem Jahr jeweils einen Monat lang die Sonntagsausgaben analysiert. Dabei beginnt er mit dem Monat Juni, so daß auch in allen folgenden Jahren nur im Juni analysiert wird.

Gemäß amerikanischen Gepflogenheiten gilt es als vornehm, in einer prominenten Kirche zu heiraten. Hatch stellt zwar fest, daß 57,6% der Hochzeiten seiner Stichprobe in der prominentesten Kirche stattfinden, daß darunter aber keine jüdischen Hochzeiten sind. Daraus folgt der implizite Schluß: Entweder gibt es keine Juden in der Oberschicht New Yorks, oder diese halten ihre Hochzeiten geheim.

Cahnman (1948: 97) klärt dieses Ergebnis als Artefakt auf, der allein durch die Stichprobenziehung verursacht ist: „Jewish marriages are not performed in the seven weeks between Passover and the Feast of Weeks and in the three weeks preceding the day of mourning for the destruction of the Holy Temple in Jerusalem. Almost invariably, June falls either into the one or into the other period".

Solche Inferenzen lassen sich durch partielle Wiedereinführung des Zufallsprinzips umgehen: So definieren Jones/Carter (1959) einen anderen Typ der „künstlichen Woche", indem sie die Grundgesamtheit (von drei Wochen) nach Tagen *und* nach Wochen sortieren und eine künstliche Woche konstruieren, indem sie aus jedem der drei Fälle pro Tag einen Tag auswählen mit der Auflage, daß jede Woche im Sample mindestens einmal vertreten sein müsse.

9.233 Geschichtete Auswahl (stratified sample)

Die Größe der zu ziehenden Stichprobe ist direkt von der Streuung der relevanten Merkmale abhängig: Je größer die Streuung, desto größer der notwendige Stichprobenumfang (vgl. Kap. 9.33). Wenn man nun die Grundgesamtheit (theoretisch) nach einem Merkmal in zwei oder mehr Teilgesamtheiten sortieren könnte, die dann in sich sehr viel homogener sind, so würde die Streuung des relevanten Merkmals in den Teilgesamtheiten sehr viel geringer sein, so daß auch der insgesamt notwendige Stichprobenumfang dadurch reduziert würde. Aus diesem Grund wird die geschichtete Auswahl überall dort angewendet, wo man relevante Schichtungsmerkmale definieren kann.

Relevante Schichtungsmerkmale sind solche, von denen eine Korrelation mit den Merkmalen der Analysemerkmale angenommen werden darf. Bei der Inhaltsanalyse von Tageszeitungen läßt sich z.B. das Merkmal „Regionalität" als Schichtungsmerkmal benutzen, indem man Zeitungen in überregionale Zeitungen (Prestige-Zeitungen, überall im Land zu haben), regionale Zeitungen und lokale Zeitungen differenziert: Überregionale Zeitungen z.B. sind ungleich stärker kosmopolitisch orientiert als etwa regionale oder gar lokale Zeitungen, weisen keine Regionalberichterstattung auf und pflegen im Bereich Kultur und Wirtschaft besondere Schwerpunkte zu haben.

Auch die *Zeit* kann gerade für inhaltsanalytische Arbeiten als Schichtungsmerkmal verwendet werden, wenn anzunehmen ist, daß sich die Inhalte in Abhängigkeit von der Zeit in bezug auf relevante Analysevariablen verändern werden (vgl. Kops 1977: 231).

Die Zahl der Schichten sollte gering gehalten werden, denn der Schichtungseffekt (Reduktion des notwendigen Stichprobenumfangs) nimmt mit der Zahl der Schichten immer mehr ab. Dabei muß man zwischen proportionaler und disproportionaler Schichtung unterscheiden:

Bei der *proportionalen* Schichtung sind die Auswahleinheiten in den Schichten mit dem gleichen Anteil wie in der Grundgesamtheit vertreten. Bei der *disproportionalen* Schichtung sind die Auswahlchancen ungleich verteilt. Das kann verschiedene Gründe haben: Einmal kann die Erhebung von Einheiten mit bestimmten Schichtungsmerkmalen kostenmäßig günstiger sein als die von anderen. Zum anderen kann es sein, daß bestimmte Schichten einer besonders rigiden Analyse unterzogen werden sollen. Beispielsweise wurde für die schon genannte Untersuchung zur Tagespresse (vgl. Merten 1982c) die Schicht der überregionalen Zeitungen total erhoben (100%), weil sie wegen ihres vermuteten Einflusses auf andere Zeitungstypen sehr fein analysiert werden sollte (vgl. Kap. 9.4).

Bei der *bestmöglichen* (optimalen) Schichtung werden die Schichtanteile bei einem vorgegebenen Stichprobenumfang der Stichprobe in Abhängigkeit von der Streuung der Schichten bestimmt. Wie die disproportional geschichtete Auswahl setzt dies jedoch Kenntnisse über die Streuung relevanter Merkmale voraus, die bei der Inhaltsanalyse oft nicht vorliegen (vgl. Böltken 1976: 278 ff.).

9.234 Klumpenauswahl (cluster sampling)

Die Klumpenauswahl ist die in der Inhaltsanalyse vermutlich am häufigsten verwendete Auswahlmethode, weil gerade dort die Auswahleinheit (Erhebungseinheit) oft nicht mit der Analyseeinheit (Untersuchungseinheit) zusammenfällt, sondern ein Vielfaches dieser darstellt. „Der Aufwand für das Numerieren fällt vergleichsweise gering aus: Nur der Klumpen muß gelistet werden. Bei den meisten Inhaltsanalysen von Zeitungen oder Zeitschriften stellen Themen, Artikel, Titelseiten, Kommentare und Berichte die Analyseeinheiten dar. Diese sind normalerweise nicht numeriert, aber die Titel (der Ausgabe) sind es" (Backman 1956: 730). Die Klumpenauswahl folgt dem gleichen Prinzip, das wir bei der systematischen Auswahl bereits kennengelernt haben (vgl. Kap. 9.1311): Die Auswahl erfolgt über Indikatoren (Tage, Seiten, Ausgaben etc.), die von sich aus eine „natürliche" Zählung aufweisen. Dieser Vorteil erhöht sich sogar noch, wenn man bedenkt, daß auch nicht mehr alle Texte, die als Grundgesamtheit definiert sind, beschafft werden oder vorhanden sein müssen, sondern nur noch diejenigen, die durch die Klumpenauswahl definiert werden.

Auf der anderen Seite erzeugt die Klumpenauswahl einen größeren Auswahlfehler (vgl. Backman 1956; Kops 1977: 252 ff.). Bei der Anwendung der Klumpenauswahl ist auch die jeweilige Analyseeinheit ein Gesichtspunkt, der zu beachten ist. Powers (1954) weist z.B. darauf hin, daß für die *Verständlichkeitsanalyse* (vgl. Kap. 8.51-15) der Satz als Auswahleinheit einer Klumpenauswahl dann problematisch ist, wenn als Analyseeinheit das einzelne Wort gewählt wird. Aufgrund der wechselseitigen Relationen von Wörtern in Sätzen werden dabei z.B. kurze und einfache Wörter zahlenmäßig überschätzt.

9.235 Mehrstufige Auswahlverfahren (multi-stage sampling)

Bei großen Datensätzen, wie sie typisch sind für die Inhaltsanalyse, ist die Anwendung der mehrstufigen Auswahl sinnvoll. Harder (1974: 237 ff.) schlägt für die Analyse der Presse folgende Stufen vor:

1. Stufe: Regionale Auswahl (Auswahl der Orte, in denen Zeitungen erscheinen)
2. Stufe: Organauswahl (Auswahl der erscheinenden Presseorgane)
3. Stufe: Zeitliche Auswahl (Auswahl bestimmter Nummern, z.B. jede n-te Ausgabe)
4. Stufe: Inhaltliche Auswahl (Auswahl nach Seiten, Typen von Inhalten etc.)

Man erkennt leicht, daß es sich hier um die Kombination mehrerer Auswahlverfahren handelt: Auf der 1. Stufe ist eine Klumpen- oder Flächenstichprobe sinnvoll, auf der 2. Stufe eine Zufallsauswahl (z.B. anhand der Auflistung von Höhne 1976), auf der 3. Stufe eine systematische Auswahl.

Die Vorteile der mehrstufigen Auswahl liegen in der Vereinfachung bei der Numerierung der Einheiten und damit in der Vereinfachung bei der Materialbeschaffung.

Der Nachteil des mehrstufigen Auswahlverfahrens liegt vor allem darin, daß der Auswahlfehler mit der Zahl der Stufen wächst, und daß keine exakte Relation für die Berechnung des Stichprobenumfangs angegeben werden kann (vgl. Kap. 9.42). Der erste Nachteil kann jedoch durch Kombination von Schichtung und Klumpung prinzipiell aufgehoben werden, so daß sich bei der Frage nach der günstigen Auswahl zunächst immer eine Kombination dieser in ihrer Wirkung auf den Auswahlfehler gegensätzlichen Strategien empfiehlt (vgl. Kap. 9.4).

9.3 Repräsentationsschluß und Stichprobenumfang

Die Bestimmung der notwendigen Stichprobengröße einer Untersuchung in bezug auf Repräsentativität ist einsichtigerweise nur für die Wahrscheinlichkeitsauswahl möglich. In bezug auf die spätere Datenanalyse kann man jedoch analog Überlegungen über die Mindestgröße einer Stichprobe anstellen, die sich an der minimalen Zellenbesetzung von Tabellen orientiert.

Mit Hilfe statistischer Operationen kann bei der Wahrscheinlichkeitsauswahl der für *Repräsentativität* notwendige Stichprobenumfang bestimmt werden. Ebenfalls über den *Repräsentationsschluß* ist es möglich, innerhalb gewisser, genau angebbarer Toleranzen von Ergebnissen aus der Stichprobe auf entsprechende Ergebnisse in der Grundgesamtheit zu schließen.

Beiden Operationen liegt ein statistisches Modell zugrunde, das als *Normalverteilung* bekannt ist. Im folgenden sollen die Überlegungen, anhand derer Stichprobenumfänge bestimmt und auf Ergebnisse in der Grundgesamtheit geschlossen werden kann, resümiert werden. Naturgemäß kann die Darstellung an dieser Stelle nur sehr stark verkürzt wiedergegeben werden. Sie findet sich ausführlich in jedem Lehrbuch zur Statistik (z.B. Blalock 1972: 93 ff. oder Kriz 1973: 95 ff.).

9.31 Normalverteilung und Wahrscheinlichkeit

Wenn man eine Grundgesamtheit von N Artikeln definiert hat und sich die Aufgabe stellt, deren durchschnittliche Fläche μ zu messen, dann errechnet sich dieser Mittelwert als

(32) $$\mu = \frac{1}{N} \sum_{i=1}^{N} x_i$$ *Mittelwert in der Grundgesamtheit*

und die Streuung σ der einzelnen Flächen x_i um den Mittelwert μ als

(33) $$\sigma = \sqrt{\frac{\sum (x_1 - \mu)^2}{N}}$$ *Streuung in der Grundgesamtheit*

9 Auswahl von Textstichproben

Würden man sich die Verteilung der Flächen x_i um den Mittelwert μ graphisch auftragen, so würde man sehen, daß die einzelnen Werte nicht gleichmäßig dicht um den Mittelwert verteilt sind:

Je weniger stark die einzelnen Flächen vom Mittelwert (nach oben oder unten) abweichen, desto häufiger treten sie auf und umgekehrt: je stärker die Flächen vom Mittelwert abweichen (nach oben oder unten), desto seltener treten sie auf. Flächen sind, wie viele andere Größen, *normalverteilt*, d.h. sie lassen sich durch eine Verteilung repräsentieren, die den Mittelwert μ und die Streuung σ hat (Abb. 138).

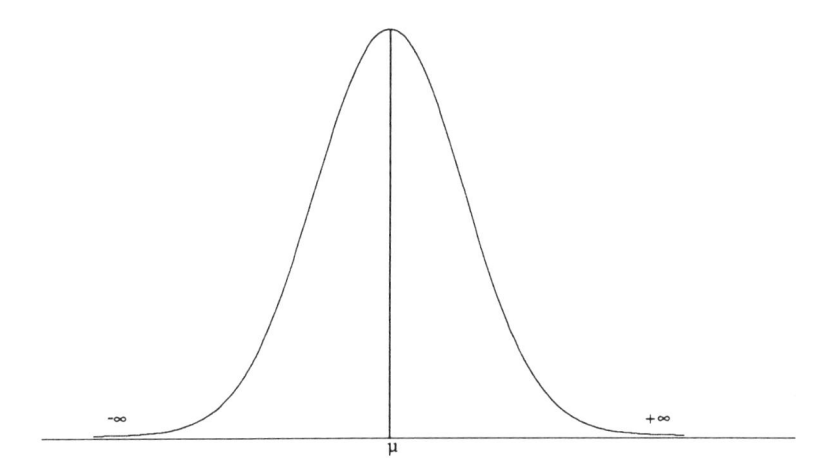

Abbildung 138: Die Normalverteilung mit den Parametern μ und σ

Da es für jeden Wert von μ und für jeden Wert von σ eine andere Normalverteilung gibt, gibt es unendlich viele Normalverteilungen mit unendlich vielen Parameterkombinationen μ und σ. Trägt man jedoch nicht die Größen x_i auf, sondern transformiert die x_i-Werte nach der Formel

(34) $$z = \frac{x - \mu}{\sigma}$$ *z-Transformation*

so erhält man – für beliebige Werte von μ und σ – jeweils die gleiche Normalverteilung, die daher auch *Standardnormalverteilung* heißt und den Mittelwert $\mu = 0$ und die Streuung $\sigma = 1$ hat. Darüber hinaus hat diese Kurve noch die wichtige Eigenschaft, daß die Fläche unter der Kurve einen endlichen Wert, nämlich den Wert 1 hat, und daß beliebige Teilflächen unter der Kurve anhand einer Tabelle der z-Werte berechnet werden können. Trägt man beispielsweise vom Mittelwert nach beiden Seiten den Betrag von 2σ ab (Abb. 139), so berechnet sich die Fläche zwischen 2σ und -2σ wie folgt:

$$z_+ = \frac{2 \cdot \sigma - \mu}{\sigma} = 2 \quad \text{und} \quad z_- = \frac{-2 \cdot \sigma - \mu}{\sigma} = -2.$$

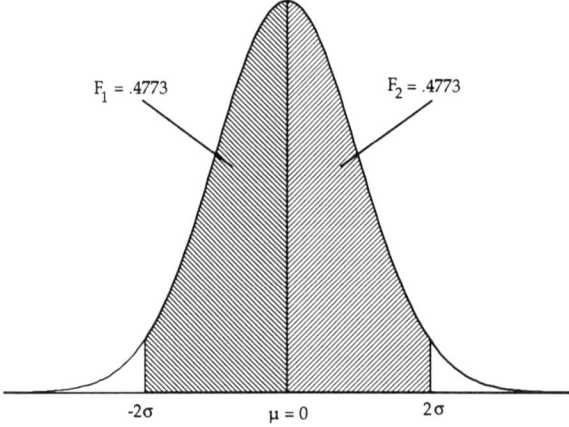

Abbildung 139: Normalverteilung und Wahrscheinlichkeit

Die Gesamtfläche zwischen 2σ und -2σ entspricht dann der Summe der beiden Teilflächen. Aus der Tabelle der z-Werte (die in jedem Statistikbuch, z.B. Blalock (1972: 558) oder Kriz (1973: 282) enthalten ist), ersehen wir, daß der Flächenanteil $F_1 = F_{z=2}$ den Wert 0.4773 hat, so daß wegen der Symmetrie der Flächen F_1 und F_2 die Gesamtfläche den Wert 0.9546 = 95.46% hat. Das heißt für unser Beispiel:

Greift man zufällig einen Artikel aus den N Artikeln der Grundgesamtheit heraus, dann wissen wir, daß er mit einer Wahrscheinlichkeit von 95.46% einen Wert x_i hat, der innerhalb des Intervalls

(35) $\quad\quad\quad \mu + z \cdot \sigma \geq x_i \geq \mu - z \cdot \sigma \quad\quad\quad$ *Konfidenzintervall*

von ± 2σ liegt. Dieses Intervall heißt auch Vertrauensbereich oder *Konfidenzintervall*, denn es gibt mit einer bestimmten Wahrscheinlichkeit an, daß diese Grenze eingehalten wird: Die Sicherheit dieser Aussage kann in Graden von Wahrscheinlichkeit ausgedrückt werden. In den Sozialwissenschaften gilt nun eine Wahrscheinlichkeit von 95% als ausreichend. Das entspricht einem z-Wert von z = 1.96. Wenn ein Ereignis mit 95% Wahrscheinlichkeit auftritt (hier: ein zufällig bestimmter Stichprobenmittelwert $\bar{x}$ tritt innerhalb bestimmter Grenzen auf), dann ist die Irrtumswahrscheinlichkeit, daß dieses Ereignis nicht auftritt, genau 5% oder 0.05. Etwas vornehmer sagt man: Das Ereignis ist *signifikant* auf dem *Signifikanzniveau* von $\alpha = .05$.

Hätten man das Konfidenzintervall nicht mit 2, sondern mit 1 σ um den Mittelwert μ gelegt, so hätte man (entsprechende Werte wieder aus der Tabelle der z-Werte ersichtlich) einen Wert von z = 1 bzw. z = −1 erhalten und damit eine Wahrscheinlichkeit von .687. Aus Gleichung (35) erkennen wir, daß das Konfidenzin-

9 *Auswahl von Textstichproben*

tervall und damit die Schwankungsbreite umso geringer wird, je geringer die Streuung ist und je geringer die geforderte Sicherheitswahrscheinlichkeit $(1-\alpha)$ ist.

9.32 Der Repräsentationsschluß

Was für einen zufällig gegriffenen Einzelwert x_i gilt, gilt erst recht für den Mittelwert aus mehreren x_i, also einen Stichprobenmittelwert $\bar{x}$. Während ein einzelner Wert jedoch mit der Streuung um den Mittelwert σ der Grundgesamtheit streut, wird ein Stichprobenmittelwert eine geringere Streuung aufweisen (was im Grunde schon aus der Definition von „Mittelwert" folgt). Die exakte Beziehung hierfür lautet:

(36) $\quad \sigma_{\bar{x}} = \dfrac{\sigma}{\sqrt{n}} \cdot \sqrt{\dfrac{N-n}{N-1}} \qquad$ *Streuung des Stichprobenmittelwerts um den Mittelwert der Grundgesamtheit*

Hierbei ist n der Umfang der jeweiligen Stichprobe. Der Ausdruck

(36a) $\quad \dfrac{N-n}{N-1} \quad$ wird auch als $\qquad$ *Endlichkeitskorrektur*

bezeichnet und darf bei $\dfrac{n}{N} \leq .05$ gleich 1 gesetzt und damit weggelassen werden.

Wenn mit Gleichung (36) das Konfidenzintervall für einen zufällig der Grundgesamtheit entnommenen Einzelwert x_i durch die Parameter z und σ gegeben ist, so gilt dies analog auch für einen Stichprobenmittelwert $\bar{x}$, mit dem einzigen Unterschied, daß statt der Streuung σ der Grundgesamtheit nun die Streuung $\sigma_{\bar{x}}$ der Stichprobenmittelwerte um den Mittelwert der Grundgesamtheit benutzt werden kann:

(37) $\quad \mu + z \cdot \sigma_{\bar{x}} \geq \bar{x} \geq \mu - z \cdot \sigma_{\bar{x}} \qquad$ *Konfidenzintervall für den Stichprobenmittelwert*

In der Praxis soll jedoch von einem Ergebnis $\bar{x}$ einer Stichprobe auf einen Wert in der Grundgesamtheit zurückschließen, so daß wir Gleichung (37) entsprechend umformen. Wir erhalten dann

(38) $\quad \mu = \bar{x} \pm z \cdot \sigma_{\bar{x}} \qquad$ *Repräsentationsschluß*

Das Problem bei dieser Formel ist nur, daß wir die Streuung der Stichprobenmittelwerte $\sigma_{\bar{x}}$ nicht kennen, denn wir wollen ja nicht viele, sondern nur eine einzige Stichprobe ziehen. Zwar können wir nach Gl. (37) die Streuung $\sigma_{\bar{x}}$ aus der Streuung σ der Grundgesamtheit bestimmen. aber Parameter der Grundgesamtheit sind uns ebenfalls nicht bekannt, auf diese wollen wir ja gerade anhand der Stichprobe *repräsentativ* zurückschließen.

Daher muß man versuchen, aus der Streuung s der Stichprobe auf σ zu schließen.

Der Mittelwert von n Werten x_i einer Stichprobe ergibt sich analog zu Gleichung (35) als

(39) $\quad \bar{x} = \dfrac{1}{n} \sum\limits_{i=1}^{n} x_i \qquad$ *Mittelwert einer Stichprobe*

Analog zu Gleichung (33) ergibt sich die Streuung der Stichprobenmittelwerte als

(40) $\quad s = \sqrt{\dfrac{\sum (x_i - \bar{x})^2}{n}} \qquad$ *Streuung in der Stichprobe*

Aus der Streuung s wird nun ein Schätzwert $\hat{\sigma}$ berechnet, der als Schätzwert für die Streuung der Grundgesamtheit dient. Dann wird daraus gemäß Gleichung (36) auf die Streuung des Stichprobenmittelwertes $\sigma_{\bar{x}}$ geschlossen, die in der Gleichung (38) für den Repräsentationsschluß formuliert ist. Symbolisch:

$s \to \hat{\sigma} \to \sigma \to \sigma_{\bar{x}}$

Der Schätzwert $\hat{\sigma}$ errechnet sich als

(41) $\quad \hat{\sigma} = s \cdot \dfrac{n}{\sqrt{n-1}} \qquad$ *Schätzwert für die Streuung der Grundgesamtheit*

Der Schätzwert $\hat{\sigma}$ kann in Gleichung (35) für σ eingesetzt werden. Dann ergibt sich

(42) $\quad \sigma_{\bar{x}} = \dfrac{s}{\sqrt{n-1}}$

wobei ggf. noch mit der Endlichkeitskorrektur gemäß Gl. (36a) multipliziert werden muß.

Die Ersetzung der Grundgesamtheitsstreuung σ durch den Schätzwert $\hat{\sigma}$ hat aber zur Folge, daß der Repräsentationsschluß nicht mehr durch die z-Werte der *Normalverteilung*, sondern über die t-Werte der *Student*-Verteilung zu berechnen ist (Tabellen dafür finden sich ebenfalls in jedem Statistikbuch), wobei dort die Zahl der *Freiheitsgrade* df dem um eins verminderten Stichprobenumfang entspricht.

(43) $\quad df_{Student} = (n-1) \qquad$ *Freiheitsgrade der Student-Verteilung (t-Verteilung)*

9 Auswahl von Textstichproben

Zur Ermittlung der jeweiligen Tabellenwerte muß diese Zahl der Freiheitsgrade df (degree of freedom) mit angegeben werden.
Der Repräsentationsschluß läßt sich nun analog zu Gleichung (38) formulieren als

(44) $$\mu = \bar{x} \pm t \cdot \frac{s}{\sqrt{n-1}}$$ *Repräsentationsschluß für den Heterograden Fall*

Beispiel 39: Eine zufällig ausgewählte Tageszeitung hat auf den Seiten 1–3 82 Artikel mit einer durchschnittlichen Fläche von 120 cm^2. Welche Werte für die Artikelflächen in der Grundgesamtheit darf man erwarten, wenn man ein Signifikanzniveau von α = .05 fordert, und wenn die Streuung der Stichprobe den Wert 18 cm hat?
Lösung: Bei einem Signifikanzniveau von α = .05 und df = (82–1) Freiheitsgraden ergibt sich ein t-Wert von t = 1.664 aus der Tabelle. Daraus ergibt sich für den gesuchten Wert μ in der Grundgesamtheit

$$\mu = 120 \pm 1.664 \cdot \frac{18}{\sqrt{82-1}} = 120 \pm 3.3$$

Mit einer Wahrscheinlichkeit von 95% wird der wahre Wert in der Grundgesamtheit zwischen 116.7 und 123.3 liegen.

In der Statistik ist die Berechnung von stetigen Größen (Mittelwerten etc.) als *Heterograder* Fall bekannt. Das Pendant dazu ist der *Homograde* Fall: Hier fragen wir nicht nach den Abweichungen nach oben oder unten, die eine stetige Größe hat, sondern wir haben zwei qualitative Merkmale vorliegen, die mit den Wahrscheinlichkeiten P und Q in der Grundgesamtheit vertreten sein sollen (dabei gilt: P+Q=1). Daraus ergibt sich analog ein Repräsentationsmodell: Ist P der vermutete Anteil der einen Klasse und Q der Anteil der anderen Klasse in der Grundgesamtheit, und sind diese Klassen in einer Stichprobe vom Umfang n mit den Wahrscheinlichkeiten p und q vertreten, so gilt für den Repräsentationsschluß:

(45) $$P = p \pm z \cdot \sqrt{\frac{p \cdot q}{n}}$$ *Repräsentationsschluß für den Homograden Fall*

Weil p ein unverzerrter Schätzwert für P ist, darf hier wieder mit den z-Werten der Normalverteilung gerechnet werden.

9.33 Berechnung von Stichprobenumfängen

Gibt man das Signifikanzniveau und die Toleranz für die maximale Abweichung des Mittelwertes in der Grundgesamtheit vom tatsächlichen Wert als halbes Konfidenzintervall $z \cdot \sigma_{\bar{x}}$ vor, dann ergibt sich mit Gleichung (44) die Beziehung

(46) $$\Delta\mu = z \cdot \sigma_{\bar{x}} = z \cdot \sqrt{\frac{\sigma^2}{n} \cdot \frac{N-n}{N-1}}$$

Löst man diese Gleichung nach n auf, so ergibt sich

(47) $$n = \frac{z^2 \cdot N \cdot \sigma^2}{\Delta\mu^2 \cdot (N-1) + z^2 \cdot \sigma^2}$$ *Stichprobenumfang für den Heterograden Fall*

Für die Berechnung des Stichprobenumfangs wird damit die Kenntnis der Streuung der Grundgesamtheit Voraussetzung. Diese läßt sich jedoch über eine Vorstichprobe ggf. abschätzen.
Analog erhält man für den heterograden Fall, bei dem eine Toleranz $\Delta P = z \cdot \sigma_p$ und ein entsprechendes Signifikanzniveau vorgegeben werden:

(48) $$n = \frac{z^2 \cdot P(1-P) \cdot N}{\Delta P^2 \cdot (N-1) + P(1-P)}$$ *Stichprobenumfang für den Homograden Fall*

<u>Beispiel 40:</u> Für eine Analyse der politischen Berichterstattung in der Presse soll der Anteil von Artikeln mit Wertungen von Politikern analysiert werden. Man schätzt in der Grundgesamtheit auf Grund von entsprechenden Vorkenntnissen auf 20% bewertender Artikel. Der Umfang der Grundgesamtheit wird mit N = 10 000 angenommen.
Wie groß muß die Stichprobe gewählt werden, wenn die Toleranz nicht größer als 2% sein soll und ein Signifikanzniveau von $\alpha = .05$ gefordert wird?

Lösung: Die vorgegebene Toleranz P hat den Wert 0.02. Der z-Wert für das Signifikanzniveau $\alpha = .05$ hat den Wert z = 1.96. Dann ergibt sich durch Einsetzen von Gleichung 48:

$$n = \frac{(1.96)^2 \cdot 0.2(1-0.2) \cdot 10000}{(0.02)^2 \cdot (10000-1) + 0.2(1-0.2)} = 1479$$

Würde man die Grundgesamtheit auf N = 20 000 erhöhen, würde der Stichprobenumfang nur ganz unwesentlich anwachsen, nämlich auf n = 1 507. Daraus erkennt man, daß sich der Stichprobenumfang mit je größerem N der Grundgesamtheit immer weniger verändert und praktisch von N unabhängig wird.

Gleichung (47) und Gleichung (48) geben den notwendigen Stichprobenumfang für eine einstufige Auswahl wieder. Ganz analog kann man den notwendigen

Stichprobenumfang für die geschichtete Auswahl angeben. Das Problem der unbekannten Streuung in der Grundgesamtheit vergrößert sich hier, weil bei j Schichten analog j *verschiedene* Streuungsmaße in den nach Schichten aufgeteilten Teilgrundgesamtheiten bekannt sein bzw. vorab geschätzt werden müssen. Die entsprechenden Gleichungen finden sich ausführlich bei Kops (1977: 227 ff.) sowie bei Böltken (1976: 243 ff.). Für die mehrstufige Auswahl schließlich wachsen die Probleme bei der Berechnung entsprechender Größen nochmals an, so daß eine Berechnung nur bei exakten Vorkenntnissen überhaupt sinnvoll ist (vgl. Kops 1977: 269 ff.).

Die Berechnung von Repräsentationsschlüssen und Stichprobenumfängen unter Vorgabe eines Signifikanzniveaus bzw. eines maximalen Fehlers ist eine nützliche, aber keineswegs hinreichende Basis für die Durchführung einer Inhaltsanalyse. Ein weiteres, von der wahrscheinlichkeitstheoretischen Begründung völlig unabhängiges Kriterium für die Berechnung von Stichprobenumfängen ergibt sich z.B. aus Überlegungen für die spätere Datenanalyse: Als bewährte Daumenregel gilt, daß die Besetzung einer Tabelle mit i Zeilen und j Spalten den Wert n = 10 in der einzelnen Zelle nicht unterschreiten soll. Wenn man z.B. zwei Variablen V_1 und V_2 miteinander korrelieren will, die je 8 bzw. 6 Ausprägungen haben, so ergibt sich daraus eine Mindestanforderung an den Stichprobenumfang von $n \geq 10 \cdot 8 \cdot 6 \geq 480$ Analyseeinheiten. Will man m Variablen, deren jede n_i Ausprägungen hat, miteinander korrelieren, so ergibt sich als Mindestforderung für den Stichprobenumfang n

(49) $$n = 10 \cdot \prod_{i=1}^{m} n_i$$ *Praktischer Stichprobenumfang*

Das heißt für die Praxis, daß bei einer beabsichtigten multivariaten Analyse der datenanalytisch geforderte Stichprobenumfang unter Umständen erheblich über dem stichprobentheoretisch berechneten Umfang liegen kann.

9.4 Praktische Probleme der Stichprobenauswahl

Nach Kops (1977: 306) ist der Entwurf eines Auswahlplans von der Beantwortung von zunächst drei Fragen abhängig (Abb. 140): Gibt es Schichtungsmerkmale? Gibt es eine diskontinuierliche Verteilung in den Schichten? Gibt es natürliche Klumpen von Analyseeinheiten? Die Beantwortung dieser Fragen führt auf vier grundlegende Typen der Wahrscheinlichkeitsauswahl (Abb. 140).

Wie bei der Kombination von Klumpen- und Schichtauswahl, die als Sonderfall der mehrstufigen Auswahl gelten kann, kann man bei jeder Stufung erneut schichten. Damit kann man den vergrößerten Auswahlfehler, der durch die Stufung entsteht, durch entsprechende Schichtung wieder kompensieren – vorausgesetzt auch hier, daß durch die Schichtung auch eine diskontinuierliche Merkmalsverteilung zustandekommt.

Die Anwendung der Wahrscheinlichkeitsauswahl überhaupt wird jedoch in der Praxis durch technische und ökonomische Restriktionen oft unmöglich gemacht:

Wenn man Inhaltsanalysen auf Hinweise zur Samplebildung durchsieht, dann kann man – gerade im Bereich der Inhaltsanalyse von Massenkommunikation – drei Typen unterscheiden:

1. Unter Verweis auf zeitliche, technische und/oder ökonomische Restriktionen wird einer bewußten Auswahl unter dem Motto „So gut es geht" der Vorzug gegeben. Dieses ist der häufigste Typus.
2. Es werden überhaupt keine Angaben zur Samplebildung gemacht. Dieses ist der zweithäufigste Typus.
3. Es wird eine Wahrscheinlichkeitsauswahl durchgeführt. Dieser Typus ist ungemein selten anzutreffen.

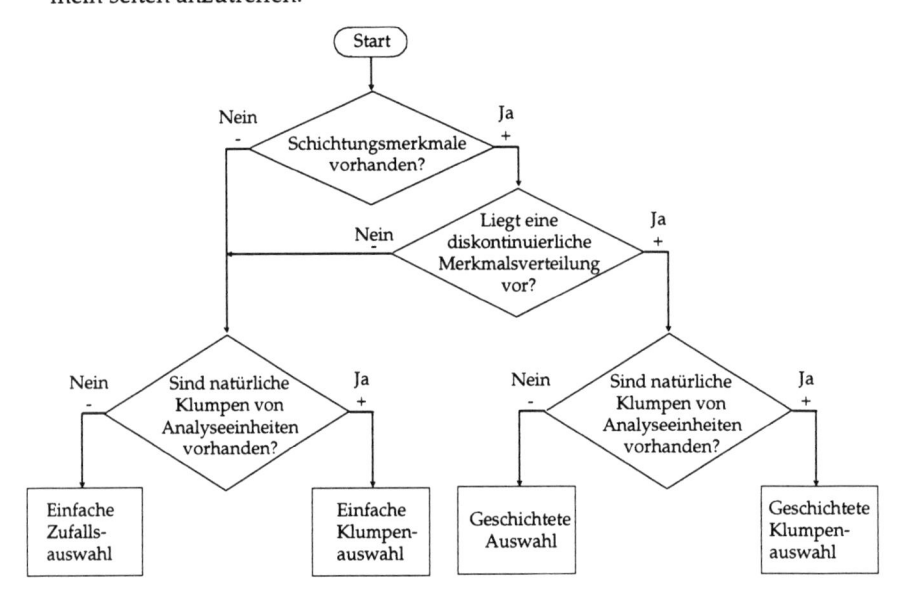

Abbildung 140: Auswahl von Auswahlverfahren

Unter diesem Aspekt muß man Kops (1980) zustimmen, der alternativ zur Wahrscheinlichkeitsauswahl Strategien zur Absicherung bewußter Auswahlen empfiehlt.

Abschließend soll daher ein solcher Fall von bewußter Auswahl unter Restriktionen exemplarisch vorgestellt werden (Beispiel 41):

<u>Beispiel 41:</u> Auswahlverfahren für eine Untersuchung zur Berichterstattung über den Bundestagswahlkampf 1976 in der deutschen Tagespresse (nach Merten 1982c)

Das Ziel der Untersuchung war eine Analyse der Struktur der Berichterstattung, insbesondere der politischen Berichterstattung. Da der Wahlkampf sich über mehrere Monate hinzog, war der zeitliche Rahmen entsprechend groß zu wählen (April bis November 1976), um auch trendanalytische Aussagen zu gewinnen.

9 Auswahl von Textstichproben   301

Unter diesem Aspekt wäre gerade eine Wahrscheinlichkeitsauswahl wegen der prinzipiellen Verallgemeinerbarkeit der Ereignisse besonders bedeutsam gewesen. Wegen der vergleichsweise geringen Zahl publizistischer Einheiten in der BRD hätten jedoch vergleichsweise viele der insgesamt 121 Einheiten in die Stichprobe aufgenommen werden müssen, so daß bei der Dauer der Erhebung das Sample unvergleichlich groß ausgefallen wäre, oder alternativ von jeder einbezogenen Einheit nur sehr wenige Artikel analysiert hätten werden können. Daher wurde folgende Lösung gewählt:

Es wurde versucht, die Wahrscheinlichkeitsauswahl durch eine sorgfältig geplante bewußte Auswahl zu ersetzen: Zunächst wurde eine Schichtung nach Regionen vorgenommen, so daß überregionale Zeitungen, Regionale Zeitungen und Lokalzeitungen unterschieden werden konnten. Da bundesweite politische Berichterstattung analysiert werden sollte, kam der überregionalen Presse eine besondere Bedeutung, der lokalen umgekehrt eine nur geringe Bedeutung zu. Daraus folgt:

a) *Alle* Prestigezeitungen wurden in das Sample aufgenommen. (Der Grund dafür lag auch darin, daß damit ein Vergleich dieser Zeitungen mit anderen Untersuchungen sicherer ermöglicht werden sollte). Zusätzlich wurde eine Boulevardzeitung mitaufgenommen, deren Analyse jedoch gesondert vorgenommen wurde.   (n = 5)

b) Aus den sogenannten „Nielsen-Gebieten", die den deutschen Zeitungsmarkt in fünf Regionen aufteilen, wurde pro Region zunächst die jeweils auflagenstärkste Zeitung ausgewählt. Damit geht, analog zum *Quotenverfahren*, ein weiteres wichtiges Merkmal in die Stichprobenziehung ein. Aus jedem Nielsen-Gebiet wurde sodann durch echte Zufallsauswahl ein weiteres Organ ausgewählt.   (n = 10)

c) Es wurde nur eine Lokalzeitung ausgewählt. Dieser Typ war praktisch in der Analyse unterrepräsentiert.   (n = 1)
                                                                         (n =16)

Damit wurde eine disproportional geschichtete Auswahl nachgebildet. Zugleich wurde damit auch eine Klumpenauswahl vorgenommen, da als Auswahleinheit jeweils eine Ausgabe einer Zeitung definiert wurde.

Analyseeinheit waren alle redaktionellen Artikel (mit Ausnahme von Lokalberichterstattung, Sport und Wetterberichten etc.), die auf der Titelseite, auf Seite 2 und auf Seite 3 (oder einer entsprechenden politischen Seite) enthalten waren. Zeitlich wurde ein Rhythmus von vier Tagen festgelegt, d.h. beginnend mit einem zufällig bestimmten Tag im April, wurden an jedem 4. Tag alle Artikel aller Zeitungen erhoben. Hier wurde also exakt die systematische Auswahl (künstliche Woche von 28 Tagen) angewendet. Damit wurde ein Sample gebildet, das *regional* die gesamte Bundesrepublik recht gut erfaßt, das hinsichtlich der Auflage 20,0% der Gesamtauflage aller Tageszeitungen erfaßt und das bei n = 20 202 Analyseeinheiten auch die Anwendung multivariater Analyseverfahren erlaubt.

Unter Berücksichtigung der disproportionalen Schichtung kann man davon ausgehen, daß für die überregionale und regionale und – eingeschränkt – auch für die lokale Presse Aussagen über die politische Berichterstattung (außerhalb des Lokalen) auf tendenziell repräsentativer Basis zulässig sind.

10 Gültigkeit und Zuverlässigheit

Gültigkeit und Zuverlässigkeit sind Gütekriterien für den Prozeß der Datenerhebung insgesamt. Es überrascht daher, daß diese Kriterien – auch und gerade für das Erhebungsinstrument „Inhaltsanalyse" – vergleichsweise vage und widersprüchlich definiert sind. Im folgenden sollen diese Kriterien daher zunächst grob vorgestellt und zueinander in Beziehung gesetzt werden. Sodann sollen die relevanten Aspekte, insbesondere Prüfverfahren für Gültigkeit und Zuverlässigkeit, resümiert werden.

10.1 Die Beziehung zwischen Gültigkeit und Zuverlässigkeit

Gültigkeit (Validität) ist ein sehr vager Begriff, der hier zunächst nur in *interne* und *externe* Gültigkeit differenziert werden soll.

Unter *externer* Gültigkeit versteht man die Korrespondenz von Analyseergebnissen und sozialer Wirklichkeit.

Interne Gültigkeit ist vor allem *Zuverlässigkeit* (vgl. Campbell 1957; Krippendorff 1980: 156 f.) und definiert als Übereinstimmung zwischen dem, was ein Instrument tatsächlich erhebt bzw. mißt und dem, was es erheben bzw. messen soll. Genauer: Zuverlässigkeit ist das Ausmaß der Reproduzierbarkeit von Meßergebnissen bei wiederholter Anwendung des gleichen Instruments auf das gleiche Meßobjekt. Gültigkeit ist hier das weitergefaßte Kriterium, denn sie setzt Zuverlässigkeit bereits voraus. Umgekehrt kann ein Ergebnis eines Erhebungs- oder Meßprozesses zuverlässig sein, ohne daß es gültig sein muß. Dies kann man am Beispiel jener im Bereich der Inhaltsanalyse besonders häufig auftretenden sozialwissenschaftlichen Zerrfigur mit Namen „Fliegenbeinzähler" verdeutlichen:

Jemand vermißt alle Artikel der Titelseite einer Zeitung nach Fläche mit einem Zentimetermaß und arbeitet mit höchster Präzision. Würde er die gleiche Seite ein zweites Mal vorgelegt bekommen, er würde zum gleichen Ergebnis gelangen. Insofern kann man dem Meßinstrument „Fliegenbeinzähler mit Zentimetermaß" eine hohe Zuverlässigkeit bescheinigen, *obwohl* damit über Gültigkeit der Messung überhaupt nichts ausgesagt ist: Wenn es das Ziel der Analyse wäre, *Flächen* von Zeitungsseiten zu messen, wäre die Analyse auch gültig, denn das Messen von Fläche muß man mit einem entsprechend auf Längenmaße geeichten Maß vornehmen.

Wenn es jedoch das Ziel der Analyse wäre, den Anteil der politischen Inhalte zu bestimmen, wäre die Gültigkeit gleich Null: Gültigkeit bleibt immer bezogen auf ein Erkenntnisinteresse und hat mithin keinerlei Aspekte von Wahrheit *an sich*.

Die *Gültigkeit* bezieht sich auf den gesamten Erhebungsvorgang, während die *Zuverlässigkeit* sich nur auf die eigentliche Meßprozedur beschränkt (Abb. 141). Im folgenden sollen zunächst Aspekte der *Zuverlässigkeit (Interne Gültigkeit)* von inhaltsanalytischen Meßinstrumenten diskutiert werden. Danach wird die Diskussion um Aspekte der *Externen Gültigkeit* erweitert.

```
                    Gültigkeit
                   /          \
         externe              interne
         Gültigkeit           Gültigkeit
         /  |  \              /      \
                        Zuverlässigkeit
```

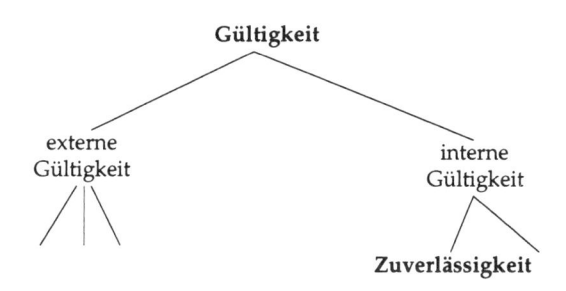

Abbildung 141: Gültigkeit und Zuverlässigkeit

10.2 Interne Gültigkeit (Zuverlässigkeit, reliability)

Zuverlässigkeit läßt sich nach drei Dimensionen differenzieren: temporal, intersubjektiv und instrumentell (vgl. Krippendorff 1980: 72).

Temporale Zuverlässigkeit bedeutet die Stabilität des Meßergebnisses bei wiederholter Anwendung des Meßinstruments. Diese kann z.B. gefährdet sein, wenn das Instrument (das ja in den Sozialwissenschaften immer ein menschliches Wesen einschließt) über die Zeit unkontrollierte Veränderungen seiner Entscheidungsstrukturen vornimmt (z.B. durch Gewöhnung, Lernen etc.).

Intersubjektive Zuverlässigkeit setzt die Indifferenz des Meßergebnisses gegen verschiedene Personen, die die Messung durchführen, voraus. Dieser Typus tritt in der Inhaltsanalyse auf, wenn mehrere *Codierer* den ausgewählten Text nach gleichen Regeln codieren sollen.

Instrumentelle Zuverlässigkeit bezieht sich auf die Präzision bzw. Genauigkeit des Meßinstruments selbst bzw. dessen mögliche Veränderung.

Das Problem der Zuverlässigkeit von Messungen tritt bei der Inhaltsanalyse fast ausschließlich als Identifikationsproblem, also im qualitativen Bereich auf, wobei sich die Schwierigkeiten mit der je höheren semiotischen Ebene entsprechend steigern:

Auf der rein syntaktischen Ebene ist meist nur eine direkte Identitätsprüfung notwendig (eine „Hand" ist eine „Hand" und kein „Hund"), und Fehler treten als Folgen unpräziser Wahrnehmung oder unpräziser Vercodung, also als technische Fehler auf. Auf der semantischen Ebene (und erst recht auf der pragmatischen Ebene) ergeben sich jedoch substantielle Probleme immer dann, wenn Merkmalsausprägungen in Inhalten, die semantisch bzw. begrifflich beliebig nuanciert und diffus ausfallen können, durch Codierentscheidung auf vergleichsweise wenige *Kategorien* sortiert werden sollen.

Für die semantische Ebene sind eine Reihe von Prüfungen mit entsprechenden Prüfverfahren entwickelt worden, die die Übereinstimmung der Codierentscheidungen zwischen mehreren Codierern prüfen sollen.

10.21 Typen von Intercoderreliabilität

Erste Überlegungen zur Messung der Intercoderreliabilität finden sich bereits bei Lasswell (1942) und Janis (1943a). Mittlerweile lassen sich für die Überprüfung von *Intercoderreliabilität* zumindest drei Definitionen (vgl. Abb. 142):

Typ 1: Es wird geprüft, wie stark bei h Codierern die paarweise Übereinstimmung von je 2 Codierern ist (Schnittmenge von je 2 der h Codierer).

Typ 2: Es wird geprüft, wie stark bei h Codierern die gemeinsame Übereinstimmung ist (Schnittmenge der h Codierer).

Typ 3: Es wird geprüft, wie sich die Mehrheit der Codierer verhält. Dabei wird im einfachsten Fall das Kriterium „two out three" angewendet, also geprüft, wie stark 2 von 3 Codierern (bzw. allgemein m von h Codierern) übereinstimmen.

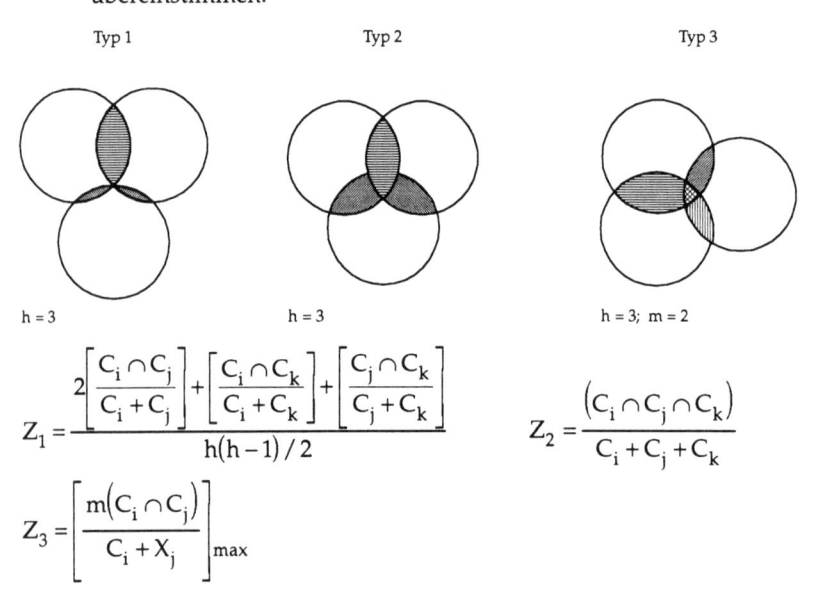

Typ 1   Typ 2   Typ 3

h = 3   h = 3   h = 3; m = 2

$$Z_1 = \frac{2\left[\frac{C_i \cap C_j}{C_i + C_j}\right] + \left[\frac{C_i \cap C_k}{C_i + C_k}\right] + \left[\frac{C_j \cap C_k}{C_j + C_k}\right]}{h(h-1)/2}$$

$$Z_2 = \frac{(C_i \cap C_j \cap C_k)}{C_i + C_j + C_k}$$

$$Z_3 = \left[\frac{m(C_i \cap C_j)}{C_i + X_j}\right]_{max}$$

Abbildung 142: Drei Typen von Intercoderreliabilität

Typ 1 überprüft jeweils die Übereinstimmung des Codierverhaltens von je 2 von h Codierern (bei h Codierern ergeben sich also h(h−1)/2 Meßwerte (vgl. als Beispiel etwa Nauck 1974: 130 oder Schulz 1976: 123 ff.). Dieses Maß sagt mithin nichts über das Maß der Gemeinsamkeit *aller* Codierer aus. In Abb. 142 erkennt man z.B., daß dieses Maß dort den Wert Null hat.

Typ 2 gibt die gemeinsame Übereinstimmung von h Codierern an. Der Wert dafür wird tendenziell stets wesentlich geringer ausfallen, da die gemeinsame Übereinstimmung nie größer als die schlechteste paarweise Übereinstimmung ausfallen kann.

Für schwierige Codierentscheidungen, bei denen eine geringe Übereinstimmung a priori zu erwarten ist, ist Typ 3 relevant:

10 *Gültigkeit und Zuverlässigkeit* 305

Hier wird überprüft, welche höchste Übereinstimmung eine Anzahl m von h Codierern erzielt. Wird die Intercoderreliabilität nur zwischen zwei Codierern geprüft, so sind alle drei Typen von Intercoderreliabilität identisch.

10.22 Prüfverfahren für Intercoderreliabilität

Bereits Hart (1932) hat für die Messung von Intercoderreliabilität die Berechnung von Korrelationskoeffizienten vorgeschlagen. Diese Anwendung setzt jedoch mindestens ordinalskalierte Daten voraus, ist also für nominalskalierte Daten, die bei der Codierung zweifellos am häufigsten auftreten, nicht brauchbar. Für das Nominalskalen-Niveau hat Holsti (in: North et al. 1963: 49) einen Überschneidungskoeffizienten vorgeschlagen, der die Anzahl der gleichartigen Entscheidungen zweier Codierer in Bezug zu der Summe aller Entscheidungen setzt:

(50) $$C = \frac{2C_{1,2}}{C_1 + C_2}$$ *Intercoderreliabilität als Prozentsatz gemeinsamer Entscheidungen für 2 Codierer*

$C_{1,2}$ = Zahl der übereinstimmenden Codierentscheidungen beider Codierer
C_1 = Zahl der Codierentscheidungen von Codierer 1
C_2 = Zahl der Codierentscheidungen von Codierer 2

Die Anwendung dieses Koeffizienten ist jedoch umso bedenklicher, je weniger Entscheidungsalternativen die jeweilige Codierentscheidung zuläßt, da damit keine rein zufälligen Übereinstimmungen erfaßt werden, die bei k Kategorien immerhin den Wert $\frac{1}{k} \cdot \frac{1}{k} \cdot k = \frac{1}{k}$ aufweisen. Das Problem soll an einem Beispiel demonstriert werden (Beispiel 42):

Beispiel 42: Zwei Codierer codieren jeweils 100 Einheiten bezüglich einer Kategorie mit zwei Alternativen (politischer Inhalt/nicht-politischer Inhalt). Das Ergebnis zeigt Abb. 143.

		Codierer 1		
		politisch	nicht-politisch	
Codierer 2	politisch	21	29	50
	nicht-politisch	19	31	50
		40	60	100

Abbildung 143: Vergleich von 100 Codierentscheidungen zweier Codierer (fiktive Daten)

Codierer 1 codiert 40 mal „politischer Inhalt" und 60 mal „nicht-politischer Inhalt". Codierer 2 codiert ebensoviele politische wie nicht-politische Inhalte.
Nach Gleichung (50) ergibt sich damit eine Reliabilität von

$$C = \frac{2(21+31)}{100+100} = 0.52.$$

Dieser Wert suggeriert auf den ersten Blick ein passables Maß an Reliabilität. Wenn man aber bedenkt, daß bei zwei Alternativen die rein zufällig zustande gekommene Übereinstimmung $1/k = 1/2$ beträgt, so erkennt man, daß die Übereinstimmung der Codierer, soweit sie über den Zufall hinausgeht, fast Null ist.

Bereits Schutz (1952) schlägt vor, die Übereinstimmung zwischen Codierern von der rein zufällig erwartbaren Übereinstimmung getrennt auszuweisen. Bennett et al. (1954) schlagen eine Korrektur des von Holsti benutzten Koeffizienten um den Anteil der zufälligen Übereinstimmung vor, doch das von ihnen entwickelte Maß ergibt aus anderen Gründen ebenfalls inkonsistente Ergebnisse. In der Kritik daran entwickelt Scott (1955: 23) ein Maß für Intercoderreliabilität, das sowohl die zufällige Übereinstimmung berücksichtigt und darüber hinaus nicht die gleichmäßige Benutzung aller Kategorien fordert:

(51) $\quad\quad \pi = \dfrac{C - P_e}{1 - P_e} \quad\quad\quad$ *Intercoderreliabilität für zwei Codierer* (nach Scott 1955)

Hierbei ist: C = der Prozentsatz gleicher Entscheidungen zweier Codierer gemäß Gleichung (50)

P_e = Zufällige Wahrscheinlichkeit für die zufällig bedingte Codiererübereinstimmung. Sie errechnet sich wie folgt:

(51a) $\quad\quad P_e = \sum_{i=1}^{k} p_i^2$

Dabei bedeutet:

k = Anzahl der Kategorien

p_i = Relative Häufigkeit aller Codierentscheidungen für Kategorie i

Voraussetzung für die Anwendung dieses Maßes ist, daß die Codierer jeweils eine gleiche Anzahl von Entscheidungen treffen, daß auch das Nichtentscheiden codiert werden kann (z.B. durch eine Residualkategorie „entfällt"), und daß die Häufigkeitsverteilungen der Codierer bezüglich der einzelnen Kategorien sich nicht wesentlich voneinander unterscheiden, da sonst die Berechnung der zufälligen Übereinstimmung anders vorgenommen werden müßte.

Das Maß ist mithin nicht geeignet für Codierprobleme, bei denen eine unterschiedliche *Anzahl* von Codierschritten je Entscheidung *codiert* werden kann (vgl. Lisch/Kriz 1978: 93 f.).

10 Gültigkeit und Zuverlässigkeit

Wenden wir das Maß von Scott auf das vorherige Beispiel an, so muß zunächst der Anteil p_i der Codierungen jeder Kategorie ermittelt werden:
Die Kategorie „politisch" wird insgesamt 40 mal von Codierer 1 und 50 mal von Codierer 2 codiert, ihr Anteil ist demgemäß 90/200 = 0.45. Analog ergibt sich für die Kategorie „nicht-politisch" 60+50/200 = 0.55. Daraus ergibt sich

$$P_e = (0.45)^2 + (0.55)^2 = .505$$

und daraus errechnet sich

$$\pi = \frac{.52 - .505}{1 - .505} = .03$$

Dieses Ergebnis ist – verglichen mit dem Ergebnis bei Berechnung durch den einfachen Prozentsatz an Überschneidungen – ein völlig anderes, aber korrektes Ergebnis.

Craig (1981) erweitert den Koeffizienten von Scott auf die Messung der Intercoderreliabilität von zwei auf m von h Codierern: Damit ist die Möglichkeit gegeben, bei komplizierten Codierentscheidungen auf Mehrheitsentscheidungen aufzubauen, z.B. zu prüfen, inwieweit zwei von drei Codierern übereinstimmen etc. Für m = h ergibt sich die gemeinsame Übereinstimmung von h Codierern bezüglich der gleichen Entscheidungen.

(52) $$p_i = \frac{C_{m/h} - P_{e_{m/h}}}{1 - P_{e_{m/h}}}$$ *Intercoderreliabilität für m von h Codieren*

Dabei bedeutet:

h = Anzahl der Codierer
k = Anzahl der Kategorien
m = Anzahl der Codierer, von denen Übereinstimmung gefordert wird:
für m = h ergibt sich jeweils die Übereinstimmung aller Codierer,
für m ≤ h lassen sich entsprechende Mehrheitsentscheidungen errechnen (z.B.: zwei von drei Codierern sollen übereinstimmen etc.)
$C_{m/h}$ = empirisch festgestellte Übereinstimmung von m der h Codierer gemäß Gl. (50)

(52a) $$P_{e_{m/h}} = \sum_{j=0}^{h-m} \sum_{i=1}^{k} {_h}C_{h-j} P_i^{h-j} (1 - P_i)^j$$

mit ${_h}C_{h-j}$ = Zahl der Kombinationen von h–j von h Codierern

Krippendorff (1980: 138 ff.) entwickelt einen allgemeinen Koeffizienten zur Messung der Intercoderreliabilität, der die Messung von Intercoderreliabilität ebenfalls für m Codierer erlaubt und der für verschiedene Skalen-Niveaus tauglich ist:
Auf Nominalskalen-Niveau ist dieser Koeffizient identisch mit dem von Scott (1955), auf Ordinalskalen-Niveau entspricht er einem von Spiegelman et al.

(1953a) vorgeschlagenen Rangkorrelationskoeffizienten und auf Intervallskalen-Niveau ist der Koeffizient identisch mit dem sog. Intraklassen-Korrelationskoeffizienten. Der benutzte Formelapparat dieses Koeffizienten ist jedoch beträchtlich, so daß seine Vorstellung an dieser Stelle unterbleiben muß.

Da die Intercoderreliabilität mit der Zahl k der Kategorien abnimmt, ist die Forderung nach möglichst wenigen Kategorien oder nach Zerlegung der Codierentscheidung in einfache binäre Entscheidungsschritte (vgl. Spiegelman et al. 1953: 178 f.; Holsti 1968: 659 f.) plausibel und erhöht nachweislich die Reliabilität der Codierung erheblich (vgl. Schutz 1958: 507).

Mit der Reduzierung der Zahl der Kategorien sinkt jedoch die *Gültigkeit*, da das differenzierte Bild sozialer Wirklichkeit nun auf ein tendenziell simples Raster vergröbert wird. Mangelnde Intercoderreliabilität ist nicht nur eine Frage der Codierer-Schulung (vgl. Stempel 1955) oder der Codierer-Sorgfalt, sondern ebenso ein Problem sorgfältig definierter Kategorien (vgl. Kap. 7.12). Funkhouser/Parker (1968) haben zu diesem Zweck ein Maß entwickelt (Random-Systematic-Error-Coeffizient, RSE), das prüft, ob dies eine Folge mangelhaft definierter Kategorien oder mangelhaft arbeitender Codierer ist. Kriz (in: Lisch/Kriz 1978: 89 f.) kritisiert die Forderung an die Codierer, möglichst übereinstimmend zu codieren und macht den Vorschlag, Codiererentscheidungen als Reaktionsverteilung zu akzeptieren. Dieser Vorschlag geht jedoch auf der syntaktischen und auf der semantischen Ebene am Problem der Intercoderreliabilität vorbei: Hier läßt sich Übereinstimmung in der Codierung durch entsprechend sorgfältige Kategorienbildung und Codiererschulung prinzipiell beliebig hoch steigern. Der Einsatz *Elektronischer Inhaltsanalyse* gerade für solche Probleme (vgl. Kap. 12.32) belegt diese Feststellung nachdrücklich.

Reliabilität in bezug auf syntaktische und semantische Ebene von Inhalten ist jedoch nur eine *notwendige*, keine *hinreichende* Bedingung für die Güte einer Untersuchung. Das zeigt sich sofort, wenn man auf die *pragmatische* Ebene geht: Hier verlangt die Analyse das Verstehen bzw. das Interpretieren des zu analysierenden Textes, also die interpretativen Leistungen des analysierenden Subjekts. Diese fallen nicht nur subjektiv, sondern auch situational verschieden aus, denn sie repräsentieren einen speziellen Typus von Wirkung, der als *Reaktivität* bekannt ist und bereits diskutiert worden ist (vgl. Kap. 6.2). Bereits Janis hat daher gefordert, die pragmatische Dimension ganz aus der Inhaltsanalyse herauszunehmen: „Pragmatical content analysis will be omitted from the discussion, because ... pragmatical content analysis should not be used ... such content analysis procedures will prove to be invalid".

Wie jedoch die Differenzierung der pragmatischen Ebene in drei Ebenen gezeigt hat (vgl. Kap. 8.02), tritt dieses Problem schon bei der Verständlichkeitsanalyse auf der syntaktisch-pragmatischen Ebene, erst recht jedoch auf der semantisch-pragmatischen Ebene bei der Codierung von Wertfeststellungen auf (vgl. Kap. 8.51). Da aber für sehr viele Anwendungen, insbesondere im Bereich der Massenkommunikation (vgl. Stewart 1943), Wertfeststellungen als wesentlich gelten, impliziert dies, daß hier geeignete Prüfverfahren zur Verfügung stehen.

Das ist jedoch nicht der Fall, so daß man unter den Wertanalysen, gerade im *politischen* Bereich, achtbare Ergebnistoleranzen oder Artefakthäufungen erwarten darf.

Exemplarisch soll hier jedoch ein Ansatz für die Validierung von Wertungen vorgestellt werden, der aus einer entsprechenden Inhaltsanalyse von Einstellungen zu politischen Handlungsträgern entwickelt worden ist (Beispiel 43).

Beispiel 43: Messung von Reaktivität bei Wertanalysen (nach Merten 1982c)

Analyseziel: Messung von Bewertungen politischer Handlungsträger in der deutschen Presse.

Problem: Es war vorauszusehen, daß die Entscheidung über Richtung bzw. Stärke von Bewertungen von der je subjektiv verschiedenen politischen Einstellung der Codierer abhängig ist, d.h. es war mit einer einstellungsbedingten Reaktivität zu rechnen.

Lösungsversuch: Das Sample der Codierer wurde *nach* der anteilig etwa gleich umfangreichen Codiertätigkeit aufgefordert,
- einen Fragebogen über politische Einstellungen auszufüllen, auf dem auf einem Rechts-Links-Kontinuum u.a. die eigene politische Einstellung skaliert wurde und
- einen ausgewählten Artikel mit Bewertungen nach Richtung und Stärke der Bewertungen zu codieren. Während Sätze wie
„X erhielt den Friedensnobelpreis" oder
„Y errang einen großen Erfolg" fast problemlos codiert werden konnten, stellten sich reaktive Effekte ein vor allem bei Aussagen wie:
„Y schon wieder in Bedrängnis" oder
„Z muß jetzt sehen, wie er zurecht kommt" oder
„Hat X noch eine Chance?" ein.

Die Verteilung der Bewertungen wurde nach Mittelwert und Streuung analysiert. Zugleich wurde die politische Einstellung mit entsprechender Bewertungsverzerrung codiert, so daß sich zumindest tendenziell angeben läßt, welchen Einfluß ein entsprechendes Sample von Codierern hat (vgl. Abb. 141). Dabei ist es keineswegs selbstverständlich, daß die Bewertung eines politischen Handlungsträgers mit je ähnlicherer politischer Einstellung positiver wird: Es ist denkbar, daß sowohl bei positiven *als* auch bei negativen Bewertungen affiner politischer Handlungsträger je extremere Bewertungsrichtungen codiert werden.

Diese Messung intersubjektiver Zuverlässigkeit ist um so relevanter, je extremer der Mittelwert politischer Einstellungen ausfällt (was gerade bei Codierung durch Studenten der Fall sein kann). Zugleich zeigt sich, daß gerade eine Homogenität der Codierer in bezug auf politische Einstellungen oder andere Größen, die reaktiv auf entsprechende pragmatische Aspekte von Texten reagieren, außerordentlich problematisch ist: Zwar würde die Messung einer hohen Intercoderreliabilität gerade dann eine perfekte Analyse suggerieren; der Preis dafür wäre indes eine Einseitigkeit, die gerade *wegen* der *fehlenden* Varianz der Codierentscheidungen auch durch die Messung entsprechender subjektiver Werthaltungen etc. nicht mehr herausgerechnet werden könnte. Anders gesagt: Die Messung von Intercoderreliabilität ist unzureichend, wenn sie auf der pragmatischen Ebene durchgeführt wird. Hier müssen andere Prüfungen über verzerrende (reaktive) Einflüsse durchgeführt werden, die eine Berechnung möglicher Verzerrungen gestatten.

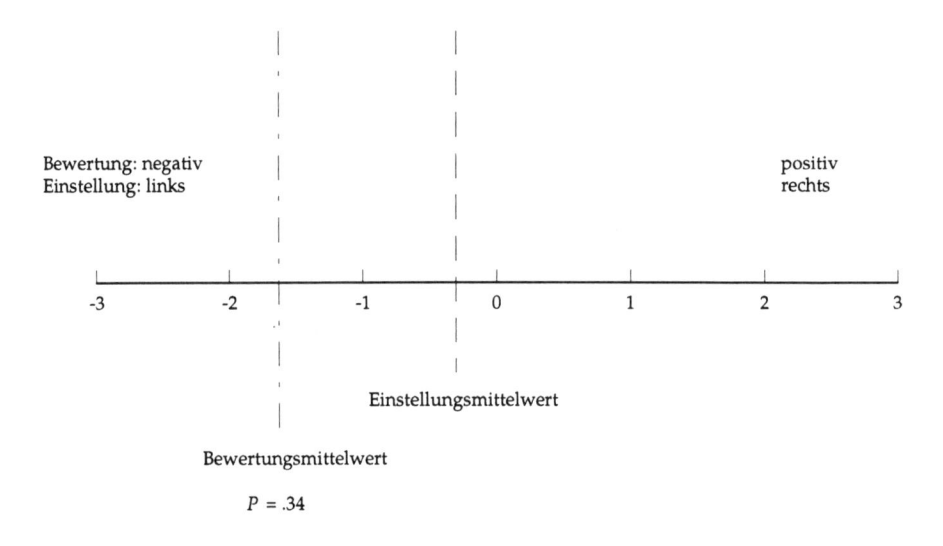

Abbildung 144: Korrelation zwischen politischen Einstellungen und politischen Bewertungen von Codierern

10.3 Externe Gültigkeit

Während die interne Gültigkeit sich auf die Identität zwischen gefordertem bzw. behauptetem und empirischem Meßvorgang bezieht, geht die externe Validität über diese Forderung hinaus, indem sie die Gültigkeit des Ergebnisses der Analyse insgesamt fordert. Die bekannte Roh-Definition von Gültigkeit als Übereinstimmung zwischen dem, was man messen möchte und dem, was man tatsächlich mißt, trifft den Kern aller Gültigkeitsprüfungen: Gültigkeit eines Instruments läßt sich nicht *verifizieren*, sondern nur *falsifizieren*, durch Kritik in Frage stellen. Läßt sich kein Einwand *gegen* die Gültigkeit eines Instruments bzw. gegen die Anwendung eines Instruments (immer bezogen auf ein vorab definiertes Ziel!) präzisieren, so kann Gültigkeit „bis auf weiteres" unterstellt werden (vgl. Zimmermann 1972: 79). Diese Fragestellung weist auf die Schlüsselstellung hin, die Kritik, insbesondere Selbstkritik hat, die daher für alle empirischen Analysen obligatorisch sein sollte (vgl. Kap. 11.14).

Die fehlende Verifizierbarkeit von Gültigkeit zeigt sich auch darin, daß verschiedene Autoren bzw. verschiedene Disziplinen eine Fülle von Vorstellungen über Gültigkeit entwickelt haben, die zu systematisieren ungemein schwierig ist.

10 Gültigkeit und Zuverlässigkeit

Ganz grob kann man zunächst sagen, daß Gültigkeit am besten negativ präzisiert werden kann, nämlich als Fehler, der im Ablauf einer empirischen Untersuchung auftreten kann. Genau aus diesem Grund wird im folgenden Kapitel ein Ablaufplan für die Durchführung und Kritik empirischer Arbeiten skizziert, der an den neuralgischen Stellen auf entsprechende Fehler hinweist. Die Behauptung, daß eine empirische Untersuchung mit der Einhaltung einer Abfolge wohldefinierter Schritte steht und fällt, ist nichts anderes als die Formulierung eines allgemeinen Gültigkeitsprinzips: Die Kette ist so stark wie ihr schwächstes Glied.

Abschließend sollen daher verschiedene Gültigkeitstypen, die für die Inhaltsanalyse von besonderem Belang sind, anhand eines Ablaufplans für Inhaltsanalysen resümiert werden (Abb. 145, vgl. auch Abb. 141)

Gültigkeit repräsentiert sich so jeweils als Übersetzungsproblem, also als Relationierung zweier verschiedener Entitäten (Begriffe, Prozesse, Zustände etc.).

Die umfassendste Beziehung ergibt sich durch das Ziel der Inhaltsanalyse, *gültig* von Merkmalen eines Textes auf Merkmale eines nichtvorhandenen Kontextes zu schließen. Der Nachweis der hier vorausgesetzten Gültigkeit erfolgt über *Außenvalidierung* mittels anderer Verfahren (vgl. Abb. 145).

Die *Interne Validität* beginnt bereits bei der *Operationalisierung* von Hypothesen und tritt hier als *logische* Gültigkeit auf: Als Vereinbarkeit zwischen nomineller und operationaler Definition (vgl. Zetterberg 1973: 119 ff.).

Semantische Validität (semantic validity) wird von Krippendorff (1980: 159) analog zur logischen Gültigkeit für das Meßinstrument der Inhaltsanalyse (z.B. bei der Kategorienbildung) gefordert.

Konstrukt-Validität geht über die logische Validität hinaus und erfaßt die Beziehung zwischen Theorie und dem gebildeten Erhebungsinstrument.

Für den eigentlichen Erhebungsprozeß wird die Zuverlässigkeit in temporaler, intersubjektiver und instrumenteller Hinsicht gefordert – ein Kernstück der gesamten *Internen Validität*.

Die *Externe Validität* geht über die interne Validität insofern hinaus, als nicht mehr nur die Gültigkeit des Instruments, sondern die Gültigkeit der Ergebnisse gefragt ist:

Die Beziehung zwischen Sample und Grundgesamtheit, von Krippendorff (1980: 157) als „sample validity" bezeichnet, stellt nichts anderes als *Repräsentativität*, also die Identität zwischen Befunden in der Stichprobe und in der Grundgesamtheit dar. Zum anderen unterscheidet Krippendorff (1980: 157) speziell für die Inhaltsanalyse eine *pragmatische* Validität (pragmatic validity), die weiter differenziert wird in die bekannte *Kriteriums*-Validität bzw. Vorhersagevalidität, bei der die Gültigkeit des Erhebungsprozesses durch eine parallele Prüfung mit einem Außenkriterium gesichert wird (Außenvalidierung, s.o.) und in korrelationale Validität – also Messung von Validität durch Substituierbarkeit von miteinander hoch korrelierenden Meßinstrumenten. In diesem Zusammenhang ist auch die Unterscheidung von Fischer (1974: 36) zwischen Gültigkeit und Zuverlässigkeit zu verstehen: Zuverlässigkeit wird als Meßgenauigkeit gesehen, während Gültigkeit als

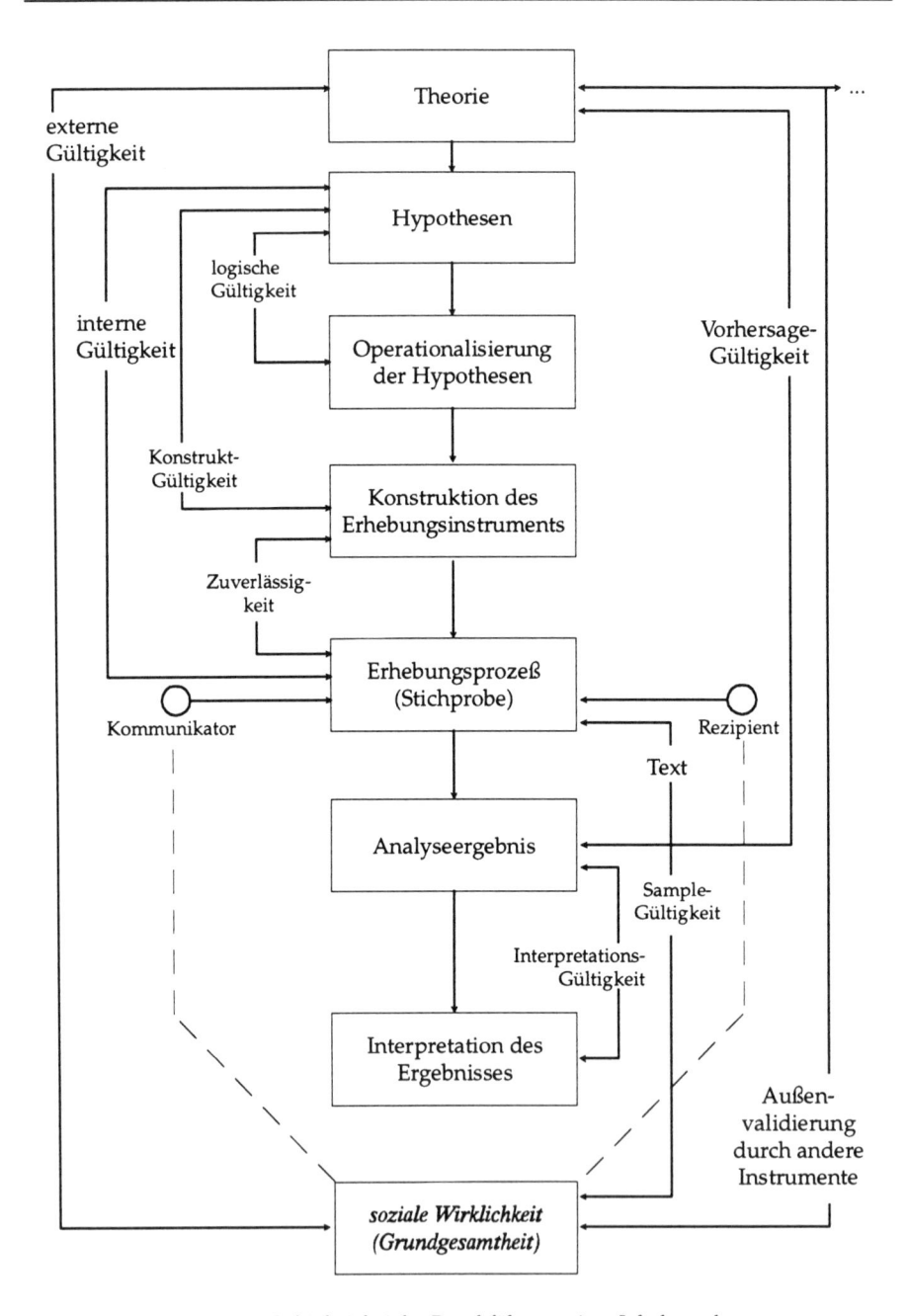

```
                          ┌─────────────┐
          ┌───────────────│   Theorie   │◄──────────── ...
          │           ┌──►└─────────────┘◄────┐
 externe  │           │          │            │
Gültigkeit│           │          ▼            │
          │    ┌─────────────────────┐        │
          │    │     Hypothesen      │        │
          │    └─────────────────────┘        │
          │      ▲          │                 │
          │  logische       │                 │
          │  Gültigkeit     │                 │
 interne  │      │          ▼                 │ Vorhersage-
Gültigkeit│    ┌─────────────────────┐        │ Gültigkeit
          │    │ Operationalisierung │        │
          │    │   der Hypothesen    │        │
          │    └─────────────────────┘        │
          │      ▲          │                 │
          │ Konstrukt-      │                 │
          │ Gültigkeit      ▼                 │
          │    ┌─────────────────────┐        │
          │    │  Konstruktion des   │        │
          │    │ Erhebungsinstruments│        │
          │    └─────────────────────┘        │
          │      ▲          │                 │
          │ Zuverlässig-    │                 │
          │   keit          ▼                 │
          │    ┌─────────────────────┐        │
          │  ○─│   Erhebungsprozeß   │◄──○    │
          │    │    (Stichprobe)     │        │
   Kommunikator└─────────────────────┘ Rezipient
          │               │        Text       │
          │               ▼                   │
          │    ┌─────────────────────┐        │
          │    │   Analyseergebnis   │◄───────┤
          │    └─────────────────────┘        │
          │               │     Sample-       │
          │               │     Gültigkeit    │
          │               │ Interpretations-  │
          │               │ Gültigkeit        │
          │               ▼                   │
          │    ┌─────────────────────┐        │
          │    │  Interpretation des │        │
          │    │    Ergebnisses      │        │
          │    └─────────────────────┘        │
          │               │              Außen-
          │               │           validierung
          │               │           durch andere
          │               ▼              Instrumente
          │    ┌─────────────────────┐        │
          └───►│ soziale Wirklichkeit│◄───────┘
               │   (Grundgesamtheit) │
               └─────────────────────┘
```

Abbildung 145: Typen von Gültigkeit bei der Durchführung einer Inhaltsanalyse

10 Gültigkeit und Zuverlässigkeit

Vorhersagegenauigkeit gilt und damit den gesamten Prozeß der Messung umgreift.

Schließlich wird auch der Begriff der *Interpretationsvalidität* gebraucht, um die Beziehung zwischen Ergebnissen und deren Interpretation, also ebenfalls eine semantische Relation, zu charakterisieren (vgl. Herrmann 1969: 412).

Daß, vergleichbar etwa den Zuverlässigkeitsprüfungen, so wenig Prüfungsmöglichkeiten auf Gültigkeit vorhanden sind, liegt vor allem darin begründet, daß eine Validierung durch andere Instrumente jeweils die Validität dieser Instrumente voraussetzt. Da aber Inhaltsanalyse als basales Erhebungsinstrument gelten darf (vgl. Kap. 12.11), ist gerade eine Validierung der Inhaltsanalyse durch andere Erhebungsinstrumente nicht unproblematisch. Das zeigt sich auch darin, daß Validitätsprobleme mehrfach als semantische bzw. pragmatische Probleme angesprochen wurden – die Feststellung von Validität ist selbst ein semiotisches Problem.

Teil IV: Praxis der Inhaltsanalyse

Die theoretische Darstellung von Verfahren der Inhaltsanalyse ist das eine, die praktische Anwendung solcher Verfahren aber etwas anderes. Daher wird im folgenden Kapitel die praktische Durchführung einer inhaltsanalytischen Untersuchung – von der Hypothesenbildung über Samplebildung, Datenerhebung, Datenanalyse bis hin zu Interpretation – an konkreten Beispielen demonstriert.

11 Durchführung einer Inhaltsanalyse

Die bisherigen Kenntnisse über Theorie und Methode der Inhaltsanalyse reichen theoretisch aus, eine Untersuchung durchzuführen. Die Praxis zeigt jedoch, daß eine Fülle von ganz anderen Problemen, die einer nirgendwo niedergeschriebenen Theorie der Praxis entspringen, auftauchen, die die sachgerechte Anwendung theoretischer und methodischer Kenntnisse geradezu unmöglich machen können.

Solche Probleme sollen im folgenden diskutiert werden. Dazu bedienen wir uns eines Ablaufplanes, wie er für empirische Projekte verschiedentlich vorgeschlagen worden ist (vgl. Schrader 1971: 12ff.; Friedrichs 1990: 51; Wolff 1973). Dieser Ablaufplan ist in Abb. 146 dargestellt und zeigt zunächst den Rahmen, in dem jede empirische Untersuchung steht, und der eine Dreiteilung in *Entdeckungs-, Begründungs- und Verwertungszusammenhang* erlaubt.

Der *Entdeckungszusammenhang* (context of discovery) fragt nach dem „Warum" einer empirischen Untersuchung, also nach den Motiven und Interessen, die die Durchführung einer Untersuchung nicht nur auslösen, sondern die Anlage dieser Untersuchung sowohl positiv wie negativ beeinflussen können. Solche Motive können nach Friedrichs (1990: 50) sein:

a) ein soziales Problem, das zu lösen ist (gesellschaftliches Motiv),
b) Test bzw. Widerlegung einer Theorie (intrinsisches Motiv) oder
c) Auftragsforschung (kommerzielles Motiv)

In der Regel ist eine Kombination dieser drei Motiv-Typen mit unterschiedlichem Schwerpunkt anzutreffen. Der *Begründungszusammenhang* (context of justification) fragt nach dem „Wie" einer Untersuchung, also nach den methodischen Standards, den vorgeschriebenen Regeln und den zulässigen Verfahrensweisen, die die *Gültigkeit, Zuverlässigkeit* und *Genauigkeit* bestimmen und die damit den eigentlichen Bereich der *Methode* ausmachen.

Der *Verwertungszusammenhang* (context of evaluation) schließlich fragt nach den Auswirkungen, die das Ergebnis einer Untersuchung auf die soziale Wirklichkeit hat. Dabei ist die Abfolge dieser drei Bereiche relevant. In der genannten Abfolge 12, 23 und 31 sind die resultierenden Einflüsse legitim, in einer anderen Reihenfolge indes nicht. So ist der Einfluß 32 illegitim, weil er einen Einfluß des Ergebnisses auf das methodische Vorgehen impliziert: Bestimmte Auftraggeber z.B. wünschen bestimmte Ergebnisse, die durch Wahl entsprechender methodischer Kunstgriffe leichter produziert werden können. Man muß sich jedoch stets dar-

11 Durchführung einer Inhaltsanalyse

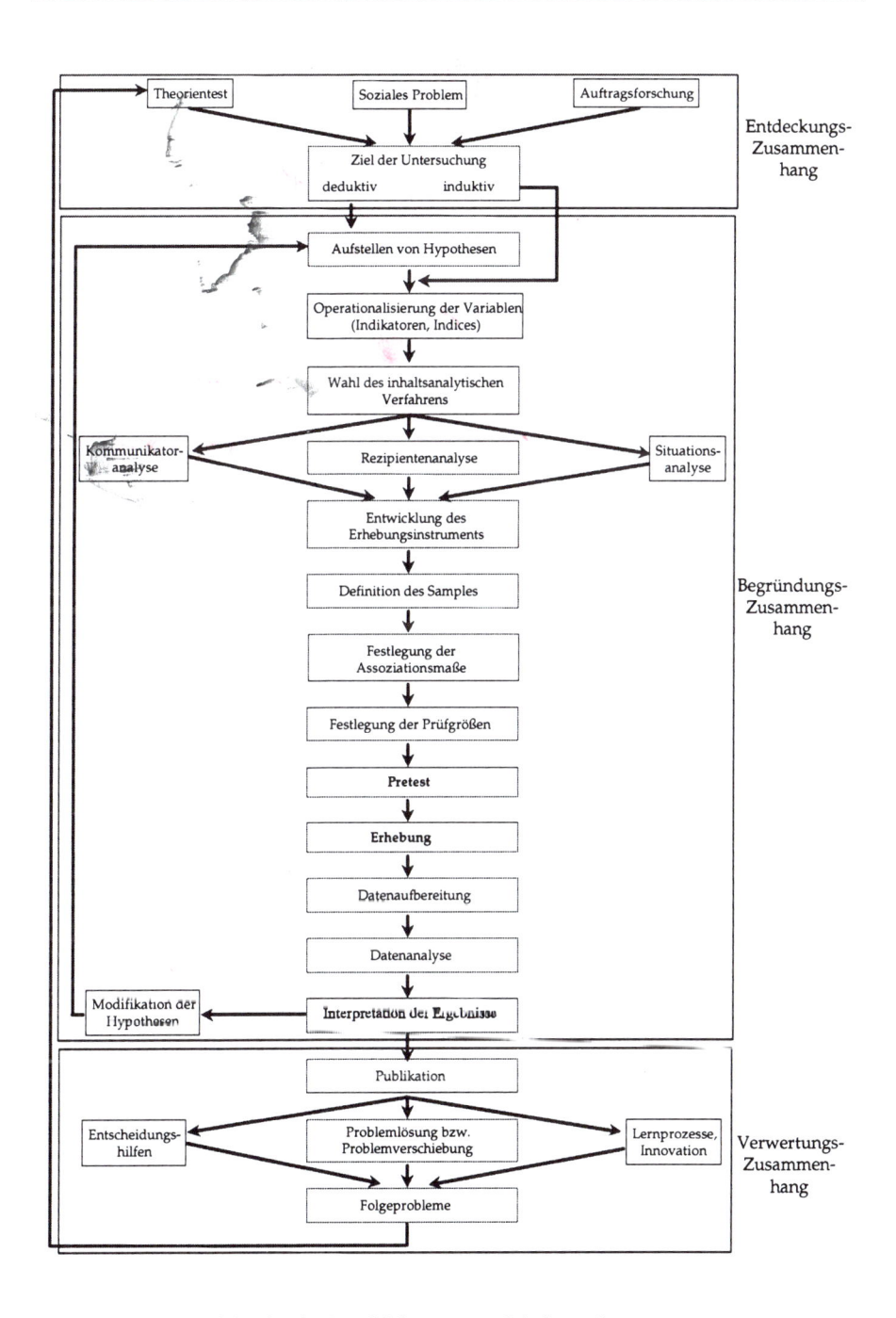

Abbildung 146: Ablaufplan für die Durchführung einer Inhaltsanalyse

über klar sein, daß eine Verletzung methodischer Vorgehensweise empirische Fakten in Artefakte überführt. Daher ist die Unterteilung in 15 einzelne Problemschritte, die im folgenden diskutiert werden soll, hinsichtlich ihrer Abfolge nicht beliebig, sondern verbindlich.

11.1 Ziel der Untersuchung: Induktives oder deduktives Vorgehen

Das Ziel einer Untersuchung hat einen unmittelbaren Einfluß auf alle weiteren Schritte der Untersuchung. Es sollte daher in jeder Untersuchung vorab klargestellt werden, ob es sich um eine *induktive* oder *deduktive* Untersuchung handelt.

Induktiv sind alle Untersuchungen, die nicht von einer vorgegebenen expliziten oder impliziten Theorie ausgehen und daraus Hypothesen formulieren, sondern Untersuchungen, die *deskriptiv* vorgehen und sich entweder mit der Beschreibung von meist unbekannten Zusammenhängen selbst schon zufriedengeben oder aus der Beschreibung *tentativ* Hypothesen (also: ungeprüfte Vermutungen!) entwickeln.

Deduktiv sind Untersuchungen, die von einer schon bekannten Theorie oder daraus ableitbaren Hypothesen oder von plausiblen, aber nicht ausformulierten explizierten Vermutungen ausgehen und diese Hypothesen resp. Vermutungen dann einem exakten Test auf Widerlegung *(Falsifikation)* bzw. Bestätigung bis auf weiteres unterwerfen. Die entsprechenden Hypothesen müssen daher vor Kenntnis möglicher Analyseergebnisse formuliert sein.

Da es aus ersichtlichen Gründen aufregender ist, etwas zu beweisen als nur Vermutungen anzustellen, wird in der Praxis gern wie folgt gearbeitet: Man analysiert ein Problem nach bestimmten Gesichtspunkten, geht also im besten Sinne induktiv vor, präsentiert die Ergebnisse jedoch als Beweis. Das fällt um so leichter, je relevanter die Ergebnisse für die Gesellschaft sind, und je mehr man sich damit unmittelbar an die nichtwissenschaftliche Öffentlichkeit wenden kann, die diesen satten Zirkelschluß nicht als solchen erkennen kann: Man gewinnt (induktiv) aus bestimmten Daten bestimmte Ergebnisse. Aus den Ergebnissen entwickelt man Verallgemeinerungen (Hypothesen) und als Beweis für die Richtigkeit dieser Verallgemeinerungen führt man eben die Ergebnisse an. Daß diese Ergebnisse (und die daraus abgeleiteten Hypothesen) ohne weitere Überprüfung nichts weiter sind als Zufallsergebnisse, die sich gerade bei dieser Untersuchung eingestellt haben, wird so gar nicht bewußt bzw. bewußt verschwiegen. Grundsätzlich sollte daher schon bei Beginn einer Untersuchung geklärt werden, ob von Theorien ausgegangen wird und diese überprüft werden oder ob vom Ergebnis ausgegangen wird und daraus Hypothesen konstruiert werden sollen.

11.2 Aufstellen von Hypothesen

Handelt es sich um eine deduktive Untersuchung, so müssen alle Hypothesen, die durch die Untersuchung bewiesen werden sollen, ex ante formuliert oder aus einer allgemeinen Theorie bzw. allgemeinen Vermutungen begrenzter Reichweite abgeleitet werden. Unbeschränkte Hypothesen, sog. *Allsätze* (z.B. „Politiker möchten eine gute Presse haben") lassen sich jedoch nicht beweisen *(verifizieren)*, sondern nur widerlegen *(falsifizieren)*. Daher konstruiert man einen Beweis auf Umwegen, indem man zunächst die Gegenhypothese *(Nullhypothese)* bildet („Politiker möchten keine gute Presse haben"), die den zu beweisenden Zusammenhang gerade abstreitet, und versucht dann, diese Nullhypothese zu falsifizieren. Genau umgekehrt ist es bei den *Existenzsätzen* („Es gibt einen rosaroten Panther"), die nur verifiziert, aber nicht falsifiziert werden können. In den Sozialwissenschaften haben wir es in der Regel mit Hypothesen zu tun, die auf generelle Gültigkeit zielen und daher als Allsätze einer Widerlegung ausgesetzt werden. Dennoch kann man die allgemeine Gültigkeit durch zeitliche, räumliche oder sonstige Bedingungen einschränken. Diesen Typ von Hypothese nennt man *Singulären Satz* (vgl. Opp 1970: 19 ff.).

Bei induktiven Studien, in denen man solche Sätze aus dem Ergebnis der Analyse entwickelt, handelt es sich grundsätzlich um singuläre Sätze, denn das Sample, das der Analyse zugrunde liegt, ist als solches immer begrenzt. Dies muß man sich schon bei Beginn einer Untersuchung stets vor Augen halten.

11.3 Operationalisierung der Hypothesen durch Definition der Variablen

In den Sozialwissenschaften ist eine *Hypothese* definiert durch eine Relation R zwischen (mindestens) zwei Variablen V_1 und V_2. Die Hypothese „Je größer das Einkommen E einer Person, desto höher deren sozialer Status S" weist die Variablen E und S auf. Die Relation (auch Verknüpfungsvorschrift genannt) ist die Korrespondenzregel, die besagt „Je mehr E, desto höher S". Da sowohl die Variablen als auch die Verknüpfungsvorschrift zeichenhaft formuliert werden müssen, sind sie für Interpretationen offen. Nun fallen Interpretationen von Zeichen, wie wir gerade aus der Inhaltsanalyse wissen, immer subjektiv verschieden aus, so daß man eine *Operationalisierung* der Hypothese fordert, d.h. eine *Definition* (wörtlich Einengung) der darin verwendeten Begriffe vornimmt. Im benutzten Beispiel erlaubt der Begriff „Einkommen" eine exakte Definition, denn es handelt sich um eine eindimensionale Größe, die zudem eine Messung auf Rationalskalenniveau erlaubt. Schwieriger wird es mit dem Begriff „sozialer Status", der, wie viele soziologische Begriffe, mehrdimensional angelegt ist: Seine Merkmalsdimension, auf der er zu messen ist, setzt sich aus mehreren Teildimensionen zusammen, die miteinander keineswegs einfach zu verrechnen sind. Nach Mayntz et al. (1972: 41) kann man „sozialer Status" wie folgt operationalisieren (Abb. 147): Sofern man sicherstellen kann, daß *alle* Indikatoren mit allen anderen Indikatoren hoch korrelieren, kann man sich mit einem einzigen Indikator begnügen. In der Realität dürfte dieser Fall jedoch selten eintreten – im Gegenteil: Ein einzelner Indikator ist in der Regel für eine Fülle verschiedener Variablen Indikator zugleich. So ist z.B. der Indikator „Lesen der Times" möglicherweise ein Indikator für die Variable „Elite". Er kann aber auch Indikator für die Variablen „Anglophilie", „wirtschaftliches Interesse" oder „Snob" sein.

Folgerichtig fordert Etzioni (1979: 119), daß „jede Messung eines soziologischen Begriffes, die nur von einem einzigen Indikator Gebrauch macht, als zweifelhaft angesehen werden sollte".

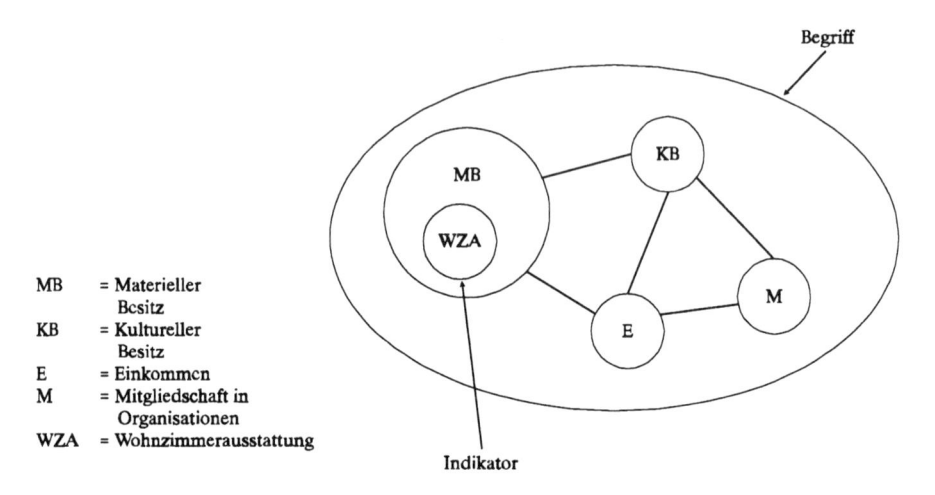

MB = Materieller Besitz
KB = Kultureller Besitz
E = Einkommen
M = Mitgliedschaft in Organisationen
WZA = Wohnzimmerausstattung

Abbildung 147: Begriffsumfang und Indikatoren von sozialem Status (nach Mayntz et al. 1972: 41)

Für den Test einer Hypothese mit einer mehrdimensional zu operationalisierenden Variablen muß daher entweder ein Index konstruiert werden (vgl. Kap. 7.143) (was einen gemeinsamen Maßstab der Verrechnung einzelner Indikatoren voraussetzt), oder es müssen mehrere Indikatorvariablen einem Test unterzogen werden, der zu einem gleichsinnigen Ergebnis führt.

Welche Folgen eine mangelnde Operationalisierung hat, zeigt das folgende Beispiel 44:

<u>Beispiel 44:</u> Hypothese über die Funktionen von Jugendbüchern, getestet anhand einer Inhaltsanalyse von Jugendbüchern (Nauck 1974)

Nauck (1974: 104) stellt über die Funktion von Jugendbüchern folgende Hypothese auf:

„Jugendbücher erfüllen die Funktion der umfassenden Versorgung des Rezipienten mit Kommunikationsinhalten selektiv im Hinblick auf eine Dominanz der privaten Sphäre und eine Restriktion öffentlicher Bereiche".

Entfernt man zunächst einiges verbales Beiwerk, so verbleibt die Hypothese „Jugendbücher weisen mehr Inhalte privater Natur (P) als öffentlicher Natur (Ö) auf". Es bleibt zunächst unklar, was hier die Variablen sein sollen. Da aber die Inhalte, wie man später sieht (vgl. Nauck 1974: 172), nach privaten und öffentlichen

11 Durchführung einer Inhaltsanalyse

Inhalten dychotomisiert werden, ist die Summe der Variablen einfach eine Konstante (nämlich der gesamte Inhalt des Buches).
Es gilt also:

$P(\%) + Ö(\%) = 100\%$ bzw.
$P(\%)\quad\quad = 100\% - Ö(\%)$

Damit enthält diese Hypothese nur noch eine anstatt zwei Variablen, so daß eine schlichte eindimensionale Auszählung von Jugendbüchern zur „Beweisführung" ausreicht. Es handelt sich demgemäß gar nicht um einen Hypothesentest im streng sozialwissenschaftlichen Sinn und erst recht nicht um den Aufweis der Abhängigkeit zweier Größen (P und Ö), denn diese stehen a priori in einer exakt formulierbaren Beziehung zueinander.

Mit der Operationalisierung ist im Grunde schon eine bestimmte Vorentscheidung für ein bestimmtes inhaltsanalytisches Verfahren gefallen, denn die dabei definierten Begriffe müssen als Variablen ja auch erhoben werden können.

11.4 Wahl des inhaltsanalytischen Verfahrens

Die Wahl des geeigneten inhaltsanalytischen Verfahrens ist vom Ziel der Analyse, von der Beschaffenheit der zu analysierenden Inhalte und von den datenanalytischen Möglichkeiten, insbesondere von der zur Verfügung stehenden EDV-Software, abhängig.

Das *Ziel* der Analyse (Kommunikator, Rezipient oder Situation, vgl. dazu Kap. 8.01) ist ein erstes Kriterium für die Wahl des Verfahrens, denn damit werden eine Reihe von Verfahren bereits ausgeschlossen.

Die Beschaffenheit des *Inhalts* gibt einen weiteren Gesichtspunkt für die Wahl des oder der Verfahren ab: Verbal-nonverbale Inhalte stellen höhere Anforderungen an die Analyse als etwa eine Themenanalyse von Zeitungsartikeln, für die ggf. eine direkte EDV-Behandlung durch *Elektronische Inhaltsanalyse* (vgl. Kap. 12.3) in Frage kommt.

Die für die Inhaltsanalyse selbst und für die Datenanalyse ggf. verfügbare EDV-Software gibt schließlich ebenfalls Restriktionen vor, die im voraus bedacht sein wollen. Oft stellt sich heraus, daß nicht ein einzelnes Verfahren, sondern eine Kombination von Verfahren angemessen ist, wie dies z.B. bei der Analyse von Selbstmordbriefen (vgl. Beispiel 26, Kap. 8.51-16e) der Fall war. Daß die bei der Operationalisierung definierten Indikatoren bzw. Variablen (bei deduktiver Vorgehensweise) bzw. die als relevant angesehenen Variablen (bei induktiver Vorgehensweise) zum Verfahren „passen" müssen, versteht sich von selbst.

11.5 Entwicklung des Erhebungsinstruments

Das Codierbuch bildet das operationalisierte inhaltsanalytische Verfahren ab. Es spezifiziert alle Erhebungsschritte, die zur Analyse der gewählten Untersuchungseinheit notwendig sind und enthält für jede zu codierende Variable vorgegebene Codes, nach denen verschlüsselt wird. Die Entwicklung eines Codierbuches soll anhand der Durchführung einer *Themenanalyse*, dem vermutlich am häufigsten angewendeten inhaltsanalytischen Verfahren, demonstriert werden (Beispiel 45).

Beispiel 45: Entwicklung eines Codierbuches für eine Themenanalyse

Die Entwicklung des Codierbuches vollzieht sich in drei Schritten:

1. Nennung aller *Identifikatoren*
   Darunter sollen solche Variablen verstanden werden, die für jede Untersuchungseinheit – unabhängig vom Inhalt – erhoben werden, und die nur für die rein technische Handhabung relevant sind. Dazu gehört z.B. die laufende Numerierung der Untersuchungseinheiten, der Hinweis auf das Organ, in dem der Artikel erschienen ist sowie das Datum des Erscheinens. Schließlich ist ggf. auch das Datum der Codierung sowie der Code des Codierers wichtig.

2. Nennung aller *formalen* Variablen
   Dazu gehört die Plazierung des Artikels, der Umfang, Angaben über Hervorhebungen, Überschriften, Bilder und Illustrationen etc.

3. Nennung aller *inhaltlichen* Variablen
   Dazu zählen bei der Themenanalyse zunächst das Kategoriensystem, dessen Entwicklung bereits beschrieben wurde (vgl. Kap. 7.12), des weiteren alle Variablen, die der Codierer aus dem Text erschließen muß, also Handlungsträger, Handlungen, Ereignisse, Bewertungen etc.

Der Aufbau des Codierbuches folgt dieser Einteilung, wie Abbildung 148 zeigt. Grundsätzlich soll das Codierbuch möglichst einfach und möglichst übersichtlich aufgebaut sein. Dazu trägt bei:

a) Die Beschreibung jeder Codierung nach Variable, nach Inhalt des zu codierenden Problems und Vorgabe der Codes (Zahlen),

b) Eine semantisch bedeutsame Überschrift über jeder zu codierenden Variablen,

c) Hinweise auf Schwierigkeiten bei der Codierung, z.B. dann, wenn Verzweigungen auftreten, wenn der →*Kommentar* zu Rate zu ziehen ist oder eine gesonderte *Item-Liste* neben dem Codierbuch benutzt werden soll etc.,

d) Hinweise am Anfang. Dazu zählt z.B. der Hinweis, daß der Codierer bei Unsicherheit einer Codierentscheidung ein Fragezeichen setzen soll,

e) Notierung aller Probleme in einem gesonderten *Kommentar* zum Codierbuch.

In Abbildung 148 ist die erste zu codierende Variable die Nummer der Untersuchungseinheit (UE):

In der Spalte „Variable" besagt die „V1", daß es sich um die erste Variable handelt. In der Spalte „Inhalt" ist angegeben, daß Variable V1 definiert ist als laufende Nummer der Untersuchungseinheit, die auf jedem Zeitungsexemplar bereits standardmäßig eingetragen worden ist (für jeden Artikel eine andere Nummer). Da

11 Durchführung einer Inhaltsanalyse

maximal vier Stellen benutzt werden können, können maximal 9999 Artikel codiert werden.

Nr. der Variablen	Inhalt/Codieranweisung	Codierspalte
	ACHTUNG Codierer! Bitte codieren Sie genau nach Anweisung und arbeiten Sie so sorgfältig wie möglich. Bei schwierigen Codierentscheidungen sagt Ihnen der Hinweis --> K, daß Sie im **Kommentar zum Codierbuch** weitere Erläuterungen finden. Wenn Sie sich über die zu treffende Codierentscheidung **nicht sicher** sind, markieren Sie dies in der Codierspalte mit einem Fragezeichen!!!	
V1	**Lfd. Nummer** der Untersuchungseinheit (UE) (0001-9999)	091
V2	**Tag** (1-31)	23
V3	**Monat** (1-12)	6
V4	**Wochentag** (Mo=1/Di=2/ Mi=3/ Do=4/Fr=5/ Sa=6/So=7)	5
V5	**Codenummer des Codierers** (01-99) --> K	57
V6	**Name des Organs:** Badische Zeitung = 1 Berliner Morgenpost = 2 DIE WELT = 3 Express = 4 FAZ = 5 FR = 6 Hamburger Abendblatt = 7 Kieler Nachrichten = 8 Mindener Tagblatt = 9 Neue Westfälische Zeitung = 10 Nürnb. Nachrichten = 11 Rheinpfalz = 12 Saarbr. Zeitung = 13 Stuttgarter Zeitung = 14 SZ = 15 Westdeutsche Allgemeine = 16	8
V7	**Zahlen der Seiten der Ausgabe** (001-999) → K	42
V8	**Seitenzahl des codierten Artikels**	1
V9	**Position auf der Seite:** Auf der oberen Hälfte = 1 Auf der unteren Hälfte = 2 / Genau in der Mitte = 3 Nimmt die ganze Seite ein = 4 / Geht über mehrere Seiten = 5	2
V10	**1. Kategorisierung des Inhalts (Hauptcodierung):** → K Politik allg. = 1/ Wirtschaftspolitik = 2/ Sozialpolitik = 3/ Wirtschaft = 4/ Unglück, Katastrophe = 5/ Kriminalität/Strafverfolgung = 6/ Kunst, Kultur, Wissenschaft = 7/ Gesundheit = 8/ Reisen, Verkehr, Urlaub = 9/ Rat, Service = 10/ Personalien = 11/ Kuriosa = 12/ Sonstiges = 13	1
V11	**2. Kategorisierung des Inhalts (Nebencodierung):** (Codes wie V10) ! **ACHTUNG CODIERER !** Wenn keine Codierung von Politik möglich, gleich zu Variable →V23 übergehen !	2
V12	**Polit. Handlungsträger in der Überschrift:** → K Handlungsträger kann sowohl ein Land (Staat), eine Partei (Interessengruppe) oder eine Person sein, so daß generell eine Dreifachcodierung (max. 3 Nennungen, die wichtigste zuerst) erfolgen muß. Die Codes finden sich in --> **LISTE 1**	73

Abbildung 148: Aufbau eines Codierbuches für die Themenanalyse

Variable V2 ist definiert als Monatstag und erhält demgemäß einen zweispaltigen Code für die möglichen Codes 1–31 etc. Variable V3 gibt den Monat an, so daß nur die Codes 1 bis 12 zulässig sind. Variable V4 gibt den Wochentag (1-7) an.

Variable V5 ist definiert als Code des Codierers und enthält einen Hinweis auf einen Kommentar (→K). Dieser Kommentar enthält unter der Nummer der Variablen den Hinweis „Hier ist die jedem Codierer fest zugewiesene Code-Nummer einzutragen. Diese Nummer ist Ihnen definitiv zugewiesen worden und ist im Kommentar (unter Variable V5) auch vorab eingetragen worden". Die Variable V6 enthält die Codes für die zu untersuchenden Zeitungstitel. Damit ist die Liste der Identifikatoren (*Welcher* Inhalt von *welchem* Datum wurde von *wem* codiert?) abgeschlossen. Die Variablen V7 bis V9 sind die formalen Variablen, die angeben, in welchem formalen Rahmen der zu codierende Artikel steht.

Die Codes werden grundsätzlich nur numerisch gewählt. Der Code Null bzw. „blank" (Leerzeichen) wird dabei standardmäßig nicht vergeben. Er wird nur dann benutzt, wenn eine fehlende Eintragung vorliegt („entfällt") bzw. markiert werden soll. Die Dimensionierung der Codes muß so erfolgen, daß die größten auftretenden numerischen Codes noch in die reservierten Stellen „hineinpassen". In Variable V6 ist für die Zahl der Seiten ein dreistelliger Code gewählt worden, weil manche Zeitungen z.B. am Wochenende einen Umfang von mehr als 99 Seiten haben.

Mit Variable V10 (Kategorisierung des Inhalts) liegt die erste *inhaltliche* Variable vor. Dabei handelt es sich um ein Kategoriensystem, das im Hinblick auf ein vorgegebenes Ziel nur die redaktionellen Inhalte (ohne Sport, Feuilleton und Wetterbericht etc.) erfassen soll und das im Bereich der Politik ersichtlich stärker differenziert. Wie man leicht erkennt, handelt es sich hier zugleich um einen Fall der Doppelcodierung, denn jeder Inhalt kann nach zwei Kategorien codiert werden (wichtigste Kategorie = Hauptkategorie). Der Verweis auf den Kommentar zeigt, daß gerade bei der Codierung der Kategorien häufig Schwierigkeiten auftreten können. Enthält der zu codierende Artikel keinen weiteren politischen Bezug (2. Kategorisierung), so soll (symbolisiert durch den Pfeil) die Codierung der folgenden Variablen bis einschließlich Variable V22 unterbleiben.

In Variable V12 folgt die Codierung von Handlungsträgern in der Überschrift, die zunächst genauer erklärt werden muß: Da bis zu drei Handlungsträger nach verschiedenen Kategorien codiert werden müssen und diese Codierung auch für den Inhalt der Artikel wiederholt wird, ist die Codierungsanweisung für den/die Handlungsträger auf ein Beiblatt ausgelagert worden (LISTE 1). Dadurch wird vermieden, daß der gleiche Code dreimal aufgeführt werden muß und damit das Codierbuch zu umfangreich und dadurch unübersichtlich wird.

Die Anlage des Kommentars wird später (vgl. Kap. 11.10) beschrieben.

11.6 Definition des Sample

Bei der Durchführung einer deduktiven Untersuchung ist ein Test von Hypothesen nur dann möglich, wenn die Textbasis (das *Korpus*) repräsentativ ist. Aber selbst in einer induktiven Untersuchung, bei der aus den Ergebnissen einer Untersuchung Hypothesen entwickelt werden, ist die Verallgemeinerbarkeit um so größer, je eher das gezogene Sample repräsentativ ist. Das Sample soll daher möglichst repräsentativ gewählt werden, und das bedeutet, daß zunächst die Grundgesamtheit definiert werden muß (vgl. Kap. 9.1).

Mit der Definition des Sample ist zugleich eine Festlegung der *Auswahleinheit* und indirekt auch der *Analyseeinheit* verbunden. Gerade bei der Inhaltsanalyse ist es oft sinnvoll, die Auswahleinheit als ein Vielfaches der Analyseeinheit zu bestimmen, also eine Klumpung (cluster-sample) vorzunehmen. Die Definition der Auswahleinheit sollte dabei möglichst eine natürliche Einheit sein, also ein ganzer Satz, Absatz, Artikel, Kapitel, Ausgabe etc. Sofern möglich, sollte eine *Zufallsauswahl* getroffen werden. Da bei Inhaltsanalysen nicht, wie bei einer Befragung, zu einem bestimmten Zeitpunkt, sondern meist über einen bestimmten Zeitraum erhoben wird, ist eine systematische Auswahl besonders vorteilhaft, d.h. die Bestimmung von Einheiten nach einem zeitlichen Rhythmus (an jedem m-ten Tag wird erhoben), der jedoch nicht identisch mit Wochen- oder Monatsrhythmen sein darf (vgl. Kap. 9.232).

Anders liegt das Problem, wenn Reden von Politikern oder Gedichte eines Autors analysiert werden sollen, die zeitlich nicht regelmäßig „anfallen". Hier muß zunächst eine Durchnumerierung und dann eine entsprechende Zufallsauswahl (nach Zufallszahlen oder systematisch durch Berücksichtigung jedes N/n-ten Inhalts) erfolgen.

Der Alltag inhaltsanalytischer Forschung sieht jedoch oft (vielleicht meist?) viel beengter aus. Aus Zeit- und Kostengründen ist es oft gar nicht möglich, den aufwendigen Kanon einer Zufallsauswahl zu befolgen noch eine bewußte Auswahl (vgl. Kap. 9.22) vorzunehmen. Vielmehr setzen finanzielle, zeitliche und sachliche Zwänge die Kriterien für eine Auswahl. In solchen Fällen kann man jedoch versuchen, im Sinn einer bewußten Auswahl zu verfahren, d.h. alle Informationen über die Repräsentativität bzw. die Verzerrung der Auswahl zu sammeln und zu dokumentieren, z.B. politische Richtung einer Zeitung, Auflage, Zahl der Leser pro Exemplar, aber auch Auswahlkriterien für Reden, Gedichtbände etc., so daß im Nachhinein zumindest Hinweise gegeben werden können, in welcher Richtung die Ergebnisse verzerrt sind bzw. in welcher Richtung verallgemeinert werden darf. Das setzt auch hier eine aktive *Dokumentation* voraus.

11.7 Festlegung der Assoziationsmaße

Die durch das Ziel der Untersuchung festgelegten und operationalisierten Variablen (Indizes) treten mit einem bestimmten Skalenniveau auf. Bei Korrelationen ist daher zunächst zu prüfen, ob die Skalenniveaus der zu korrelierenden Variablen gleich oder verschieden sind. Sind sie verschieden, muß grundsätzlich ein Assoziationsmaß auf dem niedrigeren Skalenniveau benutzt werden, es sei denn, es steht ein Assoziationsmaß mit heterogenen Skalen, z.B. Eta^2, zur Verfügung.

Eine Übersicht über entsprechende Assoziationsmaße mit dem jeweiligen Skalenniveau zeigt Abb.149.

	Nominal[23]	Ordinal	Metrisch
Nominal	d%, φ, V, T, C, λ, Fishers Exact Probability$^+$ Inf. theor. Unsicherheits-Koeffizient$^+$, Chi^{2+}		Eta^2
Ordinal		$\tau_a, \tau_b, \tau_c, \gamma, \rho^+$	
Metrisch			Produkt-Moment-Korrelations-Koeffizient$^+$

Abbildung 149: Synopsis bivariater Assoziationskoeffizienten nach Skalenniveau

Haben wir bestimmte Assoziationsmaße oder multivariate Verfahren festgelegt, die wir benutzen wollen, so müssen wir vorweg prüfen, ob dafür eine geeignete EDV-Software zur Verfügung steht. Da nämlich inhaltsanalytische Untersuchungen meist große Mengen von Daten (Wörtern, Sätzen etc.) zu analysieren haben, ist der Einsatz von EDV in der Regel unverzichtbar. Das gängigste Programmpaket, SPSS (Statistical Package for the Social Sciences), verfügt zwar über eine Vielzahl von statistischen Routinen, ist aber im Bereich der Inhaltsanalyse nicht gerade besonders gut ausgestattet (vgl. Beutel et al. 1980; Brosius 1988). Hier sollte man in den Rechenzentren vorab nachfragen, ob und welche Software ggf. zusätzlich zur Verfügung steht oder beschafft werden kann. Daß die Beschaffung Zeit kostet und auch die Anpassung des Programms bis zur Benutzbarkeit aufwendig sein kann, sollte man wissen (mindestens sechs Monate vor Einsatz des Programms sollte man sich darum kümmern).

11.8 Festlegung der Prüfgrößen

Zur Überprüfung auf Zufälligkeit der Ergebnisse bzw. zur Prüfung, inwieweit man von Ergebnissen einer Analyse (Stichprobe) verallgemeinern kann (vgl. Kap. 9.32), wird in den Sozialwissenschaften üblicherweise ein *Signifikanztest* durchge-

---

23 Ein „+" gibt an, daß für den jeweiligen Assoziationskoeffizienten ein Signifikanztest bekannt ist.

führt bzw. ein Signifikanzniveau gefordert, das in der Regel bei $\alpha = .05$ liegt. Je nach Art des Signifikanztests werden dabei entsprechende Tabellen benutzt, die in jedem Statistikbuch zu finden sind (vgl. etwa Blalock 1972 oder Kriz 1973). Soweit das Programmpaket SPSS benutzt wird, werden solche Werte gleich mit ausgedruckt. Daß mit je größerem Stichprobenumfang auch unbedeutende Assoziationswerte „signifikant" werden und rein zufällig 5% aller derart getesteten Werte signifikant erscheinen, obwohl sie es in Wirklichkeit nicht sind (vgl. Kriz 1972), sollten wir bei der Anwendung von Signifikanzberechnungen jedoch nie übersehen (vgl. instruktiv: Beispiel 19 in Kap. 8.31-6).

11.9 Pretest

Der Pretest bedeutet den Ernstfall: Hier wird sowohl die Praktikabilität des Codierbuches (dessen Vollständigkeit, Widerspruchsfreiheit, Eindeutigkeit und Handhabbarkeit) getestet als auch die rein praktische Codierarbeit. Es ist selbstverständlich, daß der Pretest an realen Texten vorgenommen wird und nicht an Spielmaterial. Als Faustregel gilt, daß der Pretest an wenigstens 20 Analyseeinheiten vorgenommen werden soll (vgl. Alemann 1977: 97).

Vollständigkeit des Codierbuches läßt sich im Grunde erst nach der letzten zu codierenden Einheit garantieren, so daß ein begleitender *Kommentar* zum Codierbuch (vgl. Kap. 11.10) unverzichtbar ist. Aber die auftretenden Fehler nehmen nach aller Erfahrung exponential mit der Zahl der probecodierten Einheiten ab, so daß bereits der Pretest das Gros der Fehler in bezug auf Vollständigkeit und Widerspruchsfreiheit des Kategoriensystems beseitigen hilft.

Es ist die Regel, nicht die Ausnahme, daß ein Codierbuch in einem, ggf. sogar in mehreren Pretests modifiziert werden muß, weil Fehler enthalten sind, aber auch, weil neue Erkenntnisse auftreten, die inhaltlich zu einer Verbesserung des Codierbuches und formal zu einer Verbesserung des Erhebungsverlaufs führen.

Der Pretest dient jedoch nicht nur dem Test des Erhebungsinstruments, sondern auch dem Test des Erhebungsprozesses. Welche Schwierigkeiten haben die Codierer bei den jeweiligen Variablen, welche Zeit wird für die Codierung einer Einheit benötigt? Arbeiten bei der Erhebung mehrere Codierer mit, so muß nicht nur eine Codiererschulung stattfinden, indem die Codierer unabhängig voneinander mehrere Testtexte bearbeiten und die Ergebnisse verglichen und diskutiert werden, sondern es muß die Organisation der Erhebung bedacht und vorbereitet werden.

11.10 Datenerhebung

Je umfangreicher das zu bearbeitende Textmaterial und je mehr Codierer an der Erhebung mitarbeiten, um so unverzichtbarer wird eine straffe Organisation der Erhebung, was insbesondere eine narrensichere Dokumentation und gezielte Kontrollen voraussetzt. Es ist fast unverzichtbar, einen Ablaufplan für den Codierprozeß zu entwerfen, der genau festlegt, wer welche Einheiten codiert, wohin die codierten Einheiten verbracht werden, wer die Kontrollcodierung übernimmt, wann welche codierten Einheiten zur Übertragung auf Datenträger weggegeben werden, und zu prüfen, welche man davon auch zurückerhält.

Damit die Erhebung überhaupt beginnen kann, muß folgendes geregelt sein:

a) Jeder Codierer erhält eine eigene Codierer-Nummer, die auf jeder zu erhebenden Einheit mitcodiert wird.

b) Jeder Codierer erhält ein Codierbuch, einen Kommentar zum Codierbuch, Kontrollisten für die Markierung unklarer Codierentscheidungen und Änderungszettel, wenn am Codierbuch etwas geändert werden soll bzw. im Kommentar etwas festgehalten werden muß.

c) Es wird geprüft, ob alle Analyseeinheiten vorhanden sind. Diese werden vorab – soweit das möglich ist – durchnumeriert bzw. genau spezifiziert. Wenn hinterher genausoviele Texte zurückgegeben werden sollen, wie zur Codierung ausgegeben wurden, sollte die Ausgabe protokolliert werden.

d) Die Codierung erfolgt optimalerweise so, daß das Codierbuch in das Codiersheet eingearbeitet wird, so daß der Codierer alle Informationen für die Codierung präsent hat und die Möglichkeit von Übertragungsfehlern minimiert wird (vgl. exemplarisch Abb. 148). Dies läßt sich natürlich nicht immer – besonders nicht bei umfangreichen Codierbüchern – durchführen.

In Abbildung 148 ist exemplarisch ein Zeitungsartikel codiert worden: Codiert wurde die Untersuchungseinheit 091 (V1), die einen Artikel darstellt, der am 23. (V2) Juni (V3), an einem Freitag (V4) in den Kieler Nachrichten (V6) (die an jenem Tag 42 Seiten Umfang hatte (V7)), auf Seite 1 (V8) auf der unteren Hälfte (V9) erschienen ist. Dabei wurde der Inhalt als überwiegend allgemeinpolitisch (V10) sowie auch mit wirtschaftspolitischem Bezug (V11) codiert. In der Überschrift wurde der Handlungsträger 73 erfaßt, der auf LISTE 1 spezifiziert ist.

Bei Texten, bei denen sich mehrere Erhebungseinheiten einer größeren Texteinheit zuordnen lassen, ist es empfehlenswert, ein bimodales Codierbuch resp. Codiersheet zu verwenden (vgl. Beispiel 46).

Beispiel 46: Bimodales Codierbuch für die Codierung von Gewalt in Fernsehsendungen (vgl. Merten 1996)

Hier wurde ein bimodales Codierbuch und demgemäß auch ein bimodales Codiersheet verwendet. *Erhebungseinheit* (sampling unit) ist die jeweilige Sendung, die mit entsprechenden Identifikatoren (V0 bis V9) nach Sender, Sendetag, Sendungsbeginn, Sendungsende etc. erfaßt wird. Des weiteren wird eine vorläufige Grobcodierung auf Wirkung, Darstellung und Handlungsträger von Gewalt (V11-V14) durchgeführt. Die Codierung dieser Sendung wird auch als *Rahmencodierung* bezeichnet (Abb. 150).

Diese Einheit (Sendung) wird nun per Videoband abgespielt und es werden alle darin auftretenden Gewaltsequenzen (recording units) mit Anfangs- und Endzeit herausgestoppt und nach dem eigentlichen Codierbuch auf Gewaltvariablen hin codiert (Abb. 151). Dies ist die *Sequenzcodierung*. Die Zuordnung zur jeweiligen

11 Durchführung einer Inhaltsanalyse

RAHMENCODIERUNG für Analyse von TV-Gewalt C913		
V0	V1 CODIERERNR.:	V2
Cass. Nr.		Lauf.Nr.
Var.	BESCHREIBUNG	CODE
V3	**Sender:** ARD = 1 ZDF = 2 RTL = 3 SAT1 = 4 PRO 7 = 5 VOX = 6	
V4	**Sendetag** (Tag: 1-31)	
V5	**Sendungsbeginn - Stundenangabe** (0-24)	
V6	**Sendungsbeginn - Minutenangabe** (0-60)	
V7	**Sendungsende - Stundenangabe** (0-24)	
V8	**Sendungsende - Minutenangabe** (0-60)	
V9	**Sendung** *Hier bitte nur den Namen der Sendung eintragen*	
V9a	**Sendungstyp** *dieses Feld bitte frei lassen*	
V9b	**Sendeform** *dieses Feld bitte frei lassen*	
V10	**Zahl der Gewaltsequenzen innerhalb der Sendung**	
V11	**Gewaltanteil innerhalb der Sendung** keine 0 wenig 1 mittelmäßig 2 viel 3 fast ausschließlich 4	
V12	**Subjektive Wirkung d. Gewalt** (siehe Liste 1)	
	Mediale Darstellungsformen	
V13a	Informat./neutrale Darstell. der Gewalt ja=1 nein=2 entf.=0	
V13b	Kritische Gewaltdarstellung ja=1 nein=2 entf.=0	
V13c	Gewalt als Unterhaltung/film. Element ja=1 nein=2 entf.=0	
	Dramaturgisches Mittel	
V13d	Action ja=1 nein=2 entf.=0	
V13e	Spannung ja=1 nein=2 entf.=0	
V13f	Angst ja=1 nein=2 entf.=0	
V14	**Handlungsträger der Gewalt** Überwiegend wird Gewalt von den "Guten" ausgeübt 1 Überwiegend wird Gewalt von den "Schlechten" ausgeübt 2 Beide 3 Nicht angebbar 9 Entfällt 0	
	Dauer der Sendung (in Sekunden)	
V15	____ + ____ + ____ + ____ + ____ =	

Abbildung 150: Codierbuch/Codiersheet für Rahmencodierung von Gewalt

Sendung wird durch die Identifikator-Variable V2 geleistet, die identisch mit der Variablen V2 in der Rahmencodierung ist. Wenn alle Sequenzcodierungen durchgeführt sind, wird deren Gesamtzahl (V10) abschließend noch in der Rahmencodierung notiert.

Diese *bimodale Codierung* hat den Vorteil, daß 13 von 14 Variablen der Rahmencodierung nur ein einziges Mal und nicht dauernd erneut bei jeder einzelnen Gewaltsequenzcodierung codiert werden müssen. Bei Sendungen mit vielen Gewaltsequenzen – es wurden hier bis zu 88 Sequenzen pro Sendung codiert (vgl. Merten 1996) – bedeutet dies eine große Arbeitsersparnis.

Für die späteren Datenanalyse können die Rahmenvariablen dann mit den Sequenzvariablen zu einer einzigen Datei gematcht werden.

GEWALTSEQUENZCODIERUNG für Analyse von TV-Gewalt	
	1/2
Zugeh. LAUFENDE NR. der Sendung _____ (Rahmencodierung V2)	
Lfd. Nr. der Gewaltsequenz in der Sendung _____ (V20)	

Var...	Beschreibung	Code
V21	**Plazierung** der Sequenz Sendungsbeginn 1 -mitte 2 -ende 3 nicht angebbar, da Trailer 9	
V22 S	**Tempus**: Aktuelle Gewalt 1 Vorbereitung von Gewalt 2 Folgen von Gewalt 4	
V23	**Zielobjekt der Gewalthandlung** (nach Liste 2)	
V24	**Gewaltakt**: intentional 1 nicht-intentional 2 nicht angebbar 9	
V25	**Typ des Täters** (nach Liste 3)	
V26	**Zahl der Täter** (über 10 Personen bitte Anzahl schätzen)	
V27	**Alter** Kind 1 Jugendl. 2 Erwachs. 3 Senior 4 Mischgruppen 5 nicht angebbar 9 entfällt 0	
V28	**Geschlecht** weiblich 1 männlich 2 beides 3 nicht angebbar 9 entfällt 0	
V29	**Typ des Opfers** (nach Liste 3)	
V30	**Zahl der Opfer** (über 10 Personen bitte Anzahl schätzen)	
V31	**Alter** Kind 1 Jugendl. 2 Erwachs. 3 Senior 4 Mischgruppen 5 nicht angebbar 9 entfällt 0	
V32	**Geschlecht** weiblich 1 männlich 2 beides 3 nicht angebbar 9 entfällt 0	
V33	**Opfer reagiert:** gewaltlos 1 mit reakt.Gewalt 2 keine Chance 3 nicht angebbar 9 entfällt 0	
V34	**Täter wurde provoziert:** nein 1 ja 2 nicht angebbar 9 entfällt 0	
V35	**Struktur der Gewalthandlung:** Einmalig 1 Mehrfach 2 dauernd 3 nicht angebbar 9 entfällt 0	
V36	**Motiv der Gewalthandlung:** Materiell 1 Ideell 2 Ideell- legal 3 Psych.defekt 4 Krieg 5 Mischformen 6 nicht angebbar 9 entfällt 0	
V37	**Typ der Gewalt:** Legal 1 Illegal 2 abhängig von der Perspektive 3 nicht angebbar 9 entfällt 0	
V38a	**Gewalteffekt beim Opfer:** Keine Schädigung	
V38b	Leichte körperliche Verletzung	
V38c	Schwere körperliche Verletzung	
V38d	Tod	
V38e	Materielle Schädigung	
V38f	Psych./Soz. Schädigung	
V38g	Zerstörung	
V38h	Nicht sichtbar	

11 Durchführung einer Inhaltsanalyse

GEWALTSEQUENZCODIERUNG für Analyse von TV-Gewalt 2/2		
V39a	**Gewalteffekt beim Täter:** (bei reaktiver Gewalt des Opfers) Keine Schädigung	
V39b	Leichte körperliche Verletzung	
V39c	Schwere körperliche Verletzung	
V39d	Tod	
V39e	Materielle Schädigung	
V39f	Psychische/Soz. Schädigung	
V39g	Zerstörung	
V39h	Nicht sichtbar	
V40	**Grad der Grausamkeit I:** Eindruck (Skala: 1 = min; 10 = max)	
V40a	**Grad der Grausamkeit II:** Darstellung	
V41a	**Kameraeinstellung:** Nahaufnahme 1 Normal 2 Totale 4	
V41b	**Kameraführung:** Standbild 1 langsam 2 normal 4 schnell 8	
V42	**Dauer der Gewaltsequenz:** (Sekunden)	
V43	**Angst** (Bewertung nach 10er Skala)	
V44	**Betroffenheit** (Bewertung nach 10er Skala)	
V45	**Ekel** (Bewertung nach 10er Skala)	
Anmerkungen/Besonderheiten zur Gewaltsequenz:		

Abbildung 151: Codierbuch/Codiersheet für Sequenzcodierung von Gewalt

Codiert man direkt am PC, so spart man sich Zeit und Kosten für die nachträgliche Übertragung auf Datenträger. Allerdings wird damit zugleich eine Kontrollcodierung stark erschwert. Von daher sollte man eine Codierung am PC nur durch sehr geübte Codierer und nur vergleichsweise einfache Codierentscheidungen vornehmen lassen.

Die gesamte Erhebung wird von einem erfahrenen Codierer überwacht, der im Zweifelsfall auch befindet, wie problematische Codierentscheidungen entschieden werden und diese Entscheidungen in die jeweiligen Kommentare aufnehmen läßt. Alle Änderungen werden zusätzlich mit Datum protokolliert, damit im Nachhinein die zu diesem Zeitpunkt bereits codierten Einheiten bei der Kontrollcodierung noch korrigiert werden können.

Die Verteilung der zu codierenden Inhalte sollte systematisch auf alle Codierer erfolgen. Werden z.B. Artikel aus verschiedenen Zeitungen codiert, so sollten die Codierer nicht immer die gleiche, sondern anteilsmäßig alle Zeitungen codieren. Vor Beginn und nach Abschluß der Erhebung werden von allen Codierern identische Inhalte codiert, um eine Prüfung auf Reliabilität sicherzustellen. Syntaktische Variablen sind einfacher zu codieren als semantische Variablen und semantische Variablen wiederum sind einfacher zu codieren als pragmatische Variablen. Daher sollte die Intercoderreliabilität nicht als Mittelwert über alle Variablen des Codierbuches ausgewiesen werden, sondern entweder als Mittelwert der syntaktischen, semantischen und pragmatischen Variablen oder aber für jede einzelne Variable gesondert. Die praktische Prüfung auf Intercoderreliabilität darf den Codierern nicht als solche bewußt sein, da sonst erwartbar Verzerrungen wegen überhöhter Werte (die im Durchschnitt der gesamten Codierung gar nicht erreicht werden) auftreten. Vielmehr wird allen Codierern als Teil der laufenden Codierung die gleiche, möglichst durchschnittliche Textstichprobe „untergeschoben", die von ihnen dann routinemäßig und daher unverzerrt codiert wird. Codiert nur ein einziger Codierer, so muß aus dem schon codierten Text eine Textstichprobe gezogen werden, die der Codierer im Sinne des Test-Retest-Prinzips nochmals codiert. Als Erfahrungswert für akzeptable Werte von Intercoderreliabilität (gemessen nach der Formel von Scott 1955) (vgl. Kap. 10.22) kann gelten: Werte für syntaktische Variablen sollten nicht unter 0.8, Werte für semantische Variablen nicht unter 0.7 und Werte für pragmatische Variablen nicht unter 0.6 liegen.[24]

Findet die Analyse auf der pragmatischen Ebene statt (weil z.B. auch Wertungen codiert werden), so sollte die mögliche Reaktivität des Codierprozesses zusätzlich dadurch geprüft werden, daß allen Codierern entsprechende Schätz-Skalen vorgelegt werden, in denen sie sich zu den jeweiligen Werten äußern können: Damit läßt sich zumindest die Bandbreite möglicher Reaktivität in Abhängigkeit von der jeweiligen Einheit (hier Wertung) dokumentieren (vgl. Kap. 10.22, Beispiel 42).

Aus Zeit- und Finanzgründen läßt sich eine Kontrollcodierung nicht immer als Doppelcodierung über alle Einheiten hinweg durchführen. Daher empfiehlt es sich, Kontrollcodierungen zunächst bei den ersten codierten Einheiten eines Codierers durchzuführen und hier insbesondere bei schwierig zu codierenden Variablen. Welche Variablen als schwierig angesehen werden, läßt sich unmittelbar aus den Eintragungen in den Kontrollisten feststellen.

Die Kontrollcodierung sollte erst nach der letzten Prüfung auf Intercoderreliabilität (vgl. Kap. 10.22) durchgeführt werden. Fällt diese – entgegen der ersten Prüfung vor der Erhebung – zu schwach aus, so sollten die jeweiligen schon codierten Variablen im Zweifelsfall bei der Kontrollcodierung nachkontrolliert werden.

---

24 Diese Standards für Intercoderreliabilität mögen zu schwach erscheinen. Daß dies nicht der Fall ist, erkennt man jedoch, wenn man z.B. mit einem Befragten zweimal das gleiche Interview, aber mit verschiedenen Interviewern durchführen würde: Die analog zu messende Übereinstimmung bei den Antworten, sozusagen die Interviewerreliabilität, wird erheblich geringer ausfallen, insbesondere bei der Beantwortung offener oder „peinlicher" Fragen.

11.11 Datenaufbereitung

Nach der Kontrollcodierung können die Daten zur Übertragung auf Datenträger freigegeben werden. Sofern diese Arbeit außer Haus durchgeführt wird, sollte man die Anzahl und die Nummern der weggegebenen Codierbögen festhalten und später vergleichen, ob Zahl und Nummer der erstellten Einheiten damit übereinstimmen. Werden die Daten direkt am PC eingegeben, so sollte man über Bildschirm analog eine Datenprüfung vornehmen.

11.12 Datenanalyse

Die Datenanalyse beginnt nochmals mit der Plausibilitätskontrolle, bei der durch logische Kontrollen auf Fehlcodierungen und richtige Zusammenstellung des Datensatzes geprüft werden kann. Solche Plausibilitätskontrollen enthält z.B. das am weitesten verbreitete System SPSS (vgl. Beutel 1980: 45 ff.; Brosius 1988).

Die Analyse selbst beginnt mit univariaten Auszählungen relevanter Variablen. Erst dann werden – entsprechend den Skalenniveaus – die entsprechenden Korrelationen gerechnet. Die Anwendung multivariater Verfahren (vgl. Kap. 12.2) stellt zwar erheblich mehr Anforderungen, sollte aber soweit wie möglich und nötig eingesetzt werden. Gerade im Bereich der Kommunikationsforschung findet man oft die Ansicht, daß die Datenanalyse mit CHI^2 ihren krönenden Abschluß gefunden hat.

Genau das Gegenteil ist zutreffend: Datenanalyse fängt oberhalb von CHI^2 erst richtig an.

Bei der Datenanalyse mit EDV sollte schließlich nicht übersehen werden, daß sie zeitlich recht aufwendig ausfallen kann, insbesondere dann, wenn spezielle Software angefordert werden muß. Als Faustregel gilt: Drei Monate für die Analyse ist das Mindeste.

11.13 Interpretation der Ergebnisse

Die Interpretation dient sowohl der Darstellung der Befunde und der Formulierung von Folgerungen als auch der Artikulation von Kritik (vgl. Merten/Teipen 1991: 182 ff.).

Zunächst sollte die Interpretation offenlegen, wie die Ergebnisse der durchgeführten Hypothesentests ausgefallen sind und welche Folgen sich daraus ergeben, insbesondere auch im Vergleich mit analogen oder widersprüchlichen Ergebnissen ähnlich angelegter Untersuchungen.

Folgerungen können im Hinblick auf die Verallgemeinerbarkeit der Ergebnisse (Bestätigung eines Modells bzw. einer Theorie) gezogen werden, aber auch im Hinblick auf praktische Probleme oder das methodische Vorgehen (Forschungsdesign).

11.14 Kritik

Kritik an der eigenen Untersuchung kann der Forscher selbst am besten formulieren, denn gerade er kennt die offenen und geheimen Schwachstellen seiner Untersuchung. Auch wenn es Mut und Mühe kostet, sollte das Verschweigen oder das geschmeidige Wegformulieren von Mängeln der eigenen Untersuchung zugunsten offener Angaben ersetzt werden. Das bezieht sich insbesondere auf die Verallgemeinerbarkeit der Ergebnisse. Eine derartige Offenlegung tangiert möglicherweise das Image des Autors (denn Fehler werden gern persönlich zugerechnet). Aber der Gang der Analyse wird für den Außenstehenden transparenter, das Ergebnis kann relativiert und dessen Stellenwert kalkuliert werden, und gerade dadurch wird ein Erkenntnisfortschritt erst möglich.

11.15 Publikation der Ergebnisse

Auch wenn gerade bei der Inhaltsanalyse oft Massendaten anfallen und daher die Abschlußberichte zu mehrbändigen Werken ausarten, ist es prinzipiell günstiger, eine Publikation als Zeitschriftenaufsatz denn als Monographie zu konzipieren. Zum einen ist die Chance, den Abdruck eines Aufsatzes zu erreichen, ungleich größer als die, einen Verleger für ein Buch zu finden. Zum anderen erfolgt die Publikation schneller, so daß die Ergebnisse in der wissenschaftlichen Öffentlichkeit eher bekannt werden und ggf. kundig diskutiert werden können. Die einschlägigen (auch deutschsprachigen) Zeitschriften, die zur Publikation besonders in Frage kommen, sind in Kap. 12.5 aufgeführt.

Teil V: Zukunft der Inhaltsanalyse

Die Methode der Inhaltsanalyse ist seit längerem Gegenstand verstärkter Anstrengungen. Das bezieht sich nicht nur auf theoretische Überlegungen, z.B. zum Verhältnis von Linguistik und Inhaltsanalyse (Fühlau 1981) oder auf die Rezeptionsforschung (Groeben 1977; Groeben/Rustemeyer 1994), sondern auch auf Methodenprobleme und den Einsatz von EDV.

In diesem Teil werden daher Entwicklungen auf theoretischem, methodischem und praktischem Gebiet aufgezeigt. Darüber hinaus werden die relevanten Zeitschriften und Institutionen, die über zukünftige Entwicklungen berichten bzw. Auskunft geben können, aufgeführt.

12 Gegenwärtige und zukünftige Entwicklungen der Inhaltsanalyse

12.1 Theoretische Entwicklungen

In diesem Kapitel soll zunächst eine Entwicklungsrichtung der Inhaltsanalyse aufgezeigt werden, derzufolge Inhaltsanalyse nicht als Erhebungsverfahren neben anderen, sondern als basale Voraussetzung für alle Verfahren zur Erhebung sozialer Wirklichkeit zu betrachten ist.

12.11 Drei Ansätze (Modelle) der Inhaltsanalyse

Die theoretische Entwicklung der Inhaltsanalyse läßt sich an der Unterscheidung zwischen deskriptiver, inferentieller und kommunikativer Inhaltsanalyse verdeutlichen.

Bei der deskriptiven Inhaltsanalyse stellt die „objektive, systematische und quantitative Beschreibung des manifesten Inhalts von Kommunikation" (Berelson 1952: 18) das Ziel der Analyse dar. Der Schluß auf die soziale Wirklichkeit erschöpft sich in der Beschreibung semiotischer Fossilien einer vergangenen sozialen Wirklichkeit. Inhaltsanalyse ist hier Ex-Post-Analyse.

Bei der inferentiellen Inhaltsanalyse, die vor allem durch die Arbeiten von Holsti (1969) und Krippendorff (1969) wesentlich gefördert worden ist, ist nicht mehr die Beschreibung von Inhalten, sondern der Inferenzschluß von Merkmalen eines Textes auf Merkmale einer nicht mitrepräsentierten sozialen Wirklichkeit (Kontext) das Ziel. Die Vorstellung der einzelnen Verfahren der Inhaltsanalyse in diesem Buch ist weitgehend unter diesem Aspekt erfolgt: Inhaltsanalyse wird damit zu einem Erhebungsinstrument sozialer Wirklichkeit und steht gleichberechtigt neben den Instrumenten Beobachtung und Befragung (vgl. Merten 1995).

Wird die Inhaltsanalyse auf die Analyse von real ablaufenden Kommunikationsprozessen ausgedehnt, in denen der Text mit seinem Kontext mitrepräsentiert ist, kann man von kommunikativer Inhaltsanalyse sprechen. Am Beispiel der Interviewanalyse (vgl. Kap. 8.63-20) wurde dieser Typ bereits vorgestellt. Im Unterschied zur inferentiellen Inhaltsanalyse wird nicht mehr von einem statischen Text ausgegangen, sondern der Text wird vor dem gesamten Prozeß der Textentstehung (Kommunikation, Interaktion, Sprechakte) und auf diesen bezogen analysiert. Die Inferenz bleibt erhalten, ist jedoch auf unmittelbare Aspekte des Prozesses selbst bezogen. Kennzeichen dieses Typs ist die Bindung an die pragmatisch-pragmatische Ebene und damit notwendig das Paradoxon, daß soziale Wirklichkeit als Ziel der Analyse mit der sozialen Wirklichkeit des Prozesses ganz oder teilweise zusammenfällt. Diese Entwicklung stimuliert nicht nur ein geändertes Modell der Inhaltsanalyse (vgl. Abb. 133 in Kap. 8.63-20), sondern hat unmittelbare Implikationen für das Verständnis von Erhebungsprozessen sozialer Wirklichkeit, also für eine Instrumententheorie, aber auch für die Analyse sozialer Interaktionsprozesse im weitesten Sinne.

Soziale Wirklichkeit ist ja, wie die Theorie des *Konstruktivismus* so überzeugend aufgezeigt hat (vgl. exemplarisch Hejl 1987: 303 ff.), nicht ein wie auch immer definierter Bestand an Objektivität, sondern selbst ein soziales Konstrukt.

Daraus folgt, sehr verkürzt gesagt, daß die Analyse ablaufender Kommunikationsprozesse – also die Inhaltsanalyse jenseits der denotativen (syntaktischen) semantischen Ebene (vgl. Abb. 52) – ein selbstreferentieller Prozeß sein muß, dessen eigene Parameter notwendig zur Analyse hinzuzurechnen sind. Dieses Phänomen ist in der sozialwissenschaftlichen Instrumententheorie unter dem Rubrum *Reaktivität* geortet worden (vgl. dazu Merten/Teipen 1991: 37 ff. sowie Scholl 1993: 14 ff.). Eine Inhaltsanalyse auf dieser Ebene bleibt – von anderen Aspekten einmal ganz abgesehen – solange unvollständig, und damit beliebig und invalide, solange die relevanten Parameter für die Beschreibung von zu erhebender Wirklichkeit und Erhebungswirklichkeit nicht miterhoben und in bezug auf das Ergebnis der zu erstellenden Analyse nicht mitverrechnet werden.

12.12 Instrumententheoretische Implikationen

Wenn man die Erweiterung der Inhaltsanalyse von der inferentiellen Analyse zur kommunikativen Inhaltsanalyse akzeptiert – und es gibt keinen Grund, dies nicht zu tun – ergibt sich eine weitere Einsicht. Bisher wurde die Inhaltsanalyse als eine Erhebungsmethode sozialer Wirklichkeit neben anderen verstanden (vgl. Kap. 6.13). Die Erweiterung auf Kommunikationsprozesse bedeutet jedoch folgerichtig, daß auch Interaktionsprozesse, wie das Interview und die teilnehmende Beobachtung, selbst einer Inhaltsanalyse unterzogen werden können. Zwar ist bei der Vercodung offener Antworten in der Befragung oder bei der Bildung von Beobachtungskategorien die Affinität zur Inhaltsanalyse bereits festgestellt worden (vgl. Kap. 6.13). Doch die Anwendbarkeit der Inhaltsanalyse als Erhebungsverfahren auf andere Erhebungsverfahren bedeutet, daß Inhaltsanalyse die Basis für die Erhebung aller sozialer Wirklichkeit abgibt. Man könnte auch sagen: Die Analyse sozialer Wirklichkeit läßt sich aus forschungspraktischen Gründen bei Bedarf in eine semiotische Analyse transformieren. Wenn also bislang davon gesprochen wurde, daß die Inhaltsanalyse als Instrument der Sozialforschung gleichberechtigt neben anderen Instrumenten steht, so muß diese Annahme zugunsten der Inhaltsanalyse revidiert werden.

Inhaltsanalyse ist die basale Erhebungsmethode, auf der andere Erhebungsverfahren aufbauen können (oder gar müssen). Hier ergibt sich ein weites Feld z.B. für die sozialwissenschaftliche Interviewforschung, die im Vergleich zur therapeutischen Interviewforschung stark vernachlässigt worden ist.

12.13 Theorie der Kommunikation als Theorie der Inhaltsanalyse

Bereits bei der Diskussion der inhaltsanalytischen Verfahren ist sehr deutlich geworden, daß die Entwicklung relevanter Indikatoren in Texten von einer entsprechenden Theorie ausgehen muß, die mit je höherer semiotischer Ebene immer mehr eine Theorie der Kommunikation impliziert. Anstrengungen auf dem Gebiet der Sprechaktanalyse (vgl. Kuttner 1982: 239 ff.; 296 ff.), der Sprachsoziologie (vgl. Schütze 1975) oder der kommunikativen Sozialforschung (vgl. Arbeitsgruppe Bielefelder Soziologen 1976), aber auch Ansätze der linguistischen Pragmatik (vgl. Schmidt 1976) deuten alle in die gleiche Richtung.

Berücksichtigt man zusätzlich die hier als „kommunikative Inhaltsanalyse" bezeichnete Erweiterung, so verstärkt sich dieser Druck auf Entwicklung einer Theorie der Kommunikation bzw. einer Theorie der Wirkung von Kommunikation nochmals. Hier liegen große theoretische Defizite vor.

Für die Inhaltsanalyse lassen sich theoretische Anstrengungen vor allem bei der Analyse der verschiedenen Kommunikationskanäle und deren Relationierung aufzeigen: Das betrifft vor allem das Verhältnis des verbalen zum nonverbalen Kanal in der direkten Interaktion (vgl. etwa Scherer/Walbott 1979) oder auch das Verhältnis von Bildern und Texten (vgl. Jörg/Hermann 1978; Jörg 1978; Jörg 1979 oder Merdian 1977a). Diese Anstrengungen schlagen sich auch in entsprechenden methodischen Entwicklungen zur Notation nieder (vgl. Kap. 12.22). Multikanal-Analysen erfordern zugleich auch eine multivariate Analyse (vgl. Kap. 12.23).

Daneben gibt es beachtliche Anstrengungen, das Problem der Interpretation von Texten durch Entwicklung von Regeln besser zu kontrollieren und somit intersubjektiv überprüfbar zu machen (vgl. Schütze 1973, aber auch Leithäuser 1979).

12.2 Methodische Entwicklungen

12.21 Textsorten und Indikatoren

Die anhaltende Entwicklung der Inhaltsanalyse wird besonders an der kreativen Nutzung von Textsorten deutlich, denn sie legt zugleich fest, welche Indikatoren genutzt werden können. Die derzeit sich immer stärker entfaltende Medienevolution einerseits und die sich immer mehr etablierenden Methoden der Inhaltsanalyse andererseits führen dazu, daß laufend neue Textsorten und daraus zu gewinnende Indikatoren für Zwecke der Inhaltsanalyse eingesetzt werden können.

Hinzu kommt, daß die Inhaltsanalyse, deren Texte – wie im einzelnen auch immer – auf soziale Wirklichkeit referieren, mit großem Erfolg für *Trendanalysen* aller Art genutzt werden können.

Nach wie vor erfreuen sich dabei die Printmedien einer besonderen Bevorzugung. Denn *Zeitungsartikel* sind, worauf Historiker gern verweisen, nicht nur ausgezeichnete Quellen, sondern vermutlich auch die ergiebigste und zugänglichste Quelle für Inhaltsanalysen überhaupt. Da Zeitungen von Bibliotheken und Universitäten sorgfältig archiviert werden, lassen sich Analysen fast problemlos auch in die Vergangenheit hinein ausrichten. Die Vereinfachung der Textgenerierung (z.B. durch Einscannen), die Verfeinerung der Analyse (durch Bereitstellung geeigneter Software) und die sich erfreulich verbessernden Möglichkeiten der Datenanalyse führen zu hochaussagekräftigen Analysen.

Ziel der Analyse von Artikeln der Tageszeitung sind so gut wie alle Texteinheiten der Presse, also Schlagzeilen (vgl. Deichsel/Stone 1975a), Kommentare (vgl. etwa Schönbach 1977), Leitartikel (vgl. Dohrendorf 1992) sowie die Fülle relevanter Themen, über die die Presse standardmäßig berichtet (vgl. Kap. 8.31-5).

Daneben finden sich immer mehr Analysen von speziellen Textsorten mit speziellen Untersuchungsinteressen: Das Eindringen von Anglizismen in die Anzeigensprache (vgl. Schütte 1995), das in Kontaktanzeigen vermittelte Selbst- und Fremdbild von Inserenten (vgl. Giegler/Merten 1995) oder die Darstellung von Ausländern im Lokalteil von Tageszeitungen (vgl. Ruhrmann/Kollmer 1987).

Zeitungsartikel spielen aber erst recht eine besondere Rolle, wenn das Ziel der Inhaltsanalyse nicht in der (absoluten) Bestimmung von Textmerkmalen liegt, sondern wenn aus der quantitativ/qualitativen Veränderung von relevanten Textindikatoren im Vergleich oder in der Zeit Schlüsse auf Veränderungen des sozialen Umfeldes gezogen werden können: Mit einer systematischen Analyse von Mietpreisen in Zeitungsanzeigen läßt sich die Entwicklung von Mietpreisen exakt und ex post nachvollziehen.

Als ganz besonders interessant stellt sich dabei die Analyse der sich derzeit sprunghaft entwickelnden *Metamedien* (Kataloge, Programmzeitschriften, Veranstaltungskalender u.a.) heraus.

<u>Beispiel 47</u>: Analyse von Konvergenz im Fernsehen

Um die Veränderung der Inhalte des Fernsehens zwischen 1980 und 1993 zu erfassen, wäre eine Analyse aller einschlägiger Fernsehbänder aus diesen Jahren notwendig. Diese existieren jedoch gar nicht mehr. Man kann eine solche Analyse jedoch auch anhand der Analyse von Programmzeitschriften vornehmen. Da dabei nur Veränderungen von inhaltlichen Anteilen gemessen werden, bleibt es folgenlos, daß die Messung nicht sekundengenau, sondern nur nach Minuten vorgenommen werden kann: Wie ein ausschnittweiser Vergleich zeigt, beträgt die *absolute* Abweichung des gemessenen Programmvolumens von Programmzeitschriften mit dem in sekundengenauer Analyse von Fernsehbändern ermittelten Volumen im Mittel nur 2,9% (vgl. Merten 1994: 43).

Bei Zeitungsanalysen stellt sich allerdings bei umstrittenen Themen ein zusätzlicher Effekt ein, den man mit Verweis auf die *Mediengesellschaft* erklärt: Einerseits reklamiert die Presse – wie auch Hörfunk und Fernsehen – mit ihren Kriterien der Aktualität, Universalität und Periodizität zu Recht den Anspruch, die relevanten Facetten sozialer Wirklichkeit laufend abzubilden. Gleichzeitig aber konstruiert sie soziale Wirklichkeit selbst, indem sie tendenziell a-repräsentativ, negativbetont und vereinfachend, mit anderen Worten: hoch selektiv, berichtet. Sie erzeugt damit Informationsangebote, die sich in bezug auf Relevanz, Faktenverständnis und darauf aufzubauenden Folgerungen zum Teil gravierend von der Einschätzung der Experten (zu diesem Thema) unterscheiden – ein Syndrom, das neuerdings unter dem Stichwort *Risikokommunikation* (vgl. Luhmann 1991; Ruhrmann 1995) bewußt geworden ist. Mit Analysen der Expertenebene (durch Inhaltsanalyse von Fachzeitschriften) und der Ebene der Öffentlichkeit (durch Inhaltsanalyse von Tageszeitungen) läßt sich diese Diskrepanz nachweisen.

Eine interessante Weiterentwicklung inhaltsanalytischer Indikatoren stellt die von Früh (1989) entwickelte „Semantische Struktur- und Inhaltsanalyse" (SSI) dar, die durch ihren Bezug auf tiefengrammatische Strukturen neuartige Indikatoren für die Inhaltsanalyse zur Verfügung stellt: „Der SSI liegt eine Kombination textlinguistischer und inhaltsanalytischer Prinzipien zugrunde. Sprachtheoretisch wird Bezug genommen auf Charles J. Fillmores ‚Kasusgrammatik' ... Dies geschieht in der Absicht, zu Beschreibung von Kommunikationsvorgängen psychologisch relevante Einheiten der Analyse zu benutzen. Fillmore geht davon aus, daß die kleinsten Kommunikationseinheiten Aussagen sind, die sich um ein Handlungs- bzw. Zustandskonzept gruppieren und deren Umfänge durch die ‚Valenzen' dieses Konzepts begrenzt wird ... Damit handelt es sich bei diesen molaren Sinnkomplexen auch um die Grundeinheiten menschlicher Kommunikation. Kommuniziert wird in handlungs- oder zustandszentrierten Aussagen, nicht in einzelnen Begriffen. Den so flexibel definierten Rahmen einer Kommunikationseinheit nenne ich ‚kommunikative Proposition'. Sie bildet in der Regel die Analyseeinheit der SSI. Die Methode soll die in den Texten zum Ausdruck gebrachten Bedeutungen und Bedeutungsbeziehungen außersprachlicher Sachverhalte erfassen und bezieht sich deshalb strikt auf die semantische Textbasis." (Früh 1994: 99).

Das Schema der semantischen Funktionskategorien (vgl. Früh 1994: 452) besteht aus sechs Typen von Relationen, Argumenttypen und Modifizierungen, mit deren Hilfe praktisch jeder in einem Satz auftretende Begriff (Verb, Substantiv, Objekt, Eigenschaft etc.) numerisch verschlüsselt werden kann. Texte werden mit diesen Kategorien zunächst in einen formalen Metatext transformiert, der dann mit spezieller EDV-Software weiterverarbeitet werden kann.

Die Anzahl der Propositionen, der Propositionsnetze (miteinander in einer hierarchischen Struktur verbundene Propositionen) und darauf aufbauender Einheiten wird für die zu analysierenden Einheiten ausgezählt; die daraus gebildeten Summen bzw. Mittelwerte geben dann – so Früh (1994) – relevante Indikatoren für eine Vielzahl inhaltsanalytischer Probleme (z.B. Komplexität von Texten) ab.

Die Anwendung von SSI wird jedoch durch den großen Codieraufwand und die dafür notwendige umfassende Codiererschulung eingeschränkt (vgl. Schrott/Lanoue 1994: 337 f.).

12.22 Notationssysteme

Die Analyse nonverbaler Inhalte, besonders die simultane Erfassung verbaler und nonverbaler Aussagen, bei der kommunikativen Inhaltsanalyse, erfordert die Entwicklung leistungsfähiger Systeme der Notation. Hier gibt es bereits eine Anzahl entsprechender Systeme, die gerade in den letzten Jahren vorgestellt worden sind – und zumindest hier ist mit laufenden Weiterentwicklungen zu rechnen. Eine Übersicht über Transkriptionssysteme geben Ehlich/Switalla (1976). Notationssysteme für nonverbale Analysen sind – zu unterschiedlichen Zwecken – entwickelt worden: Birdwhistell (1970) hat zur Beschreibung interaktiver Bewegungsabläufe ein System entwickelt, das neben verbalem Verhalten auch kinetische und paralinguistische Dimensionen erfaßt.

Hall (1963) hat räumliche Beziehungen (proxemics) zwischen Interaktionspartnern untersucht und daraus ein Notationssystem entwickelt, das acht Modalitäten nonverbalen Verhaltens registriert, die numerisch codierbar sind (vgl. Hall 1963: 1020).

Ähnliche Analysesysteme sind für die Analyse des Gesichtsausdrucks allein (Leventhal/Sharp 1965) oder in Verbindung mit der Körperhaltung (Argyle 1972: 122 f.) entwickelt worden.

Eine Kombination verbaler und nonverbaler Transskription ist von Pittenger et al. (1960) für die Analyse psychiatrischer Erstinterviews entwickelt worden. Dabei werden sowohl der verbale Text als auch dessen phonemische Realisation, und auch weitere paralinguistische Aspekte von zwei Interaktionspartnern codiert, und dies fortlaufend, von Passage zu Passage.

Über Methoden zur Klassifikation von Bewegungsverhalten allgemein berichten Scherer et al. (1979a), während Jorns (1979) ein System zur Codierung von Kopfhaltungen und Kopfbewegungen entwickelt hat.

Frey/Bente (1989) haben ein System der Zeitreihennotation entwickelt, das es gestattet, das (optisch wahrgenommene) Bewegungsverhalten von Personen sehr differenziert zu erfassen. Dabei wird mit insgesamt 60 Notationsdimensionen (Variablen) sowie weiteren 23 Rahmenvariablen (zur Erfassung von Inhalts-, Kontext- und Darstellungsvariablen) fortlaufend das Bewegungsverhalten von Personen erfaßt. Die Codierung erfolgt beim Abspielen von Bandaufzeichnungen in 0,5-Sekundenintervallen, so daß sehr feine Codierungen (Mikrocodierungen) möglich sind.

Die Autoren haben dieses Verfahren erstmals für die Informationsvermittlung bei Nachrichten angewendet.

Die Entwicklung dieser und anderer Notationssysteme (vgl. Scherer 1974) dient vor allem der Analyse der Interaktionsstrukturen selbst, hat also zunächst deskriptiv-heuristische Funktion. Daran schließen sich jedoch – typisch für alle inhaltsanalytischen Anstrengungen – sofort Inferenzversuche an, z.B. wenn man bestimmte, durch solche Notationssysteme ermittelte Verhaltensmuster mit situationalen, psychischen oder sozialen Variablen in Beziehung setzt und dabei auf entsprechende Regelmäßigkeiten stößt.

12.23 Multivariate Analyse

Die Analyse vieler Variablen bei großem Datenumfang, aber auch die Multikanal-Analysen von Interaktion, machen den Einsatz multivariater Verfahren geradezu unverzichtbar. Auch auf diesem Gebiet haben sich relevante Entwicklungen ergeben: Neben den klassischen multivariaten Verfahren wie Regressionsanalyse und Faktorenanalyse (vgl. dazu Backhaus et al. 1987) sind hier vor allem die Anwendung von Kausalmodellen (vgl. Opp/Schmidt 1976) zu nennen, aber auch die Clusteranalyse (vgl. Schlosser 1976; Krippendorff 1980a; Bacher 1993). Daß multivariate Analyse auch mit nichtmetrischen Skalen möglich und sinnvoll ist, zeigen Küchler (1979) und Langeheine (1980). Schließlich gibt es Entwicklungen wie die multidimensionale Skalierung (vgl. Kühn 1976 sowie Kops 1977: 161 ff.) und die Korrespondenzanalyse (vgl. Greenacre 1993), die ein neues und weites Feld auch für die durch Inhaltsanalyse gewonnenen Daten eröffnen. Ebenfalls Eingang in die statistische Analyse inhaltsanalytischer Daten hat die bereits von Lazarsfeld (1950) entwickelte Latent Class Analysis gefunden (vgl. Langeheine 1988; Bos/Straka 1989; Tarnai 1989), zumal dafür mittlerweile geeignete EDV-Programme vorliegen (vgl. Rost 1989).

12.3 Computerunterstützte Inhaltsanalyse (CUI)

12.31 Allgemeine Probleme

Ein dritter Bereich, der für die Inhaltsanalyse zunehmend wichtig wird, ist der Einsatz elektronischer Datenverarbeitung zur Textverarbeitung. Hierfür wurden Begriffe wie automatisierte Textverarbeitung (Mochmann 1974), elektronische Inhaltsanalyse (Deichsel 1975), automatisierte Inhaltsanalyse (Mochmann 1980: 11) und schließlich *computerunterstützte Inhaltsanalyse* (CUI) (Klingemann/Schönbach 1980) benutzt, wobei der letztere Begriff sich mittlerweile durchgesetzt zu haben scheint.

Der Einsatz elektronischer Datenverarbeitung hat dabei zunächst nur vier technische Vorteile (vgl. Borko 1962):

a) Wandelbarkeit von manifesten, materiell vorliegenden Zeichen (Texten) in elektronisch speicherbare Zeichen (z. B. durch Scannen);

b) Speicherbarkeit von Daten erlaubt die ökonomische und kreative Weiter- und Wiederverwendung von Daten, z. B. bei geänderter Fragestellung;

c) Höhere Rechengeschwindigkeit erlaubt die effiziente Analyse auch größerer Datenmengen mit statistisch aufwendigeren Operationen;

d) Höchste Präzision bei der Datenbearbeitung (100%-ige Reliabilität bei allen Operationen).

Computerunterstützte Inhaltsanalyse beruht auf der sinnvollen Kombination nachfolgender Prozeduren:

1) Texte werden in maschinenlesbare Form umgewandelt (sei es durch Einscannen oder durch andere derzeit entwickelte Wandeltechniken) oder direkt maschinenlesbar in einen Rechner eingegeben und als Datei (Korpus) gespeichert.
2) Speziell darauf eingerichtete EDV-Programme analysieren nach Vorgabe das Auftreten, die Häufigkeit des Auftretens und ggf. den Kontext bestimmter Zeichen resp. Zeichenketten in der jeweiligen Datei und ordnen diese bestimmten, vom Nutzer zu definierenden *Kategorien* (Schlüsselbegriffen) zu.
3) Auf die analysierten Häufigkeiten resp. Konkordanzen von Zeichen bzw. Zeichenketten oder dafür stehenden Kategorien lassen sich dann so gut wie alle Prozeduren sozialwissenschaftlicher Datenanalyse anwenden.

Die Geschichte der computerunterstützten Inhaltsanalyse begann 1966, als Stone und seine Mitarbeiter ein (ausschließlich für englisch verfaßte Texte) computerunterstütztes Inhaltsanalyseprogramm entwickelten, das unter dem Namen „General Inquirer" schnell weltweit bekannt wurde (vgl. Stone 1966; Stone 1966a; Stone 1968). Die Idee dazu wurde bereits einige Jahre früher von Bales und Stone formuliert (vgl. Stone 1962; Scheuch/Stone 1964).

Das erste deutschsprachige Analysesystem ist unter dem Namen *EVA* (Elektronische Verbal-Analyse) 1973 bekannt geworden (vgl. Deichsel et al. 1974; Rohland 1977; Mergenthaler 1977). Eher linguistisch orientiert war das System COCOA (*Co*unt and *Co*ncordance generation on *A*tlas) (vgl. Berry-Rogghe 1973; 1974). Einige Jahre später wurde von der Konrad-Adenauer-Stiftung das für damalige Zeiten vergleichsweise avancierte System COFTA (Compiler für Text-Analysen) entwickelt (vgl. Nath 1981).

Elektronische Analysen sozialwissenschaftlicher Daten sind, wie alle durch Rechner ausgeführten Analyseprozesse, im besten Sinne des Wortes „beschränkt", weil sie intern nur auf der syntaktischen Ebene arbeiten[25] und zudem nicht lernfähig sind. Sie sind nur so klug, wie sie klug konstruiert oder programmiert worden sind, und demgemäß gilt, was Stone et al. (1966: 65) über das Verhältnis von Computern und Sozialwissenschaften gesagt haben, auch und gerade hier: „Die Verfügbarkeit eines leistungsfähigen Computers erhöht die Versuchung, Theorie und Hypothesen zu vergessen und einfach das Verfahren sprechen zu lassen .... Einsichtsvoll hat man dafür zwei Schlagwörter geprägt: ‚Schubkarre' und ‚Müll-Rein-Müll-Raus'. ‚Schubkarre' bezieht sich dabei auf die Riesenmenge von Daten, die der neumodische Empiriker in den Rechner eingibt und aus ihm wieder herausholt. ‚Müll-Rein-Müll-Raus' (original: *GIGO* = Garbage In, Garbage Out) soll ausdrücken, daß das, was man aus dem Rechner herausholt, niemals besser sein kann als das, was man ihm eingefüttert hat". Mit diesen Vorbehalten kann man die Kombination der technischen Vorteile für völlig neue methodische Möglichkeiten der Datenerhebung und -verarbeitung nutzen.

---

[25] Ein Rechner kann den Vergleich von zwei Zeichen oder Zeichenketten grundsätzlich nur auf der syntaktischen Ebene leisten, d.h. seine Leistung beschränkt sich auf die Feststellung von Identität (=) oder Nichtidentität (≠) der Zeicheneinheiten.

Beispielsweise läßt sich die sehr viel größere Analysegeschwindigkeit für Prozeßanalysen von Kommunikation nutzen, um während oder sogar vor Kommunizierung (Publizierung) der Inhalte bereits Inhaltsanalysen durchzuführen, wobei die gewonnenen Daten gegebenenfalls sogar zur Steuerung des laufenden Kommunikationsprozesses genutzt werden können.

Bei der computerunterstützten Inhaltsanalyse wird die Identifikation von Zeichen bzw. Zeichenketten (Wörtern, Sätzen) nicht durch den Codierer geleistet (manuelle Inhaltsanalyse), sondern durch den Computer. Dabei auftretende Probleme können auf der syntaktischen, semantischen und pragmatischen Ebene diskutiert werden.

12.32 Vorteile und Nachteile elektronischer Inhaltsanalyse

Auf der syntaktischen Ebene treten die geringsten Schwierigkeiten auf. Da Rechner bei der Identifikation durch Vergleich absolut zuverlässig und genau arbeiten, ist die elektronische Inhaltsanalyse der konventionellen Analyse in puncto Zuverlässigkeit, Genauigkeit und Schnelligkeit unbedingt überlegen. Die Schwierigkeiten, die hier auftreten, ergeben sich daraus, daß Wörter mit verschiedenem Präfix (herein–gehen, hinein–gehen) oder Suffix (geh–en, geh–st, geh–t) zum gleichen Wortstamm (–geh–) zugehörig sind, aber vom Rechner, der nur strenge Identität feststellen kann, nicht erkannt werden können. Dieses Problem ist jedoch durch Einbau von Routinen in das Programmsystem prinzipiell lösbar (vgl. Dietrich/ Klein 1974: 131ff.). Bereits der General Inquirer, das erste System elektronischer Inhaltsanalyse, verfügte über Routinen zur Suffix-Abspaltung und damit zur Lemmatisierung (Wortstammbildung) der zu analysierenden Wörter (vgl. Stone 1966: 89).

Auf der semantischen Ebene ergeben sich für die elektronische Inhaltsanalyse schon sehr viel schwieriger zu lösende Probleme. Die semantische Analyse setzt die syntaktische Analyse bereits voraus (vgl. Dietrich/Klein 1974: 114). Aber die Zuordnung von Wörtern zu Kategorien berührt das Problem der Synonyme bzw. Homonyme (vgl. Kap. 4.21). Während das Synonymproblem durch erschöpfende Aufzählung noch zu lösen ist (statt „Verbrecher" muß man auch auf Wörter wie „Ganove", „Gauner", „Krimineller" oder „Gangster" gefaßt sein), ist das Homonymen-Problem schwieriger zu lösen. Es ist andererseits für die deutsche Sprache ein sehr häufiges Problem: Nach Dietrich/Klein (1974: 94) sind 43% aller im Deutschen vorkommenden Wortformen homograph, d.h. fast jedes zweite Wort hat mehrere Bedeutungen. Die Identifikation der in einem Text gemeinten Bedeutung muß aber aus dem Kontext erschlossen werden, der damit bei der Analyse mitberücksichtigt werden muß. Syntaktisch ist dies z.B. durch Rückgriff auf den Artikel möglich. Ob mit „Heide" eine Landschaft oder ein Nichtchrist gemeint ist, kann man ganz einfach am Artikel erkennen (die Heide – der Heide). Ob damit jedoch eine Landschaft oder ein Mädchenname gemeint ist, läßt sich nicht mehr am Artikel erkennen, sondern nur durch Einbezug weiterer Kontextmerkmale, z.B. durch das Verb (die Heide blüht). Noch komplizierter wird dieses Problem, wenn nicht die Bedeutung eines Wortes, sondern die mehrerer Wörter zu erschließen ist. Krippendorff (1969: 81) bringt das Beispiel „Time flies like an arrow", das drei völlig unabhängige Interpretationen zuläßt:

a) Die Zeit vergeht wie im Fluge.

b) Es gibt eine Klasse von Fliegen (genannt „Zeit-Fliegen"), die für einen Pfeil schwärmen.

c) Es liegt ein Befehl vor: Richte Fliegen ab so wie einen Pfeil!

Es ist offensichtlich, daß auf dieser Mehrwortebene Computer überfordert sind (vgl. dazu Krippendorff 1980: 159 ff.; Krippendorff 1980b; sowie Mochmann 1980: 20 f.). Denn auch entsprechende Routinen zur Disambiguierung (Präzisierung) von Bedeutungen können schon vom Aufwand her nur die häufigst auftretenden denotativen Bedeutungen berücksichtigen. Andernfalls müßte der Kontext zur Entscheidung herangezogen werden. Während jedoch der kompetente – und das heißt der intelligente Leser! – auch bei einer unendlich großen Zahl verschiedener Sätze, in denen das gleiche Wort vorkommt, im Zweifelsfall nur den Kontext genügend erweitern muß, um die Bedeutungen zu entschlüsseln, ist dies beim Computer nicht möglich. Was ihm vorab nicht eingefüttert worden ist, kann er ex post nicht zur Unterscheidung benutzen: Er ist eben nicht intelligent. Hilfsweise läßt man sich für solche Fälle entsprechende Wörter (Schlüsselwörter) mitsamt ihrem Kontext auf einer sogenannten KWIC-list (key-word-in-context list) ausdrucken und entscheidet als kompetenter Codierer selbst. Diese Möglichkeit wurde bei IN-TEXT mittlerweile soweit verfeinert, daß in Zweifelsfällen (beim Vorliegen mehrerer Bedeutungen) direkt am Bildschirm das zu codierende Wort samt Kontext sowie die vom Programm vorgeschlagene Codierung angezeigt werden kann. Der Codierer prüft sodann, ob überhaupt zu codieren ist und wenn ja, welche Codierung vorgenommen werden soll (zu welcher Kategorie zugeordnet werden soll).

Auf der pragmatischen Ebene fragen wir nach dem Sinn von Zeichen. Eine Entschlüsselung würde analog eine syntaktische und semantische Analyse bereits voraussetzen. Aber während der manuelle Codierer jederzeit einen (subjektiven) Sinn erschließen könnte, muß hier der Computer völlig versagen (vgl. Kap. 3.4), also gerade in dem für die Inhaltsanalyse relevantesten Bereich. Beispielsweise kann der Sinn der Aussage „Ein entzückendes Kind" oder die Wirkung der Aussage „Feuer" nur aus der aktuellen Situation, in die sie der Rezipient während der Rezeption stellt, erschlossen werden: Das gilt mithin bereits für die konnotative Bedeutung, die ja vollkommen situationsabhängig selegiert wird (vgl. Kap. 4.12). Man muß sich diese Problematik beim Einsatz elektronischer Inhaltsanalyse vor Augen halten und jeweils konkret prüfen, welche Anforderungen eine Textanalyse stellt und wieweit das jeweilige Verfahren diesen Anforderungen genügen kann.

Die Problematik der computerunterstützten Inhaltsanalyse liegt in der Erkennung und Zuordnung relevanter Wörter des zu analysierenden Textes und stellt sich damit vor allem als semantisches Problem.

Bereits der General Inquirer verfügt über ein Wörterbuch mit entsprechender Zuordnung zu Kategorien. Die Analyse erfolgt, indem zunächst jedes Wort im zu analysierenden Text mit dem Wörterbuch verglichen wird und identische Wörter sofort herausgefiltert und in ihrer Häufigkeit registriert werden. In einem zweiten

Durchgang werden dann auch solche Wörter berücksichtigt, die den gleichen Wortstamm, aber ein anderes Präfix bzw. Suffix haben (Lemmatisierung). Das Wort „gehen" kann als „geht", als „gehst" etc. auftreten. Die Schwierigkeiten, die sich z.B. durch Berücksichtigung von Deklinationen und Konjugationen ergeben können (z.B. ist auch „ging", "gegangen" etc. zum gleichen Stamm gehörig), sind jedoch beträchtlich. Alle Wörter, die der General Inquirer nicht verorten kann, druckt er schließlich auf einer gesonderten Liste aus (unclassified).

Das erste deutsche Verfahren der elektronischen Inhaltsanalyse ist unter dem Namen EVA entwickelt (vgl. Tiemann 1973) und mit dem Hamburger Kommunikationssoziologischen Wörterbuch (HKW) bestückt worden. Der Nachteil der ersten Version von EVA liegt darin, daß es sich um ein Verfahren zur Einwortanalyse handelt, das – im Gegensatz zum General Inquirer – keine Lemmatisierung durchführt und auch vom Kontext noch keinen Gebrauch machen kann. Spätere Versionen dieses Systems (vgl. Deichsel 1976; Rohland 1977) arbeiten ohne diese Beschränkungen.

COCOA ist ein System, das zunächst für linguistische Probleme, insbesondere zur Ermittlung von Konkordanzen bzw. Kontingenzen entwickelt worden ist, aber auch die Auszählung von Frequenzen, die Ausgabe von Schlüsselwörtern oder von Paaren von Wörtern im Kontext leistet. Die eigentliche Inhaltsanalyse mittels Wörterbuch leistet das zusätzlich erstellte Programm COTAG (vgl. Berry-Rogghe 1973; 1974).

COFTA ist ein von Nath entwickeltes System, das neben der Analyse von einzelnen Wörtern auch Wortstämme, Wortfolgen, Wortkombinationen und grammatische Strukturen analysiert. Insbesondere erlaubt COFTA nicht nur die Ausgabe von Schlüsselwörtern im Kontext (KWIC), sondern auch die Ausgabe von Schlüsselwörtern vor oder nach dem Kontext (KWOC = key–words-out-of-context). Damit ist es z.B. möglich, bestimmte Texteinheiten nach bestimmten Schlüsselwörtern zu sortieren – ein Verfahren, von dem z.B. alle Schlagwortkarteien in Bibliotheken etc. Gebrauch machen. Im Vergleich zu anderen Systemen ist dieses System besonders leistungsfähig. COFTA ist kein Programm, sondern ein Compiler, d.h. das System übersetzt Programmanweisungen zuvor in Maschinensprache, bevor es die eigentliche Analyse durchführt. Daher arbeitet es nicht nur sehr schnell, sondern erlaubt auch die Suche bzw. Codierung nach sehr komplexen Wortverknüpfungen bzw. Satzstrukturen (vgl. Nath 1981).

Die Verwendung von Verfahren zur elektronischen Inhaltsanalyse mittels a-priori-Wörterbüchern hat auch Nachteile. Die Definition der Kategorien ist interessengesteuert, d.h. sie ist nur fallweise gültig und muß bei geändertem Analyseziel stets wiederholt werden. An diesem Punkt setzen Iker und Harway (vgl. Iker/Harway 1969; Iker 1975) an und entwickeln alternativ zur a-priori-Kategorisierung aus dem vorliegenden Inhalt empirische Verfahren zur Klassifikation von Kategorien mittels multivariater Verfahren. Das von Iker (1975) vorgestellte Verfahren WORDS entwickelt daher seine Kategorien aus dem zugrunde gelegten Inhalt selbst. Über weitere Entwicklungen hierzu berichtet Mochmann (1980: 30 ff.).

Schließlich ist hier das System QUESTOR zu erwähnen, das auf der Basis von Worthäufigkeiten im Text und in der jeweiligen Sprache generell theoretische und empirische Wahrscheinlichkeiten des Auftretens von Wörtern berechnet und über die Bildung von Distanzmaßen zwischen einzelnen Wörtern auf statistische Weise die Berücksichtigung von Kontexten erlaubt (vgl. Matter 1976 sowie Mochmann 1980: 35f.). Frey et al. (1981) haben damit anhand der Wörter von Filmtiteln amerikanischer Filme geprüft, ob die Amerikaner gemäß der Riesman-These auf dem Wege von einer innen- zu einer außengeleiteten Gesellschaft sind.

Systeme wie COFTA haben jedoch den großen Nachteil, daß sie in „Assembler", also in einer maschinenabhängigen Sprache programmiert waren. Da diese Sprachen sich bei der stürmischen Entwicklung der elektronischen Datenverarbeitung laufend ändern, sind diese System sozusagen nur solange gut, solange es dafür die entsprechenden Großrechner gab. Spätestens mit Aufkommen des Personal Computer (PC) in den frühen 80er Jahren war damit das Ende dieser Entwicklungen absehbar.

12.33 Elektronische Inhaltsanalyse als Kommunikationskontrolle

Schließlich ist eine weitere Anwendung elektronischer Inhaltsanalyse zu nennen, bei der zusätzlich von der Rechengeschwindigkeit definitiv Gebrauch gemacht wird: Die jeweilige Inhaltsanalyse wird während des Kommunikationsprozesses selbst durchgeführt, so daß das Ergebnis als feedforward-Parameter in den ablaufenden Kommunikationsprozeß eingeführt werden kann.

Beispielsweise ist das Verfahren der Gießener Sprachanalyse (vgl. Interview-Analyse Kap. 8.62-20), das Gesprächsstrukturen zwischen Therapeut und Patient analysiert, genügend schnell, um die Ergebnisse während des Gesprächs zu präsentieren, so daß der Therapeut wichtige Hinweise auf Merkmale des Patienten (Kommunikatoranalyse) und/oder eine verbesserte Steuerung des Kommunikationsprozesses erhalten kann (Situationsanalyse). Eine ex-post-Analyse des gesamten Prozesses, die dann als Inhaltsanalyse eines Inhalts und der Folgen einer simultan ablaufenden Inhaltsanalyse anzusehen wäre, dürfte interessante theoretische und methodische Probleme aufwerfen und eröffnet neue Aussichten auf noch komplexere Verfahren.

Was im Bereich der Therapie schon praktiziert wird (vgl. Brähler/Zenz 1974), findet derzeit im Bereich der Massenmedien ein ungleich problematischeres Pendant. Es ist denkbar – und die Studie von DeWeese (1977) weist deutlich in diese Richtung –, daß Magnetbänder für den elektronischen Satz einer Zeitung simultan inhaltsanalytisch ausgewertet werden können. So bestehend diese Möglichkeit für eine verlustfreie Datenaufbereitung, durch optimal gesteigerte Genauigkeit und Zuverlässigkeit auch erscheint, so problematisch kann deren Anwendung sein. Das würde nämlich bedeuten, daß man vor dem Druck einer Zeitung (der Ausstrahlung einer Sendung) schon eine Analyse dieser Sendung produzieren könnte, z.B. im Hinblick auf Ausgewogenheit, Tendenzen etc. Was das andererseits für einen freien Journalismus bedeuten könnte, insbesondere im Hinblick auf allgegenwärtige Zensurversuche, kann man sich leicht ausrechnen.

12.34 Computerunterstützte Inhaltsanalyse am PC: TEXTPACK und INTEXT

Die Ära der Personal Computer hat nur das vom ZUMA (Zentrum für Umfragen, Methoden, Analysen) entwickelte System *TEXTPACK* überstanden, das ursprünglich nur als Programm zur Vercodung offener Fragen konzipiert und in Assembler programmiert war (vgl. Hoehe et al. 1978). Durch umfangreiche Erweiterungen und eine maschinenunabhängige Programmierung in Fortran 77 ist es zu einem System computerunterstützter Inhaltsanalyse avanciert, das auch für PCs geeignet ist.[26]

Neben TEXTPACK wurde in den letzten Jahren von Klein ein weiteres System computerunterstützter Inhaltsanalyse unter dem Namen INTEXT entwickelt, das in der Programmiersprache C programmiert ist und ebenfalls als PC–Version vorliegt.[27] Die folgende Diskussion der Möglichkeiten computerunterstützter Inhaltsanalyse wird sich im wesentlichen auf diese beiden Systeme beschränken.

Zur Vorgehensweise der beiden Systeme (vgl. Abb. 152):

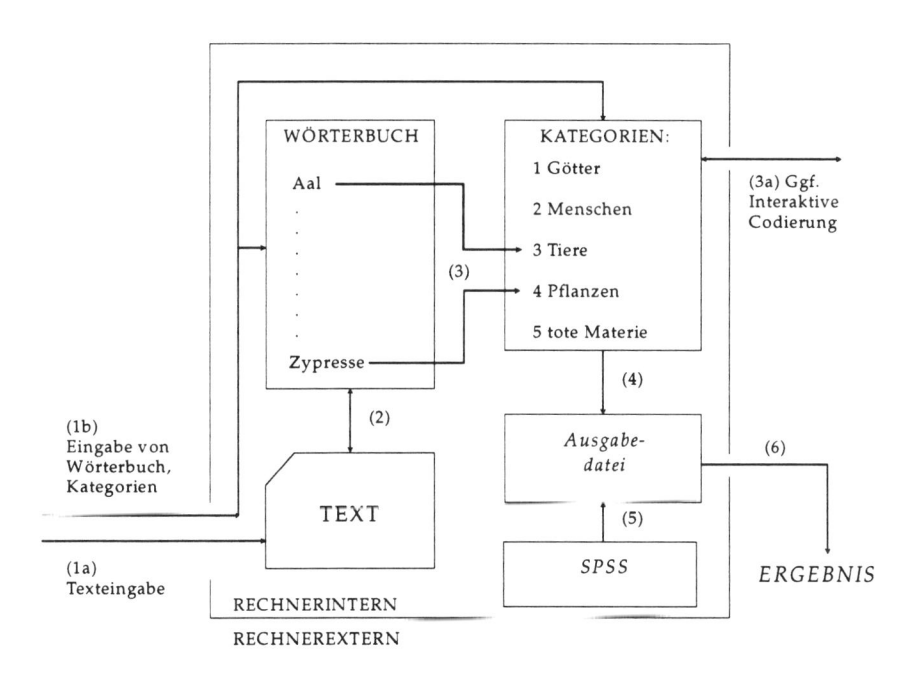

Abbildung 152: Schema computerunterstützter Inhaltsanalyse

---

[26] Das Programm TEXTPACK PC kann bei ZUMA (= Zentrum für Umfragen, Methoden, Analysen, B2,1 in 68159 Mannheim) bezogen werden. Neben dem dazugehörigen Manual vermittelt die Einführung von Züll/Mohler/Geis (1991) viele nützliche Hinweise.

[27] Das Programm kann bei Harald Klein, Institut für Soziologie der Universität Jena, Otto-Schott-Str. 41, 07740 Jena, bezogen werden. Neben dem dazugehörigen Manual vermittelt die Einführung von Klein (1995) viele nützliche Hinweise.

(1a) Der zu analysierende *Text* wird maschinenlesbar aufbereitet und/oder direkt in den PC eingegeben. Sowohl TEXTPACK als auch INTEXT verarbeiten alle Dateien, die im ASCII-Code vorliegen.

Dabei wird durch bestimmte hinzuzufügende *Identifikatoren* (formale Variablen, die vorweg aus dem Text entnommen oder diesem beizufügen sind) sichergestellt, daß formale Textparameter (z.B. bei einer Presseanalyse: Welche Zeitung? Welches Datum? Welche Seite?) mitaufgenommen werden, die für die Rückverfolgung, aber auch für die weitere Analyse relevant sind.

(1b) Soweit für die jeweilige Analyse bereits ein Diktionär vorliegt, wird dies ebenfalls als Datei eingegeben. Das Wörterbuch ist ein Katalog, der praktisch alle vorkommenden Wörter (und ggf. deren Variationen durch Flexion oder Präfix- bzw. Suffixbildung) enthält. Das Diktionär dagegen ist die Summe aller Zuordnungen, die zwischen den Kategorien und den ihnen zugeordneten Wörtern festgelegt ist. In Abb. 152 ist z.B. das Wort „Aal" durch den entsprechenden Code des Diktionärs mit der Kategorie 3 (Tiere) relationiert. Die gleiche Relation zur Kategorie 3 haben demgemäß auch die Begriffe „Forelle" und „Elefant".

(1c) Liegt das Diktionär noch nicht vor, so muß es durch die Analyse der im Text enthaltenen Wörter erstellt werden. Dabei wird zunächst der gesamte Text eingelesen und eine Liste aller vorkommenden Wörter erstellt. Alle darin vorkommen bedeutungslosen oder sonstwie irrelevanten Zeichen oder Zeichenketten (z.B. Satzzeichen, Artikel) werden in einer STOP-Liste angegeben, so daß die Gesamtzahl aller Wörter um die in der STOP-Liste enthaltenen Wörter vermindert wird und dann das Diktionär generiert werden kann. Auch die umgekehrte Vorgehensweise, daß nur die relevanten Wörter angegeben werden (GO-Liste), ist in beiden Programmsystemen vorgesehen.

Ebenfalls kann das Kategorienschema sowohl bei TEXTPACK als auch bei INTEXT wahlweise vorgegeben werden (a priori-Kategorien) oder aus der Analyse des Wörterbuchs erst generiert werden (a-posteriori-Kategorien) – je nach Ziel der Analyse (vgl. dazu instruktiv Iker/Harway 1969; Iker 1975). Jedes der Wörter im Wörterbuch erhält einen Eintrag (tag) für eine oder für mehrere Kategorien.

Beispiel 48:

Für eine Analyse politischer Entscheidungen werden u.a. die Kategorien „Forderung" und „Warnung" verwendet. Die Wörter „Bitte", „bitte" werden dabei beiden Kategorien zugeordnet, weil sie sowohl im fordernden als auch warnenden Modus gebraucht werden können. Welche Zuordnung im Einzelfall zutreffend ist, muß in solchen Fällen dann durch Zuhilfenahme des Kontextes geprüft werden.

Völlig analog zur *Themenanalyse* (vgl. Kap. 8.31-5) wird ein entsprechendes, d.h. auf den Zweck der Analyse zugeschnittenes Kategoriensystem vorgegeben, das jedoch, im Unterschied zur Themenanalyse, nicht die wechselseitige Exklusivität der Kategorien fordert.

(2) Die Analyse beginnt mit dem fortlaufenden Vergleich der im Text enthaltenen Wörter mit denen des Wörterbuchs, durch den eine Identifikation und, darauf folgend, eine Zuordnung zu Kategorien erst möglich wird.
Dabei kann die Groß- oder Kleinschreibung zu codierender Wörter und deren getrennte resp. gemeinsame Auswertung wahlweise unterdrückt oder gefordert werden. Ebenso wichtig ist es, daß Flexionen von Verben (etwa: schießt, schießen, schieß!, geschossen) in bezug auf die Analyse als gleichwertig behandelt werden können, was voraussetzt, daß Routinen zur Lemmatisierung zur Verfügung stehen.

(3) Da jedes Wort im Wörterbuch zumindest einer Kategorie zugeordnet ist, ist eine Sortierung nach Kategorien möglich. In Abbildung 151 ist exemplarisch ein sehr einfaches, geschlossenes Kategoriensystem vorgegeben, das die eindeutige Zuordnung der exemplarisch angeführten Wörter „Aal" und „Zypresse" zu den angeführten Kategorien erlaubt. In der Praxis ist jedoch gerade diese Zuordnung ein Problem, das zwar empirisch reduziert, aber letztlich nie perfekt gelöst werden kann.

(3a) Da nämlich Wörter aber oft mehrdeutig (polysem) sind, kann die Zuordnung ggf. völlig unsinnig sein. Daher ist es komfortabel, für solche Zweifelsfälle den Kontext, in dem das betreffende Wort erscheint, zu Rate zu ziehen, also eine KWIC-Routine zu nutzen.

Beispiel 49:

Für eine Inhaltsanalyse der Kriegsberichterstattung wird die Kategorie „Kampf" verwendet. Zu dieser Kategorie werden u.a. auch die Wörter „schießen", „Schuß" und „Geschoß" zugerechnet. Das hat zur Folge, daß ein Satz wie „Im Obergeschoß brannte noch Licht" völlig zu Unrecht zu einem Eintrag in die Kategorie „Kampf" führen würde.
Ein komfortables System wie INTEXT sieht daher die Möglichkeit vor, jede Codierung mitsamt der vom System vorgeschlagenen Kategorie bei Bedarf auf dem Bildschirm auszugeben und durch den Codierer entscheiden zu lassen, ob überhaupt und wenn ja, wie zu codieren ist (*Interaktive Codierung*).
Darüber hinaus ist es wünschenswert, daß bestimmte Zeichenketten unabhängig davon, ob sie am Anfang, in der Mitte oder am Ende einer (größeren) Zeichenkette stehen, gesucht und gefunden werden können

Beispiel 50:

Für eine Inhaltsanalyse wird das Wort „Künstler" der Kategorie „Kultur" zugeordnet. Der Begriff „Künstler" taucht jedoch einschlägig auch am Anfang (etwa: Künstlerverein, Künstlergage) als auch am Ende (etwa: Zauberkünstler, Vortragskünstler) auf und ist zudem polysem (etwa: Künstlerpech, künstliche Niere). Zudem gibt es eine Fülle von Synonyma (etwa: Maestro, Interpret, Primadonna, Star, Champion).

Die korrekte Identifizierung und Zuordnung einschlägiger, aber nicht identischer Wörter erfordert ein ausgeklügeltes System von entsprechenden Routinen für Wortkombination bzw. Wortpermutation. Bei Wortpermutationen wird jedes Wort mit seinem ihm folgenden Wort kombiniert (Zwei-Wort-Kombinationen), so daß neue Identifizierungsmöglichkeiten entstehen.
Noch schwieriger ist die Erfassung von *Negationen*.

Beispiel 51:

Für eine Inhaltsanalyse von Kontaktanzeigen werden Wörter wie „hübsch", „attraktiv" oder „vermögend" der Kategorie „Eigenbild" (Beschreibung des Inserenten) zugeordnet. In vielen Kontaktanzeigen wird jedoch die Selbstbeschreibung wegen ihrer Aufdringlichkeit nicht mit diesen Wörtern, sondern mit Negationen (etwa: „nicht häßlich", „nicht zum alten Eisen gehörend") oder sogar mit doppelten Negationen (etwa: „nicht unansehnlich", „nicht unvermögend") vorgenommen, so daß eine valide Codierung die entsprechende Erfassung einfacher und doppelter Negationen erforderlich macht (vgl. Giegler/Merten 1996).

(4) Sobald alle Wörter des Textes identifiziert und codiert (i.e. einer Kategorie zugeordnet) sind, wird eine Datei erstellt, die u.a. alle im Text auftretenden Wörter samt deren Häufigkeit des Auftretens in alphabetischer Ordnung ausgibt.

Für bestimmte Analysen – z.B. für die Analyse therapeutischer Interviews – kann es darüber hinaus sinnvoll sein, nicht nur die Häufigkeit der einzelnen Wörter, sondern auch deren gemeinsames Auftreten mit anderen Wörtern zu analysieren, wie es die Kontingenzanalyse (vgl. Kap. 8.31-6) prinzipiell tut (vgl. exemplarisch Iker/ Harway 1969).

(5) Es ist möglich, die Ausgabedatei direkt an statistische Analysepakete (z.B. SPSS) zu übergeben und daran weitere Analysen anzuschließen.

(6) Alle gewonnenen Ergebnisse können über geeignete Ausgabemedien (Bildschirm, Drucker) oder als maschinenlesbare Datei ausgegeben werden.

Vergleicht man das Leistungsprofil von TEXTPACK und INTEXT, so ergibt sich das Bild in Abbildung 153.

Beide Systeme müssen als brauchbare Systeme für computerunterstützte Inhaltsanalyse bezeichnet werden. Gleichwohl zeigt der Vergleich, daß das System INTEXT dem System TEXTPACK in jeder Hinsicht ebenbürtig oder gar überlegen ist.[28]

---

28 Es wäre forschungspolitisch sicherlich wünschenswert, wenn ZUMA – nicht nur als Autor von TEXTPACK, sondern als renommierte Institution für sozialwissenschaftliche Methodenforschung – Entwicklungen wie INTEXT sorgsam zur Kenntnis nehmen würde. Offenbar ist dies jedoch nicht der Fall - im Gegenteil: In den Publikationen von ZUMA wird z.B. INTEXT überhaupt nicht zur Kenntnis genommen.

Leistung	TEXTPACK PC	INTEXT PC
Maximale Länge einer Texteinheit (= Zahl der Zeichen)	4.000 Zeichen	32.500 Zeichen
Wörterbuch	ja	ja
STOP-Wörterbuch	ja	ja
GO-Wörterbuch	ja	ja
Wortanfänge als Suchmuster	ja	ja
Wortenden als Suchmuster	nein	ja
Wortstammfolgen	nein	ja
Interaktives Codieren	nein	ja
Wortkombinationen	nein	ja
Wortpermutationen	nein	ja
Erkennen von Negationen	nein	ja

Abbildung 153: Vergleich von TEXTPACK und INTEXT

Betrachtet man die Rechenzeiten, so wird dieser Eindruck noch verstärkt: TEXTPACK braucht z.B. für die Erstellung von Häufigkeitswörterbüchern etwa 15 mal länger als INTEXT. Zudem wird moniert (vgl. Olsen 1989), daß TEXTPACK PC nicht sauber angepaßt und dokumentiert sei, daß TEXTPACK noch immer schwere Programmierfehler enthalte und bei auftretenden Fehlern keine Erklärungen (Fehlermeldungen) gegeben werden.

Andererseits wird bei INTEXT die vergleichsweise unkomfortable Benutzeroberfläche moniert.

Weitere, mit TEXTPACK PC und INTEXT PC vergleichbare Systeme computerunterstützter Inhaltsanalyse gleicher Leistung sind derzeit nicht bekannt; einzig das für linguistische Zwecke entwickelte System LDVLIB (=Linguistische Daten Verarbeitung LIBrary), das in PL/1 programmiert ist, erscheint ausgesprochen leistungsfähig und erfüllt ebenfalls viele Funktionen computerunterstützter Inhaltsanalyse (vgl. Drewek 1985), ist aber nur auf Großrechnern verfügbar.

12.4 Grenzen der Inhaltsanalyse

Das Zeitalter der *Mediengesellschaft*, in dem wir uns spätestens seit der Verfügbarkeit des Personal Computer (1981) bewegen, impliziert u.a., daß das Kommunikationssystem der Gesellschaft, ehedem allenfalls marginal wahrnehmbar, zum führenden Teilsystem der Gesellschaft avanciert ist: Kein Wahlkampf ohne öffentliche Meinung, kein Absatz ohne Werbung, keine Kultur ohne Fernsehen, keine Aufmerksamkeit ohne Public Relations. Oder anders gesagt: Wirklich ist längst nicht mehr das, was wirklich „wirklich" ist, sondern das, was in den Medien ist.

Aus dieser Prämisse wird sofort deutlich, daß die Analyse von Kommunikation mittlerweile einen wesentlichen und noch immer wachsenden Stellenwert besitzt. Zwei von vielen denkbaren Szenarios mögen dies für die Inhaltsanalyse belegen:

Szenario I: Historische Forschung als Prozeß der Inhaltsanalyse

In nächster Zukunft werden alle jemals gedruckten Inhalte, insbesondere aber Bücher, eingescannt und als Datei verfügbar sein. Mit einfachsten Suchroutinen, die mittlerweile jedes Textverarbeitungsprogramm besitzt, wird es dann möglich sein, inhaltsanalytisch festzustellen, wann z.b. zum ersten Mal der Begriff der öffentlichen Meinung, die Idee des Menschenrechts, die Regel der Gewährung bestimmter Rabatte beim Kauf bestimmter Güter anläßlich von morganatischen Eheschließungen auftritt, ob dies Aristoteles, Immanuel Kant oder einem fast vergessenen Autor zuzuschreiben ist und in welchem Werk aus welchem Jahr das entsprechende Zitat zu finden ist. Dabei kann der festzustellende Sachverhalt nicht nur an Begriffen/ Schlüsselwörtern selbst, sondern auch an entsprechenden Synonyma oder Umschreibungen festgemacht werden; umgekehrt können auch alle Aussagen eines Autors A zum Thema X (Wo spricht Aristoteles über das „Glück" ?) gesucht und exzerpiert werden.

Szenario II: Virtuelle Gerichtsverhandlung durch inhaltsanalytische Entscheidungsfindung

Ein juristischer Streitfall wird anhängig, wenn der lizensierte Vertreter eines Klägers einen Text unter dem Dateinamen IUS.GO in der mailbox des Gerichts ablegt. Die Suchroutine IUS.GO? prüft, ob die Klage a) zulässig, b) fristgerecht eingereicht c) begründet ist, ob die fällige Gebühr bereits bezahlt ist und setzt zugleich den Streitwert fest. Sie fordert sodann anhand der in der Klageschrift einschlägig angegebenen Suchstichworte aus der Datenbank ZEUS (= Zentrale Einschlägige Urteils-Sammlung) alle vorliegenden Präzedenzfälle an, sortiert diese vorab nach Affinität zum aktuellen Fall, erstellt aus dem Vergleich der aktuellen und der historischen Fälle elektronisch einen Urteilsentwurf und versendet diesen an Klägervertreter, Vertreter des Angeklagten und und ggf. die Staatsanwaltschaft. Sofern Zeugenaussagen und/oder Beweismittel erforderlich sind, werden diese als Datei IUS.SAY (unter ordinal skalierten Angaben über Triftigkeit der Beweismittel, Glaubwürdigkeit der Zeugenaussagen etc.) abgespeichert. Die Adressanten haben die Möglichkeit, binnen gesetzter Frist von vier Wochen auf den vorgeschriebenen Dateien IUS.NO zum Entwurf Stellung zu nehmen. Die Prüfroutine IUS.ZWO bei Gericht prüft sodann die logische und semantische Argumentation der ggf. eingehenden Stellungnahmen und erstellt eine revidierte Vorlage, die dem Vorsitzenden Richter als Ausdruck vorgelegt wird. Dieser prüft die Argumentation des Entwurfs auf formale Unbedenklichkeit, juristische Schlüssigkeit und soziale Angemessenheit, ändert ggf. manuell ab, setzt final seinen Namen sowie den Hoheitscode der jeweiligen Instanz hinzu und erstellt die finale schreibgeschützte Datei IUS.FIN. Die Datei wird elektronisch an Klägervertreter, Vertreter des Beklagten und ggf. Staatsanwaltschaft zugestellt; bei Ausdruck erzeugt der Hoheitscode das Datum der Dateierstellung sowie die Zeichenkette „Dieses Urteil wurde maschinell erstellt und ist auch ohne Unterschrift rechtskräftig (Name des Vorsitzenden Richters, Aktenzeichen). Die Datei IUS.FIN wird, ergänzt um das Sendeprotokoll und eine ordinale Skalierung des Vorsitzenden Richters über a) den Grad der Validität vorliegender Beweismittel, b) das Ausmaß der Glaubwürdigkeit von Kläger und Angeklagtem, c) den Grad der Entscheidungsunsicherheit bei der Urteilsfindung, d) das Volumen des getriebenen Zeit- und Kostenaufwandes und e) die vermutete Wahrscheinlichkeit einer Revision elektronisch an die Datenbank ZEUS zugestellt, wo es für die Rechtstatsachenforschung nach Deskriptoren des einschlägigen Rechts elektronisch analysiert und sodann archiviert wird. Gegenüber der herkömmlichen Rechtsprechung ergibt sich eine durchschnittliche zeitliche Verkürzung der Verfahren um 99%, eine Kostenverminderung um 86% und eine Vergrößerung der Urteilssicherheit um 311%.

Stellt man sich anhand dieser und vieler anderer Szenarios die Frage, welche soziale Funktion Inhaltsanalysen haben, so kann man vier Funktionen nennen:

a) Inhaltsanalysen haben eine Funktion der *Informationsbeschreibung*
(Was ist in vorliegenden Inhalten an Themen, Wertungen, Argumenten etc. enthalten?). Existiert für die Inhalte eine quantitative/qualitative Norm (etwa: vorgeschriebene Anteile von Information eines Senders pro Zeiteinheit; zulässige Art von Gewaltdarstellung im Fernsehen), so kann die Inhaltsanalyse auch zur *Normenprüfung* eingesetzt werden

b) Inhaltsanalysen haben eine Funktion der *Informationsraffung*
(Was sind die zentralen Aussagen, Argumente etc.?) Diese Raffung kann auch zu einer *Informationsbeschleunigung* führen, weil die geraffte Information sowohl kürzer als auch griffiger (adaptiver) ist und daher schneller verbreitet und/oder rezipiert werden kann.

c) Inhaltsanalysen haben eine Funktion der *Informationsgenese*
Diese Funktion ergibt sich aus der zentralen Möglichkeit der Inferenz von Merkmalen (Indikatoren) des manifesten Inhalts auf Merkmale des nicht mitrepräsentierten Kontextes (Schluß auf Sender, soziale Situation, Empfänger).

d) Inhaltsanalysen haben eine Funktion der *Prognose*
Diese Funktion ergibt sich, wenn inhaltsanalytische Indikatoren (z.B. Höhe von Mietpreisen, Häufigkeit von Thematisierungen, Umfänge von Anzeigen, Häufigkeit der Gewaltdarstellung im Fernsehen etc.) über die *Zeit* erhoben werden und daraus Trendaussagen abgeleitet werden können.

12.41 Inhaltsanalytische Fehlschlüsse

Das methodische Niveau inhaltsanalytischer Arbeiten steigt, wie viele interessante Arbeiten gerade aus neuerer Zeit belegen (vgl. statt anderer Bos/Tarnai 1989; Schütte 1995), erfreulich an.

Gleichwohl wird die Inhaltsanalyse im Bereich der *Informationsdeskription* häufig – oft für Zwecke der Politik – mißbraucht, wenn von den Merkmalen des Inhalts bindend auf Wirkungen beim Rezpienten geschlossen wird.

Dieser Schluß ist dann und nur dann zulässig, wenn man das klassische Stimulus-Response-Modell der Wirkungsforschung (vgl. Kap. 5.1) zugrundelegt. Dieses begreift Inhalte wie unerschöpfliche Reservoire von Stimuli, die sich, sobald sich ihnen ein Rezipient zuwendet (einen Text rezipiert), auf ihn stürzen und auf ihn nach der Devise „Gleicher Stimulus, gleiche Wirkung" einwirken.

Unglücklicherweise hat das Stimulus-Response-Modell nur in der Physik („Gleiche Kraft, gleiche Wirkung") und auch dort nur eingeschränkt Geltung; in der Kommunikationsforschung führt es jedoch souverän und zielstrebig in die Irre: Kommunikation ist weder ein Prozeß, wo irgendetwas übertragen wird, noch sind Stimuli Zeichen, noch kann ein Zeichen, das vom Sender an den Empfänger „geht", irgendwann einmal die gleiche Bedeutung haben (vgl. Merten 1991). Folglich kann die Wirkung einer Botschaft (eines Textes) niemals am Text selbst, sondern immer nur an einer zumindest trimodalen Relation, die sich als hochselektive

Instanz zwischen Stimulus, dem Rezipient und der Situation, in der er rezipiert, einstellt, festgemacht werden (vgl. Merten 1994a).

Unglücklicherweise ist eine Wirkung also nicht einfach, sondern nur sehr schwer zu erklären, so daß der wissenschaftssoziologisch bekannte Hang zur Vereinfachung bewirkt, daß das Stimulus-Response-Modell nach wie vor Urstände feiert. So ist zu erklären, daß nach wie vor Inhaltsanalysen von Kommunikatoren erstellt werden, von denen man – wissenschaftlich durch und durch unzulässig – bindend eine bestimmte Wirkung auf den Rezipienten ableitet.

Beispiel 52: Politische Berichterstattung von RTL

Der Fernsehsender RTL berichtet kritisch über den Bundeskanzler. Daraufhin wird vom Bundeskanzleramt eine Inhaltsanalyse in Auftrag gegeben, die die Nachrichtengebung von RTL im Zeitraum 24.8.-10.9.1989 inhaltsanalytisch untersuchen soll. Diese Untersuchung (Kepplinger/Staab 1990; 1992) kommt zu folgenden Urteilen über die Berichterstattung von RTL:

1) Einseitigkeit bei der Darstellung politischer Parteien;
2) Überproportionale Darstellung wichtiger Ereignisse;
3) Negative Berichterstattung über die CDU/CSU;
4) Sehr negative Darstellung von Bundeskanzler Helmut Kohl;
5) Übertreibungen und Fehlurteile;
6) Manipulative Berichterstattung;
7) Negativismus in der Berichterstattung (vgl. dazu auch Merten/Teipen 1991: 266).

Mit der Feststellung „Die Tendenz der Darstellungen entsprach etwa der langjährigen Tendenz der Darstellung Helmut Kohls durch den SPIEGEL" (Kepplinger/Staab 1992: 35 f.) wird die politische Berichtererstattung von RTL als parteilich und stark links gekennzeichnet und damit (Fernsehsender sind zu Ausgewogenheit verpflichtet!) stigmatisiert. Dahinter steht unverkennbar die Vorstellung, daß vom Fernsehen verbreitete „linke" Inhalte auch eine entsprechend linke Wählerbeeinflussung bewirken. Dazu der nämliche Autor an anderer Stelle: „... Wahlkämpfe sind bekanntlich in hohem Maße personalisiert: Sie sind auf die Spitzenkandidaten zugeschnitten und werden durch ihren persönlichen Erfolg oder Mißerfolg entschieden. Die Darstellung der Spitzenkandidaten ... besitzt deshalb besondere Bedeutung .... Die häufige Darstellung von Ablehnung ... könnte ein Grund dafür gewesen sein, daß die .. Fernsehzuschauer zunehmend an den Siegeschancen von Kohl zweifelten" (Kepplinger 1980: 167 u. 175).

Diese Untersuchung verstößt gegen so gut wie alle Regeln der Inhaltsanalyse:

a) Die Textauswahl wurde nicht zufällig vorgenommen, sondern vorsätzlich auf eine Zeitspanne beschränkt, in der für die CDU negative und stark negative Ereignisse eintraten (die Ablösung Heiner Geißlers als Generalsekretär der CDU; die erotisch getönte Stasi-Affäre des Berliner Innensenators Lummer; Wechsel eines Landtagsabgeordneten der CDU zur NPD in Niedersachsen), so daß a priori jede ereignisorientierte korrekte Berichterstattung negativ für die CDU ausfallen *mußte*.

b) Für die Inhaltsanalyse wurde ein Verfahren entwickelt, dessen methodische Unbedenklichkeit weder vorher noch hinterher von den Autoren geprüft wurde. Unternimmt man jedoch eine solche Prüfung (vgl. Merten/Großmann 1995), so werden große Validitätsdefizite deutlich.

c) Eine Inhaltsanalyse von FAZ und SZ - die beide nicht im Verdacht stehen, „links" zu stehen – für den gleichen Zeitraum zeigt, daß dort die Berichterstattung über die CDU und Bundeskanzler Helmut Kohl sehr viel umfangreicher und negativer ausfällt (vgl. Merten/Teipen 1991: 266 ff.).

Fazit: „Unterstellt, man wollte – aus welchem Grunde auch immer – das Medium RTL plus politisch ins Gerede bringen: Man hätte es nicht besser machen können als eine Untersuchung wissenschaftlich exakt so zu inszenieren wie die (hier) vorliegende Untersuchung" (Merten/Teipen 1991: 304).

Beispiel 53: Darstellung von Gewalt im Fernsehen

Die Darstellung von Gewalt im Fernsehen ist in Deutschland – nicht zufällig – seit der neuen Welle aktueller Gewalt gegen Ausländer zum politischen Thema geworden. Die Vorstellung, daß Gewaltdarstellung in den Medien zur realen Gewaltanwendung verleitet, beunruhigt latent die Bevölkerung und führt – gerade in Zeiten von Wahlkämpfen (1994/95) – dazu, daß politischer Handlungsbedarf reklamiert wird.

Von einschlägigen Institutionen in Auftrag gegebene Inhaltsanalysen zur Darstellung von Gewalt im Fernsehen (vgl. Groebel 1993) zeigen denn auch in feiner Differenzierung, zu welcher Tageszeit wieviel Gewalt gesendet wird, welcher Typus von Gewalt, von Tätern und von Opfern, wie häufig dargestellt wird. Die Zahl der Opfer von Gewalt wird seit Gerbner (1976; 1979) als wichtiger Indikator für die Gefährlichkeit von Gewaltdarstellung angesehen. Die resümierende Feststellung, daß „täglich rund 70 (Tote)" (Groebel 1993: 125) dargestellt werden, erzeugt in der Öffentlichkeit nicht nur Aufsehen, sondern verstärkt die Furcht vor gewaltauslösenden *Wirkungen* der Gewaltdarstellung im Fernsehen.

Erneut zeigt sich damit der bereits monierte Fehlschluß: Von Inhalten, insbesondere von der Zahl der Opfer und der Toten, wird – vom Alltagswissen her ebenso plausibel wie wissenschaftlich höchst leichtfertig – auf Wirkungen geschlossen.

Um zu prüfen, wie evident dieser Trugschluß ist, wurde in einer Inhaltsanalyse zur Darstellung von Gewalt im Fernsehen (Merten 1993) nicht nur die Darstellung von Gewalt in Anlehnung an die bekannten inhaltsanalytischen Gewaltprofile von Gerbner et al. (1979) erhoben, sondern die Codierer wurden zusätzlich aufgefordert, jede der codierten 8689 Gewaltsequenzen auf einer 10er-Skala (0 = gar nicht, 10 = maximal) auf den Grad der empfundenen Grausamkeit, Betroffenheit, Angst und des empfundenen Ekels einzuschätzen. Mit der Codierung dieser zusätzlichen Variablen wurden also „echte" Wirkungsvariablen gemessen. Die Korrelation dieser echten Wirkungsvariablen mit der Zahl der Opfer (sowohl verletzter als getöteter Opfer) zeigt Abbildung 154:

Korrelation von/mit	Grausamkeit	Ekel	Angst	Betroffenheit
Zahl der Opfer	.045	.019	.008	.07
Zahl der Toten	.07	.04	.02	.05

Abbildung 154: Korrelation von Gewaltvariablen mit der Zahl dargestellter Opfer/Toter

Fast alle der (nach Pearson-Bravais) gemessenen Korrelationswerte liegen bei Null, *keiner* der Werte erreicht dabei den in der empirischen Sozialforschung als absoluten Minimalwert angesehenen Wert von 0.1, oberhalb dessen überhaupt erst sinnvoll von einer Korrelation gesprochen werden darf.

Mit anderen Worten: Die Zahl im Fernsehen dargestellter Opfer oder Toter sagt überhaupt nichts aus über deren Wirkung. Was das für die Gültigkeit der aktuellen Diskussion um gewalterzeugende Wirkungen des Fernsehens bedeutet, kann man sich unschwer ausrechnen.

12.5 Zukünftige Entwicklung der Inhaltsanalyse

Die zukünftige Entwicklung der inhaltsanalytischen Methode kann man anhand der Publikation inhaltsanalytischer Arbeiten gut verfolgen (vgl. Merten/Ruhrmann 1982; Schrott/Lanoue 1994). Danach steigt die Verwendung der inhaltsanalytischen Methode – sowohl anwendungsbezogen als auch theoretisch – in der Kommunikationswissenschaft kontinuierlich an, während sie in der Soziologie eher stagniert, in der Politikwissenschaft sogar zurückgeht (vgl. Schrott/Lanoue 1994: 334 f.).

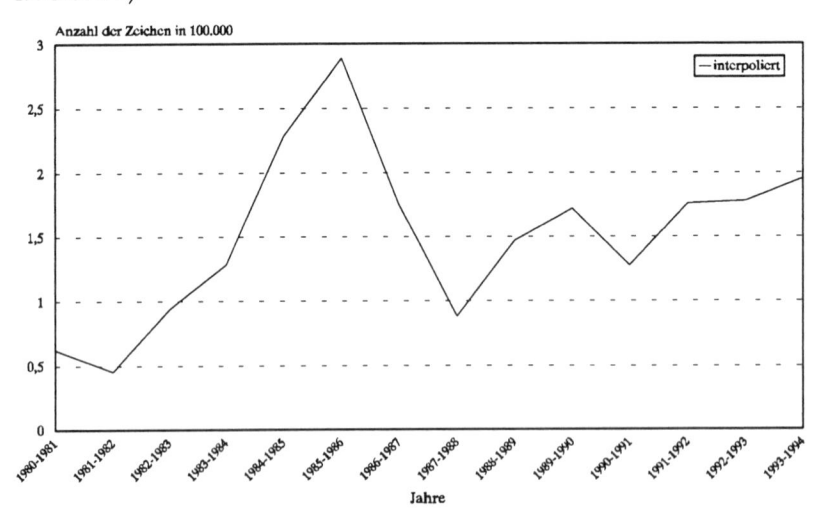

Abbildung 155: Umfang inhaltsanalytischer Publikationen in der „Publizistik"

12 Gegenwärtige und zukünftige Entwicklungen der Inhaltsanalyse

An Beiträgen mit inhaltsanalytischem Bezug verzeichnet die Zeitschrift „Publizistik" die meisten von allen deutschsprachigen wissenschaftlichen Zeitschriften (vgl. Merten/Ruhrmann 1982: 708), so daß eine entsprechende Trendanalyse besonders aufschlußreich ist (Abb. 155). Dabei zeigt sich, daß das Volumen einschlägiger inhaltsanalytischer Arbeiten von ca. 62500 Zeichen (1980) auf ein Volumen von ca. 196.000 Zeichen (1994) angewachsen ist – was einem relativ steilen Zuwachs von 314% in 14 Jahren entspricht.[29]

Hinweise auf laufende Entwicklungen im Bereich der Inhaltsanalyse finden sich bevorzugt in den folgenden Zeitschriften:

American Journal of Sociology	Chicago 1/1895-96-
American Sociological Review	Menasha 1/1936-
Analyse & Kritik	Opladen 1/1979-
Journalism Quarterly	Minneapolis 1/1923-
Journal of Applied Psychology	New York 1/1917-
Journal of Communication	Flint 1/1951-
Kölner Zeitschrift für Soziologie und Sozialpsychologie	Opladen 1/1949-
Medienpsychologie	Opladen 1/1989-
Public Opinion Quarterly	Princeton 1/1937-
Publizistik	München/Bremen/Konstanz/Opladen 1/1956-
Psychometrika	Richmond 1/1936-
Rundfunk und Fernsehen	Hamburg 1/1953-
Sociological Methods and Research	Beverly Hills/London 1/1975-
Zeitschrift für Soziologie	Stuttgart 1/1972-

Darüber hinaus werden unter dem Stichwort „content analysis" regelmäßig inhaltsanalytische Arbeiten nachgewiesen von:

Communication Abstracts	Beverly Hills 1/1978-
Psychological Abstracts	Lancaster/Washington 1/1927-
Social Science Citation Index	Philadelphia 1/1969-

Die folgenden Institutionen betreiben eigene Inhaltsanalyseforschung resp. sie erstellen Dokumentationen über laufende Forschungsarbeiten, die angefordert werden können.

Informationszentrum Sozialwissenschaften	Lenne-Str. 30, 53113 Bonn
Zentralarchiv für empirische Sozialforschung	Bachemer Str. 40, 50931 Köln
ZUMA Zentrum für Umfragen, Methoden und Analysen	B 2, 1 68159 Mannheim

---

29 Dieser Trend stellt einen inhaltsanalytisch aus Inhaltsanalysen gewonnen Meta-Indikator dar, der – mit spezifizierbaren Einschränkungen – für das Wachstum des Mediensystems aussagekräftig sein kann.

Literaturverzeichnis

Abelson, Robert P. et al. (1968): Cognitive Congruity Theory, Chicago.

Acock, Alan C. (1974): The Undermeasurement Controversy: Should Ordinal Data Treated as Interval?, in: Sociology and Social Research, 58: 427–456.

Alberts, Jürgen (1972): Massenpresse als Ideologiefabrik. Am Beispiel „Bild", Frankfurt.

Albig, William (1938): The Content of Radio Programs, 1925–1935, in: Social Forces, 16: 338–349.

Albrecht, Gerd (1964): Die Filmanalyse – Ziele und Methoden, in: Franz Everschor (Hrsg.): Filmanalyse, Düsseldorf: 233–270.

Albrecht, Günther (1975): Nicht-reaktive Messung und Anwendung historischer Methoden, in: Jürgen van Koolwijk/Maria Wieken-Mayser (Hrsg.): Techniken der empirischen Sozialforschung, Bd. 2, München: 9–81.

Albrecht, Horst (1972): Sprachbarrieren vor dem Bildschirm. Schichtenspezifische Hindernisse des Fernsehens am Beispiel Tagesschau, in: Rundfunk und Fernsehen, 20: 287–304.

Albrecht, Milton C. (1956): Does Literature Reflect Common Values?, in: American Journal of Sociology, 21: 722–729.

Alemann, Heine von (1977): Der Forschungsprozeß, Stuttgart.

Alexander, Franz/George W. Wilson (1935): Quantitative Dream Studies, in: Psychoanalytic Quarterly, 4: 371–407.

Allerbeck, Klaus (1978): Meßniveau und Analyseverfahren. Das Problem „strittiger Intervallskalen", in: Zeitschrift für Soziologie, 7: 199–214.

Allport, Floyd H. (1954): The Structuring of Events: Outline of a General Theory with Applications to Psychology, in: Psychological Review, 61: 281–303.

Allport, Gordon W. (1946): Letters from Jenny, in: Journal of Abnormal and Social Psychology, 41: 449–495.

Anderau, Willi (1976): Untersuchung der Bildinformation bei Fernsehsendungen, in: Publizistik, 21: 460–466.

Angell, Robert C./Ronald Freedman (1953): The Use of Documents, Records, Census Material, and Indices, in: Leon Festinger/Elihu Katz: Research Methods in Behavioral Science, New York: 300–326.

Anschütz, Herbert (1966): Über den Begriff der semantischen Information, in: Grundlagenstudien aus Kybernetik und Geisteswissenschaften, 7: 17–23.

Arbeitsgruppe Bielefelder Soziologen (Hrsg.) (1976): Kommunikative Sozialforschung, München.

Argyle, Michael (1972): Soziale Interaktion, Köln.

Armstrong, Robert Plant (1959): Content Analysis in Folkloristics, in: Ithiel de Sola Pool (ed.): Trends in Content Analysis, Urbana: 151–170.

Aronson, E. (1958): The Need for Achievement as Measured by Graphic Expression, in: John W. Atkinson: Motives in Phantasy, Action and Society: A Method of Assessment and Study, Princeton: 249–265.

Asheim, Lester E. (1949): From Book to Film: A Comparative Analysis of the Content of Selected Novels and the Motion Pictures Based on Them, Diss., Chicago.

Atkinson, John W. (ed.) (1958): Motives in Phantasy, Action and Society: A Method of Assessment and Study, Princeton.

Atkinson, John W./David Birch (1970): The Dynamics of Action, New York/London/Sydney/Toronto.

Attneave, Fred (1953): Psychological Probability as a Function of Experienced Frequency, in: Journal of Experimental Psychology, 46: 81–86.

Aufermann, Jörg/Gernot Wersig (1965): Analyse des Anzeigenteils ausgewählter Zeitungen und Zeitschriften, in: Publizistik, 10: 78–86.

Aufermann, Jörg/Hans Bohrmann/Rolf Sülzer (Hrsg.) (1973): Gesellschaftliche Kommunikation und Information, 2 Bde., Frankfurt.

Auld, Frank W./Edward J. Murray (1955): Content Analysis Studies of Psychotherapy, in: Psychological Bulletin, 52: 377–395.

Auster, Donald A. (1954): A Content Analysis of „Little Orphan Annie", in: Social Problems, 2: 26–33.

Auster, Donald A. (1956): Content Analysis in AV Communication Research, in: Audio-Visual Communication Review, 4: 102–108.

Austin, Garry R. (1952): The Relative Quality of Bestsellers, in: Public Opinion Quarterly, 16: 102–108.

Bachem, Rolf (1979): Einführung in die Analyse politischer Texte, München.

Bacher, Johann (1993): Clusteranalyse, München.

Backhaus, Klaus et al. (^{4}1987): Multivariate Analyseverfahren, Berlin/Heidelberg/New York.

Backmann, Karl W. (1956): Sampling Mass Media Content: The Use of the Cluster Design, in: American Sociological Review, 21: 729–733.

Baldwin, Alfred L. (1942): Personal Structure Analysis, in: Journal of Abnormal and Social Psychology, 37: 163–183.

Bales, Robert F./Henry Gerbrands (1948): The Interaction Recorder, in: Human Relations, 1: 456–463.

Bales, Robert F. (1950): Interaction Process Analysis, Cambridge/Mass.

Bales, Robert F. (1951): Interaction Process Analysis, in: International Encyclopedia of the Social Sciences, Vol. 7, New York: 447–465 (^{2}1968).

Bales, Robert F. (1956): Die Interaktionsanalyse: Ein Beobachtungsverfahren zur Untersuchung kleiner Gruppen, in: Rene König (Hrsg.): Beobachtung und Experiment. Praktische Sozialforschung, Bd. 2, Köln: 148–167.

Bales, Robert F. (1967): Das Problem des Gleichgewichts in kleinen Gruppen, in: Heinz Hartmann (Hrsg.): Moderne amerikanische Soziologie, Stuttgart: 311–329.

Balla, Balint (1972): Funktionswandel der Massenmedien in totalitären Systemen. Leserbriefe in der Parteipresse Ungarns, in: Franz Ronneberger (Hrsg.): Sozialisation durch Massenkommunikation, Stuttgart: 319–355.

Barcus, Francis Earle (1959): Communication Content: Analysis of the Research, 1900–1958. (A Content Analysis of Content Analysis). Phil. Diss. Urbana/Illinois.

Barcus, Francis Earle (1961): A Content Analysis of Trends in Sunday Comics, 1900–1959, in: Journalism Quarterly, 38: 171–180.

Barcus, Francis Earle (1963): The World of Sunday Comics, 1900–1959, in: David Manning White/Robert H. Abel (eds.): The Funnies. An American Idiom, London/New York: 190–218.

Bar-Hillel, Yehoshua (1970): Communication and Argumentation in Pragmatic Languages, in: C. Olivetti (ed.): Linguiaggi nella societa e nella tecnica, Milano: 269–284.

Barron, Milton L. (1950): A Content Analysis of Intergroup Humor, in: American Sociological Review, 15: 88–94.

Barthes, Roland (1964): Rethorique de l'image, in: Communications, 4: 40–51.

Barthes, Roland (1979): Elemente der Semiologie, Frankfurt.

Barton, Allen H./Paul Felix Lazarsfeld (1955): The Concept of Property-Space in Social Research, in: Paul Felix Lazarsfeld/Morris Rosenberg: The Language of Social Research, Glencoe: 40 ff.

Batlin, Robert (1954): San Francisco's Newspapers' Campaign Coverage: 1896–1952, in: Journalism Quarterly, 31: 279–303.

Beale, John (1975): A Preliminary Model for the Examination of Intention Through Content Analysis, Communication Research, 2: 86–96.

Becker, Samuel L. (1968): New Approaches to Audience Analysis, in: Carl E. Larson/Frank E. X. Dance: Perspectives on Communication, Milwaukee: 61–77.

Belkaoui, Janice Monti (1978): Images of the Arabs and Israelis in the Prestige Press 1966–74, in: Journalism Quarterly, 55: 732–738 u. 799.

Bennett, E.M./M.R. Alpert/A.C. Goldstein (1954): Communication Through Limited Response Questioning, in: Public Opinion Quarterly, 18: 303–308.

Bense, Max (1969): Einführung in die informationstheoretische Ästhetik, Hamburg.

Bentele, Günter/Ivan Bystrina (1978): Semiotik, Stuttgart/Mainz.

Bentele, Günter (1978a): Aufgaben der Filmsemiotik, in: Publizistik, 23: 369–383.

Berelson, Bernard (1941): Content Emphasis. Recognition and Agreement, Diss., University of Chicago.

Berelson, Bernard/Patricia J. Salter (1946): Majority and Minority Americans: An Analysis of Magazine Fiction, in: Public Opinion Quarterly, 10: 168–190.

Berelson, Bernard/Sebastian de Grazia (1947): Detecting Collaboration in Propaganda, in: Public Opinion Quarterly, 11: 244–253.

Berelson, Bernard/Paul Felix Lazarsfeld (1948): The Analysis of Communication Content, University of Chiacago.

Berelson, Bernard (1952): Content Analysis in Communication Research, New York.

Berelson Bernard/Paul Felix Lazarsfeld (1952): Die Bedeutungsanalyse von Kommunikationsmaterialien, in: Rene König: Praktische Sozialforschung, Bd. 1, Dortmund: 141–168.

Berelson, Bernard (1954): Content Analysis, in: Gardner Lindzey (ed.): Handbook of Social Psychology, Reading/London: 488–522.

Berelson, Bernard (1959): The State of Communication Research, in: Public Opinion Quarterly, 23: 1–15.

Berger, Falk/Elmar Brähler/Renate Kunkel/Samir Stephanos (1981): Untersuchungen zum Sprechverhalten und Kommunikationserleben von psychosomatischen Patienten im psychoanalytischen Erstinterview, in: Zeitschrift für Psychosomatische Medizin, 27: 45–58.

Berger, Hartwig (1974): Untersuchungsmethode und soziale Wirklichkeit, Frankfurt.

Berger, Peter L./Thomas Luckmann (1966): The Social Construction of Reality. A Treatise in the Sociology of Kowledge, Garden City. Dt.: Die gesellschaftliche Konstruktion der Wirklichkeit. Eine Theorie der Wissenssoziologie, Frankfurt 1969.

Berghaus, Margot (1974): Inhaltsanalyse von Fernsehsendungen, in: Rundfunk und Fernsehen, 22: 330–356.

Berkman, Dave (1963): Advertising in „Ebony" and „Life": Negro Aspirations vs. Reality, in: Journalism Quarterly, 40: 53–64.

Bernstein, Basil (1959): A Public Language: Some Sociological Implications of Linguistic Form, in: British Journal of Sociology, 10: 311–326.

Bernstein, Basil (1960): Language and Social Class, in: British Journal of Sociology, 11: 271–276.

Berry-Rogghe/Godelieve L.M./T.D. Crawford (1973): COCOA Manual, Cardiff.

Berry-Rogghe/L.M. Godelieve (1974): COCOA Technical Manual, Cardiff.

Besozzi, Claudio/Helmut Zehnpfennig (1976): Methodologische Probleme der Index-Bildung, in: Jürgen van Koolwijk/Maria Wieken-Mayser: Techniken der empirischen Sozialforschung, Bd. 5, München: 9–55.

Bessinger, Jess B. Jr./Stephen M. Parrish (eds.) (1964): Literary Data Processing Conference, New York.

Bessler, Hansjörg (1970): Aussagenanalyse, Bielefeld.

Bessler, Hansjörg (1970a): Über die Verwendung psycholinguistischer Maße in der Massenkommunikationsforschung, in: Rundfunk und Fernsehen, 18: 45–53.

Betzner, Jean (1930): Content and Form of Original Compositions Dictated by Children From Five to Eight Years of Age, Diss., New York, Columbia University.

Beutel, Peter et al. (1980): SPSS. Statistik-Programmsystem für die Sozialwissenschaften, Stuttgart/New York.

Bielefeld, Hans Ulrich/Ernst W.B. Hess-Lüttich/Andre Lundt (1977): Soziolinguistik und Empirie. Beiträge zur Corpusgewinnung und Auswertung, Wiesbaden.

Birdwhistell, Ray (1970): Kinesics and Context: Essays On Body Motion Communication, Philadelphia.

Blalock, Hubert M. (1972): Social Statistics, New York.

Blau, Peter M. (Hrsg.) (1978): Theorien sozialer Strukturen, Opladen.

Bleyer, Willard G. (1924): Research Problems and Newspaper Analysis, in: Journalism Bulletin, 1: 17–22.

Blumenstock, Lorraine (1924): An Analysis of the Contents of Twelve Michigan Daily Newspapers, B.A. Thesis, University of Wisconsin.

Boder, David P (1940): The Adjective-Verb-Quotient: A Contribution to the Psychology of Language, in: Psychological Record, 3: 310–343.

Böhm, Stephan/Gerhard Koller/Jürgen Schönhut/Erich Strassner (1972): Rundfunknachrichten, in: Annemarie Rucktaeschel (Hrsg.): Sprache und Gesellschaft, München. 153–194.

Böltken, Ferdinand (1976): Auswahlverfahren. Eine Einführung für Sozialwissenschaftler, Stuttgart.

Boerner, F. (1955): Raffiniertes Textschreiben, Siegburg/Konstanz/Berlin.

Boom, Holger van den (1980): Warum Frauen mechanodynamische Zeichen lieber mögen als dasjenige, dessen Stelle sie vertreten, in: Zeitschrift für Semiotik, 2: 274–277.

Borg, Ingwer/Peter Ph. Mohler (eds.) (1994): Trends and Perspectives in Empirical Social Research, Berlin/New York.

Borgatta, Edgar F. (1962): A Systematic Study of Interaction Process Scores, Peer and Self-Assessments, Personality and other Variables, in: Genetic Psychology Monographs, 65: 219–291.

Borko, Harold (ed.) (1962): Computer Applications in the Behavioral Sciences, Englewood Cliffs.

Bortmuth, John R. (1964): Mean Word Depth as a Measure of Comprehension Difficulty, in: Journal of Educational Research, 25: 226–231.

Bortmuth, John R. (1966): Readability. A New Approach, in: Reading Research Quarterly, 1: 79–132.

Bortz, Jürgen/Paul Braune (1980): Imagewandel von Politikern aus der Sicht der Leser zweier Tageszeitungen, in: Publizistik, 25: 230–253.

Bos, Wilfried/Gerald A. Straka (1989): Multivariate Verfahren zur heuristischen Analyse kategorialer Daten. Eine Inhaltsanalyse von Lesebüchern der chinesischen Grundschule, in: Wilfried Bos/Christian Tarnai (Hrsg.): Angewandte Inhaltsanalyse in empirischer Pädagogik und Psychologie, Münster/New York: 211–228.

Bos, Wilfried/Christian Tarnai (Hrsg.) (1989): Angewandte Inhaltsanalyse in empirischer Pädagogik und Psychologie, Münster/New York.

Bosshart, Louis (1976): Untersuchungen zur Verstehbarkeit von Radio- und Fernsehsendungen, in: Rundfunk und Fernsehen, 24: 198–209.

Brähler, Elmar/H. Zenz (1974): Apparative Analyse des Sprechverhaltens in der Psychotherapie, in: Zeitschrift für Psychosomatik und Medizinische Psychoanalyse, 20: 328–336.

Brähler, Elmar (1975): Die automatische Analyse des Sprechverhaltens in psychoanalytischen Erstinterviews mit der Gießener Sprachenanalyse, Med. Diss., Universität Gießen.

Brähler, Elmar (1978): Die Erfassung des Interventionsstils von Therapeuten durch die automatische Sprachanalyse, in: Zeitschrift für Psychosomatische Medizin, 24: 156–168.

Brähler, Elmar (1980): Untersuchungsmethoden der klinischen Interviewforschung, in: Zeitschrift für Psychotherapie, Psychosomatik und Medizinische Psychoanalyse, 30: 206–211.

Brandner, Lowell/Joan Strunk (1966): The Newspaper: Molder or Mirror of Community Values?, in: Journalism Quarterly, 43: 497–505.

Braune, Paul et al. (1976): Der Einfluß von Tageszeitungen auf die Bewertung eines aktuellen politischen Inhalts, in: Zeitschrift für Sozialpsychologie, 7: 154–167.

Breuer, Dieter (1972): Vorüberlegung zu einer pragmatischen Textanalyse, in: Wirkendes Wort, 22, 1: 1–23.

Breuer, Dieter et. al (Hrsg.) (1973): Literaturwissenschaft, Frankfurt/Berlin/Wien.

Breuer, Dieter (1974): Einführung in die pragmatische Texttheorie, München.

Briest, Wolfgang (1974): Kann man Verständlichkeit messen?, in: Zeitschrift für Phonetik, Sprachwissenschaft und Kommunikationsforschung, 27: 543–563.

Briest, Wolfgang (1976): Zur Übersicht verschiedener syntaktischer Strukturen, in: Zeitschrift für Phonetik, Sprachwissenschaft und Kommunikationsforschung, 29: 3–12.

Brosius, Gerhard (1988): SPSS/PC+. Basics und Graphics, Hamburg/New York/London.

Brosius, Hans-Bernd (1994): Integrations- oder Einheitsfach? Die Publikationsaktivitäten von Autoren der Zeitschrift „Publizistik" und „Rundfunk und Fernsehen", in: Publizistik, 39, 1: 73–90.

Brosius, Hans-Bernd/Frank Esser (1995): Eskalation durch Berichterstattung, Opladen.

Brown, Penelope/Colin Fraser (1979): Speech as a Marker of Situation, in: Klaus Scherer/Howard Giles (eds.): Social Markers in Speech, London/New York: 33–62.

Budd, Richard W. (1964): Attention Score: A Device for Measuring News „Play", in: Journalism Quarterly, 41: 259–262.

Budd, Richard W./Robert K. Thorb/Lewis Donohew (1967): Content Analysis of Communications, New York/London.

Buddemeier, Heinz (1973): Kommunikation als Verständigungshandlung. Sprachtheoretische Ansätze zu einer Theorie der Kommunikation, Frankfurt.

Bünting, Karl-Dieter (1969): Sprachgefühl und Computer. Bewertung von „erdateten" Wörtern in einer Informantenbefragung, in: Muttersprache, 79: 284–300.

Bürger, Christa (1973): Textanalyse als Ideologiekritik. Studien zur zeitgenössischen Unterhaltungsliteratur, Frankfurt.

Bürmann, Günter/Helmar Frank/Lothar Lorenz (1963): Informationstheoretische Untersuchungen über Rang und Länge deutscher Wörter, in: Grundlagenstudien aus Kybernetik und Geisteswissenschaften, 4: 73–90.

Büschges, Günter/Peter Lütke-Bornefeld (1977): Praktische Organisationsforschung, Reinbek.

Bulmer, Martin (1979): Concepts in the Analysis of Qualitative Data, in: Sociological Review, 27: 651–677.

Burgess, Nella M. (1924): The Analysis of the Content of the St. Louis Globe-Democrat, B.A. Thesis, University of Wisconsin.

Busemann, Adolf (1925): Die Sprache der Jugend als Ausdruck der Entwicklungsrhythmik, Jena.

Busemann, Adolf (1926): Über typische und phasische Unterschiede der kategorialen Sprachform, in: Zeitschrift für Pädagogische Psychologie, 27: 415–419.

Busemann, Adolf (1948): Stil und Charakter, Meisenheim.

Bush, Chilton R./Robert K. Bullock (1952): Names in the News: A Study of Two Dailies, in: Journalism Quarterly, 29: 148–157.

Bush, Chilton R. (1960): A System of Categories For General News Content, in: Journalism Quarterly, 37: 206–210.

Bush, Chilton R. (1960a): Content and „Mise en Valeur": Attention as Effect, in: Journalism Quarterly, 37: 435–437.

Cahnmann, Werner J. (1948): A Note on Marriage Announcements in the New York Times, in: American Sociological Review, 13: 96–97.

Campbell, Donald T. (1957): Factors relevant to the Validity of Experiments in Social Settings, in: Psychological Bulletin, 54: 297–311.

Carmines, Edward G./Richard A. Zeller (1979): Reliability and Validity Assessment, Beverly Hills/London.

Carney, Thomas F. (1972): Content Analysis. A Technique for Systematic Inference From Communication, London.

Carroll, John B. (1938): Diversity of Vocabulary and the Harmonic Series Law of Word-Frequency Distribution, in: Psychological Record, 2: 379–386.

Cartwright, Dorvin P. (1953): Analysis of the Qualitative Material, in: Leon Festinger/Daniel Katz (eds.): Research Methods in the Behavioral Sciences, New York: 421–470.

Champion, Dean J./Michael F. Morris (1973): A Content Analysis of Book Reviews in American Journal of Sociology, American Sociological Review and Social Forces, in: American Journal of Sociology, 78: 1256–1265.

Cherry, Colin (1957): On Human Communication, New York.

Cherry, Colin (1967): Kommunikationsforschung – eine neue Wissenschaft, Frankfurt.

Chomsky, Noam (1965): Aspects of the Theory of Syntax, Cambridge/Mass.

Chotlos, John W. (1944): A Statistical and Comparative Analysis of Individual Written Language Samples, in: Psychological Monographs, 56, 2: 75–111.

Cicourel, Aaron (²1974): Methode und Messung in der Soziologie, Frankfurt.

Clarke, Peter (ed.) (1973): New Models for Mass Communication Research, Beverly Hills.

Cliff, Norman (1959): Adverbs as Multipliers, in: Psychological Review, 66: 27–44.

Coats, Wendell J./Steve W. Mulkey (1950): A Study in Newspaper Sampling, in: Public Opinion Quarterly, 14: 533–546.

Cochran, William G. (1972): Stichprobenverfahren, Berlin/New York.

Cohen, Stanley/Jack Young (eds.) (1973): The Manufacture of News. Social Problems, Deviance and the Mass Media, London.

Colby, Benjamin N./George A. Collier/Susan K. Postal (1963): Comparison of Themes in Folktales by the General Inquirer System, in: Journal of American Folklore, 76: 318–323.

Craig, Robert T. (1981): Generalization of Scott's Index of Intercoder Agreement, in: Public Opinion Quarterly, 45: 260–264.

Dakin, Ralph E. (1960): Cultural Occasions and Group Structures: A Photographic Analysis of American Social Situations, in: American Sociological Review, 25: 66–74.

Dale, Edgar (1931): A Comparison of Two Word Lists, in: Educational Research Bulletin, 10: 484–489.

Dale, Edgar (1935): The Content of Motion Pictures, New York.

Dale, Edgar (1937): Need for Study of the Newsreels, in: Public Opinion Quarterly, 1: 122–125.

Dale, Edgar/Jeanne S. Chall (1948): A Formula for Predicting Readability, in: Educational Research Bulletin, 27: 11–20, 28 u. 37–54.

Danielson, Wayne A. (1956): Eisenhower's February Decision: A study of News Impact, in: Journalism Quarterly, 33: 426–433.

Danielson, Wayne A. (1963): Content Analysis in Communication Research, in: Ralph O. Nafziger/David Manning White (eds.) (1963): Introduction to Mass Communication Research, Louisiana: 180–206.

Danielson, Wayne A./Sam Dunn Bryan (1963): Computer Automation of Two Readability Formulas, in: Journalism Quarterly, 40: 201–206.

Danielson, Wayne A./James J. Mullen (1965): A Basic Space Unit for Newspaper Content Analysis, in: Journalism Quarterly, 42: 108–110.

Davis, F. James/Lester W. Turner (1951): Sample Efficiency In Quantitative Newspaper Content Analysis, in: Public Opinion Quarterly, 15: 762–763.

Davis, F. James (1952): Crime News in Colorado Newspapers, in: American Journal of Sociology, 57: 325–330.

Day, Fay (1949): Content Analysis in Mass Communication, in: Ralph O. Nafziger/Marcus Manley Wilkerson (eds.): An Introduction to Journalism Research, Baton Rouge: 86–102.

DeCharms, Richard/Gerald H. Moeller (1962): Values Expressed in American Children's Readers: 1800–1950, in: Journal of Abnormal and Social Psychology, 64: 136–142.

Deese, James (1970): Psycholinguistics, Boston.

Deetjen, Gottfried (1977): Industriellenprofile in Massenmedien. Ein neuer Ansatz zur Aussagenanalyse, Hamburg.

Deetjen, Gottfried (1977a): Ausgewogenheit in Rundfunk und Fernsehen und die Frage ihrer Meßbarkeit, in: Rundfunk und Fernsehen, 25: 56–69.

Deichsel, Alexander (1974): Hamburger Kommunikationssoziologisches Wörterbuch (HKW), Version März 1973. Seminar für Sozialwissensch. der Universität Hamburg.

Deichsel, Alexander (1975): Elektronische Inhaltsanalyse – Zur quantitativen Beobachtung sprachlichen Handelns, Berlin.

Deichsel, Alexander/Philipp Stone (1975a): Newspaper Headlines: A Multinational Content Analysis Project on Textual Indicators from Mass Media, in: Social Science Information, 14: 112–116.

Deichsel, Alexander/Knut Holzscheck (Hrsg.) (1976): Maschinelle Inhaltsanalyse, Universität Hamburg.

Delgado, Jesus M. (1972): Die Gastarbeiter in der Presse. Eine inhaltsanalytische Studie, Opladen.

Denk, Friedrich (1979): Die verborgenen Nachrichten, Eberfing.

Depenbrock, Gerd (1976): Journalismus, Wissenschaft und Hochschule, Bochum.

Deutsch, Karl W. (1952): On Communication Models in the Social Sciences, in: Public Opinion Quarterly, 16: 356–380.

De Weese III, Carrol L. (1977): Computer Content Analysis of „Day-Old" Newspapers: A Feasibility Study, in: Public Opinion Quarterly, 41: 91–94.

Dewey, Godfrey (1923): Relative Frequencies of English Speech Sounds, Cambridge/Mass.

Dexter, Lewis Anthony/David Manning White (eds.) (1964): People, Society, And Mass Communication, Glencoe.

Dibble, Vernon K. (1963): Four Types of Inferences From Documents to Events, in: History and Theory, 3: 203–221.

Dietrich, Rainer/Wolfgang Klein (1974): Computerlinguistik. Eine Einführung, Stuttgart/Berlin/Köln/Mainz.

Dijk, Teun A. van (1972): Foundation for Typologies of Texts, in: Semiotica, 6: 297–323.

Dijk, Teun A. van (1974): Action, Action-Description and Narrative, in: New Literature and History, 6: 273–297.

Dijk, Teun A. van/Walter Kintsch (1975): Comment on se rapelle et résume des histoires, in: Languages, 40: 98–116.

Dittmann, Allen T. (1962): The Relationship Between Body Movements and Moods in Interview, in: Journal of Consulting Psychology, 26: 480.

Dittmar, Norbert (1970f.): Kommentierte Bibliographie zur Soziolingustik, in: Linguistische Berichte, 15: 103–128 u. 16, 97–126.

Dittmar, Norbert/Bert-Olaf Riek (1977): Datenerhebung und Datenauswertung im Heidelberger Forschungsprojekt „Pidgin-Deutsch", in: Hans Ulrich Bielefeld et al. (Hrsg.): Soziolinguistik und Empirie. Beiträge zur Corpusgewinnung und Auswertung, Wiesbaden: 59–89.

Di Vesta, Francis J. (1966): A Developmental Study of the Semantic Structures of Children, in: Verbal Learning and Verbal Behavior, 5: 249–259. Neu abgedruckt in James G. Snider/Charles E. Osgood (eds.) (1969): Semantic Differential Technique, Chicago: 377–387.

Dollard, John/O. Hobart Mowrer (1947): A Method of Measuring Tension in Written Documents, in: Journal of Abnormal and Social Psychology, 42: 3–32.

Dollard, John/Frank Auld, Jr. (1959): Scoring Human Motives: A Manual, New Haven.

Donohew, Lewis (1966): Decoder Behavior On Incongruent Political Material: A Pilot Study, in: Journal of Communication, 16, 2: 133–142.

Doob, Leonhard W. (1949): Public Opinion and Propaganda, New York.

Dohrendorf, Rüdiger (1992): Die Leitglossen der Frankfurter Allgemeinen Zeitung – Praxis der computerunterstützten Inhaltsanalyse, in: Cornelia Züll/Peter Ph. Mohler (Hrsg.): Textanalyse, Opladen: 155–184.

Dovring, Karin (1951): Striden Kring Sions Sånger Och Närstaende Sångsamlingar, 2 Bde., Lund.

Dovring, Karin (1954): Quantitative Semantics in 18th Century Sweden, in: Public Opinion Quarterly, 18: 389–394.

Dovring, Karin (1965): Troubles with Mass Communications and Semantic Differentials in 1744 and Today, in: American Behavioral Scientist, 9: 9–14.

Dressler, Wolfgang Ulrich (1970): Modell und Methoden der Textsyntax, in: Folia Linguistica, 4: 64–71.

Drewek, Raimund (1985): LDVLIB- Textanalyse mit System, in: Walter Lehmacher/Allmut Hörmann (Hrsg.): Statistik-Software. 3. Konferenz über die wissenschaftliche Anwendung von Statistik-Software: 283–296.

Dröge, Franz (1968): Konzept einer empirischen Stereotypenforschung. Methodische Überlegungen zu einer Aussagenanalyse der „Bild-Zeitung", in: Publizistik, 13: 340–347.

Duverger, Maurice (1964): An Introduction to the Social Sciences, New York.

Eco, Umberto (1972): Einführung in die Semiotik, München.

Eggan, Dorothy (1952): The Manifest Content of Dreams: A Challenge to Social Science, in: American Anthropologist, 54: 469–485.

Ehlich, Karl/Bernd Switalla (1976) Transskriptionssysteme – eine exemplarische Übersicht, in: studium linguistik, 1, 2: 78–106.

Eifermann, Rivka R. (1961): Negation: A Linguistic Variable, in: Acta Psychologica, 18: 258–273.

Eisenberg, Peter (Hrsg.) (1976): Maschinelle Sprachanalyse, Berlin.

Eisenberg, Peter (Hrsg.) (1977): Semantik und künstliche Intelligenz, Berlin.

Ekman, Paul/Wallace V. Friesen (1968): Nonverbal Behavior in Psychotherapy Research, in: J. Sahlien (ed.): Research in Psychotherapy, Vol. 3, Washington: 179–216.

Ekman, Paul/Wallace V. Friesen (1969): The Repertoire on Nonverbal Behavior: Categories, Origins, Usage and Coding, in: Semiotica, 1: 49–98.

Ekman, Paul/Wallace V. Friesen (1969a): Non-verbal Leakage and clues to deception, in: Psychiatry, 32: 88–106.

Ekman, Paul/Wallace V. Friesen/Thomas G. Taussig (1969b): VID-R and SCAN: Tools and Methods for the automated analysis of Visual Records, in: George Gerbner et al. (eds.): The Analysis of Communication Content. Development in Scientific Theories and Computer Techniques, New York/London: 297–312.

Elliot, Louis L./Percy H. Tannenbaum (1963): Factor Structure of Semantic Differential. Responses to Visual Forms and Prediction of Factor-Scores from Structural Characteristics of the Stimulus Shapes, in: American Journal of Psychology, 76: 5–587.

Emig, Elmer (1928): The Connotation of Newspaper Headlines, in: Journalism Quarterly, 4: 53–59.

Ertel, Suitbert (1964): Die emotionale Natur des „semantischen" Raumes, in: Psychologische Forschung, 28: 1–32.

Ertel, Suitbert (1972): Erkenntnis und Dogmatismus, in: Psychologische Rundschau, 23: 241–269.

Ertel, Suitbert (1978): Liberale und autoritäre Denkstile. Ein sprachstatistisch-psychologischer Ansatz, in: Rudolf von Tadden (Hrsg.): Die Krise des Liberalismus zwischen den Weltkriegen, Göttingen.

Ertel, Suitbert (1981): Prägnanztendenzen in Wahrnehmung und Bewußtsein, in: Zeitschrift für Semiotik, 3: 107–141.

Eschbach, Achim (1974): Zeichen – Text – Bedeutung. Bibliographie zur Theorie und Praxis der Semiotik, München.

Escher, Ronald/Kurt Luger/Franz Rest (1979): Fernseh-Analyse. Modell einer qualitativ-quantitativen Bild-Text-Analyse zur ideologischen Untersuchung von Unterhaltungssendungen, Salzburg.

Esser, Hartmut (1974): Der Befragte, in: Jürgen van Koolwijk/Maria Wieken-Mayser: Techniken der empirischen Sozialforschung, Bd. 4, München: 107–145.

Esser, Hartmut (1975): Zum Problem der Reaktivität bei Forschungskontakten, in: Kölner Zeitschrift für Soziologie und Sozialpsychologie, 27: 257–272.

Eto, Shinkichi/Tatsumi Okabe (1965): Content Analysis of Statements in Regard to Japan Made By the People's Republic of China, in: Developing Economies, 3: 48–72.

Etzioni, Amitai/Edward W. Lehmann (1970): Gefahren soziologischer Meßmethoden, in: Willi Hochkeppel (Hrsg.): Soziologie zwischen Theorie und Empirie, München: 117–131.

Fairbanks, H. (1944): Studies in Language Behavior II, in: Psychological Monographs, 56:19–31.

Farr, James N./James J. Jenkins/Donald G. Peterson (1951): Simplifications of Flesch Reading Ease Formulas, in: Journal of Applied Psychology, 35: 333–337.

Fasold, Ralph D. (1970): Two Models of Socially Significant Linguistic Variation, in: Language, 46: 551–563.

Faulstich, Werner/Ingeborg Faulstich (1977): Modelle der Filmanalyse, München.

Fechner-Gutjahr, Bärbel (1967): Einige Beziehungen zwischen Textstruktur, Textbeurteilung und Verstehensleistung, in: 10. Congrès International des Linguistics. Resumés des Communications, Bukarest: 132 ff.

Feigenbaum, Edward A./J. Feldmann (eds.) (1963): Computers and Thought, New York.

Feld, Sheila/Ch. P. Smith (1958): An Evaluation of the Objectivity of the Method of Content Analysis, in: John W. Atkinson (ed.): Motives in Fantasy, Action and Society, Princeton.

Festinger, Leon/Daniel Katz (eds.) (1953): Research Methods in the Behavioral Sciences, New York.

Fillmore, Charles J. (1969): Types of Lexical Information, in: Ferenc Kiefer (ed.): Studies in Syntax and Semantics. Foundations of Language, Vol. 10 (Supplementary Series).

Fischer, Gerhard H. (1974): Einführung in die Theorie psychologischer Tests, Bern/Stuttgart/Wien.

Fischer, Hardi/Dorothea Jannett (1966): Zur Semantik verbaler Begriffe, in: Grundlagenstudien aus Kybernetik und Geisteswissenschaften, 7: 24–31.

Fisher, Ronald Aylmer (1925): Statistical Methods for Research Workers, Edinburgh.

Fischer, Walter L. (1969): Topologische Stilcharakteristiken von Texten, in: Grundlagenstudien aus Kybernetik und Geisteswissenschaften, 10: 111–119.

Fischer, Walter L. (1970): Beispiele für topologische Stilcharakteristiken von Texten, in: Grundlagenstudien aus Kybernetik und Geisteswissenschaften, 11: 1–11.

Fiske, Marjorie/Leo Handel (1946): Motion Picture Research: Content and Audience Analysis, in: Journal of Marketing, 11: 129–134.

Fiske, Marjorie (1947): New Techniques for Studying the Effectiveness of Films, in: Journal of Marketing, 12: 390–393.

Flaschka, Horst Franz (1975): Modell, Modellbildung und Formen der Modellbildung in der Literaturwissenschaft, phil. Diss., Bonn.

Flesch, Rudolf (1943): Marks of Readable Style. A Study in Adult Education, New York.

Flesch, Rudolf (1946): The Art of Plain Talk, New York.

Flesch, Rudolf (1948): A New Readability Yardstick, in: Journal of Applied Psychology, 32: 221–233.

Flesch, Rudolf (1949): The Art of Readable Writing, New York.

Flesch, Rudolf (1950): Measuring the Level of Abstraction, in: Journal of Applied Psychology, 34: 384–390.

Flesch, Rudolf (1951): How to Test Readability, New York.

Flesch, Rudolf (1973): Besser schreiben, sprechen, denken, Düsseldorf.

Foltin, Hans-Friedrich/Gerd Würzberg (1975): Arbeitswelt im Fernsehen. Versuch einer Programmanalyse, Köln.

Fonagy, Istran (1971): Double Coding in Speech, in: Semiotica, 3: 189–223.

Foster, H. Schuyler (1935): How America Became Belligerent: A Quantitative Study of War News, in: American Journal of Sociology, 40: 464–475.

Francis, W. Nelson (1964): A Standard Corpus of Edited Present-Day American English for Computer Use, in: Jess Bessinger/Stephen M. Parrish (eds.): Proceedings of the IBM Literature Data Processing Conference, New York: 79–89.

Frank, Helmar (1964): Kybernetische Analysen subjektiver Sachverhalte, Quickborn.

Frank, Helmar (1965): Überraschungswert und Auffälligkeit, in: Norbert Wiener/Johannes P. Schade: Progress in Brain Research, 17, Amsterdam: 179–209.

Frank, Helmar (1967): Über den Informationsgehalt von Bildern, in: Grundlagenstudien aus Kybernetik und Geisteswissenschaften, 8: 23–31.

Frank, Robert S. (1974): The „Grammar of Film" in Television News, in: Journalism Quarterly, 41: 245–250.

Freud, Sigmund (1900): Die Traumdeutung, Leipzig.

Frey, R. Scott/Craig A. Piernot/Dale G. Elhardt (1981): An Analysis of Riesman's Historical Thesis Through American Film Titles, in: Journal of Social Psychology, 113: 57–64.

Frey, Siegfried/Hans-Peter Hirsbrunner/Annemarie Bieri-Florin (1979): Vom Bildschirm zum Datenprotokoll: Das Problem der Rohdatengewinnung bei der Untersuchung nichtverbaler Interaktion, in: Zeitschrift für Semiotik, 1: 193–209.

Frey, Siegfried/Gary Bente (1989): Mikroanalyse medienvermittelter Informationsprozesse. Zur Anwendung zeitreihenbasierter Notationsprinzipien auf die Untersuchung von Fernsehnachrichten, in: Max Kaase/Winfried Schulz (Hrsg.): Massenkommunikation. Theorien, Methoden, Befunde, Opladen: 508–526.

Friedrichs, Jürgen (1973): Methoden der empirischen Sozialforschung, Hamburg.

Fröhner, Rolf (1954): Kritik der Aussage. Sprache, Mitteilung, Ausdruck und ihre publizistische Problematik, Heidelberg.

Früh, Werner (1978): Leseranspruch und Leserurteil, in: Publizistik, 23: 319–336.

Früh, Werner (1980): Lesen, Verstehen, Urteilen, Freiburg.

Früh, Werner (1989): Semantische Struktur- und Inhaltsanalyse (SSI). Eine Methode zur Analyse von Textinhalten und Textstrukturen und ihre Anwendung in der Rezeptionsanalyse, in: Max Kaase/Winfried Schulz (Hrsg.) (1989): Massenkommunikation. Theorien, Methoden, Befunde, Opladen: 490–257.

Früh, Werner (^{3}1991): Inhaltsanalyse, München.

Früh, Werner (1994): Realitätsvermittlung durch Massenmedien. Die permanente Transformation der Wirklichkeit, Opladen.

Fucks, Wilhelm (1955): Unterschied des Prosastils von Dichtern und anderen Schriftstellern. Ein Beispiel mathematischer Stilanalyse, in: Sprachforum, 1: 234–244.

Fucks, Wilhelm (1956): Zur Deutung einfachster mathematischer Sprachcharakteristiken, Köln/Opladen.

Fucks, Wilhems/Josef Lauter (1965): Exaktwissenschaftliche Musikanalyse, Köln/Opladen.

Fucks, Wilhelm (1968): Nach allen Regeln der Kunst, Stuttgart.

Fühlau, Ingunde (1978): Untersucht die Inhaltsanalyse eigentlich Inhalte? Inhaltsanalyse und Bedeutung, in: Publizistik, 23: 7–18.

Fühlau, Ingunde (1981): Inhaltsanalyse versus Linguistik, in: Analyse und Kritik, 3: 23–46.

Funkhouser, G. Ray/Edwin B. Parker (1968): Analyzing Coding Reliability: The Random-Systematic-Error-Coefficient, in: Public Opinion Quarterly, 32: 122–128.

Gäng, Peter (1967): Pragmatische Information, in: Grundlagenstudien aus Kybernetik und Geisteswissenschaften, 8: 77–90.

Galtung, Johan (1970): Theory and Methods of Social Research, London.

Galtung, Johan/Marie Holmboe Ruge (1965): The Structure of Foreign News, in: Journal of Peace Research, 2: 64–91.

Gardin, Jean-Claude (1969): Semantic Analysis Procedures in the Sciences of Man, in: Social Science Information, 8: 17–42.

Gardner, Leroy W. (1962): A Content Analysis of Japanese and American Television, in: Journal of Broadcast, 6: 45–52.

Garraty, John A. (1959): The Application of Content Analysis to Biography and History, in: Ithiel de Sola Pool (ed.): Trends in Content Analysis, Urbana: 171–187.

Garth, Thomas R. (1916): A Statistical Study of the Content of Newspapers, in: School and Society, 3: 140–144.

Garvin, Paul L. (1963): Natural Language and the Computer, New York.

Geckeler, Horst (1971): Strukturelle Semantik und Wortfeldtheorie, München.

Geissler, Rainer (1973): Massenmedien, Basiskommunikation und Demokratie, Tübingen.

Geller, A./D. Kaplan/Harold D. Lasswell (1942): An Experimental Comparison of Four Ways of Coding Editorial Content, in: Journalism Quarterly, 19: 362–370.

George, Alexander L. (1956): Prediction of Political Action By Means of Propaganda Analysis, in: Public Opinion Quarterly, 20: 334–345.

George, Alexander L. (1959): Quantitative and Qualitative Approaches to Content Analysis, in: Ithiel de Sola Pool (ed.): Trends in Content Analysis, Urbana: 7–32.

Gerbner, George (1958): On Content Analysis and Critical Research in Mass Communication, in: Audio-Visual Communication Review, 6: 85–108.

Gerbner, George (1964): Ideological Perspectives and Political Tendencies in News Reporting, in: Journalism Quarterly, 41: 495–509.

Gerbner, George/Ole Holsti/Klaus Krippendorff/William J. Paisley/Philip J. Stone (eds.) (1969): The Analysis of Communication Content. Development in Scientific Theories and Computer Techniques, New York/London.

Gerbner, George (1969a): Toward „Cultural Indicators": The Analysis of Mass Mediated Public Message Systems, in: Audio-Visual Communication Review, 6: 137–148.

Gerbner, George/Larry Gross (1976): Living with Television: The Violence Profile, in: Journal of Communication, 26: 173–199.

Gerbner, George et al. (1979): Living with Television: The Demonstration of Power: Violence Profile No. 10, in: Journal of Communication, 29: 177–196.

Gerbner, George et al. (1986): Television´s mean World: Violence Profile No. 14–15, Philadelphia.

Giegler, Helmut/Klaus Merten (1996): Kontakte per Annonce. Analyse von Inserenten, Inseraten und Respondenten, Opladen (im Druck).

Gies, Heinz (1975): Fernsehen und Erwachsenenbildung. Aussagenanalyse des Bildungsangebots im Zweiten Deutschen Fernsehen, Berlin.

Gillie, Paul J. (1957): A Simplified Formula for Measuring Abstraction in Writing, in: Journal of Applied Psychology, 41: 214–217.

Ginglinger, Genevieve (1955): Basic Values in „Reader's Digest", „Selection" and „Constellation", in: Journalism Quarterly, 32: 56–61.

Gipper, Helmut (1971): Polysemie, Homonymie und Kontext, in: Klaus Günther Schweisthal (Hrsg.): Grammatik, Kybernetik, Kommunikation. Festschrift für Alfred Hoppe, Bonn: 202–214.

Gist, Noel P. (1932): The Negro in the Daily Press, in: Social Forces, 10: 405–411.

Gist, Noel P. (1953): Mate Selection and Mass Communication in India, in: Public Opinion Quarterly, 17: 481–495.

Glasersfeld, Ernst von (1964): A Project for Automatic Sentence Analysis, in: Beiträge zur Sprachkunde und Informationsverarbeitung, 4: 38–46.

Gliemann, Rainer/Peter Möhring (1981): Determinanten des Psychotherapeutischen Erstinterviews, Med. Diss., Gießen.

Glinz, Hans (1947): Geschichte und Kritik der Lehre von den Satzgliedern in der deutschen Grammatik, Bern.

Glinz, Hans (1965): Grundbegriffe und Methoden inhaltsbezogener Text- und Sprachanalyse, Düsseldorf.

Glinz, Hans (1973): Textanalyse und Verstehenstheorie I, Frankfurt a. M.

Goffman, Erving (1971): Verhalten in sozialen Situationen, Gütersloh.

Goldberg, Janice B. (1966): Computer Analysis of Sentence Completions, in: Journal of Projective Techniques and Personal Assessment, 30: 37–45.

Goldmann-Eisler, Frieda (1967): The Relationship between Temporal Aspects of Speech, the Structure of Language, and the State of Speaker, in: Kurt Salzinger/Suzanne Salzinger (eds.): Research in Verbal Behavior And Some Neurophysiological Implications, New York: 269–279.

Gottschalk, Louis A./G. Hambidge (1955): Verbal Behavior Analysis: A Systematic Approach to the Problem of Quantifying Psychological Processes, in: Journal of Projective Techniques and Verbal Assessment, 19: 387–409.

Gottschalk, Louis A./Goldine C. Gleser (1960): An Analysis of the Verbal Content of Suicide Notes, in: British Journal of Medical Psychology, 33: 195–204.

Gottschalk, Louis A./W.N. Stone/Goldine C. Gleser/J.M. Iacono (1966): Anxiety Levels in Dreams: Relations to Changes in Plasma Free Fatty Acids, in: Science, 153: 654–657.

Gottschalk, Louis A. (1967): Theory and Application of a Verbal Behavior Method of Measuring Transient Psychological States, in: Kurt Salzinger/Suzanne Salzinger (eds.): Research in Verbal Behavior And Some Neurophysiological Implications, New York: 299–325.

Gottschalk, Louis A./Goldine C. Gleser (1969): The Measurement of Psychological States Through the Content Analysis of Verbal Behavior, Berkeley/London.

Gottschalk, Louis A./Carolyn N. Winget/Goldine C. Gleser (1969): Manual of Instructions for Using the Gottschalk-Gleser Content Analysis Scales: Anxiety, Hostility, and Social Alienation – Personal Disorganization, Berkeley/Los Angeles/London.

Gottschalk, Louis A. (1979): The Content Analysis of Verbal Behavior, New York/Toronto/London.

Gráfik, Imre (1975): Property Sign Examination Through Entropy Analysis, in: Semiotica, 14: 197–221.

Green, Paul E./Frank Carmone/Leo B. Fox (1968): Television Program Similarities. An Application of Subjectice Clusterings, in: Journal of Market Research Society, 11: o. S.

Greenacre, Michael J. (1994): Correspondence Analysis in Practice, London.

Grice, Herbert Paul (1968): Utterer's Meaning, Sentence-meaning, and Word-meaning, in: Foundations of Language, 4: 225–242.

Grimm, Hannelore (1973): Strukturanalytische Untersuchung der Kindersprache, Bern/Stuttgart/Wien.

Grimm, Gunter (1977): Rezeptionsgeschichte, München.

Grobe, Bernd (1972): Der Bundestagswahlkampf 1972 in den Tageszeitungen der Region Bielefeld. Eine aussagenanalytische Studie. Als Manuskript verv., Universität Bochum.

Groebel, Jo/Uli Gleich (1993): Gewaltprofil des deutschen Fernsehprogramms. Eine Analyse des Angebots privater und öffentlich-rechtlicher Sender, Opladen.

Groeben, Norbert (1972): Verständlichkeit von Unterrichtstexten, Münster.

Groeben, Norbert (1976): Verstehen, Behalten, Interesse. Übereinstimmende Antworten und kontroverse Fragen zur Beziehung von Textstruktur, Textverständnis und Lerneffekt, in: Unterrichtswissenschaft, 2: 128–142.

Groeben, Norbert (1977): Verstehen, Behalten, Interesse, Tübingen.

Groeben, Norbert/Ruth Rustemeyer (1994): On the Integration of Quantative and Qualitative Methodological Paradigms (Based on the Example of Content Analysis), in: Ingwer Borg/Peter Ph. Mohler (eds.): Trends and Perspectives in Empirical Social Research, Berlin/New York: 308–326.

Grosse, Ernst Ulrich (Hrsg.) (1969): Strukturelle Textsemantik, Freiburg.

Guback, Thomas H. (1962): Public Issues Programs on Radio and Television, in: Journalism Quarterly, 39: 373–376.

Gülich, Elisabeth/Wolfgang Raible (1977): Linguistische Textmodelle, München.

Günther, Ulrich/Norbert Groeben (1978): Mißt Ertels Dogmatismus-Textauswertungsverfahren Dogmatismus? Ansätze zur Konstruktvalidierung des DOTA-Verfahrens, in: Peter Keiler/Michael Stadler (Hrsg.): Erkenntnis oder Dogmatismus. Kritik des psychologischen Dogmatismus-Konzepts, Köln: o. S.

Hagen, Lutz M. (1995): Relevanz von Nachrichten. Meßmethoden für ein zentrales Qualitätskriterium, in: Rundfunk und Fernsehen, 43: 158–177.

Hall, Calvin S. (1947): Diagnosing Personality by the Analysis of Dreams, in: Journal of Abnormal and Social Psychology, 42: 68–79.

Hall, Calvin S./Robert L. van de Castle (1966): The Content Analysis of Dreams, New York.

Hall, Edward T. (1963): A System for the Notation of Proxemic Behavior, in: American Anthropologist, 65: 1003–1026.

Hall, Edward T. (1966): The Hidden Dimension. Man's Use of Space in Public and Private, New York.

Halliday, M.A.K (1968): The Users and Uses of Language, in: Joshua A. Fishman (ed.): Readings in the Sociology of Language, Den Haag: o. S.

Hannappel, Hans/Hartmut Melenk (1979): Alltagssprache, München.

Hard, Gerhard (1978): Inhaltsanalyse geographiedidaktischer Texte, Braunschweig.

Harder, Theodor (1965): Prognose der Anzeigenresonanz aus ihrem Inhalt, in: Forschen, Planen, Entscheiden, 4: 150–155.

Harder, Theodor (1974): Werkzeug der Sozialforschung, München.

Hare, Alexander Paul/Edgar F. Borgatta/Robert F. Bales (eds.) (1955): Small Groups: Studies in Social Interaction, New York.

Harris, Huntington/Paul M. Lewis (1948): The Press, Public Behavior and Public Opinion, in: Public Opinion Quarterly, 12: 220–226.

Harris, Zellig S. (1952): Discourse Analysis, in: Language, 28: 1–30; neu abgedruckt in: Jerry Fodor/Jerold J. Katz (eds.) (1964): The Structure of Language, Englewood Cliffs: 355–383.

Harris, Zellig S. (1954): Distributional Structure, in: Word, 10: 146–162.

Hart, Hornell (1932): The Reliability of Two Indexes of Newspaper Behavior, in: Social Forces, 10: 358–363.

Hartmann, Heinz (1970): Empirische Sozialforschung, München.

Hartmann, Klaus D. (1969): Politische Beeinflussung. Voraussetzungen, Ablauf und Wirkungen, Frankfurt.

Hartmann, Klaus D. (1969a): Psychologische Inhaltsanalyse einer antikommunistischen Propagandaschrift, in: Klaus D. Hartmann: Politische Beeinflussung. Voraussetzungen, Ablauf und Wirkungen, Frankfurt: 29–48.

Hartmann, Peter (1971): Probleme der semantischen Textanalyse, in: Siegfried J. Schmidt (Hrsg.): Text – Bedeutung – Ästhetik, München: 9–29.

Harway, Norman I./Howard P. Iker (1966): Objective Content Analysis of Psychotherapy by Computer, in: Kurt Enslein (ed.): Data Acquisition and Processing in Biology and Medicine, Vol. 4, New York: 139–151.

Haseloff, Otto Walter/Hans Joachim Hoffmann/K.F. Flockenhaus (1961): EFA 61, EMNID-Faktorielle Anzeigenanalyse, Bielefeld.

Haseloff, Otto Walter/K.F. Flockenhaus/Hans-Joachim Hoffmann/U. Laur (1965): EFA 65 – eine faktorielle Technik der psychologischen, semantischen und informationellen Anzeigenanalyse, Bielefeld.

Haseloff, Otto Walter (1969): Über Wirkungsbedingungen politischer und werblicher Kommunikation, in: Otto Walter Haseloff (Hrsg.): Forschung und Information, Bd. 3, Berlin: 151–187.

Haseloff, Otto Walter (1977): Stern. Strategie und Krise einer Publikumszeitschrift, Mainz.

Haskins, Jack B. (1961): A Simple Technique for Describing Time Trends, in: Journalism Quarterly, 38: 83–84.

Hatch, David L./Mary G. Hatch (1947). Criteria of Social Status as Derived from Marriage Announcements in the New York Times, in: American Sociological Review, 12: 396–403.

Hayes, Patricia/James J. Jenkins/Bradley J. Walker (1950): Reliability of the Flesch Readability Formulas, in: Journal of Applied Psychology, 34: 22–26.

Hays, David G. (1962): Automatic Language and Data Processing, in: Harold Borko (ed.): Computer Applications in Behavioral Sciences, Englewood Cliffs: 394–423.

Heckmann, Harald (Hrsg.) (1967): Elektronische Datenverarbeitung in der Musikwissenschaft, Regensburg.

Heike, Georg (1969): Sprachliche Kommunikation und linguistische Analyse, Heidelberg.

Heinrich, Horst-Alfred (1990): Der politische Gehalt des fachlichen Diskurses in der Geographie Deutschlands zwischen 1920–1945 und dessen Affinität zum Faschismus, in: Geographische Zeitschrift, 78, 4: 209–226.

Heise, David R. (1969): Some Methodological Issues in Semantic Differential Technique, in: Psychological Bulletin, 72: 406–422.

Hejl, Peter M. (1987): Konstruktion der sozialen Konstruktion: Grundlinien einer konstruktivistischen Sozialtheorie, in: Siegfried J. Schmidt (Hrsg.): Der Diskurs des Radikalen Konstruktivismus, Frankfurt: 303–339.

Herdan, Gustav (1960): Type-Token-Mathematics, Den Haag.

Herdan, Gustav (1962): The Calculus of Linguistic Observation, Den Haag.

Herdan, Gustav (1964): Quantitative Linguistics, London.

Herkner, Werner (1974): Inhaltsanalyse, in: Jürgen van Koolwijk/Maria Wieken-Mayser (Hrsg.): Techniken der empirischen Sozialforschung, Bd. 3, München: 158–191.

Herrmann, Theo/Karl Heinz Stäcker (1969): Sprachpsychologische Beiträge zur Sozialpsychologie, in: Carl F. Graumann (Hrsg.): Handbuch der Psychologie, Bd. 7, 1. Halbband, Göttingen: 398–474.

Herzog, Herta (1941): On Borrowed Experience. An Analysis of Listening to Daytime Sketches, in: Studies in Philosophie and Social Sciences, 9: 65–95.

Hewes, Dean (1978): „Levels" of Measurement Problem in Communication Research. A Review, Critique, an Partial Solution, in: Communication Research, 5: 87–127.

Hildum, Donald C. (1963): Semantic Analysis of Texts by Computers, in: Language, 39: 649–653.

Hirsch, Walter (1958): The Image of the Scientist in Science Fiction, in: American Journal of Sociology, 63: 506–512.

Höhe, Heinz/Hans D. Klingemann/Klaus Radermacher (1978): TEXTPACK. Version 4, Mannheim.

Hoffmann, Hans-Joachim (1976): Psychologie und Massenkommunikation. Planung, Durchführung und Analyse öffentlicher Beeinflussung, Berlin.

Hofstätter, Peter (1955): Über Ähnlichkeit, in: Psyche, 9: 54–80.

Hofstätter, Peter (1957): Psychologie, Frankfurt.

Hofstätter, Peter (1966): Einführung in die Sozialpsychologie, Stuttgart.

Holsti, Ole R. (1962): The Belief System and National Images: A Case Study, in: Journal of Conflict Resolution, 6: 244–252.

Holsti, Ole R. (1964): An Adaptation of the „General Inquirer" for the Systematic Study of Political Documents, in: Behavioral Science, 9: 382–391.

Holsti, Ole R. (1968): Content Analysis, in: Gardner Lindzey: Handbook of Social Psychology, Vol. 2, , Reading/London: 596–692.

Holsti, Ole R. (1968a): Computer Content Analysis for Measuring Attitudes: The Assessment of Qualities and performance, in: Comparative Studies, 1: 200–216.

Holsti, Ole R. (1969): Content Analysis for the Social Sciences and Humanities, Reading/Mass.

Holzer, Horst/Reinhard Kreckel (1967): Jugend und Massenmedien. Eine inhaltsanalytische Betrachtung der Jugendzeitschriften BRAVO und TWEN, in: Soziale Welt, 18: 199–215.

Holzer, Horst (1967a): Illustrierte und Gesellschaft, Freiburg.

Hopf, Christel/Elmar Weingarten (Hrsg.) (1979): Qualitative Sozialforschung, Stuttgart.

Horton, O./R.R. Wohl (1956): Mass Communication and Para-Social Interaction, in: Psychiatry, 19: 215–229.

Huber, Günter L. (1989): Qualität versus Quantität in der Inhaltsanalyse, in: Wilfried Bos/Christian Tarnai (Hrsg.): Angewandte Inhaltsanalyse in empirischer Pädagogik und Psychologie, Münster/New York: 32–47.

Hüther, Jürgen/Hildegard Scholand/Norbert Schwarte (1973): Inhalte und Struktur regionaler Großzeitungen, Düsseldorf.

Hummel, Hans J. (1972): Probleme der Mehrebenenanalyse, Stuttgart.

Hund, Wulf D. (1968): Zur Sprache der NPD. Eine Analyse des Parteiorgans „Deutsche Nachrichten", in: Blätter für deutsche und internationale Politik, 13: 183–189.

Hussong, Martin et al. (1971): Textanalyse optisch. Textanalyse im Deutschunterricht mit gezeichneten Modellen, Düsseldorf.

Hurwitz, Leon/Barbara Green/Hans E. Segal (1976): International Press Reactions to the Resignation and Pardon of Richard M. Nixon, in: Comparative Politics, 9: 107–123.

Hymes, Dell (ed.) (1965): The Use of Computers in Anthropology, Den Haag.

Iker, Howard P./Norman I. Harway (1969): A Computer Systems Approach Toward the Recognition and Analysis of Content, in: George Gerbner et al. (eds.): The Analysis of Communication Content. Development in Scientific Theories and Computer Techniques, New York/London: 381–405.

Iker, Howard P. (1975): WORDS System Manual, Rochester N.Y.

Infratest/Contest/DIVO (Hrsg.) (1968): Qualitative Analyse der Bild-Zeitung, Frankfurt.

Inglis, Ruth A. (1938): An Objective Approach to the Relation Between Fiction and Society, in: American Sociology Review, 3: 526–533. Dt. in Norbert Fügen (1968): Wege der Literatursoziologie, Neuwied: 163–176.

Iser, Wolfgang (1970): Die Appellstruktur der Texte. Unbestimmtheit als Wirkungsbedingung literarischer Prosa, Konstanz.

Jacob, Philipp E./James J. Fink (1962): Values and their Function in Decision Making, in: American Behavioral Scientist, 5 (Supplement).

Jaffe, J. (1958): Language in the Dyad: A Method of Interaction Analysis in Psychiatric Interviews, in: Psychiatry, 21: 249–258.

Jakobson, Roman (1961): On the structure of Language and Its Mathematical Aspects (Proceedings of the 12th Symposium On Applied Mathematics), Providence.

Janes, Robert W. (1958): A Technique for Describing Community Structure Through Newspaper Analysis, in: Social Forces, 37: 102–109.

Janis, Irving L. (1943): Meaning and the Study of Symbolic Behavior, in: Psychiatry, 6: 425–439.

Janis, Irving L./Raymond H. Fadner (1943): A Coefficient of Imbalance for Content Analysis, in: Psychometrica, 8: 105–119. Neu abgedruckt in: Harold D. Lasswell et al.: Language of Politics. Studies in Quantitative Semantics, Cambridge: 153–169.

Janis, Irving L./Raymond H. Fadner/Morris Janowitz (1943a): The Reliability of a Content Analysis Technique, in: Public Opinion Quarterly, 7: 293–296.

Janis, Irving L. (1949): The Problem of Validating Content Analysis, in: Harold D. Lasswell et al.: Language of Politics. Studies in Quantitative Semantics, Cambridge: 55–82.

Janowitz, Morris (1948): Content-Analysis – a New Evidentary Technique, in: University of Chicago Law Review, 15: 910–925.

Jessor, Richard/Shirley L. Jessor (1973): The Perceived Environment in Behavioral Science, in: American Behavioral Scientist, 16: 801–828.

Jörg, Sabine (1978): Der Einfluß sprachlicher Bezeichnungen auf das Wiedererkennen von Bildern, Bern/Stuttgart/Wien.

Jörg, Sabine/Hans Hörmann (1978a): The Influence of General and Specific Verbal Labels on the Recognition of Labeled and Unlabeled Parts of Pictures, in: Journal of Verbal Learning and Verbal Behavior, 17: 445–454.

Jörg, Sabine (1979): Was Bilder dem Kind erzählen, in: Fernsehen und Bildung, 13: 209–213.

Johannsen, Uwe (1969): Die Werbeerfolgskontrolle – Probleme, Modelle, Methoden, Hamburg.

Johnson, Stephen C. (1967): Hierachical Clustering Schemes, in: Psychometrica, 32: 241–254.

Johnson, Stephen C./Donald D. Wall (1969): Cluster Analysis of Semantic Differential Data, in: Education and Psychological Measurement, 29: 769–780.

Johnson, Wendell (1941): Language and Speech Hygiene, in: General Semantics Monographs, 1: o. S.

Johnson, Wendell (1944): Studies in Language Behavior, in: Psychological Monographs, 56, 2: o.S.

Johnstone, John/Elihu Katz (1957): Youth and Popular Music: A Case Study in the Sociology of Taste, in: American Journal of Sociology, 62: 563–568.

Jones, Dorothy B. (1942): Quantitative Analysis of Motion Picture Content, in: Public Opinion Quarterly, 6: 411–428.

Jones, E. Terrence (1976): The Press as a Metropolitan Monitor, in: Public Opinion Quarterly, 40: 239–244.

Jones, Robert, L./Roy E. Carter jr. (1959): Some Procedures for Estimating „News Hole" in Content Analysis, in: Public Opinion Quarterly, 23: 399–403.

Jones, Robert L./Verling C. Troldahl/J. K. Hvistendahl (1961): News selection Patterns from a State TTS Wire, in: Journalism Quarterly, 38: 303–312.

Jorns, Ulli S. (1979): Kodierung und Sinnzuschreibung bei der Notation nichtverbaler Phänomene dargestellt an Beispielen von Kopfhaltungen und Gesichtsbewegungen, in: Zeitschrift für Semiotik, 1: 225–249.

Kaeding, Friedrich Wilhelm (Hrsg.) (1897): Häufigkeitswörterbuch der deutschen Sprache, Berlin. (Auszugsweise Reproduktion in: Grundlagenstudien aus Kybernetik und Geisteswissenschaften, 4/1963, Beiheft).

Kagelmann, H. Jürgen (1976): Comics. Aspekte zu Inhalt und Wirkungen, Bad Heilbrunn.

Kalin, Rudolf/William N. Davis/David McClelland (1966): The Relationship Between Use of Alcohol and Thematic Content of Folktales in Primitive Societies, in: Philip J. Stone et al.: The General Inquirer. A Computer Approach to Content Analysis, Cambridge/London: 569–588.

Kallmeyer, Werner et al. (1974): Lektürekolleg zur Textlinguistik, Bd. 1, Frankfurt.

Kaplan, Abraham (1943): Content-Analysis and the Theory of Signs, in: Philosophy of Science, 10: 230–247.

Kaplan, Abraham (1946): Definition and Specification of Meaning, in: Journal of Philosophy, 63: 281–288.

Kearl, Bryant (1948): A Closer Look at Readability Formulas, in: Journalism Quarterly, 25: 344–348.

Kegel, Gerd/Günter Saile (1975): Analyseverfahren zur Textsemantik, München.

Keiler, Peter (1975): Ertels Dogmatismus-Skala, in: Psychologische Rundschau, 26: 1–25.

Keiler, Peter/Michael Stadler (Hrsg.) (1978): Erkenntnis oder Dogmatismus. Kritik des psychologischen Dogmatismus-Konzepts, Köln.

Kellerer, Hans (1963): Theorie und Technik des Stichprobenverfahrens, München.

Kepplinger, Hans Mathias (1980): Optische Kommentierung in der Fernsehberichterstattung über den Bundestagswahlkampf 1976, in: Thomas Ellwein (Hrsg.): Politikfeld-Analysen, Opladen: 163–179.

Kepplinger, Hans Mathias (1985): Die aktuelle Berichterstattung des Hörfunks. Eine Inhaltsanalyse der Abendnachrichten und politischen Magazine, Freiburg/München.

Kepplinger, Hans Mathias/Joachim Friedrich Staab (1990): Das Aktuelle in RTL Plus. Gutachten im Auftrag des Bundeskanzleramtes. Als Man. verv. Mainz, 13 gez.S.

Kepplinger, Hans Mathias/Joachim Friedrich Staab (1992): Das Aktuelle in RTL Plus. Analysemethoden – Untersuchungsergebnisse – Interpretationsmuster, München.

Kern, Peter (1969): Bemerkungen zum Problem der Textklassifikation. Forschungsbericht des Instituts für Deutsche Sprache, 3: 3–23.

Kerrick, Jean S. (1955): The Influence of Captions On Picture Interpretation, in: Journalism Quarterly, 32: 177–182.

Kingsbury, Susan M./Hornell Hart et al. (1937): Newspapers and the News: An Objective Measurement of Ethical and Unethical Behavior by Representative Newspapers, New York ([2]1969).

Klamandt, Gerd/Rolf Langeheine/Helmut Schenkel (1980): Eine quantitative Inhaltsanalyse der politischen Berichterstattung ausgewählter Tageszeitungen in Schleswig-Holstein. Als Man. verv. Institut für Soziologie der Univ. Kiel (CAUSA 6).

Klare, George, R. (1963): The Measurement of Readability, Ames.

Klausa, Ekkehard (1979): Politische Inhaltsanalyse von Rechtslehrertexten, in: Zeitschrift für Soziologie, 8: 362–379.

Klein, Harald (1995): Computerunterstützte Inhaltsanalyse mit INTEXT, Münster/ Hamburg.

Klein, Malcolm W./Nathan Maccoby (1954): Newspaper objectivity in the 1952 campaign, in: Journalism Quarterly, 31: 285–296.

Klein, Wolfgang/Dieter Wunderlich (Hrsg.) (1972): Aspekte der Soziolinguistik, Frankfurt.

Klingemann, Hans D./Klaus Schönbach (1980): Computergestützte Inhaltsanalyse als Instrument zur Verkodung offener Fragen in der Umfrageforschung, in: Ekkehart Mochmann (Hrsg.): Computerstrategien für die Kommunikationsanalyse, Frankfurt:131–216.

Klingemann, Hans D. (1982): Computerunterstützte Inhaltsanalyse in der empirischen Sozialforschung, Königstein.

Knoche, Manfred/Thomas Krüger (1978): Presse im Druckerstreik, Berlin.

Koch, Manfred/Waltraud Hausmann (1971): „Auf ewig". Inhaltsanalytische Untersuchung über den Kommunikationsfluß nach der Bundespressekonferenz vom 9. Mai 1969, in: Publizistik, 16: 369–378.

Koch, Uwe et al. (1974): Die Inhaltsanalyse als Meßinstrument. Methodenkritische Aspekte einiger Inhaltsanalysen von Publikumszeitschriften, in: Publizistik, 19: 177–184.

Koch, Walter A. (1970): Einige Probleme der Textanalyse, in: Lingua, 16: 383–398.

Koch, Walter A. (1979): Zur Ablesbarkeit von Mustern von Textanalysen, in: Alexander Graur (ed.): Actes du Xe Congrès International des linguistes, Bucarest: 389–393.

Koch, Walter A. (1972): Strukturelle Textanalyse, Hildesheim.

Köller, Wilhelm (1977): Der sprachtheoretische Wert des semiotischen Zeichenmodells, in: Kaspar H. Spinner (Hrsg.): Zeichen, Text, Sinn, Göttingen: 7–77.

König, Rene (Hrsg.) (1952): Praktische Sozialforschung, Bd. 1, Dortmund.

König, Rene (Hrsg.) (1956): Beobachtung und Experiment. Praktische Sozialforschung II, Köln.

König, Rene (Hrsg.) (1973ff.): Handbuch der empirischen Sozialforschung, 12 Bde, Stuttgart.

Kohl, Heribert (1967): Die 'Deutschen Nachrichten'. Eine politologisch-soziologische Analyse des publizistischen Organs der NPD, in: Politische Vierteljahresschrift, 8: 272–292.

Koller, Gerhard (1975): Syntaktische Analyse von Texten natürlicher Sprachen, Hamburg.

Koolwijk, Jürgen van/Maria Wieken-Mayser (Hrsg.) (1974ff.): Techniken der empirischen Sozialforschung, 8 Bde., München.

Kops, Manfred (1977): Auswahlverfahren der Inhaltsanalyse, Meisenheim.

Kops, Manfred (1980): Auswahlverfahren in der Inhaltsanalyse: Die bewußte Auswahl als mögliche Alternative zur Wahrscheinlichkeitsauswahl, in: Ekkehart Mochmann (Hrsg.): Computerstrategien für die Kommunikationsanalyse, Frankfurt: 47–68.

Koszyk, Kurt (1962): Presse und Bundestagswahl 1961, Bonn.

Koszyk, Kurt (1962a): Die Inhaltsanalyse der deutsche Presse, in: Publizistik, 7: 142–146.

Koszyk, Kurt (1965): Zur Inhaltsanalyse der deutschen Presse während des Wahlkampfes 1961, in: Publizistik, 10: 404–411.

Kottwitz, Gisela (1970): Entwicklung von Kategorien zur vergleichenden Analyse von Bildaussagen in Zeitungen. Überprüfung ihrer Verwendbarkeit am Beispiel einer Untersuchung der Bilder der Bildzeitung und der Frankfurter Allgemeinen Zeitung für Deutschland im Zeitraum 1.5.–31.10.1967, Phil. Diss. Berlin.

Kracauer, Siegfried (1952): The Challenge of Qualitative Content-Analysis, in: Public Opinion Quarterly, 16: 631–642.

Krallmann, Dieter (1965): Statistische Methoden in der stilistischen Textanalyse. Ein Beitrag zur Informationserschließung mit Hilfe elektronischer Rechenmaschinen, Diss. Bonn.

Kreppner, Kurt (1975): Zur Problematik des Messens in den Sozialwissenschaften, Stuttgart.

Kreutz, Henrik (1972): Soziologie der empirischen Sozialforschung, Stuttgart.

Krippendorff, Klaus (1967): An Examination of Content Analysis: A Proposal for a General Framework and an Information Calculus for Message Analytic Situations, Diss. Urbana/Ill.

Krippendorff, Klaus (1969): Models of Messages: Three Prototypes, in: George Gerbner/Ole R. Holsti/Klaus Krippendorf/William J. Paisley/Philip J. Stone (eds.): The Analysis of Communication Content. Development in Scientific Theories and Computer Techniques, New York/London: 69–106.

Krippendorff, Klaus (1970): The Expression of Value in Political Documents, in: Journalism Quarterly, 47: 510–518.

Krippendorff, Klaus (1980): Content Analysis, Beverly Hills.

Krippendorff, Klaus (1980a): Clustering, in: Peter R. Monge/John F. Capella (eds.): Multivariate Techniques in Communication Research, New York.

Krippendorff, Klaus (1980b): Validity in Content Analysis, in: Ekkehart Mochmann (Hrsg.): Computerstrategien für die Kommunikationsanalyse, Frankfurt: 69–112.

Kris, Ernst/Hans Speier (1944): German Radio Propaganda, Oxford.

Kris, Ernst/Howard White (1944a): The German Radio Home News in Wartime, in: Paul Felix Lazarsfeld/Frank N. Stanton (eds.): Radio Research 1942–1943, New York: 181–208.

Kriz, Jürgen (1972): Statistische Signifikanz und sozialwissenschaftliche Relevanz, in: Zeitschrift für Soziologie, 1: 47–51.

Kriz, Jürgen (1973): Statistik in den Sozialwissenschaften, Reinbek.

Kriz, Jürgen (1975): Über den Unterschied zwischen Bedeutungsfeldern und Assoziationsstrukturen. Anmerkungen zu Ansgar Weymanns gescheiterten Versuch, ein neues Verfahren der Inhaltsanalyse zu entwickeln, in: Kölner Zeitschrift für Soziologie und Sozialpsychologie, 27: 312–317.

Kriz, Jürgen (1975a): Datenverarbeitung für Sozialwissenschaftler, Reinbek.

Kriz, Jürgen (1981): Pragmatische und handlungstheoretische Aspekte der Inhaltsanalyse. Zur Bedeutung von „Bedeutung", in: Bentele, Günter (Hrsg.): Semiotik und Massenmedien, München: 155–169.

Kriz, Jürgen (1981a): Methodenkritik empirischer Sozialforschung, Stuttgart.

Kroeber-Riel, Werner (^{5}1992): Konsumentenverhalten, München.

Kromrey, Helmut (^{5}1991): Empirische Sozialforschung, Opladen.

Krüger, Christiane (1995): Journalistische Berichterstattung im Stil der Zeit, Münster/Hamburg.

Krüger, Udo Michael (1977): Publizistisch bedeutsame Tageszeitungen im Bundestagswahlkampf 1976, in: Publizistik, 23: 32–57.

Kuchenbuch, Thomas (1978): Filmanalyse, Köln.

Küchler, Manfred (1979): Multivariate Analyseverfahren, Stuttgart.

Kühn, Wolfgang (1976): Einführung in die multidimensionale Skalierung, München.

Kunze, Jürgen/Barbara Rüdiger (1968): Algorithmische Synthese der Flexionsformen des Deutschen, in: Zeitschrift für Phonetik, Sprachwissenschaft und Kommunikationsforschung, 21: 245–303.

Kuttner, Hein Georg (1981): Zur Relevanz text- und inhaltsanalytischer Verfahrensweisen für die empirische Forschung. Überlegungen zum theoretischen Bezugsrahmen der Inhaltsanalyse, Frankfurt/Bern.

Labov, William (1968): The Reflection of Social Processes in Linguistic Structures, in: Joshua A. Fishman (ed.): Readings in the Sociology of Language, Den Haag: 240–251.

Labov, William (1980): Sprache im sozialen Kontext, Königstein.

Laffal, Julius (1965): Pathological and Normal Language, New York.

Laffal, Julius (1965a): Pauses in Speech of a Schizophrenic Patient, in: Journal of Genetic Psychology, 73: 299–305.

Lamnek, Siegfried (1988): Qualitative Sozialforschung. Band 1: Methodologie, München/Weinheim.

Lamnek, Siegfried (1989): Qualitative Sozialforschung. Band 2: Methoden und Techniken, München/Weinheim.

Lang, Kurt/Gladis Engel Lang (1955): The Inferential Structure of Political Communication, in: Public Opinion Quarterly, 19: 168–183.

Langeheine, Rolf (1980): Log-lineare Modelle zur multivariaten Analyse qualitativer Daten. Eine Einführung, München.

Langeheine, Rolf (1988): New Developments in Latent Class Theory, in: Rolf Langeheine/ Jürgen Rost (eds.): Latent Trait and Latent Class Models, New York: 77–108.

Langer, Inghard/Reinhard Tausch (1972): Faktoren der sprachlichen Gestaltung von Wissensinformation und ihre Auswirkungen auf die Verständnisleistungen von Schülern, in: Schule und Psychologie, 18: 72–80.

Langer-El Sayed, Ingrid (1971): Frau und Illustrierte im Kapitalismus. Die Inhaltsstrukturen von illustrierten Frauenzeitschriften und ihr Bezug zur gesellschaftlichen Wirklichkeit, Köln.

La Rossa, Ralph (1974): Interpreting Hierarchical Message Systems, in: Journal of Communication, 24: 61–68.

Larson, Carl E. /Frank E. X. Dance (eds.) (1968): Perspectives on Communication, Milwaukee.

Lasswell, Harold D. (1925): Prussian Schoolbooks and International Amity, in: Social Forces, 3: 718–722.

Lasswell, Harold D. (1927): Propaganda-Technique in the World War, New York.

Lasswell, Harold D. (1927a): The Theorie of Political Propaganda, in: American Political Science Review, 21: 627–631.

Lasswell, Harold D. (1931): The Measurement of Public Opinion, in: American Political Science Review, 25: 311–326.

Lasswell, Harold D. (1934): World Politics and Personal Insecurity, New York. (^{2}1965)

Lasswell, Harold D. (1934a): Propaganda, in: Encyclopedia of the Social Sciences New York, 12: 521–528.

Lasswell, Harold D./Ralph D. Casey/Bruce L. Smith (1935): Propaganda and Promotional Activities, Minneapolis.

Lasswell, Harold D. (1935a): Research on the Distribution of Symbol Specialists, in: Journalism Quarterly, 12: 146–156.

Lasswell, Harold D. (1935b): Verbal References and Physiological Changes During the Psychoanalytic Interview: A preliminary Communication, in: Psychoanalytic Review, 22: 10–24.

Lasswell, Harold D. (1938): A Provisional Classification of Symbol Data, in: Psychiatry, 1: 197–204.

Lasswell, Harold D./Dorothy Blumenstock (1939): World Revolutionary Propaganda, New York.

Lasswell, Harold D. (1939a): The Contribution of Freud´s Insight Interviews To The Social Sciences, in: American Journal of Sociology, 45: 375–390.

Lasswell, Harold D. (1941a): Describing the Contents of Communication. Experimental Division for the Study of Wartime Communication, Doc. No. 9, Library of Congress, Washington.

Lasswell, Harold D. (1941b): The World Attention Survey, in: Public Opinion Quarterly, 5: 456–462.

Lasswell, Harold D. (1942): The Politically Significant Content of the Press: Coding Procedures, in: Journalism Quarterly, 19: 12–23.

Lasswell, Harold D. (1946): Describing the Contents of Communication, in: Bruce Lannes Smith/Harold D. Lasswell/Ralph D. Casey: Propaganda, Communication and Public Opinion, Princeton: 74–94.

Lasswell, Harold D. (1947): The Analysis of Political Behavior, London (^{4}1966).

Lasswell, Harold D. (1948): The Structure and Function of Communication in Society, in: Lyman Bryson (ed.): The Communication of Ideas, New York: 37–52.

Lasswell, Harold D. et al. (1949): Language of Politics. Studies in Quantitative Semantics, Cambridge (^{2}1965).

Lasswell, Harold D. (1949a): Why Be Quantitative?, in: Harold D.Lasswell et al.: Language of Politics. Studies in Quantitative Semantics, Cambridge: 40–52.

Lasswell, Harold D./Daniel Lerner/Ithiel de Sola Pool (1952): The Comparative Study of Symbols, Stanford.

Lausberg, Heinrich (^{2}1960): Handbuch der literarischen Rhetorik, München (^{3}1990).

Lauter, Josef (1966): Ein Beitrag zur Entropie der Deutschen Sprache, in: Grundlagenstudien aus Kybernetik und Geisteswissenschaften, 7: 33–38.

Lazarsfeld, Paul Felix (1941): Remarks on Administrative and Critical Communication Research, in: Studies in Philosophy and Social Science, 9: 2–16.

Lazarsfeld, Paul Felix (1959): Latent Structure Analysis, in: Siegmund A. Koch (ed.): Pschology. A study of Science, New York/Toronto: 476–543.

Lazarsfeld, Paul Felix (1972): Qualitative Analysis, Boston.

Lazarsfeld, Paul Felix/Marie Jahoda/Hans Zeisel (1933): Die Arbeitslosen von Marienthal, Leipzig. (3. Auflage Frankfurt 1975)

Lazarsfeld, Paul Felix/Frank N. Stanton (eds.) (1944): Radio Research 1942–1943, New York.

Lazarsfeld, Paul Felix et al. (1944): The People´s Choice. How The Voter Makes Up His Mind in a Presidental Campaign, New York. Dt.: Wahlen und Wähler, Neuwied 1967.

Lazarsfeld, Paul Felix (1950): The Logical and Mathematical Foundation of Latent Structure Analysis, in: Samuel A. Stouffer et al.(eds.): Studies in Social Psychology in World War II, Vol. IV: Measurement and Prediction, Princeton.

Lazarsfeld, Paul Felix/Morris Rosenberg (1955): The Language of Social Research, Glencoe.

Lazarsfeld, Paul Felix/Neil W. Henry (1968): Latent Structure Analysis, Boston.

Leed, Jacob (ed.) (1966): The Computer and Literary Style, Kent.

Leithäuser, Thomas/Birgit Volmberg (1979): Anleitung zur empirischen Hermeneutik. Psychoanalytische Textinterpretation als sozialwissenschaftliches Verfahren, Frankfurt.

Lenz, Walter (1974): Grafische Darstellungsmöglichkeiten einer Textstruktur, in: Publizistik, 19: 173–176.

Lerg, Winfried B. (1968): Analyse audiovisueller Aussagen. Metasprachliche Probleme von Film und Fernsehen, in: Rundfunk und Fernsehen, 16: 379–388.

Leventhal, Howard./Elisabeth Sharp (1965): Facial Expressions as Indicators of Distress, in: Silvan S. Tomkins/Carrolle E. Izard (eds.): Affect, Cognition, and Personality, New York: 296–318.

Lindzey, Gardner (ed.) (1954): Handbook of Social Psychology, 2 vols., Reading/London.

Link, Hannelore (1976): Rezeptionsforschung. Eine Einführung in Methoden und Probleme, Stuttgart/Berlin/Köln/Mainz.

Link, Jürgen (1974): Literaturwissenschaftliche Grundbegriffe, München.

Lisch, Ralf/Jürgen Kriz (1978): Grundlagen und Modelle der Inhaltsanalyse, Reinbek.

Lisch, Ralf (1979): Assoziationsstrukturenanalyse (ASA). Ein Vorschlag zur Weiterentwicklung der Inhaltsanalyse, in: Publizistik, 24: 65–83.

Lisch, Ralf (1981): Einige methodische Probleme inhaltsanalytischer Modelle am Beispiel der Bewertungsanalyse, in: Günter Bentele (Hrsg.): Semiotik und Massenmedien, München.

Lorge, I. (1944): Words Lists as Background for Communication, in: Teachers College Record, 45: 543–552.

Lotman, Jurij M. (1972): Die Struktur literarischer Texte, München.

Lowenthal, Leo (1944): Biographies in Popular Magazines, in: Paul Felix Lazarsfeld/Frank N. Stanton (eds.): Radio Research 1942–1943, New York: 507–548.

Lowenthal, Leo/Norbert Guterman (1949): Prophets of Deceit. A Study of the Techniques of the American Agitator, New York.

Lüger, Heinz-Helmut (1969): Semische Analyse am Beispiel der Erzählung „L'Enfant de la Haute Mer", in: Ernst Ulrich Grosse (Hrsg.): Strukturelle Textsemantik, Freiburg: 76–89.

Lüger, Heinz-Helmut (1974): Semantische Analyse publizistischer Texte, in: Publizistik, 19: 30–44.

Luhmann, Niklas (1970): Reflexive Mechanismen, in: Niklas Luhmann: Soziologische Aufklärung I, Opladen: 92–112.

Luhmann, Niklas (1971): Sinn als Grundbegriff der Soziologie, in: Jürgen Habermas/Niklas Luhmann: Theorie der Gesellschaft oder Sozialtechnologie – Was leistet die Systemforschung, Frankfurt: 25–100.

Luhmann, Niklas (1972): Einfache Sozialsysteme, in: Zeitschrift für Soziologie, 1: 51–65.

Luhmann, Niklas (1991): Soziologie des Risikos, Berlin.

Lutoslawski, Wincenty (1897): The Origin and Growth of Plato's Logic With an Account of Plato's Style and the Chronology of His Writings, London.

Lynch, Mervin D./Atiyz Effendi (1964): Editorial Treatment of India in the New York Times, in: Journalism Quarterly, 41: 430–432.

Maas, Utz et al. (1972): Pragmatik und sprachliches Handeln, Frankfurt.

Mahl, George F. (1956): Disturbances and Silences in the Patient's Speech in Psychotherapy, in: Journal of Abnormal and Social Psychology, 53: 1–15.

Mahl, George F. (1959): Exploring Emotional States by Content Analysis, in: Ithiel de Sola Pool (ed.): Trends in Content Analysis, Urbana: 89–130.

Mahl, George F./Gene Schulze (1969): Psychological Research in the Extralinguistic Area, in: Norman N. Markel (1969): Psycholinguistics. An Introduction to the Study of Speech and Personality, Homewood: 318–352.

Mahle, Walter A./Claus Wilkens (1969): Kritische Anmerkungen zur Methode der publizistischen Stichprobe, in: Publizistik, 14: 432–442.

Maletzke, Gerhard (1963): Psychologie der Massenkommunikation, Hamburg (^{2}1972).

Mandelbrot, Benoit (1961): On the Theory of World-Frequencies and on Related Markovian Models of Discourse, in: Roman Jakobson (ed.): The Structure of Language, Providence: 190–219.

Mann, M.B. (1944): Studies in Language Behavior III, in: Psychological Monographs, 56: 41–74.

Manz, Wolfgang (1974): Die Beobachtung verbaler Kommunikation im Laboratorium, in: Jürgen van Koolwijk/Maria Wieken-Mayser (Hrsg.): Techniken der empirischen Sozialforschung, Bd. 3, München: 27–65.

Markel, Norman N. (1969): Psycholinguistics. An Introduction to the Study of Speech and Personality, Homewood.

Markoff, John/Gilbert Shapiro/Sasha Weitmann (1974): Toward the Integration of Content Analysis and General Methodology, in: David R. Heise (ed.): Sociological Methodology, San Francisco: 1–58.

Marsden, Gerald (1965): Content-Analysis of Therapeutic Interviews: 1954–1964, in: Psychological Bulletin, 63: 298–321.

Marsden, Gerald (1971): Content-Analysis Studies of Psychotherapy: 1954 Through 1968, in: Allen E. Bergin/Sol. L. Garfield (eds.): Psychotherapy and Behavior Change: An Empirical Analysis, New York: 345–407.

Martel, Martin U./George McCall (1964): Reality Orientation and the Pleasure Principle: A Study of American Mass Periodical Fiction (1890–1955), in: Lewis Anthony Dexter/David Manning White (eds.) (1964): People, Society, And Mass Communication, Glencoe: 283–333.

Martens, Gunter/Hans Zeller (Hrsg.) (1971): Texte und Varianten. Probleme ihrer Edition und Interpretation, München.

Maser, Siegfried (1967): Über eine mögliche Präzisierung der Beschreibung ästhetischer Zustände, in: Grundlagenstudien aus Kybernetik und Geisteswissenschaften, 8: 101–113.

Maser, Siegfried (1971): Grundlagen der allgemeinen Kommunikationstheorie, Stuttgart.

Matarazzo, Joseph D./George Saslow/Ruth G. Matarazzo (1956): The Interaction Chronograph as an Instrument for the Objective Measurement of Interaction Patterns During Interview, in: Journal of Psychology, 41: 347–367.

Matarazzo, Joseph D./George Saslow (1961): Differences in Interview Interaction Behavior Among Normal and Deviant Groups, in: I. A. Berg/Bernard M. Bass (eds.): Conformity and Deviation, New York: 286–327.

Matarazzo, Joseph D./Morris Weitman/George Saslow/Arthur N. Wiens (1963): Interviewer Influence on Durations of Interviewe Speech, in: Journal of Verbal Learning and Verbal Behavior, 1: 451–458.

Matter, Gray (1976): Questor: A System for the Analysis of Communication Content, Drake University Computing Center, Des Moines/Iowa.

Matthes, Joachim/Fritz Schütze (1973): Zur Einführung: Alltagswissen, Interaktion und gesellschaftliche Wirklichkeit, Reinbek: 11–53.

Mayntz, Renate/Kurt Holm/Peter Hübner (1972): Einführung in die Methoden der empirischen Soziologie, Opladen.

Mayring, Philip (1983): Qualitative Inhaltsanalyse, Weinheim.

McCall, W.A./L.M. Crabbs (1925): Standard Test Lessons in Reading: Teacher´s Manual for All Books, New York.

McClelland, David C./John W. Atkinson/Russel A. Clark/Edgar L. Lowell (1953): The Achievement Motive, New York.

McClelland, David C. (1958): The Use of Measures of Human Motivation in the Study of Society, in: John W. Atkinson (ed.): Motives in Fantasy, Action and Society, Princeton: 518–554.

McClung Lee, Alfred (1945): Interest Criteria in Propaganda Analysis, in: American Sociological Review, 10: 282–288.

McCombs, Maxwell E./Donald L. Shaw (1976): Structuring the „Unseen" Environment, in: Journal of Communication, 26, 2: 18–22.

McEwen, Wiliam J./Bradley S. Greenberg (1970): The Effects of Message Intensity on Receiver Evaluations of Source, Message and Topic, in: Journal of Communication, 20: 340–350.

McGranahan, Donald V. (1951): Content Analysis of the Mass Media of Communication, in: Marie Jahoda/Morton Deutsch/Stuart W. Cook: Research Methods in Social Relations, Part II, New York: 539–560.

McGuire, William J. (1968): Selective Exposure: A Summing Up, in: Robert P. Abelson et al.: Cognitive Congruity Theory, Chicago: 797–800.

McKay, Donald M. (1969): Information, Mechanism and Meaning, Cambridge/London.

McQuail, Denis (1977): Analysis of Newspaper Content, London.

Mehan, Hugh/Houston Wood (1975): The Reality of Ethnomethodology, New York.

Meier, Georg F. (1969): Wirksamkeit der Sprache, in: Zeitschrift für Phonetik, Sprachwissenschaft und Kommunikationsforschung, 22: 474–492.

Meier, Georg F. (1976): Die historischen Wurzeln der Bedeutungsfeldproblematik, in: Phonetik, Sprachwissenschaft und Kommunikationsforschung, 29: 551–555.

Meinefeld, Werner (1977): Einstellung und soziales Handeln, Reinbek.

Merdian, Franz (1977): Kommunikation über Personen, Bochum.

Merdian, Franz (1977a): Die Wahrnehmung von Personen auf dem Bildschirm, in: Fernsehen und Bildung, 11, 1–2: 53–71.

Mergenthaler, E./U. Büscher (1977): Benutzerhandbuch für das Programmsystem Eva zur automatischen Inhaltsanalyse, Ulmer Version. Als Man. verv. Universität Ulm.

Merkens, Hans/Heinrich Seiler (1978): Interaktionsanalyse, Stuttgart/Berlin/Kön/Mainz.

Merten, Klaus (1974): Vom Nutzen der Lasswellformel, in: Rundfunk und Fernsehen, 22: 143–165.

Merten, Klaus (1977): Kommunikation. Eine Begriffs- und Prozeßanalyse, Opladen.

Merten, Klaus (1981): Inhaltsanalyse als Instrument der Sozialforschung. Theoretische Analyse und methodologische Kritik, in: Analyse & Kritik, 3: 48–63.

Merten, Klaus/Georg Ruhrmann (1982): Die Entwicklung der inhaltsanalytischen Methode, in: Kölner Zeitschrift für Soziologie und Sozialpsychologie, 34: 696–716.

Merten, Klaus (1982a): Wirkungen der Massenkommunikation. Ein theoretisch-methodischer Problemaufriß, in: Publizistik, 27: 26–48.

Merten, Klaus (1982b): Der wahlentscheidende Einfluß des Fernsehens auf die Bundestagswahl 1976 – oder Alchemie in der empirischen Sozialforschung, in: Heribert Schatz (Hrsg.): Massenkommunikation und Politik, Bochum: 121–139.

Merten, Klaus/Georg Ruhrmann/Hermann-Dieter Schröder/Dieter Storll/Anka Zink (1982c): Die Struktur der Berichterstattung der deutsche Tagespresse, München.

Merten, Klaus (1985): Re-Rekonstruktion von Wirklichkeit durch Zuschauer von Fernsehnachrichten, in: Media-Perspektiven, 10: 753–763.

Merten, Klaus (1990): Paul Felix Lazarsfeld und die Inhaltsanalyse, in: Wolfgang R. Langenbucher (Hrsg.): Paul F. Lazarsfeld. Die Wiener Tradition der empirischen Sozial- und Kommunikationsforschung, München: 192–203.

Merten, Klaus (1991a): Django und Jesus. Verbal-nonverbales Verhalten der Kanzlerkandidaten Helmut Kohl und Johannes Rau im Bundestagswahlkampf 1987, in: Erich Latniak/Manfred Op de Hipt (Hrsg.): Sprache als Politik. Sozialwissenschaftliche Semantik- und Rhetorikforschung, Opladen: 188–210

Merten, Klaus (1991b): Artefakte der Medienwirkungsforschung: Kritik klassischer Annahmen, in: Publizistik, 36: 36–55.

Merten, Klaus/Petra Teipen (1991): Empirische Kommunikationsforschung. Darstellung. Kritik. Evaluation, München.

Merten, Klaus (1993): Darstellung von Gewalt im Fernsehen. Programmanalyse 20.3.–3.4.93. Untersuchung im Auftrag von RTL. Als Man. verv., Münster, 2 Bde., 115 u. 403 gez. S.

Merten, Klaus (1994): Konvergenz der deutschen Fernsehprogramme. Eine Langzeituntersuchung 1980–1993, Münster.

Merten, Klaus (1994a): Wirkungen von Kommunikation, in: Klaus Merten/Siegfried J. Schmidt/Siegfried Weischenberg (Hrsg.) (1994): Die Wirklichkeit der Medien. Eine Einführung in die Kommunikationswissenschaft, Opladen: 290–328.

Merten, Klaus/Siegfried J. Schmidt/Siegfried Weischenberg (Hrsg.) (1994): Die Wirklichkeit der Medien. Eine Einführung in die Kommunikationswissenschaft, Opladen.

Merten, Klaus (1995): Reaktivität inhaltsanalytischer Instrumente, in: Communications (im Druck).

Merten, Klaus/Petra Gansen (1995): Programmanalysen des Hörfunks. Bestandsaufnahme, Kritik und Anregungen, in: Publizistik, 40 (im Druck).

Merten, Klaus/Brit Großmann (1995): Möglichkeiten und Grenzen der Inhaltsanalyse, in: Rundfunk und Fernsehen, 43 (im Druck).

Merten, Klaus (1996): Gewalt durch Gewalt im Fernsehen?, Opladen (in Vorbereitung).

Merton, Robert King/Majorie Fiskie/Alberta Curtis (1946): Mass Persuasion. The Social Psychology of a War Bond Drive, New York.

Merton, Robert, King (1949): Social Theory and Social Structure, Glencoe ([4]1968).

Messick, Samuel J. (1957): Metric Properties of the Semantic Differential, in: Education and Psychological Measurement, 17: 200–206. Neu abgedruckt in James G. Snider/Charles E. Osgood (eds.): Semantic Differential Technique, Chicago: 161–167.

Meyer, Laura (1895): Lehrbuch der Graphologie, Stuttgart/Berlin/Leipzig.

Meyer-Eppler, W. (1950): Die Spektralanalyse der Sprache, in: Zeitschrift für Phonetik, 4: 240–252.

Meyer-Eppler, W. (1962): Automatische Spracherkennung, in: Karl Steinbuch (Hrsg.): Taschenbuch der Nachrichtenverarbeitung, Berlin.

Middleton, Russell/John Moland (1959): Humor in Negro and White Subcultures: A Study of Jokes Among University Students, in: American Sociological Review, 24: 61–69.

Middleton, Russell (1960): Fertility Values in American Magazine Fiction, 1916–1956, in: Public Opinion Quarterly, 24: 139–143.

Miller, George A./Jennifer A. Selfridge (1950): Verbal Context and the Recall of Meaningful Material, in: American Journal of Psychology, 63: 176–185.

Miller, George A. (1963): Language and Communication, New York.

Mintz, Alexander (1949): The Feasibility of the Use of Samples in Content Analysis, in: Harold D. Lasswell et al.: Language of Politics. Studies in Quantitative Semantics, Cambridge: 127–152.

Mitchell, Robert E. (1967): The Use of Content Analysis for Explanatory Studies, in: Public Opinion Quarterly, 31: 230–241.

Mittenecker, Erich (1951): Eine neue quantitative Methode in der Sprachanalyse und ihre Anwendung bei Schizophrenen, in: Monatsschrift für Psychiatrie und Neurologie, 121: 364–375.

Mochmann, Ekkehart (1974): Automatisierte Datenverarbeitung, in: Jürgen van Koolwijk/ Maria Wieken-Mayser (Hrsg.): Techniken der empirischen Sozialforschung, Bd. 3, München: 192–202.

Mochmann, Ekkehart/N. Immer (1979): Forschungsarbeiten zur quantitativen Inhaltsanalyse in der Bundesrepublik Deutschland, in: Soziologische Analysen, TUB-Dokumentation Kongresse und Tagungen (19. Dt. Soziologentag 1979), Bd. 1, Berlin: 729–736.

Mochmann, Ekkehart (Hrsg.) (1980): Computerstrategien für die Kommunikationsanalyse, Frankfurt.

Möckelmann, Jochen/Sönke Zander (1970): Form und Funktion des Werbeslogans, Göppingen.

Morris, Charles (1938): Foundations of the Theory of Signs, Chicago. Dt.: Grundlagen der Zeichentheorie, München 1972.

Morris, Charles (1946): Signs, Language and Behavior, New York.

Morton, Andrew Q./Michael Levinson (1966): Autorship in Greek Prose, in: Jacob Leed (ed.): The Computer and Literary Style, Kent: 141–179.

Mosell, Heinz (1974): Sprache im Computer – ein Weg zur Gesellschaftsanalyse, Darmstadt.

Mosteller, Frederick/David L. Wallace (1963): Inference in an Autorship Problem, in: Journal of the American Statistical Association, 58: 275–309.

Mueller, Ernst F./Peter Greiner (1969): Mauerbau und „Neues Deutschland", Bielefeld.

Müller, Gerd (1978): Das Wahlplakat, Tübingen.

Müller, Ursula (1979): Reflexive Soziologie und empirische Sozialforschung, Frankfurt.

Murray, Edward J./Frank Auld jr./Alice M. White (1954): A Psychotherapy Case Showing Progress but no Decrease in the Discomfort-Relief Quotient, in: Journal of Consulting Psychology, 18: 349–353.

Murray, Edward J. (1956): A Content Analysis Method for Studying Psychotherapy, in: Psychological Monographs, 70: o. S.

Muscio, Bernard (1916): The Influence of the Form of a Question, in: British Journal of Psychology, 8: 351–389.

Nafziger, Ralph O./Marcus Manley Wilkerson (eds.) (1949): An Introduction to Journalism Research, Baton Rouge.

Nafziger, Ralph O./David Manning White (eds.) (1963): Introduction to Mass Communication Research, Louisiana.

Namenwirth, Zvi/Harold D. Lasswell (1970): The Changing Language of American Values: A Computer Study of Selected Party Platforms, Beverly Hills.

Nath, Detlef W. (1981): COFTA. Compiler für Textanalysen, 2 Bde., St. Augustin.

Nattiez, Jean Jacques (1979): Zum Problem der Zeichenklassifikation, in: Zeitschrift für Semiotik, 1: 389–399.

Nauck, Bernhard (1974): Kommunikationsinhalte von Jugendbüchern, Weinheim/Basel.

Nixon, Raymond B./Robert L. Jones (1956): The Content of Non-Competitive vs. Competitive Newspapers, in: Journalism Quarterly, 33: 299–314.

Noelle-Neumann, Elisabeth/Winfried Schulz (Hrsg.) (1971): Publizistik, Frankfurt (^{2}1989).

Noelle-Neumann, Elisabeth (1980): Die Schweigespirale. Öffentliche Meinung – unsere soziale Haut, München.

North, Robert C./Ole R. Holsti/M. George Zaninovich/Dina A. Zinnes (1963): Content Analysis. A Handbook With Applications For the Study of International Crisis, Evanston/Ill.

Nunnally, Jum (1957): The Communication of Mental Health Information: A Comparison of the Opinions of Experts and the Public with Mass Media Presentations, in: Behavioral Scientist, 2: 222–230.

Nutz, Walter (1969): Tendenzen zu autoritären Verhaltensmodellen in der Regenbogenpresse, in: Kölner Zeitschrift für Soziologie und Sozialpsychologie, 21: 657–671.

O'Donnell, Bernhard (1966): A Problem in Autorship Discrimination, in: Jacob Leed (ed.) (1966): The Computer and Literary Style, Kent: 107–115.

Oevermann, Ulrich (1969): Sprache und soziale Herkunft, Berlin.

Ogden, Charles Key/Ivor Armstrong Richards (1923): The Meaning of Meaning, New York/London. Dt. Die Bedeutung der Bedeutung, Frankfurt 1974.

Ogilvie, Daniel M./Philip J. Stone/Edwin Shneidman (1966): Some Characteristics of Genuine versus Simulated Suicid Notes, in: Stone, Philip J./Dexter C. Dunphy/Marshall S. Smith/Daniel Ogilvie: The General Inquirer. A Computer Approach to Content Analysis, Cambridge/London: 527–535.

Ohlström, Bo (1966): Information and Propaganda: A Content Analysis of Editorials in Four Swedish Daily Newspapers, in: Journal of Peace Research, 3: 75–88.

Oller, John W. jr. (1972): On the Relation Between Syntax, Semantics, and Pragmatics, in: Linguistics, 83: 43–55. Dt. in: Siegfried J. Schmidt (1974): Pragmatik, 1, München: 132–147.

Olsen, Mark (1989): Textpack V. Text Analysis Utilities for the Personal Computer, in: Computer and the Humanities, 23: 155–160.

Oomen, Ursula (1971): Systemtheorie der Texte, in: Folia Linguistica, 5: 12–34.

Oomen, Ursula (1971a): New Models and Methods in Text Analysis, in: Monograph Series On Languages and Linguistics, 24, : 211–222.

Opp, Karl-Dieter (1970): Methodologie der Sozialwissenschaften, Reinbek.

Opp, Karl-Dieter/Peter Schmidt (1976): Einführung in die Mehrvariablenanalyse, Reinbek.

Osgood, Charles Egerton (1952): The Nature and Measurement of Meaning, in: Psychological Bulletin, 49: 197–237.

Osgood, Charles Egerton/George J. Suci (1952a): A Measure Relation Determined By Both Mean Difference and Profile Information, in: Psychological Bulletin, 49: 251–262.

Osgood, Charles Egerton/Sol Saporta/Jum Nunnally (1954): Evaluative Assertion Analysis, Chicago.

Osgood, Charles E./Sol Saporta/Jum Nunnally (1956): Evaluative Assertion Analysis, in: Litera, 3: 47–102.

Osgood, Charles E./George J. Suci/Percy H. Tannenbaum (1957): The Measurement of Meaning, Urbana.

Osgood, Charles E./Louis Anderson (1957): Certain Relations Among Experienced Contingencies, Associative Structure And Contingencies In Encoded Messages, in: American Journal of Psychology, 70: 411–420.

Osgood, Charles E. (1959): The Representational Model and Relevant Research Methods, in: Ithiel de Sola Pool (ed.) (1959): Trends in Content Analysis, Urbana: 33–88.

Osgood, Charles E./Evelyn G. Walker (1959a): Motivation and Language Behavior: A Content Analysis of Suicide Notes, in: Journal of Abnormal and Social Psychology, 59: 58–67.

Osgood, Charles E. et al. (1975): Cross-Cultural Universals of Affective Meaning, Urbana.

Overbeck, Annegret (1980): Beziehungsstrukturen und Interaktion bei familientherapeutischen Interviews, Med. Diss, Universität Gießen.

Pahl, Arne D. (1967): Methoden und Ergebnisse der Filmanalyse, Sozwissenschaftliche Diplomarbeit, Universität Köln.

Paisley, William J. (1964): Identifying the Unknown Communicator in Painting, Literature and Music: The Significance of Minor Encoding Habits, in: Journal of Communiaction, 14: 219–237.

Paisley, William J. (1969): Studying „Style" as Deviation from Encoding Norms, in: George Gerbner/Ole R. Holsti/Klaus Krippendorf/William J. Paisley/Philip J. Stone (eds.): The Analysis of Communication Content. Development in Scientific, Theories and Computer Techniques, New York/London: 133–146.

Parsons, Talcott (1951): The Social System, New York/London.

Parsons, Talcott/Robert F. Bales/Edward A. Shils (1953): Working Papers in the Theory of Action, New York.

Peirce, Charles Sanders (1931): Collected Papers. Ed. by C. Hartshorne und P. Weiss. Cambridge/Mass (^{2}1960).

Pelc, Jerzy (1969): Meaning as an Instrument, in: Semiotica, 1: 26–48.

Perloff, Evelyn (1948): Prediction of Male Readership of Magazine Articles, in: Journal of Applied Psychology, 32: 663–674.

Petöfi, Janos S. (1971): Transformationsgrammatiken und eine ko-textuelle Texttheorie, Frankfurt.

Petöfi, Janos S. (1974): Thematisierung der Rezeption metaphorischer Texte in einer Texttheorie, in: Janos S. Petöfi/Hannes Rieser: Probleme der modelltheoretischen Interpretation von Texten, Hamburg: 155–174.

Philipps, David P. (1979): Suicide, Motor Vehicle Fatalities, and the Mass Media: Evidence toward a Theory of Suggestion, in: American Journal of Sociology, 84: 1150–1174.

Piault, Colette (1965): A Methodological Investigation of Content Analysis Using Electronic Computers for DATA Processing, in: Dell Hymes (ed.): The Use of Computers in Anthropology, Den Haag: 273 ff.

Piirainen, Ilpo T./Günter Wenzel (1971): Linguistische Probleme der automatischen Textverarbeitung, in: Folia Linguistica, 5: 355–366.

Pittenger, Robert E./Charles F. Hockett/John J. Danehy (1960): The First Five Minutes. A Sample of Mikroscopic Interview Analysis, Ithaca.

Pollock, John Crothers/Christopher Guidette (1980): Mass Media, Crisis, and Political Change: A Cross-National Approach, in: Communication Yearbook, 4: 309–324.

Pool, Ithiel de Sola (ed.) (1959): Trends in Content Analysis, Urbana.

Portnoy, Stephanie (1973): A Comparison of Oral and Written Verbal Behavior, in: Kurt Salzinger/Richard S. Feldman: Studies in Verbal Behavior: An Empirical Approach, New York/Toronto/Oxford/Braunschweig: 99–151.

Posner, Roland (1972): Dialogsorten – Die Verwendung von Mikrostrukturen zur Textklassifizierung, in: Elisabeth Gülich/Wolfgang Raible (1972): Textsorten, Frankfurt: 183–225.

Posner, Roland (1972a): Theorie des Kommentierens. Eine Grundlagenstudie zu Semantik und Pragmatik, Frankfurt.

Powers, Richard D. (1954): Sampling Problems in Studies of Writing Style, in: Journal of Applied Psychology, 38: 105–108.

Powers, Richard D./W.A. Summer/Bryant E. Kearl (1958): A Recalculation of Four Adult Readability formulas, in: Journal of Educational Psychology, 49: 99–105.

Prakke, Henk et al. (1968): Kommunikation der Gesellschaft, Münster.

Pratt, F. (1939): Secret and Urgent, Indianapolis.

Price, Granville (1954): A Method for Analyzing Newspaper Content, in: Journalism Quarterly, 31: 447–458.

Psathas, George/Dennis J. Arp (1966): A Thematic Analysis of Interviewer's Statements in Therapy-Analogue Interviews, in: Philip J. Stone/Dexter C. Dunphy/Marshall S. Smith/Daniel Ogilvie (1966): The General Inquirer. A Computer Approach to Content Analysis, Cambridge/London: 504–524.

Psathas, George (1969): Analyzing Dyadic Interaction, in: George Gerbner/Ole R. Holsti/Klaus Krippendorf/William J. Paisley/Philip J. Stone (eds.): The Analysis of Communication Content. Development in Scientific Theories and Computer Techniques, New York/London: 437–458.

Reckziegel, Walter (1967): Musikanalyse – eine exakte Wissenschaft, in: Harald Heckmann (Hrsg.): Elektronische Datenverarbeitung in der Musikwissenschaft, Regensburg: 203–224.

Reichwein, Regine (1967): Sprachstruktur und soziale Schicht, in: Soziale Welt, 18: 309–330.

Reimann, Horst und Wolfgang Saile (1961): Der Abbruch des Gipfels. Das Scheitern der Pariser Gipfelkonferenz im Spiegel zwanzig deutscher Zeitungen vom 18.5.1960. Saarbrücken

Reschka, Willibald (1971): Das Interview als ein verbaler Interaktionsprozeß, in: Kölner Zeitschrift für Soziologie und Sozialpsychologie, 21: 745–760.

Rice, Stuart A./W. Wallace Weaver (1929): The Verification of Social Measurements Involving Subjective Classifications, in: Social Forces, 8: 16–28.

Riedel, Harald (1966): Untersuchung zum Auffälligkeitswert, in: Grundlagenstudien aus Kybernetik und Geisteswissenschaften, 7: 39–49.

Rimberg, John (1960): Social Problems as Depicted in The Soviet Film – A Research Note, in: Social Problems, 7: 351–355.

Ritsert, Jürgen (1972): Inhaltsanalyse und Ideologiekritik, Frankfurt.

Ritsert, Jürgen (1972a): Vorbemerkungen zu S. Kracauer: The Challenge of Qualitative Content Analysis, in: Ästhetik und Kommunikation, 7: 49–52.

Robinson, W. P. (1965): Cloze Procedure as a Technique for the Investigation of Social Class Differences in Language Usage, in: Language and Speech, 8: 42–55.

Römer, Ruth (1971): Die Sprache der Anzeigenwerbung, Düsseldorf.

Roethlisberger, Frederick J./William J. Dickson (1939): Management and the Worker, New York.

Roget, Peter M. (1918): Thesaurus of English Words and Phrases, New York.

Rohland, Lutz (1977): Die Technik der elektronischen Inhaltsanalyse mit dem Programmsystem EVA. Als Man. verv. Seminar für Sozialwiss., Universität Hamburg.

Rommetveit, Ragnar (1974): On Message Structure: A Framework for the Study of Language and Communication, New York.

Rosenberg, Milton J. (1957): Mr. Magoo as Public Dream, in: Qu. o. Film, Radio and Television, 9: 337–342.

Rosengren, Erik (ed.) (1981): Advances in Content Analysis, Beverly Hills/London.

Rost, Jürgen (1989): Rasch Models and Latent Class Models for Measuring Change with Ordinal Variables, in: R. Coppi/S. Bolasco (eds.): Multiway Data Analysis, Amsterdam: 473–483.

Rothman, Robert A./Donald W. Olmsted (1966): Chicago Tribune Cartoons During and After the McCormick Era, in: Journalism Quarterly, 43, 67–72.

Rucktäschel, Annemarie (Hrsg.) (1972): Sprache und Gesellschaft, München.

Rühl, Manfred (1976): Vom Gegenstand der Inhaltsanalyse. Einige Anmerkungen zu traditionellen Denkprämissen in: Rundfunk und Fernsehen, 24: 367–378.

Ruhland, Walter (1979): Die Darstellung der Parteien in den innenpolitischen Magazinen des Deutschen Fernsehens im Bundestagswahljahr 1976, Berlin.

Ruhrmann, Georg (1989): Rezipient und Nachricht, Opladen.

Ruhrmann, Georg (1995): Risikokommunikation, Opladen (im Druck).

Ruhrmann, Georg/Jochen Kollmer (1987): Ausländerberichterstattung in der Kommune (= Forschungsberichte des Landes NRW Nr. 3222), Opladen.

Rust, Holger (1978): Jugendliche und Gesellschaftsbilder im Fernsehen, Berlin.

Rust, Holger (1980): Qualitative Inhaltsanalyse – begriffslose Willkür oder wissenschaftliche Methode?, in: Publizistik, 25: 5–23.

Rust, Holger (1981): Methoden und Probleme der Inhaltsanalyse, Tübingen.

Rustemeyer, Ruth (1992): Praktisch-Methodische Schritte der Inhaltsanalyse, Münster.

Salzinger, Kurt/Stephanie Portnoy/Richard S. Feldman (1966): Verbal Behavior of Schizophrenics and Some Comments Toward a Theory of Schizophrenia, in: Paul Hoch/J. Zubin (eds.): Psychopathology of Schizophrenia, New York.

Salzinger, Kurt/Suzanne Salzinger (eds.) (1967): Research in Verbal Behavior And Some Neurophysiological Implications, New York.

Salzinger Kurt et al. (1970): Verbal Behavior and Social Distance, in: Language and Speech 13, 25–37. Dt. in Detlef C. Kochan (Hrsg.): Sprache und kommunikative Kompetenz, Stuttgart 1973: 145–161.

Salzinger, Kurt/Richard S. Feldman (1973): Studies in Verbal Behavior: An Empirical Approach, New York/Toronto/Oxford/Braunschweig.

Sanders, Luther W. (1965): A Content Analysis of President Kennedy's First Six Press Conferences, in: Journalism Quarterly, 42: 114–115.

Saporta, Sol/Thomas A. Sebeok (1959): Linguistics and Content Analysis, in: Ithiel de Sola Pool (ed.): Trends in Content Analysis, Urbana: 131–150.

Sarles, Harvey B. (1966): New Approaches to the Study of Human Communication, in: Anthr. Linguistics, 8: 20–26.

Saussure, Ferdinand de (1916): Cours de linguistique generale, Lausanne/Paris. Dt.: Grundfragen der allgemeinen Sprachwissenschaft, Berlin 1931 (^{2}1967).

Schäfer, Renate (1977): Nominalstruktur und Information. Die Abhängigkeit der Informationsübermittlung und -aufnahme von der grammatischen Struktur. Ein Beitrag zur linguistischen Analyse von Fernsehnachrichten. Magisterarbeit Fb. Neuphilol., Universität Tübingen.

Schatz, Heribert (1978): Zum Stand der politikwissenschaftlich relevanten Massenkommunikationsforschung in der Bundesrepublik Deutschland, in: Udo Bermbach (Hrsg.): Politische Wissenschaft und politische Praxis, Opladen 1978: 434–454.

Schatz, Heribert (1981): Fernsehen und Demokratie, Opladen.

Schatz, Kurt (1972): Die Informationseinheit als Forschungsinstrument der Inhaltsanalyse, in: Publizistik, 17: 301–310.

Schatz, Kurt (1974): Messen von Abweichungen als Indikator für Richtungsaussagen, in: Publizistik, 19: 165–172.

Schatz, Oskar (Hrsg.) (1975): Die elektronische Revolution, Graz/Wien/Köln.

Scherer, Klaus (1974): Beobachtungsverfahren zur Mikroanalyse nonverbaler Verhaltensweisen, in: Jürgen van Koolwijk /Maria Wieken-Mayser (Hrsg.): Techniken der empirischen Sozialforschung, Bd. 3, München: 66–109.

Scherer, Klaus (1974a): Ausgewählte Methoden der empirischen Sprachforschung, in: Jürgen van Koolwijk /Maria Wieken-Mayser (Hrsg.): Techniken der empirischen Sozialforschung, Bd. 3, München: 110–191.

Scherer, Klaus/Howard Giles (eds.) (1979): Social Markers in Speech, London/New York.

Scherer, Klaus/Harald G. Wallbott/Ursula Scherer (1979a): Methoden zur Klassifikation von Bewegungsverhalten: Ein funktionaler Ansatz, in: Zeitschrift für Semiotik, 1: 177–192.

Scherer, Klaus/Harald G. Wallbott (Hrsg.) (1979b): Nonverbale Kommunikation. Forschungsberichte zum Interaktionsverhalten, Weinheim.

Scheuch, Erwin K. (1958): Inhaltsanalyse, in: Rene König (Hrsg.): Soziologie, Frankfurt: 200 ff.

Scheuch, Erwin K./Philip J. Stone (1964): The General Inquirer Approach to an International Retrieval System for Survey Archives, in: American Behavioral Scientist, 7: 23–28.

Scheuch, Erwin K. /Klaus Roghmann (1969): Inhaltsanalyse, in: W. Bernsdorf (Hrsg.): Wörterbuch der Soziologie, Stuttgart: 459–463.

Schippan, Thea/Karl Ernst Sommerfeldt (1967): Die Rolle des linguistischen Kontextes, in: Zeitschrift für Phonetik, Sprachwissenschaft und Kommunikationsforschung, 20: 489–529.

Schlieben-Lange, Brigitte (Hrsg.) (1975): Sprachtheorie, Hamburg.

Schlismann, Annemarie (1948): Sprach- und Stilanalyse mit einem vereinfachten Aktionsquotienten, in: Wiener Zeitschrift für Philosophie, Psychologie und Pädagogik, 2, 2: 42–62.

Schlosser, Otto (1976): Einführung in die sozialwissenschaftliche Zusammenhangsanalyse, Reinbek.

Schmalriede, Silke (1969): Politische Beeinflussung und Informationstheorie, in: Klaus D. Hartmann (1969): Politische Beeinflussung. Voraussetzungen, Ablauf und Wirkungen, Frankfurt: 49–71.

Schmidt, Siegfried J. (1973): Texttheoretische Aspekte der Negation, in: Zeitschrift für germ. Linguistik, 1: 178–208.

Schmidt, Siegfried J. (1974): Pragmatik, 1, München.

Schmidt, Siegfried J. (Hrsg.) (1976): Pragmatik/Pragmatics 2, München.

Schmidt, Siegfried J. (1976a): Texttheorie, München.

Schmidt, Siegfried J. (Hrsg.) (1987): Der Diskurs des Radikalen Konstruktivismus, Frankfurt.

Schmitt, Michael-Andreas (1977): Tagesberichterstattung in Zeitung und Fernsehen. Untersuchung zur Komplementarität konkurrierender Rundfunkmedien, Berlin.

Schöfer, Gert (Hrsg.) (1980): Gottschalk-Gleser-Sprachinhaltsanalyse, Weinheim/Basel.

Scholl, Armin (1993): Die Befragung als Kommunikationssituation. Zur Reaktivität im Forschungsinterview, Opladen.

Schönbach, Klaus (1977): Trennung von Nachricht und Meinung. Empirische Untersuchung eines journalistischen Qualitätskriteriums, Freiburg.

Schönbach, Klaus (1978): Die isolierte Welt des Lokalen. Tageszeitungen und ihre Berichterstattung über Mannheim, in: Rundfunk und Fernsehen, 26: 260–277.

Schönbach, Klaus (1979): Elektronische Inhaltsanalyse in der Publizistikwissenschaft, in: Publizistik, 24: 449–457.

Schrader, Achim (1971): Einführung in die empirische Sozialforschung, Stuttgart/Berlin/Köln/Mainz.

Schramm, Wilbur (ed.) (1954): The Process and Effects of Mass Communication, Urbana.

Schramm, Wilbur (1957): Twenty Years of Journalism Research, in: Public Opinion Quarterly, 21: 91–107.

Schröder, Hermann-Dieter/Dieter Storll (1980): Tageszeitungen im Springer-Verlag. Eine empirische Untersuchung der Inhalte ihrer Berichterstattung, Sozwissenschaftliche Diplomarbeit, Univ. Bielefeld.

Schrott, Peter R./David J. Lanoue (1994): Trends and Perspectives in Content Analysis, in: Ingwer Borg/Peter Ph. Mohler (eds.): Trends and Perspectives in Empirical Social Research, Berlin/New York: 327–346.

Schütte, Dagmar (1995): Anglo-amerikanische Einflüsse auf die Sprache der deutschen Anzeigenwerbung (1951–1991). Eine inhaltsanalytische Untersuchung. Phil. Diss. Universität Münster, 524 gez. S.

Schütz, Alfred (1974): Der sinnhafte Aufbau der sozialen Welt, Frankfurt.

Schütz, Walter J. (1966): Die redaktionelle und verlegerische Struktur der deutschen Tagespresse, in: Publizistik, 11: 13–44.

Schütz, Walter J. (1967): Veränderungen im deutschen Zeitungswesen zwischen 1954 und 1967. Publizistik, 12: 243–246.

Schütze, Fritz et al. (1976): Grundlagentheoretische Voraussetzungen methodisch kontrollierten Fremdverstehens, in: Arbeitsgruppe Bielefelder Soziologen (Hrsg.): Kommunikative Sozialforschung, Bd. 1, München: 433–495.

Schütze, Fritz (1975): Sprache soziologisch gesehen, 2 Bde., München.

Schulz, Winfried (1968): Zur Methode der publizistischen Stichprobe, in: Publizistik, 13: 330–339.

Schulz, Winfried (1970): Der Inhalt der Zeitungen, Düsseldorf.

Schulz, Winfried (1989): Inhaltsanalyse, in: Elisabeth Noelle-Neumann/Winfried Schulz (Hrsg.): Publizistik, Frankfurt: 51–56.

Schulz, Winfried (1972): Samplebildung bei Tageszeitungen, in: Publizistik, 17: 207–221.

Schulz, Winfried (1976): Die Konstruktion von Realität in den Nachrichtenmedien, Freiburg/München (^{2}1990).

Schutz, William C. (1952): Reliability, Ambiguity and Content Analysis, in: Psychological Review, 59: 119–129.

Schutz, William C. (1958): On Categorizing Qualitative Data in Content Analysis, in: Public Opinion Quarterly, 22: 503–515.

Schwab, Victor O. (1966): Anzeigen wirksam texten, München.

Schweisthal, Klaus Günther (Hrsg.) (1971): Grammatik, Kybernetik, Kommunikation. Festschrift für Alfred Hoppe, Bonn.

Scott, William A. (1955): Reliability of Content Analysis: The Case of Nominal Scaling, in: Public Opinion Quarterly, 19: 321–325.

Scott, William A. (1959): Empirical Assessment of Values and Ideologies, in: American Journal of Sociology, 24: 299–310.

Sebald, Hans (1962): Studying National Character Through Comparative Content Analysis, in: Social Forces, 40: 318–322.

Sebeok, Thomas A. (1957): Toward a Statistical Contingency Method in Folklore Research, Indiana University Publications, Folklore Series, 9: 130–140.

Sebstrup, Preben (1981): Methodological Developments in Content Analysis, in: Erik Rosengren (ed.): Advances in Content Analysis, Beverly Hills/London: 133–158.

Sedelow, Sally Ytes/Walter A. Sedelow (1966): Stylistic Analysis, in: Leed, Jacob (ed.) (1966): The Computer and Literary Style, Kent: 1–13.

Seelbach, Dieter (1977): Computer-Linguistik und Dokumentation, München.

Seidenstücker, E./G. Seidenstücker (1974): Interviewforschung, in: Walter J. Schraml (Hrsg.): Klinische Psychologie II, Bern/Stuttgart/Wien: 377–402.

Seifert, Johannes H. (1950): Wirksam texten! Fesseln – Wünsche wecken – Überzeugen mit psychologisch durchdachter Werbesprache, Reutlingen.

Selltiz, Claire/Marie Jahoda/Morton Deutsch/Stuart W. Cook (1972): Untersuchungsmethoden der Sozialforschung, Neuwied.

Shannon, Claude E./Warren Weaver (1949): The Mathematical Theory of Communication, Urbana.

Shannon, Claude E. (1951): Prediction and Entropy of Printed English, in: Bell Systems Techn., 30: 50–64.

Shaw, Donald L. (1967): News Bias and the Telegraph: A Study of Historical Change, in: Journalism Quarterly, 44: 3–12.

Shepard, David W. (1956): Henry Taylor's Radio Talks: A Content Analysis, in: Journalism Quarterly, 33: 15–22.

Sherman, Lewis A. (1893): Analytics of Literature: A Manual for the Objective Study of English Poetry and Prose, Boston.

Shneidman, Edwin S. (1951): Thematic Test Analysis, New York.

Shue, Audrey M. (1953): Stereotyping of Negroes and Whites: An Analysis of Magazine Pictures, in: Public Opinion Quarterly, 17: 281–287.

Siegel, Arthur I. und Estelle Siegel (1953): Flesch Readability Analysis of the Major Pre-Election Speeches of Eisenhower and Stevenson, in: Journal of Applied Psychology, 37: 105–106.

Siegman, Aron W. und Stanley Feldstein (eds.) (1979): Of Speech and Time. Temporal Speech Patterns in Interpersonal Contexts, Hillsdale.

Silbermann, Alphons (1974): Systematische Inhaltsanalyse, in: Rene König (Hrsg.): Handbuch der empirischen Sozialforschung, Bd. 4, Stuttgart: 253–339.

Silbermann, Alphons/Michael Schaaf/Gerhard Adam (Hrsg.) (1980): Filmanalyse. Grundlagen – Methoden – Didaktik, München.

Smith, Bruce Lannes/Harold D. Lasswell/Ralph D. Casey (1946): Propaganda, Communication and Public Opinion, Princeton.

Smith, Dorothy E. (1974): The Social Construction of Documentary Reality, in: Sociological Inquiry, 44, 4: 257–268.

Smythe, Dallas W. (1955): Commercial TV Programming in Champaign-Urbana, 1955, in: Audio-Visual Comm. Rev., 3: 144–150.

Snider, James G./Charles E. Osgood (eds.) (1969): Semantic Differential Technique, Chicago.

Sodeur, Wolfgang (1974): Empirische Verfahren zur Klassifikation, Stuttgart.

Soeffner, Hans-Georg (Hrsg.) (1979): Interpretative Verfahren in den Sozialwissenschaften, Stuttgart.

Somers, H. H. (1966): Literary Analysis, in: Jacob Leed (ed.): The Computer and Literary Style, Kent: 128–150.

Sowinski, Bernhard (1979): Werbeanzeigen und Werbesendungen, München.

Sparck, Jones Karen/Martin Kay (1976): Linguistik und Informationswissenschaft, München.

Speed, Jno. Gilmer (1893): Do Newspapers Now Give the News?, in: Forum, 15: 705–711.

Speier, Hans/Margaret Otis (1944): German Radio Propaganda to France During the Battle of France, in: Paul Felix Lazarsfeld/Frank N. Stanton (eds.): Radio Research 1942–1943, New York: 208–261.

Spiegelman, Marvin/Carl Terwilliger/Franklin Fearing (1953): The Reliability of Agreement in Content Analysis, in: Journal of Social Psychology, 37: 175–187.

Spiegelman, Marvin/Carl Terwilliger/Franklin Fearing (1953a): The Content of Comics: Goals and Means to Goals of Comic Strip Characters, in: Journal of Social Psychology, 37: 189–203.

Spolsky, Ellen (1970): Computer-Assisted Semantic Analysis of Poetry, in: Comparative Studies in the Humanities and Verbal Behavior, 3: 163–170.

Sprachbarrieren (1970): Beiträge zum Thema „Sprache und Schichten". Verfaßt und herausgegeben von Mitgliedern des Seminars Soziolinguistik, Universität Bochum, Hamburg.

Stachowiak, Herbert (1973): Allgemeine Modelltheorie, Wien/New York.

Stalnaker, Robert C. (1970): Pragmatics, in: Synthese, 22: 272–289. Dt. in: Siegfried J. Schmidt (1974): Pragmatik, 1, München: 148–165.

Starkweather, John A. (1964): Computer Analysis of Interview Content, in: Psychological Report, 15: 875–882.

Starkweather, John A. (1967): Vocal Behavior as an Information Channel of Speaker Status, in: Kurt Salzinger/Suzanne Salzinger (eds.): Research in Verbal Behavior And Some Neurophysiological Implications, New York: 253–265.

Stein-Hilbers, Marlene (1977): Kriminalität im Fernsehen. Eine inhaltsanalytische Untersuchung, Stuttgart.

Stempel, Guido H. (1952): Sample Size for Classifying Subject Matter in Dailies, in: Journalism Quarterly, 29: 333–334.

Stempel, Guido H. (1955): Increasing Reliability in Content Analysis, in: Journalism Quarterly, 32: 449–455.

Stephenson, Richard (1951): Conflict and Control Functions of Humor, in: American Journal of Sociology, 56: 569–575.

Stetter, Christian (1980): Bericht von einem anderen Stern, in: Zeitschrift für Semiotik, 2: 271–273.

Stevens, Stuart S. (1946): On the Theory of Scales of Measurement, in: Science, 103: 667–680.

Stewart, Daniel K. (1969): The Psychology of Communication, New York.

Stewart, Milton D. (1943): Importance in Content Analysis: A Validity Problem, in: Journalism Quarterly, 20: 286–293.

Stoklossa, Paul (1910): Der Inhalt der Zeitung. Eine statistische Untersuchung, in: Zeitschrift für d. ges. Staatswissenschaft, 66: 555–565. Neu abgedruckt in: Winfried Schulz (1970): Der Inhalt der Zeitungen, Düsseldorf: 89–97.

Stone, Philip J./Robert F. Bales/Zvi Namenwirth/Daniel Ogilvie (1962): The General Inquirer: A Computer System for Content Analysis and Retrieval, Based on the Sentences as Unit of Information, in: Behavioral Science, 7: 484–498.

Stone, Philip J./Dexter C. Dunphy/Marshall S. Smith/Daniel Ogilvie (1966): The General Inquirer. A Computer Approach to Content Analysis, Cambridge/London.

Stone, Philip J. et al. (1966a): User's Manual For the General Inquirer, Cambridge/London.

Stone, Philip J. (1972): Social Indicators Based On Communication Content, in: Am. Fed. o. Inf. Processing Societies Proceed., 41: 811–817.

Stone, Philipp J. (1975): Report on the Workshop On Content Analysis in the Social Sciences, Pisa 1974, in: Social Science Information, 14, 1: 107–111.

Straßner, Erich (Hrsg.) (1975): Nachrichten, München.

Ströbl, Alex (1969): Ein Vorschlag zur automatischen Bestimmung der Bedeutung eines Textes, in: Muttersprache, 79: 266–274.

Stromberger, Peter (1972): Warum wir uns Geschichten erzählen, in: Caesar Hagener et al. (Hrsg.): Diagnose sozialen Verhaltens, Hamburg.

Strupp, Hans H./Martin S. Wallach (1965): A Further Study of Psychiatrists' Responses in Quasi-Therapy Situations, in: Behavioral Science, 10: 113–134.

Stuart, Janice S. (1964): Content and Readership of Teen Magazines, in: Journalism Quarterly 41: 580–583.

Swanson, Charles E./Harland G. Fox (1953): Validity of Readability Formulas, in: Journal of Applied Psychology, 37: 114–118.

Taeuber, Irene B. (1932): Changes in Content and Presentation in Minnesota Weekly Newspapers 1860–1929, in: Journalism Quarterly, 9: 281–289.

Tannenbaum, Percy H. (1955): The Indexing Process in Communication, in: Public Opinion Quarterly, 19: 292–302.

Tannenbaum, Percy H./Mervin D. Lynch (1960): Sensationalism: The Concept and Its Measurement, in: Journalism Quarterly, 37: 381–392.

Tannenbaum, Percy H./Harvey K. Jacobson/Eleanor L. Norris (1964): An Experimental Investigation of Typeface Connotations, in: Journalism Quarterly, 41: 65–73.

Tannenbaum, Percy H./Richard K. Brewer (1965): Consistency of Syntactic Structure as a Factor in Journalistic Style, in: Journalism Quarterly, 42: 273–275.

Tarnai, Christian (1989): Abbildung der Struktur von Inhaltskategorien mittels Latent Class Analyse für ordinale Daten, in: Wilfried Bos/Christian Tarnai (Hrsg.): Angewandte Inhaltsanalyse in empirischer Pädagogik und Psychologie, Münster/New York: 303–315.

Taylor, Wilson L. (1953): „Cloze Procedure". A New Tool for Measuring Readability, in: Journalism Quarterly, 30: 415–433.

Taylor, Wilson L. (1954): KM Readers Lend Hand to Science: „Cloze" Method Works in Written Korean and May Serve as a Tool for Korean Language Reform, in: Korean Messenger, 3: 5–14.

Taylor, Wilson L. (1957): „Cloze" Readability Scores as Indices of Individual Differences in Comprehension and Aptitude, in: Journal of Applied Psychology, 41: 19–26.

Teichert, Will (1972): Fernsehen als soziales Handeln, in: Rundfunk und Fernsehen, 20: 421–439.

Teigeler, Peter (1968): Verständlichkeit und Wirksamkeit von Sprache und Text, Stuttgart.

Tenney, Alvan A. (1912): The Scientific Analysis of the Press, in: Independent, 73: 895–898.

Tesniére, Lucien (1959): Éléments de syntaxe structurale, Paris.

Thiele, Joachim (1963): Untersuchungen zur Frage des Autors der „Nachtwachen" von Bonaventura mit Hilfe einfacher Textcharakteristiken, in: Grundlagenstudien aus Kybernetik und Geisteswissenschaften, 4: 36–44.

Thorndike, Edward Lee (1921): The Teacher's Word Book, New York.

Thun, Friedemann Schulz von (1973): Effektivität und Trainierbarkeit von Verständlichkeit bei der schriftlichen Informationsvermittlung. Phil. Diss, Universität Hamburg.

Thun, Friedemann Schulz von et al. (1975): Verständlich informieren und schreiben, Freiburg.

Tiemann, Rainer (1973): Algorithmisierte Inhaltsanalyse. Prozeduren zur Inhaltsanalyse verbaler Verhaltensweisen, Phil. Diss. Hamburg.

Tiemens, Robert K. (1970): Some Relationships of Camera Angle to Communicator Credibility, in: Journal of Broadcasting, 14: 483–490.

Tillmann, Hans Günther (1971): Die sogenannte Inhaltsanalyse (content analysis) und der sprachliche Kommunikationsprozeß, in: Klaus Günther Schweisthal (Hrsg.): Grammatik, Kybernetik, Kommunikation. Festschrift für Alfred Hoppe, Bonn: 179–190.

Titzmann, Michael (1977): Strukturelle Textanalyse, München.

Titzmann, Michael (1981): Zum Verfahren der strukturellen Textanalyse – am Beispiel eines diskursiven Textes, in: Analyse & Kritik 3: 64–92.

Titzmann, Michael (1981a): Zur Beziehung von „Inhaltsanalyse" und „Strukturaler Textanalyse", in: Günter Bentele (Hrsg.): Semiotik und Massenmedien, München: 218–234.

Tobien, Hubertus von (1978): Die manipulierte Information und die Krisen unserer Gesellschaft, Köln.

Ubbens, Wilbert (1973): Zur Kritik massenkommunikativer Textanalyse, in: Jörg Aufermann/Hans Bohrmann/Rolf Sülzer (Hrsg.): Gesellschaftliche Kommunikation und Information, Bd. 1, Frankfurt: 154–170.

Überla, Karl (1968): Faktorenanalyse, Berlin.

Ulze, Harald (1977): Frauenzeitschrift und Frauenrolle. Eine aussagenanalytische Untersuchung der Frauenzeitschriften BRIGITTE, FREUNDIN, FÜR SIE und PETRA, Berlin.

Ungeheuer, Gerold (1971): Inhaltliche Grundkategorien sprachlicher Kommunikation. Überlegungen zur Inhaltsanalyse, in: Klaus Günther Schweisthal (Hrsg.): Grammatik, Kybernetik, Kommunikation. Festschrift für Alfred Hoppe, Bonn: 191–201.

Vater, Heinz (1973): Das System der Artikelformen im gegenwärtigen Deutsch, Tübingen.

Vollenweider, Peter (1975): Stichprobentheorie in Publizistik und Kommunikationsforschung, Bern/Stuttgart.

Vowinckel, Gerhard (1976): Fernsehen und soziales Lernen, in: Rundfunk und Fernsehen, 24: 39–48.

Wang, Kai/Kenneth Starck (1972): Red China's External Propaganda During Sino-U.S. Rapprochement, in: Journalism Quarterly, 49: 674–678.

Waples, Douglas/Bernard Berelson/Franklin R. Bradshaw (1940): What Reading Does to People, Chicago.

Waples, Douglas/Bernard Berelson (1941): Public Communications and Public Opinions, and What the Voters Were Told. Chicago Graduate Library School, University of Chicago.

Waples, Douglas (1941a): Press, Radio and Film in the National Emergency. Some Papers On Current Research, in: Public Opinion Quarterly, 5: 463–469.

Waples, Douglas (ed.) (1942): Print, Radio and Film in a Democracy. Chicago: University of Chicago Press

Warner, W. Lloyd und William E. Henry (1948): The Radio Daytime Serial: A Symbolic Analysis, in: Genetic Psychology Monographs, 37: 3–72.

Warner, W. Lloyd (1959): The Living and the Dead: A Study of the Symbolic Life of Americans, New Haven.

Wason, Peter C. (1965): The Contexts of Plausible Denial, in: Journal of Verbal Learning and Verbal Behavior, 4: 7–11.

Watzlawick, Paul (1976): Wie wirklich ist die Wirklichkeit?, München/Zürich.

Watzlawick, Paul/Janet H. Beavin/Don D. Jackson (1967): Pragmatics of Human Communication: A Study of Interactional Patterns, Pathologies, and Paradoxes, New York. Dt.: Menschliche Kommunikation: Formen, Störungen. Paradoxien, Bern/Stuttgart/Wien (²1971).

Wayne, Ivor (1956): American and Soviet Themes and Values: A Content Analysis of Pictures in Popular Magazines, in: Public Opinion Quarterly, 20: 314–320.

Weaver, Warren/A. J. Kingston (1963): A Factor Analysis of Cloze Procedure and Other Measures of Reading and Language Ability, in: Journal of Communication, 13: 251–261.

Webb, Eugene et al. (1966): Unobtrusive Measures, Chicago. Dt.: Nichtreaktive Meßverfahren. Weinheim/Basel 1975.

Weber, Max (1911): Soziologie des Zeitungswesens, in: Verhandlungen des 1. Deutschen Soziologentages vom 19.–22. Oktober in Frankfurt a. M., Tübingen: 42–52. Neu abgedr. in: Alphons Silbermann (Hrsg.): Reader Massenkommunikation, Bd. 1. Bielefeld 1969: 34–41.

Weber, Max (1972): Wirtschaft und Gesellschaft, Köln/Berlin.

Weick, Karl E. (1968): Systematic Observational Techniques, in: Gardner Lindzey/Elliot Aronson (eds.) Handbook of Social Psychology, Vol. II, Reading/Mass.: 357–451.

Weier, W. (1968): Der Genitiv im Neuesten Deutsch Teil II. Das Vordringen der Genitiv-Verbindungen im heutigen Zeitungsdeutsch, in: Muttersprache, 78: 264–269.

Weinreich, Uriel (1959): A Rejoinder to Semantic Space Revisited, in: Word 15: 200–201.

Weinrich, Harald (1967): Semantik der Metapher, in: Folia Linguistica I: 3–17.

Weinrich, Harald (1972): Die Textpartitur als heuristische Methode, in: Deutschunterricht, 24, 4: 43–60.

Weiss, Hans-Jürgen (1976): Wahlkampf im Fernsehen. Untersuchungen zur Rolle der großen Fernsehdebatten im Bundestagswahlkampf 1972, Berlin.

Wells, Rulon (1961): A Measure of Subjective Information, in: Roman Jakobson: On the structure of Language and Its Mathematical Aspects (Proceedings of the 12th Symposium On Applied Mathematics), Providence: 237–244.

Weltner, Klaus (1964): Zur empirischen Bestimmung subjektiver Informationswerte von Lehrbuchtexten mit dem Ratetest nach Shannon, in: Grundlagenstudien aus Kybernetik und Geisteswissenschaften, 5: 3 ff.

Wember, Bernd (1976): Wie informiert das Fernsehen?, München.

Wernerus, T. (1965): Die Rolle der Massenmedien und die Bundestagswahl 1961. Diss. Universität Köln.

Wersig, Gernot (1968): Inhaltsanalyse. Einführung in ihre Systematik und Literatur, Berlin.

Wersig, Gernot (1980): Notizen zu einem kommunikationsorientierten Zeichenbegriff, in: Zeitschrift für Semiotik, 2: 261–266.

Weymann, Ansgar (1973): Bedeutungsfeldanalyse. Versuch eines neuen Verfahrens der Inhaltsanalyse am Beispiel Didaktik der Erwachsenenbildung, in: Kölner Zeitschrift für Soziologie und Sozialpsychologie, 25: 761–777.

Weymann, Ansgar (1973a): Zur Konzeption von politischer Bildung in der Erwachsenenbildung. Eine inhaltsanalytische Studie, in: Zeitschrift für Soziologie, 2: 182–203.

Weymann, Verena (1974): Das Bild des Verbrechens in den Massenmedien. Methodologische Probleme und eine empirische Untersuchung anhand von ausgewählten Zeitschriften. Sozialwissenschaftliche Diplomarbeit Universität Bielefeld.

White, Alice Mary (1949): A Study of Schizophrenic Language, in: Journal of Abnormal and Social Psychology, 44: 61–74.

White, Delos Franklin (1900): The American Newspaper, in: Annals of the American Academy of Political and Social Science, 16: 56–92.

White, Paul W. (1924): Quarter Century Survey of Press Content Shows Demand for Facts, in: Editor & Publisher, 57, 1: o. S.

White, Ralph K. (1944): Value-Analysis: A Quantitative Method for Describing Qualitative Data, in: Journal of Social Psychology, 19: 351–358.

White, Ralph K. (1947): Black Boy: A Value Analysis, in: Journal of Abnormal and Social Psychology, 42: 440–461.

White, Ralph K. (1949): Hitler, Roosevelt and the Nature of War Propaganda, in: Journal of Abnormal and Social Psychology, 44: 157–174.

White-Riley, Mathilda/Clarice S. Stoll (1968): Content Analysis, in: International Encyclopedia of the Social Sciences, 7, New York: 371–377.

Wickmann, Dieter (1969): Eine mathematisch-statistische Methode zur Untersuchung der Verfasserfrage literarischer Texte. Durchgeführt am Beispiel der „Nachtwachen" von Bonaventura mit Hilfe der Wortartübergänge, Köln/Opladen.

Wienold, Götz (1971): Textverarbeitung. Überlegungen zur Kategorienbildung in einer strukturellen Literaturgeschichte, in: Literaturwissenschaft und Linguistik, 1–2: 59–89.

Wiio, Osmo A. (1968): Readability, Comprehension and Readership, Tampere.

Wilcox, Delos F. (1900): The American Newspaper: A Study in Social Psychology, in: Annals of the American Academy of Political and Social Science, 16: 56–92.

Willey, Malcolm MacDonald (1926): The Country Newspaper: A Study of Socialization and Newspaper-Content, Chapel Hill/London.

Winkler, Peter (1979): Notationen des Sprechausdrucks, in: Zeitschrift für Semiotik, 1: 211–224.

Wittgenstein, Ludwig (1969): Tractatus Logico-Philosophicus. Logisch-philosophische Abhandlung, Frankfurt.

Wolff, Willi (1973): Ein Flußplan zur Beurteilung empirischer Untersuchungen, in: Zeitschrift für Pädagogik 19: 67–76.

Woodward, Julian L. (1930) Foreign News in American Morning Newspapers. A Study in Public Opinion, New York.

Woodward, Julian L. (1934): Quantitative Newspaper Analysis as a Technique of Opinion Research, in: Social Forces, 12: 526–537.

Wunderlich, Dieter (1969): Karl Bühlers Grundprinzipien der Sprachtheorie, Muttersprache, 79: 52–62.

Yngve, Victor H. (1960): A Model and A Hypothesis for Language Structure. Technical Report, 369 M.I.T., Cambridge/Mass.

Yule, George Udny (1944): The Statistical Study of Literary Vocabulary, Cambridge.

Zajonc, Robert Boleslaw (1954): Some Effects of „Space" Serials, in: Public Opinion Quarterly, 18: 367–374.

Zaninovich, M. George (1962): Pattern Analysis of Variables Within the International System: The Sino-Soviet Example, in: Journal of Conflict Research, 6: 253–268.

Zaninovich, M. George (1963): Pattern Analysis and Factor Analysis, in: Robert C. North/Ole R. Holsti/M. George Zaninovich/Dina A. Zinnes (1963): Content Analysis. A Handbook With Applications For the Study of International Crisis, Evanston/Ill.: 105–128.

Zetterberg, Hans L. (1973): Theorie, Forschung und Praxis in der Soziologie, in: Rene König (Hrsg.): Handbuch der empirischen Sozialforschung, Bd. 1, Stuttgart: 103–160.

Zimmermann, Ekkart (1972): Das Experiment in den Sozialwissenschaften, Stuttgart.

Zimmermann, Walter (1928): Die englische Presse zum Ausbruch des Weltkrieges, Berlin.

Zipf, George Kingsley (1932): Selected Studies of The Principle of Relative Frequencies in Language, Cambridge.

Zipf, George Kingsley (1949): Human Behavior and the Principle of Least Effort, Cambridge (^{2}1965).

Züll, Cornelia/Peter Ph. Mohler/Alfons Geis (1991): Computerunterstützte Inhaltsanalyse mit TEXTPACK PC, Stuttgart.

Züll, Cornelia/Peter Ph. Mohler (Hrsg.) (1992): Textanalyse, Opladen.

Personenregister

Adam, Gerhard 153
Albig, William 39, 56, 152 f.
Albrecht, Günter 111, 115 f., 154,
Albrecht, Horst 142,
Albrecht, Milton C. 111, 155,
Alemann, Heine von 325
Allerbeck, Klaus 97
Allport, Gordon W. 211
Anderson, Louis 157
Angell, Robert C. 115
Anschütz, Herbert 185, 188
Arbeitsgruppe Bielefelder Soziologen 87, 335
Argyle, Michael 277, 338
Armstrong, Robert Plant 154,
Aronson, Elliot 153 f., 206
Asheim, Lester E. 152, 154
Atkinson, John W. 203, 206
Attneave, Fred 185
Aufermann, Jörg 152, 154, 156
Auld, Frank W. 44, 112, 155, 202, 212, 277 f.
Auster, Donald A. 152, 154, 255
Austin, Garry R. 156

Bachem, Rolf 270
Backman, Karl W. 292
Baldwin, Alfred L. 44, 155, 157, 211
Bales, Robert F. 34, 44, 99, 101, 120, 155, 262 ff., 266, 277, 340
Barcus, Francis Earle 43, 47 f, 76,101, 152, 154 f., 173 f.
Barron, Milton L. 154
Barton, Allen H. 98
Batlin, Robert 233
Beale, John 268
Becker, Samuel L. 155
Bense, Max 62
Bente, Gary 338
Bentele, Günter 63
Berelson, Bernard 14, 42 f., 47 ff., 54 ff., 75, 92, 112 ff., 129, 147, 155, 172, 174 f., 257, 268, 277, 282, 289, 333
Berger, Peter L. 85, 257
Berghaus, Margot 152 f.
Berkman, Dave 347
Bernstein, Basil 139
Berry-Rogghe, Godelieve L. M. 340, 343
Besozzi, Claudio 46, 109
Bessler, Hansjörg 14, 47, 155, 254
Betzner, Jean 211

Beutel, Peter 324, 331
Birdwhistell, Ray 338
Blalock, Hubert M. 46, 281, 289, 293, 295, 325
Bleyer, Willard G. 51 f., 108, 174, 178, 227
Boder, David P. 136 f., 211, 243
Böhm, Stephan 188
Böltken, Ferdinand 292, 300
Boom, Holgervanden 60
Borgatta, Edgar F. 266
Borko, Harold 339
Bormuth, John r. 182 ff., 243
Bortz, Jürgen 252
Bos, Wilfried 47, 252, 339, 351
Bradshaw, Franklin R. 43
Brähler, Elmar 278 ff., 344
Brandner, Lowell 152, 154
Braune, Paul 252
Breuer, Dieter 70, 82, 270
Brewer, Richard K. 129
Briest, Wolfgang 182
Brosius, Gerhard 324, 331
Brown, Penelope 268
Bryan, Sam Dunn 182
Budd, Richard W. 76, 152 f., 285
Bullock, Robert K. 171
Bulmer, Martin 50
Bürmann, G. 130
Büschges, Günter 289
Busemann, Adolf 135, 137
Bush, Chilton R. 99, 101, 171
Bystrina, Ivan 63

Campbell, Donald 303
Carroll, J. B. 130, 136
Carter, Roy E. 290
Cartwright, Dorvin P. 48
Chall, Jeanne S. 176 ff., 180 f., 243 ff.
Champion, Dean J. 154, 174
Cherry, Colin 93
Chomsky, Noam 69, 133, 139, 142
Chotlos, John W. 134 ff.
Cicourel, Aaron 87, 92
Clarke, Peter 45
Coats, Wendell J. 286
Crabbs, L. M. 176, 178, 245
Craig, Robert T. 308

Dakin, Ralph E. 262
Dale, Edgar 39, 153, 176 ff., 180 f., 243 ff.

Danielson, Wayne A. 182, 282
Davis, F. James 155, 290
Day, Fay 43, 48, 152
DeCharms, Richard 206
Deese, J. 139
Deetjen, Gottfried 198 f., 229
Deichsel, Alexander 46 f., 152, 154, 336, 339 f., 343
Delgado, M. J. 155, 172, 260
DeWeese III, Carroll L. 344
Dewey, Godfrey 124
Dibble, Vernon K. 56, 111, 115 f.
Dickson, William J. 42
Dietrich, Rainer 66, 341
Dijk, Teun A. van 70, 73, 119
Dittmann, Allen T. 280
Dittmar, Norbert 139, 144
Dohrendorf, Rüdiger 336
Dollard, John 45, 136, 155, 200 ff., 206, 212, 277 f.
Donohew, Lewis 246
Doob, Leonhard W. 155
Dovring, Karen 36, 222
Drewek, Raimund 349

Eco, Umberto 65
Eggan, Dorothy 155, 212, 217
Ehlich, K. 338
Ekman, Paul 46, 280
Elliott, Lois L. 252
Emig, Elmer 154
Ertel, Suitbert 199, 219 ff., 252
Escher, Ronald 152, 154
Esser, Hartmut 88, 93
Etzioni, Amitai 318

Fadner, Raymond H. 110, 155, 230 ff.
Fairbanks, H. 136 f.
Farr, James J. 181
Fasold, Ralph D. 145
Fechner-Gutjahr, B. 108, 243
Fillmore, Charles J. 71, 337
Fischer, Gerhard H. 312
Fischer, Hardi 252
Fischer, Walter L. 124, 185
Fisher, R. A. 42
Fiske, Marjorie 152, 154, 156
Flesch, Rudolf 110, 176 ff., 243 ff.
Foltin, Hans-Friedrich 155, 260
Fox, Harland G. 181
Frank, Helmar 130, 185 f., 188
Frank, Robert S. 152 f.
Fraser, Colin 268
Freud, Sigmund 35, 202, 211, 216

Frey, Robert Scott 344
Frey, Siegfried 338
Friedrichs, Jürgen 47 f., 75, 92, 263, 314
Friesen, Wallace V. 280
Früh, Werner 47, 153, 176, 243 f., 337
Fucks, Wilhelm 39, 124 ff., 127, 129
Fühlau, Ingunde 65, 333
Funkhouser, G. Ray 309

Gäng, Peter 185
Gansen, Petra 152 f.
Gardin, Jean-Claude 188
Gardner, Leroy W. 152 f.
Garraty, John A. 154
Garth, Thomas 39
Geckeler, Horst 146
Geis, Alfons 345
Geller, A. 283
George, Alexander L. 34, 44, 50, 113 ff., 151, 155, 234 f.
Gerbner, George 101, 154 f., 353
Giegler, Helmut 336, 348
Gies, Heinz 152, 154
Gillie, Paul J. 182
Ginglinger, Genevieve 193
Gleser, Goldine C. 155, 199, 206 ff., 210
Gliemann, Rainer 280
Glinz, Hans 49, 68, 81, 133, 188
Goldman-Eisler, Frieda 246
Gottschalk, Louis A. 155, 199, 206 ff., 210, 212, 218
Götz, Markus 152 f.
Greiner, Peter 155, 199, 235, 253, 268
Grimm, Hannelore 139, 144
Grobe, Bernd 156
Groebel, Jo 154, 353
Groeben, Norbert 222, 246, 270, 333
Großmann, Brit 353
Guback, Thomas H. 152, 154.
Guidette, Christopher 233
Gülich, Elisabeth 54, 146
Günther, U. 222

Hall, Calvin S. 36, 155, 199, 211 f., 214 ff.
Hall, Edward T. 338
Hard, Gerhard 164, 174
Harder, Theodor 48, 156, 272, 292
Hare, A. P. 267
Harris, Huntington 155
Harris, Zellig S. 145
Hart, Hornell 38, 40, 109 f., 152 f., 228 f., 306
Hartmann, Heinz 48
Harway, Norman I. 280, 343, 346, 348
Haseloff, Otto Walter 156, 272 ff.

Personenregister 399

Haskins, Jack B. 174
Hatch, David L. 155, 290
Hatch, Mary L. 155, 290
Hayes, Patricia 181
Hays, David G. 45
Heise, David R. 251 f.
Herdan, Gustav 107, 124, 136 f.
Herkner, Werner 47, 53, 75 f., 154, 225
Herrmann, Theo 314
Herzog, Herta 152, 154
Hewes, Dean 97
Hoffmann, Hans-Joachim 270
Hofstätter, Peter 247, 249, 252
Holsti, Ole R. 49, 57, 76 f., 98, 101, 129, 199, 306 f. 309, 333
Holzer, Horst 102, 153
Hopf, Christel 50
Horton, O. 79
Hund, Wulf D. 52 f.
Hurwitz, L. 233
Hüther, Jürgen 150

Iker, Howard P. 343, 346, 348
Inglis, Ruth A. 111 f.

Jaffe, J. 138
Janes, Robert W. 170 f.
Janis, Irving L. 48, 110, 155, 230 ff., 305, 309
Janowitz, Morris 41, 43, 48
Johannsen, Uwe 272
Johnson, Stephen C. 164
Johnson, Wendell 130, 136 f., 135 ff., 145, 218
Jones, Dorothy B. 152 f.
Jones, E. Terrence 260
Jones, Robert L. 282, 290
Jörg, Sabine 335
Jorns, Uli S. 338

Kaeding, Friedrich Wilhelm 39, 124
Kagelmann, H. Jürgen 152, 154 f.
Kalin, Rudolf 154
Kaplan, Abraham 48, 74, 283
Katz, Elihu 269
Kearl, Bryant E. 178
Kegel, Gerd 145
Keiler, Peter 221 f.
Kellerer, Hans 284
Kepplinger, Hans Mathias 118, 154 f., 243, 270 f., 352
Kern, P. 119
Kingsbury, Susan M. 38, 40, 109 f., 228 f.
Kingston, A. J. 244
Kintsch, Walter 70
Klamandt, Gerd 236

Klare, George R. 176
Klein, Harald 345
Klein, Malcolm W. 152, 154
Klein, Wolfgang 66, 341
Klingemann, Hans D. 339
Koch, Walter A. 146
Koller, Gerhard 129
Köller, Wilhelm 63
Kollmer, Jochen 336
Kops, Manfred 281, 285, 291 f., 300 f., 339
Koszyk, Kurt 153, 155, 255
Kottwitz, Gisela 153, 155
Kracauer, Siegfried 50
Krallmann, D. 129
Krippendorff, Klaus 14, 45 ff., 50, 59, 161, 237, 283, 303 f., 308, 312, 333, 339, 341 f.
Kris, Ernst 42
Kriz, Jürgen 47 f., 57 f., 65, 75, 84, 91, 119, 161, 165, 173, 281, 293, 295, 307, 309, 325
Kroeber-Riel, Werner 270
Kromrey, Helmut 96
Kuchenbuch, Thomas 153
Küchler, Manfred 339
Kühn, Wolfgang 339
Kuttner, Heinz Georg 47 f., 335

Labov, William 139, 144 f.
Laffal, J. 155
Lang, Gladys Engel 152, 154
Lang, Kurt 152, 154
Langeheine, Rolf 236, 339
Langer, Inghard 244
Lanoue, David J. 337, 354
Lasswell, Harold D. 40 ff., 48, 51 f., 56 ff., 74, 76, 83, 108, 113, 146, 150, 154, 194, 222, 225 ff., 253 ff., 277, 283, 305
Lauter, Josef 129, 135, 137
Lazarsfeld, Paul Felix 14, 42 f., 46 ff., 53, 57, 80, 98, 153, 339
Leithäuser, Thomas 335
Lenz, Walter B. 187
Lerner, Daniel 41
Leventhal, H. 338
Levinson, Michael 129
Link, Jürgen 49, 62, 70
Lisch, Ralf 47 f., 57 f., 65, 75, 84, 91, 119, 165 ff., 173, 198, 307, 309,
Lorenz, Lothar 130
Lotman, Jurij M. 146
Lowenthal, Leo 154
Luckmann, Thomas 85, 257
Lüger, Heinz-Helmut 145
Luhmann, Niklas 46, 76 , 79, 82, 92, 269, 337

Lütke-Bornefeld, Peter 289
Lutoslawski, Wincenty 124
Lynch, Mervin D. 199

Mahl, George F. 45, 112 f., 138, 277
Mahle, Walter A. 287
Maletzke, Gerhard 48
Mandelbrot, Benoit 124, 138
Mann, M. B. 136
Manz, Wolfgang 44, 266
Markoff, John 202, 206, 217
Marsden, Gerald 50, 155, 164, 211, 277 f., 281
Martel, Martin U. 258 f.
Maser, Siegfried 185
Matarazzo, Joseph D. 278
Matter, Gray 344
Matthes, Joachim 93
Mayntz, Renate 47, 92, 317 f.
McCall, W. A. 176 ff., 245, 258 f.
McClelland, David C. 120, 155, 199, 202 ff., 206
McGranahan, Donald V. 50
McGuire, William J. 46
McKay, Donald M. 65, 81
McQuail, Denis 152 f.
Meier, Georg F. 164 f.
Merdian, Franz 335
Mergenthaler, E. 340
Merkens, Hans 266
Merten, Klaus 17, 35, 43, 46, 53, 58, 76, 78 f., 82, 84, 96, 118, 150, 152 ff., 172 f., 175, 187, 225, 240 f., 269, 272, 277, 290 f., 301, 310, 326 f., 331, 333 f., 336, 348, 351 ff.
Merton, Robert King 152, 154
Messick, Samuel J. 251
Meyer, Laura 35
Meyer-Eppler, W. 129
Middleton, Russell 154
Miller, George A. 244
Mintz, Alexander 290
Mittenecker, Erich 130 ff., 138
Mochmann, Ekkehart 46 f., 58, 129, 339, 342 ff.
Möckelmann, Jochen 270
Moeller, Gerald H. 206
Mohler, Peter Ph. 345
Möhring, Peter 280
Morris, Charles 41 f., 61 f., 64, 75, 93
Morton, Andrew Q. 129
Mosteller, F. 128
Mowrer, O. Hobart 136, 155, 200, f., 206, 277
Mueller, Ernst F. 155, 199, 235, 253, 268

Mulkey, Steve M. 286
Murray, Edward J. 199, 202, 207, 277

Nafziger, Ralph O. 43,
Namenwirth, Zvi 255 ff.
Nath, Detlef W. 340, 343
Nattiez, Jean Jaques 61 f.
Nauck, Bernhard 100 f., 152 f., 162 f., 305, 318
Neuber, Wolfgang 152
Nixon, Raymond B. 128, 233
Noelle-Neumann, Elisabeth 271
North, Robert C. 45, 306
Nunnally, Jum 262

O'Donnell, Bernhard 129
Oevermann, Ulrich 139
Ogden, Charles Key 61, 64 f., 81
Ogilvie, Daniel M. 155, 234
Ohlström, Bo 261
Oller, J. W. jr. 105
Olsen, Mark 349
Opp, Karl-Dieter 317, 339
Osgood, Charles Egerton 44 ff., 51 f., 92, 108, 112, 122, 154 f., 157 f., 161 f., 164 f., 194 ff., 229, 234, 246 f., 250 ff., 254, 284
Overbeck, Annegret 280

Pahl, Arne D. 153
Paisley, William J. 125, 128 f.
Parker, Edwin B. 309
Parsons, Talcott 263
Peirce, Charles Sanders 61 ff., 65
Petöfi, Janos S. 70, 188
Pittenger, Robert E. 278, 280, 338
Pollock, John 233
Pool, Ithiel de Sola 41, 44 f., 50
Posner, Roland 84, 237
Powers, Richard D. 181, 292
Prakke, Henk 105, 119
Pratt, F. 124
Psathas, George 155

Raible, Wolfgang 54, 146
Reckziegel, Walter 129
Reichwein, Regine 139
Reschka, Willibald 277
Richards, Ivor A. 61, 64 f., 81
Rieck, Bert-Olaf 144
Riedel, Harald 186
Ritsert, Jürgen 47, 50, 57
Robinson, W. P. 246
Roethlisberger, F. J. 42
Rohland, Lutz 340, 343
Rosenberg, Milton J. 152, 154

Rost, Jürgen 339
Rothman, Robert A. 154
Rühl, Manfred 50
Ruhrmann, Georg 43, 153, 336 f., 354 f.
Rust, Holger 50
Rustemeyer, Ruth 333

Saile, Günter 145
Salter, Patricia 112, 139, 155, 172, 257
Salzinger, Kurt 246, 253
Saporta, Sol 154, 188
Saslow, George 278
Saussure, Ferdinand de 61
Schaaf, Michael 153
Schäfer, Renate 188
Schatz, Heribert 152
Schatz, Kurt 188
Schenkel, Helmut 236
Scherer, Klaus 277, 335, 338
Scheuch, Erwin K. 48, 340
Schlismann Annemarie 136
Schlosser, Otto 164, 339
Schmidt, Siegfried J. 70, 82, 85, 335, 339
Schmitt, Michael-Andreas 152 f.
Schneidman, Edwin S. 197, 364, 368
Schöfer, Gerd 155, 208 ff.
Scholl, Armin 334
Schönbach, Klaus 27, 152, 154, 156, 238 f., 261, 285, 336, 339
Schrader, Achim 314
Schramm, Wilbur 40, 75, 76
Schröder, Hermann-Dieter 29, 155, 240
Schrott, Peter R. 337, 354
Schulz, Winfried 47, 152 f., 156, 260 f., 287 f., 305
Schütte, Dagmar 152, 336, 351
Schütz, Alfred 87
Schütz, Walter J. 287
Schutz, William C. 101, 307, 309
Schütze, Fritz 93, 335
Scott, William A. 307 f. 330
Sebeok, Thomas A. 154, 164, 188
Sebstrup, Preben 272
Sedelow, Sally Ytes 129
Sedelow, Walter A. 129
Seidenstücker, E. 277, 280
Seidenstücker, G. 277, 280
Seiler, Heinrich 266
Shannon, Claude E. 44, 75, 185
Sharp, E. 338
Shepard, David W. 152, 154, 229
Sherman, Lewis S. 39, 124
Shue, Audry M. 153, 172
Siegel, Arthur I. 182

Siegel, Estelle 182
Silbermann, Alphons 47 f., 153
Smith, Dorothy 257
Smith, Marshall S. 369
Smythe, Dallas W. 152, 154
Snider, James G. 250 ff.
Sodeur, Wolfgang 101
Speed, Jno. Gilmer 37 f., 101, 116 ff., 146, 150 f.
Speier, Hans 42
Spiegelman, Marvin 99, 100, 152, 154, 257, 308 f.
Spolsky, Ellen 164
Sprachbarrieren 142
Staab, Joachim Friedrich 352
Stalnaker, Robert C. 105
Stanton, Frank N. 42
Starck, Kenneth 255
Starkweather, John A. 278, 280
Stein-Hilbers, Marlene 155, 260
Stempel, Guido H. 309
Stephenson, Richard 154
Stetter, Christian 60
Stevens, S. S. 96 f.
Stewart, Milton D. 156, 256, 309
Stoklossa, Paul 38, 146, 148 f.
Stone, Philip J. 45, 336, 340 f.
Storll, Dieter 29, 155, 240
Straßner, Erich 153
Strupp, H. H. 280
Swanson, Charles E. 181
Switalla, B. 338

Taeuber, Irene B. 290
Tannenbaum, Percy H. 129, 152 f., 156, 252
Tarnai, Christian 47, 252, 339, 351
Tausch, Reinhard 244
Taylor, Wilson L. 45, 182, 243 ff.
Teichert, Will 79
Teigeler, Peter 270
Teipen, Petra 96, 331, 334, 352 f.
Tenney, Alvan A. 38
Tesniére, Lucien 69
Thiele, Joachim 129
Thorndike, Edward Lee 176, 190
Thun, Friedemann Schulz von 243
Tiemann, Rainer 343
Tiemens, Robert K. 243
Tillmann, Hans Günther 46, 188
Titzmann, Michael 19, 49, 54, 70, 119, 146, 188 f.
Troldahl, Verling C. 282
Turner, Lester W. 290

Ulze, Harald 155, 172
Ungeheuer, Gerold 46, 49, 188

Vater, H. 188
Vowinckel, Gerhard 152, 154

Wallace, D. L. 128
Wallach, M. S. 280
Wang, Kai 255
Waples, Douglas 42 f., 152 f.
Watzlawick, Paul 46, 76, 92, 257
Wayne, Ivor 152 f., 255
Weaver, Warren 244
Webb, Eugene 91
Weber, Max 38 f., 108
Weingarten, Elmar 50
Weinreich, Uriel 252
Weinrich, Harald 81, 133 ff., 144, 182, 244
Weiss, Hans-Jürgen 152
Wells, Rulon 185
Weltner, Klaus 188
Wember, Bernd 152 f.
Wersig, Gernot 47 f., 60

Weymann, Ansgar 164
White, Ralph K. 132, 155, 190 ff.
Wickmann, Dieter 135 f.
Wienold, G. 80
Wiio, Osmo A. 26, 176, 244, 246 f.
Wilcox, Delos F. 38
Wilkens, Claus 287
Willey, Malcolm Mac Donald 38, 102, 104 f., 146, 148, 152, 154
Wilson, G. W. 45, 211
Wolff, Willi 314
Woodward, Julian L. 38, 40, 42, 152 f.
Würzberg, Gerd 155, 260

Yngve, Victor H. 145 f., 182 f.
Yule, George Udny 36, 121 ff., 128 f.

Zaninovich, M. George 174
Zenz, H. 344
Zetterberg, Hans L. 312
Zimmermann, Ekkart 311
Zipf, George Kingsley 19, 39, 124, 176
Züll, Cornelia 345

Sachregister

Affektanalyse 206 ff.
Aktualität 239 f., 256, 260, 280 f.
Analyse-Einheit (recording unit) 281 ff.
Assoziationsanalyse, siehe Kontingenzanalyse
Assoziationsmaße, statistische 323 f.
Assoziationsstrukturanalyse, siehe Bedeutungsfeldanalyse
Aufmerksamkeit 83
Aufmerksamkeitsanalyse 154, 223, 225 ff.
Aussenvalidierung, siehe Gültigkeit
Auswahleinheit (sampling unit) 149, 208, 253, 281 ff.
Autorenanalyse 24 f., 64, 107, 116, 121, 124 ff.

Bedeutung als selektiver Prozeß 71, 81 ff.
Bedeutung, denotative 64 ff.
Bedeutung, konnotative 64 ff.
Bedeutungsfeldanalyse 146, 164 ff.
Begründungszusammenhang 314 ff.
Beobachtung als Erhebungsinstrument 86 ff., 333 f.
Beschreibung, siehe Deskription
Bewertung 21 ff., 26, 194 ff., 223 f., 231 f., 253 ff.
Bewertung, eigene 27 f.
Bewertung, fremde 27 f.
Bewertungsanalyse 27 f., 33 f., 45, 50 ff., 94, 103 f., 223, 227 ff., 252
Bewertungsintensität 41, 52, 150

Cloze procedure 221 f., 242 ff.

Codierung
- bimodale 326 ff.
- Code 95
- Codierbuch, Entwicklung 105, 319 ff.
- Codiererkontrolle 303 ff., 325 f.
- Kommentar zum Codierbuch 319 f., 322, 325 f.
- Mehrfachcodierung 102

Coefficient of imbalance 110, 229 ff.

Datenanalyse 319, 326, 331 ff.
Datenerhebung 325 f.
Dependenzgrammatik 69
Deskription 16 ff., 19 f., 37 f., 53 ff., 120, 333
Discomfort-relief-quotient 136, 200 ff.
Diskriminationsanalyse 223 f., 236 ff.
Dogmatismusanalyse 186, 211, 218 ff.

Einstellungsanalyse 25 ff., 51, 55, 193 ff.
Entdeckungszusammenhang 314 ff.
Erhebung, siehe Datenerhebung
Erhebungseinheit 281 ff.
Erhebungsinstrument, sozialwissenschaftliches 85 ff., 92 ff., 333 ff.
Erwartungswert, statistischer 166
Evaluative assertion analysis 121, 193 ff.

General Inquirer 45, 329
Grundgesamtheit 281 ff.

Gültigkeit
- Aussenvalidierung 118, 311
- externe 302, 310 ff.
- interne 303 ff.
- logische 311
- und Mehrfachcodierung 102
- und Objektivität 26 f., 49 f., 53 f.
- Sample-Gültigkeit 311

Homograph 66
Homomorphie 96
Homonym 66 f., 338 f., 341 f.

Hypothesen
- Aufstellen von 316 f.
- deduktive 110, 316 f.
- induktive 110, 316 f.
- Operationalisierung von 317 ff.
- Test von 115 ff.

Identifikation 84
Identifikator 320
Indexbildung 27 ff., 109 ff., 318
Indikator 104, 318
Inferenz, inhaltsanalytische 16, 23 ff., 33, 35 f., 41, 44 ff., 54 ff., 110 ff., 115 f., 139, 333 f., 338, 351
Inferenz, statistische 289
Information 66, 82 f., 104 f., 153, 184 f.
Inhalt, siehe Text

Inhaltsanalyse
- Begriff 14 ff., 43
- Definition 15 f., 23, 47 f., 56 ff.,
- deskriptive, siehe Deskription
- Gegenstand der 14 ff.
- Geschichte der 35 ff.
- inferentielle, siehe Inferenz
- Methoden der, siehe Verfahren
- Methode oder Modell 16 ff., 48 f.

- Mittel der 16 ff., 76 f., 119 ff.
- Modelle der 333 ff.
- qualitative 51 ff., 93 ff.
- quantitative 50 ff., 93 ff.
- Textanalyse als, siehe Textanalyse
- Typologie der 34, 119 ff.
- Ziel der 15 f., 23 ff., 54 f., 76 ff., 119

Input-Output-Analyse 223 ff., 235 ff.
Instrument, siehe Erhebungsinstrument
Instrumentalmodell 44, 106 ff.,112 ff.
Intensität von Bewertungen, siehe Bewertung
Intention 82, 174 f., 266 f.
Intentionsanalyse 55 f., 147, 267
Interaktionsprozeßanalyse 33 f., 44, 85, 91, 95, 261 ff.
Intercoderreliabilität, siehe Zuverlässigkeit
Interpret, siehe Zeichen
Interpretant, siehe Zeichen
Interpretation 49, 79, 81, 92 f., 175 f., 313
Interview als Erhebungsinstrument 56, 87, 89 ff., 190, 334
Interviewanalyse 121, 261, 275 ff., 333 f.

Kategorien 19 ff., 24 f., 33, 37 f., 41, 45, 51, 146 ff., 213, 319 ff.
- a posteriori 346 f.
- a priori 339 f.
- geschlossene 99
- Kriterien für 98 f.
- offene 99 f.

Klassen 63
Kommentar 159, 104 f., 223, 236 ff.
Kommentation 84, 104 f., 154

Kommunikation
- Analyse 73 ff., 84, 349 ff.
- als Gegenstand der Inhaltsanalyse, siehe Interviewanalyse
- Kontrolle 344
- Modelle der 14 ff., 73 ff.

Kommunikator 15 ff., 23 f., 71 ff., 79 ff., 119 ff., 135 ff., 146 ff., 175
Kommunikatoranalyse 24 ff., 29 ff., 37 f., 44, 55, 58, 115 ff., 123 ff., 135 ff.,146 ff., 175 ff.,190 ff., 266 ff.
Komplexitätsanalyse, syntaktische 121, 133, 139 ff.
Komplexitätsindex von Texten 142 f.
Konfidenzintervall 294 ff.
Konstruktivismus 82
Kontext 15 f., 23, 37, 50 f., 59, 64 ff., 70 ff., 87, 93, 243, 333

Kontexteinheit (context unit) 281 ff.
Kontigenzanalyse 44 f., 101, 112, 121, 126, 146, 157 ff.
Kontrollhypothese, siehe Instrumentalmodell

Latenter Inhalt, siehe Manifester Inhalt
Leistungsmotivation, Analyse von 204 ff.
Lesbarkeit 106, 109 f., 177
Lesbarkeitsanalyse, frequentielle 121, 144, 175 ff., 182 ff.
Lesbarkeitsanalyse, strukturelle 182 ff.
Leseinteresse 178
Leseschwierigkeit 176

Manifester Inhalt 15 f., 35, 48, 56 f., 59, 75, 92
Manifester Inhalt vs. latenter Inhalt 49, 57, 87, 216
Manipulation 240
Massenkommunikation 15, 39, 42, 58 f., 79 ff., 155, 300
Meinung, siehe Kommentar
Meinung, Trennung von Nachricht und 223 f., 236 ff.
Merkmal 95 f., 116 ff., 125, 150, 211, 219, 290, 351
Messen 95 ff.
Meta-Aussage 71, 78 ff., 84, 187, 223 f., 236 f., 252
Methoden der Inhaltsanalyse, siehe Verfahren
Metonymie 68
Motivanalyse 45, 121, 136, 155, 199 ff., 210 ff.

Nachricht 153, 223 f., 236 ff., 260
Nominalanalyse 188
Normalverteilung 292 ff., 267, 272
Notation 14, 16, 46, 49, 73, 338 ff.

Objektivität der Analyse, siehe Gültigkeit
Objektivitätsanalyse 26 ff., 110, 122, 146, 150 f., 155, 190, 193, 199, 222 ff., 239 ff.
Objektivitätsindex 27 ff.

Persönlichkeitsstrukturanalyse 44, 55, 124 f., 129 ff., 137 f., 199, 210 ff.
Phrasenstruktur 68 f.
Polaritätenprofil, siehe Semantisches Differential
Polysem 66, 71
Pragmatik 42, 63 ff.
Pragmatische Analyse 25 f., 30 ff., 49 ff., 57, 64, 82, 92 ff., 101 f., 175 ff., 186 ff., 242 ff., 266 ff.

Sachregister 405

Praxis der Inhaltsanalyse 314 ff.
Pretest 325
Propaganda-Analyse 34, 40, 44 f., 55 f., 113, 234 f., 244 f.
Proposition 68
Publizität 241, 261

Qualitative Analyse 39, 45 f., 50 ff.
Quantitative Analyse 19, 35 ff., 39 f., 45 f., 50 ff.

Reaktivität 87 ff., 92 ff., 175, 308 f.
Recording unit 281 ff.
Referent, siehe Zeichen
Referenz, siehe Zeichen
Reflektionsanalyse 55 f.
Reflexionshypothese, siehe Repräsentationsmodell
Reflexivität 78 ff., 269
Relevanz 30, 53, 73, 82, 269
Reliabilität, siehe Zuverlässigkeit
Repräsentationsmodell 44, 111 ff., 169
Repräsentationsschluß 280 ff., 292 ff.
Repräsentativität, siehe Stichprobe
Resonanzanalyse 65, 147, 269, 271 ff.
Rezipient 15, 17, 23, 25, 29 ff., 39, 49 f., 55 f., 58, 64, 71 ff., 82 ff., 95, 119 ff.
Rezipientenanalyse 123, 132, 139 f., 169, 184 ff., 242 ff., 267 ff.
Rhetorische Analyse 269

Sample, siehe Stichprobe
Satz 19, 24, 26, 45, 68 ff., 110 f., 133 ff., 139
Satzgliedstruktur 142
Satztiefe, durchschnittliche 183 f.
Schließen, siehe Inferenz
Selektivität 46, 50, 64, 81 ff., 156, 223, 236, 256, 239 f.
Semantik 42, 49, 63 ff.
Semantische Analyse 19, 21, 24 f., 34, 49, 57 f., 60 ff., 133 ff., 145 ff., 169
Semantisches Differential 30 ff., 37, 187, 242, 247 ff.
Semiotik 32, 42, 50, 60 ff.
Semiotische Analyse 60 ff.,
Semische Analyse 145
Sensation 104, 109 f.
Signifikant, siehe Zeichen
Signifikanz, statistische 19, 42, 159 ff., 294 ff., 323
Signifikat, siehe Zeichen
Sinn 30, 49, 66, 71, 81 ff.
Skalen 30, 40, 51 f., 95 ff.
Sprachstrukturanalyse 139, 142 f. 144 f.

Standardfehler 159 ff.
Stichproben
- bewußte Auswahl von 283 ff.
- Definition von 42, 45, 321 ff.
- Grundgesamtheit und 281 ff.
- repräsentative 281 ff.
- Umfang von 297 ff.
- Wahrscheinlichkeitsauswahl von 287 ff.
- willkürliche Auswahl von 283 f.
Stilanalyse, siehe Autorenanalyse
Struktur von Sätzen 139 ff.
Struktur von Sprache 139
Strukturelle Objektivitätsanalyse 239 ff.
Strukturelle Lesbarkeitsanalyse 182 ff.
Symbol (siehe auch Zeichen) 40 f., 44 f., 65, 74, 95
Symbolanalyse 34, 40 f., 108, 113, 118, 121, 146, 150 f., 187, 190, 252 ff.
Synonym 23, 66 ff., 338 f.
Syntaktik 63 ff.
Syntaktische Analyse 19, 23, 26, 32 ff., 49, 57, 60 ff., 69, 121 f., 123 ff., 132 ff., 139 ff., 175 ff., 186

Test einer Hypothese siehe Hypothese, Test
Test eines Instruments, siehe Pretest
Text 14 ff., 29, 44 ff., 54, 60, 70 ff., 82 ff., 90 ff.
- Analyse 14 f., 19 ff., 44 ff., 54, 56, 60, 71 ff., 133, 146, 188 ff., 272
- Kontext, siehe Kontext
- nonverbal 125, 129, 155, 186, 224, 235, 239, 276
- Partitur 133 ff., 144
- Tiefe eines 182 ff.
Textanalyse, siehe Text und Deskription
Textanalyse, strukturelle 146, 188 ff.
Themenanalyse 19 ff., 25, 51, 64, 67, 98 ff., 113, 118, 121 f., 146 ff., 169 ff.
Transformationsgrammatik 69 f.
Traumanalyse 34 f., 155, 211 ff., 251
Trendanalyse 17, 24, 37 f., 55 f., 114 f., 150 ff., 169, 173 f., 201, 251
Typologie inhaltsanalytischer Verfahren 119 ff.

Validität, siehe Gültigkeit
Variable 95 ff., 115 f.

Verfahren der Inhaltsanalyse
- Affektanalyse 206 ff.
- Assoziationsanalyse, siehe Kontingenzanalyse

- Assoziationsstrukturanalyse 146, 164 ff.
- Auffälligkeitsanalyse 184 f.
- Aufmerksamkeitsanalyse 154, 223, 225 ff.
- Autorenanalyse 24 f., 64, 107, 116, 121, 124 ff.
- Bedeutungsfeldanalyse 146, 164 ff.
- Bewertungsanalyse 27 f., 33 f., 45, 50 ff., 94, 103 f., 223, 227 ff., 252
- Cloze procedure 221 f., 242 ff.
- Coefficient of imbalance 110, 229 ff.
- Deskriptive Analyse, siehe Deskription
- Discomfort-Relief-Quotient 200 f., 136
- Diskriminationsanalyse 223, 236 ff.
- Diskursanalyse 145
- Dogmatismusanalyse 186, 211, 218 ff.
- Einstellungsanalyse 25 ff., 51, 55, 193 ff.
- Elektronische Inhaltsanalyse 45 ff., 334 ff.
- Evaluative assertion analysis 121, 193 ff.
- Input-Output-Analyse 223 f., 235 ff.
- Intentionsanalyse 55 f., 147, 267
- Interaktionsprozeßanalyse 33 f., 44, 85, 91, 95, 261 ff.
- Interviewanalyse 121, 261, 275 ff., 342 f.
- Kommunikatoranalyse 24 ff., 29 ff., 37 f., 44 f., 55, 58, 115 ff., 123 ff., 135 ff., 146 ff., 175 ff., 190 ff., 266 ff.
- Komplexitätsanalyse, syntaktische 121, 133, 139 ff.
- Kontingenzanalyse 44 f., 101, 112, 121, 126, 146, 157 ff.
- Lesbarkeitsanalyse, frequentielle 121, 144, 175 ff., 182 ff.
- Lesbarkeitsanalyse, strukturelle 182 ff.
- Motivanalyse 45, 121, 136, 155, 199 ff., 210
- Nominalanalyse 188
- Objektivitätsanalyse 26 ff., 110, 122, 146, 150 f., 155, 190, 193, 199, 222 ff., 239 ff.
- Persönlichkeitsstrukturanalyse 44, 55, 124 f., 129 ff., 137 f., 199, 210 ff.
- Polaritätenprofil, siehe Semantisches Differential
- Pragmatische Analyse 25 f., 30 ff., 49 ff., 57, 60, 82, 92 ff., 101 f.,175 ff., 186 ff., 242 ff., 266 ff.
- Propaganda-Analyse 34, 40, 44 f., 55 f., 113, 234 f.
- Resonanzanalyse 64, 147, 269, 271 ff.
- Rezipientenanalyse 123, 132, 139 f., 169, 184 ff., 242 f., 267 ff.
- Semantische Analyse 19, 21, 24 f., 34, 49, 57 f., 60 ff., 133 ff., 145 ff., 169
- Semantisches Differential 30 ff., 37, 187, 242, 247 ff.
- Semiotische Analyse 60 ff.
- Stilanalyse, siehe Autorenanalyse
- Symbolanalyse 34, 40 f., 108 f., 113, 118, 121, 146, 150 f., 187, 190, 252 ff.
- Syntaktische Analyse 19, 23, 26, 32 ff., 49, 57, 60 ff., 69, 121, 123 ff., 132 ff., 139 ff., 175 ff., 186
- Textanalyse (siehe auch Deskription) 14 f., 19 ff., 44 ff., 54, 56, 60, 71 ff., 133, 146, 188 ff., 272
- Trendanalyse 17, 24, 37 f., 55 f., 114 f., 150 ff., 169, 173, 251
- Verständlichkeitsanalyse 25 ff., 32, 45, 64, 122, 135, 144, 182, 221 ff.
- Wahrheitsanalyse 190, 223 f., 232 ff., 267
- Wertanalyse 121, 187, 190 ff.
- Werthaltungsanalyse, siehe Einstellungsanalyse
- Wirklichkeitsanalyse 256 ff.

Verständlichkeitsanalyse 25 ff., 32, 45, 64, 122, 135, 144, 182, 221 ff.
Verwertungszusammenhang 314 ff.
Verzerrung 28 ff., 57, 90, 112, 226 ff.

Wahrheitsanalyse 190, 223 f., 232 ff., 267
Wahrscheinlichkeit 292 ff.
Wertanalyse 121, 187, 190 ff.
Werthaltungsanalyse, siehe Einstellungsanalyse
Wertung, siehe Bewertung
Wirklichkeit, soziale 14 ff., 35, 48, 56 ff., 85 ff., 172
Wirklichkeitsanalyse 256 ff.
Wirkung 25, 29 ff., 39, 56, 64, 73 f., 81 ff., 173, 266
Wirkungsanalyse, siehe Resonanzanalyse
Wort 106 ff.
Wortartanalyse 106 f., 121, 135 ff.
Wortklassenanalyse 137
Worttiefenanalyse 182 ff.

Zeichen 30, 49 f., 60 ff., 81 f.
Zukunft der Inhaltsanalyse 333 ff.

Zuverlässigkeit
- und Gültigkeit 302 ff.
- Intercoderreliabilität 41, 155, 302 ff.
- Typen von Intercoderreliabilität 302 f.

Aus dem Programm
Kommunikationswissenschaft

Klaus Merten/Siegfried J. Schmidt/
Siegfried Weischenberg (Hrsg.)

Die Wirklichkeit der Medien

Eine Einführung in
die Kommunikationswissenschaft

1994. XIV, 690 S. Kart.
ISBN 3-531-12327-0

In diesem einführenden Lehrbuch werden die Bedingungen, Formen und Leistungen von Medienkommunikation beschrieben und analysiert. Ausgehend von einer grundlegenden Darstellung kommunikativer Prozesse werden in 20 Beiträgen aktuelle kommunikationswissenschaftliche Modelle, Methoden und Ergebnisse vorgestellt. Themen sind u. a. die individuellen und sozialen Voraussetzungen der Kommunikation, die Wirklichkeitskonstruktion durch Medien, die Entwicklung, Organisation und Ökonomie der Medien, die Medientechnik, der Journalismus und die Perspektiven der „Informationsgesellschaft".

Jürgen Heinrich

Medienökonomie

Band 1: Mediensystem, Zeitung, Zeitschrift, Anzeigenblatt

1994. 370 S. Kart.
ISBN 3-531-12636-9

Das Lehrbuch zur Medienökonomie bietet eine erste umfassende Darstellung der ökonomischen Grundlagen des Systems aktueller Massenmedien in Deutschland. Der Autor beschreibt das Mediensystem jeweils aus mikro- und makroökonomischer Perspektive, wobei theoretische Analysen durch umfangreiches empirisches Material untermauert werden. Im ersten Band wird das Mediensystem insgesamt unter zentralen, aktuellen Fragestellungen untersucht: vor allem die Funktionsfähigkeit privatwirtschaftlicher Medienproduktion, Aspekte der Medienkonzentration, Probleme der Medienorganisation in der Unternehmung und Wandel des Mediensystems in Europa. Anschließend werden die Printmedien Zeitung, Zeitschrift und Anzeigenblatt jeweils gesondert in einzel- und gesamtwirtschaftlicher Dimension dargestellt.

Franz Ronneberger/Manfred Rühl

Theorie der Public Relations

Ein Entwurf

1992. 358 S. Kart.
ISBN 3-531-12118-9

Public Relations hat als Kommunikationsform in modernen Gesellschaften eine kaum zu überschätzende Bedeutung. Um so erstaunlicher ist, daß es bisher an fundierten Analysen und vor allem an einer theoretischen Grundlegung der PR mangelt. Die Autoren untersuchen zunächst die interdisziplinär-methodische Herkunft der Terminologie. Sie überprüfen die relevanten Forschungsergebnisse im Rahmen der verschiedenen Kommunikations-, Handlungs-, Organisations- und Entscheidungstheorien. Zusammenfassend wird sodann PR als theoretische Einheit konzipiert, wobei die Akzente auf der gesamtgesellschaftlichen Funktion, den Leistungen in Teilsystemen und den organisatorischen Aufgaben der PR liegen.

WESTDEUTSCHER VERLAG
OPLADEN · WIESBADEN

Fachwissen für Journalisten

Udo Branahl
Medienrecht
Eine Einführung
1992. 294 S. (Fachwissen für Journalisten; hrsg. von Stephan Ruß-Mohl und Gerhard Vowe) Kart.
ISBN 3-531-12319-X

Der Band gibt einen umfassenden, allgemein verständlichen Überblick über die Rechte und Pflichten des Journalisten. Er beschreibt Inhalt und Grenzen des journalistischen Auskunftsanspruchs und Zeugnisverweigerungsrechts sowie die Grenzen, die der Berichterstattung durch den Persönlichkeits- und Ehrenschutz, das Recht am eigenen Bild und das Wettbewerbsrecht gezogen sind. Der Leser erhält Informationen über die Rechte und Pflichten, die sich für den Journalisten aus dem Urheberrecht und dem Arbeitsrecht ergeben, sowie eine Übersicht über die möglichen Folgen von Rechtsverletzungen.

Otfried Jarren (Hrsg.)
Medien und Journalismus 1
Eine Einführung
1994. 330 S. (Fachwissen für Journalisten; hrsg. v. Stephan Ruß-Mohl und Gerhard Vowe) Kart.
ISBN 3-531-12580-X

Medien und Journalismus 2
Eine Einführung
1995. 244 S. (Fachwissen für Journalisten; hrsg. v. Stephan Ruß-Mohl und Gerhard Vowe) Kart.
ISBN 3-531-12698-9

Das zweibändige Lehrbuch bietet eine allgemeine Einführung in Theorien, Ansätze, Methoden und Kernergebnisse der Publizistik- und Kommunikationswissenschaft sowie Orientierungshilfen und problembezogenes, praxisorientiertes Basiswissen. Die Beiträge sind so aufgebaut, daß insbesondere Praktiker (z. B. aus dem Journalismus oder der Presse- und Öffentlichkeitsarbeit) sich Fachwissen auch im Selbststudium aneignen können.

Ulrich von Alemann/Kay Loss/Gerhard Vowe (Hrsg.)
Politik
Eine Einführung
1994. 376 S. (Fachwissen für Journalisten; hrsg. v. Stephan Ruß-Mohl und Gerhard Vowe) Kart.
ISBN 3-531-12634-2

Mit dieser Einführung wird Journalistinnen und Journalisten politisches Fachwissen vermittelt: Sechs Beiträge namhafter Experten decken exemplarisch das Spektrum der Politikwissenschaft in thematischer und methodischer Hinsicht ab. Ob es um umweltpolitische Spielräume von Kommunalverwaltungen, um den Stellenwert formaler Entscheidungsprozeduren oder um Macht und Ohnmacht internationaler Organisationen geht – es wird in den Beiträgen immer wieder deutlich, daß die täglich in den Medien gebotenen Beschreibungen, Erklärungen und Bewertungen nur selten der Komplexität politischer Zusammenhänge gerecht werden. Dieser Band lädt deshalb dazu ein, die überkommenen journalistischen Denkmuster mit Hilfe politikwissenschaftlicher Befunde und Vorgehensweisen zu überprüfen.

WESTDEUTSCHER VERLAG
OPLADEN · WIESBADEN